ESTUDOS EM HOMENAGEM
AO PROF. DOUTOR INOCÊNCIO GALVÃO TELLES

III VOLUME

DIREITO DO ARRENDAMENTO URBANO

Estudos organizados
pelos Professores Doutores António Menezes Cordeiro,
Luís Menezes Leitão e Januário da Costa Gomes

ESTUDOS EM HOMENAGEM
AO PROF. DOUTOR INOCÊNCIO GALVÃO TELLES

III VOLUME
DIREITO DO ARRENDAMENTO URBANO

Estudos organizados
pelos Professores Doutores António Menezes Cordeiro,
Luís Menezes Leitão e Januário da Costa Gomes

ALMEDINA

TÍTULO:	ESTUDOS EM HOMENAGEM AO PROF. DOUTOR INOCÊNCIO GALVÃO TELLES
COORDENADORES:	ANTÓNIO MENEZES CORDEIRO, LUÍS MENEZES LEITÃO E JANUÁRIO DA COSTA GOMES
EDITOR:	LIVRARIA ALMEDINA – COIMBRA www.almedina.net
LIVRARIAS:	LIVRARIA ALMEDINA ARCO DE ALMEDINA, 15 TELEF. 239851900 FAX 239851901 3004-509 COIMBRA – PORTUGAL livraria@almedina.net LIVRARIA ALMEDINA ARRÁBIDA SHOPPING, LOJA 158 PRACETA HENRIQUE MOREIRA AFURADA 4400-475 V. N. GAIA – PORTUGAL arrabida@almedina.net LIVRARIA ALMEDINA – PORTO R. DE CEUTA, 79 TELEF. 222059773 FAX 222039497 4050-191 PORTO – PORTUGAL porto@almedina.net EDIÇÕES GLOBO, LDA. R. S. FILIPE NERY, 37-A (AO RATO) TELEF. 213857619 FAX 213844661 1250-225 LISBOA – PORTUGAL globo@almedina.net LIVRARIA ALMEDINA ATRIUM SALDANHA LOJAS 71 A 74 PRAÇA DUQUE DE SALDANHA, 1 TELEF. 213712690 atrium@almedina.net LIVRARIA ALMEDINA – BRAGA CAMPUS DE GUALTAR UNIVERSIDADE DO MINHO 4700-320 BRAGA TELEF. 253678822 braga@almedina.net
EXECUÇÃO GRÁFICA:	G.C. – GRÁFICA DE COIMBRA, LDA. PALHEIRA – ASSAFARGE 3001-453 COIMBRA E-mail: producao@graficadecoimbra.pt DEZEMBRO, 2002
DEPÓSITO LEGAL:	183648/02

Toda a reprodução desta obra, por fotocópia ou outro qualquer processo, sem prévia autorização escrita do Editor, é ilícita e passível de procedimento judicial contra o infractor.

SUMÁRIO

REGIME DA LOCAÇÃO CIVIL E CONTRATO DE ARRENDAMENTO URBANO
Pedro Romano Martinez 7

O ÂMBITO DO REGIME DO ARRENDAMENTO URBANO – UMA CURTA REVISITA E UMA SUGESTÃO
Manuel A. Carneiro da Frada 33

FORMAÇÃO DO CONTRATO DE ARRENDAMENTO URBANO
Carlos Lacerda Barata 49

RENDA E ENCARGOS NO CONTRATO DE ARRENDAMENTO URBANO
António Sequeira Ribeiro 87

OBRAS NO LOCADO E SUA REPERCUSSÃO NAS RENDAS
António Pais de Sousa 159

O PROBLEMA ECONÓMICO DO CONTROLO DAS RENDAS NO ARRENDAMENTO PARA HABITAÇÃO
Fernando Araújo 177

SUBARRENDAMENTO
Pedro Romano Martinez 237

DIREITO DE PREFERÊNCIA DO ARRENDATÁRIO
J. Oliveira Ascenção 249

MORTE DO ARRENDATÁRIO HABITACIONAL E SORTE DO CONTRATO
João Sérgio Teles de Menezes Correia Leitão 275

DIREITO A NOVO ARRENDAMENTO
Luís Manuel Teles de Menezes Leitão 373

ARRENDAMENTOS DE DURAÇÃO LIMITADA
Luís de Lima Pinheiro 391

ESTABELECIMENTO COMERCIAL E ARRENDAMENTO
António Menezes Cordeiro 407

ESPECIFICIDADES DOS ARRENDAMENTOS PARA COMÉRCIO OU INDÚSTRIA
João Espírito Santo 429

A PENHORA DO DIREITO AO ARRENDAMENTO E TRESPASSE
José Lebre de Freitas 477

CESSÃO DA POSIÇÃO DO ARRENDATÁRIO E DIREITO DE PREFERÊNCIA DO SENHORIO
Manuel Januário da Costa Gomes 493

CESSAÇÃO DO CONTRATO DE ARRENDAMENTO PARA AUMENTO DA CAPACIDADE DO PRÉDIO
Luís Gonçalves da Silva 537

ARRENDAMENTO URBANO E ARBITRAGEM VOLUNTÁRIA
António Marques dos Santos 573

BREVES APONTAMENTOS ACERCA DE ALGUNS ASPECTOS DA ACÇÃO DE DESPEJO URBANO
J. O. Cardona Ferreira 593

O REGIME DO ARRENDAMENTO URBANO (R.A.U.) NO TRIBUNAL CONSTITUCIONAL
Armindo Ribeiro Mendes 615

EVOLUÇÃO E ESTADO DO VINCULISMO NO ARRENDAMENTO URBANO
J. Pinto Furtado 647

REGIME DA LOCAÇÃO CIVIL
E CONTRATO DE ARRENDAMENTO URBANO*

Pedro Romano Martinez**

SUMÁRIO: I. Introdução; modalidades de locação. 1. Arrendamento e aluguer. 2. Tipos de arrendamento. 3. Arrendamento urbano. II. O arrendamento urbano no enquadramento das regras gerais. 1. Regras gerais dos negócios jurídicos. 2. Regras gerais dos contratos. 3. Regras gerais da locação. a) Noção. b) Obrigações das partes. c) Vicissitudes. d) Cessação do contrato. III. Excepção: regras gerais da locação não aplicáveis ao arrendamento urbano

I. INTRODUÇÃO; MODALIDADES DE LOCAÇÃO

Do título determina-se que o objecto deste estudo se circunscreve ao arrendamento, modalidade de locação, pelo que importa atender, primeiro, à distinção entre as duas modalidades de locação para, depois, em relação ao arrendamento, delimitar a análise ao regime especial do arrendamento urbano constante do designado RAU[1].

---

* O presente texto corresponde, com as necessárias adaptações, à primeira intervenção do autor, a 10 de Janeiro de 2001, no Curso de Direito do Arrendamento, organizado na Faculdade de Direito de Lisboa pelo Prof. Doutor Manuel Januário da Costa Gomes. Entenderam justamente os membros da comissão organizadora do Livro de Homenagem ao Prof. Doutor Inocêncio Galvão Telles incluir os textos do Curso de Direito do Arrendamento num dos volumes a publicar, como uma das várias e devidas homenagens ao insigne Mestre desta Faculdade. Embora de forma modesta, o autor não podia deixar de se associar a esta justa homenagem ao seu antigo professor cuja lição continua presente.

** Professor da Faculdade de Direito de Lisboa e da Faculdade de Direito da Universidade Católica

[1] Regime do Arrendamento Urbano, aprovado pelo Decreto-Lei n.º 321-B/90, de 15 de Outubro.

1. Arrendamento e aluguer

I. Do art. 1023.º do Código Civil (CC) consta uma distinção nos termos da qual «A locação diz-se arrendamento quando versa sobre coisa imóvel, aluguer quando incide sobre coisa móvel».

Estabeleceu-se, pois, uma distinção terminológica básica entre dois tipos de locação, o arrendamento e o aluguer (ou aluguel[2]), consoante o objecto locado seja imóvel ou móvel.

O contrato de locação, tradicionalmente, encontra-se vocacionado para regular a utilização de bens imóveis, mas o aluguer tem tido um incremento nos últimos tempos, não só no que respeita a veículos automóveis, como também a equipamento de obras (p. ex., gruas e andaimes), material informático e até mobiliário, nomeadamente mesas e cadeiras para festas[3] e ainda o aluguer de barcos, distinto do contrato de fretamento de navios (Decreto-Lei n.º 191/87, de 29 de Abril), apesar de poder haver similitudes entre os dois negócios jurídicos, principalmente estando em causa o contrato de fretamento a tempo (arts. 22.º ss. Decreto-Lei n.º 191/87)[4].

II. Distinguir o contrato de locação em função do objecto sobre que incide ser uma coisa móvel ou uma coisa imóvel, será um critério discutível e que se apresenta um pouco alheado dos problemas actuais. Hoje em dia, a distinção entre coisa móvel e imóvel perdeu a importância que teve nos Direitos Romano e Intermédio; esta contraposição tem razão de ser numa sociedade agrária, mas, actualmente, talvez tenha perdido sentido. O mesmo se diga na distinção feita na compra e venda, em que é exigida escritura pública para a alienação de imóveis e não para a de móveis.

III. A distinção entre arrendamento e aluguer, não obstante apresentar-se como basilar, não corresponde verdadeiramente a uma substancial diferença de regime[5]; dizendo de outra forma, a lei começa por distinguir,

---

[2] Termo que, em Portugal, caiu em desuso, mas que continua a ser utilizado no Brasil, no sentido de contraprestação do locatário e também como modo de identificar o contrato, tanto de aluguer como de arrendamento, cfr. SILVA PEREIRA, *Instituições de Direito Civil*, Vol. III, 10.ª ed., Rio de Janeiro, 1998, p. 175 e *passim*.

[3] Vd. HUET, *Les Principaux Contrats Civils*, Paris, 1996, p. 795. Quanto ao aluguer de material informático, *vd.* GALGANO, *Diritto Privato*, 9.ª ed., Pádua, 1996, pp. 547 ss., em especial p. 549.

[4] Para uma distinção entre estes dois contratos, *vd.* GALGANO, *Diritto Privato*, cit., pp. 544 ss.

[5] O mesmo se passa em Itália, onde apesar de em relação às coisas móveis se falar

no art. 1023.º CC, o arrendamento do aluguer, mas só se encontram regras especiais relativas a certos tipos de arrendamento, não tendo sido estabelecido nenhum regime específico para o aluguer[6]. Não há, portanto, dois regimes distintos, um para o aluguer e outro para o arrendamento. E no caso de arrendamento não sujeito a regras especiais (p. ex., arrendamento de telhado para instalar e manter propaganda) não há diferenças de regime com respeito ao aluguer, excepto no que respeita à renovação automática do contrato (art. 1054.º CC).

Tendo em conta que a distinção entre o aluguer e o arrendamento é terminológica, cabe perguntar se se justifica a sua manutenção, até porque na linguagem comum há uma certa indissociação entre os dois contratos, sendo frequente verem-se anúncios de «aluguer de casas», o que no plano legal será um erro, pois a casa arrenda-se e o automóvel aluga-se[7]. Por outro lado, a nível histórico, no sistema jurídico português, a distinção entre arrendamento e aluguer não foi seguida, pois as Ordenações falavam tão-só no contrato de aluguer, e a propósito do aluguer regulava-se o aluguer de casas (Ordenações Filipinas, Livro IV, Títulos XXIII ss.)[8].

Não obstante estas considerações, é necessário ter em conta a terminologia legal e, nesses termos, estando em causa imóveis, o contrato será de arrendamento, sendo de aluguer quando os bens locados forem móveis. Neste estudo atender-se-á tão-só ao arrendamento.

2. Tipos de arrendamento

I. A lei regula três tipos de arrendamento: o arrendamento urbano, o arrendamento rural e o arrendamento florestal. Diferentemente, em outros

---

em *noleggio*, o regime é idêntico para a locação de coisas móveis e imóveis. Neste ordenamento jurídico a distinção básica faz-se entre a locação de coisas não produtivas (*locazione*) e de coisas produtivas (*affitto*), cfr. TRABUCCHI, *Istituzioni di Diritto Civile*, 32.ª ed., Pádua, 1991, p. 700.

[6] À excepção do que consta do Decreto-Lei n.º 354/86, de 23 de Outubro (alterado pelo Decreto-Lei n.º 373/90, de 27 de Novembro e pelo Decreto-Lei n.º 44/92, de 31 de Março), sobre o aluguer de veículos automóveis sem condutor e da referência ao aluguer nos arts. 481.º s. do Código Comercial Relativamente à forma exigida para tais contratos, vd. Ac. Rel. Lx. de 12/2/1998, CJ XXIII, T. I, p. 115.

[7] Lapsos em que até o próprio legislador cai, como no art. 23.º, n.º 2, do Decreto-Lei n.º 445/74, de 12 de Setembro.

[8] Situação que ainda persiste no sistema jurídico brasileiro. Quanto à origem etimológica da palavra aluguer e à distinção histórica no domínio da locação, cfr. PINTO FURTADO, *Manual do Arrendamento Urbano*, 2.ª ed., Coimbra, 1999, pp. 94 ss.

ordenamentos jurídicos, distingue-se a locação de mera fruição, da locação produtiva. Assim, na Itália e na Alemanha, opõe-se a *locazione* ao *affitto* (arts. 1571 ss. e 1615 ss. do Código Civil Italiano)[9] e a *Miete* à *Pacht* (§§ 535 ss. e 581 ss. do Código Civil Alemão [BGB])[10], respectivamente. No sistema jurídico português, apesar da distinção de regime, as diferentes formas de aproveitamento da coisa são enquadradas na mesma figura: arrendamento.

II. O arrendamento urbano, por sua vez, distingue-se em três tipos: o arrendamento para a habitação (arts. 74.º ss. RAU), o arrendamento para comércio ou indústria (arts. 110.º ss. RAU) e o arrendamento para o exercício de profissões liberais (arts. 121.º s. RAU). Para além destas três situações, faz-se ainda alusão aos arrendamentos para «outra aplicação lícita do prédio» (arts. 3.º, n.º 1 e 123.º RAU).

No arrendamento urbano está em causa uma locação de prédios urbanos, há todavia uma pequena excepção relativamente ao arrendamento para comércio ou indústria que, em determinadas circunstâncias, pode incidir sobre um prédio rústico.

III. Tanto no arrendamento rural como no arrendamento florestal são locados prédios rústicos, eventualmente prédios mistos, só que no arrendamento rural esses prédios rústicos destinam-se à exploração agrícola ou pecuária, enquanto no arrendamento florestal os mesmos prédios têm por fim a exploração silvícola.

A distinção legislativa entre o arrendamento rural e o arrendamento florestal é relativamente recente; tradicionalmente, o arrendamento florestal estava incluído no arrendamento rural, todavia, tendo em conta algumas particularidades dignas de autonomização, em 1988, o legislador veio a estabelecer regimes diversos.

IV. Na hipótese de o arrendamento envolver simultaneamente uma parte rústica e uma parte urbana, isto é, se um mesmo arrendamento incide sobre dois prédios, um rústico e outro urbano, sem que um esteja fun-

---

[9] O *affitto*, ao incidir sobre coisas produtivas, inspira-se numa ideia de facilitar a produtividade dos bens, atentos três aspectos: a protecção da actividade do locatário; a compatibilidade com o direito do proprietário; e o interesse público. Cfr. TRABUCCHI, *Istituzioni*, cit., p. 706.

[10] Por sua vez, a locação não produtiva (*Miete*) distingue-se em quatro tipos: coisas em geral, terrenos, espaços urbanos não habitacionais e casas de habitação, cfr. ESSER//WEYERS, *Schuldrecht*, II, *Besonderer Teil*, 7.ª ed., Heidelberga, 1991, § 14.I.1, p. 130.

cionalizado ao serviço do outro, estar-se-á perante uma situação de arrendamento misto[11]. Deste modo, quando se arrenda um terreno agrícola com casa de lavoura, estábulo, etc., o arrendamento é rural, pois os edifícios estão funcionalizados ao exercício da exploração agrícola, ou seja, as construções não apresentam autonomia económica em relação à actividade agrícola[12].

No caso de arrendamento misto, nos termos do art. 2.º RAU, a prevalência determina-se em função do que for de valor superior. Ter-se-á de verificar qual é o valor matricial da parte urbana e da parte rústica e prevalecerá o regime do arrendamento urbano ou o do arrendamento rural, consoante o valor da parte urbana seja superior à da parte rústica ou vice-versa[13].

Na eventualidade de se estar perante um arrendamento misto de parte agrícola ou pecuária e parte silvícola, perante a omissão da lei, tem de se recorrer ao art. 1028.º, n.º 3 CC[14]. Mas para determinar qual o fim principal, há que conjugar este preceito com o art. 2.º RAU, aplicável por analogia. Dito de outro modo, a prevalência de um fim sobre o outro, na falta de outros elementos, por analogia com o disposto no art. 2.º, n.º 2 RAU, determina-se pelo valor da parte arrendada para um fim e para outro: o arrendamento da parte do prédio a que se atribua maior valor prevalece sobre os demais[15]. No fundo, pode concluir-se que, para as hipóteses de arrendamentos mistos, a lei preconiza a aplicação da teoria da absorção[16]. Só não sendo viável determinar a subordinação de um fim a favor do outro é que prevalecerá a teoria da combinação (art. 1028.º, n.º 1 CC)[17]. O

---

[11] Em relação aos contratos mistos, *vd.* GALVÃO TELLES, *Manual dos Contratos em Geral*, 3.ª ed., Lisboa, 1965, pp. 384 ss., ANTUNES VARELA, *Das Obrigações em Geral*, Vol. I, 10.ª ed., Coimbra, 1999, pp. 279 ss.

[12] Cfr. Ac. Rel. Pt. de 28/1/1988, CJ XIII (1988), T. I, p. 205.

[13] Quanto a uma crítica a esta solução legal, cfr. CARNEIRO DA FRADA, «O Novo Regime do Arrendamento Urbano: Sistematização Geral e Âmbito Material de Aplicação», ROA 51 (1991), I, p. 172.

[14] Cfr. PEREIRA COELHO, *Arrendamento. Direito Substantivo e Processual*, Coimbra, 1988, pp. 49 ss.

[15] O valor não tem de ser, necessariamente, económico, basta que haja uma actividade prevalecente em relação à outra, que se determina em função do aproveitamento, em princípio económico, que se faz do prédio.

[16] Em sentido contrário, cfr. PEREIRA COELHO, *Arrendamento*, cit., p. 51, nota 1.

[17] Refira-se que a teoria da combinação, ao permitir fraccionar um contrato de arrendamento sobre o mesmo prédio, aceita, designadamente, a manutenção de uma parte e a extinção da outra (cfr. Ac. Rel. Pt. de 17/3/1987, CJ XVI (1987), T. II, p. 217), o que pode acarretar consideráveis dificuldades de concretização prática. Imaginem-se as difi-

mesmo raciocínio vale para o arrendamento urbano com parte habitacional e comercial ou outra[18].

No caso de arrendamento de prédio conjugado com aluguer de móveis, sendo arrendamento para habitação, nos termos do art. 74.º RAU, «considera-se arrendamento urbano todo o contrato». Nos outros tipos de arrendamento poderá aplicar-se regra idêntica, isto é a teoria da absorção, com base no princípio *accessoria sequitur principale*, no pressuposto de as coisas móveis serem acessórias do imóvel arrendado.

3. Arrendamento urbano

Neste estudo atender-se-á tão-só ao arrendamento urbano, concretamente ao regime especial constante do designado RAU, pois o Curso de Arrendamento em que se insere esta palestra tem por base o arrendamento urbano nos dez anos de aplicação do novo regime jurídico (Decreto-Lei n.º 321-B/90, de 15 de Outubro). Assim, a aplicação das regras gerais dos contratos e da locação será analisada só com respeito ao arrendamento urbano, não obstante parte das considerações feitas valerem para outras modalidades de arrendamento.

II. O ARRENDAMENTO URBANO NO ENQUADRAMENTO DAS REGRAS GERAIS

1. Regras gerais dos negócios jurídicos

O arrendamento urbano tem por base um acordo entre o senhorio e o arrendatário[19], em cuja formação valem as regras gerais dos arts. 217.º ss.

---

culdades práticas de divisão do prédio arrendado quando nele se exerciam, em simultâneo, actividades agrícola e silvícola ou actividade comercial e habitação, tendo, com respeito a uma das finalidades, cessado a relação contratual.

[18] Cfr. Ac. STJ de 25/9/1990, BMJ 399, p. 486, onde se considerou que o fim comercial prevalecia sobre o habitacional, presumindo-se ser aquela a actividade principal.

[19] Excepcionalmente, a relação arrendatícia, não obstante as definições legais do art. 1022.º CC e do art. 1.º RAU identificarem a locação e o arrendamento como modalidade contratual, pode assentar numa decisão judicial; assim é, por exemplo no caso do direito a novo arrendamento (arts. 90.º ss. RAU) ser feito valer por via de uma acção de execução específica ou na hipótese de o tribunal dar de arrendamento a casa de morada de família a um dos cônjuges divorciados quando o prédio se encontrava na propriedade comum do casal ou na esfera jurídica do outro cônjuge (art. 1793.º CC).

CC; a formação do acordo assenta numa proposta e numa aceitação, sendo o mútuo consenso relativamente a todas as cláusulas imprescindível.

A interpretação das cláusulas do acordo que dá azo a uma relação de arrendamento urbano rege-se pelas regras gerais dos arts. 236.º ss. CC, sendo as lacunas integradas nos termos do art. 239.º CC.

Refira-se ainda, sem carácter exaustivo, que os vícios na formação da vontade de um contrato de arrendamento urbano seguem o regime constante dos arts. 240.º ss. CC.

Em suma, ao contrato de arrendamento urbano aplicam-se as regras gerais dos negócios jurídicos.

2. Regras gerais dos contratos

I. Como a relação de arrendamento urbano, por via de regra, assenta numa estrutura contratual está sujeita ao regime geral dos contratos, estabelecido nos arts. 405.º ss. CC. Por isso, além da liberdade contratual, em particular no que respeita à celebração do contrato[20], há que atender à possibilidade de se ajustar um contrato-promessa de arrendamento (arts. 410.º ss. CC), um pacto de preferência para a eventualidade de celebração de um futuro contrato de arrendamento (arts. 414.º ss. CC), um contrato de arrendamento a favor de terceiro (arts. 443.º ss. CC) ou incluir uma cláusula para pessoa a nomear num contrato de arrendamento, com particular interesse no que respeita a uma posterior identificação do arrendatário (arts. 452.º ss. CC). O contrato de arrendamento também se pode modificar ou resolver em caso de alteração das circunstâncias (arts. 437.º ss. CC) e, com algumas particularidades estabelecidas no RAU, pode ajustar-se uma cessão da posição contratual (arts. 424.º ss. CC)[21], invocar-se a excepção de não cumprimento (arts. 428.º ss. CC) ou exigir-se a respectiva resolução (arts. 432.º ss. CC)[22].

II. Na relação entre o regime regra e os regimes especiais o esquema da lei é o seguinte: primeiro, sem pôr em causa os princípios das obrigações e dos contratos em geral (arts. 405.º ss. CC), estabeleceram-se regras

---

[20] Do regime especial estabelecido para o arrendamento urbano decorrem algumas excepções à liberdade de estipulação, mormente no que respeita a cláusulas reguladoras da cessação do contrato.

[21] Vd. infra a alínea referente às vicissitudes do contrato de arrendamento.

[22] Vd. infra a alínea referente à cessação do contrato de arrendamento.

gerais, comuns a toda a locação[23], onde se inclui o arrendamento e o aluguer (arts. 1022.º ss. CC) e, depois, surgem as regras especiais, próprias de certos tipos de arrendamento; o aluguer e o arrendamento regem-se pelas regras gerais, só que em relação a este dispõem também regras especiais.

3. Regras gerais da locação

a) *Noção*

Tanto do art. 1022.º CC como do art. 1.º RAU resulta que o arrendamento urbano é um contrato sinalagmático e oneroso[24], em que o senhorio proporciona ao arrendatário o gozo temporário de um imóvel em contrapartida de uma renda que este paga ao primeiro.

b) *Obrigações das partes*

I. Sobre o locador impendem duas obrigações principais: em primeiro lugar, a de entregar ao arrendatário a coisa; segundo, o senhorio tem por obrigação assegurar ao inquilino o gozo do prédio arrendado, tendo em conta o fim a que ele se destina (art. 1031.º CC).

II. A obrigação de entrega da coisa (art. 1031.º, alínea a) CC) é um acto de cumprimento do contrato; a entrega não faz parte do conceito de arrendamento[25], correspondendo, antes, ao cumprimento de uma das prestações do contrato.

A entrega pode ser material ou simbólica (p. ex., entrega das chaves) e, eventualmente, se o arrendatário já se encontrava na detenção da coisa, não há a obrigação de entrega.

Em princípio, a entrega será feita pelo locador ao arrendatário, mas as circunstâncias podem levar a situações distintas, como quando a entrega é feita pelo antigo ao novo arrendatário.

---

[23] Há, eventualmente, excepções: por exemplo, o art. 1054.º CC, que respeita à renovação dos contratos, nos termos da letra do preceito, parece pretender aplicar-se só ao arrendamento e não ao aluguer.

[24] Para maiores desenvolvimentos, vd. ROMANO MARTINEZ, *Direito das Obrigações. Parte Especial. Contratos*, 2.ª ed., Coimbra, 2001, pp. 168 ss.

[25] Cfr. PEREIRA COELHO, *Arrendamento*, cit., p. 127.

A obrigação de entrega do prédio arrendado está associada com o dever de assegurar o gozo da coisa (art. 1031.º, alínea b) CC). Destas obrigações que impendem sobre o senhorio advêm, em especial, três deveres principais.

Primeiro, sobre o senhorio recai o dever de entregar o bem sem vícios de direito nem defeitos que obstem à realização cabal do fim a que o prédio se destina. À imagem do que ocorre em sede de compra e venda (arts. 905.º ss. e 913.º ss. CC), há uma equiparação entre os regimes dos vícios de direito e dos defeitos da coisa.

Segundo, o locador deverá abster-se de actos que impeçam ou diminuam o gozo do prédio.

Terceiro, o senhorio está adstrito a realizar as reparações necessárias e pagar as despesas imprescindíveis à boa conservação do bem[26].

III. A obrigação de assegurar o gozo da coisa (art. 1031.º, alínea b) CC) apresenta-se sob duas vertentes. Por um lado, a obrigação de o locador se abster de actos que impeçam ou diminuam o gozo do prédio (art. 1037.º, n.º 1 CC), e, por outro, a obrigação que impende sobre o senhorio de fazer as reparações que sejam necessárias e pagar as despesas imprescindíveis à boa conservação do prédio, como vem previsto no art. 1036.º CC.

Na pendência do contrato, o locador não pode obstar a que o arrendatário goze a coisa, mas não tem a obrigação de assegurar esse gozo contra actos de terceiro (art. 1037.º, n.º 1 CC). Deste preceito não resulta uma excepção às regras gerais da responsabilidade contratual, pelo que se os terceiros forem representantes legais ou auxiliares do senhorio há responsabilidade objectiva deste pelos actos daqueles (art. 800.º, n.º 1 CC)[27].

Como o locador tem de proporcionar ao arrendatário o gozo do prédio, na medida em que o contrato se protela no tempo, sob aquele impende a obrigação de fazer as obras e reparações, bem como suportar as despesas que se considerem necessárias para assegurar o gozo da coisa[28]. Na eventualidade de haver urgência quanto à realização de reparações ou ao pagamento das despesas, pode o arrendatário actuar extrajudicialmente e

---

[26] Cfr. Ac. STJ de 25/11/1998, BMJ 481, p. 484.

[27] Cfr. Ac. STJ de 13/12/2000, CJ (STJ) 2000, T. III, p. 165, em que o locador encarregou um empreiteiro de fazer obras no prédio arrendado e por via das obras passou a haver infiltrações de água no armazém arrendado.

[28] E se não realizar as obras, pode o arrendatário recusar o pagamento da renda, cfr. Ac. Rel. Lx. de 6/4/1995, CJ XX (1995), T. II, p. 111.

exigir o reembolso, designadamente através da compensação na renda. Mas sobre o arrendatário não impende o dever de proceder a tais reparações ou de efectuar esses pagamentos; trata-se de uma faculdade que a lei lhe confere.

Esta obrigação de efectuar reparações e pagar despesas tem uma particular importância no que respeita aos arrendamentos de prédios urbanos, onde o problema da conservação toma maior acuidade. Assim, nos arts. 11.º ss. RAU estabeleceu-se um tratamento relativamente desenvolvido desta matéria, fazendo-se uma distinção entre três tipos de obras; as obras de conservação ordinária, as obras de conservação extraordinária e as obras de beneficiação, com regimes diversos.

IV. Sobre o locador impendem ainda outras obrigações, fundadas no princípio geral da boa fé, como sejam os deveres de cuidado, de protecção e de informação[29], de modo idêntico ao que ocorre em qualquer relação jurídica.

V. As obrigações do arrendatário constam do elenco do art. 1038.º CC. Neste preceito, sob a epígrafe «enumeração», encontram-se várias alíneas nas quais o legislador indica quais as obrigações do inquilino. Não se trata de uma indicação taxativa; para além destas obrigações, sobre o arrendatário recaem igualmente deveres acessórios que, por via do princípio geral da boa fé, se impõem a qualquer parte num contrato, como os de cuidado, protecção e segurança[30].

No elenco do art. 1038.º CC há duas obrigações principais. A primeira é a obrigação de pagar a renda, prevista na alínea a), e a segunda, a de restituir o prédio arrendado no fim do contrato, como estabelece a alínea i)[31].

Para além das duas obrigações principais podem enquadrar-se os restantes deveres do arrendatário em três grupos.

No primeiro grupo incluem-se as obrigações que recaem sobre o arrendatário e advêm de um dever de diligência que lhe é exigível no gozo de uma coisa alheia. Por exemplo, quanto a utilizar prudentemente o pré-

---

[29] Cfr. BROX, *Besonderes Schuldrecht*, 12.ª ed., Munique, 1985, § 10.I.c), p. 94; BÉNABENT, *Les Contrats Spéciaux*, 2.ª ed., Paris, 1995, p. 213.

[30] Cfr. BÉNABENT, *Les Contrats Spéciaux*, cit., pp. 217 s.; ESSER/WEYERS, *Schuldrecht*, cit., § 16.I.2, pp. 150 s.; LARENZ, *Lehrbuch des Schuldrechts*, II-1, *Besonderer Teil*, 13.ª ed., Munique, 1986, § 48.II, pp. 225 ss.

[31] Para maiores desenvolvimetos, *vd.* ROMANO MARTINEZ, *Direito das Obrigações*, cit., pp. 193 ss. e pp. 201 ss., respectivamente.

dio (alínea d))[32], avisar o senhorio sempre que tenha conhecimento de vícios no prédio ou saiba que o ameaça algum perigo ou que terceiros se arrogam direitos em relação a ele, desde que o facto seja ignorado pelo locador (alínea h)) ou aplicar o prédio locado para fim diverso daquele a que se destina (alínea c)).

No segundo grupo de obrigações do arrendatário podem incluir-se aquelas que permitem ao senhorio verificar o bom estado do prédio e, detectando quaisquer deficiências, poder colmatá-las (alíneas b) e e))[33]. Como o arrendatário tem o gozo de um prédio alheio e sob o locador impende a obrigação de fazer as reparações e suportar as demais despesas, a este tem de ser permitido verificar o estado do prédio; contudo, esse exame tem de ser feito dentro de parâmetros de boa fé, sob pena de ser exercido em abuso de direito (art. 334.º CC).

Por último, num terceiro grupo é de mencionar os deveres relativamente a limitações do arrendatário quanto a proporcionar o gozo do prédio a outrem, previsto nas alíneas f) e g). Do contrato de arrendamento, por via de regra, resulta que o arrendatário não pode permitir que outrem desfrute do bem, não podendo proporcionar a terceiro o gozo total ou parcial do prédio. Deste modo, por princípio, não está permitido o subarrendamento, nem a transmissão da posição contratual (alínea f)). Porém, sendo lícita a cedência do gozo do prédio, deve a mesma ser comunicada ao senhorio, no prazo de quinze dias (alínea g)). A proibição de proporcionar a outrem o gozo da coisa não obsta a que a certos terceiros, designadamente aos familiares do arrendatário, seja facultado o gozo do prédio arrendado. O que se pretende evitar é a transferência do gozo da coisa por meio de negócio jurídico[34].

---

[32] A utilização prudente relaciona-se com o objecto do contrato de locação. Em termos amplos há, primeiro, a ter em conta o dever genérico de manutenção (art. 1043.º CC); mas, para além disso, o uso diligente é apreciado em função do tipo de locação. Assim, no arrendamento rural, a prudência relaciona-se com a «exploração normal» do prédio (art. 2.º, n.º 1 do Regime do Arrendamento Rural [RAR]), sendo negligente uma utilização de processos de cultura «comprovadamente depauperantes da potencialidade produtiva dos solos» (art. 21.º, alínea c) RAR). Quanto ao arrendamento urbano, no art. 4.º RAU, admitem-se como lícitas pequenas deteriorações necessárias para assegurar o conforto e comodidade do arrendatário, tais como pregar pregos para pendurar quadros na parede, as quais devem, porém, ser reparadas antes da restituição do locado (art. 4.º, n.º 2 RAU).

[33] Associado com o dever de facultar o exame da coisa locada está o de mostrar o local a quem pretenda tomá-lo de locação (art. 54.º, n.º 3 RAU).

[34] Não constitui cessão de gozo do prédio para efeitos deste preceito a fusão de sociedades em que uma das sociedades fundidas era arrendatária de um espaço que ocu-

c) *Vicissitudes*

I. De entre as vicissitudes que podem ocorrer na execução do contrato de arrendamento, importa atender às especificidades estabelecidas em torno da transmissão da posição contratual, sendo necessário distinguir a situação do senhorio da do arrendatário.

II. Relativamente ao locador, nos termos do art. 1057.º CC, a transmissão da posição contratual verifica-se *ipso iure*, sempre que se transmita o direito com base no qual foi celebrado o contrato de arrendamento[35]. Trata-se da consagração do princípio *emptio non tollit locatum*, nos termos do qual, não obstante a alienação do direito, a situação jurídica do arrendatário subsiste, havendo, tão-só uma alteração subjectiva quanto à pessoa do senhorio[36]. Salvo acordo em contrário, para o adquirente só se transmitem as obrigações e os direitos emergentes do contrato que respeitem à sua execução futura. E do art. 1058.º CC, com redacção idêntica à do art. 821.º CC, retira-se que o senhorio/cedente, a partir da cedência, não pode interferir na relação locatícia com respeito à liberação ou cessão de rendas vincendas.

Deste modo, se o locador, proprietário do prédio dado em locação, o vender, transmite a posição contratual emergente do arrendamento para o comprador. O comprador adquire *ipso iure* a posição de senhorio.

Não se pode transmitir a posição de locador sem o direito que lhe está subjacente (p. ex., propriedade)[37]; porém, nem sempre é necessário que haja transferência do direito em cuja base o contrato de arrendamento

---

pava (Ac. Rel. Cb. de 24/6/1997, CJ XXII, T. III, p. 36 e anotação de HENRIQUE MESQUITA, RLJ 128, p. 58).

[35] Como se trata de uma transmissão por efeito da lei, não carece de acordo do arrendatário, como seria a regra nos termos do art. 424.º, n.º 1 CC; além de que, só a certos tipos de arrendatários é concedido direito de preferência em caso de transmissão do direito do senhorio (p. ex., art. 47.º RAU).

[36] Princípio semelhante vale no sistema jurídico alemão, onde, com base no § 571 BGB, se fala em que *Kauf bricht nicht Miete*, cfr. BROX, *Schuldrecht*, cit., § 11.III, p. 108; ESSER/WEYERS, *Schuldrecht*, cit., § 22, pp. 189 ss. Diferentemente, no sistema brasileiro, atento o disposto no art. 1197 do Código Civil Brasileiro, vale o princípio oposto (*emptio tollit locatum*) com várias excepções, cfr. SILVA PEREIRA, *Instituições*, cit., pp. 187 s.

Sobre a questão, veja-se o Ac. STJ de 15/10/1996, CJ (STJ) 1996, T. III, p. 45, onde se admite que para o novo senhorio se transmite a tolerância manifestada pelo antigo senhorio.

[37] Cfr. GALVÃO TELLES, «Contratos Civis», BMJ 83 (1959), p. 154.

foi celebrado, porque a transmissão da posição contratual também pode ocorrer em caso de constituição *ex novo* de um direito real. Assim, se o senhorio, proprietário do bem locado, o der em usufruto, transferirá para o usufrutuário a posição jurídica de locador.

A situação jurídica do senhorio também se transmite por efeito da morte. Aquele que suceder no direito com base no qual o contrato de locação foi celebrado (p. ex., no direito de propriedade sobre a coisa) adquire *ipso iure* a qualidade de locador. No fundo, o princípio constante do art. 1057.º CC não vale só para a aquisição do direito por negócio *inter vivos*, como também *mortis causa*[38].

Problemática é a questão de saber se o preceito em análise vale em caso de venda executiva, em particular na hipótese de preexistir ao arrendamento um direito real de garantia sobre o prédio.

A oponibilidade da locação aos credores do locador em caso de execução do prédio arrendado, tem sido defendida considerando que o direito do arrendatário se extingue com a venda judicial, ao lado dos outros direitos reais, por aplicação do art. 824.º CC[39]. Mas a conclusão assenta na premissa de que o arrendamento é um direito real, nos termos previstos no art. 824.º, n.º 2 CC[40].

Partindo do pressuposto de que a locação é um direito obrigacional[41], a inoponibilidade ao arrematante em venda judicial do arrendamento existente não pode ser justificada, pelo menos directamente, no disposto no art. 824.º CC[42], isto é, não se pode incluir o arrendamento entre os direitos reais que caducam com a venda em execução[43].

---

[38] Diversamente, HENRIQUE MESQUITA, *Obrigações Reais e Ónus Reais*, Coimbra, 1990, p. 138, nota 18, entende que o art. 1057.º CC só se aplica às transmissões *inter vivos*, porque na aquisição *mortis causa* o sucessor ocupa a posição do *de cujus*, não se verificando nenhuma modificação subjectiva na relação locativa. A solução, ainda que diversa, conduz ao mesmo resultado: o adquirente ou o sucessor assume a posição do primitivo locador.

[39] Cfr. OLIVEIRA ASCENSÃO, «Locação de Bens Dados em Garantia. Natureza Jurídica da Locação», ROA 45 (1985), II, pp. 345 ss.

[40] Cfr. OLIVEIRA ASCENSÃO, «Locação de Bens Dados em Garantia...», cit., respectivamente, pp. 363 ss e pp. 385 ss.

[41] Vd. ROMANO MARTINEZ, *Direito das Obrigações*, cit., pp. 160 ss.

[42] Cfr. ROMANO MARTINEZ, «Venda Executiva», in *Aspectos do Novo Processo Civil*, Lisboa, 1997, p. 334, assim como Ac. STJ de 25/2/1993, CJ (STJ) I (1993), T. I, p. 147 e Ac. Rel. Lx. de 15/5/1997, CJ XXII, T. III, p. 87.

[43] De modo diverso, no Ac. STJ de 3/12/1998, BMJ 482, p. 219, depois de se reafirmar a natureza obrigacional do arrendamento, por similitude, aplica-se o regime estabelecido no art. 824.º, n.º 2 CC para os direitos reais sobre a coisa alienada judicialmente. Veja-se

III. A posição contratual do arrendatário pode transmitir-se *mortis causa* ou por negócio jurídico *inter vivos*; hipóteses previstas respectivamente nos n.ºs 1 e 2 do art. 1059.º CC.

IV. A transmissão *mortis causa* da posição contratual do arrendatário, tanto engloba as situações de morte das pessoas singulares, como as de extinção das pessoas colectivas. O princípio estabelecido nos arts. 1059.º, n.º 1 e 1051.º, alínea d) CC é o de que a transmissão só terá lugar em caso de acordo escrito celebrado entre as partes.

Em sede de arrendamento urbano para habitação estabeleceu-se norma especial (art. 85.º RAU), nos termos da qual a transmissão por morte, atento o pressuposto do n.º 1 do art. 85.º RAU, opera independentemente de acordo entre as partes[44]. Tal transmissão vale unicamente nas condições especiais estabelecidas nesta sede: o arrendamento não se transmite para qualquer sucessor do arrendatário, mas só para os que a lei menciona, na ordem nela indicada e desde que convivessem com o inquilino por um prazo de um ou cinco anos, conforme os casos (art. 85.º, n.ºs 1 e 2 RAU)[45]. No domínio do arrendamento para habitação ainda se excepciona tal transmissão sempre que o beneficiário tiver outra residência (art. 86.º RAU)[46].

O transmissário por morte deve comunicar ao senhorio essa situação jurídica no prazo de cento e oitenta dias posteriores à ocorrência (art. 89.º, n.º 1 RAU), isto é, a contar do falecimento do arrendatário[47].

---

ainda o Ac. Rel. Cb. de 30/3/1993, RDES 1999, n.º 1, p. 87, onde se considerou que o arrendamento de imóvel hipotecado, constituído depois do registo da hipoteca, caduca nos termos do n.º 2 do art. 824.º CC, com anotação favorável de Luís Gonçalves, RDES 1999, n.º 1, pp. 95 ss., autor que considera aplicável o art. 824.º CC ao arrendamento apesar de se estar no domínio de relações obrigacionais. A mesma solução surge no Ac. STJ de 6/7/2000, CJ (STJ) 2000, T. II, p. 150 e é sustentada por Henrique Mesquita, *Obrigações Reais e Ónus Reais*, cit., p. 140, nota 18.

[44] Sobre a transmissão *mortis causa* do arrendamento, nos termos do art. 85.º RAU, vd. Pereira Coelho, «Breves Notas ao "Regime do Arrendamento Urbano"», RLJ 131, pp. 227 ss.

[45] Sendo vários os interessados na transmissão prefere o mais idoso (Ac. Rel. Pt. de 14/5/1996, CJ XXI, T. III, p. 198).

[46] Na medida em que se exige que o beneficiário conviva com o *de cujus* por um prazo não inferior a um ano, dificilmente ele terá outra residência; em princípio só pode beneficiar da transmissão quem tenha residência no local arrendado em questão. Excepcionalmente, pode ocorrer que o beneficiário tenha mais do que uma residência, caso em que se aplicaria o art. 86.º RAU. A situação é idêntica no art. 91.º RAU, mas consulte-se Pereira Coelho, «Breves Notas ...», cit., RLJ 131, pp. 262 ss.

[47] Cfr. Ac. Rel. Pt. de 28/9/1989, CJ XIV (1989), T. IV, p. 211.

Ao contrato de arrendamento com o beneficiário da transmissão, que tenha entre vinte e seis e sessenta e cinco anos e não seja deficiente, aplicar-se-á o regime da renda condicionada (art. 87.º RAU), mas o senhorio pode preferir denunciar o contrato, pagando uma indemnização correspondente a dez anos de renda (art. 89.º-A, n.º 1 RAU)[48]. O novo arrendatário pode opor-se a esta denúncia, propondo-se pagar uma nova renda (art. 89.º-B, n.º 1 RAU); caso o locador opte por manter a denúncia, deverá pagar uma indemnização correspondente a dez anos da renda proposta (art. 89.º-B, n.º 2 RAU).

Não sendo as declarações efectuadas nos prazos estabelecidos nos arts. 89.º a 89.º-C RAU, caduca o direito do faltoso (art. 89.º-D RAU)[49]. Todavia, tendo em conta a repristinação do revogado n.º 3 do art. 89.º RAU pela declaração de inconstitucionalidade com força obrigatória geral da norma revogatória, a caducidade não se aplica à transmissão prevista no art. 89.º, n.º 1 RAU, devendo o transmissário indemnizar o locador pelos danos derivados da omissão.

Este regime de denúncia com aceitação ou oposição não se aplica aos contratos de arrendamento de duração limitada (art. 99.º, n.º 2 RAU).

---

[48] Quanto à aplicação no tempo deste regime, introduzido pelo Decreto-Lei n.º 278/93, de 10 de Agosto, vd. MENEZES CORDEIRO, «Da Aplicação no Tempo do Regime da Denúncia do Arrendamento pelo Senhorio, mediante Indemnização correspondente a 10 Anos de Renda», CJ (STJ) 1996, T. I, pp. 5 ss. Sobre esta alternativa à aplicação do regime da renda condicionada, estabelecida nos arts. 89.º-A ss. RAU, vd. PEREIRA COELHO, «Breves Notas ...», cit., RLJ 131, pp. 365 ss.

[49] Considerando corresponder a uma inconstitucionalidade orgânica a solução da caducidade em caso de falta de comunicação no prazo de 180 dias (art. 89.º, n.º 1 RAU), porque o revogado n.º 3 do art. 89.º RAU não dispunha nesse sentido, cfr. JANUÁRIO GOMES, *Arrendamentos para Habitação*, 2.ª ed., Coimbra, 1996, pp. 186 ss.

O Ac. do Trib. Const. n.º 410/97, de 23/5/1997, DR de 8 de Julho de 1997, declarou inconstitucional, com força obrigatória geral, a norma em apreço, com base em inconstitucionalidade orgânica. A declaração de inconstitucionalidade implicou a repristinação do n.º 3 do art. 89.º RAU, nos termos do qual a falta de comunicação prevista neste preceito só gera a obrigação de indemnizar o senhorio, pelo que a caducidade estabelecida no art. 89.º-D RAU aplica-se unicamente em caso de incumprimento das regras previstas nos arts. 89.º-A ss. RAU (cfr. MARGARIDA GRAVE, *Regime do Arrendamento Urbano. Anotações e Comentários*, Lisboa, 1999, pp. 179 ss.), mas a discrepância de tratamento é, no mínimo, estranha. Considerando que não se coloca o problema da constitucionalidade, vd. PIRES DE LIMA/ANTUNES VARELA, *Código Civil Anotado*, Vol. II, 4.ª ed., Coimbra, 1987, anot. 4 ao art. 89.º RAU, p. 661. Sobre o problema, vd. PEREIRA COELHO, «Breves Notas ...», cit., RLJ 131, pp. 361 ss.

Nos termos em que se encontra redigido o art. 85.º, n.º 1 RAU, depreende-se que só pode haver uma transmissão *mortis causa*, pois fala-se em primitivo arrendatário ou cessionário deste. Contudo, no n.º 3 do mesmo preceito aceita-se uma dupla transmissão se a primeira foi feita a favor do cônjuge sobrevivo[50].

O titular do direito à transmissão pode renunciar ao direito, comunicando esse facto ao senhorio no prazo de trinta dias (art. 88.º RAU) após a morte do arrendatário. Mas se pretender exercer o seu direito deve comunicar ao senhorio essa sua intenção no prazo de cento e oitenta dias posteriores à ocorrência (art. 89.º, n.º 1 RAU).

De forma mais ampla, no arrendamento para comércio ou indústria vale o princípio de transmissão *mortis causa* da posição do arrendatário, nos termos gerais (art. 112.º RAU). Pretendeu salvaguardar-se a sucessão no estabelecimento, facilitando a circulação da empresa[51]. Tal como se permite a transmissão *inter vivos* do estabelecimento por via do trespasse, também é facultada aos sucessores do arrendatário a transmissão do estabelecimento com o inerente direito de arrendamento.

O sucessor, para fazer valer o seu direito, deve comunicar ao senhorio a morte do arrendatário no prazo de cento e oitenta dias (art. 112.º, n.º 2 RAU), sob pena de caducidade do contrato, nos termos do art. 1051.º, alínea d) CC[52]. Todavia, do disposto no art. 112.º, n.º 3 RAU talvez se possa inferir, contrariando as regras gerais da locação, que o contrato não caduca, devendo o sucessor indemnizar o senhorio pelos prejuízos derivados da falta de comunicação.

---

[50] Cfr. Ac. STJ de 22/11/1994, CJ (STJ) II (1994), T. III, p. 150; Ac. Rel. Lx. de 11/5/2000, CJ XXV, T. III, p. 83. Veja-se também *vd*. PEREIRA COELHO, «Breves Notas...», cit., RLJ 131, pp. 258 ss.

[51] Cfr. PEREIRA COELHO, *Arrendamento*, cit., p. 71, que afirma constituir o direito ao arrendamento, por vezes, o elemento mais importante na circulação da empresa. Sobre a aplicação do art. 112.º RAU, *vd*. PEREIRA COELHO, «Breves Notas ...», cit., RLJ 131, pp. 368 ss.

[52] Em sentido diferente, considerando não haver caducidade, *vd*. Ac. Rel. Pt. de 12/2/1998, CJ XXIII, T. I, p. 210; Ac. Rel. Év. de 25/5/2000, CJ XXV, T. III, p. 259. Mas tal solução contraria o princípio da uniformidade, atendendo ao disposto no art. 89.º-D RAU (declarado parcialmente inconstitucional) e determina que a norma (art. 112.º, n.º 2 RAU) não tem sanção, sendo, por isso, uma norma imperfeita, que se poderia dizer sem sentido útil, excepto se se aceitar que a consequência é o dever de indemnizar (art. 112.º, n.º 3 RAU), que, ainda assim, por via de regra, pressupõe a falta de sanção, pois não será fácil provar danos derivados da falta de comunicação, à excepção dos que se relacionem com a expectativa da cessação do contrato.

V. A cessão da posição do arrendatário por negócio *inter vivos* está sujeita ao regime geral dos arts. 424.º ss. CC (art. 1059.º, n.º 2 CC), carecendo, pois, do consentimento do locador[53]. A violação desta regra confere à contraparte o direito de resolver o contrato (art. 1049.º CC). Há, todavia, excepções.

No arrendamento urbano para habitação admite-se a transmissão por divórcio (art. 84.º RAU)[54], que pode ser por acordo dos cônjuges, homologado pelo juiz ou pelo conservador do Registo Civil, ou por decisão judicial[55]. No arrendamento para comércio ou indústria, nos termos do art. 115.º RAU, pode o arrendatário, recorrendo ao trespasse, transmitir a sua posição contratual, sem dependência de autorização do senhorio. Situação análoga verifica-se no caso de cessão do arrendamento para o exercício de profissões liberais (art. 122.º RAU). Em todos estes casos, apesar de a transmissão operar sem necessidade do consentimento do locador, é pressuposto que o transmissário lhe comunique, dentro de quinze dias, a cedência do gozo da coisa (art. 1038.º, alínea g) CC). Só na hipótese de transmissão por divórcio é que a notificação será feita oficiosamente (art. 84.º, n.º 4 RAU).

---

[53] Desnecessariamente, porque os regimes especiais não precisam de reiterar as regras gerais, estabeleceu o art. 23.º do Regime do Arrendamento Florestal (RAF) que a cessão da posição contratual do arrendatário carece de autorização do senhorio.

Quanto à forma da transmissão, considerando que o negócio que serve de base à cessão é o arrendamento, nos termos do art. 425.º CC, entendeu-se que a transmissão da posição contratual deveria ser feita por escrito, como se exige no arrendamento rural, veja--se o Ac. Rel. Lx. de 26/3/1998, CJ XXIII, T. II, p. 112; denotando-se alguma confusão entre o negócio objecto da cessão e o negócio que serve de base à cessão.

[54] Depois de o Assento do STJ de 23 de Abril de 1987 (O Direito 121 (1989), I, p. 131) ter determinado que a transmissibilidade por divórcio não valia em relação à união de facto, mesmo que desta existissem filhos menores, o Tribunal Constitucional, em Ac. de 9 de Julho de 1991 (n.º 359/91), RLJ 124 (1991/92), p. 294, declarou a inconstitucionalidade do Assento, por considerar que violava o princípio da não discriminação dos filhos, contido no art. 36.º, n.º 4 da Constituição. Posteriormente, nos termos do art. 4.º, n.º 4 Lei n.º 135/99, de 28 de Agosto, considerou-se aplicável à união de facto o regime da transmissão por divórcio (art. 84.º RAU).

[55] Diferente é a situação em que o arrendamento, em caso de divórcio, nos termos do art. 1793.º CC, é atribuído, por via judicial, a um dos cônjuges com respeito à casa de morada de família. Neste caso, pode não haver nenhuma transmissão, até porque não é necessária a existência de um anterior arrendamento da casa de morada de família.

c) *Cessação do contrato*

I. O contrato de locação é um negócio jurídico de execução continuada e, por isso, apresenta particularidades no que respeita à sua extinção, atento, designadamente o que vem previsto no art. 434.° CC.

A estas particularidades próprias de todo o contrato de execução continuada acrescem outros aspectos respeitantes aos limites impostos à cessação do negócio jurídico. Na relação de arrendamento há certos limites no que respeita à sua extinção motivados por uma protecção do arrendatário urbano.

Diversamente do que ocorre no regime geral dos contratos, no arrendamento urbano, o disposto sobre cessação do contrato tem natureza imperativa (art. 51.° RAU), não opera automaticamente, carecendo de interpelação dirigida à contraparte (arts. 52.°, n.° 1 e 53.° ss. RAU) ou da interposição de uma acção de despejo (arts. 52.°, n.° 2 e 55.° ss. RAU).

A cessação do contrato de arrendamento relaciona-se com quatro figuras, cada uma delas com as suas particularidades: resolução, revogação, denúncia e caducidade. Para além destas quatro situações, os efeitos do contrato também não se produzem se o mesmo for inválido: nulo ou anulável. Porém, à invalidade do contrato de locação aplicam-se as regras gerais dos arts. 285.° ss. CC, não se tendo estabelecido nenhum regime especial para arrendamento.

II. Quanto à resolução importa distinguir a que é requerida pelo locador daquela que é desencadeada pelo arrendatário. A resolução requerida pelo arrendatário enquadra-se nos parâmetros gerais dos arts. 432.° ss. CC, não se tendo estabelecido qualquer regime especial.

A resolução pedida pelo senhorio funda-se no incumprimento definitivo do contrato por parte do arrendatário, nos termos gerais do art. 801.° CC. Sempre que uma das partes não cumpre definitivamente a sua prestação, cabe à outra o direito de resolver o contrato.

Valem, por conseguinte, as regras gerais que permitem ao locador, perante o incumprimento definitivo das obrigações pelo arrendatário, resolver o contrato de arrendamento[56].

A resolução do contrato de arrendamento com base em incumprimento definitivo por parte do arrendatário apresenta excepções relativamente ao regime regra.

---

[56] Sobre o regime geral da resolução dos contratos, *vd*. ROMANO MARTINEZ, *Cumprimento Defeituoso em Especial na Compra e Venda e na Empreitada*, reimpressão, Coimbra, 2001, pp. 296 ss. e bibliografia aí citada.

Primeiro, a resolução tem de ser decretada judicialmente (art. 1047.º CC e art. 63.º, n.º 2 RAU)[57], mediande a acção de despejo, meio processual para desencadear a resolução no arrendamento, prevista nos arts. 55.º ss. RAU. Diferentemente, a resolução dos contratos, nos termos gerais dos arts. 432.º ss. CC, não carece de qualquer forma, bastando a mera declaração de uma das partes à outra para produzir os seus efeitos (art. 436.º, n.º 1 CC).

Segundo, o não pagamento da renda pode não acarretar a resolução do contrato. A falta de pagamento da renda, em princípio, faz incorrer o inadimplente em mora, mas poderá ser incumprimento definitivo se, entretanto, tiver decorrido o prazo admonitório do art. 808.º CC. Assim, se o senhorio – credor da renda –, perante a mora no pagamento, estabelecer um prazo razoável para a posterior realização da prestação nos termos do art. 808.º CC e, tendo decorrido esse prazo, o cumprimento não for efectuado, haverá incumprimento definitivo. Por via de regra, o incumprimento definitivo atribui à contraparte o direito de resolver o contrato. Porém, a falta de pagamento da renda, mesmo tratando-se de incumprimento definitivo, não implica necessariamente a automática resolução do contrato, pois estabeleceu-se no art. 1048.º CC que o direito de resolução do contrato caduca se o arrendatário pagar as prestações em falta até à data da contestação. Nestes termos, se o arrendatário não pagar a renda na data do vencimento, não é necessário estabelecer um prazo admonitório para o cumprimento posterior da prestação; perante esse inadimplemento, o locador poderá pedir a resolução do contrato, só que essa resolução, contrariamente ao que decorre das regras gerais, não produz efeitos se o arrendatário, até à data da contestação da acção que foi movida pelo senhorio com vista à cessação do contrato, pagar a renda em falta.

Terceiro, em certos casos, a resolução só pode efectivar-se em hipóteses tipificadas na lei. Em determinadas circunstâncias e por motivos de protecção do arrendatário urbano, o legislador tipificou as situações em que se pode recorrer à resolução do contrato. Nestes termos, em caso de

---

[57] Talvez seja justificável, em determinados casos, que a resolução do contrato de arrendamento seja decretada judicialmente, mas não tem qualquer sentido exigir-se o recurso a tribunal para resolver o contrato de aluguer de um animal ou de arrendamento de espaço para instalar um painel publicitário, até porque, ao locatário, em caso algum, é requerido o recurso à via judicial. Exigindo a resolução judicial do contrato de aluguer, vd. Ac. Rel. Lx. de 2/7/1998, CJ XXIII, T. IV, p. 81. Diferentemente, no Ac. Rel. Lx. de 22/10/1998, CJ XXIII, T. IV, p. 128, entendeu-se que a intervenção obrigatória do tribunal para a resolução do contrato de aluguer de automóvel seria absurda, pelo que se considerou aplicável a regra geral do art. 436.º CC.

arrendamento urbano só é possível recorrer à resolução naquelas situações de incumprimento que o legislador tipifica, concretamente no art. 64.º RAU.

O Direito Civil, baseado num princípio de autonomia privada, confere a possibilidade de, em situações de incumprimento, ser pedida a resolução do contrato, mas no arrendamento urbano o legislador, por motivos de protecção do arrendatário, estabeleceu um *numerus clausus* quanto às situações de incumprimento que podem dar azo à resolução do contrato[58].

Quarto, por vezes, o pedido de resolução do contrato tem de ser exercido num determinado prazo, ou seja, enquanto a regra geral aponta no sentido de a resolução, como consequência do incumprimento contratual, poder ser feita valer no prazo normal de prescrição, a lei estabelece um prazo de caducidade para o exercício do direito de resolução do contrato de arrendamento urbano, em que se fixa o prazo de um ano, subsequente ao conhecimento do facto, para ser pedida a resolução do contrato (art. 65.º, n.º 1 RAU). Decorrido esse prazo de caducidade de um ano, não obstante a violação do contrato, já não pode ser pedida a sua resolução; porém, se o facto gerador de resolução for continuado ou duradouro, o prazo de caducidade só se conta a partir da data em que ele tiver cessado (art. 65.º, n.º 2 RAU).

III. A revogação do contrato de arrendamento corresponde a um acto bilateral, carecendo do assentimento do locador e arrendatário. Como em qualquer outro contrato, por efeito da vontade das partes – senhorio e inquilino – pode extinguir-se o vínculo[59]. Trata-se, pois, de um acordo que leva à extinção do vínculo obrigacional, a que GALVÃO TELLES[60] chama «distrate»[61]. Portanto, aqueles que constituíram o vínculo contratual podem, depois, a todo o tempo, com base num princípio de autonomia privada, extinguir esse mesmo vínculo.

Ainda como situação especial de revogação, é de atender à prevista no art. 89.º-A, n.º 3 RAU, em que se presume a aceitação de uma suposta denúncia (que será antes uma proposta) do senhorio com respeito à cessação do vínculo contratual.

---

[58] A enumeração é taxativa e imperativa, pelo que são nulas as cláusulas contratuais no sentido de o contrato de arrendamento se extinguir por causas diversas das previstas na lei, como por exemplo se o senhorio necessitar da casa.

[59] Cfr. Ac. STJ de 25/11/1997, CJ (STJ) 1997, T. III, p. 140.

[60] *Manual dos Contratos em Geral*, cit., p. 348.

[61] No Código Civil, o legislador também usa o termo distrate (art. 1410.º, n.º 2 CC) e distratar (art. 596.º, n.º 1 CC).

Por via de regra, a revogação de qualquer contrato, independentemente de ser de arrendamento, não tem efeitos retroactivos; a extinção do vínculo obrigacional só produz efeitos *ex nunc*.

O negócio jurídico de revogação não está sujeito à forma do contrato a que se pretende pôr termo, sendo inclusive válida a revogação implícita[62].

A revogação do contrato de arrendamento urbano não tem particularidades relativamente às regras gerais dos contratos, excepto na hipótese de a revogação não ser imediatamente executada ou na eventualidade de ela conter cláusulas compensatórias ou quaisquer outras cláusulas acessórias, em que se exige que o referido acordo seja celebrado por escrito (62.º, n.º 2 RAU).

IV. A denúncia corresponde a uma declaração negocial por via da qual se obsta à renovação automática do contrato de locação (art. 1055.º, n.º 2 CC)[63].

O contrato de arrendamento urbano, como negócio jurídico de execução continuada, é celebrado por um determinado período e, se as partes nada disserem, o negócio jurídico renova-se automaticamente por um período idêntico (art. 1054.º CC); sempre que as partes não procedam à denúncia do contrato, haverá renovações automáticas do mesmo por prazo idêntico ao inicialmente ajustado, desde que não exceda um ano (art. 1054.º, n.º 2 CC)[64]. Assim, quando uma das partes não pretende que a renovação automática opere, poderá recorrer à denúncia do contrato.

---

[62] Cfr. Ac. STJ de 29/4/1992, RLJ 125 (1992/93), p. 86, com anotação de HENRIQUE MESQUITA, RLJ 125 (1992/93), pp. 92 ss.

[63] Há quem, diferentemente, considere ser a denúncia em sentido técnico uma forma de cessação de relações contratuais duradouras, estabelecidas por tempo indeterminado (cfr. MENEZES CORDEIRO, *Direito das Obrigações*, Vol. 2.º, Lisboa, 1986, p. 166; JANUÁRIO GOMES, *Em Tema de Revogação do Mandato Civil*, Coimbra, 1989, pp. 74 ss.); mas não parece que se justifique tal distinção. A denúncia tem em vista que a vinculação dos contraentes não se protele indefinidamente e vale nos mesmos moldes, tanto para relações duradouras, como para aquelas em que exista uma renovação automática. A diferença reside no facto de, nas primeiras, a denúncia não estar sujeita a prazos, enquanto, nas segundas, é para se exercer no fim da vigência ou da renovação do contrato, por um lado, e porque, na segunda hipótese, a denúncia não produz directamente o efeito extintivo, na medida em que serve para desencadear a caducidade do contrato.

[64] A renovação já não será por prazo igual no arrendamento de duração limitada para habitação, em que ao prazo inicial de cinco anos seguem-se períodos de três anos (arts. 98.º, n.º 2 e 100.º, n.º 1 RAU), não assim no arrendamento de duração limitada para comércio e indústria e exercício de profissões liberais (art. 118.º RAU).

Em princípio, a denúncia é livre, podendo qualquer das partes – locador ou locatário – denunciar o contrato, obstando a que ele se renove para um período seguinte[65]. Porém, em certos casos, a denúncia está condicionada.

No arrendamento urbano estabeleceram-se limites ao exercício do direito de denúncia.

Condicionou-se o exercício do direito de denúncia de forma a não ser completamente livre, só podendo ser usado dentro de determinados parâmetros. Tais limitações existem exclusivamente em relação ao senhorio e elas justificam-se como formas de protecção dos arrendatários urbanos, de modo a não serem facilmente despejados[66].

Apesar de a denúncia ser, em princípio, livre ela deverá respeitar um prazo de antecedência, ou seja tem de ser invocada previamente em relação à data do termo do período de vigência do contrato, em que a renovação se verificaria (art. 1055.º, n.º 1 CC). A antecedência exigida para a denúncia serve para que a parte destinatária dessa declaração se possa precaver para o facto de o vínculo contratual se extinguir em breve.

O prazo de antecedência para efectuar a denúncia pode ser estabelecido pelas partes; supletivamente o art. 1055.º, n.º 1 CC faz referência a diferentes prazos, relacionados com o período de duração do contrato, que vão desde seis meses para os contratos que se destinavam a vigorar por prazo igual ou superior a seis anos (alínea a)) a um terço do prazo quando no contrato se estabeleceu uma vigência inferior a três meses (alínea d))[67].

---

[65] Como refere MOTA PINTO, *Teoria Geral do Direito Civil*, 3.ª ed., reimpressão, Coimbra, 1986, pp. 622 e 623, «Deve reconhecer-se, nos contratos de duração ou por tempo indeterminado, a existência de um poder de denúncia sem uma específica causa justificativa. O fundamento desta denunciabilidade "ad nutum" é a tutela da liberdade dos sujeitos que seria comprometida por um vínculo demasiadamente duradouro. Cremos ser esta uma solução decorrente da impossibilidade de se admitirem vínculos contratuais ou obrigacionais de carácter perpétuo, eterno ou excessivamente duradouro. Uma tal vinculação ou "servidão" eterna ou excessivamente duradoura violaria a ordem pública, pelo que os negócios de duração indeterminada ou ilimitada só não serão nulos, por força do artigo 280.º, se estiverem sujeitos ao regime da livre denunciabilidade ou denunciabilidade *ad nutum*.»

[66] Preconizando a inconstitucionalidade da prorrogação forçada dos arrendamentos, por constituir uma expropriação indirecta, cfr. PINTO FURTADO, *Arrendamento Urbano*, cit., pp. 180 s., 184 s. e 935 s.

[67] Quanto à sobreposição de prazos, optando por aplicar as alíneas na sequência exposta pelo legislador, isto é, dando precedência às situações em função da colocação no preceito, de modo a preferirem as situações precedentes às sucessivas, *vd*. Ac. Rel. Cb. de 26/6/1996, CJ XXI, T. III, p. 29.

Os prazos supletivos constantes do art. 1055.º, n.º 1 CC não valem em matéria de arrendamento urbano quando a denúncia é invocada pelo senhorio, onde no art. 70.º RAU se estabeleceu uma norma imperativa nos termos da qual a denúncia deve ser invocada com uma antecedência mínima de seis meses relativamente ao fim do prazo do contrato. Por outro lado, a denúncia de um contrato de arrendamento designado de duração limitada (arts. 98.º ss. RAU), que é livre também para o senhorio, está sujeita aos prazos do art. 100.º RAU. Em relação ao arrendatário urbano aplica-se a regra geral (art. 68.º, n.º 1 RAU), excepto no caso de denúncia do contrato de arrendamento de duração limitada, onde vale o prazo constante do art. 100.º, n.º 4 RAU.

Por via de regra, a denúncia não carece de qualquer forma, tal como acontece com as outras modalidades de extinção do contrato, como a resolução e a revogação. A denúncia é uma declaração negocial recipienda sem forma especial estabelecida por lei (art. 219.º CC).

Todavia, no que respeita ao arrendamento urbano, a lei exige que a denúncia invocada pelo senhorio seja feita valer em acção judicial (art. 70.º RAU), mas tratando-se de arrendamento urbano de duração limitada a denúncia deverá ser feita mediante notificação judicial avulsa dirigida ao inquilino (art. 100.º, n.º 2 RAU).

A denúncia do contrato, em princípio, não implica qualquer compensação para o destinatário da declaração. Se uma das partes pretende denunciar o contrato, obstando a que se renove por um novo período, não tem de indemnizar a contraparte. A denúncia é um direito que assiste a qualquer das partes cujo exercício, mesmo que cause prejuízos à outra parte, não é fonte de responsabilidade civil. Contudo, no art. 72.º RAU admite-se que o locador, exercendo o direito de denúncia do contrato por necessitar do prédio para sua habitação (art. 69.º, n.º 1, alínea a) RAU), deva compensar o arrendatário, pagando-lhe uma indemnização correspondente a dois anos e meio de renda à data do despejo. Por sua vez, no art. 89.º-A RAU prevê-se que o senhorio, em vez de aceitar a transmissão do arrendamento, possa denunciar o contrato, pagando uma indemnização correspondente a dez meses de renda.

Tal dever de indemnizar não vale, porém, no domínio dos contratos de arrendamento urbano de duração limitada, nos termos do disposto no art. 100.º, n.º 3 RAU, em que a denúncia efectuada pelo senhorio não confere ao arrendatário o direito a qualquer indemnização.

V. A caducidade de um contrato, atento o disposto no art. 298.º, n.º 2 CC, dá-se pelo decurso do prazo para o qual ele foi celebrado. Porém, por vezes, associa-se também a caducidade do contrato à superveniência de um facto a que se atribui efeito extintivo[68], apesar de que estas situações podem corresponder, antes, a uma impossibilidade superveniente.

Em princípio, se o contrato for celebrado por um determinado prazo, decorrido esse período de tempo, o negócio jurídico caduca (art. 1051.º, alínea a) CC). Todavia, no domínio do arrendamento, a regra aponta no sentido de, não obstante o contrato ser celebrado por um determinado prazo, se decorrer esse lapso, haverá uma renovação automática, e o contrato não caduca (art. 1054.º CC)[69].

Na enumeração constante do art. 1051.º CC, relativamente aos casos de caducidade, encontram-se situações de caducidade do contrato de locação, propriamente dita – nos termos em que vem definida no n.º 2 do art. 298.º CC –, bem como hipóteses que não se enquadram verdadeiramente na figura da caducidade, mas que poder-se-ão dela aproximar[70].

Ao arrendamento aplicam-se as regras gerais da caducidade e o regime próprio de caducidade estabelecido na locação (arts. 1051.º ss. CC), mas no caso de caducidade do contrato de arrendamento para habitação com base na alínea c) do art. 1051.º CC, nos termos do art. 66.º, n.º 2 RAU, o arrendatário tem direito a um novo arrendamento[71]. O contrato, de facto, caduca, extinguindo-se a relação contratual, mas conferiu-se ao arrendatário o direito a um novo arrendamento, nos termos do art. 90.º RAU. O direito a novo arrendamento é igualmente conferido no caso de o arrendamento para habitação caducar por morte do arrendatário (art. 1051.º, alínea d) CC) às pessoas que convivam com o inquilino em economia comum há mais de cinco anos e aos subarrendatários (art. 90.º, n.º 1 RAU).

Como consequências cabe indicar que, não havendo culpa do locador quanto à causa da caducidade não existirá a obrigação de indemnizar o

---

[68] Cfr. GALVÃO TELLES, *Manual dos Contratos em Geral*, cit., pp. 351 s.

Sobre a caducidade do contrato de arrendamento, veja-se CUNHA DE SÁ, *Caducidade do Contrato de Arrendamento*, Lisboa, 1968, em particular pp. 97 ss, onde indica as várias causas de caducidade do contrato de arrendamento, depois de referências genéricas à caducidade nas pp. 53 ss.

[69] Refira-se que, apesar de o texto do art. 1054.º CC apontar para a sua aplicação só ao arrendamento, o artigo está inserido entre as regras gerais da locação, implicando uma deficiente sistematização.

[70] Para maiores desenvolvimentos, vd. ROMANO MARTINEZ, *Direito das Obrigações*, cit., pp. 227 ss.

[71] Cfr. Ac. STJ de 4/3/1997, CJ (STJ) 1997, T. I, p. 117; Ac. Rel. Lx. de 16/1/1997, CJ XXII, T. I, p. 95.

arrendatário pela extinção do vínculo. Assim, se a casa arrendada ruiu porque o locador não fez as obras necessárias de reparação, o contrato caduca e haverá que indemnizar o arrendatário, mas se a casa caiu em razão de um tremor de terra ou por força de um incêndio fortuito, não há qualquer obrigação de indemnizar.

Este regime geral tem, todavia, excepções nos casos de arrendamento urbano se houver extinção devida a uma expropriação por utilidade pública. Em tal caso, prevê-se a possibilidade de o senhorio indemnizar o arrendatário cuja posição jurídica é considerada como encargo autónomo (art. 67.°, n.° 1 RAU). Deste modo, se o arrendamento se extinguiu nos termos previstos na alínea f) do art. 1051.° CC, o contrato de locação caduca, só que o proprietário do bem, em princípio o locador, será indemnizado pela expropriação, mas parte desse valor reverte para o arrendatário. Nos termos dos arts. 67.°, n.° 1 RAU, a indemnização devida pelo expropriante, na parte considerada encargo autónomo do arrendamento, não é paga ao expropriado com a obrigação de este a satisfazer ao arrendatário, mas efectuada directamente pelo primeiro a este último.

À excepção da caducidade como consequência de ter findado o prazo estipulado ou estabelecido por lei (art. 1051.°, alínea a) CC), em qualquer dos outros casos de caducidade previstos no art. 1051.° CC, tratando-se de arrendamento, o legislador estabeleceu uma moratória para a restituição do prédio que, em regra, será de três meses a contar do facto que determina esta causa de extinção do contrato (art. 1053.° CC). Justifica-se esta moratória porque, afora a hipótese da alínea a), nos restantes casos de caducidade, o arrendatário poderia não estar prevenido e seria gravosa a obrigação de entrega imediata do bem locado. Mas no arrendamento urbano ter-se-á de conjugar esta moratória com o diferimento das desocupações previsto nos arts. 102.° ss. RAU.

III. EXCEPÇÃO: REGRAS GERAIS DA LOCAÇÃO NÃO APLICÁVEIS AO ARRENDAMENTO URBANO

I. Independentemente de previsões específicas no âmbito do RAU de onde constam soluções diversas das que resultam das regras gerais, como a limitação à livre denúncia por parte do senhorio, há regras gerais da locação que atendendo ao disposto no RAU não se aplicam aos contratos de arrendamento urbano sujeitos a este regime especial, dito por vezes vinculístico.

Assim, em primeiro lugar, há normas do regime geral da locação que se encontram afastadas por regras especiais do arrendamento urbano, como o preceito que respeita ao prazo supletivo de duração do contrato (art. 1026.º CC e art. 10.º RAU) ou o que fixa, também supletivamente, a data do vencimento da obrigação de pagamento da renda (art. 1039.º CC e art. 20.º RAU). Ainda neste plano, mas com carácter injuntivo, estabeleceram-se no arrendamento urbano regras especiais, diferentes das que vigoram na locação, por exemplo com respeito às causas de resolução do contrato (art. 64.º RAU) ou à possibilidade de o denunciar (arts. 69.º ss. RAU) sempre que estes meios sejam invocados pelo senhorio.

Na outra perspectiva, isto é sem previsão específica em sentido diverso no RAU, excepcionalmente há regras do regime geral da locação que não se justifica aplicarem-se no âmbito do arrendamento urbano. Estão nomeadamente neste caso as referências a aluguer – que, como se disse, não constitui um regime autónomo –, tanto na identificação do aluguer (art. 1023.º CC), como nas alusões ao pagamento do aluguer (p. ex., art. 1038.º, alínea a) CC) ou a determinação supletiva de quem suporta as despesas de alimentação de animais alugados (art. 1046.º, n.º 2 CC), bem como a determinação do fim do contrato (art. 1027.º CC), em que qualquer fim lícito, dentro da função normal de coisas de igual natureza, no arrendamento urbano está condicionado à aplicação lícita do prédio, que pode decorrer também da respectiva licença.

O ÂMBITO DO REGIME DO ARRENDAMENTO URBANO
– UMA CURTA REVISITA E UMA SUGESTÃO –

Manuel A. Carneiro da Frada*

O presente texto é oferecido em simbólica homenagem a Inocêncio Galvão Telles, insigne jurista cuja obra irradia bem para além do vasto círculo daqueles que tiveram o privilégio de dele terem directamente haurido as qualidades que o distinguem. Versa, embora com a brevidade de apontamento, um tema arrendatício, aquele que desenvolvemos em conferência que teve lugar na Faculdade de Direito de Lisboa a 12 de Janeiro de 2001, integrada no ciclo sobre "Arrendamento Urbano/Análise e linhas de evolução uma década depois do R.A.U.". Situado numa área que tem em Galvão Telles um dos seus expoentes mais significativos, esperamos que possa merecer o benévolo interesse de quem aqui temos especialmente presente. De resto, o argumento escolhido põe como poucos à prova a intuição e o sentido de proporção e equilíbrio do jurista. E destas qualidades fala por si a obra de Galvão Telles. A sugestão com que rematamos – no sentido da ponderação de uma recodificação do regime do arrendamento urbano depois de um périplo fora do diploma-mãe – entende-se ainda como reconhecimento pelo seu labor de legislador e mestre de política legislativa.

O âmbito do regime do arrendamento urbano constitui um tema-chave dentro do direito do arrendamento. A sua importância não se resume a representar o pórtico de entrada nas complexas questões que este trabalhado sector da ordem jurídica levanta, *item* obrigatório que é, explícita ou implicitamente franqueado, em todo e qualquer processo de aplicação das normas específicas que o integram. Com efeito, o campo de intervenção do regime do arrendamento urbano apresenta-se, numa perspectiva de coerência e adequação legislativa, como refracção global das suas soluções e

---

* Doutor em Direito. Professor da Faculdade de Direito de Lisboa e da Universidade Católica Portuguesa.

das opções legislativas que lhe subjazem. O que significa dizer que nele se supõe e faz presente o cerne individualizador de todo um regime, nas notas que mais caracteristicamente o compõem; e que ele constitui, enquanto autêntico «interface» que é com outras áreas do sistema, uma instância privilegiada da ponderação genérica, do enquadramento sistemático e do repensar crítico daquele regime. Nesse sentido, focar o problema do âmbito do regime do arrendamento urbano é tocar um tema de cúpula.

Não se afigura possível acometer no breve espaço destas linhas aquilo que este entendimento postula. Desculpa-nos o facto de já em outra ocasião – justamente há dez anos, aquando da entrada em vigor do Regime do Arrendamento Urbano, aprovado pelo Decreto-Lei n.º 321-B/90, de 15 de Outubro – termos desbravado um feixe de questões principais respeitantes a este tema. É certo que desde então a disciplina legal do arrendamento sofreu alterações. A verdade porém é que manteríamos na sua essência as linhas de análise e reflexão que então sugerimos[1]. Levamo-las agora um pouco mais longe.

O problema básico do âmbito da disciplina do arrendamento urbano é o da adequação entre o raio de intervenção de uma regulamentação e as opções material-valorativas que esta última corporiza. Ele desafia, sucessivamente, legislador e intérprete-aplicador. Ao primeiro compete traçar já normativamente esse âmbito, com a maior precisão possível para realizar aquela adequação. Mas o segundo, dentro do espaço que as possibilidades metodológicas – sobretudo interpretativas – lhe deixam, não pode também demitir-se, na concreta decisão jurídica, de levar em conta e resolver acertadamente esse mesmo problema.

O legislador procurou desincumbir-se da tarefa, oferecendo desde logo uma noção de arrendamento urbano. O art. 1.º do R.A.U. corresponde a esse desiderato. Representa uma proposição normativa incompleta. Embora não se encontre nele nenhuma hipótese legal à qual se ligam depois específicas consequências jurídicas, tem um evidente relevo regulativo--material, pois ele destina-se a integrar os *Tatbestände* dos preceitos que se lhe seguem.

Duas notas aqui. Uma para lembrar a discrepância que resulta do confronto desta disposição com o art. 1022.º do Código Civil no que toca, respectivamente, às expressões «conceder o gozo» e «obrigar-se a propor-

---

[1] O leitor interessado poderá sempre cotejar o texto correspondente à conferência que proferimos em 21 de Novembro de 1990, integrada no ciclo sobre o Novo Regime do Arrendamento Urbano e promovida pela Ordem dos Advogados em colaboração com a Faculdade de Direito de Lisboa (*vide* Revista da Ordem dos Advogados, ano 51, I [Abril 1991], 153 ss).

cionar o gozo» a outrem[2], a primeira certamente escolhida no R.A.U. com a preocupação de conseguir uma formulação do contrato de arrendamento urbano dogmaticamente menos comprometida com a tradicional tese da natureza «pessoal» (ou obrigacional) dos efeitos do arrendamento.

Por outro lado, chama a atenção que, apesar das várias intervenções legislativas que o novo regime do arrendamento urbano sofreu desde a sua entrada em vigor, se tenha mantido a discrepância resultante de os arts. 110.º e 111.º se referirem afinal também a arrendamentos de prédios rústicos (!)[3]; uma dessintonia que oportunamente denunciámos e cuja clarificação sugerimos, não só em nome da coerência formal e da boa técnica legislativa, como para evitar indagações complexas de disciplina[4].

Havíamos de resto denunciado igualmente a má solução que deriva *apertis verbis* do art. 2.º. Este preceito, após estabelecer que, no caso de o contrato envolver uma parte urbana e outra rústica, o arrendamento se considera como urbano se o valor da parte urbana for superior à rústica, manda para o efeito atender aos valores matriciais, relegando ao papel de mero critério subsidiário a renda que os contraentes fixaram com respeito a cada uma das partes. A opção vem de trás no nosso direito. Ela sacrifica no entanto desnecessariamente – e não vemos suficiente justificação para tal – o peso dos interesses das partes no contrato[5]. Impunha-se, em nosso entender, inverter a ordem daqueles critérios para determinar a natureza do arrendamento: considerar antes, em primeiro lugar, os interesses das partes no contrato – atendendo para o efeito às estipulações de renda – e apenas subsidiariamente, caso o contrato não proporcionasse elementos a esse

---

[2] Veja-se, por exemplo, em tom crítico, PAIS DE SOUSA, *Anotações ao Regime do Arrendamento Urbano*, 6ª edição, Lisboa 2001, 60-61.

Interessante é o paralelismo da noção do R.A.U. com a do art. 1595.º do Código de Seabra, que caracterizava a locação como contrato pelo qual alguém *traspassa a outrem*, temporariamente e mediante retribuição, o uso e fruição de uma coisa. Sobre esta última noção e a interpretação do conceito de locação é sempre actual I. GALVÃO TELLES, *Arrendamento* (Lições ao 5.º ano jurídico no ano lectivo de 1944-45, publicadas por Bento Garcia Domingues e Manuel A. Ribeiro), Lisboa 1945/46, 5 ss, mantendo-se fiel à doutrina comum da natureza obrigacional do arrendamento.

[3] Cfr. também a actual redacção do art. 121, que não releva o problema e o transplanta também para o campo dos arrendamentos destinados ao exercício da profissão liberal.

[4] Vide as *nossas* considerações no citado estudo, esp. págs. 163 e 177 ss; as modificações introduzidas no regime do arrendamento desde a entrada em vigor do R.A.U. não resolveram no seu cerne a questão, que continua assim pendente.

[5] *Vide* o *nosso* citado estudo, pág. 172.

respeito, recorrer aos valores matriciais. O resultado é este: sabendo-se que a desactualização destes valores se faz sentir com especial intensidade no que respeita aos prédios rústicos, a manutenção, ao cabo de dez anos de vigência do R.A.U., da solução que criticámos, significa continuar a conferir ao regime do arrendamento urbano uma força centrípeta desmesurada.

Mas deixe-se o problema destes arrendamentos mistos e volte-se à noção de arrendamento urbano consagrada no art. 1.°. Ela apresenta-se susceptível de abranger realidades que ultrapassam as situações típicas de conflito de interesses que o legislador teve em vista. Não é nada que espante. Todo o trabalho legislativo exige conceptualização, abstracção e generalização. Daí que o tipo contratual legalmente definido com vista a uma certa regulamentação possa diferir em maior ou menor medida do que pode chamar-se o *tipo contratual normativo*, aquele que o autor da lei prefigurou e se apresenta efectivamente subjacente ao tecido regulativo instituído, constituindo o suporte paradigmático das suas valorações; no limite, dificilmente coincidirá até exactamente com este. É isso que torna compreensível o esforço de precisão da lei de, após a noção de arrendamento urbano que ofereceu, se ter apressado a esclarecer que certas situações, embora formalmente enquadráveis na categoria do arrendamento urbano, eram de excluir da aplicação do regime instituído. Esta a importante função do art. 5.° n.° 2.

Apesar de as situações referidas nesta disposição serem em geral pacificamente consideradas como merecedoras de um regime diferente do do comum dos arrendamentos urbanos, continua, uma década volvida sobre a entrada em vigor do R.A.U., a suscitar especial controvérsia o alcance e o sentido da excepção a esse regime constante da sua última alínea; ou seja, da que se refere aos designados «arrendamentos de espaços não habitáveis, para afixação de publicidade, armazenagem, parqueamento de viaturas ou outros fins limitados, especificados no contrato, salvo quando realizados em conjunto com arrendamentos de locais aptos para habitação ou para o exercício do comércio».

Já demos conta das dificuldades de interpretação do preceito[6]. O problema essencial é o entendimento do que seja um arrendamento de «fim limitado». Há uma orientação que, em nome da certeza e segurança jurídicas, os cinge basicamente àqueles que são dirigidos à afixação de publicidade, armazenagem e parqueamento de viaturas, previstos explici-

---

[6] Cfr. o *nosso O novo regime do arrendamento urbano* cit., 165 ss.

tamente como tal no art. 5.º n.º 2 e)[7]. Importa em todo o caso ter presente as características «técnicas» desta disposição: mais do que uma simples regulamentação casuística de certas situações – aliás não taxativa, proporcionando assim um elenco aberto de hipóteses excluídas do regime comum do arrendamento –, existe, com aquela combinada, uma *autêntica cláusula geral respeitante aos «arrendamentos para fins limitados»*, e construída em torno desta noção. O que significa que a presente norma não consente à partida apenas uma *analogia legis* a partir dos casos aí expressamente tidos por arrendamentos para fins limitados. Para além disso, é susceptível de aplicação logo que se mostre que uma dada situação se reconduz ao conceito (indeterminado) de "arrendamento para fins limitados"; sem necessidade, por consequência, de "filtragem prévia" através de uma *analogia particular* com uma das situações explicitamente tidas como tal pela referida disposição.

Pode naturalmente duvidar-se de que a técnica legislativa (da formulação de uma cláusula geral), atentos os corolários que dela fluem, tenha sido a mais feliz; e certamente que o recorte técnico-jurídico de um preceito não é o único elemento a atender na respectiva interpretação. Tal significa porém a necessidade de apreciar em profundidade o sentido e alcance de uma diferenciação como aquela de que cuida o art. 5.º n.º 2 e) dentro dos arrendamentos urbanos. Restringir a letra da lei contra o seu inequívoco teor, convolar uma cláusula geral num simples elenco de situações (apenas passível da comum analogia particular), só é viável quando e na medida em que o exija a salvaguarda do regime-regra instituído para os arrendamentos urbanos, e após essa verificação. De outro modo – e enquanto tal não se demonstrar –, tem, no art. 5.º n.º 2 e), de assumir-se a existência de uma disciplina divergente dotada de amplitude. Em todo o caso, uma vez que no preenchimento da cláusula geral que a indicia se toca o núcleo da justificação daquele regime-regra, há naturalmente que proceder com a necessária cautela para o não esvaziar[8].

---

[7] Vide PINTO FURTADO, *Manual do Arrendamento Urbano*, 3ª. edição, Coimbra 2001, 141 e 144.

[8] Assim o pedíamos já no *nosso O novo regime do arrendamento urbano* cit., 169. Claro que cabe ao juiz valorar a espécie em causa para efeito de a dar por subsumida ou não ao conceito de arrendamento para fim limitado e, desse modo, ao regime respectivo. Mas é também evidente que essa valoração não é livre, antes se encontra vinculada às directrizes legais; e que, por via disso, ela está subordinada, quer às indicações concretas que a mesma lei proporciona a tal respeito, quer à intencionalidade que lhe preside, quer ainda ao que são as exigências de uma disciplina do arrendamento urbano globalmente coerente e adequada. E deve, a aludida valoração, ser conduzida racionalmente e funda-

Não é caminho, diga-se de passagem, entender a generalidade do preceito em consideração apenas por forma a permitir abranger outros arrendamentos de fins limitados por decisão, expressa ou implícita, do legislador. Semelhante concepção teria nomeadamente de explicar porque é que esta disposição exige que os fins limitados se mostrem especificados no contrato de arrendamento. Com efeito, bastaria então o comando da lei para sujeitar certos e precisos arrendamentos ao regime dos de «fins limitados».

Mais consentâneo com a feição geral do art. 5.º n.º 2 e) é começar por procurar uma interpretação dos arrendamentos para fins limitados por contraposição aos vários tipos de arrendamentos urbanos integrados no regime comum. Há que ter em conta as categorias «clássicas» de utilização dos prédios urbanos a que se refere o art. 3.º. Aí se discrimina o arrendamento para habitação, para comércio ou indústria, para o exercício de profissão liberal e, ainda, para outra aplicação lícita do prédio. A disciplina destes arrendamentos, apesar das diferenciações consoante o respectivo fim, encontra-se subordinada em boa parte a princípios e valorações comuns, dos quais se trata portanto de distinguir os que vigoram para os arrendamentos de fim limitado. De modo a contrapôr estes últimos às formas comuns do arrendamento urbano e ao respectivo regime-regra.

Claro que, de um ponto de vista conceptual, se pode sempre afirmar que qualquer arrendamento para fim limitado segundo o art. 5.º n.º 2 e) integra necessariamente a derradeira das categorias acima referidas (a dos arrendamentos para «outra aplicação lícita do prédio»). Mas estará concerteza fora de causa pretender que esta espécie se identifica com aqueles arrendamentos (e os esgota). Demonstra-o o facto de os arrendamentos para outros fins não habitacionais além do comércio, indústria ou exercício da profissão liberal estarem subordinados, quer genericamente às disposições do capítulo I do R.A.U, quer ao regime específico para eles previsto no art. 123.º; a sua disciplina é portanto diversa da que compete aos arrendamentos para fins limitados segundo o art. 6 n.º 1.

Neste quadro, seria porém uma pura petição de princípio afirmar que qualquer arrendamento de fim limitado além dos previstos como tal no art. 5.º n.º 2 e) teria por força de representar um arrendamento sujeito à regulamentação implicada pelo art. 123.º. O argumento só é sustentável se se demonstrar não haver cabimento para uma individualização, dentro das aplicações lícitas do prédio, de outras situações além das dos arrendamentos

---

mentada. Por tudo isso está submetida à sindicância dos tribunais superiores. Os perigos de uma má aplicação de cláusulas gerais não são em princípio, *só por si*, pretexto para recusar a sua presença ou legitimidade.

para afixação de publicidade, parqueamento de viaturas ou armazenagem às quais convém, numa ponderação substancial, um regime diferente do em princípio aplicável às modalidades básicas de arrendamentos urbanos previstas no citado art. 3.º (aí incluídos os arrendamentos para outros fins que não a habitação, o comércio, a indústria ou a profissão liberal). As estruturações conceptual-classificatórias e as ilações que nelas assentam encerram os seus perigos, e não são susceptíveis de se sobrepôr à amplitude geral com que a própria lei traçou o regime próprio dos arrendamentos ditos para fins limitados[9]. Há todavia que reconhecer ser espinhosa a determinação destes últimos. Não é de estranhar a hesitação da doutrina e o comedimento dos tribunais.

Importa iluminar a contraposição dos arrendamentos para fins limitados aos tipos normativos fundamentais do arrendamento urbano perante o requisito da não habitabilidade dos espaços sobre que eles incidem, referido no art. 5.º n.º 2 e). Dir-se-á assim que o arrendamento para fins limitados será aquele que se reporta a um espaço que não reúne as condições para residência, exercício do comércio, indústria, profissão liberal ou outra actividade de frequência, presença ou permanência habitual de pessoas na prossecução dos seus fins (actividades associativas, sindicais, culturais, etc.)[10]. Certamente que mais do que coligar um regime a características

---

[9] Compreende-se o desconforto de PINTO FURTADO, *ibidem*, ao ter de lidar com uma cláusula geral que excepciona um regime geral. Não se vê no entanto modo de deixar de considerar que o art. 5.º n.º 2 e) se apresenta *apertis verbis* constituído como cláusula geral; ainda que contra ela deponha a – aceitamos também que desejável – necessidade de certeza do direito. Só através de uma cuidadosa interpretação e ponderação é possível precisar o seu âmbito. De resto, do esforço de afinação do sentido da mencionada disposição que a seguir se esboçará resulta para nós um estreito campo de vitalidade dela. Nessa medida, corroborar-se-á o cepticismo a este respeito já manifestado pelo ilustre Conselheiro.

[10] *Vide* em especial PEREIRA COELHO, *Breves notas ao «Regime do arrendamento urbano»*, RLJ 125 (1992/1993), 262 ss. O autor alerta para que a lei considera à partida que os espaços do arrendamento para comércio, indústria, exercício da profissão liberal ou outra aplicação lícita do prédio constituem espaços habitáveis, pois só desse modo se compreenderia que confira ao senhorio, no art. 69.º n.º 1 a) do R.A.U., a possibilidade de denunciar os contratos de arrendamento respectivos quando necessite do prédio para habitação sua ou dos seus descendentes em primeiro grau. O argumento impressiona. Embora não deva olvidar-se a parte final do artigo que, ao estender essa faculdade de denúncia aos casos em que o senhorio queira *construir* no prédio a sua residência, deixa margem para admitir o carácter não forçoso da intepretação segundo a qual todo o espaço arrendado para comércio, indústria, ou exercício de profissão liberal tem necessariamente de ser susceptível de um uso residencial. Mas claro que este óbice não tolhe uma inter-

físico-objectivas de um determinado espaço (como é óbvio, difíceis de definir e, em si, irrelevantes), parece que o propósito do legislador terá sido antes retirar da disciplina injuntiva protectora do arrendatário a cedência onerosa de locais não susceptíveis, numa ponderação abstracta-típica, de conexão "essencial" com as exigências pessoais e familiares (habitacionais) do arrendatário ou com a sua actividade económica, profissional, cultural, lúdica ou cívica, precisamente as necessidades que justificam aquela disciplina. Nessa medida, estarão (segundo a *mens legis*) em causa locais "não humanizados" ou onde não decorre "uma humana forma de vida", sítios cuja utilização se não apresenta decisiva para a estabilidade da vida e actividade dos sujeitos, e que se revestem de importância residual para o respectivo quadro ou estruturação existencial.

Este entendimento deixa margens de dúvida e incerteza, que uma crítica rigorista não deixará naturalmente de lembrar. Elas diminuem porém drasticamente se se tiver em conta que a hermenêutica do art. 5.º n.º 2 e) se deve ater ao elemento sistemático da interpretação e, assim, se considerarem outras disposições do R.A.U., susceptíveis de interferir com o seu resultado. Particular atenção merece o art. 110.º e o art. 121.º: daí resulta que não são arrendamentos para fins limitados aqueles que se destinam directamente (além de à habitação) a uma actividade comercial ou industrial, ou ao exercício de profissão liberal. As maiores hesitações cingem-se assim, pelo seu carácter indefinido, à categoria dos arrendamentos para qualquer outra aplicação lícita do prédio. Mas aqui, na ausência de motivos para fazer crer que o legislador tenha querido romper com a continuidade de soluções traduzida na sujeição ao regime comum dos arrendamentos que se destinam a associações, residências de estudantes, sindicatos, partidos políticos, etc., impôr-se-á também a conclusão de que estes não constituem arrendamentos para fins limitados. Tais arrendamentos não versam aliás seguramente espaços menos habitáveis que os destinados a comércio, indústria ou exercício de profissão liberal.

Esta delimitação negativa não dá, por suposto, uma definição dos arrendamentos para fins limitados. Tem no entanto de perguntar-se se – considerando exactamente os motivos aparentes do legislador – é assim tão essencial oferecê-la. A *ratio* que preside à expressão e à sua consagra-

---

p etação da habitabilidade de um espaço segundo o art. 5.º n.º 2 e) autónoma (e mais ampla) em relação ao que decorrerá de modo estrito do art. 69.º n.º 1 a), 1.ª parte.

Sobre a interpretação do conceito de espaço não habitável, focando a sua centralidade para a determinação dos arrendamentos de fins limitados, pode conferir-se ainda M. ANUÁRIO GOMES, *Arrendamentos comerciais*, 2.ª edição, Coimbra 1993, 27-28.

ção parece suficientemente explicitável para não pôr em causa a intenção e a eficácia reguladora do preceito.

Outras considerações auxiliam a precisá-las. Flui do exposto que, como tivémos ocasião de escrever, os arrendamentos para armazenagem ou parqueamento previstos no art. 5.º n.º 2 e) só são susceptíveis de usufruir do estatuto dos arrendamentos para fins limitados quando não tiverem conexão directa com uma actividade comercial ou industrial estável do arrendatário[11]. De outro modo, o art. 110.º sofreria uma profunda machadada.

Considere-se o contrato de arrendamento para armazenagem: caso todo ele, mesmo se funcionalizado ao exercício do comércio ou da indústria, constituísse (em si) um arrendamento de fim limitado – e subtraído, portanto, ao estatuto dos arrendamentos comerciais ou industriais –, como não estender por identidade de razão essa solução a um número infindável de outros contratos que servem imediatamente a actividade comercial ou industrial dos sujeitos[12]? Pense-se nos arrendamentos para instalação de ar

---

[11] Cfr. o nosso *O novo regime do arrendamento urbano* cit., 166-167. Aderindo a este entendimento também P. ROMANO MARTINEZ, *Direito das Obrigações (Parte especial)/Contratos*, 2ª. edição, Coimbra 2001, 305 em nota. Em abono da posição que defendemos sempre se dirá que a forma mais paradigmática do comércio é a compra para revenda. Ora, a dinâmica desta actividade requer tipicamente a armazenagem. Não se compreenderia portanto facilmente a exclusão total dos arrendamentos para armazenagem do regime dos arrendamentos comerciais. Cfr., porém, a opinião divergente de PINTO FURTADO, *Manual do Arrendamento* cit., 141, que não distingue consoante o fim da armazenagem e retira o arrendamento para armazenagem, em bloco, do regime comum.

[12] É muito problemático pretender que a armazenagem foi excluída do âmbito normal do arrendamento por se tratar nela (supostamente) de um contrato em que à prestação típica da locação se juntam prestações próprias de outros contratos, pois o arrendamento para fins limitados não se confunde com um contrato misto (de arrendamento e outro ou outros contratos).

A letra da lei não permite assim concluir que se trata de excluir pelo art. 5.º, n.º 2 e) os contratos mistos da aplicação do regime do arrendamento. Segundo as regras gerais dos contratos mistos, esse regime continua basicamente aplicável se a prestação arrendatícia for predominante (teoria da absorção). E não se vê razão para assim não ser.

No *nosso* estudo várias vezes citado perseguimos outras considerações que poderiam justificar um tratamento diverso do comum quanto aos arrendamentos para armazenagem, de resto extensível ao arrendamento para parqueamento de viaturas (cfr. aí especialmente pág. 168 em nota, em apreciação crítica do acórdão do Supremo Tribunal de Justiça de 26 de Abril de 1984). Advertiu-se então, *inter alia*, da dificuldade de criação de um regime de benefício em favor das entidades que se dedicam de modo empresarial a estes arrendamentos em relação aos não comerciantes. A necessidade daí resultante de,

condicionado ou zonas de apoio de serviços, para funcionamento do departamento informático das empresas, para localização da sua contabilidade, para instalação de geradores eléctricos ou de gás, etc.. Impõe-se por conseguinte, neste ponto, uma interpretação restritiva do art. 5.º, n.º 2 e): de outro modo perigaria todo o regime dos arrendamentos comerciais. E o que vale neste domínio terá de entender-se para as armazenagens conexas com o exercício da profissão liberal.

Supomos que na sujeição, *ex vi* do art. 110.º, dos arrendamentos para comércio e indústria ao regime comum do arrendamento urbano deve vislumbrar-se, fundamentalmente, a ideia de protecção do *estabelecimento* comercial ou industrial[13]. Este pensamento merece ser realçado. A sua centralidade permite formular juízos de adequação e coerência sobre diversas soluções da disciplina do arrendamento e, além de outras manifestações mais frequentemente versadas, persuadimo-nos de que ele pode projectar também a sua luz sobre o âmbito do regime dos arrendamentos para fins limitados. A tutela assim conferida pela disciplina comum do arrendamento à actividade da empresa abarca diversos aspectos, destacando-se a preocupação de assegurar condições para um investimento seguro na sua formação, e garantir a sua estabilidade mediante a continuidade mínima da respectiva base físico-espacial, especialmente susceptível de ser afectada se os arrendamentos para fins comerciais pudessem ser celebrados por qualquer prazo (ainda que curto) e denunciados livremente no fim desse

---

para evitar gritantes injustiças, admitir uma extensão de soluções, ameaça todavia o critério do art. 110.º.

Não parece também criteriosa a ideia de diferenciar a cedência de locais para armazenamento em relação ao arrendamento comercial ou industrial (eximindo-o do regime comum do arrendamento urbano), a pretexto do carácter meramente acessório da actividade de armazenamento com respeito ao comércio ou transformação industrial dos bens armazenados. A logística da actividade comercial ou industrial é com frequência muito mais importante do que o local onde os bens são transaccionados ou modificados. A menos que quisesse privilegiar-se hoje apenas – através das medidas protectivas do arrendamento comercial – o pequeno comércio tradicional de "porta aberta", porventura tipicamente com menores exigências de armazenagem. Mas tal restrição soa evidentemente a uma injustificada hipervivência de modelos comerciais vindos do pretérito, actualmente, em largos sectores, obsoletos (cfr. também *infra*).

[13] A empresa agrícola não goza *apertis verbis* da mesma amplitude de protecção relativamente aos contratos de arrendamento de prédios urbanos de que se serve, o que não deixa de suscitar interrogações.

prazo (como é de regra na locação civil e vigora nos arrendamentos para fins limitados)[14].

Ora, não se vê porque é que essa tutela haveria de se cingir à do estabelecimento na acepção restrita de loja de venda ao público (o que correntemente se designa o "comércio tradicional" e as suas formas habituais). Não deve portanto excluir-se dessa protecção o gozo temporário oneroso de outros locais essenciais à actividade da empresa mediante a sua inclusão no elenco dos arrendamentos para fins limitados. Observe-se ainda que o próprio legislador quis conferir à organização de meios envolvidos no exercício de uma profissão liberal uma forma de protecção similar à do estabelecimento comercial ou industrial (cfr. o art. 121.º).

Estas considerações aplicam-se ao arrendamento para parqueamento de viaturas. A cedência de um espaço para a exploração económica do aparcamento e recolha de viaturas por parte do arrendatário será, nesta linha, um arrendamento comercial comum. Objectar-se-á contudo que aqui se terá querido criar uma excepção ao regime comum do arrendamento[15]. De que forma entendê-lo porém, do ponto de vista da uniformidade valorativa, desde logo com o arrendamento para armazenagem necessária ao exercício de uma actividade comercial (considerando que, como defendemos, ele não consubstancia um arrendamento para fins limitados), mas, para além disso, com muitos outros tipos de arrendamentos directamente funcionalizados a essa actividade para os quais se reclama o regime comum do arrendamento urbano?

Certamente que uma descrição do estabelecimento como local onde culmina a actividade económica da empresa e se realiza o respectivo ganho permite distinguir os arrendamentos para armazenagem dos destinados a parqueamento, ao menos dentro do entendimento de que o armazém não é o sítio da celebração habitual dos actos de comércio, já o sendo o parque de automóveis. Só que, coerentemente desenvolvida, esta opinião leva precisamente à sujeição dos arrendamentos para exploração do aparcamento e recolha de veículos ao regime comum em nome da defesa do estabelecimento (arredando dele – na acepção agora considerada – os arrendamentos para armazenagem).

A menos que, mais restritamente, se preste de novo tributo à concepção corrente que confina a actividade comercial à venda ao público que

---

[14] Não é este naturalmente o lugar para uma apreciação de mérito dos vários termos e formas de protecção da actividade comercial na legislação do arrendamento.

[15] Vide PINTO FURTADO, *Manual do Arrendamento Urbano* cit., 141-142, opondo--se a uma opinião de ANTUNES VARELA.

se exerce em local de porta aberta para a rua. Nessa acepção, nem o armazenamento, nem a exploração do parqueamento são efectivamente actividades comerciais. Mas ela é insustentável: a importância de tais locais é hoje muito variável dentro das organizações comerciais e, não raro, extremamente reduzida (pense-se no incremento das vendas à distância e no *e-business*). Pelo contrário, na linha da ideia atrás proposta de interpretar o art. 5.° n.° 2 e) por forma a não colidir com a protecção do estabelecimento, não pode senão concluir-se que o arrendamento de local para o arrendatário proceder à exploração económica do parqueamento de viaturas é de facto um arrendamento comercial e não um arrendamento para fins limitados.

As dificuldades não ficam no entanto por aqui. Também o arrendamento de espaço não habitável para afixação de publicidade é, tipicamente, um arrendamento para fins comerciais e, não obstante, a lei considera-o – e aqui praticamente sem margem para dúvidas atenta a aludida tipificação – um arrendamento de fim limitado. Do mesmo modo parece que devem ser apreciados, em nome da congruência, os arrendamentos para instalação de postos receptores ou retransmissores de sinais electromagnéticos. Dir-se-á que nestes, relativamente aos arrendamentos para parqueamento ou armazenagem, via de regra comerciais, há sempre a diferença de se tratar (normalmente) de contratos que incidem sobre paredes, fachadas, terraços ou telhados. Mas o critério que propusémos da defesa do estabelecimento e da actividade da empresa permite avançar um pouco mais na explicação substancial da diversidade. É que os locais que a empresa usa para a sua publicidade não integram ordinariamente o espaço físico-espacial que a individualiza, nem o seu uso se apresenta normalmente imprescindível à continuidade e estabilidade do seu funcionamento. Esses locais podem variar que o estabelecimento comercial não é tipicamente afectado. O regime comum não se aplica portanto: *cessante ratione cessat lex ipsa*[16].

Para justificar que os arrendamentos para os sobreditos fins são de haver como contratos para fins limitados, excluídos da disciplina dos arrendamentos para comércio, avulta ainda um outro aspecto: a tutela do

---

[16] Tais arrendamentos são formalmente arrendamentos para fins comerciais, mas não se lhes aplica o regime comum destes (face ao direito anterior, era diverso, quanto a este último ponto, o entendimento de OLIVEIRA ASCENSÃO e ANTUNES VARELA, aliás já na linha da qualificação de tais arrendamentos como comerciais: cfr. os pareceres jurídicos publicados na CJ XVIII, 1993, t. 3, 15 ss, e 5 ss, respectivamente). Para uma acionalização desta solução, *vide* ainda *infra*.

estabelecimento não abrange de modo algum todas as relações jurídicas em que o respectivo titular incorre enquanto detentor daquele. Aquelas que ele instaura com terceiros na prossecução da sua actividade lucrativa e com que potencia a aptidão para o ganho que a empresa lhe faculta não são abrangidas por nenhuma razão de protecção especial, subordinando-se em princípio às regras gerais vigentes para qualquer sujeito que actua no mundo jurídico. Por isso, a obtenção de espaços para publicidade ou instalação de antenas e outros equipamentos por quem procede à exploração do comércio publicitário ou de telecomunicações não deve beneficiar do tratamento privilegiado dos arrendamentos comerciais[17]. Se se quiser, numa linguagem analítica: objecto de protecção apresenta-se mais o estabelecimento do que os actos em que se desdobra depois a actividade empresarial, pois esta não tem por que gozar de um estatuto de vantagem em relação a actuações não empresariais[18].

A doutrina tem sustentado a não aplicação do regime comum do arrendamento àqueles que incidem sobre fachadas e telhados para publicidade na base de que nesses contratos o prédio sofreria um desvio em relação à sua função normal ou natural, ou apelando a uma atipicidade do fim desses contratos[19]. Em rigor, porém, nem a função normal ou natural, nem a atipicidade do fim, são *per se* susceptíveis, sequer em tese, de constituir *autênticos critérios normativos de regulação*: não só não servem para alicerçar uma redução teleológica do regime comum do arrendamento urbano, como não se apresentam por si idóneas para justificar derradeiramente a instituição de uma excepção a um regime-regra por parte do legislador[20]. Aqui residirá a utilidade do critério da protecção do estabelecimento acabado de desenvolver.

---

[17] *Mutatis mutandis*, se quem arrenda os espaços para publicidade é uma empresa que presta serviços a terceiros, usando ou disponibilizando esses espaços para a promoção publicitária de outros.

[18] Acerca da distinção entre estabelecimento comercial e empresa, cfr. OLIVEIRA ASCENSÃO, *Direito comercial, I, (Institutos gerais)*, Lisboa 1998/1999, 103.

[19] Cfr. PINTO FURTADO, *Manual do Arrendamento* cit., 136, PIRES DE LIMA/ANTUNES VARELA, *Código Civil Anotado*, 4ª. edição, Coimbra 1997, 490-491, e CALVÃO DA SILVA, *Estudos de Direito Comercial (Pareceres)*, Coimbra 1996, 290 ss. Na mesma linha também P. ROMANO MARTINEZ, *Direito das Obrigações* cit., 305 em nota.

[20] Substancial, embora carecente de aprofundamento, é naturalmente o apelo à ausência de interesse público na aplicação da disciplina proteccionista dos arrendamentos «vinculísticos», propugnado, quer por PINTO FURTADO, *loc. ult. cit.*, quer por MENEZES CORDEIRO/CASTRO FRAGA, *Novo regime do arrendamento urbano*, Coimbra 1990, n. 6 ao art 5.º.

Interpretado como precede, o art. 5.º n.º 2 e) apresenta, segundo cremos, certa consistência (tenha ele sido ou não, antes de mais, um modo avulso de resolver, num determinado sentido, a questão da disciplina de certos e concretos tipos de arrendamento). Os elementos anteriores serão já suficientes para permitir ponderações minimamente razoáveis com vista à sua aplicação. Certamente que a prática e a experiência dos tribunais se pronunciarão ainda sobre a real utilidade da cláusula geral que, neste preceito, reforça a regulamentação casuística aí (também) contida. Admitimos porém, atento o que antecede, que não seja grande o espaço de vida autónoma dessa cláusula. Até porque, consubstanciando ela uma norma de excepção ao regime-regra, o *non liquet* acerca da natureza limitada do fim de dado arrendamento se resolve sempre, de acordo com as regras de distribuição do ónus da argumentação, contra aquele que queira prevalecer-se dessa qualificação.

Qualquer futura intervenção legislativa de fundo no arrendamento urbano deve naturalmente fazer um balanço, reequacionando em todas as suas dimensões o sentido e os problemas do art. 5.º n.º 2 e). Sobretudo tendo em conta o esbatimento progressivo dos traços injuntivos do regime comum do arrendamento urbano inspirados na protecção do arrendatário, pois a flexibilização desse regime torna cada vez menos premente a manutenção de uma categoria geral de arrendamentos para fins limitados, dele excluídos. De realçar nomeadamente que os arrendamentos para comércio, indústria ou exercício de profissão liberal estão hoje também sujeitos à possibilidade de estabelecimento de um prazo de duração efectiva, com o que se esvazia em muito a utilidade da discussão em torno daquela categoria.

Terminamos fazendo notar que, se todo o n.º 2 do art. 5.º do R.A.U. restringe o âmbito da disciplina que este diploma institui em relação a espécies formalmente enquadráveis na categoria do arrendamento urbano, o art. 6.º confere no entanto a essa disciplina um apreciável alargamento. Ela sofre na verdade uma tríplice extensão: não só algumas das suas disposições se aplicam aos arrendamentos excluídos de forma global do âmbito material do R.A.U. pelo art. 5.º n.º 2 referido, como se comunicam aos arrendamentos rústicos não sujeitos a regimes especiais. Além disso, a regulamentação do arrendamento urbano estende-se aos próprios arrendamentos urbanos sujeitos a regimes especiais, na medida em que a índole das suas disposições seja compatível com esses regimes[21].

---

[21] Em termos substancialmente concordantes, pode ver-se também ARAGÃO SEIA, *Arrendamento urbano (anotado e comentado)*, 5ª. edição, Coimbra 2000, 157 s.

O R.A.U. representa hoje na realidade, bem para além daquilo que o seu nome legal indicia, o diploma central dos arrendamentos prediais. Especialmente no que concerne ao estatuto dos arrendamentos rústicos para fins comerciais, industriais ou para o exercício de profissão liberal, detectam-se contudo algumas dificuldades de interpretação e construção da respectiva disciplina. Este aspecto é importante, atento o crescente relevo económico-social de que tais arrendamentos se revestem (pense-se nos que se destinam à instalação de campos de ténis, de golfe ou parques de diversão, à exploração de águas minero-medicinais, a depósitos de materiais, zonas de exposição de máquinas ou espectáculos de ar livre, percursos de simulação de caça, *safaris* de natureza, produção de energia eólica, implantação de postos de transmissão ou retransmissão de sinais electro-magnéticos, etc.). Já desenvolvemos noutra ocasião este ponto[22]. Invocá-lo serve por isso agora sobretudo para, volvendo ao início, lembrar que a questão do âmbito de aplicação do regime do arrendamento urbano se conta entre as matérias mais relevantes do regime do arrendamento urbano, pondo como poucas à prova a profundidade da percepção jurídica do intérprete-aplicador.

Rematamos com um voto. Sendo afinal tão vasto o alcance da "descodificação" que o R.A.U. operou, diremos que tal circunstância torna também particularmente premente que, estabilizadas as opções de regime e sedimentada a aproximação dos vários tipos de arrendamento entre si, se pondere com detenção, quando se fizer sentir a conveniência de refundir a disciplina desta matéria, o regresso da sua estrutura básica ao diploma--mãe, de onde saiu por compreensíveis razões de praticabilidade técnico--legislativa, mas, pelo menos numa perspectiva alargada de prazo, plausivelmente não definitivas.

Apenas dois ou três tópicos acerca de um ponto evidentemente vasto e complexo. Vem-se assistindo, mesmo desde a entrada em vigor do R.A.U., a uma convergência progressiva da disciplina das diversas modalidades legais do arrendamento. A modificação do direito arrendatício tem ocorrido sob a égide do retorno aos princípios gerais da locação civil. E caíram certas barreiras à liberdade contratual. A livre fixação do regime de actualização das rendas ganhou, por exemplo, um espaço generalizado, tendo designadamente penetrado no âmbito dos arrendamentos habitacionais[23]. Admite-se por outro lado hoje a celebração de arrendamentos de

---

[22] Cfr. o *nosso O novo regime do arrendamento urbano* cit., 177 ss.

[23] Contra a regressão que representava a versão inicial do R.A.U. opinámos em *O novo regime* cit., 160.

duração efectiva para comércio, indústria, profissão liberal ou outros fins lícitos. Aquilo que começou por constituir uma excepção localizada ao regime dito "vinculístico" assenhoreou-se entretanto, largamente, do comércio jurídico. Representará actualmente, na prática, o regime-regra, o que sugere que o legislador dê o passo de o consagrar como tal (tornando meramente transitório ou optativo o arrendamento "vinculístico", este sim susceptível de ser relegado, em caso de necessidade, para diploma avulso como subtipo contratual particular do arrendamento). Vários aspectos da regulamentação particular do arrendamento urbano dizem mais respeito às necessidades de disciplina das relações que vêem do passado – cada vez menos relevantes – do que a conveniências prospectivas de regime. Aliás, a generalização dos arrendamentos comerciais ou industriais com prazo de duração efectiva significa naturalmente uma erosão da ideia da protecção especial do estabelecimento comercial ou industrial (e do regime que ela inspirou). O que conflui em admitir que, nos arrendamentos, a grande distinção dogmática e regulativa do futuro será entre o arrendamento urbano e o rústico rural, sem prejuízo de algumas especificidades a nível de subtipos contratuais, que concernem sobretudo aos arrendamentos para habitação. Há pontos específicos do arrendamento para habitação, que não se comunicam portanto aos demais. Outros, finalmente, incidem sobre aspectos processuais. Tudo faz vislumbrar a possibilidade vindoura de simplificações e rearranjos técnico-legislativos, com alguma economia de normas.

Neste contexto, sem precipitações e sem esquecer as vantagens da actual solução da "descodificação", há sempre que equacionar o regresso do núcleo da matéria do arrendamento ao Código Civil, a que por natureza pertence.

FORMAÇÃO DO CONTRATO
DE ARRENDAMENTO URBANO*

CARLOS LACERDA BARATA**

SUMÁRIO: I – Introdução. Modos de constituição da relação de arrendamento urbano. Delimitação; 1. Temática em análise; 2. Fontes da relação de arrendamento; 3. Delimitação do objecto. II – Formação do contrato: pluralidade de regimes complementares; 4. Regime geral de formação do contrato, regras sobre contratos em especial e RAU. III – Formação do contrato de arrendamento urbano à luz do RAU; 5. Sede legal da matéria; 6. Âmbito temporal de aplicação; 7. Forma; 7.1. Generalidades; 7.2. O artigo 7.º RAU e a regra do formalismo; 7.3. As alterações introduzidas pelo D.L. n.º 64--A/2000, de 22 de Abril; 7.4. Preterição da forma legal; 7.4.1. Regime geral; 7.4.2. Regime do RAU; 8. Formação do contrato e registo; 9. Conteúdo; 9.1. Apreciação geral; 9.2. Elementos principais gerais; 9.3. Elementos secundários necessários e eventuais; 9.4. Preterição de regras de conteúdo.

---

* O presente estudo – com algumas actualizações bibliográficas e jurisprudenciais – corresponde ao texto base da conferência proferida na Faculdade de Direito da Universidade de Lisboa, em 15 de Janeiro de 2001, no âmbito do *Curso de Arrendamento Urbano – Análise e linhas de evolução uma década após o R.A.U.*, realizado sob coordenação do Prof. Doutor Manuel Januário Gomes.

** Mestre em Direito – Assistente da Faculdade de Direito de Lisboa.

I. INTRODUÇÃO. MODOS DE CONSTITUIÇÃO DA RELAÇÃO DE ARRENDAMENTO. DELIMITAÇÃO

1. Temática em análise

O tema a tratar é apresentado sob a designação *"formação do contrato de arrendamento urbano"*, o que, só por si, permite uma primeira delimitação da matéria objecto de estudo.

E a sua inserção num *Curso de Arrendamento Urbano*, tendo por objecto a *análise do Regime do Arrendamento Urbano (RAU) e da sua evolução*, impõe, decisivamente, uma outra linha delimitadora: mais do que uma "teoria geral" da formação do contrato de arrendamento urbano, importa, essencialmente, a consideração do RAU, nas suas especificidades normativas. Naturalmente, naquilo que à formação do contrato de arrendamento urbano diga respeito.

2. Fontes da relação de arrendamento

Uma relação de arrendamento (urbano ou não) – recorde-se – pode buscar a sua génese numa de duas fontes[1]:

a) Contrato
É o principal modo – a via privilegiada[2] – de constituição da relação de arrendamento.
Quer se trate de:

a1) Contrato de arrendamento não precedido de qualquer contrato preliminar.

a2) Contrato de arrendamento antecedido de contrato-promessa.

Tal contrato-promessa estará sujeito a forma escrita, assinado por um ou ambos os contraentes, consoante a promessa seja monovinculante ou

---

[1] Vide M. JANUÁRIO GOMES, *Arrendamentos para Habitação*, 2ª ed., Almedina, Coimbra, 1996, 41 ss.

[2] Cfr. M. JANUÁRIO GOMES, *Constituição da Relação de Arrendamento Urbano*, Almedina, Coimbra, 1980, 47.

A preponderância do *contrato* nesta matéria não constitui, aliás, especialidade alguma: *em geral*, ao *contrato* é reconhecido o papel de principal fonte voluntária de relações obrigacionais.

bivinculante, nos termos do artigo 410.°, n.° 2, CC. Será inaplicável o artigo 410.°, n.° 3, CC[3], já que não se trata de «...*promessa relativa à celebração de contrato (...) de transmissão ou constituição de direito real...*»[4].

a3) Contrato de arrendamento precedido de pacto de preferência, celebrado por escrito, assinado pelo obrigado à preferência, nos termos conjugados dos artigos 415.° e 410.°, n.° 2, CC [5].

a4) Contrato de arrendamento celebrado em exercício do direito a novo arrendamento, previsto nos artigos 90.° ss RAU[6].

b) Sentença

Tratar-se-ão, especialmente[7], de casos de constituição de relação de arrendamento em virtude de sentença de execução específica, proferida nos termos do artigo 830.° CC. Quer se trate da execução específica de uma obrigação convencional de contratar (por incumprimento de contrato-

---

[3] Sobre a forma (e formalidades) do contrato-promessa, entre os vários estudos existentes, cfr. GALVÃO TELLES, *Direito das Obrigações*, 7ª ed., Coimbra Edit., 1997, 103 ss, ALMEIDA COSTA, *Direito das Obrigações*, 8ª ed., Almedina, Coimbra, 2000, 347 ss, e *Contrato-Promessa, Uma síntese do regime vigente*, 7ª ed., Almedina, Coimbra, 2001, 22 ss, ANTUNES VARELA, *Das Obrigações em Geral*, vol. I, 10ª ed., Almedina, Coimbra, 2000, 316 ss, MENEZES CORDEIRO, *O novíssimo regime do contrato-promessa*, in *Estudos de Direito Civil*, vol. I, Almedina, Coimbra, 1987, 70 ss, L. MENEZES LEITÃO, *Direito das Obrigações*, vol. I, Almedina, Coimbra, 2000, 193 ss, ANA PRATA, *O contrato-promessa e o seu regime civil*, Almedina, Coimbra, 1995, 474 ss, VICTOR CALVETE, *A forma do contrato-promessa e as consequências da sua inobservância*, Sep. do vol. LXIII (1987) do BFDUC, Coimbra, 1990, BRITO PEREIRA, *Do contrato-promessa sinalagmático indevidamente assinado por apenas um dos promitentes*, AAFDL, 1991.

Especificamente, acerca da forma do contrato-promessa de arrendamento, cfr. M. JANUÁRIO GOMES, *Arrendamentos para Habitação*, cit., 46 ss, e *Arrendamentos Comerciais*, 2ª ed., Almedina, Coimbra, 1991, 40-41, PINTO FURTADO, *Manual do Arrendamento Urbano*, 3ª ed., Almedina, Coimbra, 2001, 294 ss.

[4] Neste sentido, expressamente, M. JANUÁRIO GOMES, *Arrendamentos para Habitação*, cit., 47.

[5] Cfr. C. LACERDA BARATA, *Da Obrigação de Preferência, Contributo para o estudo do artigo 416.° do Código Civil*, Coimbra Edit., 1990, 14 ss.

[6] Para o locador, trata-se de uma verdadeira obrigação legal de contratar.

Sobre o direito a novo arrendamento, cfr., nomeadamente, PINTO FURTADO, *Manual do Arrendamento Urbano*, cit., 721 ss, M. JANUÁRIO GOMES, *Arrendamentos para Habitação*, cit., 189 ss.

[7] Mas não exclusivamente: outra situação a referenciar, neste âmbito, é a prevista, em matéria de divórcio, no artigo 1793.° CC. Sobre o ponto, cfr. M. JANUÁRIO GOMES, *Arrendamentos para Habitação*, cit., 49 ss.

-promessa), quer de uma obrigação legal de contratar (*maxime* nos termos do artigo 95.º RAU, que expressa e didacticamente atribui tal faculdade ao titular de direito a novo arrendamento).

3. Delimitação do objecto

A exposição subsequente procurará manter-se dentro dos limites indiciados pela própria designação atribuída ao tema em apreço.

Não se ensaia, portanto, uma reflexão sobre a formação *da relação* de arrendamento urbano, que – pelo exposto – ampliaria as matérias a abordar.

Iremos centrar a nossa atenção, somente, na formação *do contrato* de arrendamento urbano. Especialmente: a formação do contrato de arrendamento urbano, *à luz do RAU*.

II. FORMAÇÃO DO CONTRATO: PLURALIDADE DE REGIMES COMPLEMENTARES

4. Regime geral de formação do contrato, regras sobre contratos em especial e RAU

4.1. A constituição do contrato de arrendamento urbano implica a consideração de vários blocos normativos e a sua compatibilização.

É um fenómeno conhecido. E comum ao tratamento específico de certo tipo (ou subtipo) contratual, que decorre, necessariamente, da opção sistemática espelhada no nosso Código Civil[8] :

– a consagração, na Parte Geral do CC, de um conjunto de regras atinentes à declaração negocial (artigos 217.º ss CC);
– o estabelecimento, no Livro do Direito das Obrigações, de normas relativas ao contrato em geral (artigos 405.º ss CC);
– a consideração das regras privativas do contrato de locação, tratado como "contrato em especial" (artigos 1022.º ss);

---

[8] Cfr. MENEZES CORDEIRO, *Tratado de Direito Civil Português*, I, *Parte Geral*, t. I, 2ª ed., Almedina, 2000, especialmente, 89 ss, 306, e *Teoria Geral do Direito Civil Relatório* sep. RFD, Lisboa, 1988, em especial, 77 ss.

– e, finalmente, as regras relativas ao arrendamento urbano, contidas hoje em diploma autónomo: o Regime do Arrendamento Urbano (RAU), aprovado pelo DL n.º 321-B/90, de 15 de Outubro, com as diversas alterações já operadas.

4.2. Perante este elenco, será legítimo questionar quais as normas aplicáveis à formação do contrato de arrendamento urbano.
A legitimidade da questão advém, especialmente, do disposto no artigo 5.º, n.º 1, RAU.
Aí se prescreve que, com excepção dos casos previstos no n.º 2,

«O arrendamento urbano rege-se pelo disposto no presente diploma e, no que não esteja em oposição com este, pelo regime geral da locação civil».

Não obstante este aparente pendor "exclusivista", é de afirmar também a aplicabilidade, entre outras[9], das regras (e princípios) vigentes em matéria de declaração negocial, negócio jurídico e contrato: normas e princípios[10] constantes do Código Civil, com aptidão para uma aplicação geral às relações jurídico-privadas, independentemente de indicação legislativa expressa nesse sentido[11].

4.3. Naqueles complexos normativos, avulta – para o tema em apreço – o conjunto de regras que, no Código Civil, são aplicáveis à formação do contrato: especialmente, os artigos 224.º ss.
Sem prejuízo de eventuais desvios ou especialidades decorrentes do R.A.U.[12], a constituição do contrato de arrendamento urbano não prescinde do esquema geral de formação dos contratos[13].

---

[9] Cfr., nomeadamente, Ac. STJ 05.11.98 (MATOS NAMORA), *BMJ* 481, 1998, 437 ss, aplicando regras gerais sobre incumprimento/impossibilidade das obrigações, em matéria de arrendamento (rural).

[10] Cfr. Ac. RL 07.10.97 (ADRIANO AUGUSTO MORAIS), sum. *BMJ* 470, 1997, 666, fazendo aplicação do princípio da autonomia da vontade e do artigo 405.º CC, na conformação do objecto do contrato de arrendamento.

[11] Vide, neste sentido, M. CARNEIRO DA FRADA, *O novo regime do arrendamento urbano: sistematização geral e âmbito material de aplicação*, sep. *ROA*, ano 51, I, 1991, 162.

[12] Cfr. infra.

[13] Sobre a formação do contrato, na doutrina portuguesa, cfr., designadamente, MENEZES CORDEIRO, *Tratado de Direito Civil Português*, I, *Parte Geral*, t. I, *cit.*, 347 ss, e *Direito das Obrigações*, 1.º vol., AAFDL, Lisboa, (1980) reimpr. 1986, 435 ss, GALVÃO

Nomeadamente, em matéria de requisitos e regime da proposta e da aceitação, em ordem à identificação do necessário – e suficiente[14] – consenso contratual.

4.4. Nas considerações que se seguem, porém, iremos atender, especialmente, às regras que o RAU dedica ao tema da formação do contrato.

III. FORMAÇÃO DO CONTRATO DE ARRENDAMENTO URBANO À LUZ DO RAU

5. Sede legal da matéria

No que concerne, especificamente, à matéria da *formação* do contrato de arrendamento urbano em geral regem os artigos 7.º, 8.º e 9.º do RAU, que constituem a Secção II do Capítulo I do RAU.

Após uma secção (I) dedicada aos «princípios gerais», aí se tratam, sucessivamente, a *forma* e o *conteúdo* do contrato.

TELLES, *Direito das Obrigações*, *cit.*, 63 ss, PESSOA JORGE, *Direito das Obrigações*, AAFDL, Lisboa, 1975/76, 163 ss, FERREIRA DE ALMEIDA, *Contratos*, I, Almedina, 2000, 57 ss, PAIS DE VASCONCELOS, *Teoria Geral do Direito Civil*, vol. I, Lex, Lisboa, 1999, 205 ss, 217 ss.

[14] O arrendamento (como a locação, em geral) é um contrato consensual. A entrega da coisa é objecto de obrigação do locador (artigo 1031.º, *a)*, CC) – efeito do contrato e não elemento da sua formação. Não é um contrato real *quoad constitutionem*.

Neste sentido, entre nós, cfr., nomeadamente, M. JANUÁRIO GOMES, *Constituição da Relação de Arrendamento Urbano*, *cit.*, em especial, 84-87, PINTO FURTADO, *Manual do Arrendamento Urbano*, *cit.*, 308, PEREIRA COELHO, *Arrendamento*, Coimbra, 1988, 16, MENEZES CORDEIRO, *Da natureza do direito do locatário*, sep. ROA, Lisboa, 1980, 8, PIRES DE LIMA / ANTUNES VARELA, *Código Civil Anotado*, vol. II, 4ª ed., Coimbra Edit., 1997, 343.

Cfr. também ROMANO MARTINEZ, *Direito das Obrigações (Parte Especial), Contratos*, 2ª ed., Almedina, Coimbra, 2001, 169-170, onde se sustenta idêntica posição, embora contrapondo (numa perspectiva que não acompanhamos) contrato real *quoad constitutionem* a contrato obrigacional.

No domínio do Código de Seabra, cfr. GALVÃO TELLES, *Manual dos Contratos em Geral*, 3ª ed., Lisboa, 1965, 379 ss, em particular, 381-382.

Em igual sentido, na jurisprudência, cfr., nomeadamente, Ac. RC 23.04.96 (FRANCISCO LOURENÇO), sum. *BMJ* 456, 1996, 508.

6. Âmbito temporal de aplicação

De acordo com o disposto no artigo 6.° do DL preambular ao RAU, as regras constantes dos artigos 7.° e 8.° RAU só se aplicam a contratos celebrados a partir de 15 de Novembro de 1990, data da sua entrada em vigor[15].

Ficaram, assim, resolvidas eventuais dúvidas sobre o regime de aplicação no tempo.

O legislador optou – e bem – por confirmar o regime geral de irretroactividade, vigente nesta matéria.

Trata-se, com efeito, de regras atinentes às condições de validade formal (artigo 7.°) e substancial (artigo 8.°) do contrato, a que – na falta de disposição especial[16] – sempre se aplicaria a 1ª parte do n.° 2 do artigo 12.° CC[17-18].

7. Forma

7.1. *Generalidades*

7.1.1. A forma traduz o modo como certo acto (*lato sensu*) se revela. É o modo de exteriorização da declaração[19].

Não existem, pois, actos sem forma, já que todos eles se tornam cognoscíveis por determinado modo.

---

[15] Cfr. artigo 2.° do mesmo DL preambular.

[16] Ou seja: «...*em caso de dúvida*...» – artigo 12.°, n.° 2, CC.

[17] Cfr. OLIVEIRA ASCENSÃO, *O Direito – Introdução e Teoria Geral, Uma Perspectiva Luso-Brasileira*, 11ª ed., Almedina, Coimbra, 2001, especialmente, 544 ss, BAPTISTA MACHADO, *Introdução ao Direito e ao Discurso Legitimador*, 12ª reimpr., Almedina, Coimbra, s/ data, mas 2000, em especial, 231 ss, 237 ss.

[18] Cfr., em matéria de forma do contrato de arrendamento, Ac. RL 21.10.93 (PIRES SALPICO), *CJ* XVIII, t. 4, 1993, 154 ss.

Cfr. MENEZES CORDEIRO/CASTRO FRAGA, *Novo regime do arrendamento urbano anotado*, Almedina, Coimbra, 1990, 59, ARAGÃO SEIA, *Arrendamento Urbano*, 5ª ed., Almedina, Coimbra, 2000, 37, 164 e 174, M. JANUÁRIO GOMES, *Arrendamentos para Habitação*, cit, 55, e *Arrendamentos Comerciais*, cit., 44, PINTO FURTADO, *Manual do Arrendamento Urbano*, cit., 371 ss.

[19] Vide MENEZES CORDEIRO, *Tratado de Direito Civil Português*, I, *Parte Geral*, t. I, cit., 375 ss, OLIVEIRA ASCENSÃO, *Direito Civil, Teoria Geral*, vol. II, *Acções e Factos Jurídicos*, Coimbra Edit., 1999, 47 ss.

Existem, sim, actos sem forma especial: sem forma determinada ou vinculada.

Após uma longa evolução, com profundas raízes históricas, vigora hoje um Princípio de liberdade de forma ou de consensualidade.

Entre nós, tal resulta, sabidamente, do artigo 219.º CC.

7.1.2. Por vezes, excepcionalmente, a lei submete certos actos a forma especial, impondo a sua exteriorização de modo determinado, sob pena, em regra, de nulidade[20]: os actos formais, de que os negócios e os contratos formais constituem espécies.

7.1.3. Acrescem ainda, nalguns casos, exigências legais suplementares, não já ao nível da forma, mas no domínio das meras formalidades[21], cujo desrespeito implicará consequências diversas, assacadas por lei, consoante a matéria em questão [22].

7.2. O artigo 7.º RAU e a regra do formalismo

7.2.1. Segundo o n.º 1 do artigo 7.º RAU, o contrato de arrendamento urbano deve ser celebrado por escrito.

Significa isto que o contrato de arrendamento urbano é actualmente, no ordenamento jurídico português[23], um contrato formal. Independentemente do fim do arrendamento[24].

---

[20] Cfr. artigo 220.º CC.

[21] Para a distinção entre forma e formalidade, cfr., entre outros, MENEZES CORDEIRO, *Tratado de Direito Civil Português*, I, *Parte Geral*, tomo I, *cit.*, 375-376, OLIVEIRA ASCENSÃO, *Direito Civil, Teoria Geral*, vol. II, *cit.*, 50-51.

[22] A título meramente exemplificativo, recordem-se as formalidades exigidas pelo n.º 3 do artigo 410.º CC e a invalidade mista / atípica associada à sua inobservância.

[23] Em Itália, segundo o *Codice Civile* (artigo 1350, n.º 8), estão sujeitos a forma escrita apenas os arrendamentos celebrados por mais de nove anos, valendo para os demais a regra da liberdade de forma. Porém, a reforma de 1998, em matéria de arrendamento habitacional, trouxe, nesta matéria, a novidade da generalização da exigência de documento escrito (artigo 1/ 4, da L. 9.12.1998, n.º 431). Vide A. TRABUCCHI, *Istituzioni di Diritto Civile*, 40ª ed., CEDAM, Padova, 2001, 788 e 791-792, ROPPO, *Il Contratto* (*Trattato di Diritto Privato*, IUDICA / ZATTI), Giuffrè, Milano, 2001, 220-221, BIANCA, *Diritto Civile*, III, *Il Contratto*, 2ª ed., Giuffrè, Milano, 2000, 276, GALGANO, *Istituzioni di Diritto Privato*, CEDAM, Padova, 2000, 193, AMORTH, in *Commentario al Codice Civile*, dir. P. CENDON, vol. 4.º, UTET, Torino, 1991, 1085, ALPA / ZATTI, *Commentario breve al Codice Civile, Leggi Complementari*, t. I, 3ª ed., CEDAM, Padova, 1999, 1361-1362, 1372-1373. Em

caso de falta de documento escrito, o inquilino poderá invocar, nos termos do artigo 13/ 5 da Lei n.º 431, a existência de «*un rapporto di locazione di fatto*», ultrapassando, assim, a simples aplicação do regime da nulidade (cfr. ROPPO, *Il Contratto, cit.*, 242 – considerando a lei «*ambigua*»).

No Direito alemão vigora como regra a liberdade de forma, em matéria de arrendamento. Do regime geral, constante do BGB, resulta que o carácter consensual ou formal da locação não produtiva – *Miete* (§§ 535 ss BGB) – varia em função do prazo fixado: o § 566 BGB exige, para os contratos, relativos a imóveis, celebrados por prazo superior a um ano, documento escrito; a inobservância da forma escrita não gera, porém, a invalidade, provocando apenas uma "sanção atenuada" («*mildere Sanktion*»): o contrato *considera-se* celebrado por tempo indeterminado (vide MEDICUS, *Schuldrecht* II, *Besonderer Teil*, 9. Auflage, Beck, München, 1999, 98, 117). A falta de forma mantém, portanto, incólume a validade do contrato, sendo atingida apenas a estipulação do prazo, que é substituída, por força da *ficção* contida no § 566 (vide ROQUETTE, *Das Mietrecht des Bürgerlichen Gesetzbuches – Systematischer Kommentar*, Mohr (Siebeck), Tübingen, 1966, 567). Cfr. ainda BROX, *Besonderes Schuldrecht*, 24. Auflage, Beck, München, 1999, 94, LARENZ, *Lehrbuch des Schuldrechts*, Band II, 1, *Besonderer Teil*, 13. Auflage, Beck, München, 1986, 215, EMMERICH / SONNENSCHEIN, *Miete Handkommentar*, 5. Auflage, Gruyter, Berlin / New York, 1989, 376 ss, VOELSKOW, in *Münchener Kommentar zum BGB*, Band 3, *Schuldrecht, Besonderer Teil* I, §§ 433-606, 3. Auflage, Beck, München, 1995, (§ 566) 1480 ss, HEINTZMANN, in *Soergel Kommentar zum Bürgerliches Gesetzbuch*, Band 4/1, *Schuldrecht* III/1, §§ 516-651, 12. Auflage, Kohlhammer, Stuttgart / Berlin / Köln, 1998, (§ 566) 887.

Perante o Direito francês, regra geral, a locação não está sujeita a forma especial (artigo 1714 CC). Todavia, a forma escrita é exigida em algumas espécies, nomeadamente, em sede de arrendamento para habitação (artigo 3, L. de 6.7.1989); neste domínio, as consequências da falta de documento escrito são discutidas na doutrina e jurisprudência francesas (mostrando-se muito duvidosa a sua qualificação como requisito de validade), sendo certo que, na lei de 6.7.1989, o legislador francês não tomou posição clara sobre o destino dos arrendamentos verbais. Cfr. ANTONMATTEI / RAYNARD, *Droit Civil, Contrats Spéciaux*, 2ª ed., Litec, Paris, 2000, 242, MALAURIE / AYNÈS / GAUTIER, *Cours de Droit Civil*, t. VIII, *Les Contrats Spéciaux*, 13ª ed., Cujas, Paris, 1999/2000, 385 a 387, BÉNABENT, *Droit Civil, Les Contrats Spéciaux civils et commerciaux*, 4ª ed., Montchrestien, Paris, 1999, 204 e 211 ss, SÉRIAUX, *Contrats civils*, PUF, Paris, s.d. mas 2001, 143, GATSI, *Les contrats spéciaux*, Colin, 1998, 94-95, VIAL-PEDROLETTI, *Le Bail Verbal*, in *Bail d'habitation – Loi du 6 Juillet 1989, 10 Ans d'Application, 1989-1999 – La évolution de la jurisprudence en 15 thèmes*, 10 ss.

Também no ordenamento espanhol vigora, para o arrendamento urbano, a regra da liberdade de forma (em harmonia com o artigo 1278 CC espanhol), embora o artigo 37 da L. 29/1994, de 24.11, atribua a qualquer das partes a faculdade de exigir a redução a escrito

Sublinhe-se, todavia, que à data da entrada em vigor do RAU, já poucos eram os contratos de arrendamento que ainda se abrigavam sob o Princípio da consensualidade.

Com efeito, a regra do consensualismo, já vigente no Código de Seabra[25], veio a ser, sucessiva e progressivamente, abandonada, na larga maioria das espécies arrendatícias urbanas.

Assim, à data do início de vigência do RAU, eram contratos formais:

a) O arrendamento para habitação – sujeito a documento escrito: DL n.º 13/86, de 23 de Janeiro[26];

b) O arrendamento para comércio, indústria ou exercício de profissão liberal – sujeito a escritura pública: artigo 1029.º n.º 1, b), CC[27];

c) O arrendamento sujeito a registo (ou seja, celebrado por mais de 6 anos) – sujeito a escritura pública: artigo 1029.º n.º 1, a), CC .

---

do contrato. Tal, porém, não permite considerar o arrendamento urbano um contrato formal. Vide RAMOS NIETO, *Análisis de los Arrendamientos Urbanos desde La Nueva Ley 29/1994*, Edit. Colex, 1996, 187 ss, CASAL GENOVER / J. PINTÓ SALA / GINESTA DE PUIG / A. PINTÓ SALA, *Comentarios a la Ley de Arrendamientos Urbanos de 1994*, Bosch, Barcelona, 1995, 247-248, DÍEZ-PICAZO / GULLÓN, *Instituciones de Derecho Civil*, vol. I/2, 2ª ed., Tecnos, Madrid, 1998, 282 e 303, ALBALADEJO, *Derecho Civil*, II, *Derecho de Obligaciones*, vol. 2.º, *Los contractos en particular y las obligaciones no contractuales*, 10ª ed., Bosch, Barcelona, 1997, 208-209, GASCÓ / RONCERO / LÓPEZ / PENADÉS/ MORENO / TRIAS, *Derecho Civil. Derecho de Obligaciones y Contratos*, Tirant lo blanch, Valencia, 2001, 448.

[24] Ressalvam-se, porém, os arrendamentos previstos no n.º 2 do artigo 5.º, exceptuados do âmbito de aplicação do RAU.

[25] Artigo 686.º do Código Civil de 1867.

[26] Este diploma manteve a exigência antes formulada pelo DL n.º 188/76, de 12.3, cujo artigo 1.º já consagrava a polémica invalidade mista, como desvalor associado à preterição da forma legal, presumindo-a imputável ao locador e só invocável pelo arrendatário.

A exigência de documento em sede de formação de contratos de arrendamento para habitação remonta, aliás, ao Decreto de 12 de Novembro de 1910.

Para a análise da evolução legislativa, neste domínio, cfr., com indicações, M. JANUÁRIO GOMES, *Arrendamentos para Habitação*, *cit.*, 51 ss. Para uma perspectiva geral da evolução do formalismo nos (vários tipos de) arrendamentos vinculísticos, cfr. PINTO FURTADO, *Manual do Arrendamento Urbano*, *cit.*, 369 ss.

[27] A exigência de escritura pública devia ser entendida como requisito formal *ad substantiam*. Cfr., neste sentido, Ac. RL 19.01.99 (SEARA PAIXÃO), sum. *BMJ* 483, 264--265.

Cfr. ainda Ac. RP 21.01.99 (SOUSA LEITE), sum. *BMJ* 483, 1999, 272, onde se

Consequentemente, no domínio do arrendamento urbano, apenas os arrendamentos *"para outros fins lícitos"*[28] estavam submetidos ao Princípio da liberdade de forma.

Formalmente, o artigo 7.°, n.° 1, RAU consagra uma importante alteração no regime de forma dos arrendamentos urbanos em geral[29]: nestes vigora, agora, a regra do formalismo, em desvio ao princípio da consensualidade, consagrado no artigo 219.° CC.

A inovação do n.° 1 do artigo 7.° RAU é, todavia, pelo exposto, *materialmente*, reduzida.

A disposição, porém, impunha-se: reclamada por necessidade de enunciação expressa de uma regra geral clarificadora[30] e por imperativos de boa sistematização legal.

As *modificações* do contrato de arrendamento, decorrentes de acordo das partes[31], traduzirão *estipulações posteriores* ao documento constitutivo do contrato.

A tais convenções modificativas será aplicável o artigo 221.°, n.° 2, CC[32].

Consequentemente:

– Se as razões[33] da exigência legal de forma escrita lhes forem aplicáveis, deverão constar, também, de documento escrito;

---

decidiu que a sentença homologatória de acordo lavrado em audiência de julgamento substitui a escritura pública.

Em matéria de forma destes tipos de arrendamentos, com referência à evolução legislativa operada, cfr. M. JANUÁRIO GOMES, *Arrendamentos Comerciais*, *cit.*, 45 ss.

[28] Cfr. artigo 3.°/1 RAU («...*outra aplicação lícita do prédio*»).

[29] Cfr. MARGARIDA GRAVE, *Regime do Arrendamento Urbano, Anotações e Comentários*, 2ª ed., s.d. (mas 2001), considerando que «... *o R.A.U. mudou radicalmente a solução anterior*...».

[30] Vide MENEZES CORDEIRO/CASTRO FRAGA, *Novo regime do arrendamento urbano anotado*, *cit.*, 57, explicando que o «...*preceito pretende pôr cobro a uma série de obscuridades e contradições anteriormente existentes na lei portuguesa*...».

[31] Cfr. artigo 406.°, n.° 1, CC.

[32] Vide PINTO FURTADO, *Manual do Arrendamento Urbano*, *cit.*, 383-384.

Cfr. ainda, para o sentido e alcance do artigo 221.° CC, CARVALHO FERNANDES, *Teoria Geral do Direito Civil*, vol. II, 2ª ed., Lex, Lisboa, 1996, 221-222, MENEZES CORDEIRO, *Tratado de Direito Civil Português*, I, *Parte Geral*, t. I, *cit.*, 385, OLIVEIRA ASCENSÃO, *Direito Civil, Teoria Geral*, vol. II, *Acções e Factos Jurídicos*, *cit.*, 59.

[33] Suscita-se aqui a dificuldade de determinação das *razões* justificativas de

– Na hipótese inversa[34], a tais modificações será aplicável a regra da liberdade de forma.

7.2.2. Vigoram, portanto, hoje, diferentes regimes de forma[35], em matéria de arrendamento urbano, em função do momento de constituição do vínculo contratual.
Recorde-se que o artigo 7.º RAU só se aplica *para futuro*.
Aos arrendamentos celebrados antes de 15 de Novembro de 1990 aplicar-se-á o regime de forma respectivo: o regime em vigor à data da formação do contrato[36].

7.2.3. Na sua redacção originária, o artigo 7.º RAU era composto por quatro números.
No n.º 2 exigia-se a celebração por escritura pública[37] dos arrenda-

---

forma especial, tradicionalmente associadas a imperativos de *solenidade*, de *reflexão* e de *prova*.

A este propósito, cfr., especialmente, a lição (crítica) de MENEZES CORDEIRO, *Tratado de Direito Civil Português*, I, *Parte Geral*, t. I, *cit.*, 377 ss.

Em geral, sobre o papel da forma do negócio – inclusive na dicotomia *forma interna* e *forma externa* – e a progressiva evolução da forma absoluta (*absolute Form*) para a forma ao serviço de um fim (*Zweckform*), entendida com autonomia, como atributo do negócio, que não se confunde com este, vide FLUME, *Allgemeiner Teil des Bürgerlichen Rechts*, Band 2, *Das Rechtsgeschäft*, 4. Auflage, Springer, Berlin / (...), 1992, 244 ss. Entre nós: PAIS DE VASCONCELOS, *Contratos Atípicos*, Almedina, Coimbra, 1995, 157 ss, e OLIVEIRA ASCENSÃO / PAIS DE VASCONCELOS, *Forma da livrança e formalidade*, in *ROA*, ano 60, I, 2000, 310 ss.

[34] Admite-se, por exemplo, uma estipulação posterior que tenha por fim apenas a alteração do lugar de pagamento da renda.

Cfr. Ac. STJ 30.04.96 (FIGUEIREDO DE SOUSA), *CJ/STJ*, IV, t. 2, 1996, 39 ss, onde (a propósito de um contrato celebrado por escrito) se considerou que «*A alteração do contrato no que tange ao lugar e forma de pagamento das rendas é perfeitamente válida, nos termos dos arts. 219.º a 221.º, do Ccivil.*».

[35] Para maiores desenvolvimentos, cfr. M. JANUÁRIO GOMES, *Arrendamentos para Habitação*, *cit.*, 51 ss, especialmente, 55 ss, e *Arrendamentos Comerciais*, *cit.*, 44 ss, PINTO FURTADO, *Manual do Arrendamento Urbano*, *cit.*, 368 ss, em especial, 372 ss.

[36] Cfr. Ac. RL 21.10.93 (PIRES SALPICO), *CJ*, XVIII, t. 4, 1993, 154 ss.

[37] A falta desta geraria a nulidade, sem prejuízo da possibilidade de conversão, nos termos gerais, em contrato-promessa de arrendamento. Cfr. Ac. RL 15.12.99 (SALVADOR DA COSTA), *CJ*, XXIV, t.5, 1999, 125 ss.

Sobre a conversão, cfr., por todos, CARVALHO FERNANDES, *A Conversão dos Negócios Jurídicos Civis*, Quid Juris, Lisboa, 1993.

mentos urbanos sujeitos a registo[38] (al. *a)*) e dos arrendamentos para comércio, indústria ou profissão liberal (al. *b)*).

Os números 3 e 4 continham a disciplina aplicável aos casos de desrespeito pelo estatuído nos números anteriores[39].

7.3. As alterações introduzidas pelo DL n.° 64-A/2000, de 22 de Abril

7.3.1. O artigo 7.° RAU foi objecto de modificações, introduzidas pelo DL n.° 64-A/2000, de 22 de Abril, entrado em vigor em 1 de Maio de 2000[40].

O diploma – emitido num confessado ambiente de desformalização e simplificação [41] – veio revogar as normas contidas no originário n.° 2 do artigo 7.° RAU, dispensando os contratos de arrendamento aí previstos de celebração por escritura pública.

7.3.2. Para nenhuma espécie arrendatícia o artigo 7.° RAU exige, actualmente, a forma de escritura pública[42], correspondendo, assim, aliás, aos fundados anseios expressos por alguma doutrina[43].

---

[38] Arrendamentos por mais de seis anos: cfr. artigo 2.°, n.° 1, al. *m)*, do Código do Registo Predial.

[39] Cfr. infra.

[40] Cfr. artigo 3.° deste diploma.

[41] Cfr. o preâmbulo do diploma.

[42] O novo regime de forma só se aplica, todavia, a contratos celebrados a partir de 1 de Maio de 2000, de acordo com a regra geral vigente nesta matéria (artigo 12.°, n.° 2, 1ª parte, CC).

Tal significa que a falta de celebração por escritura pública de arrendamentos, para os quais a mesma era, até aquela data, exigida, acarretou a invalidade de tais contratos. Invalidade que se mantém. Na falta de norma legal em sentido diverso, parece-nos que não se poderá assacar ao DL n.° 64-A/2000 o efeito de *convalidar* contratos, até então formalmente inválidos.

É esta a solução que formalmente resulta do sistema do artigo 12.° CC (em sentido concordante, cfr. PAIS DE SOUSA, *Anotações ao Regime do Arrendamento Urbano (R.A.U.)*, 6ª ed., Rei dos Livros, Lisboa, 2001, 79-80, ROMANO MARTINEZ, *Direito das Obrigações (Parte Especial), Contratos, cit.*, 180, PINTO FURTADO, *Manual do Arrendamento Urbano*, *cit.*, 371-372 e 398), da qual, todavia, poderão decorrer resultados substancialmente indesejáveis: tratamento desigual de situações materialmente idênticas, invalidando ou validando contratos de arrendamento celebrados por escrito particular, consoante (apenas) os mesmos tenham sido constituídos antes ou depois de 1 de Maio de 2000.

A invocação, por alguma das partes, da invalidade formal, terá como limite, nos ter-

O documento particular é, agora, forma bastante para a formação do acordo de arrendamento.

Consequentemente, o artigo 7.º RAU tem, desde aquela data, uma redacção composta apenas por três números.

Os números 2 e 3 correspondem aos anteriores números 3 e 4, feitas que foram as adaptações entendidas necessárias pelo legislador.

7.4. Preterição da forma legal

7.4.1. Regime geral

Nos termos do artigo 220.º do Código Civil, a violação de normas que imponham uma forma especial acarreta, regra geral, a nulidade do acto praticado.

Assim, à preterição de forma legalmente estabelecida corresponderá a aplicabilidade do regime geral da nulidade[44], contido nos artigos 286.º ss CC, *maxime* a invocação por qualquer interessado, a todo o tempo, e o conhecimento oficioso da invalidade pelo tribunal.

7.4.2. Regime do RAU

7.4.2.1. O contrato de arrendamento urbano não celebrado por escrito será, de acordo com o exposto, inválido. Mais precisamente: nulo.

---

mos gerais, a proibição de exercício inadmissível de posições jurídicas – v.g. através de inalegabilidades formais ou da proibição de *venire contra factum proprium* – (cfr. MENEZES CORDEIRO, *Da Boa Fé no Direito Civil*, Almedina, Coimbra, 1984, especialmente, 742 ss e 771ss, e *Tratado de Direito Civil Português*, I, *Parte Geral*, t. I, *cit.*, em especial, 250 ss e 255 ss) , a integrar no âmbito do artigo 334.º CC, relativo ao abuso de direito. Não assim, quando se trate de declaração oficiosa da invalidade pelo tribunal, a qual não constituirá, naturalmente, abuso de direito (cfr. Ac. RL 08.07.99 (JOÃO MOREIRA CAMILO), sum. *BMJ* 489, 1999, 397-398), mostrando-se, aqui, a boa fé impotente para obstar à invalidação (cfr. MENEZES CORDEIRO, *Tratado de Direito Civil Português*, I, *Parte Geral*, t. I, *cit*, 381-382).

[43] Vide PINTO FURTADO, *Manual do Arrendamento Urbano*, 2ª ed., 1999, 370, e 3ª ed., *cit.*, 377.

[44] Sobre o regime geral da nulidade, inclusive por vício de forma, cfr. OLIVEIRA ASCENSÃO, *Direito Civil, Teoria Geral*, vol. II, *Acções e Factos Jurídicos*, *cit.*, 316 ss, 320 ss, MENEZES CORDEIRO, *Tratado de Direito Civil Português*, I, *Parte Geral*, t. I, *cit.*, 644 ss, 657 ss, L. FERRONI, *La Nullità Negoziali*, Giuffrè, Milano, 1998, especialmente, 95 ss.

Não obstante a nulidade formal do contrato, tendo sido permitido, de facto, o gozo do local pelo "inquilino", não poderá este eximir-se ao pagamento da devida contrapartida, que, tendencialmente, corresponderá ao valor das rendas, fixado pelas partes.

Tem sido esta a orientação dominante na jurisprudência, quer antes[45], quer após[46] a entrada em vigor do RAU.

A caracterização do contrato de arrendamento como negócio de execução duradoura permite clarificar a solução, à luz do regime dos efeitos da nulidade (artigo 289.º CC): ao "inquilino" caberia a restituição do valor correspondente ao da prestação recebida (gozo da coisa), atenta a óbvia impossibilidade de restituição em espécie, enquanto o "locador" deveria devolver as "rendas" recebidas. Poderá operar, então, um mecanismo de compensação, extinguindo-se ambas as prestações restituitórias [47].

---

[45] Cfr. Ac. RL 15.04.86 (FARINHA RIBEIRAS), CJ XI, t. 2, 1986, 111, Ac. RC 16.01.90 (NUNES DA CRUZ), CJ XV, t. 1, 1990, 87.

[46] Cfr. Ac. RL 02.02.95 (SILVA PAIXÃO), CJ XX, t. 1, 1995, 115, Ac. RP 06.04.99 (HELDER ALMEIDA), sum. BMJ 486, 1999, 364, Ac. RL 24.02.2000 (ARLINDO DE OLIVEIRA ROCHA), sum. BMJ 494, 2000, 391-392. Também em Ac. RE 27.05.99 (FERNANDO BENTO), CJ XXIV, t. 3, 1999, 263 ss, se conclui, certeiramente, que «a nulidade de um contrato exclui os efeitos queridos pelas partes, mas não exclui os relacionados com as "relações de liquidação" decorrentes da nulidade».

Recorrendo ao instituto do enriquecimento sem causa, Ac. RC 26.01.99 (NUNO CAMEIRA), sum. BMJ 483, 1999, 279, Ac. RC 05.05.98 (ARAÚJO FERREIRA), sum. BMJ 477, 1998, 573, Ac. RE 13.10.98 (VERDASCA GARCIA), sum. BMJ 480, 1998, 562.

Sublinhe-se, no entanto, a natureza subsidiária da restituição por enriquecimento sem causa: o artigo 289.º CC constitui outro meio de o empobrecido ser restituído (artigo 474.º CC), pelo que deverá ser aquele preceito legal, relativo aos efeitos da invalidade, a fundar a pretensão. Vide MENEZES LEITÃO, O enriquecimento sem causa no Direito civil, CCTF, Lisboa, 1996, 457 ss.

Cfr., ainda, Ac. RL 26.06.97 (NARCISO MACHADO), CJ XXII, t. 3, 1997, 126 ss, onde se decidiu que «não obstante a nulidade de um arrendamento comercial, por falta de forma legal, o arrendatário não tem direito à devolução dos montantes das rendas respeitantes ao tempo durante o qual ocupou o local arrendado».

Em sentido análogo ao expresso no texto, mas em sede de contrato-promessa, merece registo o Ac. RC 14.03.2000 (GIL ROQUE), sum. BMJ 495, 2000, 368, onde se conclui que o promitente arrendatário que se recusa a celebrar o contrato de arrendamento tem de pagar a contrapartida acordada pela utilização do imóvel, durante o tempo de utilização.

[47] Assim, MENEZES CORDEIRO, Tratado de Direito Civil Português, I, Parte Geral, t. I, cit., 658.

O n.º 2 do artigo 7.º RAU admite uma hipótese de *convalidação*[48] do contrato, verificada a qual a inobservância da forma escrita (só) poderá ser *suprida*: a exibição do recibo de renda.

A ocorrer tal circunstancialismo, o contrato nulo passará a ser válido[49], *ressuscitado*[50] pela exibição do recibo.

A lei não formula qualquer restrição, pelo que <u>qualquer</u> recibo de <u>qualquer</u> renda será bastante para validar o contrato[51].

A existência de recibo(s) de renda(s) assume, deste modo, um papel particularmente relevante, sendo ainda de realçar, nesta linha, a configuração jurídico-criminal dada à recusa de emissão de recibo de renda pelo locador, expressamente qualificada como crime de especulação[52].

7.4.2.2. Várias questões devem ser levantadas a propósito desta matéria.

O arrendamento urbano verbal é nulo. O regime da nulidade deveria, então, operar.

Porém, o legislador deixa, de algum modo, nas mãos do arrendatário a possibilidade de convalidar o contrato, exibindo o "milagroso" recibo. A *ratio legis* aponta, inequivocamente, para a protecção do inquilino[53].

Por isso, será de sustentar a impossibilidade de conhecimento oficioso, pelo tribunal, do vício de forma[54]. Melhor: a declaração oficiosa da nulidade só deverá ser admitida depois de ao arrendatário ter sido dada

---

[48] O negócio inválido passa a valer como válido, deixando de relevar o vício que o afectava.

Sobre a convalidação, vide, por todos, OLIVEIRA ASCENSÃO, *Direito Civil, Teoria Geral*, vol. II, *Acções e Factos Jurídicos, cit.*, 343 ss.

[49] Trata-se, pois, de uma solução diversa daquela que decorria do artigo 1088.º CC, no âmbito do qual a exibição do recibo de renda *provava um contrato* verbal *válido*.

Vide M. JANUÁRIO GOMES, *Arrendamentos para Habitação, cit.*, 60, PIRES DE LIMA / ANTUNES VARELA, *Código Civil Anotado*, vol II, *cit.*, 498.

[50] A expressão é de M. JANUÁRIO GOMES (*loc. cit.* nota anterior).

[51] Cfr. PIRES DE LIMA / ANTUNES VARELA, *Código Civil Anotado*, vol. II, *cit.*, 498.

[52] Artigo 14.º DL n.º 321-B/90, de 15.10.

[53] Assim, expressamente, MENEZES CORDEIRO / CASTRO FRAGA, *Novo regime do arrendamento urbano anotado, cit.*, 58.

Cfr., todavia, as considerações tecidas por M. JANUÁRIO GOMES, *Arrendamentos para Habitação, cit.*, 60.

[54] Neste sentido, PEREIRA COELHO, *Breves notas ao «Regime do Arrendamento Urbano»*, in *RLJ* 126.º, 1993/94, 197, ARAGÃO SEIA, *Arrendamento Urbano, cit.*, 161-162.

possibilidade de exercer o poder que lhe é conferido pelo n.º 2 do artigo 7.º RAU[55].

Entendimento contrário frustrará, liminarmente, o fim prosseguido pelo legislador.

7.4.2.3. Problema especialmente discutido na doutrina é o que decorre da interpretação da utilização do advérbio «*só*» na letra do n.º 2 em análise.

Pergunta-se se apenas o recibo de renda tem o efeito de convalidar o contrato de arrendamento nulo por vício de forma, ou se, ao invés, outro documento onde se contenha uma confissão do senhorio de existência do arrendamento poderá provocar o mesmo resultado.

O problema coloca-se perante o disposto no artigo 364.º, n.º 2, CC:

«Se, porém, resultar claramente da lei que o documento é exigido apenas para prova da declaração, pode ser substituído por confissão expressa, judicial ou extrajudicial, contanto que, neste último caso, a confissão conste de documento de igual ou superior valor probatório.»

Parte da doutrina [56] tem defendido a possibilidade de convalidação do contrato mediante exibição de documento, diverso do recibo de renda, que contenha confissão expressa do senhorio (v.g. declaração entregue na repartição de finanças), partindo do pressuposto que o recibo de renda exerce a função de prova do pagamento da renda[57] e, consequentemente, do arrendamento.

Não nos parece ser esta a melhor interpretação.

Não coexistem, no artigo 7.º RAU, duas formas alternativas[58]: arrendamento escrito e arrendamento não escrito, com exibição de recibo de renda.

---

[55] Assim, M. JANUÁRIO GOMES, *Arrendamentos para Habitação*, cit., 64-65.

[56] Vide PEREIRA COELHO, *Breves notas ao «Regime do Arrendamento Urbano»*, cit., 198, ARAGÃO SEIA, *Arrendamento Urbano*, cit., 131, PAIS DE SOUSA, *Anotações ao Regime do Arrendamento Urbano (R.A.U.)*, cit., 82-83.

[57] Embora PAIS DE SOUSA considere que «*o recibo de renda não constitui apenas uma prova do pagamento*» – *Anotações ao Regime do Arrendamento Urbano (R.A.U.)*, cit., 83.

[58] No entendimento de PEREIRA COELHO, *Breves notas ao «Regime do Arrendamento Urbano»*, cit., 197, «*...a lei admite aqui uma espécie de forma alternativa: o arrendamento é válido se for celebrado por escrito; mas também será válido e plenamente eficaz, embora não tenha sido celebrado por escrito, se o arrendatário exibir recibos de renda...*».

Há uma única forma legalmente exigida: a forma escrita.

Cremos que a melhor orientação doutrinária[59] é a que restringe a possibilidade de convalidação do contrato à exibição do recibo de renda.

Neste sentido milita, em primeiro lugar, o elemento literal de interpretação (a utilização no artigo 7.º, n.º 2, RAU da expressão «só»).

Mais: a aplicação do n.º 2 do artigo 364.º CC só será possível perante uma norma que de *modo inequívoco* («*claramente*») exija um documento para *prova* da declaração negocial.

Não é, certamente, o caso do n.º 2 do artigo 7.º RAU.

Aqui o documento (*rectius* a sua exibição) torna o contrato válido. Um contrato nulo convalida-se; o documento não tem apenas a virtualidade de provar um contrato válido[60].

7.4.2.4. Ainda no que respeita ao n.º 2 do artigo 7.º RAU, duas outras notas, relativas à segunda parte deste dispositivo legal:

A primeira tem a ver com o âmbito de aplicação do preceito.

Na verdade, a convalidação do contrato não escrito, mediante exibição do recibo de renda, «*determina a aplicação do regime de renda condicionada*», sendo certo que este regime, nos termos do artigo 77.º RAU, só poderá vigorar no domínio dos arrendamentos para habitação.

Assim sendo, a segunda parte do n.º 2 do art.º 7.º RAU deverá ser objecto de interpretação restritiva: só terá aplicação quando se trate de contrato de arrendamento para habitação, não escrito, convalidado por exibição de recibo de renda.

Nenhuma razão substancial existe para excluir a aplicabilidade do n.º 2 (globalmente considerado) a arrendamentos para fins não habitacionais[61].

7.4.2.5 Da aplicação – por força do n.º 2 do artigo 7.º RAU – do regime de renda condicionada, não poderá resultar aumento de renda.

Tal decorre, de modo expresso, da lei.

E – embora sem referência expressa – a mesma deve ser interpretada ainda no sentido de (também) não impor qualquer redução do montante da

---

[59] Sustentada convincentemente por PINTO FURTADO, *Manual do Arrendamento Urbano*, 3ª ed., *cit.*, 378 ss. No mesmo sentido, M. JANUÁRIO GOMES, *Arrendamentos para Habitação*, *cit.*, 61-62, PIRES DE LIMA / ANTUNES VARELA, *Código Civil Anotado*, vol. II, *cit.*, 498.

[60] Neste sentido, é elucidativo o confronto entre o n.º 2 do artigo 7.º RAU e o (revogado) artigo 1088.º CC.

[61] Vide, por todos, M. JANUÁRIO GOMES, *Arrendamentos para Habitação*, *cit.*, 62-63.

renda, quando o mesmo (em virtude da aplicação do n.º 2) se mostre superior àquele que resultaria dos critérios legais de determinação da renda condicionada.

Parece ser esta a melhor interpretação – não penalizadora do senhorio –, atenta a circunstância de o legislador não ver hoje no locador o *culpado*, real ou presumido, da não redução a escrito do contrato[62].

8. Formação do contrato e registo

8.1. Nos termos do artigo 2.º, n.º 1, al. *m)*, do Código do Registo Predial, estão sujeitos a registo os arrendamentos por mais de seis anos (bem como as suas transmissões ou sublocações), exceptuados os arrendamentos rurais[63].

8.2. Numa sistematização infeliz, o actual n.º 3 do artigo 7.º RAU trata as consequências da falta de registo.

---

[62] Propendemos, assim, para secundar o entendimento perfilhado por M. JANUÁRIO GOMES, *Arrendamentos para Habitação, cit.*, 63-64. Reconheça-se, todavia, que tal entendimento retira, em grande parte (embora não totalmente), sentido útil à solução legal.

[63] A susceptibilidade de registo do arrendamento encontra paralelo noutras ordens jurídicas. Nomeadamente, em Espanha são registáveis «*los contratos de arrendamiento de bienes inmuebles, y los subarriendos, cesiones y subrogaciones de los mismos*», nos termos do artigo 2, n.º 5.º, da *Ley Hipotecaria,* com redacção resultante da *Disposición Adicional 2ª* da lei do arrendamento urbano (L. 29/1994, supra cit.), a qual fez desaparecer, assim, os requisitos anteriormente exigidos (v.g. prazo contratual superior a 6 anos ou convenção das partes); para o registo, é necessário que o contrato conste de escritura pública ou documento equivalente (artigo 1.280, 2.º, CC, artigo 3 da *Ley Hipotecaria*, e artigo 2 RD 297/1996, de 23/2). Cfr. ALMAGRO NOSETE, in *Comentario del Código Civil*, coord. GIL DE LA CUESTA, t. 6, Bosch, Barcelona, 2000, 630-632, GONZÁLEZ POVEDA, *idem*, t. 7, 542, ALBALADEJO, *Derecho Civil*, II, *Derecho de Obligaciones*, vol. 2.º, *cit.*, 211, CHICO Y ORTIZ, *Estudios sobre Derecho Hipotecario*, t. I, 3ª ed., Marcial Pons, Madrid, 1994, 421 e 901 ss.

No Direito italiano são registáveis os contratos de arrendamento celebrados por prazo superior a nove anos, de acordo com o artigo 2643, n.º 8, do *Codice Civile*. A doutrina e a jurisprudência italianas vêm discutindo o exacto alcance da expressão legal «*...durata superiore a nove anni...*», nomeadamente, perante contratos celebrados por prazo inferior, mas renovados ou prorrogados para além daquele prazo. Cfr. G. MARICONDA, *La trascrizione*, in *Trattato di Diritto Privato*, dir. P. RESCIGNO, 19, *Tutela dei Diritti*, t. 1.º, UTET, Torino, 1985, 96 ss, A. ZACCARIA, in *Commentario al Codice Civile*, dir. P. CENDON, vol. 6.º, UTET, Torino, 1991, 18 ss, CIAN / TRABUCCHI, *Commentario Breve al Codice Civile*, 5ª ed., CEDAM, Padova, 1997, 2539-2540.

Se já o anterior n.º 4 do artigo 7.º estava sujeito a fundadas críticas[64], ao regular num preceito sobre *forma* os efeitos da falta de escritura pública ou de registo, por maioria de razão – já que só a falta de registo está agora em causa – , não se poderá aplaudir a opção legislativa vigente.

Na verdade, o registo não é, evidentemente, um requisito de *forma* do contrato[65].

A forma negocial não se confunde com a publicidade[66]. O registo opera como mero requisito de oponibilidade, de eficácia perante terceiros.

O seu tratamento legislativo deveria, pois, merecer lugar autónomo e diverso daquele que é reservado à *forma* do contrato.

8.3. A falta de registo – quando devido – terá uma de duas consequências, consoante o arrendamento tenha ou não sido celebrado por escrito.

Caso se trate de arrendamento escrito, celebrado por mais de seis anos e não registado, operar-se-á uma *redução legal*[67]: o contrato valerá como arrendamento por seis anos.

Perante um arrendamento verbal, por mais de seis anos, aparentemente, a lei aponta para uma solução de nulidade contratual; a redução não será então possível, em virtude de obstáculos de natureza formal.

É este o regime que *parece* decorrer do actual n.º 3 do artigo 7.º RAU.

---

[64] Cfr., nomeadamente, M. JANUÁRIO GOMES, *Arrendamentos para Habitação*, cit., 68.

[65] Apenas poderá ser considerado uma *formalidade* do acto. Vide OLIVEIRA ASCENSÃO, *Direito Civil, Teoria Geral*, vol. II, *Acções e Factos Jurídicos*, cit., 50. No mesmo sentido, BIANCA, *Diritto Civile*, III, *Il Contratto*, 2ª ed., cit., 278, CARBONNIER, *Droit civil*, t. 4, *Les Obligations*, 22ª ed., PUF, Paris, 2000, 182-183.

Diferentemente, mas sem razão, MARGARIDA GRAVE, *Regime do Arrendamento Urbano, Anotações e Comentários*, cit., 58.

[66] Expressamente, entre outros, HEINRICH HÖRSTER, *A Parte Geral do Código Civil Português – Teoria Geral do Direito Civil*, Almedina, Coimbra, (1992) reimpr. 2000, 445.

[67] Uma «*redução imperativa*», nas palavras de M. JANUÁRIO GOMES (*Arrendamentos para Habitação*, cit., 66). Não se trata, assim, de uma situação a inscrever no artigo 292.º CC, diversamente do que escreve ARAGÃO SEIA, *Arrendamento Urbano*, cit., 163, que, todavia, acrescenta que assim será «... *afastando-se a segunda parte deste preceito*». Cfr., também, especialmente, ROMANO MARTINEZ, *Direito das Obrigações (Parte Especial), Contratos*, cit., 180, que ensina que «...*a falta (...) tem como consequência a redução do contrato (...) nos termos gerais do regime da redução dos negócios jurídicos (art. 292.º CC), só que de forma imperativa*».

8.4. Poder-se-á, todavia, suscitar ainda a questão de saber se a um arrendamento por mais de seis anos, não escrito, se poderá aplicar o disposto no n.º 2 do artigo 7.º RAU, permitindo-se, assim, a convalidação do contrato, mediante exibição do recibo de renda, nos termos já analisados.

Responde negativamente a esta questão, nomeadamente, PEREIRA COELHO[68], para quem tais arrendamentos serão inevitável e definitivamente nulos, sendo-lhes inaplicável o n.º 2 do artigo 7.º RAU.

Não parece ser esta a melhor solução.

Nem a letra da lei a impõe: a parte final do n.º 3 contém uma mera norma remissiva, para o n.º 1 do artigo 7.º, reafirmando a exigência de forma escrita para o contrato de arrendamento urbano.

Mas não é uma norma vocacionada para cuidar das consequências da preterição da forma legal.

Isto é: só por si, não afasta a aplicabilidade do n.º 2 do artigo 7.º RAU.

E porquê permitir a convalidação de um arrendamento verbal celebrado "directamente" por seis anos e vedar tal possibilidade a um arrendamento verbal, celebrado por igual tempo, em virtude da apontada redução legal?

Com M. JANUÁRIO GOMES[69], não vislumbramos qualquer razão para tratar desigualmente estas duas situações.

São materialmente idênticas, pelo que a convalidação deverá, em ambas, ser admitida.

9. Conteúdo

9.1. *Apreciação geral*

9.1.1. Sob a epígrafe «*Conteúdo*», o artigo 8.º RAU apresenta o elenco

---

[68] Cfr. *Breves notas ao «Regime do Arrendamento Urbano»*, *cit.*, 198, considerando inaplicável o (então) n.º 3 do artigo 7.º RAU. No mesmo sentido, ARAGÃO SEIA, *Arrendamento Urbano*, *cit.*, 162-163, e PIRES DE LIMA / ANTUNES VARELA, *Código Civil Anotado*, vol. II, *cit.*, 500.

[69] Cfr., a propósito dos anteriores n.ºs 3 e 4 do art.º 7.º RAU, *Arrendamentos para Habitação*, *cit.*, 67-68.

Cfr. também PINTO FURTADO, *Manual do Arrendamento Urbano*, 3ª ed., *cit.*, 399--400, que – perante o texto actual do artigo 7.º RAU – sustenta a aplicação do regime estatuído no n.º 2, «*na parte possível*».

de elementos e indicações[70] que devem constar do contrato de arrendamento.

A enumeração abrange elementos com "peso" desigual: a par de elementos essenciais do contrato (artigo 8.°, n.° 1, als. *b), c)*), indicam-se alguns elementos secundários e eventuais (cfr., nomeadamente, artigo 8.°, n.° 2, als. *b), f), h), i)*), omitindo-se outros, sem razão aparente[71], o que não contribuirá, certamente, para um perfeito "equilíbrio" do dispositivo legal.

9.1.2. O artigo 8.° RAU tem por fonte o artigo 2.° do DL n.° 13/86, de 23.01, que apresentava as então denominadas «*menções obrigatórias*» do contrato de arrendamento habitacional, sem, todavia, esclarecer o intérprete das consequências da não indicação de todas as *menções*[72].

9.2. *Elementos principais gerais*[73]

Como elementos que sempre deverão constar do contrato de arrendamento urbano, o n.° 1 do art.° 8.° RAU indica:

– *Identidade das partes*[74] (al. *a)*):

Trata-se, obviamente, da identificação dos sujeitos partes no con-

---

[70] Algumas das quais «*não se relacionam verdadeiramente com o conteúdo do contrato*», como bem evidencia ROMANO MARTINEZ, *Direito das Obrigações (Parte Especial), Contratos, cit.*, 177.

[71] Acompanhamos, assim, PIRES DE LIMA / ANTUNES VARELA, *Código Civil Anotado*, vol. II, *cit.*, 503, quando manifestam «*estranheza*» pela «*circunstância de (...) não figurar a menção do fim do arrendamento, precisamente um dos elementos que maior influência pode ter na definição do regime do arrendamento (cfr., desde logo, o disposto no art. 64.°, n.° 1, al. b), do RAU)*». Reconheça-se, porém, que a lei resolve supletivamente a falta de indicação do fim contratual, estipulando que, então, o locatário só poderá utilizar o prédio para habitação (artigo 3.° RAU). Todavia, outros aspectos são incluídos no elenco do artigo 8.°, não obstante a existência de normas supletivas aplicáveis (assim, por exemplo, quanto ao prazo – artigo 8.°, n.° 2, *g)* – cfr. artigo 10.°).

[72] Cfr. M. JANUÁRIO GOMES, *Arrendamentos para Habitação, cit.*, 68.

[73] A expressão é aqui utilizada no sentido de elementos sempre necessários a qualquer contrato de arrendamento urbano: elementos que correspondem aos traços caracterizadores do arrendamento urbano, individualizando-o no quadro dos tipos contratuais.

Por contraposição, outros elementos não têm a ver com a *essência* do contrato de arrendamento urbano: são meramente *secundários*, quer tenham carácter *necessário* ou simplesmente *eventual*.

[74] As *partes* são *sujeitos* da relação contratual. Em rigor, não integram o rol de *elementos* do contrato.

trato, a qual, relevará, fundamentalmente, em sede de eventual apuramento de capacidade e legitimidade negociais[75]. Só às *partes* se refere a exigência legal, que não se estende, portanto, a terceiros[76].

– *Indicação do local arrendado* (al. *b*))[77]:

A identificação do objecto mediato do contrato mostra-se particularmente importante nos arrendamentos de parte de prédios, sendo completada pela al. *a)* do n.º 2. Está em causa o objecto da prestação principal a cargo do locador.

– *Indicação do quantitativo da renda* (al. *c*)):

É o objecto da contraprestação[78] principal a realizar pelo arrendatário. O *quantum* da renda deve ser expresso em escudos (artigo 19.º, n.º 1, RAU)[79].

---

[75] Para maiores desenvolvimentos sobre estes aspectos, cfr. PINTO FURTADO, *Manual do Arrendamento Urbano*, 3ª ed., *cit.*, 314 ss, 320 ss, M. JANUÁRIO GOMES, *Constituição da Relação de Arrendamento Urbano*, *cit.*, 269 ss, 272 ss, PEREIRA COELHO, *Arrendamento*, *cit.*, 98 ss.
No domínio do Código Civil anterior, cfr. GALVÃO TELLES, *Arrendamento*, Pro Domo, Lisboa, 1944-45, 106 ss, 114 ss.

[76] *Maxime* ao cônjuge do arrendatário. Cfr. M. JANUÁRIO GOMES, *Arrendamentos para Habitação*, *cit.*, 69.
No caso de contrato (de arrendamento) a favor de terceiro, este não ocupa, em caso algum, o lugar de *parte*. Sobre o arrendamento a favor de terceiro, cfr. PINTO FURTADO, *Manual do Arrendamento Urbano*, 3ª ed., *cit.*, 329 ss.

[77] «...*identificação e localização do arrendado* ...», na expressão legal, a que os Autores, com razão, não têm poupado críticas: «*referência sincopada, de mau gosto*» (PIRES DE LIMA / ANTUNES VARELA, *Código Civil Anotado*, vol. II, *cit.*, 503), «*notória infelicidade da redacção*» (PINTO FURTADO, *Manual do Arrendamento Urbano*, 3ª ed., *cit.*, 344).

[78] O arrendamento é, indubitavelmente, um contrato sinalagmático, com prestações correspectivas e interdependentes. Cfr. ROMANO MARTINEZ, *Direito das Obrigações (Parte Especial), Contratos*, *cit.*, 168.
Cfr. Ac. RC 27.06.95 (FRANCISCO LOURENÇO), *CJ* XX, t. 3, 1995, 47 ss.

[79] Acrescente-se, porém, o seguinte (mercê da introdução do Euro, como unidade monetária de Portugal): durante o "período de transição" (de 01.01.1999 a 31.12.2001) as rendas podem ser fixadas em Euros ou em Escudos; a partir de 01.01.2002 as rendas serão fixadas em Euros. Uma interpretação sistemática e actualista dispensa qualquer alteração legislativa, que tenha por objecto o artigo 19.º, n.º 1, RAU. Cfr. ANDRADE MESQUITA, *Direitos Pessoais de Gozo*, Almedina, Coimbra, 1999, 34-35.
Sobre a matéria da *renda*, nos seus "aspectos gerais", cfr. PINTO FURTADO, *Manual do Arrendamento Urbano*, 3ª ed., *cit.*, 42 ss, 432 ss, M. JANUÁRIO GOMES, *Constituição da*

– *Menção da data de celebração* (al. *d*)):

A data é uma indicação com menor "dignidade" do que as anteriores (que se reportam às partes e prestações principais), mas de importância inequívoca, a vários níveis[80].

9.3. *Elementos secundários necessários e eventuais*

9.3.1. O n.º 2 do artigo 8.º RAU apresenta um conjunto de elementos específicos de certos contratos de arrendamento. Elementos que deverão integrar os mesmos contratos *«quando o seu objecto ou o seu fim o impliquem»*. Nalguns casos, de modo necessário; noutros, apenas a título eventual.

9.3.2. Entre os elementos secundários *necessários* contam-se:

– *Licença de utilização* (n.º 2, *c*)):

Deve constar do texto contratual a indicação da sua existência, com menção do seu número, data e entidade emitente. É matéria tratada, detalhadamente, no artigo 9.º RAU[81].

– *Menção da inscrição matricial ou correspondente declaração de omissão* (n.º 2, *d*)):

A exigência legal tem em vista, fundamentalmente, objectivos de cumprimento de normas fiscais[82].

Relação de Arrendamento Urbano, cit., 70 ss, e *Arrendamentos para Habitação*, cit., 79 a 82, PEREIRA COELHO, *Arrendamento*, cit., 13 ss, 150 ss, ARAGÃO SEIA, *Arrendamento Urbano*, cit., 198 ss.

[80] Para efeitos de determinação temporal do regime legal aplicável ao contrato, de actualizações de rendas, etc.

Também no Direito francês, em matéria de arrendamento habitacional (L. de 6.7.1989, supra cit.), a *data* conta-se entre os elementos que devem constar do documento contratual, o qual deve ainda conter indicação da duração do arrendamento, descrição do local, montante da renda e do eventual depósito de garantia.

[81] Cfr. infra 9.3.4.1. e 9.3.4.2..

[82] Vide ARAGÃO SEIA, *Arrendamento Urbano*, cit., 171, MARGARIDA GRAVE, *Regime do Arrendamento Urbano, Anotações e Comentários*, cit., 62.

– *Prazo* (n.º 2, *g*)):

Em homenagem à natureza temporária do arrendamento (cfr. artigo 1.º RAU), exige-se a indicação do prazo de eficácia do contrato. A transitoriedade é, aliás, uma característica da locação em geral (cfr. artigo 1022.º CC)[83].

9.3.3. Como elementos secundários *eventuais*:

– *Identificação dos locais de uso comum a que o locatário tenha acesso e dos anexos arrendados com o objecto principal* (n.º 2, *a*)):

Assume particular relevo, em especial, quanto aos anexos, para efeitos de aplicação ou não do regime vinculístico, consoante tais espaços tenham ou não sido objecto de arrendamento autónomo (cfr. artigo 5.º, n.º 2, *e*))[84]:

– *Indicação da natureza do direito do locador, quando este intervenha com base em direito temporário ou como administrador de bens alheios* (n.º 2, *b*)):

No texto contratual dever-se-á fazer a respectiva menção sempre que, nomeadamente, o local seja dado de arrendamento por um usufrutuário. É um aspecto que releva, essencialmente, em sede de caducidade do contrato (cfr. artigos 66.º, n.º 1, RAU, e 1051.º, *c*), CC) e de direito a novo arrendamento (cfr. artigos 66.º, n.º 2, e 90.º ss, RAU)[85].

– *Regime de renda* (n.º 2, *e*)):

Esta referência só é aplicável aos arrendamentos para habitação[86]. Só

---

[83] Vide, designadamente, M. JANUÁRIO GOMES, *Constituição da Relação de Arrendamento Urbano*, cit., 61 ss, PEREIRA COELHO, *Arrendamento*, cit., 9 ss, ROMANO MARTINEZ, *Direito das Obrigações (Parte Especial), Contratos*, cit., 167, MÁRIO FROTA, *Arrendamento Urbano comentado e anotado*, Coimbra Edit., 1987, 22 e 211-212. No mesmo sentido, à luz do Código de Seabra, cfr. GALVÃO TELLES, *Arrendamento*, cit., 5-6 e 93 ss.

[84] Cfr. MENEZES CORDEIRO / CASTRO FRAGA, *Novo regime do arrendamento urbano anotado*, cit., 61.

[85] Cfr. ARAGÃO SEIA, *Arrendamento Urbano*, cit., 170.
Ilustrando uma situação de omissão da menção exigida pela al. *b*) do n.º 2, cfr. o recente Ac. RC 16.01.01 (CARDOSO ALBUQUERQUE), *CJ* XXVI, t. 1, 2001, 11 ss.

[86] Neste sentido, M. JANUÁRIO GOMES, *Arrendamentos para Habitação*, cit., 71, PINTO FURTADO, *Manual do Arrendamento Urbano*, 3ª ed., cit., 462, ARAGÃO SEIA, *Arrendamento Urbano*, cit., 171.

para estes a lei prevê diferentes regimes de renda (livre, condicionada e apoiada) (cfr. artigo 77.º RAU)[87].

– *Elementos necessários para cálculo do valor do prédio, quando requerido para a fixação da renda* (n.º 2, *f*)):

É mais uma indicação restrita aos arrendamentos habitacionais, únicos susceptíveis de albergarem o regime de renda condicionada, para o qual releva o valor real do imóvel (cfr. artigos 79.º e 80.º RAU)[88].

– *Regulamento da propriedade horizontal* (n.º 2, *h*)):

Existindo este regulamento[89], o mesmo deverá ser mencionado no texto negocial, assinado pelas partes e anexado ao contrato (n.º 3).

– *Outras cláusulas inseridas directamente no contrato ou que o integrem por remissão para anexo junto ao mesmo* (n.º 2, *i*), e n.º 3):

A previsão legal aponta para (outras) estipulações, resultantes da autonomia privada. Pela sua importância e frequência, destaque-se a cláusula que atribua ao arrendatário o dever de pagamento das despesas correntes relativas à fruição das partes comuns do prédio e aos serviços de interesse comum (cfr. artigos 40.º ss RAU).

9.3.4.1. Referência particular, embora breve, merece a exigência legal de licença de utilização[90].

---

[87] Sobre os vários regimes de renda, cfr. M. JANUÁRIO GOMES, *Arrendamentos para Habitação*, cit., 82 ss, PINTO FURTADO, *Manual do Arrendamento Urbano*, 3ª ed., cit., 461 ss, ARAGÃO SEIA, *Arrendamento Urbano*, cit., 472 ss, MENEZES CORDEIRO / CASTRO FRAGA, *Novo regime do arrendamento urbano anotado*, cit., 121 ss.

[88] Cfr. MENEZES CORDEIRO / CASTRO FRAGA, *Novo regime do arrendamento urbano anotado*, cit., 61.

Em matéria de estabelecimento do valor dos fogos, para fixação dos limites da renda condicionada, enquanto não entrar em vigor o Código das Avaliações, o DL n.º 321-B/90 indicou um regime transitório, instituído pelo seu artigo 10.º, em cuja al. *a*) se remeteu para os artigos 4.º a 13.º e 20.º do DL n.º 13/86, de 23 de Janeiro. Esta remissão deverá passar a ser considerada como reportada ao recente DL n.º 329-A/2000, de 22 de Dezembro (cfr. artigo 10.º).

[89] Cfr. artigos 1429.º-A e 1436.º, *g*), CC.

[90] Cfr., especialmente, M. JANUÁRIO GOMES, *Arrendamentos para Habitação*, cit., 74.

Decorrente de imperativos de ordenamento territorial e de natureza urbanística e ambiental[91], a matéria encontra-se regulada, no RAU, no artigo 8.º, n.º 2, al. c), e n.º 4, 1ª parte, e no artigo 9.º.

Só locais com licença, emitida mediante vistoria realizada há menos de oito anos, podem ser objecto de arrendamento (artigo 9.º, n.º 1, RAU), ressalvados casos de urgência, em que será admitido documento comprovativo de ter sido requerida (artigo 9.º, n.º 2, RAU). A existência de um destes dois documentos deverá ficar espelhada no próprio texto contratual, por exigência dos artigos 8.º, n.º 2, al. c), e 9.º, n.º 4, RAU[92].

Também a mudança de fim deve estar licenciada, nos termos do n.º 3 do artigo 9.º RAU.

9.3.4.2. O regime associado à violação imputável ao locador é, nesta matéria, o seguinte:

– Regime geral:

a) Coima não inferior a um ano de renda (artigo 9.º, n.º 5, RAU);

b) Atribuição ao arrendatário de dois direitos, a exercer em alternativa: resolução do contrato e indemnização[93], ou requerer a realização das obras necessárias (artigo 9.º, n.º 6, RAU).

– Regime aplicável ao arrendamento não habitacional de local só licenciado para habitação:

a) Coima não inferior a um ano de renda;

b) Nulidade do contrato;

c) Atribuição ao arrendatário de direito a indemnização[94] (cfr. artigo 9.º, n.º 7, RAU).

---

[91] Cfr. MENEZES CORDEIRO / CASTRO FRAGA, *Novo regime do arrendamento urbano anotado*, *cit.*, 63, M. JANUÁRIO GOMES, *Arrendamentos para Habitação*, *cit.*, 74.

[92] Sublinha PAIS DE SOUSA, *Anotações ao Regime do Arrendamento Urbano (R.A.U.)*, *cit.*, 92, a pouca felicidade da alteração operada, pelo DL n.º 64-A/2000, de 22 de Abril, na redacção do n.º 4 do artigo 9.º, suscitando a questão de saber qual a consequência da falta desta menção no texto contratual.

[93] Corresponde ao regime geral, decorrente do artigo 801.º CC.

[94] Fundado, agora, em responsabilidade pré-contratual (artigo 227.º CC), por celebração de contrato inválido, por facto imputável à contraparte.

9.4. Preterição de regras de conteúdo

9.4.1. O número 4 do artigo 8.º RAU estabelece o regime legal aplicável aos casos de desrespeito pelas normas contidas nos números 1 a 3 do mesmo dispositivo: situações em que do texto contratual, directa ou indirectamente, não constem os elementos exigíveis à luz do caso concreto.

9.4.2. Haverá que distinguir três situações:

– Omissão de menções a que corresponda solução legal supletiva;
– Casos de verdadeira lacuna contratual, susceptível de integração;
– Situações de omissão não integrável.

No primeiro grupo de situações, não existe verdadeira lacuna negocial.

Embora as partes, violando o disposto no artigo 8.º RAU, omitam algum (ou alguns) dos elementos aí exigidos, tal deficiência é suprida pela lei.

É o caso de falta de indicação do prazo de eficácia contratual (artigo 8.º, n.º 2, *g)*, RAU), vigorando, então, em regra, o prazo de seis meses (artigo 10.º RAU); ou, em certas circunstâncias, da omissão da indicação do regime de renda (artigo 8.º, n.º 2, *e)*, RAU), que poderá resultar supletivamente[95] ou injuntivamente[96] da lei; ou, ainda, o caso de falta de documento descritivo do estado de conservação do objecto arrendado (n.º 3 do artigo 8.º RAU), caso em que se presumirá o seu «*bom estado*»[97].

Diferentemente, poderá inexistir norma supletiva, que preencha o (aparente) vazio criado pelas partes, quando omitam algum elemento requerido pelo artigo 8.º RAU.

Depararemos, então, com uma verdadeira lacuna negocial[98]: a matéria é, intencionalmente, remetida, pelo legislador, para o acordo das partes, e estas não a consideram.

O n.º 4 do artigo 8.º RAU prevê a hipótese de que tais omissões «*possam ser supridas nos termos gerais*».

---

[95] Cfr. artigo 77.º, n.º 3, RAU.
[96] Cfr. artigo 81.º RAU.
[97] A presunção, naturalmente, ilidível (artigo 350.º, n.º 2, CC) consta do n.º 2 do artigo 1043.º CC, para o qual, didacticamente, remete a parte final do n.º 3 do artigo 8.º RAU.
[98] Para a identificação de lacuna negocial, cfr. MENEZES CORDEIRO, *Tratado de Direito Civil Português*, I, *Parte Geral*, tomo I, *cit.*, 561 ss.

Trata-se de uma remissão para o regime geral de integração das declarações negociais (artigo 239.º CC)[99], actuando, então, os dois critérios aí estabelecidos: boa fé e vontade hipotética das partes. Com uma limitação, decorrente de obstáculos de natureza formal[100].

Finalmente, naquelas situações de falha negocial, insusceptível de integração, nos termos apontados[101], o arrendamento não poderá produzir os efeitos pretendidos pelas partes: a indevida omissão de algum(ns) dos elementos exigidos pela lei afectará, então, a validade negocial[102].

---

[99] Neste sentido, M. JANUÁRIO GOMES, *Arrendamentos para Habitação*, cit., 73-74, MENEZES CORDEIRO / CASTRO FRAGA, *Novo regime do arrendamento urbano anotado*, cit., 60-61.

[100] Cfr. artigo 8.º, n.º 4, *in fine*, RAU.

[101] v.g. por razões formais, já que a verdadeira lacuna negocial envolve, em si, uma «*insuficiência suprível*» – cfr. FERREIRA DE ALMEIDA, *Texto e enunciado na teoria do negócio jurídico*, vol. I, Almedina, Coimbra, 1992, 220-221.

[102] «*...a invalidade impõe-se perante a impossibilidade científica de realizar a integração.*» – MENEZES CORDEIRO, *Tratado de Direito Civil Português*, I, Parte Geral, tomo I, cit., 562.

BIBLIOGRAFIA CITADA

ALBALADEJO, Manuel
- *Derecho Civil*, II, *Derecho de Obligaciones*, vol. 2.º, *Los contractos en particular y las obligaciones no contractuales*, 10ª ed., Bosch, Barcelona, 1997.

ALMEIDA, Carlos Ferreira de
- *Texto e enunciado na teoria do negócio jurídico*, Almedina, Coimbra, 1992.
- *Contratos*, I, Almedina, 2000.

ALPA, Guido / ZATTI, Paolo
- *Commentario breve al Codice Civile, Leggi Complementari*, t. I, 3ª ed., CEDAM, Padova, 1999.

AMORTH, Giorgio
- in *Commentario al Codice Civile*, dir. P. CENDON, vol. 4.º, UTET, Torino, 1991.

ANTONMATTEI, Paul-Henri / RAYNARD, Jacques
- *Droit Civil, Contrats Spéciaux*, 2ª ed., Litec, Paris, 2000.

ASCENSÃO, José de Oliveira
- *Direito Civil, Teoria Geral*, vol. II, *Acções e Factos Jurídicos*, Coimbra Edit., 1999.
- *O Direito – Introdução e Teoria Geral, Uma Perspectiva Luso-Brasileira*, 11ª ed., Almedina, Coimbra, 2001.

ASCENSÃO, José de Oliveira / VASCONCELOS, Pedro Pais de
- *Forma da livrança e formalidade*, in *ROA*, ano 60, I, 2000, 293 ss.

AYNÈS, Laurent
- v. MALAURIE / AYNÈS / GAUTIER

BARATA, Carlos Lacerda
- *Da Obrigação de Preferência, Contributo para o estudo do artigo 416.º do Código Civil*, Coimbra Edit., 1990.

BÉNABENT, Alain
- *Droit Civil, Les Contrats Spéciaux civils et commerciaux*, 4ª ed., Montchrestien, Paris, 1999.

BIANCA, C. Massimo
- *Diritto Civile*, III, *Il Contratto*, 2ª ed., Giuffrè, Milano, 2000.

BROX, Hans
- *Besonderes Schuldrecht*, 24. Auflage, Beck, München, 1999.

CALVETE, Victor de Vasconcelos Raposo
- *A forma do contrato-promessa e as consequências da sua inobservância*, sep. do vol. LXIII (1987) do BFDUC, Coimbra, 1990.

CARBONNIER, Jean
- *Droit civil*, t. 4, *Les Obligations*, 22ª ed., PUF, Paris, 2000.

CENDON, Paolo
- (dir.) *Commentario al Codice Civile*, UTET, Torino, 1991.
- v. AMORTH, Giorgio
- v. ZACCARIA, Alessio

CIAN, Giorgio / TRABUCCHI, Alberto
- *Commentario Breve al Codice Civile*, 5ª ed., CEDAM, Padova, 1997.

COELHO, F.M. Pereira
- *Arrendamento*, Coimbra, 1988.
- *Breves notas ao «Regime do Arrendamento Urbano»*, in *RLJ* 125.°, 1992/93, 257 ss, 126.°, 1993/94, 194 ss, 131.°, 1998/99, 226 ss, 258 ss, 358 ss.

CORDEIRO, António Menezes
- *Da natureza do direito do locatário*, sep. ROA, Lisboa, 1980.
- *Direito das Obrigações*, 1.° vol., AAFDL, Lisboa, (1980) reimpr. 1986.
- *Da Boa Fé no Direito Civil*, Almedina, Coimbra, 1984.
- *O novíssimo regime do contrato-promessa*, in *Estudos de Direito Civil*, vol. I, Almedina, Coimbra, 1987.
- *Teoria Geral do Direito Civil – Relatório*, sep. RFD, Lisboa, 1988.
- *Tratado de Direito Civil Português*, I, *Parte Geral*, t. I, 2ª ed., Almedina, 2000.

CORDEIRO, António Menezes / FRAGA, Francisco Castro
- *Novo regime do arrendamento urbano anotado*, Almedina, Coimbra, 1990.

COSTA, Mário Júlio de Almeida
- *Direito das Obrigações*, 8ª ed., Almedina, Coimbra, 2000.
- *Contrato-Promessa, Uma síntese do regime vigente*, 7ª ed., Almedina, Coimbra, 2001.

CUESTA, Ignacio Sierra Gil de la
- (coord..) *Comentario del Código Civil*, Bosch, Barcelona, 2000.
- v. NOSETE, José Almagro
- v. POVEDA, Pedro González

DÍEZ-PICAZO, Luis / GULLÓN, Antonio
- *Instituciones de Derecho Civil*, vol. I/2, 2ª ed., Tecnos, Madrid, 1998.

EMMERICH, Volker / SONNENSCHEIN, Jürgen
- *Miete Handkommentar*, 5. Auflage, Gruyter, Berlin / New York, 1989.

FERNANDES, Luís Carvalho
- *A Conversão dos Negócios Jurídicos Civis*, Quid Juris, Lisboa, 1993.
- *Teoria Geral do Direito Civil*, vol. II, 2ª ed., Lex, Lisboa, 1996.

FERRONI, Lanfranco
- *La Nullità Negoziali*, Giuffrè, Milano, 1998.

FLUME, Werner
- *Allgemeiner Teil des Bürgerlichen Rechts*, Band 2, *Das Rechtsgeschäft*, 4. Auflage, Springer, Berlin / Heidelberg / (...), 1992.

FRADA, Manuel Carneiro da
- *O novo regime do arrendamento urbano: sistematização geral e âmbito material de aplicação*, sep. *ROA*, ano 51, I, 1991.

FRAGA, Francisco Castro
- v. CORDEIRO / FRAGA

FROTA, Mário
— *Arrendamento Urbano comentado e anotado*, Coimbra Edit., 1987.
FURTADO, Jorge Pinto
— *Manual do Arrendamento Urbano*, 2ª ed., Almedina, Coimbra, 1999; 3ª ed., Almedina, Coimbra, 2001.
GALGANO, Francesco
— *Istituzioni di Diritto Privato*, CEDAM, Padova, 2000.
GASCÓ, F. Blasco / RONCERO, F. Capilla / LÓPEZ, Á. Lopez y / PENADÉS, V. Montés L. /
/ MORENO, J. Orduña / TRIAS, E. Roca i
— *Derecho Civil. Derecho de Obligaciones y Contratos*, coord.. Mª R. Valpuesta Fernández / R. Verdera Server, Tirant lo blanch, Valencia, 2001.
GATSI, Jean
— *Les contrats spéciaux*, Colin, 1998.
GAUTIER, Pierre-Yves
— v. MALAURIE / AYNÈS / GAUTIER
GENOVER, Enric Casals / SALA, J. Pintó / PUIG, Marga Ginesta de / SALA, A. Pintó
— *Comentarios a la Ley de Arrendamientos Urbanos de 1994*, Bosch, Barcelona, 1995.
GOMES, Manuel Januário
— *Constituição da Relação de Arrendamento Urbano*, Almedina, Coimbra, 1980.
— *Arrendamentos Comerciais*, 2ª ed., Almedina, Coimbra, 1991.
— *Arrendamentos para Habitação*, 2ª ed., Almedina, Coimbra, 1996.
GRAVE, Margarida
— *Regime do Arrendamento Urbano, Anotações e Comentários*, 2ª ed., s.d., mas 2001.
GULLÓN, Antonio
— v. DÍEZ-PICAZO, Luis / GULLÓN, Antonio
HEINTZMANN, Walther
— *Miete* (§§ 535 ss), in *Soergel Kommentar zum Bürgerliches Gesetzbuch*, Band 4/1, *Schuldrecht* III/1, §§ 516-651, 12. Auflage, Kohlhammer, Stuttgart / Berlin / Köln, 1998.
HÖRSTER, Heinrich Ewald
— *A Parte Geral do Código Civil Português — Teoria Geral do Direito Civil*, Almedina, Coimbra, (1992) reimpr. 2000.
IUDICA, Giovanni / ZATTI, Paolo
— (dir.) *Trattato di Diritto Privato*, Giuffrè, Milano.
— v. ROPPO, Vincenzo
JORGE, Fernando Pessoa
— *Direito das Obrigações*, AAFDL, Lisboa, 1975/76.
LARENZ, Karl
— *Lehrbuch des Schuldrechts*, Band II, 1, *Besonderer Teil*, 13. Auflage, Beck, München, 1986.
LEITÃO, Luís Menezes
— *O enriquecimento sem causa no Direito civil*, CCTF, Lisboa, 1996.
— *Direito das Obrigações*, vol. I, Almedina, Coimbra, 2000.

LIMA, Pires de / VARELA, Antunes
— *Código Civil Anotado*, vol. II, 4ª ed., Coimbra Edit., 1997.
MACHADO, João Baptista
— *Introdução ao Direito e ao Discurso Legitimador*, 12ª reimpr., Almedina, Coimbra, s/ data, mas 2000.
MALAURIE, Philippe / AYNÈS, Laurent / GAUTIER, Pierre-Yves
— *Cours de Droit Civil*, t. VIII, *Les Contrats Spéciaux*, 13ª ed., Cujas, Paris, 1999/2000.
MARICONDA, Gennaro
— *La trascrizione*, in *Trattato di Diritto Privato*, dir. P. RESCIGNO, 19, *Tutela dei Diritti*, t. 1.º, UTET, Torino, 1985.
MARTINEZ, Pedro Romano
— *Direito das Obrigações (Parte Especial), Contratos*, 2ª ed., Almedina, Coimbra, 2001.
MEDICUS, Dieter
— *Schuldrecht* II, *Besonderer Teil*, 9. Auflage, Beck, München, 1999.
MESQUITA, José Andrade
— *Direitos Pessoais de Gozo*, Almedina, Coimbra, 1999.
NIETO, Juan Ramos
— *Análisis de los Arrendamientos Urbanos desde La Nueva Ley 29/1994*, Edit. Colex, 1996.
NOSETE, José Almagro
— in *Comentario del Código Civil*, coord. GIL DE LA CUESTA, t. 6, Bosch, Barcelona, 2000.
ORTIZ, Jose Maria Chico y
— *Estudios sobre Derecho Hipotecario*, t. I, 3ª ed., Marcial Pons, Madrid, 1994.
PEREIRA, Jorge de Brito
— *Do contrato-promessa sinalagmático indevidamente assinado por apenas um dos promitentes*, AAFDL, 1991.
POVEDA, Pedro González
— in *Comentario del Código Civil*, coord. GIL DE LA CUESTA, t. 7, Bosch, Barcelona, 2000.
PRATA, Ana
— *O contrato-promessa e o seu regime civil*, Almedina, Coimbra, 1995.
PUIG, Marga Ginesta de
— v. GENOVER / SALA / PUIG / SALA
RAYNARD, Jacques
— v. ANTONMATTEI / RAYNARD
RESCIGNO, Pietro
— (dir.) *Trattato di Diritto Privato*, 19, *Tutela dei Diritti*, t. 1.º, UTET, Torino, 1985.
— v. MARICONDA, Gennaro
ROPPO, Vincenzo
— *Il Contratto* (*Trattato di Diritto Privato*, IUDICA / ZATTI), Giuffrè, Milano, 2001.
ROQUETTE, Hermann

– *Das Mietrecht des Bürgerlichen Gesetzbuches* – *Systematischer Kommentar*, J.C.B. Mohr (P. Siebeck), Tübingen, 1966.
SALA, Alejandro Pintó
  – v. GENOVER / SALA / PUIG / SALA
SALA, Jordi Pintó
  – v. GENOVER / SALA / PUIG / SALA
SEIA, Jorge Aragão
  – *Arrendamento Urbano*, 5ª ed., Almedina, Coimbra, 2000.
SÉRIAUX, Alain
  – *Contrats civils*, PUF, Paris, s.d. mas 2001.
SONNENSCHEIN, Jürgen
  – v. EMMERICH / SONNENSCHEIN
SOUSA, António Pais de
  – *Anotações ao Regime do Arrendamento Urbano (R.A.U.)*, 6ª ed., Rei dos Livros, Lisboa, 2001.
TELLES, Inocêncio Galvão
  – *Arrendamento*, Lições publicadas por Bento Garcia Domingues e Manuel A. Ribeiro, Pro Domo, Lisboa, 1944-45.
  – *Manual dos Contratos em Geral*, 3ª ed., Lisboa, 1965.
  – *Direito das Obrigações*, 7ª ed., Coimbra Edit., 1997.
TRABUCCHI, Alberto
  – *Istituzioni di Diritto Civile*, 40ª ed., CEDAM, Padova, 2001.
  – v. CIAN, Giorgio / TRABUCCHI, Alberto
VARELA, João de Matos Antunes
  – *Das Obrigações em Geral*, vol. I, 10ª ed, Almedina, Coimbra, 2000.
  – v. LIMA / VARELA
VASCONCELOS, Pedro Pais de
  – *Contratos Atípicos*, Almedina, Coimbra, 1995.
  – *Teoria Geral do Direito Civil*, vol. I, Lex, Lisboa, 1999.
  – v. ASCENSÃO / VASCONCELOS
VIAL-PEDROLETTI, Béatrice
  – *Le Bail Verbal*, in *Bail d'habitation – Loi du 6 Juillet 1989, 10 Ans d'Application, 1989-1999 – La évolution de la jurisprudence en 15 thèmes* (*Loyers et copropriété*, 50.º année, edit. Juris-Classeur, Nov. 1999).
VOELSKOW, Rudi
  – *Miete* (§§ 535 ss), in *Münchener Kommentar zum BGB*, Band 3, *Schuldrecht, Besonderer Teil* I, §§ 433-606, 3. Auflage, Beck, München, 1995.
ZACCARIA, Alessio
  – in *Commentario al Codice Civile*, dir. P. CENDON, vol. 6.º, UTET, Torino, 1991.
ZATTI, Paolo
  – v. ALPA / ZATTI.

JURISPRUDÊNCIA CITADA

Supremo Tribunal de Justiça:
– Ac. 30.04.96 (FIGUEIREDO DE SOUSA), *CJ/STJ*, IV, t. 2, 1996, 39 ss.
– Ac. 05.11.98 (MATOS NAMORA), *BMJ* 481, 1998, 437 ss.

Tribunal da Relação de Coimbra:
– Ac. 16.01.90 (NUNES DA CRUZ), *CJ* XV, t. 1, 1990, 87.
– Ac. 27.06.95 (FRANCISCO LOURENÇO), *CJ* XX, t. 3, 1995, 47 ss.
– Ac. 23.04.96 (FRANCISCO LOURENÇO), sum. *BMJ* 456, 1996, 508.
– Ac. 05.05.98 (ARAÚJO FERREIRA), sum. *BMJ* 477, 1998, 573.
– Ac. 26.01.99 (NUNO CAMEIRA), sum. *BMJ* 483, 1999, 279.
– Ac. 14.03.00 (GIL ROQUE), sum. *BMJ* 495, 2000, 368.
– Ac. 16.01.01 (CARDOSO ALBUQUERQUE), *CJ* XXVI, t. 1, 2001, 11 ss.

Tribunal da Relação de Évora:
– Ac. 13.10.98 (VERDASCA GARCIA), sum. *BMJ* 480, 1998, 562.
– Ac. 27.05.99 (FERNANDO BENTO), *CJ* XXIV, t. 3, 1999, 263 ss.

Tribunal da Relação de Lisboa:
– Ac. 15.04.86 (FARINHA RIBEIRAS), *CJ* XI, t.2, 1986, 111.
– Ac. 21.10.93 (PIRES SALPICO), *CJ*, XVIII, t. 4, 1993, 154 ss.
– Ac. 02.02.95 (SILVA PAIXÃO), *CJ* XX, t.1, 1995, 115.
– Ac. 26.06.97 (NARCISO MACHADO), *CJ* XXII, t. 3, 1997, 126 ss.
– Ac. 07.10.97 (ADRIANO AUGUSTO MORAIS), sum. *BMJ* 470, 1997, 666.
– Ac. 19.01.99 (SEARA PAIXÃO), sum. *BMJ* 483, 1999, 264-265.
– Ac. 08.07.99 (JOÃO MOREIRA CAMILO), sum. *BMJ* 489, 1999, 397-398.
– Ac. 15.12.99 (SALVADOR DA COSTA), *CJ*, XXIV, t. 5, 1999, 125 ss.
– Ac. 24.02.00 (A. OLIVEIRA ROCHA), sum. *BMJ* 494, 2000, 391-392.

Tribunal da Relação do Porto:
– Ac. 21.01.99 (SOUSA LEITE), sum. *BMJ* 483, 1999, 272.
– Ac. 06.04.99 (HELDER ALMEIDA), sum. *BMJ* 486, 1999, 364.

RENDA E ENCARGOS NO CONTRATO DE ARRENDAMENTO URBANO[1]

António Sequeira Ribeiro*

SUMÁRIO: 1. Considerações introdutórias: o contrato de locação. 2. Filosofia do sistema. 3. Arrendamentos vinculísticos. 4. A prorrogação automática do contrato de arrendamento. 5. A renda. 6. A fixação da renda. 7. Vencimento e antecipação da renda. 8. O regime de rendas. 9. Fixação das rendas. 10. Actualização das rendas. 11. Correcção extraordinária das rendas. 12. As cláusulas de renda variável. 13. actualização de rendas no RAU. 14. Actualização anual em função dos coeficientes legais. 15. Actualização anual por convenção das partes. 16. A actualização pelo art. 81-A. 17. A actualização por obras. 18. O art. 9.º do decreto preambular do RAU. 19. Encargos a cargo do arrendatário. 20. As rendas no subarrendamento.

1. Considerações introdutórias: o contrato de locação

O actual Código Civil[2] dá-nos no artigo 1022.º uma noção de contrato de locação, segundo a qual " *Locação é o contrato pela qual uma das*

---

* Mestre em Direito. Assistente da Faculdade de Direito de Lisboa.
[1] Texto que serviu de base à intervenção proferida no dia 17 de Janeiro de 2001 na Faculdade de Direito de Lisboa, integrada no curso sobre *Arrendamento Urbano. Análise e linhas de evolução de uma década após o RAU*. O autor não pode deixar de expressar ao coordenador do curso, Professor Doutor Januário Gomes a feliz iniciativa e o amável convite para participar no evento.
[2] As disposições legais não acompanhadas da fonte correspondem a artigos do Regime do Arrendamento Urbano aprovado pelo Decreto Lei n.º 321-B/90, de 15 de Outubro, com alterações subsequentes, excepto se, do contexto, outra coisa resultar. Foram uti-

partes se obriga a proporcionar à outra o gozo temporário de uma coisa, mediante retribuição."[3]

O termo locação reconduz-se ao étimo latino *locatio* que, através da expressão *locatio-conductio* (locação-condução), representava já no direito romano algo de muito parecido com a realidade actual. Na *locatio*, o detentor da coisa trazia-a ao lugar onde a colocava, e a *conductio*, em que o receptor a conduzia para a sua esfera jurídica, com o intuito de se servir dela.[4]

A doutrina tem relacionado a *locatio conductio* com três distintos institutos:

– a *locatio conductio rei* (locação condução de coisa);
– a *locatio conductio operis* (locação condução de obra[resultado]);
– a *locatio conductio operarum* (locação condução de trabalho);

Se estas três figuras eram tratadas unitáriamente ou se apresentavam uma certa autonomia no direito romano, é algo que de momento não impede o nosso trabalho, embora a maior parte dos autores considere que só com os pandectistas a tripartição apontada se efectivou.

O nosso direito positivo nunca tomou posição por esta tripartição.[5] O Código de Seabra,[6] ao tratar a locação, fê-lo unicamente com o sentido da

---

lizadas bibliografia e jurisprudência publicadas até 31 de Maio de 2002, data da conclusão deste estudo.

Principais abreviaturas utilizadas: CC – Código Civil português em vigor; RAU –Regime do Arrendamento Urbano; BMJ – Boletim do Ministério da Justiça; CJ – Colectânea de Jurisprudência; art. – artigo; p(p) – página(s); ob. cit. – obra já citada; cfr. – consultar.

[3] Diferentemente se entendia na vigência do Código Civil de 1867, que no seu art. 1595.º exigia uma certa retribuição. Aliás, já no art. 1.º do Decreto n.º 5411, de 17 de Abril de 1919 se falava em determinada retribuição.

[4] LUIGI AMIRANTE, *Locazione (in generale) (diritto romano)*, in NDI, Vol. IX, 1963, pp. 993 e ss.

[5] PINTO FURTADO, *Manual do arrendamento Urbano*, 3ª ed., Coimbra, Almedina, 2001, p. 15, afirma, que nem nas Ordenações se tomou partido pela divisão da disciplina da locação. Diferentemente, JOSÉ PINTO LOUREIRO, *Tratado da Locação*, Vol I, Coimbra, Coimbra editora, 1946, p. 42, afirma com base no Livro IV, títulos 23 a 35 e 45 das Ordenações Filipinas, ter-se operado aí a bipartição entre a locação das coisas e a locação das obras. Em sentido idêntico MÁRIO FROTA, *Contrato de Trabalho* I, Coimbra, Coimbra editora, 1978, p. 18.

[6] Elogiando a posição tomada pelo Código de Seabra, GUILHERME MOREIRA, nas suas *Lições de Direito Civil Português*, Coimbra, 1903-1904, p. 370. Repare-se que, muito antes, COELHO DA ROCHA na p. 647 das suas *Instituições de Direito Civil Portuguez*, II, 4ª

locação de coisas e é com este sentido que o actual Código Civil regula a figura da locação. Autonomamente são tratados o contrato de trabalho, o contrato de prestação de serviços e o de empreitada.[7] Assim, ao falar-se hoje em dia de locação quer-se apenas referir a locação de coisa.[8]

Na noção dada pelo art. 1022.° do CC apontam-se os seguintes traços característicos:

– contrato;
– obrigação de se proporcionar o gozo de uma coisa;
– temporariamente;
– contra uma obrigação de retribuição.

De todas as referidas características do contrato de locação[9] interessa ao nosso estudo a obrigação de retribuição que impende sobre o arrendatário.

1.2. *O Regime do Arrendamento Urbano (RAU)*

O Decreto-Lei n.° 321-B/90, de 15 de Outubro, introduziu em Portugal uma nova disciplina da relação locativa.[10]

---

ed., Coimbra, 1857, considerava dever-se distinguir entre a locação de obra e a locação de coisas. Aliás a esta última posição não é estranha a orientação do Código de Napoleão, e do Código Civil Italiano de 1865, ambos distinguindo a locação de coisas e a locação de obra. Diferentemente, o Código Civil Alemão de 1900, autonomizou estas diferentes figuras.

[7] GALVÃO TELLES, *Aspectos comuns aos vários contratos. Exposição de motivos referente ao título do futuro Código Civil português sobre contratos em especial*, in BMJ, n.° 23, 1951, pp. 74 e ss. Do mesmo autor, *Contratos Civis. (Projecto completo de um título do futuro Código Civil Português e respectiva exposição de motivos)*, in BMJ, no 83, 1959, pp. 142 e ss.

[8] PINTO FURTADO, refere a p. 16 do seu *Manual do Arrendamento Urbano*, ob. cit., que não faz hoje sentido falar da locação de coisas, já que isso seria admitir ao lado dela outras. MÁRIO FROTA, *Contrato de trabalho*, ob. cit., pp. 131-132.

[9] Sobre os elementos do contrato de locação, ANTÓNIO MENEZES CORDEIRO, *Da natureza do direito do locatário*, separata da ROA, Lisboa, 1980, pp. 7-9. Na nota n.° 1 deste estudo podemos encontrar a tradução dos artigos dos Códigos Civis francês (art. 1709.°), italiano (art. 1571.°), alemão (§ 535) e brasileiro (art. 1188.°), equivalentes ao nosso art. 1022.°, e que expressam a noção de locação. Acerca de algumas consequências da noção legal de locação, Cfr. MANUEL HENRIQUE MESQUITA, *Obrigações Reais e Ónus Reais*, Coimbra, Almedina, 1990, pp. 161 e ss.

[10] Para uma visão genérica sobre a evolução havida cfr., ALMEIDA COSTA, *Noções de Direito Civil*, 3ª ed., Coimbra, Almedina, 1991, pp. 349 e ss.

Não há um só regime de arrendamento, mas sim vários. Antes do RAU podiam apontar-se nada menos que dez regimes.[11] Actualmente quer o arrendamento rural, a empresário autónomo, assim como o arrendamento florestal, regem-se por legislação própria, estando fora do âmbito de incidência do RAU.[12]

O art. 3.º do RAU indica-nos que o arrendamento urbano pode ter como fim a habitação, a actividade comercial ou industrial, o exercício de profissão liberal ou outra aplicação lícita do prédio.[13] Supletivamente aponta-nos o n.º 2 do referido preceito que, se nada for estipulado, o arrendatário só pode utilizar o prédio para habitação.[14]

---

[11] PEREIRA COELHO, *Breves notas ao " Regime do Arrendamento Urbano "*, in RLJ, ano 125 (Janeiro de 1993), pp. 258, dá-nos a seguinte lista:
1. arrendamento urbano para habitação;
2. arrendamento urbano para comércio ou indústria;
3. arrendamento urbano para exercício de profissão liberal;
4. arrendamento urbano para outros fins que não os três referidos anteriormente;
5. arrendamento rural a empresário agrícola;
6. arrendamento rural a agricultor autónomo;
7. arrendamento florestal;
8. arrendamento rústico não rural nem florestal para comércio ou indústria;
9. arrendamento rústico não rural nem florestal para exercício de profissão liberal;
10. arrendamento rústico não rural nem florestal para outros fins que não os referidos anteriormente.

[12] O arrendamento rural rege-se pelo Decreto-Lei n.º 385/88, de 25 de Outubro, alterado pelo Decreto-Lei n.º 524/99, de 10 de Dezembro; e o arrendamento florestal rege-se pelo Decreto-Lei n.º 394/88, de 8 de Novembro.

[13] Só por exclusão das outras modalidades se torna possível delimitar o âmbito deste fim. PAIS DE SOUSA, dá-nos como exemplo o arrendamento de sedes de agremiações desportivas, com fins não lucrativos, para fins especiais. Cfr. *Anotações ao Regime do Arrendamento Urbano*, Lisboa, Rei dos Livros, 1990, pp. 60.

[14] JOSÉ DE OLIVEIRA ASCENSÃO em, *Parecer sobre o "Relatório sobre o programa, o conteúdo e os métodos de ensino da disciplina de direito e processo civil (arrendamento)" apresentado no concurso para professor associado pelo Doutor MAnuel Henrique Mesquita*, in RFDUL, 1996, n.º 2, afirma na página 605 que a distinção feita pelo autor do relatório dos vários tipos de arrendamento quanto ao fim não será a mais correcta, devendo a distinção assentar entre arrendamento comum e arrendamentos especiais, o que significa que não podemos tomar os tipos especiais como se esgotassem o universo do arrendamento. Acrescenta ainda OLIVEIRA ASCENSÃO que a assimilação que o autor faz do "arrendamento urbano" ao arrendamento de prédios rústicos para fim não rural nem habitacional pressupõe que o regime do arrendamento urbano é o regime padrão. Mas não é assim. Há um regime básico (embora de aplicação estatisticamente rara), de que se especializam os vários arrendamentos especiais ou típicos.

Preceitos importantes, quanto a nós, são os art. 5.º e 6.º do RAU, em virtude de através deles se operar a delimitação dos arrendamentos que estão ou não sujeitos ao regime instituído pelo RAU, nomeadamente àquelas normas que não podem ser afastadas pela vontade das partes.[15-16]

Contrato de arrendamento urbano é aquele pelo qual uma das partes proporciona (concede diz indevidamente o art. 1.º do RAU)[17] à outra, o gozo temporário, mediante retribuição, de um prédio urbano. E é exactamente o objecto deste contrato – o prédio urbano – que o distingue da locação em geral. De acordo com o art. 204.º n.º 2 do CC prédio urbano é qualquer edifício incorporado no solo, com os terrenos que lhe sirvam de logradouro.[18]

2. Filosofia do sistema

O romancista TOM WOLFE, no seu livro *A Fogueira das Vaidades* refere a certo passo que "Eles são um perigo, estes senhorios dos prédios de renda limitada – são completamente maníacos. Vivem com uma única ideia na cabeça de manhã à noite, e essa ideia é porem inquilinos na rua.

---

[15] MANUEL CARNEIRO FRADA, *O Novo Regime do Arrendamento Urbano: Sistematização geral e âmbito material de aplicação,* in ROA, 1991-I, pp. 153-180. A título exemplificativo veja-se a anotação ao Ac. da Relação de Lisboa de 31-5-1983 do Prof. ANTÓNIO MENEZES CORDEIRO, *Contrato de arrendamento; denúncia; âmbito de regime vinculístico,* in ROA 1994-III, pp. 843 a 849, em que este autor considera ter o artigo 5.º, n.º 2, alínea e) do RAU natureza interpretativa e, em consequência, aplicação rectroactiva.

[16] Com interesse, GALVÃO TELLES, *Arrendamento para vilegiatura.* Anotação ao Ac. da RE de 28/5/87, in o DIR, 1988 I-II, pp. 159 a 172.

[17] Cfr.PAIS DE SOUSA, *Anotações ao Regime do Arrendamento Urbano,* ob. cit., pp. 54. ANTÓNIO MENEZES CORDEIRO / FRANCISCO CASTRO FRAGA, *Novo Regime do Arrendamento Urbano Anotado,* ob. cit., pp. 52, referem ter o legislador utilizado " conceder a outrem o gozo temporário ", como expressão inócua face à natureza do direito do arrendatário.

[18] Cfr. ANTÓNIO MENEZES CORDEIRO, *Direitos Reais*, Lisboa, Lex, 1993 (reprint da edição de 1979), pp. 197. JOSÉ DE OLIVEIRA ASCENSÃO, *Teoria Geral do Direito Civil,* Vol. I, Coimbra Editora, 1997, pp. 329 e ss. Do mesmo autor *Direito Civil-Reais*, 5ª ed., Coimbra, Coimbra editora, 1993, pp. 181 e ss. PEDRO PAIS DE VASCONCELOS, *Teoria Geral do Direito Civil*, Vol. I, Lisboa, 1999, pp. 131 e ss. JOÃO DE CASTRO MENDES, *Teoria Geral do Direito Civil*, Vol. I, Lisboa, 1978, pp. 394 e ss. LUÍS CARVALHO FERNANDES, *Teoria Geral do Direito Civil*, Vol. I, 3ª ed., Lisboa, 2001, pp. 683 e ss. ANTÓNIO MENEZES CORDEIRO, *Tratado de Direito Civil Português,* Vol. I, Tomo II, Almedina, 2000, pp. 117 e ss. Útil para a compreensão do conceito de prédio é ainda hoje a obra de NUNO SÁ GOMES, *Os Conceitos Fiscais de Prédio,* Lisboa, Cadernos de Ciência e Técnica Fiscal, 1967, em especial para o que nos interessa as pp. 15 a 59.

Nenhum siciliano odeia mais os seus inimigos do que um senhorio de apartamentos de renda limitada odeia os inquilinos. Acham que os inquilinos passam a vida a sugar-lhes o sangue. São doidos varridos."[19] Este trecho demonstra bem, mesmo descontando o tom empolado do ficcionista, a carga social e a dialéctica que encontramos no arrendamento urbano. A relação entre senhorio e inquilino tem sido desde o início do século XX uma relação atribulada, encontrando nós neste período de tempo ocasiões de grande melindre entre os dois lados desta relação, a que não é estranho um poder político que impõe obrigatoriedade de comportamentos em situações onde a boa regulação e fiscalização da autonomia privada teria, porventura, sido suficiente para resolver o problema do arrendamento urbano para habitação; tendo chegado muitas vezes a confundir este com arrendamento de habitação social.[20] Ora, esta identificação entre o arrendatário de habitação social e o arrendatário com posses que pretende arrendar um prédio de luxo com acesso a terraço, piscina e segurança privada, não tem sido benéfica para ninguém, tendo levado a uma diminuição do número de fogos arrendados e a uma aquisição de casa própria, realizada frequentemente com recurso a empréstimo bancário, representando muitas vezes um esforço titânico para as famílias que se endividam até mais não poderem.[21-22]

Acresce que em Portugal nunca foi ensaiado, e menos ainda concretizada uma política pública de arrendamento na sua vertente social, con-

[19] Utilizamos aqui a tradução portuguesa de Ana Luísa Faria na edição das Publicações Dom Quixote, Lisboa, 1988, p. 693.

[20] A carga social no arrendamento urbano para habitação continua a ser muito intensa. A título de exemplo veja-se o cuidado que o legislador colocou na defesa da casa da morada de família quando esta está tomada de arrendamento. Por todos Cfr., NUNO DE SALTER CID, *A Protecção da Casa de Morada da Família no Direito Português*, Almedina, 1996, pp. 188 a 229.

[21] Sobre o endividamento dos consumidores é muito útil a obra colectiva de MARIA MANUEL LEITÃO MARQUES/VÍTOR NEVES/CATARINA FRADE/FLORA LOBO/PAULA PINTO//CRISTINA CRUZ, *O Endividamento dos Consumidores*, Almedina, 2000. Esta obra trata nas pp. 77 a 104 do endividamento resultante do crédito à habitação concluindo que este tipo de crédito é em Portugal a principal fonte de endividamento das famílias. Em 1998, os saldos em dívida de crédito bancário à habitação representavam 71% da dívida total dos agregados familiares. Nesta mesma data, os saldos em dívida no crédito à habitação representavam 33% do PIB quando, em 1990, o seu peso não ia além dos 12%. Em percentagem do rendimento disponível dos particulares, o endividamento associado à habitação passou de 16% em 1990 para 49% em 1998. Entre 1990 e 1998, em valor nominal, os saldos do crédito à habitação cresceram a uma taxa média anual de 24%.

[22] Com interesse, ROSA-MARIA GELPI/FRANÇOIS JULIEN-LABRUYÉRE, *História do Crédito ao Consumo*, tradução portuguesa, Principia, 2000, em especial para o que aqui nos interessa pp. 219 a 239.

trariamente ao que acontece no resto da Europa. Em bom rigor, só este tipo de arrendamento mereceria do Estado um papel interventivo, que fosse além da regulação e disciplina do mercado. No ano de 2000 apenas 2% das famílias portuguesas eram arrendatárias de fogos de habitação social, o que corresponde a 15% do parque de arrendamento privado.[23]

É significativo que os últimos censos realizados em Portugal – Censos 2001 – demonstram que 75% das famílias portuguesas tem casa própria.[24]

Autores, como ARTUR SOARES ALVES, não hesitam em afirmar que o negócio do arrendamento fica restrito às casas antigas e aos inquilinos a quem os bancos não concedem crédito. Para este autor a história do arrendamento em Portugal é dominada pelo chamado congelamento das rendas. O congelamento só por si não se traduz em prejuízo considerável para os proprietários locadores, o que aconteceu foi que entre 1914 e 1928 o congelamento surgiu associado a uma forte inflação que fez descer o valor dos imóveis a valores ridículos. E a seguir à revolução de Abril de 1974 a inflação chegou a atingir valores na ordem dos 25% ao ano. Significativo para explicar a opção pela compra da habitação em detrimento do arrendamento, é aquela ser mais vantajosa. "A lei considera renda condicionada uma renda anual igual a 8% do investimento feito pelo proprietário do imóvel. Ora, os bancos oferecem facilmente taxas abaixo dos 6%, proporcionando situações largamente mais favoráveis à compra", mas o principal problema "é o Estado cobrar IRS sobre as rendas habitacionais e não o fazer para os créditos à compra da habitação".[25] Mas esta situação tornou-se nociva para os próprios interessados na compra de casa própria. É que neste mercado a lei da oferta e da procura não tem funcionado. A procura tem sido mais que a oferta, pelo que o único limite de preço para aquisição de casa própria é aquele que o comprador tiver disposto a pagar. Ora, se o mercado de arrendamento fosse em Portugal mais expressivo, as famílias tendo desde logo resolvido o seu problema habitacional, poderiam esperar pelo melhor preço para comprar casa própria, o que diminuiria a pressão do lado da procura.

Assim, a compra de casas para revenda com rápidas mais valias tornou-se uma aplicação de capital aliciante em detrimento da compra de casa para lançar no mercado de arrendamento, tendo levado a Secretária

---

[23] Cfr., artigo publicado no semanário *Expresso* de 26 de Agosto de 2000 de LEONOR COUTINHO, *Retomar o modelo Integrador das Cidades Europeias*.

[24] Os dados provisórios dos Censos encontram-se no site do Instituto Nacional de Estatística em www.ine.pt..

[25] Artigo publicado no semanário *Expresso*, caderno Imobiliário em 24 de Março de 2001, pp. 1 e 16, intitulado *Arrendamento à Beira do Fim*.

de Estado da Habitação a afirmar que a inversão desta realidade só será conseguida com preços justos no sector da construção e com o índice de qualidade dos fogos a ser considerado no valor do prédio. Caso contrário, afirma, não existirá um mercado de arrendamento se a renda tiver um valor equivalente ou mesmo superior ao que os clientes poderão pagar pela compra do fogo por acesso ao crédito bancário.[26]

O estabelecimento de limites às rendas no arrendamento para habitação é o exemplo mais nítido da fixação de preços máximos e igualmente um exemplo que ilustra a ineficiência da intervenção pública no domínio dos preços.

A inexistência de elasticidade quer do lado da procura quer do da oferta, embora não provocando no curto prazo uma disparidade muito pronunciada entre procura e oferta, vai levar no longo prazo à reacção dos senhorios a um preço que os desincentiva de atenderem a todas as solicitações da procura. Assim, é neste longo prazo que a quantidade oferecida – o parque habitacional disponível para arrendamento – se retrai em reacção à limitação dos preços[27].

Perante uma situação de falta de habitação para arrendar, tal pode originar o florescimento do mercado de venda de habitações, como pode igualmente levar a uma "licitação subterrânea" num *mercado negro de habitação,* pagando os arrendatários um suborno compensatório ("o preço da chave") que procura anular as perdas cumulativas registadas pelo senhorio ao longo do prazo contratual, pelo recebimento de rendas inferiores ao nível de equilíbrio[28].

O congelamento das rendas[29] levou ao surgimento ao longo dos tempos das chamadas rendas antigas, com grande peso actualmente entre nós.[30] Este problema central do mercado arrendatício leva a que autores vejam o inquilino como um comproprietário, já que há a transferência progressiva do usufruto da propriedade imobiliária arrendada a favor dos inquilinos.[31]

---

[26] Artigo publicado no semanário *Expresso* em 4 de Março de 2000, intitulado *Habitação exige preços justos e qualidade.*

[27] FERNANDO ARAÚJO, *Introdução à Economia,* Coimbra, Almedina, 2002, pp. 224 a 227.

[28] FERNANDO ARAÚJO, *Introdução à Economia,* ob. cit., p. 226 itálico e aspas no original.

[29] É de grande interesse a obra de ARTUR SOARES ALVES, *O Congelamento das Rendas Urbanas,* Lisboa, CNAPI, 1995.

[30] JOSÉ DE BASTO, *Dicionário incompleto de rendas antigas e outros desleixos. Retalhos da vida dos senhorios no ano 2000,* Lisboa, Roma Editora, 2000.

[31] ARTUR SOARES ALVES, *O Congelamento das Rendas Urbanas,* ob. cit., p. 18.

Com efeito o problema das denominadas rendas antigas ameaça o próprio mercado de arrendamento urbano já que deixou de haver lucro naqueles que compravam imóveis para lançar no arrendamento.[32] É que se as rendas são antigas as obras, por exemplo, são pagas ao preço actual. O Instituto Nacional de Estatística, num inquérito realizado à habitação em 1998, concluiu que cerca de 50% do número de contratos de arrendamento existentes haviam sido celebrados antes de 1976.[33]

Este problema das rendas antigas já mereceu, aliás, a elaboração de um projecto legislativo pelo governo, no qual se propunha aumentar as rendas antigas, com uma compensação para os arrendatários com mais baixos rendimentos. Em causa estava o relatório da Universidade Técnica de Lisboa para as novas regras de determinação da contribuição autárquica, e que continha algo explosivo: o aumento das rendas antigas.[34] Cientes das consequências da reforma da tributação do património que mais tarde ou mais cedo Portugal vai ter de efectuar, nomeadamente ao nível da sua repercussão na determinação da contribuição autárquica, a Associação dos Empreiteiros de Construção e Obras Públicas, pela voz do seu presidente, veio recentemente pronunciar-se pela reforma integral da tributação do património onde fosse incluída a extinção das rendas antigas na habitação e no comércio.[35]

Por sua vez a Associação Lisbonense de Proprietários declarou ir recorrer à União Europeia para resolver o problema das rendas antigas. Para tal pretende esta Associação conjugar-se com outras do género dos diversos países europeus para propor legislação que venha corrigir estes defeitos do mercado, e isto poderá passar segundo afirmaram pela regulamentação do direito de propriedade que agora se instituiu no art. 17 da Carta dos Direitos Europeus.[36]

---

[32] Sobre este e outros problemas tem interesse a leitura das intervenções de uma mesa redonda sobre a *Lei do Arrendamento Urbano* realizada entre JOÃO PEDRO PEREIRA DA ROSA, da Associação Lisbonense de Proprietários, CARLOS PACHECO, da Associação dos Inquilinos Lisbonenses, JORGE PEREIRA, da UGT, e JOAQUIM DIONÍSIO, da CGTP, com coordenação do professor PEDRO ROMANO MARTÍNEZ. Esta mesa redonda foi promovida pela revista *Forum & Iustitiae*, que publicou as intervenções no seu n.º 14, Agosto de 2000, pp. 26 a 37.

[33] Sobre uma situação real veja-se o relato efectuado no semanário *Expresso*, no caderno de Imobiliário, de 17/11/2001, pp. 1 e 21.

[34] Cfr., o artigo no semanário *Expresso* do Professor SALDANHA SANCHES de 18 de Dezembro de 1999 sobre este tema, intitulado *Ruínas e Vendas Velhas*.

[35] Cfr., a entrevista do presidente da Associação dos Empreiteiros de Construção e Obras Públicas ao jornal *Diário de Notícias*, suplemento *Negócios* de 16 de Abril de 2001.

[36] Artigo publicado no jornal *Público* de 22 de Janeiro de 2001. Em entrevista

3. Arrendamentos vinculísticos

As normas que disciplinavam o contrato de locação eram, de início, as mesmas que disciplinavam os contratos em geral. Foi com o desenrolar da Grande Guerra que alguns destes princípios vieram a ser postos em causa.[37] Inicialmente era necessário assegurar aos inquilinos mobilizados para a guerra a subsistência do seu arrendamento. Posteriormente, a destruição do parque habitacional, em resultado das devastações bélicas originou, face à redução desse mesmo parque, o aumento das rendas habitacionais,[38] estendendo-se em seguida estas mesmas medidas aos arrendamentos comerciais ou para o exercício de profissões liberais. Generalizaram-se assim a todos os arrendamentos urbanos acções tendentes à estabilidade e protecção dos mesmos. Surgem assim medidas destinadas por um lado, a evitar a denúncia por parte do senhorio, e por outro à imposição de um bloqueio das rendas a esses contratos.[39] Com base em tais pressupostos,

---

publicada neste jornal, nesta mesma data, dois dos responsáveis por esta Associação consideram inconstitucional alguns preceitos da legislação saída a 22 de Dezembro de 2001, nomeadamente aqueles que permitem às Câmaras substituírem-se aos senhorios quer arrendando no caso de prédios devolutos, quer na execução de obras.

[37] PINTO FURTADO, *Vinculismo Arrendatício – Origens, Características e Tendência Evolutiva,* in Tribuna da Justiça, n.º 2, Fevereiro-Março de 1990, na pp. 29 refere-nos alguns casos de arrendamentos de prédios rústicos em que por alvarás do século XVIII e XIX se estipulou que, nos termos do respectivo contrato, os rendeiros enquanto pagassem as suas rendas, não podiam ser expulsos e estas não podiam ser aumentadas.

[38] ROLINDO SAMPAIO, *Habitação e Direito*, Porto, edição do autor, 1976, dá-nos nas pp 19 a 25 uma série de números sobre o preço das rendas de casa na relação com o rendimento do agregado familiar. Este autor, tomando como exemplo o modelo sueco, vai no sentido de favorecer o movimento cooperativo, embora considere absurda a legislação então em vigor do cooperativismo de habitação.

[39] O que originou por vezes rendas especulativas nos novos arrendamentos. É assim que "para os que começaram como inquilinos nas décadas de 40, 50 ou 60 disporem do privilégio de casa para o seu agregado familiar ao preço da bica, terão os que começam agora de a pagar ao preço de ouro!" PINTO FURTADO, in *Manual do Arrendamento Urbano*, ob. cit., pp.193 e ss. Este autor dá-nos conta de que enquanto nos países evoluídos, os encargos de habitação devem situar-se entre 10 e 20% do rendimento liquído do agregado familiar, em Portugal e mesmo nos centros urbanos esse encargo constitui um débito muito inferior à despesa mensal de um fumador de um maço de cigarros por dia, para satisfazer o seu vício. *Ibidem*, pp. 199.

Para lá deste facto grande parte da doutrina dos tribunais superiores sobre as questões mais delicadas e controvertidas do inquilinato é hoje definida nos arrestos das Relações. Como diz ANTUNES VARELA in *Anotação aos Ac. do STJ de 15/12/81 e 12/7/83*, in RLJ ano 118, 1985/86, pp. 93 nota 7 " É que a maior parte das acções de despejo, por vir-

define PINTO FURTADO como vinculísticos "aqueles arrendamentos de prédios destinados a fins diferentes dos agrícolas ou pecuários e florestais que, por imperativos conjunturais de interesses e ordem pública, são transitoriamente sujeitos por lei a limitações à autonomia da vontade privada em defesa do arrendatário, essencialmente constituídas pela prorrogação forçada, no termo de duração dos respectivos contratos, e pelo bloqueio de rendas, a que por vezes se têm acrescentado outras mais restrições, em complemento das primeiras."[40]

Após o termo da I[a] guerra mundial a reconstrução do parque habitacional foi lenta, e veio a ser interrompida pela II[a] Grande Guerra que fez retornar as coisas à situação anterior.[41]

Se o fenómeno do arrendamento vinculístico é visível em toda a Europa e nos Estados Unidos da América,[42] interessa-nos a nós saber da evolução deste fenómeno em Portugal.[43]

3.1. Logo após a implantação da República, surge o Decreto de 12 de Novembro de 1910[44] em que o senhorio de prédios urbanos não pode aumentar o preço da renda durante um ano a contar da data da publicação do decreto (art. 9.º). Por cada período de dez anos a contar da publicação do mencionado decreto o senhorio só pode aumentar até dez por cento

---

tude do critério aplicável à determinação do seu valor (art. 307.º do Cód. Proc. Civil) e em consequência do regime geral de congelamento ou limitação das rendas, morre nos tribunais de 2[a] instância, porque o seu valor não excede a alçada das Relações."

[40] *Vinculismo Arrendatício – Origens, Características e Tendência Evolutiva*, ob. cit., pp. 30.

[41] Quer a diminuta oferta do mercado de arrendamento, com o consequente empolamento das rendas nos novos arrendamentos, quer a degradação das condições de vida das populações, fez surgir em acelerado crescimento o movimento da habitação clandestina. Cfr, AAVV, *Clandestinos em Portugal. Leituras*, Lisboa, Livros Horizonte, 1989. ANTÓNIO FONSECA FERREIRA, *Por uma nova Política de Habitação*, Lisboa, Afrontamento, 1987, pp. 222 e ss.

[42] Sobre a experiência do arrendamento vinculístico no direito comparado, Cfr. a síntese realizada por PINTO FURTADO, Manual do Arrendamento Urbano, ob. cit., pp. 149 a 183.

[43] Para uma melhor compreensão deste fenómeno em Portugal é fundamental a obra de ANTÓNIO FONSECA FERREIRA, *Por uma nova Política de Habitação*, ob. cit.

[44] Publicado no Diário do Governo, n.º 34, de 14 de Novembro.
Este e todos os principais diplomas até 1927 encontram-se publicados em PINTO LOUREIRO/MÁRIO DE ALMEIDA, *Inquilinato Civil e Comercial nos Tribunais (Actualização e Anotações)*, Coimbra, Coimbra editora, 1927. O Decreto de 12/11/1910 encontra-se publicado nas pp. 175 a 190.

sobre o valor da renda (art. 34.°). Além destes bloqueios aos montantes da renda, o art. 39 do citado diploma veio dizer que todas as cláusulas que contrariem as garantias aí instituídas devem considerar-se nulas.

3.2. O Decreto n.° 1079 de 23 de Novembro de 1914[45] dizia no seu preâmbulo que, com o fim de proteger as classes menos abastadas durante a crise económica e financeira que atravessavam quase todas as nações, era proibido aos senhorios elevarem na renovação dos contratos os montantes das rendas que à data do decreto ultrapassassem os valores referidos no art. 1.°. Todo o diploma vigoraria enquanto subsistisse a crise que o motivava (art. 6.°).

3.3. A Lei n.° 828, de 28 de Setembro de 1917,[46] aplicava-se somente enquanto durasse o estado de guerra e até seis meses depois de assinado o tratado de paz (art. 9). Continuava a ser proibido aos senhorios o aumento das rendas que não excedessem os valores indicados no art. 2.°. E pela primeira vez surge a proibição imposta aos senhorios e sublocadores de intentarem acções de despejo que se fundassem em não lhes convir a continuação do arrendamento (art. 2.° n.° 5).

3.4. Em 1919 surge o Decreto n.° 5411, de 17 de Abril, que reuniu toda a legislação avulsa sobre arrendamento[47]. Todo o normativo do capítulo V deste diploma podia ser revogado quando o governo entendesse que não subsistiam as circunstâncias de carácter económico e financeiro que motivaram o Decreto n.° 1079 de 23/11/1914 (art. 117.°). No art. 106.° prescrevia-se que as rendas que não ultrapassassem um determinado valor não podiam ser aumentadas na sua renovação. No mesmo artigo proibia-se aos senhorios o despejo do prédio com fundamento em lhes não convir a continuação do arrendamento.

3.5. A Lei n.° 1662, de 4 de Setembro de 1924,[48] veio abrandar em certas áreas a matriz vinculística mas veio consagrar como regra geral no

---

[45] PINTO LOUREIRO/MÁRIO DE ALMEIDA, *Inquilinato Civil e Comercial nos Tribunais (Actualização e Anotações)*, ob. cit., pp. 204 a 206.

[46] *ibidem*, pp. 212 a 215.

[47] PINTO LOUREIRO/MÁRIO DE ALMEIDA, *Inquilinato Civil e Comercial nos Tribunais (Actualização e Anotações)*, ob. cit., este decreto encontra-se todo ele profundamente anotado entre as pp. 1 e 148. Igualmente publicado com notas em, DIOGO CORREIA, *Código do Inquilinato*, Lisboa, ed. do autor, 1948/49, pp. 5 e ss. Igualmente anotado em PINTO DE MESQUITA/POLÓNIO DE SAMPAIO, *Legislação sobre Arrendamentos*, ob. cit., pp. 5 a 74.

[48] PINTO DE MESQUITA/POLÓNIO DE SAMPAIO, *Legislação sobre Arrendamentos*, ob. cit., pp. 79 a 96.

seu art. 5.º[49] que não podiam ser intentadas e ficavam suspensas com a publicação desta lei, todas as acções e execuções de sentenças de despejos de prédios urbanos. Estas proibições que terminariam em 31 de Dezembro de 1925 (art. 13.º), vieram a ser sucessivamente prorrogadas até que o decreto n.º 14630, de 28 de Novembro de 1927, no seu art. 1.º, estabeleceu a proibição por período indefinido, enquanto não fosse publicada legislação em contrário.[50]

3.6. Depois de ter sido rejeitado um projecto liberalizante de PINTO LOUREIRO, veio a surgir um anteprojecto e uma iniciativa legislativa de JOSÉ GUALBERTO DE SÁ CARNEIRO que vieram a culminar na Lei n.º 2030, de 22 de Junho de 1948.[51] Nesta, por omissão, manteve-se o princípio da prorrogação forçada, transitoriamente instituído durante a I.ª Grande Guerra. No capítulo IV deste diploma, regula-se a actualização de rendas que se veio agora permitir através de um sistema complexo (art. 47.º) em que se jogava com vários critérios, permitindo-se em certos casos uma avaliação fiscal (art. 48.º). A denúncia pelo senhorio era regulada no art. 69.

3.7. A Lei n.º 2030 vigorou até ao Código Civil de 1966 que logo no art. 10.º do seu diploma preambular afirmava que se mantinha para efeitos de actualização de rendas em Lisboa e Porto o regime da Lei n.º 2030.

Assim com o Código Civil conservou-se o bloqueio absoluto das rendas para habitação de Lisboa e Porto, mitigado por correcções de 5 em 5 anos para as habitações no resto do país e em todo o território para os arrendamentos destinados ao comércio, à industria ou ao exercício de profissão liberal.

O vínculo da prorrogação forçada foi mantido mas agora com carácter institucional (art. 1095.º), tendo sido mantido (art. 1098.º) em termos análogos àqueles que tinham sido estabelecidos no art. 69 da Lei n.º 2030.

3.8. O Decreto-Lei n.º 445/74, de 12 de Setembro, conhecido por Lei das Rendas de Casa, veio no seu artigo 1.º estender a todo o país, a suspensão das avaliações fiscais para efeitos de avaliação de rendas de prédios destinados a habitação.[52]

---

[49] PINTO DE MESQUITA e POLÓNIO DE SAMPAIO consideram este art. 5.º "um marco da maior relevância em matéria de inquilinato", *ibidem*, pp. 84.

[50] PINTO DE MESQUITA/POLÓNIO DE SAMPAIO, *Legislação sobre Arrendamentos*, ob. cit., pp. 226.

[51] *ibidem*, pp. 101 a 171.

[52] MANUEL JANUÁRIO GOMES, *Constituição da Relação de Arrendamento Urbano*, ob. cit., pp. 21 e ss. JOSÉ GUALBERTO DE SÁ CARNEIRO, *Breves Reflexões sobre a nova legislação locativa*, in Revista dos Tribunais, ano 93, Novembro de 1975, pp. 397 e ss.

3.9. Posteriormente à revolução de 1974 várias foram as intervenções legislativas no âmbito do arrendamento urbano com o objectivo da protecção do arrendatário. Já antes do Decreto-Lei no 445/74, e um mês após a revolução de Abril,[53] foram pelo Decreto-Lei n.º 217/74, de 27 de Maio, congeladas por trinta dias as rendas dos prédios urbanos (art. 9.º).

3.10. O Decreto-Lei n.º 155/75, de 25 de Março, suspendeu as denúncias dos contratos de arrendamento feitas com base na ampliação do prédio ou da necessidade do locador para habitação do senhorio. Este decreto-lei só viria a ser revogado pelo Decreto-Lei n.º 293/77, de 20 de Julho.

3.11. O Decreto-Lei n.º 198-A/75 de 14 de Abril, permitiu a legalização das ocupações de fogos levados a efeito para fins habitacionais mediante a obrigatoriedade de celebração de contratos.[54]

3.12. Mais tarde com o Decreto-Lei n.º 294/77, de 20 de Julho, procurou-se novamente solucionar a questão das ocupações de prédios.

3.13. O Decreto-Lei n.º 583/76, de 22 de Junho, veio fazer cessar a suspensão das acções de despejo por denúncia para habitação própria do senhorio quando este fosse retornado das ex-colónias, emigrante, reformado, aposentado ou trabalhador que deixasse de beneficiar de habitação concedida pela entidade patronal.[55]

3.14. O Decreto-Lei n.º 293/77, de 20 de Julho, concedeu uma série de medidas protectores aos réus em acções de despejo.

3.15. A Lei n.º 55/79, de 15 de Setembro, veio restringir a denúncia para habitação própria do senhorio.

3.16. Entre várias outras leis chegamos à Lei n.º 46/85, de 20 de Setembro, e aos diplomas complementares que asseguraram a sua execução, em especial o Decreto-Lei n.º 13/86, de 23 de Janeiro, e o Decreto-Lei n.º 68/86, de 27 de Março.[56] Aquela Lei veio permitir uma actualização de rendas, mitigando o bloqueio anterior. Todas as rendas seriam anualmente actualizadas de acordo com os coeficientes a aprovar em Outu-

---

[53] Para a compreensão da legislação arrendatícia posterior à revolução de Abril, Cfr. L. P. MOITINHO DE ALMEIDA, *Inquilinato Urbano Post 25 de Abril*, Coimbra, Coimbra editora, 1980. ANTÓNIO MANUEL CARDOSO DA MOTA, *Nova Política de Habitação (Aspectos Fiscais)*, Coimbra, Coimbra editora, 1975.

[54] MANUEL JANUÁRIO GOMES, *Constituição da Relação de Arrendamento Urbano*, ob. cit., pp. 31 e ss.

[55] JOSÉ GUALBERTO DE SÁ CARNEIRO, *Ainda sobre alguns problemas locativos*, in Revista dos Tribunais, ano 94, Julho de 1976, pp. 301 a 312.(em especial pp. 311)

[56] Sobre estes três últimos diplomas, ANTÓNIO PAIS DE SOUSA, *Anotações à Lei das Rendas Habitacionais*, Lisboa, Rei dos Livros, 1986.

bro pelo Governo (art. 6.º). Foi igualmente permitida a correcção extraordinária das rendas fixadas antes de 1980, segundo coeficientes que variavam de acordo com algumas variáveis. Foi regulada a matéria das obras de conservação e beneficiação.[57]

3.17. No tocante às rendas comerciais o Decreto-Lei n.º 330/81, de 4 de Dezembro, veio permitir a sua actualização. Sobre esta mesma matéria se veio a debruçar o Decreto-Lei n.º 436/83, de 19 de Dezembro que, por carecer de autorização legislativa, veio a ser declarado inconstitucional pelo Tribunal Constitucional (Acórdão n.º 77/88, de 12 de Abril).[58]

3.18. O mercado de arrendamento não correspondeu às expectativas nele depositadas pela Lei n.º 46/85, continuando paralisado, não havendo praticamente qualquer alternativa à aquisição de casa própria. Face a esta situação surge o Decreto-Lei n.º 321-B/90, de 15 de Outubro que, além de sistematizar a matéria do arrendamento, veio possibilitar a celebração de contratos de duração limitada. Veio igualmente a incentivar as obras necessárias à não degradação do parque habitacional.

3.19. Face ao exposto podemos apontar alguns traços caracterizadores do vinculismo arrendatário:

– a natureza excepcional e temporária dos vínculos em causa.
– interesse de ordem pública, impossibilitando o locador de unilateralmente afastar esses vínculos.
– bloqueio das rendas.
– prorrogação forçada.

---

[57] Sobre a Lei 46/85 no seu embate social, ANTÓNIO FONSECA FERREIRA, *Por uma nova Política de Habitação*, ob. cit., pp. 211 e ss. Na pp. 220 a propósito do mito do descongelamento das rendas lê-se, " Em 1950 a percentagem do parque habitacional alugado era 49%; em 1970 essa percentagem situava-se nos 42%; e diminuiu em 1981 para cerca de 39,5%. Contudo nas principais cidades a percentagem dos fogos alugados ainda ultrapassa 55%, situação só compreensível em função do nosso atraso económico e civilizacional. No início da década de 70 a habitação de rendimento representava 19,9% do parque em França e 28% em Itália.

Nas actuais condições económicas e sociais é ilusório pensar que o investimento em prédios de rendimento retomará a dinâmica que teve nos anos 40 e 50. A alteração da Lei das rendas, ainda que em sentido favorável aos senhorios, não constituirá um incentivo decisivo para a reanimação da produção habitacional."

[58] Com interesse hoje meramente histórico, a propósito destes dois diplomas, CARLOS MATEUS, *A Actualização da renda nos Arrendamentos não Habitacionais*, in Tribuna da Justiça, n.º 4-5, Julho/Setembro de 1990, pp. 206 a 213. Sobre as legalmente denominadas rendas transitórias, conforme o Decreto Lei n.º 392/82, de 18 de Setembro, que as estatuiu em alteração ao Decreto Lei n.º 330/81, de 4 de Dezembro, ELÍSIO LOBO, *Cálculo de Renda Transitória*, in Tribuna da Justiça, n.º 6, Outubro/Dezembro de 1990, pp. 170-174.

3.20. Actualmente nota-se em todas as legislações europeias um nítido afrouxamento do vinculismo arrendatício, resultado em parte da verificação da ineficácia prática das medidas defendidas por aquela legislação. Para PINTO FURTADO a actual [1990] legislação arrendatícia portuguesa representa "o mais tosco e nefasto dos vinculismos da actualidade".[59] Aliás, para este autor a matéria em causa constitui um pouco por toda a parte, "uma pletora de arcaicos mitos, cuja descoberta e denúncia constituem tarefas essenciais do espírito científico",[60] concluindo recentemente que a disciplina dos arrendamentos vinculísticos em Portugal tem sido a mais imperfeita, a de mais primário e duradouro vinculismo.[61]

De todos os traços característicos do vinculismo dois deles, pela sua importância, destacam-se dos restantes: a prorrogação legal do contrato e o bloqueio das rendas. Se o segundo está intimamente ligado a este nosso trabalho pelo que dele iremos falando, cumpre ainda que sumariamente dar a conhecer o conteúdo do primeiro.

4. A prorrogação automática do contrato de arrendamento urbano para habitação

O professor PEREIRA COELHO apresenta vários interesses que podem justificar uma regulamentação imperativa do contrato de arrendamento. Assim, em causa podem estar: i) o interesse geral do melhor aproveitamento dos bens; ii) o interesse fundamental de que as pessoas tenham casa; iii) o interesse do arrendatário na estabilidade da habitação; iv) o interesse de garantir a continuidade da exploração comercial ou industrial ou da profissão liberal exercida no prédio arrendado; v) o interesse dos familiares do arrendatário de não se verem privados da sua habitação efectiva.[62]

Resultado do interesse do arrendatário na estabilidade da habitação e do interesse dos familiares do mesmo de não se verem privados da sua

---

[59] *Vinculismo Arrendatício. Origens, Características e tendência Evolutiva*, ob. cit., pp. 44. A pp. 53 do citado estudo considera o autor que a nossa legislação arrendatícia é a mais imperfeita, demagógica e contraproducente da Europa.

[60] *Curso de Direito dos Arrendamentos Vinculísticos*, 2ª ed., Almedina, 1988, pp. 105.

[61] *Manual do Arrendamento Urbano*, ob. cit., p. 193

[62] FRANCISCO MANUEL PEREIRA COELHO, *Regulamentação Imperativa do Contrato de Arrendamento*, ob. cit., pp. 134-135.

habitação, o princípio da prorrogação legal do contrato é manifestação expressa do princípio do melhor tratamento do arrendatário.[63]

Face à falta de locais arrendáveis e à degradação do parque habitacional, provocados pelas duas guerras mundiais, os legisladores europeus estipularam o princípio da prorrogação automática do contrato de arrendamento habitacional.[64] Tal medida que implica uma drástica limitação à liberdade contratual[65] era, no entanto, entendida com um carácter transitório.

O Prof. GALVÃO TELLES escrevia em 1951, no âmbito dos trabalhos preparatórios do actual Código Civil, que este não devia conter, relativamente a nenhuma espécie de locação, a regra da prorrogação obrigatória do contrato. Para justificar esta sua posição dizia o citado professor: "O contrato, de sua natureza temporário, prolonga-se indefinidamente, quase se perpetua, ao sabor da exclusiva vontade do arrendatário, que tem o seu domínio, reservada como lhe está a faculdade de denunciar o arrendamento, pois pode despedir-se, mas não pode despedi-lo o senhorio.

Este regime não foi introduzido na nossa legislação a título definitivo, mas sob a forma de *suspensão* das acções de despejo (com excepção de algumas), suspensão decretada por certo prazo, que houve que prorrogar sucessivas vezes, a última das quais *sine die*. Por ele se estabeleceu grande desigualdade nas posições dos contraentes, livre o arrendatário de se desvincular do contrato, sujeito o senhorio a permanecer preso indefinidamente nos seus laços. Teve-se em vista defender a estabilidade da instalação do primeiro contra o perigo resultante principalmente da escassez de casas: determinando essa escassez uma procura superior à oferta e um consequente aumento de rendas, o arrendatário veria a sua estabilidade perturbada se o senhorio pudesse no fim do período contratual, e de um dia para o outro, impor-lhe a renda que quisesse, porventura superior à justa.

É possível, e até provável, que o princípio, aceite a título excepcional e provisório, venha a perpetuar-se, enraizando-se na legislação, mesmo para além do eventual desaparecimento das circunstâncias de ordem eco-

---

[63] Sobre toda esta matéria seguimos de perto o nosso livro, *Sobre a Denúncia no Contrato de Arrendamento Urbano para Habitação*, Lisboa, Lex, 1996.

[64] Para toda esta matéria, com interesse, JOSÉ CARLOS BRANDÃO PROENÇA, *Um exemplo do princípio do melhor tratamento do arrendatário habitacional: termo final do arrendamento e "renovação forçada" (uma perspectiva comparatística)*, in Estudos em Homenagem ao Prof. Dr. J.J. Teixeira Ribeiro, BFDUC , n.° especial, III volume, Coimbra, 1983, págs 315-349. Este autor fala na pp. 319, a propósito da prorrogação, de uma "ficção legal."

[65] HEIRICH HONSELL, *Privatautonomie und Wohnungsmiete,* in Archiv für Civilistische Praxis, 186, 1986, pp. 115 a 186.

nómica e social que lhe deram origem. Mas ainda é cedo para formular um juízo seguro; e sobretudo não conviria de maneira nenhuma encorporar desde já num Código, que por sua natureza aspira à estabilidade, uma solução como essa, que por enquanto se apresenta como anómala e transitória e que constitui na verdade um fundo desvio ao princípio do igual tratamento das partes contratantes. Seria dar solidez ao que ainda não se sabe de certeza se virá a ser definitivo."[66]

Assim não entendeu o legislador, que estabeleceu no art. 1095.º do C.C. a prorrogação forçada para o senhorio do contrato de arrendamento urbano e rústico não rural. E, já em 1968, CUNHA DE SÁ pôde afirmar que "... podemos dizer princípio assente onde anteriormente se falava de excepção – aceite-se, ou não, a sua justificação em face do actual circunstancialismo de ordem social e económica."[67]

Cumpre precisar com rigor se estamos face a uma prorrogação ou a uma renovação do contrato de arrendamento.[68]

Na prorrogação o contrato não caduca. O arrendamento não se extingue, nem sequer teoricamente. O arrendamento prolonga-se *ipsa vi legis*, não havendo assim que falar em novo arrendamento. Na renovação o contrato caduca, deixando assim de produzir efeitos jurídicos. Mas se o arrendatário continuar no gozo do prédio sem a oposição do senhorio o contrato renova-se, isto é, retoma retroactivamente a sua existência.[69]

A prorrogação (legalmente denominada "renovação") obrigatória do contrato de arrendamento urbano foi introduzida entre nós pela Lei n.º 828

---

[66] *Contratos Civis*, in BMJ, n.º 83 (Fevereiro de 1959), pp. 159-160.

[67] *Caducidade do Contrato de Arrendamento*, vol. I, Lisboa, Centro de Estudos Fiscais, 1968, pp. 127. PIRES DE LIMA/ANTUNES VARELA, *Código Civil Anotado*, vol. II, 3ª ed., Coimbra, Coimbra editora, 1986, pp. 570, consideram igualmente que o art. 1095 do C.C. veio consagrar como definitivo o princípio em causa.

[68] *Caducidade do Contrato de Arrendamento*, vol. I, ob. cit., pp. 119-121. MANUEL JANUÁRIO GOMES, *Constituição da Relação de Arrendamento Urbano*, Coimbra, Almedina, 1980, pp. 45-46, e pp. 67-68. JOSÉ CARLOS BRANDÃO PROENÇA, *Um exemplo do princípio do melhor tratamento do arrendatário habitacional: termo final do arrendamento e "renovação forçada" (uma perspectiva comparatística)*, ob. cit., pp. 337.

[69] GALVÃO TELLES, *Arrendamento*, Lisboa, Lições ao 5.º ano jurídico publicadas pelos alunos BENTO GARCIA DOMINGUES e MANUEL A. RIBEIRO, Prodomo, 1944/45, pp. 268-269, considera que na prorrogação (o autor chama renovação à nossa prorrogação) há um novo contrato porque o anterior findou. Mas este novo contrato é em tudo igual ao anterior, excepto porventura no que se refere ao prazo. Posteriormente este autor veio alterar a sua posição e em 1959 (in *Contratos Civis*, ob. cit., pp. 152-153) escrevia já que na prorrogação o contrato não chega a interromper o curso da sua existência. Na renovação sim, o contrato extingue-se efectivamente.

de 28 de Março de 1917.[70] De então para cá ela tem vigorado praticamente sem interrupções, tendo havido uma suspensão deste princípio em 1928 que vigorou durante cinco dias, entre o Decreto n.º 5289, de 30/3/1928 que a consagrava no art. 55.º, entrado imediatamente em vigor, até ao Decreto n.º 15315, de 4/4/1928, que suspendeu o referido artigo.

O art. 13.º da Lei n.º 1662, de 4 de Setembro de 1924, previa que estas disposições restritivas terminassem em 31 de Dezembro de 1965, mas o prazo foi sucessivamente prorrogado, até o ser *sine die* pelo Decreto n.º 14630, de 28/11/1927.[71]

A Lei n.º 2030 manteve o mesmo princípio, estabelecendo o artigo 69.º os casos em que era possível requerer o despejo para o fim do prazo do arrendamento ou da sua renovação. Aquando da discussão da citada lei, a Câmara Corporativa emitiu um parecer de que foi relator FERNANDO PIRES DE LIMA, em que, sustentando o princípio da prorrogação automática, se entendeu que não era esse o momento oportuno para se entrar em regime de liberdade contratual. "Realmente, o problema põe-se hoje com quase tanta acuidade como se punha em 1919, depois da primeira guerra. A falta de habitação e a tendência que logo se manifestaria para uma subida desproporcionada das rendas aconselham uma solução cautelosa, para não se fomentar uma crise de maiores proporções do que a já existente."[72]

O princípio da prorrogação automática é o calcanhar de Aquiles[73] do arrendamento habitacional urbano, levando por vezes as partes, ou uma delas, a qualificar um determinado contrato, para através desse *nomen iuris* fugirem à legislação vinculística.[74] Como é obvio, não é o nome atribuído mas sim o conteúdo do contrato que determina o regime jurídico

---

[70] DIOGO DUARTE, *Para uma reforma Urbana*, Lisboa, s/e, 1982, pp. 177 nota 68.

[71] PINTO DE MESQUITA/POLÓNIO DE SAMPAIO, *Legislação sobre Arrendamentos*, ob. cit., pp. 96.

[72] *1.º Parecer da Câmara Corporativa*, in TITO ARANTES, *Inquilinato, Avaliações. Trabalhos Preparatórios e Primeiros Comentários*, Lisboa, s/ed, 1949, pp. 83. Nesta mesma obra veja-se a acta da Assembleia da sessão n.º 157, de 30 de Abril de 1948, pp. 461 e ss.

[73] "Prato forte" do vinculismo arrendatício lhe chama PINTO FURTADO, in *Vinculismo Arrendatício. Origens, Características e Tendência Evolutiva*, ob. cit., pp. 39. ANTUNES VARELA considera a prorrogação (fala este autor em renovação) obrigatória do contrato, a "trave mestra de toda a arquitectura vinculística da legislação arrendatícia", in *Os Centros Comerciais (Shopping Centers)*, in *Estudos em Homenagem ao Prof. Doutor A. FERRER CORREIA*, II Vol., BFDUC número especial, 1989, pp. 65.

[74] Veja-se a *anotação ao Ac. do STJ de 2/12/81* de ANTUNES VARELA, publicada na RLJ, ano 118, 1985/86, pp. 57 a 64 e 83 a 84. Aí se discute se o contrato em causa é de arrendamento ou um contrato inominado de recolha de automóveis. Em causa estava a possibilidade de denúncia que a proprietária do imóvel pretendeu exercer.

que o vai disciplinar.[75] Tal não invalidou que autores apresentassem figuras contratuais como alternativa ao arrendamento, caso de ANTÓNIO DOS SANTOS LESSA[76] que, com base no estudo de MARCEL FREJAVILLE,[77] veio propor entre nós o usufruto como alternativa ao arrendamento.

Nos últimos tempos, resultado duma ineficácia prática e da colocação em causa do seu fundamento jurídico, assiste-se a um mitigar do vinculismo e a uma transição para um sistema fundamentalmente liberal.[78]

5. Renda

Locação é o contrato pelo qual uma das partes se obriga a proporcionar à outra o gozo temporário de uma coisa, mediante retribuição (art. 1022 do CC).

De acordo com o art. 1023 do CC a locação diz-se arrendamento quando versa sobre coisa imóvel; aluguer quando versa sobre coisa móvel.[79]

O art. 1.º do RAU define arrendamento urbano como o contrato pelo qual uma das partes concede à outra o gozo temporário de um prédio urbano no todo ou em parte mediante retribuição.

São obrigações do locatário pagar a renda ou aluguer (art. 1038 do CC). Se tal não ocorrer o locador pode resolver o contrato (art. 1048 e art. 1041 do CC e art. 64.º, n.º 1 alínea a) do RAU).

Há assim uma obrigação a cargo do arrendatário – a obrigação de pagamento de renda, que em termos jurídicos é classificada como um fruto civil (art. 212, n.º 2 do CC).[80]

---

[75] Ac. da RP de 25/7/78, in CJ, ano III, tomo IV, pp. 1220 e ss.

[76] *Usufruto e Arrendamento*, Coimbra, Almedina, 1984.

[77] *La substitutution de l'usufruit au bail comme mode de jouissance des locaux d'habitation*, in Revue des Loyers, 1951, pp. 471 e ss, citado por ANTÓNIO DOS SANTOS LESSA, *Usufruto e Arrendamento*, ob. cit., pp. 156, nota 1. (não conseguimos ter acesso àquele artigo).

[78] PINTO FURTADO, *Valor e eficiência do direito à habitação à luz da análise económica do direito*, in o DIR, ano 124, 1992-IV, pp. 525 e ss.

[79] Esta classificação tem por base a separação entre coisas móveis e coisas imóveis (art. 204 e 205 do CC), critério que não é utilizado em numerosos países. E mesmo entre nós nem sempre foi assim utilizando-se o vocábulo aluguer para designar toda a locação (as Ordenações Afonsinas referiam-se no Título LXXIII aos alugueres das casas). Sobre a origem destes termos e a sua (ou não) justificação actual, Cfr., com interesse PINTO FURTADO, *Manual do Arrendamento Urbano*, ob. cit., pp. 91 a 94 e 433. PEDRO ROMANO MARTÍNEZ, *Direito das Obrigações. Parte especial. Contratos*, 2.ª ed., Coimbra, Almedina, 2001, pp. 181 a 185.

[80] De acordo com o art. 397 do CC obrigação é o vínculo jurídico em virtude do qual uma pessoa fica adstrita para com outra à realização de uma prestação.

5.1. Renda em matéria de arrendamento.

No contrato de locação a renda corresponde a uma prestação patrimonial em dinheiro, em espécie ou constituída por uma quota de frutos, periódica ou única a que o arrendatário se obriga em contrapartida do gozo do imóvel.[81]

No arrendamento urbano a renda não pode ser constituída por uma única prestação, por prestação que se realize de uma só vez – renda *una tantum*,[82] como igualmente apresenta um regime específico face à renda do tipo negocial locação.

No contrato de arrendamento urbano a renda tem de ser determinada *ab initio* (não bastando que o seu quantitativo exacto se fixe no momento do pagamento da mesma), como igualmente tem de ser certa (não pode ficar dependente de um facto *incertus an*). Como afirma GALVÃO TELLES, a renda tem de ser conhecida de antemão, tem de ser fixada. De outro modo poderá celebrar-se um contrato válido, mas esse contrato será de sociedade ou inominado, não de arrendamento.[83] De outro modo todo, ou quase todo, o regime legal de actualização das rendas sairia frustrado.

Alguma questão poderia ser suscitada por o Código Civil actual no seu art. 1022.º não adjectivar o vocábulo retribuição, ao contrário de leis anteriores a este. Assim, o Código de Seabra qualificava a retribuição locatícia como certa (art. 1595), e o Decreto n.º 5411, de 17 de Abril de 1919 no seu art. 1.º afirmava ter de ser a retribuição determinada.

5.2. Quanto a nós a retribuição no contrato de locação tem de ser certa, ou seja tem de existir sempre. O contrato de locação é um contrato oneroso, sob pena de se reconduzir a um contrato de comodato. A retribuição é mesmo um elemento característico diferenciador deste contrato.

5.3. Saber se a renda tem de ser determinada é algo que não suscita uma resposta tão simples como a da questão anterior. Posteriormente ao Código Civil de 1966 começou a entender-se que a renda não necessitava de ser determinada, mas apenas determinável, de acordo com critérios fixados no contrato. Foram os tribunais, nomeadamente o Supremo Tribunal de Justiça, que impuseram a renda determinada, como obrigatória. Defendiam então alguns autores, que caso o contrato de arrendamento fosse omisso quanto à fixação ou determinação da renda se deveria aplicar o art.

---

[81] Sobre o conceito de retribuição, quer em termos históricos quer utilizando a comparação de direitos, cfr., PINTO FURTADO, *Manual do Arrendamento Urbano*, ob. cit., pp. 42 a 49.

[82] Diferentemente no caso do aluguer em que a renda por quota de frutos é permitida na parceria e, nos arrendamentos rurais antigos.

[83] *Arrendamento*, ob. cit., p. 97.

883.º, n.º 1 do CC, por força do art. 939.º do mesmo Código, o que em último caso poderia levar à fixação da renda segundo juízos de equidade pelo tribunal. O Supremo Tribunal de Justiça no seu acórdão de 17 de Fevereiro de 1983, veio indeferir este entendimento afirmando que no contrato de arrendamento é preciso que dele resulte a determinação do quantitativo da renda, ou um critério objectivo que permita operar tal determinação posteriormente.[84-85]

Embora sem querer alongar-me nesta matéria, direi que no contrato de locação a renda deve estar determinada aquando da sua celebração ou então deve estar acordado o critério de determinação daquela.[86] Não posso assim concordar com PINTO FURTADO que entende não haver razão para afastar do contrato de locação a aplicação dos art. 883.º e 939.º do CC.[87] Para além de outras razões, não concordo com a aplicação daqueles artigos do Código Civil ao contrato de locação. Com efeito, as condições do contrato de compra e venda são muito diferentes do contrato de locação pelo que mesmo com grandes adaptações não se mostra viável a aplicação do art. 883.º do CC ao contrato de locação.[88-89]

Por outro lado, não se concorda igualmente com ARAGÃO SEIA, quando este autor afirma, ao que nos parece, que a renda no arrendamento urbano tem de ser sempre certa e determinada, concluindo que feita a actualização da renda com base no aviso do Instituto Nacional de Estatística, ou voluntariamente, a renda continua a ser certa e determinada. Acrescenta ainda este autor que a tal conclusão não escapa o próprio regime de renda

---

[84] In BMJ n.º 324, pp. 565 e ss. Este acórdão tirado com um voto de vencido do Conselheiro PEDRO LIMA CLUNY, vem afirmar que se faltar a determinação da renda ou o critério para a sua posterior determinação estaremos face a negociações preliminares. Embora esteja fora do objecto e do interesse deste trabalho, diga-se que nesta parte não podemos acompanhar o entendimento deste tribunal.

[85] Posteriormente àquele acórdão o Supremo Tribunal de Justiça tem mantido esta posição. Cfr., os arrestos de 21 de Maio de 1998, in CJ-STJ, Tomo II, 1998, pp. 95 e ss, e o de 5 de Junho de 2001, in CJ-STJ, Tomo II, 2001, pp. 124 e ss. Estes acórdãos tiveram como relator o Conselheiro SILVA PAIXÃO.

[86] Neste sentido o acórdão da Relação de Lisboa de 15 de Novembro de 1990, in CJ, Tomo V, 1990, pp. 112.

[87] *Manual do Arrendamento Urbano*, ob. cit., p. 48.

[88] Em sentido praticamente idêntico PIRES DE LIMA/ANTUNES VARELA, Código Civil Anotado, Vol. II, ob. cit., p. 343.

[89] Para a compreensão da doutrina do art. 883 do CC é bastante útil a obra *La détermination du prix dans les contrats (étude de droit comparé)*, sob a direcção de DENIS TALLON, Paris, Editions A. Pedone, 1989.

livre, atendendo à unidade do sistema jurídico e ao que crê ter sido o pensamento legislativo.[90]

5.4. Entendo que, actualmente, a renda no contrato de arrendamento urbano deve ser sempre certa, e deve *ab initio*, ou seja aquando da celebração do contrato ser determinada, podendo, e é isso que acontece na maior parte das situações, ser apenas determinável para o futuro; ou seja: se a renda não for fixa, invariável, sempre a mesma, deve, então, no momento da realização do contrato ser fixado o critério convencional da sua actualização, ou estar determinado o critério legal para tal. Mesmo nos contratos com cláusulas de renda variável, de que falaremos adiante, a renda inicial será sempre certa e determinada. Este tipo de cláusulas só são admitidas nos arrendamentos de renda livre (art. 78.º, n.º 2), com as limitações constantes do n.º 2 do art. 99.º, e nos arrendamentos para o exercício de comércio, indústria ou de profissões liberais ou outra aplicação lícita do prédio sem duração efectiva e de duração limitada em que haja sido estipulado um prazo de duração efectiva superior a cinco anos (art. 119.º, 121.º e 123.º).

De igual forma nas rendas actualizadas em função do coeficiente determinado nos termos do art. 32.º, n.º 2, só a renda inicial é determinada, já não os quantitativos dos aumentos sucessivos das rendas. Nestes casos, o Instituto Nacional de Estatística faz publicar um aviso no Diário da República com o coeficiente de actualização anual da renda, coeficiente esse que resulta da totalidade da variação do índice de preços no consumidor, sem habitação, correspondente aos últimos doze meses. Antecipadamente e no momento da celebração do contrato ninguém sabe qual é ou qual vai ser o montante desse coeficiente, podendo pois haver anos com o factor de actualização de 1% ou de 10% consoante a variação desse índice.

5.5. Por último, na análise do conceito de renda, deve atender-se a outras quantias a que eventualmente o arrendatário esteja sujeito para se saber se elas integram ou não aquele conceito. Com importância são de salientar aqui os encargos previstos no art. 40.º. Sobre estes irei pronunciar-me mais adiante pelo que será nessa sede que trataremos da sua integração ou não no conceito de renda.

6. Fixação da renda

Do conteúdo do contrato de arrendamento urbano deve constar:

– o quantitativo da renda (art. 8, n.º 1, alínea c));

---

[90] *Arrendamento Urbano*, ob. cit., p. 125.

– o regime das rendas (art. 8, n.º 2, alínea e));
– os critérios para o cálculo do valor do prédio (art. 8, n.º 2, alínea f).

De acordo com o art. 19 o quantitativo da renda deve ser fixado em escudos.[91] Nem sempre foi assim. O Código Civil de Seabra de 1867, no seu art. 1603 dizia que "a renda pode consistir em certa soma de dinheiro ou em qualquer coisa que o valha, contando que seja certa e determinada".
O art. 19, que tem na sua base o anterior art. 1089 do actual Código Civil, refere-se apenas à fixação da renda. Mas o n.º 2 do art. 19.º refere-se ao pagamento impondo uma correspondência entre os dois momentos. De referir que face a um decreto de 1924, o n.º 9496, de 14 de Março e considerando a redacção do seu n.º 1, colocou-se a questão de saber se havia coincidência entre o momento da fixação e o do pagamento da renda.[92]

Com a introdução do euro substituindo o escudo não há alteração do valor das obrigações pecuniárias conforme o princípio da neutralidade, tendo a mesma validade os créditos expressos em euros ou em escudos de acordo com a taxa de conversão (art. 6, n.º 2 do Regulamento CEE n.º 974/98, de 3 de Maio).[93]

Nas obrigações pecuniárias em escudos a cumprir depois de exaurida a fase de transição, o pagamento deverá consistir na importância equivalente em euros, única moeda real, nesse tempo já em expressão física.[94]

---

[91] Em termos históricos nem sempre foi assim, dando-nos PINTO LOUREIRO no seu *Tratado de Locação*, vol. II, pp. 211-212, conta da situação de se passar a exigir aos novos arrendatários a fixação da renda em moeda estrangeira estável, regra geral a moeda inglesa.

[92] PINTO LOUREIRO, *Tratado de Locação*, ob. cit., vol. II, p. 212. GALVÃO TELES, *Arrendamento*, ob. cit., pp. 286-287.

[93] Sobre o euro a literatura é hoje inesgotável até porque esta matéria é abordada em vários planos. Em português destaco CARLOS BAPTISTA LOBO/JOÃO AMARAL TOMÁS, *EURO. Aspectos legais e questões práticas fundamentais*, Lisboa, Rei dos livros, 1998; JOÃO SIMÕES PATRÍCIO, *Regime jurídico do euro*, Coimbra editora, 1998, deste mesmo autor *Do euro ao código civil europeu?*, Coimbra editora, 2001; JOÃO CALVÃO DA SILVA, *Euro e direito*, Almedina, 1999. Num outro plano ANTÓNIO SOUSA FRANCO, *Euro e o dólar: desafio para o futuro*, in *Estudos de Homenagem ao Professor Doutor Pedro Soares Martínez*, vol. II, Almedina, 2000, pp. 41 e ss. *O Euro e o Mundo*, coordenação de PAULO DE PITTA E CUNHA/MANUEL PORTO, Almedina, 2002.

[94] Para alem dos Regulamentos comunitários já invocados, aponte-se o Decreto-Lei n.º 117/2001, de 17 de Abril de acordo com o qual a partir de 1 de Março de 2002 as notas e moedas metálicas expressas em escudos deixam de ter curso legal e poder liberatório. Sobre os cheques expressos em escudos e a sua data de emissão é útil a leitura do Aviso do Banco de Portugal n.º 2/2001, de 16 de Fevereiro. Sobre as regras de conversão e arredondamento a Circular n.º 1/99, de 21 de Janeiro, do Secretário de Estado dos Assuntos Fiscais.

Estamos face ao princípio da equivalência nominal automática (art. 14 do Regulamento CEE n.º 974/98).[95]

Fica assim salvo o nominalismo enquanto princípio de ordem pública monetária.[96]

Ainda de acordo com o art. 3 do Regulamento n.º 1103/97, de 17 de Junho:" a introdução do euro não tem por efeito alterar qualquer termo previsto num instrumento jurídico, nem exprimir ou dispensar da execução de qualquer obrigação decorrente de um instrumento jurídico, nem proporcionar a uma parte o direito de unilateralmente modificar ou pôr termo a esse instrumento jurídico...".

6.1. Se a renda for fixada em moeda específica ou em moeda estrangeira,[97] a cláusula é nula mas o contrato mantém-se válido, de acordo com o art. 19.º, n.º 2. Tal não invalida aquando do vencimento da obrigação de pagar cada renda, que as partes acordem a entrega do dinheiro em moeda específica ou em moeda estrangeira, nos termos da dação em cumprimento.[98] Mas e seguindo JANUÁRIO GOMES, se houver vinculação do arrendatário, para o futuro, de renda diversa da portuguesa, mesmo que seja contrato-promessa de dação em pagamento, tal acordo deve ter-se por nulo.[99]

6.2. O art. 19.º, n.º 3 impõe uma conversão em escudos (euros)[100] da renda fixada em moeda estrangeira segundo o cambio do dia e do lugar da celebração do contrato. É o caso da renda ser fixada por exemplo em dólares. Diferente é a doutrina contida no art. 558.º, n.º 1 do CC. Aqui é tido em conta o câmbio do dia do cumprimento e do lugar para este estabelecido. Bem se compreende a solução contida no RAU, já que caso contrário a renda iria variar mês a mês e frustrar o esquema das actualizações.

---

[95] Aliás os art..º 550, n.º 1 e 556 n.º 1 do CC resolviam a questão.

[96] JOÃO BAPTISTA MACHADO, *Nominalismo e indexação*, in RDES, ano XXIV, n.º 1-2-3, pp. 49 e ss (também em Obra Dispersa, Braga, 1991, pp. 425 e ss.). MÁRIO JÚLIO DE ALMEIDA COSTA, *Direito das Obrigações*, 8ª ed., Almedina, 2000, pp. 676 e ss. LUÍS MENEZES LEITÃO, *Direito das obrigações*, vol. I, Almedina, 2000, pp.140-142. ANTUNES VARELA, *Das obrigações em geral*, 10ª ed., vol. I, Almedina, 2001, pp. 853 e ss. (Nas pp. 856-857 o autor refere-se à matéria da renda no arrendamento urbano como manifestação da excepção a este princípio).

[97] A referência à moeda estrangeira não era prevista no art. 1089.º do CC. Maioritariamente a doutrina equiparava ambas estas situações. Para uma visão só com interesse histórico da questão Cfr. Por todos JANUÁRIO GOMES, *Arrendamentos para habitação*, Coimbra, Almedina, 2.ª ed., 1996, p. 81.

[98] art. 837.º do CC.

[99] JANUÁRIO GOMES, *Arrendamentos para habitação*, ob.cit., p. 81.

[100] De acordo com o Decreto-Lei n.º 136/2002, de 16 de Maio, todas as referências monetárias a escudos contidas em textos legais, consideram-se feitas em euros.

De referir ainda que o art. 19.º, n.º 3 não se refere à moeda específica por considerar correcto o critério geral do art. 554, n.º1 do CC (valor que a moeda tinha à data da estipulação).[101]

7. Vencimento e antecipação das rendas

O vencimento da obrigação do pagamento das rendas é determinado de acordo com a vontade das partes (art. 20 do RAU e art. 1039, n.º 1 do CC). Prevalece aqui o art. 20 do RAU[102] que é norma especial face ao Código Civil, embora nas matérias neste não reguladas se deva aplicar o art. 1039.º do CC.[103] Assim, na falta de convenção ou usos em contrário a renda deve ser paga no domicílio do arrendatário à data do vencimento.

Se não houver convenção entre as partes que diga respeito ao tempo do pagamento da renda há que diferenciar as seguintes situações:

1) Se as rendas estiverem em correspondência com os meses do calendário gregoriano (Papa Gregório XIII)[104] a primeira vence-se no momento da celebração do contrato e cada umas das restantes no primeiro dia útil do mês imediatamente anterior aquele a que diz respeito. Por exemplo se o contrato de arrendamento se inicia a 1 de Março, as rendas de Março e Abril vencem-se nesse mesmo dia. A renda de Maio vence-se no dia 1 de Abril.

2) Se as rendas não estiverem em correspondência com o calendário gregoriano deve aplicar-se a regra do art. 1039, n.º 1 do CC. Por exemplo se um contrato de arrendamento se iniciou no dia 17 de certo mês, o vencimento da renda será no último dia da vigência do contrato ou do período a que respeita. Podem, contudo, as partes estipular a sujeição futura do vencimento da renda ao calendário gregoriano.

---

[101] JANUÁRIO GOMES, *Arrendamentos para habitação*, ob.cit., p. 82 refere-se neste caso a uma presunção *iuris et de jure* a que as partes se quiseram vincular.

[102] Cuja redacção é tributária do art. 1039.º do CC e do revogado art. 1090 do CC.

[103] Se o tempo do pagamento da renda no arrendamento urbano é regulado pelo art. 20.º do RAU, já quanto ao lugar desse mesmo pagamento se deve recorrer ao estipulado no n.º 2 do art. 1039.º do CC.

[104] Papa desde 1572 (1502-1585). Participou na elaboração dos documentos reformadores do Concílio de Trento. O calendário civil actual, deriva do calendário romano reformado em 46 A. C. por Júlio César, que introduziu um ano bissexto (366 dias) todos os quatro anos. A sua forma actual foi-lhe dada pelo Papa Gregório XIII em 1582. Assim, para ser bissexto, um ano tem de ter o seu milésimo divisível por quatro; contudo, aqueles cujo milésimo é divisível por 100 só serão bissextos quando o milésimo for também divisível por 400.

7.1. O 1039, n.º 2 do CC estabelece uma presunção de que o locador não veio nem mandou receber a renda no dia do vencimento, se esta houver de ser paga no domicílio do locatário. É esta uma presunção "habitual" na lei arrendatícia,[105] sendo posta de lado a presunção geral de culpa do devedor (art. 799.º, n.º 1 do CC), presumindo-se assim a culpa do credor. Aliás, se o arrendatário quiser pagar a renda antes da data do vencimento não pode o senhorio recusar o seu recebimento uma vez que a fixação do prazo se deve entender como um benefício do locatário e não do locador.

7.2. O art. 20.º do RAU aplica-se a todos os arrendamentos urbanos independentemente do seu fim. Há contudo especialidades nos arrendamentos para habitação sujeitos ao regime de renda apoiada. De acordo com o art. 7.º do Decreto Lei n.º 166/93, de 7 de Maio, nos arrendamentos sujeitos ao regime de renda apoiada esta vence-se no primeiro dia útil do mês a que respeita. O pagamento da renda deve ser efectuado no local e pelo modo fixado pela entidade locadora. Se tal não acontecer, ou seja se a entidade locadora não determinar o local e o modo do pagamento da renda, deve aplicar-se a regra do art. 1039.º do CC para determinar o local do pagamento, e o art. 20.º do RAU ou de novo o art. 1039.º do CC na matéria respeitante ao tempo do vencimento da obrigação, consoante o contrato se inicie, respectivamente, com um mês do calendário gregoriano ou não.

Uma questão que se nos coloca diz respeito a saber se tem a renda de ser mensal?

Não há nenhuma norma que de uma forma inequívoca nos diga tal. No entanto, parece resultar da leitura das normas legais respeitantes ao arrendamento que o legislador tem esta ideia como adquirida, ou pelo menos dela faz uso habitual. Assim, o art. 20.º do RAU fala em meses do calendário gregoriano. O art. 21.º do RAU fala em antecipação correspondente a um mês. O art. 7.º, n.º 1 do Decreto Lei n.º 166/93, que diz respeito à renda apoiada, refere-se a meses a que respeita a renda. E em todo este decreto-lei se considera o mês para o cálculo da renda. Aí se fala em rendimento mensal bruto, em rendimento mensal corrigido, e se considera ainda, no seu art. 3.º, n.º 2, que rendimento para efeitos da alínea c) do art. 3 é o valor mensal de (...).

Pode, quanto a nós, convencionar-se que as rendas correspondam a períodos superiores a um mês, entendido este em termos de calendário gre-

---

[105] Sobre o fundamento de tal presunção afirmava GALVÃO TELLES já em 1953, que ela se deve à dificuldade que o locatário teria em provar um facto negativo, o de que o locador não foi nem mandou receber a renda, *Contratos civis*, in RFDUL, 1953, vol. IX, p. 182.

goriano ou de períodos de trinta dias (ex: rendas trimestrais ou semestrais). Nestes casos, se não houver estipulação contratual para o vencimento, deve aplicar-se de acordo com PINTO FURTADO o art. 20 do RAU ou o art. 1039.º do CC, consoante o contrato se inicie com um mês do calendário ou não.[106] Solução que nos parece a correcta por dar primazia à norma especial do arrendamento urbano face à regra geral para o contrato de locação.

Em qualquer caso não é permitido às partes estipular uma antecipação da renda, no arrendamento urbano, por um período superior a um mês ou trinta dias (art. 21.º n.º 1 e 2) relativamente ao início do período a que respeita. Se tal ocorrer haverá uma redução a esses limites. Acontece que como o prazo máximo de antecipação coincide com a regra supletiva do vencimento da renda, de facto, a antecipação pode abranger 2 meses. Assim, por exemplo, o pagamento em 1 de Março da renda correspondente a Abril.

Se for privado ou houver diminuição do gozo da coisa (local arrendado) o arrendatário tem direito à redução da renda inicialmente prevista de acordo com o art. 1040.º do CC.

7.3. Por outro lado, se o senhorio realizar no prédio obras de conservação ordinária ou extraordinária ou obras de beneficiação,[107] que se enquadrem na lei geral ou local necessárias para a concessão da licença de utilização e que sejam aprovadas ou compelidas pela respectiva Câmara Municipal, pode exigir do arrendatário um aumento de renda apurado nos termos do RECRIA – Regime Especial de Comparticipação na Recuperação de Imóveis Arrendados, de acordo o art. 38.º do RAU na versão do Decreto Lei n.º 329-B/2000, de 22 de Dezembro, conjuntamente com o art. 1.º e 13.º do Decreto Lei n.º 329-C/2000, de 22 de Dezembro, que contém um novo regime jurídico do RECRIA.[108]

A renda actualizada por motivo das obras atrás referidas é exigível no mês subsequente ao da sua conclusão. De referir que na versão inicial do art. 38.º, o aumento das rendas nunca poderia resultar da realização do obras de conservação ordinária, mas apenas de conservação extraordinária ou de beneficiação.

7.4. Actualmente, face à redacção daquele artigo dada pelo Decreto-Lei n.º 329-B/2000, de 22 de Dezembro é igualmente possível o aumento da renda resultar da feitura de obras de conservação ordinária, só que nes-

---

[106] *Manual do arrendamento urbano*, ob.cit., p. 434.

[107] Sobre o que sejam obras de conservação ordinária, de conservação extraordinária e obras de beneficiação, cfr. o art. 11, n.º 2, 3 e 4.

[108] A matéria das obras e sua repercussão nas rendas será tratada por um outro autor.

tes casos a actualização por este motivo, ou seja das obras, só é aplicável, e de acordo com o n.º 4 do art. 38, aos arrendatários que se mantenham no local arrendado há oito ou mais anos nessa qualidade, considerando-se para este efeito como arrendatário também a pessoa a quem a posição de arrendatário se transmita[109] por força dos art. 84.º e 85.º, contando-se o decurso do tempo de que o transmitente já beneficiasse.[110] Trata-se de mais uma medida para revitalizar o mercado arrendatício, e possibilitar a manutenção dos imóveis em constante bom estado de conservação.[111]

Se o arrendatário não pagar a renda aquando do vencimento da obrigação no tempo e lugar próprios, de acordo com o art. 64, n.º 1, alínea a), entra em mora preenchidos os requisitos desta.[112]

Se o locatário entrar em mora o senhorio pode em alternativa:

a) resolver o contrato com base no art. 64, n.º 1, alínea a), através de uma acção judicial de despejo;[113]

b) exigir as rendas em atraso e uma indemnização igual a 50% do que for devido (art. 1041, n.º 1 do CC).

O direito à resolução cessa ainda se até à contestação da acção de despejo o arrendatário pagar ou depositar as somas devidas e a indemnização correspondente a 50% do que for devido (art. 1048 do CC). Só não haverá direito à indemnização e à resolução do contrato se o arrendatário fizer cessar a mora no prazo de oito dias a contar do seu começo (art. 1041.º, n.º 2 do CC).[114] Se o senhorio, nestes oito dias subsequentes ao venci-

---

[109] E não transfira como diz a lei na 1ª parte do n.º 4 do art. 38.º.

[110] LEONOR FIGUEIRA NEVES, *Pacote legislativo sobre o regime de arrendamento urbano*, in ROA, 2000-I, p. 377, considera ser de louvar a introdução da possibilidade da actualização das rendas com fundamento em obras de conservação ordinária, para de seguida afirmar que, a concretização deste regime, mormente no que concerne aos seus requisitos tende a esvaziar esta inovação. A explicação encontramo-la nas pp. 389 a 394 e radica em as obras de conservação ordinária, não estarem sujeitas a licenciamento camarário, pelo que a sua realização não é precedida da autorização ou aprovação da câmara municipal, não se descortinando assim a necessidade de exigir o enquadramento legal expresso no n.º 1 do art. 38.

[111] No entanto é bom que se diga que a revitalização deste mercado não passa exclusiva ou unicamente pelo aumento das rendas, nem se consegue com medidas avulsas não inseridas num sistema coerente e completo da reforma do arrendamento urbano, que não apenas o arrendamento para habitação.

[112] Art. 1041.º e 1042.º do CC e art. 22 a 29 do RAU.

[113] Esta matéria será tratada por um outro autor, no entanto e por todos cfr. MIGUEL TEIXEIRA DE SOUSA, *A acção de despejo*, 2ª ed., Lisboa, Lex, 1995.

[114] Para PINTO FURTADO, *Manual do Arrendamento Urbano*, ob. cit., p. 770 não se

mento da renda não quiser receber a renda, o arrendatário pode consignar em depósito a renda não recebida.[115-116]

Se o contrato de arrendamento for resolvido por falta de pagamento da renda (art. 102.º e art. 103.º, n.º 1, alínea b)), deve no caso de ser decretado o diferimento da desocupação do imóvel, o Fundo de Socorro Social do Instituto de Gestão Financeira da Segurança Social indemnizar (é ainda uma decorrência da mora do locatário) o autor pelas rendas vencidas e não pagas acrescidas de juros de mora, e ficando sub-rogado no direito daquele (art. 106.º, n.º 2).

8. O regime de rendas

O haver regime de rendas, no sentido de que a determinação do quantitativo inicial e a actualização desse mesmo montante tem regras próprias, começou com o Decreto Lei n.º 148/81, de 4 de Junho. De seguida a Lei n.º 46/85, de 20 de Setembro e agora o RAU (1990) continuaram aquela doutrina, mas sempre e só circunscrita aos arrendamentos cujo fim seja a habitação.[117]

Com o Decreto Lei n.º 148/81 só se falava em rendas livres (a sua estipulação inicial não tinha limites mas o senhorio não podia actualizar a renda) e rendas condicionadas (a estipulação inicial da renda era efectuada de acordo com cálculos específicos podendo ser anualmente actualizada).

A Lei n.º 46/85, além destes dois regimes referia um outro, o regime de renda apoiada. Esta era aquela que devia ser praticada nos arrendamentos de prédios construídos ou adquiridos para arrendamento habitacional pelo Estado e seus organismos autónomos, institutos públicos e autarquias locais, e pelas instituições particulares de solidariedade social com o apoio financeiro do Estado.[118]

---

pode afirmar que o direito do senhorio caduca, pois este termo é empregue no art. 1048.º do CC numa acepção ampla e vulgar de extinção, já que para este autor estamos face a uma extinção não pela caducidade, mas pela satisfação ou realização do devedor (cumprimento), através da *purgatio morae*.

[115] Sobre este depósito ver os art. 22 a 29 do RAU e 1042 do CC.

[116] A parte processual não será aqui tratada. O tema encontra-se a cargo de outro autor.

[117] Para uma visão da matéria anterior a 1981, cfr. JANUÁRIO GOMES, *Arrendamentos para habitação*, ob. cit., pp. 83 e ss.

[118] Diga-se que este regime foi letra morta, já que estava dependente de legislação complementar que nunca foi publicada na vigência da Lei n.º 46/85.

8.1. O art. 77.º, n.º 1, estipula três tipos de regime de rendas: renda livre, renda condicionada, e renda apoiada.[119]

A opção é feita por acordo das partes (art. 77.º, n.º 2), embora seja o senhorio a "escolher" ou "impor" esse regime sob pena de não celebrar o contrato. Daí, embora menos bem de um ponto de vista de técnica legislativa, era mais realista a epígrafe do art. 5.º da Lei 46/85 que falava em "opção do regime pelo senhorio". A excepção a este acordo encontra-se consagrada no art. 81 que prevê casos de obrigatoriedade da adopção do regime de renda condicionada. A opção quanto ao regime de rendas a que nos referimos vigora quer quando se trate de primeiro ou de novo arrendamento. Não faz assim a actual lei uma diferenciação que já foi praticada em leis anteriores e que distinguia consoante se tratasse de primeiro ou de novo arrendamento.[120]

No silêncio das partes (art. 77, n.º 3) presume-se [121] que foi estipulado o regime de renda condicionada excepto se a tal se opuser o montante da renda acordada. No fundo esta presunção só se aplica quando o valor da renda seja igual ou inferior à que resultaria da fixação pelos critérios da renda condicionada.[122]

8.2. O art. 81.º impõe um regime obrigatório da renda condicionada. Antes de mais tal regime só se aplica aos novos arrendamentos. Os casos de conversão obrigatória em regime de renda condicionada, são tratados pelo legislador em outros normativos.

Assim, ficam sujeitos ao regime de renda condicionada, os novos arrendamentos que ocorram por aplicação do art. 66.º, n.º 2 em que o contrato de arrendamento caduca por força do art. 1051.º, alínea c) do CC, ou

---

[119] Sobre a matéria das rendas livres e condicionadas, cfr., o guia prático de CARLOS RICARDO SOARES, *Rendas Livres e Condicionadas*, 2ª ed., Almedina, 2000.

[120] Caso dos decretos leis n.º 445/74, de 12 de Dezembro e 148/81, de 4 de Junho.

[121] Presunção *iuris tantum*, logo ilidível.

[122] Anteriormente o art. 6.º, n.º 2 do Decreto Lei n.º 13/86, de 23 de Janeiro, entendia que no silêncio das partes se aplicava sempre o regime da renda condicionada, mesmo que o quantitativo fixado fosse muito superior ao que resultaria da aplicação do regime de renda condicionada. Nestes casos a lei mandava corrigir retroactivamente. No entanto, mesmo nestes casos JANUÁRIO GOMES, *Arrendamentos para habitação*, ob. cit., pp. 85 entende que a fixação de uma renda elevada é um elemento para ilidir a presunção. Já MENEZES CORDEIRO/FRANCISCO CASTRO FRAGA, *Novo Regime do Arrendamento Urbano*, ob. cit., em 1990, p. 122, afirmavam face à solução daquele art. 6, n.º 2 que se as partes não tiveram em conta tal regime, impô-lo e para mais retroactivamente, é um esquema estranho ao direito privado, aplaudindo assim a solução do RAU.

seja quando cesse o direito ou findem os poderes legais de administração com base nos quais o contrato foi celebrado.

Uma outra situação em que obrigatoriamente se tem de aplicar o regime de renda condicionada é o que resulta do art. 90.º. Nestes casos temos um novo arrendamento, já que caducou o anterior contrato em virtude da morte do arrendatário. Aos contratos assim celebrados aplica-se o regime de duração limitada,[123] sendo obrigatoriamente o primeiro arrendamento sujeito ao regime de renda condicionada (art. 92.º, n.º 1).

Para além destas situações há outras a que obrigatoriamente se aplica o regime de renda condicionada, regime que cessa passados 25 anos desde a primeira transmissão do prédio, salvo disposição específica em contrário (art. 81.º, n.º 3).

Essas situações enumeradas no art. 81.º, n.º 2 são as seguintes:

a) De fogos que, tendo sido construídos para fins habitacionais pelo Estado e seus organismos autónomos, institutos públicos, autarquias locais, misericórdias e instituições de previdência, tenham sido ou venham a ser vendidos aos respectivos moradores;

b) De fogos construídos por cooperativas de habitação económica, associações de moradores e cooperativas de habitação-construção que tenham usufruído de subsídios ao financiamento ou à construção por parte do Estado, autarquias locais ou institutos públicos;

c) Nos casos previstos em legislação especial.

Continuam ainda obrigados ao regime de renda condicionada os arrendamentos celebrados ao abrigo dos arts. 31.º a 34.º da Lei n.º 46/85, de 20 de Setembro expressamente ressalvados no art. 13 do decreto-lei preambular que introduziu o RAU. Estes arrendamentos, antecedentes dos actuais contratos de duração limitada (art. 98.º), destinaram-se a prédios urbanos construídos para habitação e que à data da entrada em vigor da Lei n.º 46/85 nunca tenham sido objecto de arrendamento, estando igualmente sujeitos a um regime especial de denúncia pelo senhorio.

Como casos de conversão no regime de renda condicionada encontramos as situações do art. 87.º, n.º 1 que dizem respeito aos contratos transmitidos para descendentes com mais de 26 anos de idade e menos de 65, para ascendentes com menos de 65 anos e afins na linha recta, nas mesmas condições.[124] De igual modo na situação referida no art. 87, n.º 2, ou seja

---

[123] Neste regime previsto e regulado nos art. 98.º e ss as partes podem estipular um prazo para a duração do contrato que, contudo, não pode ser inferior a cinco anos.

[124] Cfr., com interesse o acórdão da Relação do Porto de 18 de Maio de 2000, in

contratos transmitidos para descendentes ou afins menores de 26 anos, quando completem esta idade e desde que decorrido um ano sobre a morte do arrendatário.

8.3. Um outro caso de conversão diz respeito ao previsto no art. 7.º, n.º 2 e em que a inobservância da forma escrita (obrigatória no contrato de arrendamento urbano) vai implicar, no caso desta forma ser suprida pela exibição do recibo de renda, a aplicação a esse contrato do regime de renda condicionada.

Em ambas estas situações de conversão para o regime de renda condicionada, não pode nunca, tal, envolver a diminuição da renda anteriormente praticada. Assim se a renda anterior for superior passa a vigorar como renda condicionada, sujeita às actualizações desta. Autores há que questionam se a actualização deve poder ser realizada tendo por base o valor da renda se este for superior ao que resultaria da aplicação dos cálculos da renda condicionada,[125] ou se aquela actualização só pode operar se a renda apurada tiver resultado da aplicação dos critérios da renda condicionada e esta tiver resultado inferior à até aí existente. Utilizemos para facilitar o entendimento o exemplo dado por JANUÁRIO GOMES.[126] Se a renda praticada era de 40 e a renda resultante dos critérios de fixação de renda condicionada é de 30, o inquilino transmissário passa a pagar 40, apesar de o contrato ficar sujeito ao regime da renda condicionada. Pode o senhorio actualizar anualmente as rendas com base nos coeficientes, tendo por base a renda de 40? Ou estará impedido de o fazer, enquanto a renda for superior à aplicação sucessiva dos coeficientes de actualização ao montante da renda condicionada. Concordo com a solução preconizada por JANUÁRIO GOMES.[127] O senhorio pode actualizar a renda nos termos em que o podia fazer antes da transmissão do arrendamento, só que agora o coeficiente de actualização é o da renda condicionada. Nada há que justifique esta penalização tão forte do senhorio, que quanto a nós só poderia ocorrer se tivesse consagração legal expressa. Acresce a este argumento de ordem formal, mas que ao caso tem quanto a nós razão de ser, o argumento invocado por JANUÁRIO GOMES[128] que considera estar aqui em presença a

---

CJ, Tomo III, 2000, pp. 190 e ss. Cfr., acórdão do STJ de 30 de Outubro de 2001, in CJ--STJ, Tomo III, 2001, pp. 95 e ss.

[125] Era a posição já defendida por PEREIRA COELHO face ao art. 7, n.º 1 da Lei n.º 46/85, in *Arrendamento*, ob. cit., pp. 157-158.

[126] *Arrendamentos para habitação*, ob. cit., p. 131.

[127] *Arrendamentos para habitação*, ob. cit., p. 131.

[128] *Arrendamentos para habitação*, ob. cit., pp. 131-132.

ideia de um ajustamento extraordinário da renda, ajustamento para mais, que explicará a circunstância dos transmissários atingidos pela conversão, o serem em função da idade; ou seja: presume-se que os inquilinos transmissários com mais de 26 anos e menos de 65 têm possibilidade económicas de suportarem o aumento, por estarem na fase da vida dita activa. Além de que é de presumir que um arrendamento transmitido às pessoas indicadas no art. 87.º, n.º 1 e 2 seja um arrendamento antigo, abaixo da renda que seria exigível num arrendamento novo em regime de renda condicionada.

O art. 87.º, n.º 3 impõe uma obrigação ao transmissário[129] que se a não cumprir possibilita ao locador o direito de exigir ao inquilino a diferença entre o que foi pago e o que devia ter sido pago mais juros legais.

Pode em alternativa o senhorio pedir uma indemnização pelos prejuízos decorridos de não poder denunciar mais cedo o contrato (art. 89.º-A) ou então de não ter podido começado a cobrar mais cedo do transmissário uma renda superior à que resulta de uma renda condicionada (e que resulta da articulação entre o art. 87.º, n.º 3 e o art. 89.º-C, n.º 2).[130]

No art. 87.º, n.º 4 enunciam-se casos em que não se aplica este regime de imposição da renda condicionada. São casos em que o legislador presume que o transmissário não tem capacidade económica para suportar o aumento da renda que normalmente decorre desta imposição.[121]

8.4. Por último, um caso de obrigatoriedade de renda condicionada: o do art. 7.º do decreto preambular do RAU.

Segundo este artigo, os contratos de arrendamento transmitidos por força do art. 85.º e a que se aplicasse o regime de renda condicionada nos termos do art. 87.º manteriam até 31 de Outubro de 1993 o montante da renda à data da transmissão, sem prejuízo da sua actualização anual, nos termos gerais.

Uma questão que se coloca(ou) é a de saber qual deve ser a data para servir de referência ao cálculo da renda condicionada. Deve ser a data de transmissão do contrato de arrendamento, ou deve ser a data de 31 de Outubro de 1993. A questão foi inicialmente colocada por MENEZES CORDEIRO/ /CASTRO FRAGA, que em anotação aquele art. 7.º afirmavam que "a me-

---

[129] A obrigação consiste em o transmissário comunicar ao senhorio, por declaração escrita, a data em que completa 26 anos de idade, com a antecedência mínima de 30 dias.

[130] Mas estas situações podem apresentar graves problemas de prova. Cfr. JANUÁRIO GOMES, *Arrendamentos para habitação*, ob. cit., pp. 88-89.

[131] O regime da transmissão do contrato de arrendamento será tratado por outro autor.

lhor solução é a que toma em consideração a data da transmissão, embora, o valor da renda daí resultante deva ser actualizado nos termos do artigo 31.º do RAU".[132] Tendo o art. 7.º em causa como *ratio* a protecção dos inquilinos transmissários, evitando que até 31 de Outubro de 1993 opere a conversão, mas dando-nos como critério o momento da transmissão, tem de ser este o que dá início à conversão no regime da renda condicionada.[133] Assim, transmitido o arrendamento antes de 31 de Outubro de 1993 e sendo aplicável o art. 87.º o senhorio pode exigir a partir da renda que se vencer em 1 de Novembro de 1993 a renda condicionada calculada à data da transmissão e actualizada de acordo com os coeficientes legais que à mesma renda foram sendo aplicáveis. Não pode o senhorio é recuperar as rendas anteriores a Novembro de 1993.

8.5. Por último o RAU (art. 77.º, n.º 1 e 82.º) refere-se ao regime de renda apoiada. Este é aquele em que a renda é subsidiada, e em que vigoram regras específicas quanto à sua determinação e actualização.[134] O seu regime consta hoje do Decreto Lei n.º 166/93, de 7 de Maio, e aplica-se a todos os arrendamentos de prédios do Estado, seus organismos autónomos e institutos públicos, bem como o dos adquiridos e promovidos pelas Regiões Autónomas, pelos municípios e pelas instituições particulares de solidariedade social com comparticipações a fundo perdido concedidas pelo Estado. Ficam ainda sujeitos ao regime de renda apoiada, os arrendamentos das habitações adquiridas ou promovidas pelas Regiões Autónomas, comparticipadas a fundo perdido pela respectiva Região.

9. Fixação da renda

9.1. No regime da renda livre.
O art. 78, na redacção do Decreto Lei n.º 278/93, de 10 de Agosto, estatuí que a renda é fixada por livre negociação entre as partes.[135] Tal não implica, contudo, que as partes não possam alterar o contrato adoptando por acordo o regime da renda condicionada. Ou até vice-versa, passando

---

[132] *Novo Regime do Arrendamento Urbano. Anotado*, ob. cit., p. 42.
[133] Assim também JANUÁRIO GOMES, *Arrendamentos para habitação*, ob. cit., p. 90
[134] Com interesse cfr., o Ac. da Relação de Évora, de 4-12-97, in CJ, XXII, tomo 5, pp. 275 e ss.
[135] Na versão inicial do RAU o art. 78, n.º 1 dizia "a renda inicial", expressão abolida em 1993.

do regime da renda condicionada para a livre, pelo menos nos critérios de actualização, já não no montante inicial que foi determinado pelos critérios da renda condicionada; ou teremos então um outro arrendamento? Embora a questão seja meramente académica por não haver nenhum arrendatário no seu juízo perfeito que queira alterar o seu contrato de arrendamento no sentido único de pagar uma renda mais elevada, já que neste caso os critérios de actualização serão em princípio os acordados pelas partes, que se presume serem superiores aos legais, logo mais gravosos para o inquilino.

9.2. No regime na renda condicionada.

A renda inicial, do primeiro ou dos novos arrendamentos, resulta da livre negociação entre as partes,[136] não podendo exceder por mês o duodécimo do produto resultante da aplicação da taxa das rendas condicionadas, que é de 8%, de acordo com a Portaria n.º 1231/91, de 28 de Dezembro,[137-138] ao valor actualizado do fogo, no ano da celebração do contrato.

Quanto ao valor actualizado do fogo remete o legislador para o valor real fixado nos teremos do Código das Avaliações.[139] Ora, enquanto este não entrar em vigor, e de acordo com o art. 10, alínea a) do diploma preambular do RAU o valor real dos fogos é calculado no regime de renda condicionada nos termos do art. 4.º a 13.º e 20.º do Decreto Lei n.º 13/86, de 23 de Janeiro (aliás expressamente revogado pelo RAU no seu art. 3,

---

[136] A livre negociação entre as partes é algo de fundamental neste tipo de renda. Cfr., com interesse o acórdão da Relação do Porto de 18 de Maio de 2000, in CJ, Tomo III, 2000, pp. 190 e ss, onde tendo havido uma transmissão do direito ao arrendamento, por falecimento do arrendatário, e passando a renda a estar sujeita ao regime de renda condicionada, ela deve ser fixada mediante livre, mas prévia e obrigatória, negociação entre as partes e dentro dos limites máximos fixados por lei. Não pode é o senhorio limitar-se a fixar o montante da renda, por aplicação directa do montante máximo legalmente possível, sem observar a obrigação de previamente negociar a renda com o arrendatário. Igualmente com interesse o acórdão da Relação do Porto de 24 de Maio de 2001, in CJ, Tomo III, 2001, pp. 197 e ss, onde este tribunal faz uma distinção correcta e rigorosa entre fixação da renda condicionada e actualização da mesma.

[137] Era este aliás o valor fixo indicado no art. 3 da Lei n.º 46/85.

[138] Tem razão ARAGÃO SEIA, ao afirmar que esta portaria devia ter o n.º de 1232 de 1990 e não de 1991, já que foi assinada em 30 de Novembro de 1990 e publicada ainda esse ano. Só que o erro nunca foi oficialmente rectificado, *Arrendamento Urbano*, ob. cit., p. 530.

[139] O Código das Avaliações nunca chegou até ao momento a entrar em vigor. A última versão conhecida do anteprojecto encontra-se publicada na Ciência e Técnica Fiscal, n.º 384, Outubro-Dezembro de 1996, pp. 187 a 235.

n.º 1, alínea j) do diploma preambular, embora o n.º 2 deste normativo disponha que a revogação em causa não prejudica a manutenção dos preceitos ressalvados no RAU).

Recentemente, e enquanto não for aprovado o código das avaliações, este sistema foi substituído por um, que o legislador crê mais justo e equitativo, aprovado pelo Decreto-Lei n.º 329-A/2000, de 22 de Dezembro[140]. Tendo a renda condicionada na sua génese como objectivo fulcral estabelecer uma relação de equilíbrio "entre o valor actualizado do fogo e a necessidade de proporcionar ao proprietário um rendimento não especulativo do capital investido, sem deixar de atender aos encargos inerentes à propriedade" (do preâmbulo). Assim, deve reflectir-se de uma forma mais clara na renda apurada a diferença entre o valor da renda condicionada nos casos em que tenha havido realização de obras e naqueles em que as mesmas não se tenham concretizado. De igual modo, considerou-se a necessidade de uma melhor ponderação na fórmula de cálculo, das áreas de fogos muito pequenas ou muito grandes e que tem vindo a provocar distorções no apuramento do valor dos mesmos fogos.

Por último, não se pode esconder que o legislador pretende alcançar com estas alterações um maior incentivo à realização de obras de reabilitação dos prédios urbanos habitacionais arrendados.

O Decreto-Lei n.º 329-A/2000, de 22 de Dezembro vem fazer uma distinção, logo no seu art. 1, no que ao valor dos fogos diz respeito, entre aqueles que foram concluídos há menos de um ano à data do arrendamento e os prédios concluídos há mais de um ano (melhor seria dizer construídos). De igual modo, se faz uma distinção entre fogos com uma área útil inferior a 50 m2, entre este valor e os 100 m2, e fogos com área útil superior a 100 m2. Distinção que tem importância já que este valor integra e vai influenciar a fórmula de cálculo do valor actualizado dos fogos em regime de renda condicionada. De igual modo, integram a fórmula de cálculo deste regime de renda factores referentes ao nível de conforto do fogo (ex: se tem garagem individual ou colectiva, se tem ou não quintal privativo ou colectivo, se tem cozinha ou casa de banho), e ao estado de conservação e funcionamento dos elementos de construção, de revestimentos e equipamentos do fogo. Deve ainda considerar-se o preço da habitação por metro quadrado[141] e o coeficiente de vetustez do fogo. Com esta legis-

---

[140] Distribuído a 4 de Janeiro de 2001.
[141] Para vigorar em 2002, foi publicada a Portaria n.º 1261-C/2001, de 31 de Outubro de 2001, que actualiza os valores por metro quadrado, para efeito de determinação do valor real do fogo de renda condicionada.

lação de 2000 pretendeu o legislador na determinação do valor dos fogos um aumento dos mesmos no sentido de aproximar aquele do valor de mercado.[142] É assim que PINTO FURTADO vem afirmar que "Actualmente, o Decreto-Lei n.º 329-A/2000, de 22 de Dezembro, num arreganho estatizante, veio proporcionar-lhe um balão de oxigénio, ao prescrever, numa época em que todos os Estados da Europa já proscreveram o método da renda condicionada, uma fórmula mais favorável para o cálculo do valor do fogo".[143]

Há casos em que a renda condicionada pode ser de valor superior à que resulta dos critérios legais anteriormente referidos, isto de acordo com os art. 87.º, n.º 5 e 92, n.º 2 e 3. Situação diferente é aquela em que não há coincidência entre a renda acordada e o da renda condicionada, mas em que as partes quiseram e convencionaram este regime.

Se a renda acordada for inferior à que resultaria dos cálculos daquela não há problema. Não há obrigação legal de uma renda inicial mínima mas apenas de uma renda inicial máxima. A não ser que as partes fixem um "quantitativo provisório" até estarem na posse de todos os valores e outros elementos necessários para a determinação do verdadeiro valor, de acordo com os critérios legais. Nada obsta a que nessa altura as partes possam corrigir o valor com que inicialmente operaram. Repare-se que afirmo ter de haver acordo das partes. Ou seja; aquando da celebração do contrato tem de estar expressamente previsto que aquele valor pode ser corrigido até ao que resultar da aplicação dos critérios legais da determinação do valor da renda condicionada. Não pode, por exemplo, o locador ter-se "distraído" e quando deu pelo "erro" querer unilateralmente aumentar o valor da renda até ao valor que resultaria da aplicação correcta dos critérios legais.

E se a renda acordada for superior ao valor da renda condicionada? Não se pode aplicar, aqui, a presunção do art. 77.º n.º 3, já que em primeiro lugar não houve silêncio das partes, e em segundo lugar a aplicar-se o art. 77.º, n.º 3 levar-mos-ia ao regime da renda livre que não foi querido pelas partes. Nestes casos pode haver uma correcção retroactiva das rendas na opinião de JANUÁRIO GOMES.[144] É a solução mais justa. A não ser que

---

[142] PINTO FURTADO, *Manual do Arrendamento Urbano*, ob. cit., pp. 465-466, considera no entanto que mesmo assim o valor dos fogos determinado agora pelo Decreto-Lei n.º 329-A/2000, continua um terço abaixo do valor de mercado. Numa simulação efectuada este autor chega à conclusão que da vigência da legislação anterior para a actual houve uma valorização de 36,4% no valor do fogo.

[143] *Manual do Arrendamento Urbano*, ob. cit., p. 467.

[144] *Arrendamentos para Habitação*, ob. cit., p. 93

pelas regras de interpretação dos negócios jurídicos se chegue à conclusão que as partes quiseram estipular o regime da renda livre.

9.3. No regime da renda apoiada.

De acordo com o art. 82.º, no regime de renda apoiada, o montante desta é subsidiado pelo Estado e tem que ver com os programas de habitação social para as famílias carenciadas.[145]

O diploma que hoje regula este regime é o Decreto Lei n.º 166/93, de 7 de Maio e de acordo com o seu art. 2.º a fixação deste regime baseia-se em dois elementos: o preço técnico e uma taxa de esforço. Daí PINTO FURTADO afirmar poder referir-se esta renda como de renda técnica.[146]

O preço técnico é calculado nos mesmos termos em que o é a renda condicionada (art. 4.º). O valor do fogo é o que tiver sido considerado para cálculo do montante do respectivo financiamento. Se tal não for possível ou for manifestamente inadequado, é considerado o seu valor actualizado, estabelecido nos termos da renda condicionada.

Pode, no entanto, este preço técnico não contribuir directamente para o cálculo da renda apoiada. O art. 5.º, n.º 3 diz-nos que os limites das rendas oscilam entre o valor do preço técnico como limite máximo e 1% do salário mínimo mensal como limite mínimo. Dentro destes limites o valor da renda é achado pela aplicação da taxa de esforço ao rendimento mensal corrigido do agregado familiar (art. 5.º, n.º 2 e art. 3, n.º 1, alínea d)).

Quando cessa este tipo de regime? O Decreto Lei 166/93 nada diz.

Pelo art. 82.º, n.º 2 do RAU e art. 1.º, n.º 1 do Decreto Lei n.º 166/93 podemos ser levados a considerar que os arrendamentos de habitação do Estado ou organismo referido nos n.º 2 e 3 do atrás referido art. 1.º, só podem celebrar-se no regime de renda apoiada. Não podendo aqueles sujeitos realizar contratos de arrendamento para habitação em regime de renda livre ou condicionada. Para PINTO FURTADO não deve ser considerado como verdadeiro este entendimento.[147] O art. 11.º, n.º 1 do Decreto Lei n.º 166/93 fala em "poder ser aplicado". Se não for utilizada tal faculdade o arrendamento em curso continuará, e o que venha a ser celebrado de novo adoptará o regime comum que por hipótese estava a ser aplicado

---

[145] Daí esta renda poder ser, a todo o tempo, reajustada, sempre que se verifique uma alteração, para menos, do rendimento mensal corrigido do agregado familiar, resultante de morte, invalidade permanente e absoluta ou desemprego de um dos seus membros (art. 8, n.º 3).

[146] *Manual do Arrendamento Urbano*, ob. cit., p. 471.

[147] *Manual do Arrendamento Urbano*, ob. cit., p. 472.

a essa habitação. O que deve determinar a aplicação do regime de renda apoiada é, isso sim, a afectação do fogo respectivo à habitação social.[148]

Embora compreenda o aspecto teleológico deste fundamento tenho dúvidas neste entendimento. Em primeiro lugar fica por saber se finda a finalidade social, que está na base deste regime de rendas, qual será o regime de renda então a aplicar? E de que forma? Há uma conversão automática num outro regime de renda?

O que o art. 11.º, n.º 1 do Decreto-Lei n.º 166/93 permite é que os contratos celebrados com o Estado e aqueles outros organismos públicos, e já existentes à data da entrada em vigor daquele diploma podem manter o seu regime, não tendo de converter-se em contratos com rendas de regime apoiada. O que se percebe, já que há data da sua celebração não era previsível pelas partes tal regime. Só que esta norma é disposição transitória, em que não pode assentar a regra geral.

Aliás, o regime de renda apoiada não impõe um limite máximo de rendimento familiar. Tem é de o locador ser algum dos organismos do art. 82.º, n.º 1 do RAU ou art. 1.º, n.º 2, e 3 do Decreto-Lei n.º 166/93. Tem de ser calculado um preço técnico e uma taxa de esforço. E é da aplicação desta que resulta o valor da renda apoiada. Repare-se que o montante da renda actualiza-se anual e automaticamente em função da variação do rendimento mensal corrigido do agregado familiar (art. 8.º, n.º 2).[149]

Um último apontamento, o art. 82.º, n.º 3 diz-nos que o regime da renda apoiada fica sujeita a legislação própria, aprovada pelo governo. Para PINTO FURTADO não há aqui uma competência reservada da Assembleia da República (art. 168.º, n.º 1, alínea h) da Constituição), já que tal competência é estabelecida apenas para o regime geral do arrendamento rural e urbano.[150] De facto, o Decreto-Lei n.º 166/93 não teve na sua origem nenhuma lei de autorização, o que bem se compreende já que tal diploma se encontrava "autorizado" pelo n.º 3 do art. 82.º do RAU, diploma

---

[148] *Manual do Arrendamento Urbano*, ob. cit., p. 472.

[149] Acresce que quanto a nós não deve (não faz) fazer parte das atribuições do Estado, seus organismos autónomos, institutos públicos, autarquias locais, ou Regiões Autónomas, o explorar comercialmente prédios em regime de arrendamento. O Estado e os outros organismos devem apenas entrar no mercado do arrendamento para ajudar as famílias carenciadas e os que não têm meios suficientes para arrendar casa no regime de renda normal. Não compete ao Estado, a uma autarquia ou a um instituto particular de solidariedade social construir e/ou arrendar, por exemplo, um condomínio fechado com renda mensal de 500 contos (2500 €). Esse mercado deve ser afecto aos agentes económicos privados que operem com o regime geral (renda livre e renda condicionada).

[150] *Manual do Arrendamento Urbano*, ob. cit., p. 472.

este último que teve na sua base a Lei de autorização legislativa n.º 42/90, de 10 de Agosto.

10. Actualização das rendas

O Código Civil actual estipulava nos arts. 1104.º a 1106.º um regime de actualização de rendas válido para todos os arrendamentos urbanos e rústicos, não rurais. Assim o art. 1104.º do CC possibilitava que decorridos 5 anos sobre a celebração do contrato de arrendamento, ou da última actualização, o senhorio pudesse aumentar a renda. Podia então ser exigida ao arrendatário uma renda mensal correspondente ao duodécimo do rendimento ilíquido inscrito na matriz. Para este efeito o senhorio podia requerer a avaliação fiscal do prédio destinado a corrigir esse mesmo rendimento ilíquido.

As excepções eram os arrendamentos habitacionais em Lisboa e Porto por força do art. 10.º do diploma preambular ao Código Civil, em que se mantinha o regime excepcional da Lei n.º 2030, de 11 de Junho de 1948. Este regime temporário deveria durar até que fosse revista a situação criada nestas duas cidades pela suspensão das avaliações fiscais. Esta medida (do bloqueio de rendas) viria a ter como se viu consequências nefastas a nível da deterioração do património imobiliário.

Por outro lado o art. 1106.º do CC possibilitava um aumento de renda quando o senhorio fosse obrigado a fazer obras de beneficiação por defeito de construção, caso fortuito ou de força maior.

Depois do 25 de Abril de 1974, a forte protecção ao arrendatário habitacional[151] levou, em termos de regime, à separação dos arrendamen-

---

[151] Princípio que PEREIRA COELHO considera análogo ao do melhor tratamento do trabalhador, vigente no contrato de trabalho. FRANCISCO MANUEL PEREIRA COELHO, *Regulamentação Imperativa do Contrato de Arrendamento*, ob. cit., p. 145. Contra PINTO FURTADO, *Manual do Arrendamentos Urbano*, ob. cit., pp. 216-219.

MOITINHO DE ALMEIDA, considera que, "Não se segue necessariamente que, em matéria de inquilinato urbano, as classes economicamente mais desfavorecidas se enquadrem, na dicotomia inquilinos-senhorios, sempre na categoria de inquilinos, pois que há inquilinos cujo agregado familiar aufere mensalmente salários da ordem de algumas dezenas de contos, enquanto que os respectivos senhorios são trabalhadores reformados, com a família a seu cargo e que vivem apenas da reforma e dos rendimentos do prédio, que adquiriram muitas vezes à custa de muitas privações.", in *Inquilinato Urbano Post 25 de Abril*, ob. cit., pp. 6. Quanto a nós tudo resulta de em Portugal o legislador tratar uniformemente todas as situações não diferenciando onde há a diferenciar.

tos para habitação daqueles que tinham outras finalidades, nomeadamente os celebrados para comércio, indústria e profissões liberais. Em seguida (com o Decreto-Lei n.º 445/74) estendeu-se a todo o país a suspensão das avaliações fiscais, para efeitos de actualização das rendas, suspensão até então restringida a Lisboa e Porto.

Só em 4 de Junho de 1981 surge o Decreto-Lei n.º 148/81, de 4 de Junho que embora mantendo a todo o país a suspensão das avaliações fiscais para efeitos de actualização das rendas, veio com a criação do regime de renda livre e de renda condicionada permitir a actualização das rendas nos novos arrendamentos celebrados em regime de renda condicionada, anualmente e de acordo com um coeficiente publicado por portaria.

Mas só com a Lei n.º 46/85, de 20 de Setembro se veio consagrar o regime de actualizações anuais para todos os arrendamentos habitacionais independentemente da data da sua constituição ou do regime de renda.

Com o RAU estabelece-se no art. 30.º e seguintes o regime de actualização de rendas nos arrendamentos urbanos em geral (independentemente do fim), excepto para os arrendamentos e subarrendamentos referidos nas alíneas a) a e) no n.º 2 do art. 5.º, conforme resulta do art. 6.º, n.º 1.

Para os arrendamentos não habitacionais a alteração importante foi estabelecida com o Decreto-Lei n.º 330/81, de 4 de Dezembro que veio consagrar o regime da actualização anual para os arrendamentos comerciais e equiparados.[152]

O art. 6.º da Lei n.º 46/85, de 20 de Setembro enunciava que as rendas, qualquer que fosse o seu regime, ficavam sujeitas a actualização anual, podendo a primeira actualização ser exigida um ano após a data da vigência do contrato e as seguintes, sucessivamente um ano após a actualização anterior. Abrangendo este art. 6 todos os arrendamentos (quer os novos quer os já existentes), haverá que esclarecer quais as regras de transição de regimes a operar. Assim, de acordo com o art. 8 os contratos elaborados ao abrigo do Decreto-Lei n.º 148/81 em regime de renda condicionada ficam igualmente sujeitos a este novo regime no que toca à actualização da renda.

Os restantes arrendamentos vigentes à data de entrada em vigor da Lei n.º 46/85 ficam sujeitos ao regime instituído por esta nomeadamente no que toca à actualização anual das rendas.

Em todos os arrendamentos habitacionais em vigor à data da Lei n.º 46/85, excepto os instituídos em regime de renda condicionada, a actualização anual só pode efectuar-se a partir de 1 de Janeiro do sétimo ano seguinte contado a partir do fim do ano da celebração do contrato existente.

---

[152] Por todos JANUÁRIO GOMES, *Arrendamentos Comerciais*, ob. cit., pp. 95 a 143.

O art. 6.º desta Lei criou uma regra geral de actualização para todos os arrendamentos urbanos para habitação. Para os arrendamentos de renda condicionada, a possibilidade de actualização já existia desde o Decreto--Lei n.º 148/81, mas também os arrendamentos de renda livre que até ao momento não podiam ver actualizadas as suas rendas o passam a poder fazer.

As actualizações têm por base coeficientes iguais ou diferentes a fixar anualmente em Outubro pelo Governo, ouvido o Conselho de Concertação Social (art. 6.º, n.º 2).

A não actualização das rendas não podia dar lugar a posterior recuperação dos aumentos destas, mas o coeficiente pode ser aplicado no cálculo das contas nos anos posteriores desde que não tivessem passado mais de dois anos sobre a data em que fosse inicialmente possível a sua aplicação (art. 6.º, n.º 5).[153]

O regime de actualização das rendas e o do subsídio dessas nos arrendamentos de habitação social (art. 10.º), continuava a reger-se pelos preceitos em vigor até ser publicada nova legislação

Havia, ainda, um regime de aplicação especial (art. 15.º) destinado às rendas que tenham sido ou viessem a ser ajustadas ao abrigo do PRID (Programa de Recuperação de Imóveis Degradados), programa este mais tarde substituído pelo RECRIA (Regime Especial de Comparticipação na Recuperação de Imóveis Arrendados), actualmente regulado no Decreto--Lei n.º 329/C-2000, de 22 de Dezembro.

Face a um processo vivido com paixão e especiais sensibilidades o legislador não quis ajustar a actualização das rendas às regras gerais do Código Civil,[154] isto quer na antecedência mínima 30 dias na comunicação feita pelo senhorio ao locatário, quer na forma de a realizar (carta registada com aviso de recepção). Se o locatário não concordasse com o valor achado podia requerer a intervenção de uma comissão de avaliação com vista a uma eventual correcção.[155-156]

De acordo com o art. 45.º da Lei n.º 46/85, não era possível actualizar a renda nos casos em que não tivesse sido emitida licença de construção ou utilização, sendo estas exigíveis. Daí o art. 16.º do Decreto-Lei

---

[153] Um exemplo pode ser visto em PEREIRA COELHO, *Arrendamento*, ob. cit., p. 159.
[154] Nomeadamente do art. 1104 do CC.
[155] JANUÁRIO GOMES, *Arrendamentos para Habitação*, ob. cit., p. 107, apresenta uma interpretação diversa do entendimento generalizado acerca do recurso do arrendatário à comissão de avaliação.
[156] Com interesse, mas já datado, veja-se o estudo de JOSÉ LEBRE DE FREITAS, *Comissões de Avaliação e Questões Prévias de natureza litigiosa*, in CJ, 1990, Tomo II, pp. 36 a 44.

n.º 13/86 estatuir que o arrendatário ao pagar a renda pode deduzir o excesso indevidamente pago por não haver licença.

11. Correcção extraordinária das rendas

Já que a simples actualização anual levava a aumentos irrisórios nos arrendamentos mais antigos, o legislador estatuiu um mecanismo de correcção extraordinária de modo a possibilitar, a partir de certa fase, a aplicação do sistema normal de actualização anual tendo já por base uma renda corrigida.

Foi entendido que as rendas em que se impunha uma correcção extraordinária eram as relativas a contratos celebrados antes de 1 de Janeiro de 1980. Elaborou-se, assim, uma tabela em que se atendeu ao ano da última fixação da renda com indicação de factores globais de correcção extraordinária. Dentro de cada ano os factores globais poderiam variar em função da localização do prédio (Lisboa, Porto e restantes), e dentro de Lisboa e Porto em função da existência de porteira e de elevador.

Também neste caso se aplicam as regras do regime geral (art. 12.º, n.º 2 e art. 6.º, n.º 4 e 5).

As formalidades que o senhorio tinha de encetar para levar a cabo esta actualização extraordinária eram idênticas às da comunicação para a actualização normal.

O art. 13.º da Lei n.º 46/85 referia-se à correcção extraordinária em caso de subarrendamento. Neste caso esta correcção extraordinária não pode nunca, em cada ano, ser proporcionalmente superior à correcção extraordinária da renda devida pelo contrato de arrendamento.

O art. 14.º da Lei n.º 46/85 excluía da correcção extraordinária os arrendamentos cujas rendas tivessem ou pudessem vir a ser ajustadas ao abrigo de outros diplomas legais aí referidos.

Nos artigos 22.º a 27.º da Lei n.º 46/85 previa-se a atribuição de subsídios de renda a arrendatários e subarrendatários nos casos de correcção extraordinária e noutros casos aí expressos.

Ainda hoje estes preceitos e o Decreto Lei n.º 68/86, de 27 de Março estão em vigor por força do art. 12.º do decreto preambular do RAU.

Se o senhorio for compelido administrativamente a realizar obras de beneficiação de acordo com o art. 17.º, n.º 1 da Lei n.º 46/85, tinha direito a um ajustamento da renda para além do determinado pelas actualizações anuais e pela correcção extraordinária.[157]

---

[157] Será outro autor a falar da matéria respeitante às obras.

12. As cláusulas de renda variável[158]

A questão que é colocada por estas cláusulas reside em saber se num contrato de arrendamento as partes podem por comum acordo estipular cláusulas em que a renda pode variar para mais ou para menos em função de critérios pré-definidos de modo que as futuras rendas sejam desde logo determinadas ou pelo menos determináveis. Dito assim, torna-se evidente o grande interesse em apurar da licitude destas cláusulas face à envolvente vinculística do sistema considerando nesta o congelamento das rendas.

O seu surgimento aconteceu ao estipular-se nos contratos rendas com cláusulas que incluíam factores correctivos das variantes inflacionistas. Daí por vezes falar-se em cláusulas de estabilização, que na opinião de PINTO FURTADO se podem reduzir a duas modalidades: as de valor e as de escala móvel.[159]

A doutrina e a jurisprudência falam aqui por vezes em rendas escalonadas ou sucessivas. PINTO FURTADO, no entanto, entende que esta questão deve ser enquadrada no âmbito mais lato das cláusulas de estabilização.[160]

Antes do surgimento do RAU pode afirmar-se que no arrendamento para fins habitacionais não era possível tal tipo de cláusulas. A Lei n.º 46/85 estabelecia os limites máximos de crescimento das rendas. Assim, quer os coeficientes de actualização, quer os factores de correcção deviam ser entendidos como a possibilidade de crescimento máximo dessas rendas.[161] Acresce que o art. 47.º desta Lei cominava com o crime de especulação o senhorio que recebesse rendas superiores às fixadas nesta Lei.[162]

No arrendamento não habitacional entendia-se que a utilização destas cláusulas era lícita. Por um lado o coeficiente da actualização não era aqui um limite máximo ao crescimento das rendas, por outro lado

---

[158] Utilizamos aqui a expressão utilizada por GALVÃO TELLES, *Cláusulas de renda variável*, in O Direito, 1989-III, pp. 431-442.

[159] *Manual do Arrendamento Urbano*, ob. cit., p. 348.

[160] *Manual do Arrendamento Urbano*, ob. cit., p. 350. Este autor apresenta hoje a síntese mais feliz sobre este tema nas pp. 347 a 352.

[161] Estas cláusulas só adquirem estatuto ou importância se a variação for para mais, é óbvio que se a variação for para menos tal não contraria o carácter imperativo das normas arrendatícias.

[162] Este artigo estatuía ainda com o crime especulação outras condutas do locador, bem como algumas do locatário.

entendia-se que a protecção do arrendatário comercial não era tão forte como o do arrendatário habitacional.[163-164]

Para GALVÃO TELLES estas cláusulas, e referindo-se sempre à renda livre, são sempre lícitas mesmo nos arrendamentos habitacionais excepto entre 1974 e 1981, e por força de diplomas legais. Mais concretamente entre a vigência do Decreto-Lei n.º 445/74, de 12 de Setembro e a do Decreto-Lei n.º 148/81, de 4 de Junho, que revogou aquele. Este autor passa em análise os aspectos que se tem suscitado como possíveis obstáculos à validade das cláusulas de renda variada, e que sintetiza em quatro: a) carácter determinado da renda, b) princípio nominalista, c) fraude à obrigatoriedade da renovação, e d) bloqueio das rendas, para em conclusão admitir a validade das cláusulas de renda variável. Diz GALVÃO TELLES "As actualizações contratuais em nível superior ao das actualizações legais poderão proporcionar uma efectiva estabilização do valor real das rendas, e permitirão, mais amplamente, aproximá-las tanto quanto possível, da evolução das regras de mercado, que, como é sabido, não são condicionadas apenas por factores de carácter inflacionista."[165]

Estas cláusulas têm na sua base uma ideia de equidade. No fundo, face às prorrogações forçadas queria-se assegurar que a renda inicialmente estabelecida conservasse o mesmo peso específico considerando o custo de vida; no fundo manter o equilíbrio das prestações.[166]

---

[163] Por todos PEREIRA COELHO, *Arrendamento*, ob. cit., pp. 176 e ss.

[164] JANUÁRIO GOMES, *Arrendamentos para Habitação*, ob. cit., pp. 120-121. Este autor acrescenta ainda um outro argumento que diz respeito às actividades exercidas nos prédios arrendados para fins comerciais, em que a natureza destas actividades se compatibiliza melhor com um sistema de variação de renda, ou invés do arrendamento para habitação em que se satisfaz uma necessidade humana fundamental – a habitação.

[165] GALVÃO TELLES, *Cláusulas de renda variável*, ob. cit., pp. 442. Já antes, nesta mesma página, tinha afirmado o autor que "O acréscimo de rendas que vem sendo praticado, à sombra da permissão legal, não restabelece sequer o respectivo poder aquisitivo, e fica inclusive abaixo do crescimento dos encargos do próprio prédio, suportados pelo senhorio, os quais sobem em termos muito mais acentuados, como a experiência revela. De tal modo que, se alguns prédios (tomando mesmo em conta as actualizações extraordinárias) conseguiram sair, escassamente, da situação deficitária em que se encontravam, caminham de novo para ela, a passos apressados. Daí a rarefacção notória do mercado de arrendamento, rarefacção que tende a tornar o arrendamento num contrato ultrapassado, quase caído em desuso, como aconteceu com a enfiteuse. E com a agravante que a enfiteuse ainda tinha um sucedâneo ou substitutivo, que era precisamente o arrendamento, mas este não o tem,...".

[166] PINTO FURTADO, *Manual do Arrendamento Urbano*, ob. cit., dá-nos na p. 348 conta de uma série de situações em que se verificou uma articulação entre o aumento das rendas e o aumento do preço do pão.

O RAU veio impossibilitar a utilização das cláusulas de renda variável, mesmo naquelas situações (arrendamentos para comércio, indústria e profissão liberal) em que tal utilização era considerada lícita.[167] Só com o Decreto-Lei n.º 278/93, de 10 de Agosto que deu nova redacção a alguns preceitos do RAU a situação se veio a alterar. Assim, o art. 31, n.º 1, alínea a) veio possibilitar que a actualização das rendas se faça por convenção das partes nos termos previstos na lei.

Num primeiro momento essa situação resumia-se ao art. 78, n.º 2,[168] e com as limitações constantes do art. 99 n.º 2. Assim, no regime de renda livre as partes podem convencionar, quer no próprio contrato, quer em documento posterior, o regime da actualização anual das rendas, permitindo-se assim a estipulação de cláusulas de renda variável. A limitação constante do art. 99, n.º 2 resume-se a que nos contratos de duração limitada e se o prazo destes for inferior a oito anos não se pode aplicar a regra do n.º 2 do art. 78. Assim, só é possível estipular cláusulas de renda variável em contratos de duração limitada com prazo de duração superior a oito anos, ou em arrendamentos para habitação sem prazo da duração efectiva.

Com o Decreto-Lei n.º 257/95, de 30 de Setembro houve uma alteração aos art. 119 e 121 do RAU, tornando possível este tipo de cláusulas nos arrendamentos para comércio, indústria ou profissões liberais em que não tenha sido estipulado um prazo de duração efectiva, ou em que o prazo de duração efectiva inicial do arrendamento seja superior a cinco anos.[169]

Se até ao momento os senhorios não tem aproveitado muito este tipo de cláusulas, ou por desconhecimento, ou por não aderência por parte dos locatários, é bom que se diga que no extremo estas cláusulas podem em certos casos levar a uma situação de abuso de direito ou de fraude à lei.[170]

---

[167] Para o período antes do RAU, Cfr., PINTO LOUREIRO, *Manual do Inquilinato*, Vol. I, ob. cit., pp. 24 e ss, e PIRES DE LIMA/ANTUNES VARELA, *Código Civil Anotado*, Vol. II, ob. cit., pp. 340 e ss.

[168] O n.º 2 do art. 78 é uma das excepções ao princípio do nominalismo monetário, já que ao abrigo da autonomia privada, as partes podem estipular formas de actualização da prestação, LUÍS MENEZES LEITÃO, *Direito das Obrigações*, vol. I, ob. cit., p. 141 fala aqui em convenção de rendas escalonadas.

[169] O que não se percebe foi porque o legislador veio no início do RAU impedir a utilização de cláusulas de renda variável nos contratos de arrendamentos comerciais, onde então já eram permitidas e só veio possibilitar novamente tal possibilidade em Setembro de 1995, ou seja posteriormente a ter admitido tais cláusulas para os arrendamento habitacionais, que até então não eram admitidas, de acordo com a opinião maioritária.

[170] GALVÃO TELLES, *Cláusulas de renda variável*, ob. cit., pp.437-438 e p. 440 nota 25.

13. Actualização das rendas no RAU

O RAU veio encerrar a divisão até aí existente, e consagrada no Decreto-Lei n.º 330/81, de 4 de Dezembro e na Lei n.º 46/85, de 20 de Setembro, entre arrendamentos cujo fim fosse o habitacional e arrendamentos cujo fim fosse outro que não aquele. Agora, na matéria da actualização das rendas, as regras são comuns para todo o arrendamento urbano independentemente do seu fim.[171]

As regras gerais encontramo-las agora nos art. 30 e seguintes, integrados no capítulo I (do arrendamento urbano em geral).[172] O art. 30 estipula que a actualização das rendas pode ser realizada nos casos previstos na lei[173] e pela forma nela regulada.

Estamos apenas a pensar nas cláusulas de actualização que implicam um aumento da renda. Se tais cláusulas levarem a montantes idênticos ou inferiores aos que resultariam da aplicação da lei, as referidas cláusulas serão válidas. Tal era o expressamente referido no n.º 2 da versão original do art. 30 entretanto alterada pelo Decreto-Lei n.º 278/93, de 10 de Agosto, mas cuja doutrina continua a ser de aplicar.[174]

De acordo com o princípio da liberdade contratual é lícito a estipulação posterior à celebração do contrato pelas partes de um novo montante de renda sobre o qual devem incidir as novas actualizações nos termos legais. Esta situação não vai contra a lei em virtude de não se tratar de uma estipulação de actualização de rendas.

---

[171] Como de início já referimos, de acordo com o art. 6 aos arrendamentos rústicos não rurais e aos arrendamentos referidos nas alíneas a) a e) do n.º 2 do art. 5, não se aplica o regime de actualizações de rendas estabelecido no RAU, mas sim o regime geral da locação civil expresso no CC, que como não contem norma sobre a actualização de rendas e como aí não vigoram as normas imperativas de protecção do arrendatário, tem sido entendido como possibilitando uma actualização estabelecida por vontade das partes.

[172] Registe-se no entanto que a pureza da técnica legislativa já foi manchada. É que se no início todos os preceitos respeitantes `a actualização das rendas se encontravam nos art. 30.º a 39.º, ou seja dentro do primeiro capítulo, alterações legislativas posteriores vieram a colocar normas respeitantes a esta matéria em outros capítulos cujo âmbito da aplicação já não é o arrendamento em geral, mas sim para determinado tipo de fim.

[173] Estes casos são os do art. 31, n.º 1, o do art. 81-A, e o do art. 9 do diploma preambular do RAU, este último enquanto tiver aplicação.

[174] ARAGÃO SEIA, *Arrendamento Urbano*, ob. cit., p. 255 entende que esta doutrina pode não se aplicar nalguns casos em que se estabeleça o regime de renda livre (pp. 258-259).

Uma outra situação que não deixa dúvida é a da admissibilidade dos casos de arrendamento *ad meliorandum*[175]. Nestes a renda é fixada inicialmente num determinado valor, e o arrendatário paga sucessivamente rendas de montante inferior em virtude do mecanismo de compensações sucessivas previamente acordado, já que o senhorio é credor da renda mas igualmente devedor de quantias despendidas pelo arrendatário, por exemplo, na feitura de obras de conservação ordinária cuja responsabilidade é do locador (art. 12).[176]

Os casos de actualização das rendas vêm enunciados no art. 31 cuja última redacção é a do Decreto-Lei n.° 329-B/2000, de 22 de Dezembro, e que se podem sintetizar da seguinte forma:

1) mantém-se o sistema de actualizações anual baseado nos coeficientes legais estabelecidos no art. 32.°.

2) permite-se igualmente (desde 1993) a actualização anual por acordo das partes.

3) Em virtude das obras de conservação (antes só extraordinárias) ou beneficiação nos termos do art. 38.° e seguintes.[177]

Verifica-se assim que excepto no caso de actualização por obras, a actualização das rendas no arrendamento urbano em geral é sempre anual. É o que se extrai do art. 31.°, n.° 1 alínea a) e do art. 78.°, n.° 2.

Quanto ao regime de renda apoiada o art. 31.°, n.° 2 ressalva-o. De acordo com o art. 8.° do Decreto-Lei n.° 166/93, de 7 de Maio, o preço técnico actualiza-se anual e automaticamente pela aplicação do coeficiente de actualização dos contratos de arrendamento em regime de renda condicionada. A actualização neste tipo de renda pode também operar, anual e automaticamente em função da variação do rendimento mensal corrigido do agregado familiar. Pode ainda este tipo de renda ser, já não actualizada mas sim reajustada, a todo o tempo, sempre que se verifique alteração do rendimento mensal corrigido do agregado familiar, resultante de morte, invalidez permanente e absoluta ou desemprego de um dos seus membros (art. 8, n.° 3 do Decreto-Lei n.° 166/93).

---

[175] PINTO LOUREIRO, *Tratado de Locação*, I, ob. cit., p. 73.

[176] Com interesse em termos dogmáticos, ANTONIO CABANILLAS SÁNCHEZ, *Los Deveres de Protección del Deudor en el Derecho Civil, en el Mercantil y en el Laboral*, Madrid, Civitas, 2000. Com especial interesse pp. 425 e ss.

[177] JANUÁRIO GOMES, *Arrendamentos para Habitação*, ob. cit., p. 125 entende que nestes casos melhor seria falar em ajustamento de renda, tal como o fazia a Lei n.° 46/85, de 20 de Setembro, e não em actualização de rendas.

14. Actualização anual em função dos coeficientes legais

O art. 31, n.º 1, alínea a), 1ª parte e o art. 32.º disciplinam a actualização das rendas dita normal ou comum. Posteriormente à entrada em vigor do Decreto-Lei n.º 329-B/2000, de 22 de Dezembro[178] os coeficientes de actualização anual deixam de ser publicados pelo governo e passam a ser publicados pelo Instituto Nacional de Estatística, que deve publicar até 30 de Outubro, no Diário da República, o aviso com o referido coeficiente[179].

Igualmente com a nova redacção do art. 32.º deixa de ser possível a diferenciação, do coeficiente de actualização, para cada tipo de arrendamento ou regime de renda, passando a haver um só coeficiente para os diversos tipos de arrendamento. De qualquer modo diga-se que, em todos os anos desde 1991 até ao presente, os coeficientes de actualização para os regimes de renda livre e da renda condicionada têm sido idênticos.

Agora, o coeficiente de actualização anual da renda é o apurado pelo Instituto Nacional de Estatística, e resulta da totalidade da variação do índice de preços no consumidor sem habitação, correspondente aos últimos 12 meses e para os quais existam valores disponíveis à data de 31 de Agosto.

Estabelece a nova redacção do n.º 3 do art. 32.º, que a renda resultante da actualização legal anual deve ser arredondada para a centena de escudos imediatamente superior, isto por referência ao montante aritmeticamente apurado.

De acordo com o art. 34.º, n.º 1 funciona a regra da anualidade, ou seja, não pode a renda ser actualizada no ano civil seguinte ao início da vigência do contrato, mas apenas decorrido um ano sobre tal início ou decorrido igualmente um ano sobre a actualização anterior. Deve a referência a um ano ser entendida ao momento do vencimento da renda e não à data da comunicação pelo senhorio ao arrendatário dessa mesma actualização.[180] Assim, se a última actualização foi a ocorrida em Janeiro de 1999, só em Janeiro de 2000 pode o senhorio actualizar a renda. Mas para

---

[178] Este diploma legal foi publicado em suplemento ao Diário da República de 22 de Dezembro de 2000, mas apenas distribuído em 4 de Janeiro de 2001, pelo que, e de acordo com o seu art. 6.º, só entrou em vigor no dia 4 de Fevereiro de 2001.

[179] O coeficiente de actualização dos diversos tipos de arrendamentos, para vigorar no ano civil de 2003, é de 1,036 (aviso INE publicado no Diário da República, II série, 26/9/02, pág. 162759).

[180] ARAGÃO SEIA, *Arrendamento Urbano*, ob. cit., p. 266 fala aqui no momento do princípio do pagamento da última renda actualizada. Discorda-se como se refere no texto. O que está em causa é o momento do vencimento da obrigação de pagamento de renda, e não do seu efectivo pagamento.

tal tem de comunicar por escrito e com 30 dias de antecedência mínima, quer o novo montante, quer o coeficiente e demais factores relevantes utilizados no cálculo da actualização.

O art. 34.°, n.° 2 vem alargar a todos os arrendamentos urbanos o que antes, pela Lei n.° 46/85, estava limitado aos arrendamentos para habitação. Assim, se o senhorio se esqueceu de actualizar a renda e só a vem a realizar, por exemplo, a partir de Agosto, pode ele, então, actualizar as rendas com o coeficiente desse ano, dos meses de Agosto a Dezembro, e em Janeiro do ano seguinte aplicar o novo coeficiente de actualização. Não tem assim o senhorio de esperar o mês de Agosto do ano seguinte para voltar a actualizar.

A não actualização das rendas não pode dar lugar a posterior recuperação dos aumentos de renda não feitos. Mas os coeficientes respectivos podem ser aplicados em anos posteriores, desde que não tenham passado mais de dois anos sobre a data em que teria sido inicialmente possível a sua aplicação. Exemplificando, se um contrato de arrendamento foi celebrado em Janeiro de 1996 e em Novembro de 2001 o senhorio comunica que pretende actualizar a renda a partir de Janeiro de 2002, ele pode nessa actualização acumular os coeficientes para os anos de 2000, de 2001 e de 2002. Não pode é cumular com os coeficientes de 1999, 1998 ou 1997, pois já teriam passado mais de dois anos sobre a data em que teria sido possível a aplicação destes coeficientes.

A quantia a que é aplicado o coeficiente de actualização não deve em princípio levantar dúvidas, devendo entender-se que é ao montante da renda inicialmente fixado ou o do montante da renda actualizada anteriormente, se tal tiver ocorrido.

Alguma dificuldade haverá em aplicar os critérios legais a certas situações que se situem no regime da renda condicionada quando este regime decorra de imposição legal. Algumas destas dificuldades podem ocorrer nas situações contempladas nos art. 7.°, n.° 3, 87, n.° 1, 2 e 5, 92, n.° 2 e 3. Por exemplo, se a renda era de montante 100 e a que resulta dos critérios de fixação da renda condicionada é de montante 70, o inquilino transmissário fica a pagar a quantia de 100 apesar do contrato ficar sujeito ao regime da renda condicionada.

A questão que se coloca é a de saber se pode o senhorio actualizar anualmente a renda tendo por base o valor de 100[181] ou não pode actua-

---

[181] É o que defende por exemplo JANUÁRIO GOMES, *Arrendamentos para Habitação*, ob. cit., pp. 131-132.

lizar enquanto a renda não for superior à aplicação sucessiva dos coeficientes de actualização ao montante da renda condicionada de 70.[182]

Parece-me hoje como correcta a primeira opção. Assim, o senhorio pode actualizar a renda nos termos em que o fazia antes da transmissão do arrendamento, aplicando nessa actualização o coeficiente legal que resulta do art. 32.º. No fundo o que o legislador pretendeu com este regime foi um ajustamento extraordinário da renda em fogos regra geral antigos, e com rendas baixas, apesar das eventuais correcções extraordinárias que possam ter ocorrido. Por outro lado este ajustamento extraordinário recai sobre sujeitos numa faixa etária normalmente na força de trabalho, o que significa que esta actualização não representa um grande esforço económico para os transmissários.[183] É esta ideia que leva a excepcionar por exemplo o n.º 1 e 2 do art. 87, quando os beneficiários da transmissão se encontrem em algumas das situações contempladas no n.º 4 do art. 87. Ou seja: quando o descendente ou afim na linha recta for portador de deficiência a que corresponda incapacidade superior a dois terços, ou quando aqueles ou o ascendente se encontrem na situação de reforma por invalidez absoluta, ou não beneficiando de pensão de invalidez, sofram de incapacidade total para o trabalho.[184]

O senhorio[185] que pretenda actualizar a renda deve comunicar por escrito[186] ao arrendatário com uma antecedência mínima de 30 dias:

a) o novo montante,
b) o coeficiente de actualização,
c) demais factores relevantes utilizados no seu cálculo.

---

[182] Esta última solução é a defendida por PEREIRA COELHO, *Arrendamento*, ob. cit., pp. 157-158, para o caso análogo do art. 7, n.º 1 da Lei n.º 46/85.

[183] São estes os argumentos que encontramos nos autores para a defesa da posição assumida no texto. JANUÁRIO GOMES, *Arrendamentos para Habitação*, ob. cit., pp. 131--132. ARAGÃO SEIA, *Arrendamento Urbano*, ob. cit., pp. 568-569.

[184] Sobre a invalidez permanente e relativa cfr., Acórdãos da Relação de Lisboa de: 28/5/1987, in CJ, XII, tomo 3, p. 100, de 25/11/1993, in CJ, XVIII, tomo 3, p.197, de 18/2/1983, in CJ, XVIII, tomo 1, p. 189, e o de 11/7/96, in CJ, XXI, tomo 4, p. 95. Da Relação de Coimbra o acórdão de 9/2/1993, in CJ, XVIII, tomo 1, p. 43. Da Relação do Porto o acórdão de 11/5/1993, in CJ, XVIII, tomo 3, p. 197 e o de 29/3/1993, in BMJ, n.º 425, p. 617.

[185] Se a posição de senhorio for ocupada por uma herança indivisa, cfr., Acórdão da Relação de Coimbra de 20/6/1989, in BMJ n.º 388, p. 608.

[186] Antes do actual regime a lei impunha que a comunicação fosse realizada por carta registada.

Se o arrendatário concordar com a comunicação recebida nada tem que fazer devendo proceder ao pagamento da renda actualizada na data do seu vencimento.[187]

Se o arrendatário discordar pode reagir de duas formas. Ou recusa a nova renda com base em erro nos factos relevantes ou na aplicação da lei, ou pode denunciar o contrato nos termos do art. 33.º, n.º 3.

Se pretender recusar a nova renda que lhe foi comunicada, o arrendatário deve nos termos do art. 35.º, n.º 2 comunicar, por escrito, tal recusa ao senhorio, fundamentando-a e indicando o montante que considera correcto. Esta recusa deve ser feita no prazo de 15 dias contados da data da recepção da comunicação do aumento da renda, senão é ineficaz, ou seja não produz efeitos jurídicos. De igual modo, será ineficaz a recusa que se não baseie em erro de facto relevante ou aplicação errada da lei, que não tenha fundamentação ou que não mencione o montante que o arrendatário ache correcto.

Se o senhorio aceita o montante indicado pelo arrendatário não tem que o avisar de tal, tendo aquele apenas que pagar a renda no montante por ele proposto na data do seu vencimento.

Se o senhorio rejeita o montante proposto pelo locatário deve comunicar-lhe por escrito, dentro de 15 dias contados a partir da recepção da recusa, sob pena de ser ineficaz esta rejeição.

Aqui chegados e em que o diálogo entre as partes gerou um impasse ou o locatário no prazo de 15 dias a contar da comunicação da rejeição (sob pena de ineficácia) requer a fixação definitiva do aumento devido a uma comissão especial,[188] cuja composição e funcionamento será definida

---

[187] ARAGÃO SEIA, *Arrendamento Urbano*, ob. cit., pp. 264-265 considera que no caso do arrendatário aceitar o aumento proposto e se dispuser a pagar a nova renda, tal não significa que não possa haver acertos futuros ao montante da mesma, isto se se vier a verificar, posteriormente, que o aumento foi mal calculado. Distingue aqui este autor duas situações. Se estamos face a um contrato para habitação no regime de renda livre, ou de um contrato de duração limitada, com duração efectiva superior a oito anos, ou de um contrato para o exercício do comércio, indústria ou profissão liberal, ou outra aplicação lícita do prédio em que haja sido convencionado um prazo de duração efectiva superior a cinco anos, bem como naqueles que não estejam sujeitos a prazo de duração efectiva, nestes casos tem de considerar-se definitivamente fixada por mútuo consenso, que é vinculativo (art. 224, n.º 1 e 234 do CC) a renda comunicada pelo locador. Diferentemente, em todos os outros casos o montante comunicado pelo senhorio pode ser revisto atendendo aos limites estabelecidos no art. 30. Ou seja, considera este autor que nestes casos não foi realizada a actualização nos termos e pela forma que a lei permite.

[188] A esta comissão aplica-se o regime previsto na legislação processual civil para o tribunal arbitrário necessário (art. 1525 a 1528 do Código de Processo Civil).

por portaria conjunta dos Ministros do Equipamento Social, das Finanças, da Economia e da Justiça; ou, e é optativo, requer ao tribunal da comarca competente, no prazo de 30 dias a contar da recepção da comunicação da rejeição, a fixação definitiva do aumento devido. Até ao momento e por não ter sido publicada a portaria que regula a comissão especial, resta o recurso, por parte do arrendatário, ao tribunal.

Antes da actual redacção do art. 36.º introduzida pelo Decreto-Lei n.º 329-B/2000, de 22 de Dezembro, era já permitido ao inquilino recorrer a uma comissão especial cuja composição e forma de funcionamento eram definidos pela portaria n.º 381/91, de 3 de Maio.[189] O Tribunal Constitucional no seu acórdão n.º 114/98, de 4 de Fevereiro,[190] declarou inconstitucional, com força obrigatória geral, a anterior norma do art. 36.º, n.º 1, por violação da competência legislativa reservada da Assembleia da República. Para o Tribunal Constitucional foram conferidos poderes à comissão próprios de um tribunal, o que veio a colidir com a repartição de competências entre os vários tribunais, já que veio retirar competência aos tribunais judiciais, atribuindo-a à comissão.

Até à decisão final quer pela comissão quer pelo tribunal as rendas anteriores mantém-se, isto de acordo com o art. 36.º, n.º 4. Assim, nos meses subsequentes à decisão final deve proceder-se a eventuais acertos relativos às rendas vencidas, acrescidas de 1,5% do valor global desses acertos por cada mês completo entretanto decorrido. Estes acertos e respectivos acréscimos, fazem-se em prestações mensais, cujo montante não deve exceder metade da renda mensal actualizada.

Pode ainda ocorrer, como já afirmámos, que o arrendatário que não concorde com a nova renda queira denunciar o contrato contanto que o faça no prazo de 15 dias antes de findar o primeiro mês da vigência da nova renda, mês esse em que paga a renda antiga.[191]

---

[189] Antes da actual redacção do art. 36.º era apenas possível ao arrendatário recorrer a uma comissão especial e não igualmente como hoje acontece ao tribunal da comarca competente.

[190] In BMJ, n.º 474, pp. 24 e ss.

[191] Esta possibilidade já se encontrava prevista no art. 1104.º, n.º 3 do CC, embora aí o legislador considerasse esta situação como de resolução. Embora a nova designação seja mais correcta, não se trata contudo de uma denúncia em sentido técnico. Sobre estas figuras, ANTÓNIO SEQUEIRA RIBEIRO, *Sobre a Denúncia no Contrato de Arrendamento Urbano para Habitação*, ob. cit., pp. 24 e ss.

O professor JANUÁRIO GOMES afirma que esta denúncia também pode ocorrer quando o arrendatário concorde com os cálculos mas queira denunciar, optando por desistir do contrato.[192] A meu ver tal não é possível.

O elemento literal não nos leva a essa conclusão. E o elemento sistemático leva-nos a um outro entendimento. A meu ver só se o arrendatário não concordar com a nova renda, com base em erro nos factos relevantes ou na aplicação da lei, de acordo com o art. 35.º, n.º 1, é que pode socorrer-se da possibilidade conferida pelo n.º 3 do art. 33. Fora destes casos o inquilino pode denunciar o contrato mas respeitando os prazos do art. 1055.º do CC (ex vi do art. 68.º, n.º 1) e pagando enquanto durar o contrato o novo montante da renda.

15. Actualizações anuais por convenção das partes

De acordo com o art. n.º 31, n.º 1, alínea a) as rendas são actualizáveis anualmente por convenção das partes, nos casos previstos na lei. Ou seja nas situações dos art. 78.º, n.º 2 e 119 a 121.

Até ao Decreto Lei n.º 257/95, de 30 de Setembro a possibilidade de actualizar a renda por convenção entre as partes apenas podia ocorrer nos arrendamentos para habitação. Tal não era possível nos arrendamentos para comércio, indústria e profissão liberal.

PINTO FURTADO diz que esta actualização convencional pode não ser anual, já que o legislador considera legítimo qualquer critério objectivo, e a periodicidade mensal por exemplo, é um critério objectivo.[193] Aliás, confessa este autor que o legislador não teve decerto o propósito caprichoso e injustificável de considerar ilícita, só por isso, a cláusula que adopte um intervalo diferente.[194] Em sentido diverso se tem pronunciado JANUÁRIO GOMES que considera que as partes no contrato de arrendamento não podem fugir de um regime anual de actualizações, considerando que se tal ocorresse estaríamos face a uma inconstitucionalidade orgânica, já que a autorização legislativa (Lei n.º 14/93, de 14 de Maio, art. 2, alínea c)) tinha o sentido preciso de cláusulas anuais de actualização.[195]

---

[192] *Arrendamentos para Habitação*, ob. cit., p. 137.
[193] *Manual do Arrendamento Urbano*, ob. cit., p. 482 nota n.º 7.
[194] *Manual do Arrendamento Urbano*, ob. cit., p. 482.
[195] *Arrendamentos para Habitação*, ob. cit., p. 139.

15.1. Um dos casos previstos na lei em que as partes podem convencionar a actualização é o do art. 78.º, n.º 2. Tal situação só é possível após a redacção dada pelo Decreto-Lei n.º 278/93, de 20 Agosto. De acordo com o n.º 1 do art. 78.º, as partes podem convencionar a actualização ou no próprio contrato ou em documento posterior. É evidente que o apelo a um documento posterior de actualização é um tanto ingénuo, já que o locatário nunca concordará que posteriormente ao contrato inicial a sua renda, e com a sua concordância, venha a ser aumentada.

A possibilidade conferida pelo art. 78.º, n.º 2 não se aplica nas situações abrangidas pelo art. 99, n.º 2, ou seja, naqueles contratos de duração limitada cujo prazo de duração efectiva seja inferior a 8 anos.

15.2. O outro caso previsto na lei de actualização convencional é o do art. 119.º. Nesta situação desde que o arrendamento seja para o exercício de comércio, indústria e também profissão liberal (art. 121.º), e tenha sido estipulado um prazo de duração efectiva superior a cinco anos, ou se não tiver sido estipulado qualquer prazo, as partes podem estipular por acordo, quer no contrato quer em documento posterior, o regime de actualização anual das rendas.

Esta convenção do regime de actualização anual das rendas deve ser acrescida ao elenco das matérias que integram o conteúdo do contrato (art. 8, n.º 2, alínea e)) sob pena de ineficácia, aplicando-se então o regime de actualização baseado no coeficiente legal.

16. A actualização das rendas com base no art. 81.º-A

O art. 81-A inserido pelo Decreto-Lei n.º 278/93, de 10 de Agosto e ratificado pela Lei n.º 13/94, de 11 de Maio, veio permitir, nos arrendamentos em curso, uma actualização obrigatória[196] da renda até ao que seria o seu valor máximo em regime de renda condicionada. Essa actualização deve ocorrer para o termo do prazo do contrato ou da sua renovação, e só é possível quando o arrendatário resida nas áreas metropolitanas de Lisboa ou Porto e tenha na respectiva área metropolitana outro imóvel arrendado, ou seja aí proprietário de imóvel. Ou quando o arrendatário resida no resto do país e tenha outra residência ou seja proprietário do imóvel nessa mesma comarca. Em ambos os casos desde que estas segundas casas possam satisfazer as respectivas necessidades habitacionais imediatas.

---

[197] Melhor seria dizer actualização extraordinária e não obrigatória, já que ela só acontece se for eficazmente suscitada pelo senhorio.

Pretendeu o legislador com esta possibilidade que as rendas de arrendamentos mais antigos, e que continuam apesar de todas as correcções a ser baixas, pudessem progressivamente ser aumentadas.

É ao senhorio quem cabe a iniciativa da actualização e a quem cabe a alegação fundamentada dos pressupostos enunciados no n.º 1 e 2 do art. 81.º-A . Ou seja, é a ele que cabe o ónus de identificar com rigor as residências ou imóveis que o arrendatário possua na área metropolitana ou na comarca, consoante os casos, e que possam satisfazer as necessidades habitacionais imediatas deste, embora caiba ao inquilino a alegação dos factos que afastem a aparente idoneidade da casa (de que dispõe e justifica o aumento da renda do locado) para nela habitar.

O ter outra residência significa, de acordo com o n.º 1 do artigo em causa, possuir outra casa própria ou arrendada. O conselheiro ARAGÃO SEIA tem um entendimento restritivo ao entender que ter outra residência deva significar, apenas, ser doutra casa comproprietário ou titular de qualquer outro direito que lhe permite habitá-la.[197-198]

Dois são os motivos que levam este autor a sustentar esta posição. Assim, se o arrendatário pudesse possuir outra casa arrendada que satisfizesse as suas necessidades habitacionais imediatas e se este após a actualização da renda vier a ser despejado dessa outra casa ou a entregar ao respectivo senhorio, pode ou não a renda da primeira voltar ao valor anterior?[199]

Quanto a nós trata-se de uma falsa questão a que quando muito a lei não daria resposta mas que só por si não impede a actualização decorrente do art. 81.º-A. Mesmo que aquela situação se verifique, o que tem é no momento da comunicação realizada pelo senhorio ao arrendatário, de acordo com o n.º 2 do art. 81.º-A, estarem reunidos os pressupostos da actualização da renda. Nada impede ou obriga a que estes se mantenham daí a 1 mês ou daí a 10 anos.

No momento da efectivação da actualização eles têm de estar presentes e mais nada. A lei não impõe mais nenhum condicionalismo para que a actualização possa ocorrer.

Um outro argumento apresentado pelo conselheiro ARAGÃO SEIA radica numa afirmação que não encontra, quanto a nós, suporte legal, e que parte do princípio que o arrendatário não pode ter na mesma área metro-

---

[197] *Arrendamento Urbano*, ob. cit., pp. 534.

[198] Em sentido contrário, entendendo que ter outra residência significa dispor de outra casa própria ou arrendada, cfr., PIRES DE LIMA/ANTUNES VARELA, *Código Civil Anotado*, vol. II, 4ª ed., Coimbra, Coimbra Editora, 1997, p. 645, anotação n.º 4.

[199] *Arrendamento Urbano*, ob. cit., pp. 536.

politana de Lisboa ou Porto,[200] ou na mesma comarca duas residências permanentes com tutela vinculística.[201] Nestas situações, para aquele autor, o senhorio não pode exigir o aumento da renda mas apenas a resolução do contrato com base no art. 64, n.º 1, alínea i). Embora não seja este o local próprio para discutir esta questão,[202] sempre direi que a própria jurisprudência já se pronunciou em sentido contrário ao defendido por aquele autor. Nestes termos, o acórdão da Relação de Lisboa de 27 de Outubro de 1994, expressamente admite a possibilidade conferida por lei, do arrendatário ter mais de uma residência, ainda que na mesma localidade, com manutenção do regime vinculístico.

Não se pode escamotear que um determinado sujeito pode ter várias residências. Se o normal é a residência única, lugar onde sempre se vive e nunca se sai, pode haver por parte de alguns sujeitos a necessidade de possuir residências alternadas.[203] Neste caso a pessoa tem uma pluralidade de residências, mas cada uma delas permanece o centro da vida doméstica (embora não exclusiva), onde estavelmente habita o sujeito. É que estas residências alternadas não são residências ocasionais, são residências permanentes. O indivíduo pode possuir uma residência em certa cidade e outra noutra cidade, locais por onde reparte, por exemplo, a sua actividade profissional.[204-205-206]

É elucidativa a opinião de ANTUNES VARELA ao afirmar que nada impede, "sobretudo com os meios rápidos de deslocação que o avanço da

---

[200] A Lei n.º 44/91, de 2 de Agosto estabelece no seu art. 2 o âmbito territorial das áreas metropolitanas de Lisboa e Porto.

[201] *Arrendamento Urbano*, ob. cit., pp. 535.

[202] Aliás, esta matéria será tratada neste curso por dois outros autores.

[203] Acórdão da Relação de Évora de 28/5/92, in BMJ n.º 417, p. 837.

[204] GALVÃO TELLES, *Resolução do Contrato de Arrendamento. Residência Permanente, Residências Alternadas e Residência Ocasional*, in CJ 1989-II, pp. 33 e ss. Sobre o conceito de residência habitual (permanente), ALMEIDA COSTA/HENRIQUE MESQUITA, *Acção de Despejo. Falta de Residência Permanente*, in CJ 1984-I, pp. 17 e ss.

[205] Cfr., os acórdãos da Relação de Évora de 3/5/84, in CJ, IX, tomo 3, p. 317 e de 20/12/84, in CJ, IX, tomo 5, p. 315; da Relação de Lisboa de 2/5/96, in BMJ, n.º 457, p. 429; da Relação de Coimbra de 21/2/1995, in BMJ, n.º 444, p. 715; e da Relação do Porto de 19/6/86, in CJ, XI, tomo 3, p. 218 do Supremo Tribunal de Justiça de 11/10/01, in CJ-STJ, 2001, Tomo III, pp. 69 ss.

[206] Sobre o que deva entender-se por casa própria e por residência, cfr., ANTÓNIO SEQUEIRA RIBEIRO, *Sobre a Denúncia no contrato de Arrendamento Urbano para Habitação*, ob. cit., pp. 71 e ss.

técnica hoje colocou ao serviço do homem, que uma pessoa possua duas residências com carácter permanente em lugares distintos".[207]

O art. 81.º-A, n.º 2 estatui que cabe ao senhorio identificar com rigor as residências ou imóveis. Esta alegação e prova tem de ser fundamentada, não podendo ser levianamente invocados em abstracto os pressupostos de actualização. Mas também não pode obrigar-se o senhorio a invocar e provar todos os pormenores de que dependa a situação do arrendatário.

Também de difícil averiguação prática é a questão de saber se cada prédio tem capacidade para satisfazer as necessidades habitacionais imediatas.

Só o princípio da boa fé pode casuisticamente levar a afirmar que o alegado pelo senhorio foi suficiente e objectivo, e que a contra prova pelo arrendatário o foi igualmente.[208]

A actualização da renda neste caso segue as regras constantes no art. 33.º com duas adaptações. A comunicação do senhorio é feita com uma antecedência mínima de 90 dias em relação ao termo do prazo ou da sua renovação. Por outro lado se o arrendatário não concordar com a actualização e pretender denunciar o contrato, tem de o fazer, por escrito, no prazo de 15 dias após a recepção da comunicação do senhorio, devendo restituir o prédio até ao termo do prazo do contrato ou da sua renovação.[209]

O que acontecerá se a outra residência exigida pelo art. 81.º-A for também um arrendamento vinculístico? Qual dos senhorios pode exigir a actualização constante deste artigo. PINTO FURTADO afirma que ocorrendo esta situação só o senhorio do arrendamento mais antigo pode operar esta situação.[210]

Não é esta a nossa posição. Se o impulso para actualizar com base no art. 81.º-A cabe ao senhorio, então deve ser o primeiro dos senhorios que actuar que pode actualizar, ficando assim o outro impedido de tal fazer por

---

[207] In Revista de Legislação e Jurisprudência, ano 123, p.250.

[208] Cfr., com interesse o acórdão da Relação do Porto de 8 de Outubro de 1998, in CJ, Tomo IV, 1998, pp. 207 e ss. Neste arresto foi suscitada uma actualização da renda com base no art. 81-A, tendo sido apreciadas várias questões com interesse que vão desde a invocada falta de condições de higiene e salubridade da segunda casa, até à falta de licença de construção ou de habitabilidade desta mesma residência, tendo o tribunal decidido, quanto a esta última questão, que não obsta à actualização da renda que a segunda casa tenha sido construída sem licença de construção, situada aliás em lote clandestino, e com possibilidade de ser demolida pela Câmara Municipal.

[209] Cfr., acórdão da Relação de Coimbra de 22 de Fevereiro de 2000, in CJ, Tomo I, 2000, pp. 27 e ss.

[210] *Manual do Arrendamento Urbano*, ob. cit., pp. 485-486.

força deste artigo. Senão imagine-se que o arrendamento mais antigo era de um senhorio amigo que "não quer" (não interessa agora porque) actualizar a renda. O outro senhorio estava "preso" a esta situação sem nada ter que ver com aquele arrendamento.

17. Actualização por obras

O art. 38.º na redacção dada pelo Decreto-Lei n.º 329-B/2000, de 22 de Dezembro vem possibilitar que o senhorio possa exigir um aumento de renda quando realize no prédio obras de conservação ordinária ou extraordinária,[211] ou obras de beneficiação. As obras[212] que estão aqui em causa só possibilitam a actualização se se enquadrarem na lei necessária para a concessão da licença de utilização[213] e forem aprovadas ou compelidas pela respectiva Câmara Municipal. Aliás, a falta de licença de utilização ou de documento comprovativo da mesma ter sido requerida por causa imputável ao senhorio, pode levar a que o arrendatário requeira a notificação ao senhorio para a realização das obras necessárias, mantendo-se obrigatoriamente a renda inicialmente fixada, isto de acordo com o art. 9.º, n.º 6.

A actualização da renda possibilitada pela realização das obras atrás referidas, é calculada nos termos do Regime Especial de Comparticipação na Recuperação de Imóveis Arrendados (RECRIA) regulado no Decreto--Lei n.º 329-C/2000, de 22 de Dezembro, que no seu art. 12.º nos apresenta as diversas fórmulas para calcular o aumento das rendas consoante a modalidade desta, estabelecendo o art. 13.º deste mesmo diploma o procedimento de comunicação do senhorio ao arrendatário.[214]

A renda actualizada nos termos do art. 38.º ou a que resulte das obras realizadas ao abrigo do RECRIA torna-se exigível no mês seguinte ao da

---

[211] Sobre este tipo de obras ver os art. 11 e 13.

[212] Toda a matéria das obras será tratada por um outro autor.

[213] Sobre a licença de obras e a licença de utilização, Cfr., PAULO CASTRO RANGEL, *A Intimação Judicial para Emissão de Alvará: Diferenças entre a Licença de Obras e a Licença de Utilização*, in Scientia Ivridica, tomo L, n.º 290, Maio/Agosto de 2001, pp. 229 a 240.

[214] O senhorio ou a Câmara Municipal quando esta se substitua áquele, devem comunicar aos arrendatários por carta registada com aviso de recepção, e no prazo de 30 dias após comunicação do IGAPHE em caso de comparticipação financeira, cópia da descrição das obras a realizar, da data prevista para o início e final das obras, e da descrição do cálculo da actualização da renda, informando o inquilino que cabe recurso desse cálculo no prazo previsto no n.º 2 do art. 13, para uma comissão especial e desta para o tribunal de comarca. No caso do senhorio não efectuar a comunicação referida atrás, o novo valor da renda só pode ser exigido no ano seguinte à respectiva efectivação.

conclusão das obras e pode ser actualizável anualmente nos termos do art. 31.º, alínea a).

Refira-se que a nova possibilidade de actualizar as rendas com base em obras de conservação ordinária só é aplicável aos arrendatários que se mantenham no local arrendado há oito ou mais anos nessa qualidade, de acordo com o n.º 4 do art. 38.º.

Quando as obras resultem de acordo das partes pode ser livremente estipulado um aumento da renda compensatório. Este acordo que deve ser prévio à realização das obras, deve igualmente constar de aditamento escrito ao contrato de arrendamento do qual deve constar obrigatoriamente, e de acordo com o art. 39.º, n.º 2, a renda acordada, uma referência às obras realizadas, e indicação do seu custo.

18. O art. 9.º do diploma preambular do RAU

O art. 9.º do decreto preambular do RAU veio manter em vigor enquanto tiverem aplicação, o art. 4 do Decreto-Lei n.º 330/81, de 4 de Dezembro, os art. 5.º a 11.º do Decreto-Lei n.º 436/86, de 19 de Dezembro, e os art. 11.º a 15.º da Lei n.º 46/85 e a legislação para onde remetem estes dispositivos.[215-216]

Prosseguem assim as correcções anuais extraordinárias até que naturalmente terminem, isto é: até que os factores anuais acumulados atinjam os valores indicados na tabela mencionada no art. 11.º da Lei n.º 46/85, actualizada pela aplicação dos coeficientes anuais de actualização.[217]

---

[215] Cfr., com interesse o acórdão da Relação de Évora de 23 de novembro de 2000, in CJ, Tomo V, 2000, pp. 268 e ss com declaração de vencido do desembargador EURICO MARQUES REIS; o acórdão da Relação de Lisboa de 20 de Janeiro de 2000, in CJ, Tomo I, 2000, pp. 84 e ss; e o acórdão do Supremo Tribunal de justiça de 21 de outubro de 1997, in CJ-STJ, tomo III, 1997, pp. 84 e ss.

[216] O acórdão do Supremo Tribunal de Justiça de 8 de Março de 2001, in CJ-STJ, Tomo I, 2001, pp. 144 e ss, bem fundamentado, e relatado por FERNANDO ARAÚJO BARROS, veio decidir que no caso de arrendamento para fim não habitacional, o regime de actualização de rendas é o previsto nos Decretos Leis n.º 330/81, de 4 de Dezembro, 189/92, de 17 de Maio, e 392/82, de 18 de Setembro, legislação esta que foi repristinada pelo acórdão do Tribunal Constitucional no 77/88, de 12 de Abril (in Diário da República Iª série A, de 28/4/88), pelo que pode o senhorio exigir actualizações anuais de renda, decorrido um ano sobre a data da sua fixação ou da última alteração verificada.

[217] A última portaria com os factores de correcção extraordinária da renda é a n.º 1261-B/2001, de 31 de Outubro, in Diário da República, Iª-B, 3.º suplemento.

Articulado com este artigo está o art. 12.º do diploma preambular que mantém em vigor as normas, da Lei n.º 46/85 e do Decreto-Lei n.º 68/86, respeitantes ao subsídio de renda. Aliás, as falsas declarações prestadas pelo arrendatário com vista a obter a atribuição do subsídio de renda, de acordo com o art. 15 do diploma preambular, constitui um ilícito penal,[218] dá lugar à restituição do montante de renda indevidamente recebido acrescido de 100%, implica a cessação do pagamento do subsídio relativo ao período em curso, e à impossibilidade no prazo de 10 anos de receber subsídio de renda.

19. Encargos a cargo do arrendatário

O art. 1030.º do CC estabelece na matéria respeitante aos encargos a cargo do arrendatário a regra geral para o contrato de locação, afirmando que, sem embargo de estipulação em contrário, recaem sobre o locador os encargos da coisa locada, salvo se a lei os impuser ao locatário.[219-220]

No domínio do arrendamento urbano, o RAU trata actualmente esta matéria nos seus artigos 40.º a 43.º. De acordo com este regime, só as despesas correntes necessárias à fruição das partes comuns do edifício, e ao pagamento de serviços de interesse comum podem, por acordo entre as partes, ficar a cargo do arrendatário.[221]

---

[218] A pena respeitante a este crime só pode ser suspensa quando as quantias indevidamente recebidas e o competente agravamento sejam restituídas no prazo de 60 dias a contar do trânsito em julgado da sentença.

[219] JANUÁRIO GOMES, *Arrendamentos para Habitação*, ob. cit., pp. 148-149 refere já ter defendido no seu *Constituição da Relação de Arrendamento Urbano*, ob. cit., pp. 82-83 que a expressão "sem embargo de" do art. 1030 do CC deve ser interpretada no sentido de que mesmo que haja convenção em contrário, os encargos da coisa locada recaem sempre sobre o locador, adiantando manter esta a sua posição a pp. 149-150 da sua obra, *Arrendamentos para Habitação*. De qualquer forma entendemos como boa a interpretação maioritária defendida entre outros por PIRES DE LIMA/ANTUNES VARELA, *Código Civil. Anotado*, vol. II, ob. cit., p. 357.

[220] No entanto, há quem defenda que a norma do Código Civil (art. 1030) reproduziu o art. 24 do Decreto Lei n.º 5411, e aí sempre se defendeu a validade da estipulação de encargos por conta do arrendatário, é o caso de PINTO FURTADO, *Manual do Arrendamento Urbano*, ob. cit., p. 353.

[221] O art. 1421 do CC estabelece no seu n.º 1 quais as partes comuns do edifício, estabelecendo no seu n.º 2 uma presunção *Juris tantum* em relação a partes do edifício. Por sua vez o art. 1424 do CC refere-se à distribuição pelos condóminos dos encargos de conservação e fruição.

Se no art. 40.º o legislador recorreu, para definir despesas e serviços, à terminologia do art. 1424.º do CC, tal não significa que tivesse integralmente adoptado todo este artigo. É que se o art. 1424.º do CC refere as despesas necessárias à conservação e fruição das partes comuns, para além dos serviços de interesse comum; o art. 40.º do RAU deixa intencionalmente de fora as despesas necessárias à conservação das partes comuns. Assim, só em relação àquelas é possível estipular-se que ficam a cargo do arrendatário. Compreende-se que assim seja face ao regime de obras que se encontra regulado nos art. 11.º e seguintes do RAU. É que nos arrendamentos para habitação nunca é possível acordar que as obras de conservação ordinária, de conservação extraordinária e de beneficiação quando, nos termos das leis administrativas a sua execução seja ordenada pela câmara municipal competente, ou quando tenha havido acordo escrito das partes no sentido da sua realização, fiquem a cargo do arrendatário. Isto mesmo decorre dos artigos 12.º e 13.º do RAU. Reforça, quanto a nós, esta ideia o estipulado nos art. 120.º e 121.º, que nos arrendamentos para comércio, indústria e exercício de profissão liberal, e só nestes, permite que qualquer tipo de obras a que se refere o art. 11.º; ou seja, as três a que nos referimos anteriormente, fique total ou parcialmente a cargo do arrendatário.[222] Em sentido divergente do aqui defendido só conhecemos hoje a posição de PEDRO ROMANO MARTÍNEZ, que considera que mesmo em sede de arrendamento habitacional a cláusula que disponha que as obras sejam suportadas pelo inquilino, não é nula. É que esta não contraria, para este autor, nenhuma disposição legal e não ofende princípios fundamentais do regime do arrendamento para habitação.[223] Este autor manifesta aliás uma posição que não tem encontrado eco na restante doutrina. Assim, as normas do RAU (art. 40.º e 120.º) não são normas excepcionais, mas sim meras concretizações do princípio geral contido no art. 1030.º CC. Nada obsta, para este autor, que outras despesas para além das do condomínio e de obras, sejam suportadas pelo arrendatário com o seu acordo. E tal estipulação não põe em causa a actualização das rendas.[224]

---

[222] É este também o entendimento dos nossos tribunais. A título exemplificativo cfr., os acórdãos da Relação do Porto de 19/10/1993, in CJ, XVIII, tomo 4, pp. 233 e ss, e de 11/12/2000, in CJ, XXV, tomo 5, pp. 212 e ss. Da Relação de Lisboa vejam-se os acórdãos de 13/1/1994, in CJ, XIX, tomo 1, pp. 91 e ss, e de 6/4/1995, in CJ, XX, tomo 2, pp. 111 e ss.

[223] *Direito das Obrigações (parte especial). Contratos*, ob. cit., p. 257, nota 2, que refere em apoio da sua tese o acórdão da Relação de Évora de 25/2/1999, in CJ, XXIV, tomo 1, pp. 274 e ss.

[224] PEDRO ROMANO MARTÍNEZ, *Direito das Obrigações (parte especial). Contratos*, ob. cit., p. 264.

19.1. De acordo com a lei só é possível estipular cláusulas de encargos a cargo do inquilino em relação a edifícios cujas fracções autónomas se encontrem nas condições referidas no art. 1415.º do CC; ou seja, fracções autónomas que, além de constituírem unidades independentes, sejam distintas e isoladas entre si, com saída própria para uma parte comum do prédio ou para a via pública, e que se encontrem devidamente constituídas em propriedade horizontal.[225-226] Esta cláusula deve constar do texto escrito do contrato ou em aditamento a este, também escrito e assinado pelo arrendatário. No acordo onde constem estes encargos deve especificar-se quais as despesas a cargo do arrendatário, considerando o disposto no art. 1424.º do CC, que se refere ao critério de repartição pelos condóminos das despesas necessárias à conservação e fruição das partes comuns do edifício, e ao pagamento de serviços de interesse comum.[227] Todo o acordo sobre os encargos a cargo do arrendatário que não cumpra os requisitos acabados de enunciar implica a sua nulidade, embora não prejudique a validade das restantes cláusulas do contrato (art. 41.º, n.º 4). Esta redução legal do negócio jurídico (art. 292.º do CC), mais não visa do que a protecção do inquilino na manutenção do contrato.

---

[225] PINTO FURTADO, *Manual do Arrendamento Urbano*, ob. cit., p. 355 entende não ser a solução legal a mais correcta contrariando, aliás, nestas matérias o ensinamento de direito comparado. É que sendo as disposições dos art. 40 a 45 específicas sobre a matéria dos encargos a cargo do arrendatário, tal significa que a estipulação de idênticas cláusulas para edifícios não constituídos em propriedade horizontal não será possível. Tem razão, quanto a nós, PINTO FURTADO já que se o objectivo do legislador era o de por um lado clarificar a própria repercussão dos encargos e, por outro lado, dinamizar a repartição horizontal da propriedade, com ganhos claros para o tráfego jurídico, (utilizando aqui as palavras de MENEZES CORDEIRO/CASTRO FRAGA, *Novo Regime do Arrendamento Urbano. Anotado*, ob. cit., p. 92) tal podia ser alcançado sem se restringir a possibilidade das cláusulas sobre encargos a cargo do arrendatário aos edifícios regularmente constituídos em propriedade horizontal.

[226] Para PEDRO ROMANO MARTÍNEZ, *Direito das Obrigações (parte especial). Contratos*, ob. cit., p. 264, do preceito do art. 40 não se pode excluir despesas de partes comuns em edifícios que não estejam divididos em fracções autónomas.

[227] Sobre o que sejam partes e serviços de interesses comuns cfr., RUI VIEIRA MILLER, *A Propriedade Horizontal no Código Civil*, Almedina, 3ª ed., 1998, pp. 154 e ss, L. P. MOITINHO DE ALMEIDA, *Propriedade Horizontal*, Almedina, 1996, pp. 29 e ss, ARAGÃO SEIA, *Propriedade Horizontal*, Almedina, 2001, pp. 63 e ss. Para além destes comentários aos textos legais, cfr., SANDRA PASSINHAS, *A Assembleia de Condóminos e o Administrador na Propriedade Horizontal*, Almedina, 2000, pp. 27 e ss , desta mesma autora *Partes Comuns na Propriedade Horizontal*, in *AB VNO AD OMNES. 75 Anos da Coimbra Editora*, 1998, pp. 641 e ss.

Assim, pode apontar-se um leque de encargos possíveis de, por acordo entre as partes, ficarem a cargo do arrendatário. Como exemplos dessas situações registem-se as seguintes: a conservação e reparação de elevadores, as despesas com o porteiro, as despesas com a luz da escada e da entrada,[228] as despesas ocasionadas com a limpeza da escada e da entrada,[229] o pagamento de vigilantes.

Exemplos dessa impossibilidade apontem-se: a contribuição autárquica,[230] as taxas de saneamento, o imposto sobre prédios urbanos, os seguros de incêndio, a taxa de conservação da rede de esgotos.[231]

As despesas e os encargos que possam ficar a cargo do arrendatário devem obrigatoriamente ser especificados, ou directamente no contrato de arrendamento, ou por remissão para um regulamento anexo ao contrato, de acordo com o art. 8.º, n.º 3.

A especificação das despesas e encargos aqui em causa deve obrigatoriamente, sob pena de nulidade, conter a natureza dos encargos, a forma de proceder ao cálculo ou determinação do seu montante, o seu limite máximo e, quando seja caso disso, as fórmulas de revisão ou actualização destas despesas e encargos. Para facilitar as partes no sentido destas não terem constantemente de efectuar comunicações uma à outra, ou de alte-

---

[228] Digamos que existe na possibilidade de estipular este tipo de cláusulas uma ideia de justiça. Com efeito não podemos esconder que ocorrem muitas situações como as descritas por PINTO FURTADO, *Manual do Arrendamento Urbano*, ob. cit., p. 200 quando afirma "As despesas de condomínio de prédios em propriedade horizontal ultrapassam as próprias rendas mais elevadas dos prédios mais novos, ocorrendo situações kafkianas de senhorios de fracções dadas de arrendamento, que tinham de pagar um condomínio notavelmente superior ao montante que podiam receber de renda." (Embora o autor se refira aqui às rendas técnicas de habitações sociais a situação é extensível a quase todos os arrendamentos, com mais ou menos casos estatisticamente falando).

[229] Cfr., acórdão da Relação do Porto de 28/9/1999, in BMJ, n.º 489, pp. 401 e ss.

[230] JANUÁRIO GOMES, *Arrendamentos para Habitação*, ob. cit., p. 150 afirma na sequência da sua posição da não possibilidade de compatibilização integral entre o art. 1030 do CC e art. 40 do RAU, ser ilícito uma convenção que imponha ao arrendatário de todo um prédio o encargo de pagar a contribuição autárquica do mesmo.

[231] Estas situações aqui qualificadas como não susceptíveis de integrarem as cláusulas de encargos a suportar pelo arrendatário são entendidas por PINTO FURTADO, segundo percebemos no plano do direito a constituir, como possíveis de integrarem tais cláusulas, cfr., *Manual do Arrendamento Urbano*, ob. cit., p. 352. Concretiza este autor na pág. 353 com o exemplo da contribuição autárquica, já que entende ser muito discutível o fundamento da sua imposição legal sobre os proprietários e usufrutuários. Com interesse mas em sentido divergente, NUNO DE SÁ GOMES, *Considerações em Torno da Contribuição Autárquica*, in C.T.F., n.º 365, 1992, separata; SALDANHA SANCHES, *Manual de Direito Fiscal*, Lisboa, Lex, 1998, pp. 22 e ss.

rar os montantes a pagar praticamente todos os meses, a lei vem possibilitar no n.º 3 do art. 42.º que as partes estipulem uma quantia mensal a pagar, fazendo posteriormente eventuais acertos nos termos em que com precisão eles estejam correcta e previamente definidos.

Cabe ao senhorio comunicar ao inquilino, com uma antecedência razoável,[232] todas as informações que se mostrem necessárias para determinar e comprovar as despesas a cargo deste, incluindo, de acordo com os preceitos legais, as deliberações da assembleia de condóminos, as leituras de contadores ou quaisquer outras.

Se nada for em contrário acordado pelas partes, as obrigações relativas a encargos e despesas a cargo do arrendatário vencem-se no final do mês seguinte ao da comunicação pelo senhorio, devendo ser cumprida simultaneamente com a renda subsequente. No entanto a falta de pagamento da obrigação de encargos não segue o regime de incumprimento das rendas. Não se torna possível, pois, por este motivo a resolução do contrato com base no art. 64.º, n.º 1, alínea a). Igualmente, o incumprimento daquela obrigação não faz incorrer o arrendatário no regime especial de mora do art. 1041.º do CC. E isto porque as despesas correntes e os encargos que o inquilino acordou em pagar não se integram no conceito de renda.[233] Esta posição nem sempre tem sido defendida pelos autores, a mais das vezes, como resultado de um pré entendimento sobre o conceito de renda.[234] PINTO FURTADO fala aqui em renda acessória.[235] Para este autor a prestação retributiva a satisfazer pelo arrendatário pode cingir-se ao valor do gozo do prédio, e neste caso fala em renda em sentido estrito, mas pode também envolver outros valores, como os dos encargos que encontram o seu suporte legal no art. 40.º e no art. 120.º. Estes valores acrescem ao simples valor do gozo do prédio e formam a renda em sentido lato.[236]

---

[232] Quanto a nós era preferível ter estipulado um prazo fixo que mediasse entre a comunicação do senhorio, e a possibilidade de ser exigido ao arrendatário uma quantia pelo pagamento de encargos determinada pelos elementos fornecidos naquela comunicação. Evitar-se-iam surpresas desagradáveis e comunicações intencionalmente muito próximas da data do pagamento dos encargos em causa.

[233] Acórdão da Relação de Lisboa de 15/12/1994, in CJ, XIX, tomo 5, pp. 136 e ss.

[234] A título exemplificativo aponte-se a posição de ARAGÃO SEIA que actualmente não integra estes encargos no conceito de renda, embora antes o já tenha feito. Cfr., *Arrendamento Urbano*, ob. cit., p. 277, onde na nota n.º 2 aponta o acórdão da Relação do Porto de 20/9/1990 (in BMJ n.º 399, pp. 576 e ss), por ele relatado, como demonstrativo da sua primeira posição.

[235] *Manual do Arrendamento Urbano*, ob. cit., p. 769.

[236] *Manual do Arrendamento Urbano*, ob. cit., p. 767.

O valor das obras postas convencionalmente a cargo do arrendatário (art. 120.º e 121.º) não levanta dúvidas a PINTO FURTADO de que integram a renda devida pelo arrendatário, com o mesmo regime de pagamento e de sanção pelo não pagamento. Assim, se não for paga a quantia respeitante ao preço das obras, o senhorio pode, sem margem para dúvidas, resolver o contrato com fundamento no art. 64.º, n.º 1, alínea a).[237]

Mais duvidosa é, para este mesmo autor, a qualificação das despesas enquadradas no art. 40.º. No entanto, acaba por concluir estar-se frente a uma renda acessória, com o regime da renda em sentido estrito. Logo, não sendo satisfeita esta obrigação pelo arrendatário, pode o senhorio invocar a falta de pagamento de renda e resolver o contrato com base no art. 64.º, n.º 1, alínea a).[238] Aliás, admitir o contrário é para PINTO FURTADO chocante, já que corresponde a permitir que o arrendatário goze as partes e serviços comuns do prédio, sem satisfação da retribuição respectiva, para este autor, da renda correspondente.[239]

Sendo a retribuição, leia-se renda no arrendamento urbano, a contrapartida do gozo temporário de um prédio, aquela deve ser entendida como um dos pilares do equilíbrio negocial da relação arrendatícia. Por tal motivo merece registo a posição de PINTO FURTADO ao fazer intervir o mecanismo da alteração de circunstâncias (art. 437.º do CC) quando aquele equilíbrio é posto em cheque, devido a uma excessiva onerosidade, superveniente e imprevista, desses encargos.[240] Refere a este propósito a situação frequente em Lisboa nos anos 40 e 50, em que a prestação de aquecimento central nos meses mais frios do ano mediante caldeira instalada em dependência do prédio com funcionamento e combustível a cargo do senhorio, veio com a inflação e o choque petrolífero a tornar-se mais onerosa do que o próprio valor bruto das rendas que o senhorio auferia naqueles prédios. De igual modo refere este autor a situação nos últimos anos da elevação anormal do preço da electricidade, ou o galopante aumento do valor da manutenção de elevadores e da remuneração da porteira.[241]

---

[237] *Manual do Arrendamento Urbano*, ob. cit., p. 768.

[238] *Manual do Arrendamento Urbano*, ob. cit., p. 769.

[239] *Manual do Arrendamento Urbano*, ob. cit., p. 769. Acrescenta PINTO FURTADO que a resolução do contrato de arrendamento por falta de pagamentos de encargos por conta do arrendatário, através da acção de despejo, não é inédita em Portugal. Já na vigência do Decreto Lei n.º 25851, de 14 de Setembro de 1935, se estipulou que a parte da contribuição predial que deveria ser satisfeita pelo arrendatário, ficava no caso da sua falta de pagamento equiparada, para todos os efeitos, à falta de pagamento da renda em sentido restrito.

[240] *Manual do Arrendamento Urbano*, ob. cit. p. 759.

[241] *Manual do Arrendamento Urbano*, ob. cit. p. 759-760.

Desde que tais encargos se tornem tão elevados pondo em causa a equivalência da base do contrato, ou seja o equilíbrio contratual existente à data da celebração do contrato de arrendamento, pode nestes casos fazer--se operar o art. 437.º, n.º 1 do CC. Dogmaticamente entendo ser de apoiar esta interpretação, embora confesse não ter até ao momento encontrado nenhuma situação a que verdadeiramente possa ser de aplicar o art. 437.º do CC, pelo menos da forma como penso que a figura da alteração de circunstâncias deva ser chamada a operar.[242]

Diferentemente já todos nos deparámos com casos em que o valor (elevado) das obras para fazer face ao envelhecimento do prédio locado prejudica gravemente o equilíbrio contratual das prestações, quando a renda é reduzida, podendo mesmo ver-se nesta desproporção entre o valor das obras e da renda um caso de abuso de direito.[243]

19.2. Por último merece aqui referência a cláusula que exclua do arrendatário o direito de indemnização e levantamento de benfeitorias realizadas no prédio locado. Esta cláusula de estipulação frequente nos contratos de arrendamento, não levanta problemas de maior quanto à sua admissibilidade, e não deve ser confundida com as referentes à imposição de encargos. A estipulação destas cláusulas justifica-se em virtude de o legislador ter considerado o locatário, no art. 1046.º, n.º 1 do CC, como equiparado ao possuidor de má fé quanto a benfeitorias que haja feito na coisa locada. Assim sendo, o locatário tem direito a ser indemnizado das benfeitorias necessárias que haja feito, bem como a levantar as benfeitorias úteis realizadas no prédio, desde que tal não deteriore o local arren-

---

[242] PEDRO SOUSA E SILVA, *Obras de Conservação e de Beneficiação no Arrendamento Urbano*, Lisboa, 1990, pp. 33 e ss.

[243] Cfr. O acórdão da Relação de Coimbra de 29/10/96, in CJ, XXI, tomo 4, pp. 43 e ss, o acórdão da Relação do Porto de 1/6/93, in CJ, XVIII, tomo 3, pp. 220 e ss, e o acórdão da Relação de Lisboa de 11/5/95, in CJ, XX, tomo 3, pp. 100 e ss. Há contudo, hoje, antes de fazer intervir o abuso de direito, de verificar se os meios de financiamento postos à disposição dos senhorios para a execução das obras, em certos casos com comparticipações a fundo perdido, como por exemplo o RECRIA (Regime Especial de Comparticipação na Recuperação de Imóveis Arrendados), o REHABITA (Regime de Apoio à Recuperação Habitacional em Áreas Urbanas) e o RECRIPH (Regime Especial de Comparticipação e Financiamento na Recuperação de Prédios Urbanos em Regime de Propriedade Horizontal), atenuam ou impedem a desproporção acima referida e consequentemente invalidam a intervenção do abuso de direito. Para a situação antes da última alteração legislativa, Cfr., PEDRO SOUSA E SILVA, *Obras de Conservação e de Beneficiação no Arrendamento Urbano*, ob. cit., pp. 32 e ss.

dado, caso em que tem direito a ser indemnizado de acordo com as regras do enriquecimento sem causa (art. 1273 do CC).[244] Irrelevante do ponto de vista do objecto destas cláusulas são as benfeitorias voluptuárias, onde o locador não tem direito ao seu levantamento, nem a indemnização (art. 1275.º do CC). Ora, para que tal não aconteça, ou seja para que o arrendatário não tenha direito ao acima enunciado, tem no contrato de arrendamento de estipular-se uma cláusula nesse sentido. Tal não levanta dúvidas em virtude de ser o próprio legislador que admite esta estipulação no art. 1046.º, n.º 1 do CC.[245]

20. Subarrendamento.

O art. 1060.º do CC define a sublocação como o contrato que o locador celebra com base no direito de locatário que lhe advém de um precedente contrato locativo.[246]

Este contrato exige consentimento expresso para a sua realização (art. 1038, alínea f) do CC e art. 44 do RAU),[247] e terá de ser comunicado, no prazo de 15 dias, se o consentimento ou autorização for anterior (art. 1038.º, alínea g) do CC). Este consentimento deve ser prestado através da forma exigida para o próprio arrendamento, devendo o art. 44.º, n.º 1[248] considerar-se implicitamente revogado a partir da data de entrada em vigor do Decreto Lei n.º 64-A/2000, de 22 de Abril, ou seja, de acordo com o art. 3.º deste diploma desde 1 de Maio de 2000. Este Decreto Lei veio dar nova redacção, entre outros, ao art. 7.º pelo que a partir da sua vigência deixou de vigorar a obrigatoriedade de celebrar por escritura pública os arrendamentos sujeitos a registo, e os para comércio, indústria ou exercício

---

[244] Sobre o levantamento das benfeitorias úteis, Cfr., acórdão do Supremo Tribunal de Justiça de 27 de Abril de 1999, in BMJ, n.º 486, pp. 273-274.

[245] Cfr., acórdão da Relação do Porto de 23/7/1987, in CJ, XII, tomo 4, pp. 219 e ss.

[246] Sobre a sublocação ou subarrendamento, figuras mal estudadas pela doutrina nacional, cfr., RUI DE ALARCÃO, *A Sublocação de Prédios Urbanos (Alguns Aspectos do seu Regime)*, Coimbra, 1953. ANTÓNIO ESTELITA DE MENDONÇA, *Da Sublocação*, Almedina, 1972. PEDRO ROMANO MArtÍNEZ, *O Subcontrato*, Almedina, 1989 (sobre a sublocação pp. 27 e ss).

[247] Ou então ratificado, como tal, pelo senhorio (art. 44, n.º 2).

[248] O art. 44, n.º 1 dispõe que a autorização para subarrendar deve ser dada por escrito ou em escritura pública, consoante a forma exigida para o contrato.

de profissão liberal. Assim, qualquer contrato de arrendamento urbano deve revestir apenas a forma escrita.[249]

No que respeita à renda na sublocação estabelece o art. 1062.º do CC que o locatário não pode cobrar do sublocatário renda superior ou proporcionalmente superior ao que é devido pelo contrato de locação, aumentada de 20%, salvo se outra coisa tiver sido convencionada com o locador.[250]

Em caso de incumprimento desta regra legal o senhorio tem possibilidade de através de uma acção de despejo, resolver o contrato com o arrendatário com base no art. 64.º, n.º 1, alínea g).[251]

Para lá desta acção judicial o senhorio, proprietário do locado, pode exigir, com base em enriquecimento sem causa, do seu inquilino o montante que este tenha cobrado, acima das rendas que paga, como sub-rendas por sublocação ilícita, em violação do art. 1062.º do CC.[252]

Para evitar abusos ou especulação desmedida o legislador impôs um limite à renda que o locatário pode exigir ao subarrendatário, salvo se algo de diferente tiver sido acordado com o primitivo senhorio. Esta matéria foi, contudo, ao longo dos tempos encarada de forma diferente. O art. 1062.º teve na sua origem o § 2 do art. 7 da Lei n.º 1662, de 4 de Setembro de 1924, que limitava a uma margem de ganho para o locatário de 50%. Mas anteriormente a esta lei, o decreto n.º 5411, de 17 de Abril no seu art. 109.º estipulava que nenhum locatário ou sublocatário poderia exigir renda superior àquela que paga ao senhorio sob pena de ser condenado por crime de desobediência qualificada.

Quanto à actualização da renda do subarrendatário, embora os autores não se pronunciem sobre esta matéria, parece-nos não ser, quanto a nós, motivo de grandes dúvidas. Assim, a renda do sublocatário deve ser actualizada nos mesmos termos que é a do locatário. Procedendo desta forma nunca será violado o princípio da proporcionalidade que está ins-

---

[249] A alteração que dispensou as escrituras públicas nos arrendamentos antes a elas sujeitos só é válida para o futuro. A validade e os efeitos dos contratos anteriores a esta alteração, são regulados pela lei em vigor à data da sua celebração, ou seja pela lei revogada (art. 12 do CC).

[250] RUI DE ALARCÃO, *A Limitação da Renda no Subarrendamento*, , in BFDUC, Vol. XXXVIII, 1953.

[251] Uma nota de subtileza processual deve ser referida, é que os nossos tribunais tem entendido que a mera estipulação da renda do subarrendatário superior ao limite legal não leva por si só à resolução do contrato de arrendamento, tornando-se necessário, para tal, a sua efectiva cobrança.

[252] Concorda-se inteiramente com a doutrina do Supremo Tribunal de Justiça expendida no acórdão de 22 de Maio de 2001, in CJ-STJ, Tomo II, 2001, pp. 95-96.

crito no art. 1062.º do CC. Exemplificando: se a renda do locatário é de € 1000 e tratando-se de subarrendamento total a renda máxima que este pode estipular ao sublocatário é de € 1000 mais 20% ou seja € 1200. Se a actualização da renda do locatário (e não interessa agora a natureza dessa actualização) for de 10% passando a ser de e € 1100, a renda que o sublocatário deve ficar a pagar após a actualização feita pelo locatário em igual percentagem deverá ser de € 1320. Repare-se que a percentagem dos 20% deve sempre ser calculada com referência à renda do locatário, e nunca com base naquela que o sublocatário já pagava. No exemplo anterior se a actualização da renda do sublocatário fosse feita utilizando o valor já pago teríamos que 20% sobre a renda de € 1200 daria uma renda de € 1440, e não de € 1320 como deve efectivamente ocorrer. Esta diferença entre os dois valores (de € 120) não encontra base legal.

De igual forma se terá de proceder face a um subarrendamento parcial, havendo apenas que atender aqui à quota correspondente à parte subarrendada.

OBRAS NO LOCADO
E SUA REPERCUSSÃO NAS RENDAS[1]

António Pais de Sousa*

1. Factores políticos e sócio-económicos que, no âmbito do arrendamento urbano, determinaram a actual falta de prédios no parque habitacional português

Afirma o legislador no preâmbulo do DL n.º 329-A/2000, de 22/12, que o congelamento das rendas durante décadas veio provocar a respectiva desactualização, originando graves distorções no mercado do arrendamento, embora tenha obviado ao surto de graves perturbações ou tensões sociais.

De facto, parece inquestionável que o congelamento das rendas leva à degradação dos prédios arrendados, na medida em que os senhorios neles deixam de efectuar obras, já que do respectivo investimento não tiram o devido proveito.

Com o decurso do tempo e a desvalorização da moeda, gera-se uma assustadora desproporção entre os valores da renda e aquele que o inquilino reclama a título de obras que lhe assegurem o mínimo de gozo do imóvel (v. art. 1.031.º, al. b), do CC). De tal forma que, nos últimos tem-

---

* Juiz Conselheiro do STJ.

[1] Com ligeiros retoques de actualização constitui a minha intervenção no Curso sobre Arrendamento Urbano, que teve lugar entre 8 de Janeiro e 30 de Março de 2001, organizado pela Faculdade de Direito da Universidade de Lisboa. O tema foi escolhido pela sua novidade inserida na angustiante problemática da falta de casas do nosso parque habitacional. Não obstante a feição prática da palestra, concordei que ela se integrasse nos Estudos de Homenagem ao Prof. Doutor Inocêncio Galvão Telles. Não podia escusar--me a colaborar nessa mais que merecida Homenagem ao Mestre a quem os juristas portugueses tanto devem. Como reflexo da sua simplicidade e humanismo ele tem o raro dom de tornar claras e acessíveis as questões mais difíceis que surgem no mundo do Direito.

pos, a reclamação judicial dessa obrigação do senhorio pelo arrendatário, não raro levava à decisão de tal pedido constituir um manifesto abuso do direito. Na verdade, exigir a realização de obras ao senhorio, cujo custo ascendia a centenas, ou mesmo milhares de contos, pagando o inquilino uma renda mensal de centenas de escudos, não permitia outra solução, sob pena de se ofender o mais elementar princípio de justiça.

Certo que o congelamento das rendas evita que o arrendatário, considerado pelo Estado a parte mais fraca no contrato de arrendamento, seja compelido a pagar renda incompatível com os seus ganhos, sobretudo em épocas de crise económico-financeira. Mas o preço político, social e económico desta medida é enorme. De tal sorte que terá circulado em Inglaterra o axioma de que uma cidade submetida por largo período de tempo ao regime das rendas condicionadas, no arrendamento urbano, acaba por sofrer os mesmos danos que uma cidade bombardeada. Antes de se concluir pelo exagero do princípio enunciado, medite-se no que se passa nas cidades de Lisboa e Porto que estiveram submetidas ao regime das rendas congeladas durante dezenas de anos, desde a publicação da L n.º 2.030, de 22/06/48. Nessas cidades existem centenas de prédios degradados, arruinados ou a ameaçar ruína, sem esquecer os que foram obrigados a demolição.

Este fenómeno também gera o desinteresse na construção de prédios para arrendar.

Refira-se, porém, que o congelamento das rendas não foi uma medida inédita adoptada pelo legislador de 1948. A sua extensa duração e os efeitos que mais tarde arrastou consigo é que têm levado a considerar tal medida como uma das mais importantes causas da actual falta de habitações.

Após a proclamação da República, em Outubro de 1910, foram publicados diversos diplomas legislativos determinados por importantes mudanças políticas, sociais e económicas e por uma crescente e rápida urbanização. Assim, no Decreto de 11 de Novembro de 1910 (art. 9.º) foram congeladas as rendas, mas apenas pelo prazo de um ano.

No decurso da I Grande Guerra Mundial, o Decreto n.º 1.079, voltou a congelar as rendas nos contratos existentes e nos novos contratos, com excepção das de montante elevado. Este regime vigoraria enquanto subsistisse a crise que o motivou (estado de guerra). O que foi confirmado no Decreto n.º 5.411, de 17/04/19. Posteriormente, foi permitida a actualização das rendas, sem que daí tenha resultado um assinalável estímulo na edificação urbana para arrendamento, não obstante as tentativas feitas com esse objectivo.

Assinala o notável preâmbulo do DL n.º 321-B/90, de 15/10, que «a evolução do arrendamento urbano que acompanhou e seguiu a Revolução de 1974/1975 retomou muitos dos caminhos trilhados durante a Guerra de 1914/1918 sem deles retirar as devidas lições. De certo modo, a situação foi mais grave, porquanto assente numa situação deteriorada já desde 1948». E a seguir destaca medidas que, claramente, procuraram colectivizar os prédios urbanos particulares, num curto espaço de tempo. Ou seja:

– congelamento por 30 dias das rendas dos prédios urbanos, através do DL n.º 217/74, de 27/05;
– suspensão em todo o País das avaliações fiscais para actualização de rendas, antes confinadas a Lisboa e ao Porto (art. 1.º do DL n.º 445/74, de 12/09);
– suspensão do direito de demolição, estabelecimento do dever de arrendar e fixação de rendas máximas no arrendamento de prédios antigos (arts. 2.º, 5.º e 15.º do DL n.º 445/74);
– suspensão das denúncias do arrendamento feitas com base na ampliação do prédio ou na necessidade do local arrendado para casa própria do senhorio (art. 1.º do DL n.º 155/75 de 25/03);
– legalização de ocupações de fogos, levadas a efeito para fins habitacionais mediante contratos de arrendamento compulsivamente celebrados (arts. 1.º e 7.º do DL n.º 198-A/75, de 14/04).

Não foi preciso muito tempo para se concluir que estas e outras medidas, promulgadas para beneficiarem os inquilinos, não contribuíam, minimamente, para solucionar a carência de habitações. Na verdade, a construção de prédios para arrendar desceu ao nível zero, aumentando de forma preocupante o défice de locais para habitar. De tal sorte que, no preâmbulo do DL n.º 293/77, de 20/10, escreveu-se, acertadamente, que a solução do problema se encontrava constitucionalmente balizado por dois princípios, cuja conciliação se impunha: a garantia do direito à propriedade privada e a garantia do direito à habitação. E neste domínio não era possível esquecer, sendo-se realista, que o sector público não podia, sozinho, construir todas as casas de que Portugal carecia, e que o sector privado não o supriria sem adequadas garantias.

2. Notícia de medidas legislativas publicadas para debelar a carência de casas para habitação

Perante os desastrosos resultados a que levaram as leis que visaram acabar com a propriedade privada dos prédios destinados à locação urbana, passaram aquelas a ser revogadas e alteradas, embora lentamente. Também, de forma lenta, o Estado procurou estimular a construção de prédios de rendimento, garantindo o pagamento de uma renda razoável, sem perigo de desactualização. Paralelamente, procurou-se a actualização das rendas há muito vigentes.

Assim, voltaram a permitir-se as acções de despejo na denúncia para habitação própria e para o aumento de locais arrendáveis. As rendas foram objecto de regulamentação vária. Neste campo, salienta-se a L n.º 46/85, de 20/09, que aperfeiçoou o regime de contratos celebrados nas modalidades de renda ou livre ou condicionada, tal como já acontecia no DL n.º 148/81, de 04/06. Ainda aquela L n.º 46/85, para evitar desfasamentos ocorridos no passado e uma subida incontrolável do valor das rendas para quem chegasse de novo ao mercado do arrendamento, estabeleceu o princípio da actualização anual de todas as rendas, conforme coeficientes a aprovar pelo Governo (art. 6.º). Ao mesmo tempo permitiu a correcção extraordinária das rendas fixadas antes de 1980, de harmonia com coeficientes que variavam, de acordo com a condição do prédio e a data da última actualização, com escalonamento dos aumentos daí resultantes (arts. 11.º e 12.º).

Com particular interesse para a presente exposição, nota-se que também foi regulada a problemática das obras de conservação e de beneficiação que, em certos casos, se podiam reflectir nas rendas (arts. 16.º e segs.). Para compensar os aumentos de renda foi instituído o subsídio de renda para os arrendatários com rendimentos baixos. E, com grande expectativa optimista, permitiu-se a celebração de contratos de duração limitada (arts. 31.º e segs.).

Frise-se que a L n.º 46/85 foi regulamentada pelo DL n.º 13/86, de 23/01, relativamente a arrendamentos sujeitos ao regime da renda condicionada.

Apesar de temores, sectorialmente suscitados, a aplicação da L n.º 46/85 não causou qualquer perturbação social.

Conforme se afirma no preâmbulo do DL que aprovou o RAU, para tanto valeu «a convicção generalizada da injustiça das rendas antigas e a disponibilidade dos subsídios de renda». Registe-se, porém, que os pedidos de subsídio ficaram muito aquém do previsto. Embora as correcções extraordinárias das rendas fossem percentualmente elevadas, incidiram sobre bases tão baixas que não tiveram reflexos nos rendimentos dos arrendatários, mesmo diminutos.

Ao chegar-se à década de 90, o legislador reconheceu que o CC de 66 reconstituíra a unidade científica e sistemática da locação, em que se incluíam as diversas modalidades de arrendamento. Na realidade, em pouco mais de meio século, o instituto tinha provocado mais de trezentas intervenções legislativas. Todavia, nesse domínio ao findar do século, o panorama também não era famoso. Pois, como refere o já citado preâmbulo do DL n.º 321-B/90, que aprovou o RAU, existiam soluções esparsas ditadas ao sabor de contingências ocorridas em décadas de evolução tumultuosa. Daí a imperiosa necessidade da publicação de um diploma versando o arrendamento urbano, como lei civil autónoma, fora do CC, codificador da vasta legislação existente. Naquele Código apenas se iria manter o regime geral da locação, o que veio a acontecer. No entanto, ressalvou-se que, certas matérias, por razões técnicas, ou pela sua mutabilidade (*v.g.* os subsídios de renda) encontravam melhor sede em diplomas avulsos. E também que, temas transitórios como os relativos às actualizações extraordinárias das rendas, ficavam melhor situados no diploma preambular do RAU.

Mas se era desastroso o panorama técnico-científico da locação, a realidade social que ela procurava regular, não lhe ficava atrás.

Noticiava e advertia lucidamente o legislador, no já aludido preâmbulo legal, que em 1990 o mercado do arrendamento continuava relativamente paralisado. Pois, apesar das medidas tomadas na L n.º 46/85, de 20/09, mantinham-se as condições que o limitavam e tornavam pouco atractivo. Na prática, às pessoas não era dada qualquer alternativa credível, senão a aquisição de casa própria.

Deste modo, cabia ao Governo encontrar um equilíbrio socialmente justo entre proprietários e inquilinos, de forma a garantir as melhores condições para o cumprimento do preceito constitucional do direito à habitação. É que a degradação do parque habitacional e, em geral, da construção urbana, constituía problema a não ignorar. Portanto, impunha-se continuar a incentivar as obras necessárias e fiscalizar o estado dos prédios, bastando para tal, aperfeiçoar normas existentes, sobretudo as que conferiam os adequados poderes às autarquias locais.

A tentativa de realização destes propósitos foi corporizada no RAU que continuou a institucionalização das obras, iniciada na L n.º 46/85, dando-lhe guarida nos arts. 11.º a 18.º inclusive. Também admitiu que as rendas pudessem ser actualizadas mercê da realização de certo tipo de obras (arts. 38.º e 39.º). E ainda preveniu a intervenção da câmara municipal, em cuja área se situava o imóvel a reparar, a qual podia culminar com a execução das obras pela própria autarquia (arts. 13.º e 15.º).

Paralelamente, verifica-se que em 1976 foi criado pelo DL n.º 704/76, de 30/09, um programa especial para reparação de fogos ou imóveis degradados (PRID), o qual foi relançado pelo DL n.º 449/83, de 26/12. Mas os seus resultados não foram visíveis, dada a indiferença dos senhorios face à desactualização das rendas, consequência do seu anterior congelamento.

Contudo, com a publicação das faladas medidas constantes da L n.º 46/85, entendeu o legislador que passava a haver condições para os proprietários aderirem ao RECRIA, ou seja, ao Regime Especial de Comparticipação na Recuperação de Imóveis Arrendados. Tal programa foi instituído pelo DL n.º 4/88, de 14/01, sucessivamente aperfeiçoado pelos DL n.º 420/89, de 30/11, DL n.º 197/92, de 22/09 e DL n.º 104/96, de 31/07, prevendo a comparticipação financeira do Estado nas obras de recuperação daqueles imóveis.

Mais uma vez falharam as medidas legais que o Estado publicou e que atrás se referiram, para debelar a falta de casas. Aquele não ficou inerte e, através da liderança da Secretaria de Estado da Habitação, tentou contrariar a crise com um conjunto de providências que se designou por «pacote legislativo». São essas novas medidas, que pela sua extensão e complexidade passam a ser objecto de uma breve análise.

3. Persistência da falta de habitações. Breve análise das medidas legislativas tomadas no presente

No preâmbulo do DL n.º 329-A/2000, de 22/12, o legislador reconhecia que, nos casos de transmissão de arrendamentos com bastante antiguidade, ocorriam graves distorções no mercado do arrendamento.

Por outro lado, no preâmbulo do DL n.º 329-C/2000, da mesma data, esclarecia que, no âmbito da política de habitação, um dos fenómenos mais preocupantes é o da degradação dos prédios arrendados, com as consequentes más condições de habitabilidade para os arrendatários e a desvalorização progressiva da propriedade para os senhorios. E não deixou de dizer que o reconhecimento de tal situação tem estado presente há cerca de duas décadas e que foram lançados vários programas de intervenção no sentido de a alterar, o que atrás se teve oportunidade de referir. Mas sem o êxito pretendido. Assim, na Portaria n.º 56-A/2001, de 29/01, realça-se a importância do factor financeiro para alcançar aquele objectivo, através do seguinte discurso:

«A recuperação do parque habitacional degradado, que se reconhece de premente necessidade, exige, face aos números e indicadores disponíveis no sector da habitação, a transição para um tipo de intervenção diferente daquela tradicionalmente seguida no passado, criando-se agora as condições para um efectivo alargamento do número de intervenções de reabilitação e recuperação urbana, assegurando-se uma maior eficiência e equilíbrio dos diferente interesses em presença.

Tal objectivo só poderá ser atingido não apenas com um deliberado empenhamento político, técnico e administrativo, mas também financeiro.

Todavia, torna-se necessário, por razões de transparência, equidade e justiça social, que as regras de concessão das comparticipações a fundo perdido a atribuir pela administração central e local sejam compreensivas e claras, variando de acordo com os diferentes regimes de ocupação vigentes nos prédios, permitindo aos proprietários uma recuperação sustentada do investimento realizado».

Passa-se a traçar um esquema do regime das novas medidas legislativas destinadas à manutenção de prédios arrendados ou à sua recuperação.

A. *Tipo de obras, responsabilidade pela sua execução e sua repercussão nas rendas*

O RAU, nos arts. 11.º a 18.º, estendeu a todo o arrendamento urbano o normativo que procura estabelecer um regime estável e claro, no que respeita a obras. Logo, o art. 11.º começa por definir pela via positiva, obras de conservação ordinária e extraordinária, e pela negativa, obras de beneficiação. O art. 12.º estabeleceu que, salvo as excepções que aponta, ficam a cargo do senhorio as obras de conservação ordinária, as quais dão lugar à actualização das rendas, nos termos dos arts. 38.º e 39.º ainda do RAU.

Por seu turno, o art. 13.º esclarece que as obras de conservação extraordinária e de beneficiação ficam a cargo do senhorio quando, nos termos das leis administrativas em vigor, a sua execução lhe seja ordenada pela câmara municipal competente ou quando haja acordo escrito das partes no sentido da sua realização, com descriminação das obras a efectuar. Também aqui há lugar a actualização das rendas conforme o disposto nos citados arts. 38.º e 39.º.

B. *Intervenção da autoridade administrativa*

Apesar de ter cessado o congelamento das rendas, o legislador admitiu a hipótese de o senhorio não realizar as obras da sua responsabilidade. Para suprir essa falta, ao intérprete depara-se um sistema que podia ser mais simples e claro, como se irá ver.

Sem particularizar ou concretizar, dispõe a al. b) do n.º 2 do art. 11.º do RAU que são obras de conservação ordinária as impostas pela Administração Pública, nos termos da lei geral ou local aplicável, e que visem conferir ao prédio as características apresentadas aquando da concessão da licença de utilização.

Na data da publicação do RAU entendeu-se que as ditas obras impostas pela Administração Pública seriam as referidas nos arts. 9.º, 10.º e 12.º do RGEU (Regulamento Geral das Edificações Urbanas – DL n.º 38.382, de 07/08/51). Isto é, ser o senhorio obrigado a efectuar obras de conservação no edifício, uma vez em cada período de 8 anos (art. 9.º), ou executar por determinação da câmara municipal obras necessárias para corrigir más condições de salubridade, solidez, segurança ou contra o risco de incêndio (art. 10.º) e pequenas obras de reparação sanitária (art. 12.º).

Por outro lado, a licença de utilização implica a leitura dos arts. 8.º, n.º 2, al. c) do RGEU, 1.º do DL n.º 281/99, de 26/07 e 9.º do RAU.

Para complicar, surgiu o art. 129.º do DL n.º 555/99, de 16/12, que revogou os arts. 9.º e 10.º do RGEU, naturalmente por aquele DL conter preceitos idênticos no seu art. 89.º. Aconteceu, porém, que a vigência do DL n.º 555/99 (que estabeleceu o regime jurídico da urbanização e da edificação) foi suspensa até Abril de 2001 pela L n.º 13/2000, de 20/07. Todavia, pela L n.º 30-A/2000, de 20/12, foi o Governo autorizado a alterar o DL n.º 555/99, prorrogando-se a suspensão da sua vigência até à entrada em vigor do diploma legal a emitir ao abrigo dessa autorização legislativa. O DL n.º 555/99 foi alterado pelo DL n.º 177/2001, de 04/06, entrando aquele em vigor 120 dias depois.

Já se referiu que, segundo o n.º 1 do art. 13.º do RAU, as obras de conservação extraordinária e de beneficiação ficam a cargo do senhorio quando a sua execução lhe seja ordenada pela câmara municipal competente, nos termos das leis administrativas em vigor. Tem-se entendido que essas leis serão o RGEU (recentemente alterado pelo DL n.º 177/2001, referido) e a al. b) do n.º 2 do art. 51.º do DL n.º 100/84, de 29/03, alterado pela L n.º 18/91, de 12/06.

Mas as dificuldades interpretativas aumentam ao tentar-se apreender a mecânica da execução administrativa das obras, regulada no art.

15.º do RAU através dos seus 16 números, quando antes, estes se limitavam a três.

Para um intérprete desprevenido, a leitura do art. 15.º do RAU deixa-o perplexo, pois não consegue enxergar com facilidade as linhas básicas desse extenso e complexo normativo. Bastava a remissão para disposições doutros textos legais para tal acontecer. Com a agravante, no caso, da maioria dessas normas (as do DL n.º 555/99) ter estado com a sua vigência suspensa, por largos meses. Também dificulta a compreensão, a grande extensão do normativo para onde os números 1, 12 e 13 daquele art. 15.º, remetem os interessados, ou seja, directamente para os arts. 91.º, 92.º n.ºs 3, 4 e 5 e 107.º do DL n.º 555/99, e indirectamente para o art. 89.º do mesmo Diploma. Daqui resulta uma falta de conjugação clara dos termos dos conceitos usados naquelas duas leis, como sejam, obras de conservação, despejo administrativo e posse administrativa.

Aparentemente fora do RAU, surgem também regras para assegurar o ressarcimento de despesas feitas no prédio pela autarquia local, mercê das obras, mas cujo enquadramento se tem de aceitar uma vez que aquelas normas se ligam muitas vezes às rendas vigentes do imóvel. O que não se compreende de relance, caso não se saiba toda a razão de ser do normativo. O que adiante se tentará explicar. De momento passam-se a apontar as linhas gerais da chamada execução administrativa no que mais se relacione com as rendas.

Uma câmara municipal pode intimar o senhorio de um prédio urbano, sito na sua área administrativa, a executar obras de conservação, pelo menos uma vez em cada período de 8 anos. Pode ainda ordenar, a todo o tempo, que ele realize obras de conservação necessárias à correcção de más condições de segurança ou de salubridade. Caso o senhorio não inicie as obras ou não as conclua dentro dos prazos que lhe foram fixados para o efeito, a câmara pode proceder ao despejo administrativo do imóvel e tomar posse administrativa, total ou parcial do mesmo, para executar de imediato as obras ordenadas. Concluídas estas, a câmara pode continuar a ocupar o prédio pelo período de um ano (n.º 1, do art. 15.º). Essa ocupação cessa automaticamente findo esse prazo (n.º 9 do art. 15.º).

Antes de se iniciarem as obras, deve ser elaborado um orçamento do seu custo que será comunicado ao senhorio para saber qual o valor máximo porque passa a ser responsável.

E se o senhorio não pagar? Depreende-se dos n.ºs 3 e 5 do art. 15.º:
– que o pagamento das obras executadas pela câmara deve ser feito através do recebimento de uma percentagem das rendas do prédio, que pode ir até 70%;

– que se mantém esse recebimento durante o tempo necessário até ao reembolso integral das despesas efectuadas e respectivos juros, acrescidos de 10% destinados a encargos gerais de administração.

Segundo o n.º 4 do art. 15.º em análise, para garantir o recebimento da parte que lhe toca nas rendas, a câmara municipal, após a ocupação do imóvel acima referido, notificará os arrendatários por carta registada ou por afixação de edital na porta da respectiva casa e na sede da junta de freguesia de que as rendas deverão ser depositadas nos termos do art. 23.º do RAU, à ordem da mesma câmara.

O mesmo se passa, caso os contratos de arrendamento venham a ser celebrados posteriormente à data da sobredita ocupação do imóvel pela câmara (n.º 10 do art. 15.º).

Após o reembolso integral do que lhe é devido, a câmara municipal deve notificar os inquilinos, no prazo de dez dias, de que cessou o dever deles depositarem as rendas, conforme se referiu (n.º 11 do art. 15.º).

Parece resultar do estipulado no art. 17.º do RAU que, extinto o arrendamento e desaparecidas as rendas, respondem pelo pagamento das despesas com obras, execução administrativa, juros e encargos, outros bens do senhorio, através da cobrança coerciva prevista no art. 155.º do Cód. de Procedimento Administrativo. Para o efeito, tem força de título executivo a certidão passada pelos serviços municipais donde conste o quantitativo global das despesas em dívida.

Constituindo as rendas o meio mais seguro para que às câmaras municipais sejam pagas as quantias a que têm direito por efectuarem obras nos prédios delas necessitados, o legislador para defender os municípios e os estimular nessa actividade, introduziu no n.º 7 do art. 15.º do RAU, uma medida controversa.

Expressa esse n.º 7 que, tendo a câmara municipal ocupado o prédio ou fogos para executar as obras que ordenara ao senhorio para efectuar, pode ser paga do que nelas dispendeu, arrendando fogos devolutos. A não ser, conforme o n.º 8, o senhorio arrendar esses fogos por valor não inferior ao da renda condicionada, no prazo de quatro meses após a ocupação do prédio pela câmara municipal ou após a conclusão das obras.

Ainda segundo o mesmo n.º 7, o arrendamento feito pela câmara municipal é por concurso público, em regime de renda condicionada, nos termos do art. 98° do RAU, no prazo mínimo de três anos e máximo de oito anos, não sendo aplicável a caducidade prevista no n.º 2 do art. 66.º também do RAU.

O normativo referido suscita algumas reflexões. Em primeiro lugar, não se atina muito bem com os termos da inaplicabilidade da caducidade prevista no n.º 2 do art. 66º do RAU. Conforme este preceito, quando o contrato de arrendamento para habitação caduque, por cessar o direito ou findarem os poderes legais de administração com base nos quais o contrato foi celebrado, o arrendatário tem direito a um novo arrendamento nos termos do art. 90º do RAU.

Parece que a câmara municipal ocupará o prédio ou fogo mais por força da lei do que com base em poderes legais de administração. Seja como for, o direito que lhe confere o poder de arrendar começa na data em que acabe as obras, pois só nessa altura é que saberá quanto pode cobrar, de harmonia com o estipulado no n.º 3, caso não funcione o disposto no citado n.º 8. E pensa-se que tal direito termina um ano após a data da conclusão das obras, quando cessa, automaticamente, a ocupação do imóvel, conforme resulta do n.º 9 do citado art. 15º. É certo que esse n.º 9 ressalva o disposto nos n.ºs 7 e 12, mas sem querer significar que a câmara municipal continua com o poder de dar de arrendamento os fogos devolutos. Entende-se que apenas pretende manter a continuidade dos arrrendamentos anteriormente celebrado pela câmara municipal. Mais se entende que esses arrendamentos não caducarão quando cessar o direito que permite a essa entidade celebrá-los.

Todavia, como se pode ver na reportagem inserida a páginas 12 e 13 do Suplemento de Economia do jornal "O Público" de 22/01/2001, a Associação Lisbonense de Proprietários (ALP) considera que o mencionado poder conferido às câmaras municipais constitui uma invasão ou agressão do direito de propriedade. Segundo a ALP, as câmaras municipais não podem apropriar-se dos imóveis devolutos, para os arrendar, sem o competente processo de expropriação. Trata-se de uma «espécie de furto legalmente autorizado», que vai suscitar da sua parte a arguição de inconstitucionalidade do respectivo diploma legal, nesse ponto.

Posteriormente, foi noticiado no "Jornal do Imobiliário" n.º 37, de Maio de 2001, que a Provedoria de Justiça ia requerer essa inconstitucionalidade.

A polémica medida é justificada pela Senhora Secretária de Estado da Habitação, Drª. Leonor Coutinho, no n.º 35 do "Jornal do Imobiliário", nos termos seguintes:

«Para que a medida seja tomada, é necessário que o prédio se encontre em muito mau estado e o proprietário não quer nem pensa recuperá-lo. Embora notificado pela câmara municipal para realizar obras, por razões de salubridade e segurança, não as faz. E depois da câmara o substituir na execução das obras devidas, recusa-se a pagá-las. Por outro lado, não arrenda os fogos recuperados, só com o intuito de nada pagar à câmara. Verificando-se, no passado, casos em que os proprietários iam vendendo o prédio em propriedade horizontal sem nada pagarem. Assim, se a câmara arrendar o fogo por um período de 8 anos até ser ressarcida da dívida, devolvendo no final desse prazo a gestão do imóvel ao respectivo dono, é uma prova de boa fé».

Informou ainda aquela estadista que existiam em Portugal mais de 500 mil fogos vazios.

Aguarda-se, pois, que haja uma decisão do TC.

Antes de terminar a presente alínea, assinale-se que, para suprir a suspensão da vigência do disposto nos arts. 91.º, 92.º n.ºs 3, 4 e 5 e 107.º do DL n.º 555/99 valiam as correspondentes disposições contidas no RGEU e legislação complementar, conforme determinou o art. 5.º do DL n.º 329-B/2000, de 22/12. Por outro lado, o n.º 16 do art. 15.º do RAU, para os efeitos contidos no n.º 1, manteve em vigor todas as vistorias e actos administrativos subsequentes praticados até à entrada em vigor do DL n.º 555/99.

Esta indesejável descoordenação legislativa talvez se fique a dever à circunstância do DL que alterou o art. 15.º do RAU ter emanado do Ministério do Equipamento Social e o DL n.º 555/99 ser da responsabilidade do Ministério do Ambiente e do Ordenamento do Território.

C. *Intervenção do arrendatário*

Pode acontecer que a câmara municipal ordene ao senhorio para realizar as obras referidas no n.º 1 do art. 15.º do RAU, nos termos já expostos, mas ela própria também não as inicia. Então, segundo o n.º 1 do art. 16.º do RAU, o arrendatário tem a possibilidade de requerer à câmara que está na disposição de as realizar. Decorridos 120 dias, a contar da recepção desse requerimento, pode o arrendatário proceder à execução das obras. Antes, porém, deve obter junto da câmara um orçamento do respectivo custo, para comunicar ao senhorio por escrito, que aquele representa o valor máximo porque o mesmo é responsável (n.º 2 do art. 16.º).

O arrendatário também poderá submeter à aprovação da câmara municipal um orçamento para execução das obras (n.º 5 do art. 16.º).

O que se acaba de expor não inibe o arrendatário de, em caso de urgência, face à inacção do senhorio, proceder às obras necessárias, com direito a reembolso das despesas, conforme lhe permite o preceituado no art. 1.036.º do CC (n.º 4 do art. 16.º).

De harmonia com o art. 18.º do RAU, quando o arrendatário execute as obras ao abrigo do art. 16.º, e enquanto não estiver integralmente reembolsado das despesas efectuadas e respectivos juros, acrescidos de 10% destinados a despesas de administração, apenas é obrigado a pagar ao senhorio 30% da renda vigente à data da notificação municipal ao senhorio para a execução das referidas obras.

D. *Apoio financeiro da administração pública nas obras de recuperação e reparação dos prédios urbanos degradados (RECRIA e REHABITA)*

No supra n.º III já se referiu que o legislador na busca de uma eficaz política de manutenção e recuperação do nosso parque habitacional, declarou que tal objectivo só poderia ser atingido, não apenas com um manifesto empenho político, técnico e administrativo, mas também financeiro.

Com este propósito foi lançado pelo DL n.º 4/88, de 14/01, um programa denominado RECRIA (Regime Especial de Comparticipação na Recuperação de Imóveis Arrendados).

Não obstante os aperfeiçoamentos que depois lhe foram introduzidos, porque o programa não lograva alcançar os seus objectivos, foi renovado pelo DL n.º 329-C/2000, de 22/12. Pela sua extensão e minúcia apenas irão ser aqui referidas as linhas gerais do apoio financeiro estabelecido no novo RECRIA. Este declara no seu art. 1.º que visa apoiar a execução das obras definidas no art. 11.º do RAU, que permitam a recuperação de fogos e imóveis, em estado de degradação, mediante a concessão de incentivos pelo Estado e municípios.

Segundo o seu art. 4.º, tais incentivos revestem a modalidade de comparticipação a fundo perdido e financiamento do valor das obras não comparticipado. São eles concedidos pela administração central, por intermédio do Instituto de Gestão e Alienação do Património Habitacional do Estado (IGAPHE) e pela administração local, através do respectivo município.

Segundo o art. 7.º, os financiamentos poderão também ser concedidos pelo Instituto Nacional de Habitação (INH) ou por outra instituição de crédito autorizada.

Os arts. 5.º, 6.º e 7.º do RECRIA estabelecem as regras da comparticipação a fundo perdido e do financiamento, com a expressa indicação dos factores necessários aos respectivos cálculos. Salienta-se que no n.º 2 daquele art. 6.º se refere que as regras de cálculo das comparticipações e os respectivos montantes máximos constam da Portaria dos Ministros do Equipamento Social e das Finanças. A Portaria n.º 56-A/01, de 29/01, de que atrás se transcreveu parte do texto, deu execução ao preceituado no dito n.º 2.

Nos arts. 8.º, 9.º, 10.º e 11.º do RECRIA regula-se a instrução dos pedidos de comparticipação ou financiamento e a sua concretização.

O art. 15.º prevê um protocolo de adesão ao RECRIA a celebrar pelos municípios com o IGAPHE ou INH. Por fim, o art. 16.º trata das garantias dos empréstimos concedidos ao abrigo do RECRIA.

Paralelo a este regime existe o REHABITA exclusivamente aplicável aos núcleos urbanos históricos, legalmente declarados áreas críticas de recuperação e reconvenção urbanística, consoante determina o n.º 2 do art. 1.º do DL n.º 105/96, de 31/07, na redacção que lhe foi dada pelo art. 3.º do DL n.º 329-B/2000, de 22/12.

Com o preceituado no art. 3.º daquele DL n.º 105/96, também na redacção dada pelo DL n.º 321/B-2000, estabelece um regime próprio para as obras comparticipadas ao abrigo do RECRIA e depois integradas no REHABITA.

E. *Actualização das rendas por motivo de obras*

Por força do determinado nos arts. 12.º, n.º 2 e 13.º n.º 2, do RAU, a realização de qualquer tipo de obras nele previsto dá lugar à actualização de rendas regulada nos arts. 38.º e 39.º também do RAU. Antes tal não se verificava com as obras de conservação ordinária. A sua actual equiparação às demais, visou claramente a recuperação ou manutenção dos imóveis arrendados, através de um estímulo ao senhorio. Mas, neste caso, por via do estipulado no n.º 4 do citado art. 38.º, a actualização só é aplicável aos inquilinos que se mantenham no local arrendado há 8 ou mais anos nessa qualidade. Esclarece esse texto legal que tem essa qualidade a pessoa para quem foi transmitida a posição de arrendatária, por divórcio ou morte do anterior arrendatário.

Todavia, para além do apontado requisito para que haja um aumento de renda, impõe o n.º 1 do referido art. 38.º:

– que as obras se enquadrem na lei geral ou local necessárias para a concessão de licença de utilização e
– sejam aprovadas ou compelidas pela respectiva câmara municipal.

Este normativo merece algumas reflexões. Começa pela imprecisão na referência que faz às leis "geral ou local". No tocante à segunda, pensa-se que o legislador se reporta às regras jurídicas emanadas dos órgãos autárquicos, ou seja, regulamentos em conformidade com o art. 241.º da Constituição e a Lei das Autarquias Locais.

Por outro lado, afigura-se lógico que, se as obras forem aprovadas têm de estar conforme com as normas legais e regulamentares vigentes, doutro modo, o pedido de licenciamento seria indeferido (v. art. 63.º do DL n.º 445/91, de 20/11, na redacção do DL n.º 250/94, de 15/10).

Por fim, não sendo as obras de conservação objecto de aprovação, autorização e licenciamento por parte da câmara municipal, como resulta da al. a), do n.º 1, do art. 3.º do DL n.º 445/91, de 20/11, parece não ser possível o aumento da renda, já que o citado art. 38.º exige essa aprovação.

Não obstante, é conveniente a leitura do que preceitua o art. 1.º do DL n.º 281/99, de 26/07, bem como o seu preâmbulo, sobre a licença de utilização.

Seja como for, as regras acabadas de enumerar não prejudicam a possibilidade de as obras serem realizadas por acordo, nos termos do art. 39.º do RAU, como esclarece o n.º 3 do art. 38.º. Só que, nessa hipótese, as partes podem livremente pactuar um aumento de renda compensatório, devendo, porém, cumprir a formalidade prevista no n.º 2 do art. 39.º. Isto é, tem de fazer constar em aditamento escrito ao contrato de arrendamento, a renda acordada, as obras realizadas e a indicação do seu custo.

P. Lima e A. Varela (*in* CC anotado, 4ª. ed., Vol. II, pág. 555) entendem que o aditamento pode constar de simples escrito particular, mesmo que o contrato de arrendamento não tenha sido celebrado por escritura pública.

Não havendo acordo e ainda segundo o n.º 1 do art. 38.º do RAU, o aumento de renda que o senhorio pode exigir do arrendatário pela realização das obras, previstas naquele preceito, é apurado nos termos do RECRIA. E retornando ao art. 15.º do RAU, declara o seu n.º 13, que o aumento referido no n.º 5 do art. 92.º do DL n.º 555/99, será apurado nos termos do RECRIA. Esta última disposição explica que no despejo administrativo, atrás tratado, fica garantido aos inquilinos o direito à reocupação dos prédios, uma vez concluídas as obras realizadas, havendo lugar a um aumento de renda nos termos gerais.

Assim, consultando o RECRIA, vê-se que o seu art. 12.º explicita que a realização das obras nos termos desse Diploma dá lugar à actualização de rendas, a determinar pelas fórmulas constantes dos seus números. Mas, atenta a natureza do presente estudo, não seria curial entrar-se na análise das sete fórmulas que integram aqueles números do art. 12.º. Aliás, a sua aplicação prática parece não levantar dificuldades de maior, dada a clareza do seus símbolos, factores e dos pressupostos temporais, de facto e legais que os condicionam. No entanto, e no seguimento do exposto, destacam-se, embora de forma ligeira, as seguintes regras contidas no art. 13.º do RECRIA:

– o senhorio deve comunicar aos arrendatários as obras que pretende efectuar, a data prevista para o seu início e a sua duração, bem como o cálculo da actualização da respectiva renda, informando que cabe recurso desse cálculo (n.º 1).
– o senhorio ou o arrendatário quando não concordem com os valores dos coeficientes, factores, áreas ou outros elementos que serviram de base ao cálculo da actualização da respectiva renda, dispõem de dois recursos previstos no n.º 2 do citado art. 13.º.
– os arrendatários dos prédios onde sejam realizadas obras que possam originar aumentos de renda nos termos do art. 38.º do RAU têm a qualidade de interessados para efeitos do art. 61.º do Cód. do Rendimento Administrativo com âmbito restrito ao respectivo fogo e partes comuns, podendo requerer à respectiva câmara, nomeadamente, os elementos respeitantes ao pedido de financiamento da obra (n.º 8).

F. *Demolição*

O tema do presente estudo respeita aos tipos de obras referidos nos arts. 11.º, 12.º e 13.º do RAU. Claro que existem outras obras que podem ser levadas a efeito em prédios arrendados e originam consequências jurídicas diferentes. Pela sua importância, passam-se a referir, de modo muito superficial, as obras de demolição de edifícios arrendados. Elas respeitam a prédios altamente degradados, com consequências de diversa natureza para os inquilinos.

Começa-se pela justificação dada pelo legislador, no preâmbulo do DL n.º 329/2000, de 22/12, para a possibilidade de demolição de edifícios. Disse ele que «nos últimos anos tem-se assistido à derrocada de inúmeros edifícios em consequência da qual os arrendatários vêm a perder todos os direitos que lhes são inerentes, restando às famílias, na grande maioria dos casos, o realojamento pelos municípios ou pelos serviços sociais, com todas as limitações e consequências das situações de emergência.

Com efeito e até ao presente, não existe enquadramento jurídico que permita actuar de forma atempada e eficaz para obviar a tal situação.

Neste contexto e com o presente diploma, passa a prever-se a possibilidade de demolição de edifícios reconhecidos como irrecuperáveis pela respectiva câmara municipal, assegurando os direitos dos arrendatários, nomeadamente o seu realojamento em fogo que reúna os requisitos de habitabilidade indispensáveis, com especial protecção para os mais idosos ou cidadãos que sofram de invalidez ou de incapacidade para o trabalho».

Estes propósitos do legislador foram concretizados através da alteração dos arts. 69.º e 73.º do RAU e 1.º, 3.º e 7.º a L n.º 2.088, de 3 de Junho e com o aditamento à mesma L do art. 5.º-A.

Deste modo, o senhorio pode hoje requerer o despejo para o fim do prazo do arrendamento com fundamento na necessidade de demolição por degradação do prédio, cuja beneficiação ou reparação não se mostre aconselhável sob o aspecto técnico e/ou económico, em conformidade com projecto aprovado pela câmara municipal.

Os direitos do inquilino encontram-se consignados no novo art. 5.º-A da L n.º 2.088 e no § 3.º do art. 7.º da mesma L.

Subsídio de renda

Para finalizar, vai-se abordar, também de forma muito sumária, o subsídio de renda, cujo regime foi actualizado através do DL n.º 329--B/2000, de 22/12, que o legislador, no seu preâmbulo, justificou nos seguintes termos: «Tem-se constatado que as actualizações de renda resultantes da realização de obras, embora possam ser justas e inevitáveis, têm criado algumas dificuldades para as famílias de mais fracos rendimentos.

Assim, e embora se consagrem limites para essa actualização no novo regime do RECRIA, que são equilibrados através da concessão de comparticipações a fundo perdido aos senhorios e proprietários para custear parte das obras a realizar, tem-se consciência que haverá mesmo assim famílias que carecem de ser apoiadas, pelo que se justifica a extensão da aplicação do subsídio de renda aos referidos casos de actualizações de rendas por obras.

Esta filosofia, de natureza social, de que o subsídio de renda se reveste, leva também a eliminar uma discriminação que se revelou injustificável, relativamente a casos em que é deficiente o cônjuge do arrendatário ou aquele que com ele viva em condições análogas, para efeitos de atribuição do subsídio especial de renda».

No seguimento da enunciada vontade do legislador, foram alterados os arts. 1.º e 3.º da L n.º 68/86, de 27/03, sendo aditados a este Diploma os arts. 2.º-A e 2.º-B.

Destaca-se o n.º 2 do art. 1.º onde se referem as situações a que se aplicam os subsídios, ou seja, «no caso dos aumentos de renda resultantes do art. 38.º do Regime do Arrendamento Urbano, conjugado, em alternativa, com o n.º 2, ou o n.º 4 ou o n.º 5 do art. 12.º do Regime Especial de Comparticipação na Recuperação de Imóveis Arrendados (RECRIA), na redacção dada pelo DL n.º 329-C/2000, de 22 de Dezembro, bem como aos resultantes do realojamento no mesmo ou noutros fogos por antigos inquilinos por força da L n.º 2.008, de 3 de Junho de 1957, excepto no caso de reocupação em edifício novo».

Por outro lado, o n.º 2 do art. 3.º alargou o benefício previsto no número anterior, ao cônjuge do arrendatário, sendo deficiente, ou à pessoa que com ele viva em condições análogas às dos cônjuges nos termos do art. 2.020.º do CC.

*
* *

Pensa-se que, a traços muito genéricos, se deu uma ideia da problemática da manutenção e recuperação de milhares de edifícios existentes no País. O que originou um novo capítulo no âmbito do arrendamento urbano, cuja vastidão parece não ter permitido uma fácil apreensão pelos juristas. Aguarda-se, pois, a publicação de obras a tratar o assunto, com o relevo que ele exige e merece, de que o presente trabalho é um modesto contributo.

O PROBLEMA ECONÓMICO DO CONTROLO DAS RENDAS NO ARRENDAMENTO PARA HABITAÇÃO

FERNANDO ARAÚJO*

SUMÁRIO: I. Um breve conspecto histórico. I.1. A migração campo-cidade e a pressão especulativa nas cidades. I.2. A lógica anti-especulativa das economias de guerra e o conluio dos «rent seekers». I.3. A pressão inflacionista sobre as rendas nominais congeladas. I.4. O advento de soluções flexíveis «de segunda geração». II. Argumentos económicos favoráveis ao controlo das rendas. III. Argumentos económicos desfavoráveis ao controlo das rendas. III.A) A análise clássica e radical. III.A) i) As proposições básicas. III.A) ii) Análise das proposições básicas. III.B) A perspectiva contemporânea e os controlos «de segunda geração». III.B) i) As proposições básicas. III.B) ii) Análise das proposições básicas. III.B) iii) Crítica da perspectiva contemporânea. O agravamento das perdas de bem-estar. IV. Os efeitos da desregulamentação. Anexo.

Durante muito tempo, a ideia de que o condicionamento e o congelamento das rendas, como afloramentos do caso mais geral do estabelecimento de preços máximos, tinham efeitos perniciosos no mercado da habitação, restringindo a quantidade e a qualidade da oferta, foi das que mais consenso reuniu entre os economistas[1].

---

* Professor da Faculdade de Direito da Universidade de Lisboa.
[1] ALSTON, Richard M., J.R. KEARL & MICHAEL B. VAUGHAN, "Is There a Consensus Among Economists in the 1990's?", *American Economic Review*, 82 (1992), 203-209. Para uma panorâmica ampla do tema, cfr. os Caps. IV ("The Economics of Rent Regulation"), V ("The Politics of Rent Control") e VI ("A Social Perspective on Rent Control") de KEATING, W. DENNIS, ANDREJS SKABURSKIS & MICHAEL B. TEITZ, *Rent Control: Regulation and the Rental Housing Market*, N.Y., Center for Urban Policy Research, 1999, 41-60, 61-78, 79-87; e ainda: OLSEN, Edgar O., "Economics of Rent Control", *Regional Science and Urban Economics*, 28 (1998), 673-678.

Dos efeitos tradicionalmente associados ao condicionamento das rendas (entendendo-se, com a máxima amplitude, que esse condicionamento resulta de toda e qualquer regulação do mercado do arrendamento, no sentido de imposição de direcções que a liberdade contratual e a espontaneidade do mercado não teriam necessariamente seguido), destacaremos os de que:

– desincentiva a construção e a manutenção;
– multiplica as casas devolutas;
– causa disparidades entre a oferta de casas e a procura;
– dá lugar à discriminação de candidatos por outros meios que não o dos preços;
– incentiva o mercado negro;
– reduz a mobilidade;
– empola o mercado da compra de habitação própria[2].

É sobre estas e outras questões que iremos reflectir de seguida.

I. UM BREVE CONSPECTO HISTÓRICO

1. A migração campo-cidade e a pressão especulativa nas cidades

O condicionamento das rendas é um resultado normal da pressão demográfica associada à migração campo-cidade, que levou a grandes incrementos de procura na habitação urbana e a grandes oportunidades para a especulação, tanto no sector imobiliário como no mercado do arrendamento, com um extenso e sensível desfasamento entre o nível médio das rendas praticadas e o rendimento disponível das populações recém-chegadas às metrópoles urbanas.

A explicação económica clássica para a migração rural-urbana é o modelo "Harris – Todaro"[3]. A ideia básica do modelo "Harris – Todaro" é o de que a migração para a cidade, que resulta muito simplesmente do diferencial entre níveis remuneratórios, continuará até que o rendimento

---

[2] Cfr. ARNOTT, Richard, "Time for Revisionism on Rent Control?", *Journal of Economic Perspectives*, 9 (1995), 99.

[3] KRICHEL, T. & P. Levine, "The Welfare Economics of Rural-to-Urban Migration: The Harris – Todaro Model Revisited", *Journal of Regional Science*, 39 (1999), 429-447. Cfr. ainda: BELADI, H. & S. MARJIT, "An Analysis of Rural-Urban Migration and Protection", *Canadian Journal of Economics*, 29 (1996), 930-940.

do trabalho rural deixe de ser inferior aos níveis salariais *esperados* na cidade (o que por sua vez há-de ser função do nível de desemprego urbano, visto que o nível salarial esperado há-de ser o produto da média de salários praticados nos empregos urbanos pela *probabilidade* de se obter um desses empregos).

Com outra formulação, o modelo permite demonstrar que, numa condição de equilíbrio entre o nível salarial rural e o nível salarial urbano *esperado*, é aquele nível salarial que determina a taxa de desemprego urbano; no pressuposto de que em ambos os sectores existe algum grau de equilíbrio entre oferta e procura de trabalho, o desemprego urbano há-de ser causado pelo nível baixo das remunerações no sector rural.

O modelo "Harris – Todaro" pode ser "adensado" com maior realismo se se levarem em conta os efeitos da flexibilidade dos salários reais e os "efeitos de aglomeração", ou seja, as externalidades positivas resultantes de "efeitos de proximidade" (maior diversidade de serviços e maior possibilidade de escolha disponíveis para os habitantes das cidades), os quais podem por sua vez levar a excessos migratórios e a quebras de emprego nas cidades – fenómenos do urbanismo contemporâneo que podem ter incidências graves sobre as próprias variáveis macroeconómicas (problemas de desemprego, só susceptíveis de abrandamento no curto prazo através de políticas deficitárias capazes de provocar extensos efeitos de «crowding out», isto é, de subida de taxas de juro e abrandamento do investimento).

Antes que se pense que o modelo "Harris – Todaro" é excessivamente reducionista, sublinhe-se que as relações entre o mercado de trabalho e o mercado da habitação são estreitas e de há muito comprovadas, ainda que a interferência de movimentos especulativos no mercado de habitação frequentemente perturbe essas relações, criando faixas de procura de habitação "de luxo", cuja sorte está desligada das oscilações no mercado de trabalho[4].

É evidente que uma parte do fenómeno urbanístico contemporâneo depende de outros factores que não o do simples e imediato cálculo económico dos rendimentos comparativos que estão reservados ao trabalho rural e ao trabalho urbano, ponderados pelas respectivas taxas de desem-

---

[4] Como por exemplo se ilustra, para o caso britânico, em WHITEHEAD, C.M.E., "Economic Flexibility and the Private Rented Sector", *Scottish Journal of Political Economy*, 45 (1998), 361-375; MEEN, G. & M. ANDREW, "On the Aggregate Housing Market Implications of Labour Market Change", *Scottish Journal of Political Economy*, 45 (1998), 393-419.

prego. Melhor ainda, esse cálculo reporta-se a fenómenos cuja causa é mais funda: o despovoamento rural é em larga medida resultado combinado de duas tendências, uma para a expansão demográfica a um ritmo superior ao da expansão geográfica das terras exploráveis em termos agrícolas, outra para a diminuição do peso dos produtos agrícolas no «cabaz de compras» do consumidor urbano (uma elasticidade-rendimento na procura dos produtos agrícolas que leva a que aumentos de rendimento sejam acompanhados por aumentos menos do que proporcionais do consumo de bens agrícolas, e portanto ao seu menor «peso» no cômputo geral da procura).

Por outro lado, a interdependência causal entre crescimento económico e padrões de urbanização pode ser analisada em termos de se considerar o crescimento económico como factor endógeno e a expansão demográfica como factor exógeno – centrando-se a análise nos efeitos de acumulação de capital humano e de irradiação da informação propiciados pela aglomeração espacial, em termos de geração de «externalidades dinâmicas» a nível local: seja a criação de funções sociais resultantes da simples aglomeração (a economia dos serviços, o encurtamento de tempos e custos de comunicação), seja o aproveitamento de efeitos de escala (a verificação de «massa crítica» para a especialização máxima em certos serviços)[5], seja até a produção de bens semi-públicos «locais» que revertem em benefício daqueles que privadamente neles investem, dada a «não-dispersão» do retorno advindo do capital «colectivo» e a fraca mobilidade daqueles que beneficiam desse capital[6].

É até em atenção à coexistência destas duas forças antagónicas, a força centrípeta que sublinha a multiplicação de externalidades positivas «de proximidade» e a força centrífuga que realça as externalidades negativas (o preço dos terrenos, o custo da mão-de-obra, as várias formas de poluição, o congestionamento, as perdas de escala, nos centros urbanos), que há quem sugira uma explicação económica para círculos concêntricos de actividade (e de níveis de emprego) que se formam a partir do "centro de negócios" urbano, com diferentes equilíbrios entre aquelas duas forças[7].

---

[5] Cfr. BLACK, D. & V. HENDERSON, "A Theory of Urban Growth", Journal of Political Economy, 107 (1999), 252-284.

[6] Cfr. DiPASQUALE, D. & E.L. GLAESER, "Incentives and Social Capital: Are Homeowners Better Citizens?", Journal of Urban Economics, 45 (1999), 354-384.

[7] Cfr. ZENOU, Y., "Externalités Spatiales, Économies d'Agglomération et Formation Endogène d'une Ville Monocentrique", Annales d'Économie et Statistique, 58 (2000), 233-251.

2. A lógica anti-especulativa das economias de guerra e o conluio dos «rent seekers»

A reacção a essa situação de migração rural-urbana foi, um pouco por todo o lado, o congelamento das rendas nominais, não compensado sequer por qualquer forma de subsídio aos senhorios que evitasse ou minimizasse o retraimento da oferta subsequente ao estabelecimento do «*plafond*» de preços: um pouco como se se tratasse de alargar ao mercado do arrendamento a lógica anti-especulativa das «economias de guerra», a descrença de que alguma vez seria possível um equilíbrio espontâneo no mercado do arrendamento – e com efeito, a presença do condicionamento praticamente perpetuou o desfasamento oferta-procura, fazendo alastrar aos próprios países europeus que não tinham conhecido os efeitos directos dos dois conflitos mundiais muitas das repercussões das suas convulsões demográficas e das extensas devastações de algumas das suas cidades.

Na realidade, o congelamento das rendas visava o favorecimento das primeiras vagas da migração rural-urbana, e das mais antigas gerações urbanas não-proprietárias, à custa das vagas subsequentes dessa migração – garantindo, àqueles primeiros chegados, níveis de rendas *abaixo* do nível de equilíbrio de mercado, mas à custa da *carência absoluta* de casas para arrendar para todos os outros. Pode dizer-se que esse resultado, aliás inteiramente previsível de acordo com o mais elementar dos modelos de oferta e procura num mercado (e portanto extensível, praticamente sem adaptação, a todas as situações de fixação compulsiva de preços máximos *abaixo* do preço de equilíbrio, e, por simetria, à fixação de preços mínimos *acima* do preço de equilíbrio) é o fruto de uma bem lograda estratégia de «obtenção de renda» no jogo da «escolha pública»: a protecção dos arrendatários, apresentada à luz favorável do interesse colectivo, redunda na «captura de renda» de alguns[8] à custa da «perda total» dos demais[9].

---

[8] A possibilidade que lhes é concedida de obterem um bem por um preço inferior àquele que muitos deles estariam dispostos a pagar por ele – um aumento de «bem-estar» dos arrendatários que é obtida à custa da diminuição dos lucros dos senhorios, e que por isso é «capturada» a estes.

[9] Sobre a «economia política» do «*lobbying*» das partes no mercado do arrendamento, cfr. EPPLE, D., "Rent Control with Reputation: Theory and Evidence", *Regional Science and Urban Economics*, 28 (1998), 679-710; FALLIS, G., "Rent Control: The Citizen, the Market and the State", *Journal of Real Estate Finance and Economics*, 1 (1988), 309-320.

3. A pressão inflacionista sobre as rendas nominais congeladas

O congelamento das rendas nominais estava condenado a defrontar--se com o adversário poderosíssimo que foram os movimentos inflacionistas. Dificilmente sairia incólume do confronto – e foi isso que precisamente se verificou, dado que a queda abrupta do valor real das rendas não podia senão agudizar em extremo os efeitos mais perniciosos e disruptores do congelamento.

Um de dois desfechos tornava-se inevitável (senão mesmo uma explosiva combinação de ambos): ou o incremento irrestrito do controlo estadual por forma a conter ou adiar a ruptura, ou a coexistência de dois sistemas progressivamente afastados um do outro, o de rendas reais degradadas nos centros das cidades e o de rendas actualizadas nas periferias (actualizadas por meios controlados ou não-controlados); e tudo isto sem, no entanto, se aliviar a pressão centrípeta da procura de habitação, visto que a relação qualidade-renda nos sectores controlados mantinha-se apesar de tudo mais favorável do que a relação encontrada nos sectores não-controlados, dada a hipertrofia das rendas por via da multiplicação de «prémios de inflação», e os problemas inerentes ao congestionamento suburbano[10-11].

4. O advento de soluções flexíveis «de segunda geração».

Nos anos 70 multiplicaram-se as soluções de controlo de rendas que optaram por vias intermédias ou mais suaves do que a do congelamento das rendas nominais, estabelecendo simples limites percentuais ou temporais aos aumentos, às «actualizações», das rendas[12], dentro de um quadro no qual o intervencionismo estadual entrava em declínio e, no mercado habitacional, a solução do arrendamento passava a disputar a primazia com

---

[10] Para uma visão geral das peculiaridades das cidades europeias no séc. XX, dos seus problemas de crescimento, da demarcação urbana-rural e das tendências migratórias, e da desertificação habitacional dos centros urbanos, cfr. KAELBLE, H., "La Ville Européenne au XXth Siècle", *Revue Économique*, 51 (2000), 385-400.

[11] Para uma compilação de artigos particularmente relevantes publicados nos últimos 40 anos sobre a economia da habitação, veja-se: QUIGLEY, JOHN M. (org.), *The Economics of Housing*, 2 vols., CHELTENHAM, ELGAR, 1997.

[12] Como os previstos nos arts. 30.º e seguintes do Regime do Arrendamento Urbano, aprovado pelo Decreto-Lei n.º 321-B/90, de 15 de Outubro (doravante, RAU).

a solução da compra de habitação própria, dada a generalização do recurso ao crédito e a flexibilização dos meios de apoio estaduais[13].

Referimo-nos às soluções «de segunda geração», tendentes a integrar os limites de revisão e actualização de rendas dentro do nexo contratual complexo do arrendamento, equilibrando-o com a distribuição de direitos e deveres entre as partes e de custos e benefícios, fazendo os custos de conservação e beneficiação repercutir nas rendas, e remetendo para quadros de indexação à inflação[14] (isto sem sacrificar a posição do arrendatário – a «*security of tenure*» – à flexibilização do quadro contratual, mas procurando manter aquilo que por vezes se designa como uma «remuneração justa» do investimento feito pelo senhorio)[15].

Essas soluções de segunda geração foram geralmente acompanhadas da previsão da caducidade de regimes anteriores com a devolução dos fogos, ou da previsão da susceptibilidade de revisão e actualização plena das provisões contratuais entre dois contratos (o «*inter-tenancy decontrol*»[16], a coexistência de vários regimes de rendas à escolha das partes[17], o estabelecimento de regimes supletivos com prazos contratuais restritos por forma a reduzir o risco inerente ao contrato e a potencial erosão inflacionista[18], a limitação do condicionamento às rendas mais baixas ou a situações de maior debilidade económica[19], estabelecendo que o controlo desaparece acima de um determinado nível, ou ainda a regulação de limites de revisão extraordinária (em casos de aumento extraordinário de custos ou perdas anormais de rendimento, as «*hardship provisions*»)[20].

---

[13] Veja-se o ponto de viragem norte-americano, a partir de 1973, com a travagem da produção maciça de habitação subsidiada a nível federal e a progressiva introdução de 3 instrumentos flexíveis, os "housing vouchers", os "housing block grants", e o "Low-Income Housing Tax Credit": ORLEBEKE, C.J., "The Evolution of Low-Income Housing Policy, 1949 to 1999", *Housing Policy Debate*, 11 (2000), 489-520.

[14] Como os coeficientes de actualização anual e a actualização por obras, os mecanismos de «*pass-through costs*», previstos nos arts. 32.° segs. e 37.° segs. do RAU.

[15] Cfr. HARVEY, David, "Rent Control and a Fair Return", in GILDERBLOOM, JOHN & al. (orgs.), *Rent Control: A Source Book*, Santa Barbara, Foundation for National Progress, 1981, 80-82; COLLINS, Timothy L., "«Fair Rents» or «Forced Subsidies» Under Rent Regulation: Finding a Regulatory Taking Where Legal Fictions Collide", *Albany Law Review*, 59 (1996), 1293ss..

[16] Como, por exemplo, os previstos nos arts. 81.°-A e 89.°-A do RAU.

[17] Como os regimes previstos nos arts. 77.° segs. do RAU.

[18] Como os contratos de duração limitada, previstos nos arts. 98.° segs. do RAU.

[19] No fundo, a lógica subjacente aos arts. 81.° e 87.° do RAU.

[20] Cfr. ARNOTT, Richard, "Time for Revisionism on Rent Control?", *Journal of Economic Perspectives*, 9 (1995), 101-102.

Um dos mais fortes indícios da falência destas soluções de «segunda geração» encontramo-lo no repovoamento dos centros urbanos, não já através de regimes de arrendamento, mas através da multiplicação de habitações de luxo e de investimentos intensivos, a chamada «*gentrification*», fenómeno largamente conjuntural (mais acentuado em momentos de «aquecimento» macroeconómico) que pressupõe a permanência de bairros financeiros centrais, elevado poder de compra (ou muito baixas taxas de juro de empréstimos para habitação) e filtragem eficiente através de elevadas barreiras de entrada ao fluxo migratório campo-cidade. Um fenómeno originário do espaço norte-americano, onde tem avançado a um ritmo muito acelerado[21], a «*gentrification*» tem conhecido sucessos variáveis nas metrópoles europeias, seja porque nalgumas a desertificação dos centros urbanos não se fez sentir grandemente (caso de Paris[22]), seja porque noutros casos o aumento da extensão das metrópoles e a tendência para a dispersão geográfica dos alojamentos e das indústrias, em pólos de qualidade e de prestígio, têm levado a soluções muito diversificadas[23].

Esse repovoamento urbano «ao som» da especulação imobiliária e do investimento em habitação das classes mais abastadas suscita naturalmente problemas graves de disparidade e de desprotecção das famílias de baixos rendimentos, interessando ponderar se o colapso do mercado de arrendamento deve consentir um desalojamento massificado das camadas mais pobres e a compartimentação rígida das classes económicas em termos de localização geográfica, mantendo os mais pobres mais afastados das externalidades positivas "de proximidade", dos bens "de qualidade", culturais e ambientais, que se verifiquem nos centros urbanos[24].

---

[21] Por exemplo, entre 1992 e 1997 o crédito hipotecário para condomínios de luxo nos centros das cidades norte-americanas aumentou 230% relativamente ao crédito destinado à habitação suburbana. Cfr. WYLY, E.K. & D.J. HAMMEL, "Islands of Decay in Seas of Renewal: Housing Policy and the Resurgence of Gentrification", *Housing Policy Debate*, 10 (1999), 711-771. Cfr. BERRY, B.J.L., "Comment on Elvin K. Wyly and Daniel J. Hammel's "Islands of Decay in Seas of Renewal: Housing Policy and the Resurgence of Gentrification" – Gentrification Resurgent?", *Housing Policy Debate*, 10 (1999), 783--788.

[22] Tendo-se verificado uma certa tendência centrípeta, dados os elementos de qualidade habitacional que permanecem, e não obstante várias situações de "subúrbios de qualidade". Cfr. BRUECKNER, J.K., J.-F. THISSE & Y. ZENOU, "Why Is Central Paris Rich and Downtown Detroit Poor? An Amenity-Based Theory", *European Economic Review*, 43 (1999), 91–107.

[23] Cfr. PHE, H.H. & P. WAKELY, "Status, Quality and the Other Trade-off: Towards a New Theory of Urban Residential Location", *Urban Studies*, 37 (2000), 7–35.

[24] Cfr. KASARDA, J.D., "Comment on Elvin K. Wyly and Daniel J. Hammel's "Is-

II. ARGUMENTOS ECONÓMICOS FAVORÁVEIS AO CONTROLO DAS RENDAS

Entre os argumentos favoráveis ao controlo das rendas, avultam:

a) a «falha de mercado» que discrimina contra os pobres (quando sobreleva o objectivo de alojamento das camadas mais pobres)[25], ainda que isso vá contra o registo histórico de coexistência de arrendamentos caros e baratos na ausência de controlo de rendas[26]; o argumento básico seria o mesmo que já se abrigava no eufemismo «procura efectiva», de Adam Smith – o mercado, entregue a ele mesmo, deixaria sem alojamento pessoas dele necessitadas, pela simples razão de elas não disporem de suficiente poder económico (especificamente, de meios monetários) para «exprimirem» aquela necessidade no livre jogo de oferta e procura, para evidenciarem uma «disposição de pagar (uma renda)» igual ou superior ao preço (renda) de equilíbrio. Admitir-se-á o argumento, se bem que seja eminentemente discutível se é possível resolver problemas de exclusão económica e social por simples alteração das regras do mercado, e seja de admitir que essa alteração provoca mais problemas de exclusão do que aqueles que pretende resolver.

b) o desequilíbrio contratual de facto contra os arrendatários, assente na ideia de que a inelasticidade da procura de habitação (que resulta de esta ser um bem primário, correspondente a uma necessidade vital) fragiliza os candidatos ao arrendamento e os expõe à «predação de bem-estar» por parte dos senhorios, no sentido de mesmo pequenos aumentos nas quantidades oferecidas deverem ser alcançados à custa de subidas mais do que proporcionais do preço de equilíbrio – ainda que seja impossível erradicar do mercado toda e qualquer disparidade de elasticidades que exista entre as partes no mercado, e muito menos seja possível

---

lands of Decay in Seas of Renewal: Housing Policy and the Resurgence of Gentrification."", *Housing Policy Debate*, 10 (1999), 773–781; MARCUSE, P., "Comment on Elvin K. Wyly and Daniel J. Hammel's "Islands of Decay in Seas of Renewal: Housing Policy and the Resurgence of Gentrification."", *Housing Policy Debate*, 10 (1999), 789-797.

[25] Cfr. GILDERBLOOM, John & al. (orgs.), *Rent Control: A Source Book*, Santa Barbara, Foundation for National Progress, 1981, viii.

[26] FRIEDMAN, MILTON & GEORGE STIGLER, "Roofs or Ceilings? The Current Housing Problem", *in* BLOCK, WALTER & EDGAR OLSEN (orgs.), *Rent Control, Myths & Realities*, Vancouver, Fraser Institute, 1981, 91.

encontrar um «preço objectivo» diferente do preço de equilíbrio sem causar os efeitos que veremos de seguida[27].

– deve notar-se, neste ponto, que a simples expressão «senhorio», com as suas conotações feudais (talvez mais evidentes ainda no equivalente inglês «*landlord*»), já sugere um pouco a ideia de que a vantagem económica está do lado daquele que arrenda, de forma muito mais pronunciada do que aquilo que se concebe que seja a norma nas relações comerciais – obscurecendo o facto de muitas vezes o senhorio ser um pequeno investidor (que, por exemplo, está a tirar proveito da circunstância de o nível das rendas lhe permitir obter um diferencial de lucro relativamente aos encargos da dívida que contraiu para adquirir a unidade arrendada).

c) a regulamentação do nível das rendas é um corolário das fronteiras socialmente impostas ao exercício do direito de propriedade[28-29] (dado que a auto-regulamentação implicaria, ao menos em ambientes massificados, elevados custos de transacção – bloqueando uma solução «coaseana»[30]), ainda que possa contestar-se a legitimidade de se extrapolar das fronteiras puramente negativas do *abuso do direito* para a imposição de *deveres positivos* (nomeadamente o dever – eventualmente tido por fundamental – de fornecer habitação a um preço não incentivador), uma imposição que é sempre excepcional nas sociedades livres[31].

---

[27] Cfr. BLOCK, Walter, "A Reply to the Critics", in BLOCK, WALTER & EDGAR OLSEN (orgs.), *Rent Control, Myths & Realities*, Vancouver, Fraser Institute, 1981, 293.

[28] Para a distinção entre um "mercado livre" e um "mercado social" do arrendamento, cfr. KEMENY, Jim, *From Public Housing to the Social Market.Rental Policy Strategies in Comparative Perspective*, London – New York, Routledge, 1995, 6ss..

[29] Sobre a tensão que necessariamente se instala, nesta área, entre propriedade privada, autonomia privada e direito de habitação, e ainda sobre os corolários de uma perspectivação em termos de *direitos fundamentais*, cfr. FURTADO, J. Pinto, "Valor e Eficiência do Direito à Habitação à Luz da Análise Económica do Direito", *O Direito*, 124 (1992), 529, 533ss.. Sobre a natureza jurídica do arrendamento, veja-se a ponderação panorâmica no Cap. III ("The Lease as Property, as a Contract and as a Public Law Relationship") de BRIGHT, Susan & GEOFFREY GILBERT, *Landlord and Tenant Law: The Nature of Tenancies*, Oxford, Oxford University Press, 1995, 69-120.

[30] Dada a presença de elevados custos de transacção no mercado do arrendamento (basta pensarmos no número de participantes – e de participantes *não-especializados* – nesse mercado), uma afectação inicial de «recursos de habitação» que fosse ineficiente (isto é, não maximizadora do «bem-estar social») não poderia ser adequadamente rectificada pelo mercado.

[31] Cfr., por todos, SKELLEY, C., "Rent Control and Complete Contract Equilibria", *Regional Science and Urban Economics*, 28 (1998), 711-743.

III. ARGUMENTOS ECONÓMICOS DESFAVORÁVEIS AO CONTROLO DAS RENDAS

Há duas abordagens básicas para o problema do controlo das rendas, isto é, duas formas de evidenciar as respectivas desvantagens:

a) a análise clássica do congelamento de acordo com o modelo elementar da oferta e da procura, que se reconduz à matriz dos preços máximos estabelecidos *abaixo* de um preço de equilíbrio;

b) a análise contemporânea de controlos de segunda geração segundo o modelo dos mercados imperfeitos, admitindo-se que a consideração da imperfeição dos mercados seja uma medida indispensável de realismo, e que ela possa introduzir alguns elementos «moderadores» nas conclusões mais ou menos lineares que resultam da abordagem clássica.

A) *A análise clássica e radical*

i) *As proposições básicas*

Segundo a perspectiva clássica e neoclássica (radical), o controlo das rendas tende a provocar os seguintes efeitos:

1. interfere na escala eficiente que maximiza o bem-estar social, se colocar as rendas abaixo do nível de equilíbrio;
2. interfere na sinalização a investidores, a sinalização que lhes permite regular a quantidade e a qualidade da oferta;
3. provoca um retraimento da oferta e do volume dos arrendamentos, mesmo daqueles que gerariam incrementos de bem-estar, tanto a arrendatários como a senhorios (o efeito de «*deadweight loss*»), com a consequência de que:

   a. cada senhorio celebra em média menos arrendamentos;

   b. cada senhorio pode cobrar, nos arrendamentos subsistentes, rendas em média inferiores às que vigorariam pelas regras do mercado;

4. beneficia arrendatários já instalados *independentemente* da sua «disposição de pagarem»;
5. exclui do mercado candidatos novos, *independentemente* da sua «disposição de pagarem»[32];

---

[32] Cfr. MICELI, T.J. & A.P. MINKLER, "Willingness-to-Accept versus Willingness-

6. expande a procura, pela entrada de candidatos cuja disposição de pagarem era inferior à anterior renda de equilíbrio mas é superior à renda controlada, com a consequência de que:

a. aumenta a disparidade das disposições de pagar daqueles que são indiscriminadamente admitidos a concorrerem aos fogos disponíveis;

b. diminui a probabilidade de afectação eficiente (as hipóteses de atribuição ao candidato com maior disposição de pagar), dada a impossibilidade de licitação pelos preços, a heterogeneidade da procura e a dificuldade de uma reafectação «coaseana» – o que torna altamente provável que a casa vá parar «às mãos erradas» (do ponto de vista de maximização de bem estar, a primeira casa disponível deveria ficar atribuída a quem tivesse maior disposição de pagar, e assim sucessivamente);

c. torna mais atraente a migração rural-urbana, dado diminuir aparentemente os custos da habitação e por isso a barreira de ingresso no meio urbano (um «efeito de miragem», como sugerimos já e veremos melhor de seguida);

d. agrava a pressão competitiva, a litigiosidade e os custos de oportunidade do acatamento dos limites impostos;

7. através da disparidade oferta-procura, induz situações de carência absoluta que:

a. agravam custos «de busca» e «de entrada» no mercado do arrendamento;

b. desviam a migração rural-urbana para bairros de lata e para a periferia (desfeita a «miragem»);

c. propiciam a coexistência de regimes de rendas controladas e livres, sendo que no regime livre as rendas equilibram a níveis anormalmente elevados (por pressão da procura, ampliada pelos desiludidos da «miragem» das rendas baixas);

8. através da carência absoluta, devolve aos senhorios algum poder de mercado, agora sob forma de poder de discriminação de candidatos por meios não-económicos (facto que é reconhecido pelo concomitante endurecimento das regras de resolução, caducidade e denúncia[33]), sendo que

---

-to-Pay Measures of Value: Implications for Rent Control, Eminent Domain, and Zoning", *Public Finance Quarterly*, 23 (1995), 255-270.

[33] Isso está bem patente na «filigrana jurídica» que a lei e a jurisprudência têm erigido em matéria de arrendamento, e que se centra em larga medida nas *garantias* do arrendatário contra um «regresso forçado» ao mercado – o que evidentemente seria pouco importante se não existissem situações de «carência absoluta» nesse mercado.

dificilmente se conseguirá optimizar a afectação de recursos na ausência do mecanismo dos preços;

9. dado o «custo de oportunidade da licitude», torna aliciante o recurso a práticas ilegais de aliciamento e de remuneração dos senhorios, formando-se um «mercado negro do arrendamento» em que os preços de equilíbrio aparecem acrescidos de um «prémio de risco»[34];

10. reduz a mobilidade dos arrendatários beneficiados («segurando--os»), e dissuade-os de regressarem ao mercado quando o *inter-tenancy decontrol* faz com que as rendas «actualizadas» no mercado sejam muito superiores às que o são no seio do contrato;

11. desliga os arrendatários beneficiados de qualquer preocupação de eficiência habitacional, seja generalizando a sub-ocupação (embora nesse aspecto não divirja do que sucede na habitação própria), seja desincentivando progressivamente o esforço de conservação das unidades arrendadas por parte dos inquilinos[35];

12. através da carência absoluta, empurra os candidatos novos a encontrarem soluções sucedâneas, como a do mercado da compra de habitação própria (expondo novamente os mais pobres às condições de mercado, pelo que essa solução não alivia a pressão da procura no mercado de arrendamento)[36];

13. dado o excesso da procura e a perda de bem-estar sofrida pelos senhorios, desincentiva o esforço de conservação e beneficiação dos fogos por parte destes[37] (sobretudo se os custos não podem ser repercutidos nas

---

[34] Cfr. MALPEZZI, S., "Welfare Analysis of Rent Control with Side Payments: A Natural Experiment in Cairo, Egypt", *Regional Science and Urban Economics*, 28 (1998), 773-795.

[35] Pela mesma razão pela qual tem sido comprovada a tendência para o abandono da propriedade da habitação por parte dos idosos, o que pode em grande parte atribuir-se à gestão do "ciclo de vida", à expectativa de gozo do bem apropriado – como se sustenta em JONES, L.D., "The Tenure Transition Decision for Elderly Homeowners", *Journal of Urban Economics*, 41 (1997), 243-263.

[36] Sobre o regime do arrendamento em relação às opções de perpetuação do contrato ou sua conversão em venda, cfr. o Cap. VII ("Extensions, Renewals, and Options to Purchase") de HILL, DAVID S., *Landlord and Tenant Law in a Nutshell*, N.Y., West Publishing, ³1994, 245ss..

[37] Sobre a dinâmica de longo prazo do sistema do arrendamento, especificamente sobre o "processo de maturação", ou seja, de declínio do valor real das unidades de habitação, cfr. KEMENY, JIM, *From Public Housing to the Social Market.Rental Policy Strategies in Comparative Perspective*, London – New York, Routledge, 1995 (os Caps. III, " Policy Constructivism and the Concept of Maturation", 37ss., e VI, " Case Studies in the Maturation Process", 77ss.).

rendas), degradando a *quantidade de serviços* associada, em média, a cada *unidade de habitação* arrendada, com a consequência de que:

　　a. sobe o nível de equilíbrio das rendas;

　　b. aumenta a proporção dos arrendamentos de habitações de luxo (com prazos curtos de recuperação de investimentos, por forma a evitar-se custos de conservação – ou seja, que esses custos interfiram na recuperação integral do investimento);

　　c. muitos fogos são desviados do mercado do arrendamento para o da venda;

　　14. dada a perda de valor das casas não-devolutas, dificulta a opção da venda, tornando os senhorios «reféns» de uma barreira de saída do mercado de arrendamento e levando-os a reagir num esforço de contenção de perdas que consiste em:

　　a. novamente reduzir a zero os custos de manutenção dos fogos arrendados (minimizando as perdas e os custos de oportunidade advenientes da subsistência da relação contratual);

　　b. induzir subidas dos preços de equilíbrio nos mercados de renda livre e nos novos arrendamentos (por forma a recuperar neles o que perde nos arrendamentos controlados).

　　ii) *Análise das proposições básicas*

　　Vejamos em detalhe alguns destes tópicos. Uma decisão de congelar rendas a um nível inferior ao do preço de equilíbrio de mercado – de impôr um «tecto» aos aumentos das rendas, nomeadamente para manter a média das rendas ao alcance do rendimento dos potenciais arrendatários – tem várias consequências, entre as quais:

　　1) impede que o mecanismo dos preços transmita aos intervenientes no mercado do arrendamento qualquer informação sobre o nível eficiente e socialmente óptimo da relação «quantidade-preço» das casas arrendadas – seja, pois, na produção e oferta de unidades de habitação destinadas àquele mercado, seja no encaminhamento dessas unidades para os candidatos que efectivamente disponham de maior disposição de pagar por elas, para os quais, portanto, o arrendamento representa um maior «excedente de bem-estar»;

　　– as rendas são uma forma de remuneração do investimento (a custos correntes) no fornecimento de unidades de habitação a uma parte da população, e são o sinal pelo qual os fornecedores dessas unidades se guiam para determinarem a localização, tipo, qualidade, e quantidade que devem produzir ou fornecer de modo a, tornando a oferta maximamente eficiente, optimizarem os seus próprios proventos (é a subida das rendas que atrai novos investidores e incrementa o nível de investimento dos senhorios já estabelecidos[38]) – sendo pois que qualquer interferência no livre jogo da formação das rendas tem a possibilidade de diminuir o incentivo ao investimento em casas para arrendar e de perturbar os cálculos optimizadores que acompanhem a decisão de investimento[39];

– o problema fundamental é o da perturbação do sinal, não devendo presumir-se que a simples regulamentação das rendas provoca efeitos redistributivos todos do mesmo sentido, nomeadamente prejudicando os senhorios para beneficiar os arrendatários. Por exemplo, é possível conceber-se um sistema de regulamentação que permita aos senhorios aumentar até o seu poder de mercado, prevendo-se alguma amplitude (ainda que confinada) no estabelecimento de rendas diferenciadas em função da disposição de pagar revelada pelos candidatos ao arrendamento, o que redundaria possivelmente numa «captura de bem-estar» pelo senhorio, e, através dela, na obtenção de vultuosos lucros extraordinários, tudo resultando numa insólita expansão da oferta[40].

– não pode é escamotear-se o efeito de «*deadweight loss*» que a imposição de um limite máximo às rendas provocará no «senhorio

---

[38] Cfr. BAIRD, Charles W., *Rent Control. The Perennial Folly*, Washington DC, Cato Institute, 1980, 56.

[39] Sobre a função de «sinal» dos preços, veja-se o clássico: Hayek, F.A., "The Use of Knowledge in Society", *American Economic Review*, 35 (1945), 526-527; e ainda: WALKER, M.A., "A Short Course on Housing Economics", *in* BLOCK, Walter & EDGAR OLSEN (orgs.), *Rent Control, Myths & Realities*, Vancouver, Fraser Institute, 1981, 47.

[40] Sabido que é através do expediente da «discriminação de preços» (a segmentação perfeita do mercado) que o monopolista maximiza os seus lucros, ajustando o preço à disposição de pagar de cada comprador, «capturando» assim a totalidade do «excedente de bem-estar» que pode advir a cada comprador da circunstância de o preço de mercado estar abaixo da sua disposição de pagar, e transformando-o, do seu lado de vendedor, em lucros extraordinários. Cfr. KONDOR, George A., "Rent Control with Rent Discrimination in Competitive Markets: Surprises in Elementary Microeconomic Theory", *Journal of Economic Education*, 26 (1995), 245ss.; SHEPHERD, A. ROSS & JOHN F. MCDONALD, "Rent Control with Rent Discrimination Revisited", *Journal of Economic Education*, 28 (1997), 316ss..

marginal», ou seja naquele cuja disposição de contratar (essencialmente condicionada pelos custos, não apenas os de produção do bem mas igualmente os de transacção e «monitorização» da conduta do inquilino, tudo agravado em função da duração esperada do contrato) arranca de um patamar superior ao da renda congelada[41].

2) alguns arrendatários são beneficiados *independentemente da sua disposição para pagarem*, isto é, sem que sequer se submetam a uma licitação através dos preços, que permitisse identificar quem é que dá mais valor à habitação disponível através do arrendamento; sem um mecanismo de licitação através dos preços, torna-se incomportavelmente complexo determinar as preferências daqueles que concorrem a unidades de habitação relativamente escassas[42];

3) esse benefício de alguns arrendatários faz-se à custa da formação de uma disparidade entre quantidades procuradas e oferecidas que excluirá do mercado do arrendamento os recém-chegados, *independentemente da sua disposição de pagarem*, ou seja, independentemente de estarem dispostos a pagar mais do que a rendas estabelecidas, ou até a pagarem mais do que o fazem os arrendatários estabelecidos[43];

– é evidente que, neste como noutros pontos, se a limitação das rendas é fixada *acima* do nível de equilíbrio do mercado (o «*market-clearing price*») o seu efeito não é imediato, e pode limitar-se a servir de salvaguarda contra movimentos futuros no mercado, por exemplo uma subida anormal das rendas nominais.

---

[41] Sobre isto, cfr. EVANS, A.W., "On Minimum Rents: Part 2, A Modern Interpretation", *Urban Studies*, 36 (1999), 2305–2315.

[42] Veja-se, por exemplo, a dificuldade na compreensão e previsão de padrões de distribuição geográfica da habitação em função da simples elasticidade-rendimento da procura de casas (admitindo-se realisticamente a variação não-monotónica da procura face às variações do rendimento). Cfr. HANSEN, J.L., J.P. FORMBY & W.J. SMITH, "The Income Elasticity of Demand for Housing: Evidence from Concentration Curves", *Journal of Urban Economics*, 39 (1996), 173–192.

[43] O efeito começou por ser estudado a propósito das disparidades de rendas pagas entre residentes permanentes e temporários em universidades como as de Berkeley ou de Cambridge – cfr. GLAESER, Edward L., "The Social Costs of Rent Control Revisited", *NBER Working Paper 5441* (1996), 29. Cfr. ainda o Cap. VII ("The Success and Failure of Strong Rent Control in the City of Berkeley, 1978 to 1995") de KEATING, W. DENNIS, Andrejs Skaburskis & MICHAEL B. TEITZ, *Rent Control: Regulation and the Rental Housing Market*, N.Y., Center for Urban Policy Research, 1999, 88-108

4) tal disparidade traduz-se num retraimento da oferta e numa quebra do volume de arrendamentos, fazendo com que:

– deixem de se concluir contratos que promoveriam eficientemente aumentos de bem-estar (o «*deadweight loss*» de bem-estar que não beneficia qualquer das partes – uma perda absoluta que será tanto maior quanto mais inelástica for a procura e mais elástica for a oferta, nos termos gerais do controlo de preços)[44];
– os ganhos advindos do abaixamento forçado dos preços (o aumento do «excedente do consumidor» dos arrendatários, que resulta de uma transferência a seu favor do «excedente do produtor» – do lucro – dos senhorios) possam ser parcial ou totalmente anulados pelo «*deadweight loss*», isto é, pela perda absoluta de bem-estar que resulta da diminuição do número de arrendamentos, e que daí resulte um prejuízo para o conjunto total dos arrendatários (ou seja, que aquilo que é a perda de bem-estar que os arrendatários experimentam em consequência da diminuição do número de casas oferecidas para arrendamento não seja compensada pela transferência de bem-estar que se opera dos senhorios para os arrendatários em resultado do abaixamento dos preços[45]).
– em todo o caso, recorrendo ao instrumento da "regressão hedónica", é possível calcular-se a dimensão do subsídio que os senhorios são obrigados a prestar aos arrendatários em situações de controlo de rendas (ou seja, a extensão da "transferência de bem-estar" de uns para outros, quando comparada com a situação de equilíbrio que se geraria em situações de rendas não-controladas), e também o efeito de subida provocada pelo controlo de rendas nas áreas em que não vigora aquele controlo[46];

5) esse congelamento, gerando situações de *carência absoluta*, constitui um fosso que trava a migração rural-urbana, impondo-lhe «custos de busca» desproporcionadamente elevados (no duplo sentido de que imobi-

---

[44] Cfr. MILLS, E. & B. HAMILTON, *Urban Economics*, New York, Harper-Collins, 1994, 269.

[45] Cfr. OLSEN, EDGAR, "An Econometric Analysis of Rent Control", *Journal of Political Economy*, 80 (1972), 1081-1100.

[46] Por exemplo, calculou-se que em Nova Iorque, em 1968, as rendas controladas teriam subido cerca de 25%, e as rendas não-controladas teriam descido pela mesma margem de 25%, depois de abolido o regime do controlo de rendas. Cfr. CAUDILL, S.B., "Estimating the Costs of Partial-Coverage Rent Controls: A Stochastic Frontier Approach", *Review of Economic Statistics*, 75 (1993), 727-731.

liza os arrendatários beneficiados e os cerca de uma área de carência absoluta de unidades de habitação para arrendar, que só é vencida numa cintura periférica onde vigora o arrendamento não congelado, e onde predominam os novos arrendamentos ou as casas para venda), e mais genericamente «custos de entrada» no mercado que discriminam contra os mais jovens e os mais pobres dos candidatos ao arrendamento; no extremo, a *carência absoluta* pode dar origem a «bairros de lata» nos centros das cidades, e a fenómenos de desalojamento[47]; o abandono dos centros urbanos pelas famílias de rendimentos mais elevados dar-se-á se, verificada a degradação habitacional decorrente do congelamento das rendas (e sendo a procura suficientemente elástica), os custos de transporte não ultrapassarem os diferenciais de rendimentos[48].

— Naturalmente que são muito extensas as repercussões das imperfeições e assimetrias informativas no mercado de habitação, o que confere rigidez às posições de oferta e procura e dificulta o ajustamento em posições de equilíbrio. Além disso, podem surgir disparidades entre oferta e procura na rapidez de resposta às variações de preços[49].
— Tem-se alegado que o controlo de rendas "constrange" o mercado do arrendamento, no sentido de diminuírem os andares vagos, se agravarem os custos de busca e se degradarem as probabilidades de adequação das unidades arrendadas aos interesses dos arrendatários. Isso pode ser apreciado nos termos de um modelo de concorrência monopolística, nos termos do qual se comprova que só controlos muito moderados podem evitar efeitos nocivos[50]. Mais especifica-

---

[47] Os efeitos do congelamento na multiplicação do número de desalojados tem sido objecto de divergências teóricas. Cfr. EARLY, D.W. & E.O. OLSEN, "Rent Control and Homelessness", *Regional Science and Urban Economics*, 28 (1998), 797-816; GRIMES, PAUL W. & GEORGE A. CHRESSANTHIS, "Assessing the Effect of Rent Control on Homelessness", *Journal of Urban Economics*, 41 (1997), 23ss.; QUIGLEY, JOHN M., "Does Rent Control Cause Homelessness? Taking the Claim Seriously", *Journal of Policy Analysis and Management*, 9 (1990), 89-93.

[48] Cfr. ANAS, A., *Residential Location Markets and Urban Transportation. Economic Theory, Econometrics, and Policy Analysis with Discrete Choice Models*, New York, Academic Press, 1982; SMITH, Lawrence B., KENNETH T. ROSEN & GEORGE FALLIS, "Recent Developments in Economic Models of Housing Markets", *Journal of Economic Literature*, 26 (1988), 38.

[49] Como se ilustra em: HORT, K., "Prices and Turnover in the Market for Owner-Occupied Homes", *Regional Science and Urban Economics*, 30 (2000), 99-119.

[50] Cfr. ARNOTT, R.J. & M. IGARASHI, "Rent Control, Mismatch Costs and Search Efficiency", *Regional Science and Urban Economics*, 30 (2000), 249-288.

mente, as análises assentes em modelos de busca ineficiente (ou "friccional") têm configurado a possibilidade de fixação das rendas, tanto por equilíbrios de Nash em resultado da negociação entre senhorios e candidatos, como através da disposição unilateral dos senhorios – concluindo-se, em tese geral, que na presença de busca friccional, a protecção dos inquilinos através do controlo das rendas tem efeitos negativos não apenas na posição dos candidatos não-alojados, mas também no próprio mercado de trabalho[51].

– Um mercado bifurcado, isto é, um mercado de habitação em que coexistam um regime de rendas controladas e um regime de rendas livres, tenderá a empurrar o excesso de procura da área controlada para a área das rendas livres (um «*demand spillover*»), levando a que nesta os preços equilibrem a níveis superiores àqueles que vigorariam num mercado único de rendas livres[52]; é certo que o congelamento de rendas é um factor de imobilização, ainda que cautelosamente tenha que se admitir que as características idiossincráticas dos arrendatários nas áreas de rendas controladas, e até conjunturalmente a média de idades, não permitem adivinhar com muita segurança aquilo que sucederia com a respectiva mobilidade se transitassem para áreas não-controladas. Contudo, o facto de abundarem factores idiossincráticos nas preferências que se exprimem no mercado da habitação não impede o estabelecimento de algumas tendências estáveis, como por exemplo a correlação entre disposição de pagar (e elasticidade-preço da procura) e distância do centro urbano (não-degradado)[53-54].

---

[51] Cfr. DESGRANGES, G. & É. WASMER, "Appariements sur le Marché du Logement", *Annales d'Économie et Statistique*, 58 (2000), 253–287.

[52] Cfr. CHEUNG, Steven N.S., "Roofs or Stars: The Stated Intents and Actual Effects of a Rents Ordinance", *Economic Inquiry*, 13 (1975), 1-21; FALLIS, George & LAWRENCE B. SMITH, "Uncontrolled Prices in a Controlled Market: The Case of Rent Controls", *American Economic Review*, 74 (1984), 193-200; GOULD, J.R. & S.G.B. HENRY, "The Effects of Price Control on a Related Market", *Economica*, 34 (1967), 42-49.

[53] Cfr. DIAMOND, C. & M. GERETY, "Flexible Form Methods for Measuring Rent Gradients", *Journal of Regional Science*, 35 (1995), 245-266.

[54] Muitas vezes tenta-se avaliar os benefícios do controlo das rendas abstraindo dos efeitos causados no sector não-controlado, sendo que a consideração deste efeito externo faz diminuir fortemente, se não anula mesmo, os benefícios para os arrendatários no sector controlado. Cfr. EARLY, D.W., "Rent Control, Rental Housing Supply, and the Distribution of Tenant Benefits", *Journal of Urban Economics*, 48 (2000), 185-204.

— Por seu lado, os diferenciais de preços entre centros urbanos e periferias tendem a esbater-se com o tempo, seja por causa da expansão metropolitana que absorve os subúrbios, seja porque as infraestruturas (mormente os transportes) costumam progredir em eficiência acompanhando esse movimento de expansão[55]. Tem-se verificado que existe alguma bidireccionalidade na relação causal entre crescimento nos centros urbanos e nas periferias[56], o que tem levado alguns a contraporem, por referência à experiência norte-americana, dois modelos, o da «cidade elástica» que vai absorvendo os seus subúrbios ao da «cidade rígida» que se degrada a favor do florescimento dos seus subúrbios[57].

— No tráfego suburbano, pode presumir-se que o viajante racional procura encontrar um meio de transporte e um percurso que minimizem o custo de oportunidade da deslocação – e com essa premissa pode calcular-se a elasticidade dos salários aos custos marginais dessa deslocação. Além disso, tem-se procurado analisar as correlações entre rendimento dos habitantes e localização da habitação, em função da evolução tecnológica das infraestruturas de transporte urbano, e dos custos relativos das várias opções de transporte acessíveis a cada classe de rendimentos reais[58].

— Como referimos já, a perspectiva dos "preços hedónicos" abarca a explicação de fenómenos de migração em função da distribuição geográfica de factores de qualidade residencial e ambiental (sobretudo factores que reduzem as "perdas de tempo", seja em comunicações, seja em transportes), explicando porque é que o crescimento do PIB se reflecte mais agudamente na subida de preços da habitação nalgumas regiões e não noutras[59]. É mesmo possível estabelecer uma correlação directa entre crescimento do emprego e

---

[55] Cfr. ALONSO, William, *Location and Land Use*, Cambridge Mass., Harvard U.P., 1964; Mills, Edwin S., *Studies in the Structure of the Urbam Economy*, Baltimore Md., Johns Hopkins U.P., 1972; Muth, Richard F., *Cities and Housing*, Chicago Ill., Univ. of Chicago Press, 1969.

[56] Veja-se: VOITH, R., "Do Suburbs Need Cities?", *Journal of Regional Science*, 38 (1998), 445-464.

[57] Cfr. RUSK, David, *Cities without Suburbs*, Baltimore MD, Johns Hopkins University Press, ²1995.

[58] Cfr. DESALVO, J.S. & M. Huq, "Income, Residential Location, and Mode Choice", *Journal of Urban Economics*, 40 (1996), 84-99.

[59] Cfr. SHIELDS, M.P., "Time, Hedonic Migration, and Household Production", *Journal of Regional Science*, 35 (1995), 117-134.

valorização do parque habitacional suburbano, conjugada com uma correlação inversa entre distância do centro urbano e valor das casas – mas ambas contrariadas por uma disparidade entre aumento dos preços e das rendas e um aumento mais moderado das quantidades oferecidas, ou seja, um relativo abrandamento da construção nova[60].

– Uma explicação mais cabal dos efeitos do congelamento das rendas remeter-nos-ia necessariamente para os quadros de uma «economia do espaço», integrando-os a par com os fenómenos da minimização de custos através da localização, da discriminação de preços em função da posição geográfica, das analogias e interdependências espaciais, etc.; nesse estudo não entraremos[61], nem no dos quadros gerais da «economia do urbanismo» e da «economia geográfica»[62], mas sublinhe-se ao menos o recrudescimento de uma variedade exótica de «newtonismo económico», especificamente agora com "modelos gravitacionais" onde o determinismo surge atenuado[63].

6) esse fosso entre oferta e procura de casas para arrendar (descontada uma «taxa natural de desocupação de casas» que tem a ver com os custos de busca e de transacção que se verificam no mercado do arrendamento, uma taxa que equilibra o nível das rendas não-controladas[64]) é

---

[60] Cfr. VOITH, R., "The Suburban Housing Market: Effects of City and Suburban Employment Growth", *Real Estate Economics*, 27 (1999), 621-648.

[61] Veja-se todavia a extensa compilação: GREENHUT, Melvin L. & GEORGE NORMAN (orgs.), *The Economics of Location.I- Location Theory.II- Space and Value. III – Spatial Microeconomics*, Aldershot, Elgar, 1995.

[62] Para uma visão de síntese dos temas da economia do urbanismo, incluindo a abordagem da «economia geográfica», da «teoria da renda» e das «afectações de equilíbrio» numa cidade monocêntrica, e os efeitos dinâmicos das preferências hedónicas da procura de habitação face a um determinado quadro tecnológico (especificamente traduzido em meios de transporte), cfr. PAPAGEORGIOU, Yorgos Y. & DAVID PINES, *An Essay on Urban Economic Theory*, Boston – Dordrecht, 1999 (em especial os Caps. I, "The Monocentric City", 31ss., IV, "Optimality of the Equilibrium Allocation", 97ss., VIII, "From Monocentricity to Polycentricity", 191ss., e XII, "Externalities, Nonconvexity and Agglomeration", 283ss.)

[63] Para algumas especificações da interpretação "canónica" e o seu enriquecimento estatístico, e a sua aplicação, por exemplo, a fenómenos migratórios, cfr. SEN, Ashish & TONY E. SMITH, *Gravity Models of Spatial Interaction Behavior*, Heidelberg – New York, Springer, 1995.

[64] Cfr. ROSEN, Kenneth T. & LAWRENCE B. SMITH, "The Price-Adjustment Process

ampliado pelo facto de o próprio congelamento das rendas expandir a procura – se ela não for inelástica –, fazendo acorrer ao mercado interessados que não tinham disposição de pagar os preços de equilíbrio, mas que agora aparecem a disputar as casas em plano de igualdade com aqueles que pagariam o preço de equilíbrio ou até um preço superior, o que traz como consequência que:

- o mecanismo de afectação das casas aos interessados – indispensável em todos os casos de excesso da procura[65] – é sujeito a uma pressão anormal, sendo a migração rural-urbana incentivada pelo próprio congelamento, no já referido «efeito de miragem»;
- a presença de tantos interessados gera o recrudescimento da pressão competitiva, agora *contra* a limitação da renda congelada, tornando mais atraentes as alternativas ao «mercado oficial». Na realidade, o problema do controlo das rendas desenvolve-se essencialmente entre candidatos a arrendatários e actuais arrendatários, e não tanto entre senhorios e arrendatários – ou melhor, começa por centrar-se na tensão entre senhorios e inquilinos quando incide em relações contratuais já existentes, mas acaba por se deslocar para a tensão entre candidatos a inquilinos na medida em que alastra para os contratos futuros e para a disputa de vagas, procedendo-se a transferências de «excedentes de consumidor» entre inquilinos, especificamente dos inquilinos com maior mobilidade para aqueles que têm menor mobilidade;
- a pressão competitiva entre candidatos ao arrendamento, e o seu nivelamento independentemente das disposições de pagar que são heterogéneas (especificamente, poderão concorrer às casas de renda controlada candidatos mais ricos, que teriam a possibilidade de concorrerem às casas de renda livre, porque obviamente o facto de poderem pagar o preço inferior aumenta-lhes ainda o «excedente

---

for Rental Housing and the Natural Vacancy Rate", *American Economic Review*, 73 (1983), 779-786; SMITH, Lawrence B., KENNETH T. ROSEN & GEORGE FALLIS, "Recent Developments in Economic Models of Housing Markets", *Journal of Economic Literature*, 26 (1988), 50. Sobre a correlação entre «taxa de desocupação» e nível das rendas, cfr. BLANCK, David M. & LOUIS WINNICK, "The Structure of the Housing Market", *Quarterly Journal of Economics*, 67 (1953), 181-203; Maisel, Sherman J., "A Theory of Fluctuations in Residential Construction Starts", *American Economic Review*, 53 (1963), 359-383.

[65] Como se sublinhava genericamente em: FRIEDMAN, Milton & GEORGE STIGLER, "Roofs or Ceilings? The Current Housing Proble ", *in* BLOCK, Walter & ELGAR OLSEN (orgs.), *Rent Control, Myths & Realities*, Vancouver, Fraser Institute, 1981, 89-90.

de bem-estar»), diminui a probabilidade de adequação eficiente da oferta de casas à procura, a qual só estava assegurada com uma licitação através dos preços, que fica impedida pelo congelamento e não é assegurada eficientemente por qualquer meio sucedâneo do dos preços[66];
– essa pressão competitiva converge com a pressão dos senhorios no sentido da recuperação do seu poder de mercado e dos seus lucros totais (aplicada a taxa de desconto correspondente à duração esperada do contrato), do «excedente de bem-estar» que lhes foi retirado, seja pela diminuição do número de contratos – o já mencionado *deadweight loss*», que não aproveita a ninguém –, seja pela redução das rendas correspondentes aos contratos que continuem a ser celebrados, ou seja, o bem-estar que é transferido para os arrendatários e beneficia estes;
– poderia pensar-se que a «taxa natural de desocupação» serviria para se prever a disparidade quantitativa entre oferta e procura, na medida em que se tivesse como certa a existência de uma correlação inversa entre nível de rendas e taxa de desocupação; contudo, há muito que se provou que a taxa de desocupação tem uma diminuta relevância na determinação do nível de rendas, e vice-versa, e que o equilíbrio no mercado da habitação e do arrendamento não é um processo rápido ou isento de sobressaltos – como adiante se verá[67].

---

[66] Cfr. ARNOTT, Richard & MASAHIRO IGARASHI, "Rent Control, Mismatch Costs and Search Efficiency", *Regional Science and Urban Economics*, 30 (2000), 249-288; GLAESER, Edward L. & ERZO F.P. LUTTMER, "The Misallocation of Housing Under Rent Control", *NBER Working Paper 6220* (1997), 2-3; LINNEMAN, Peter, "The Effect of Rent Control on the Distribution of Income Among New York City Renters", *Journal of Urban Economics*, 22 (1987), 14-34.

[67] Cfr. DE LEEUW, Frank & NKANTA F. EKANEM, "The Supply of Rental Housing", *American Economic Review*, 61 (1971), 806-817; EUBANK Jr., ARTHUR A. & C.F. SIRMANS, "The Price Adjustment Mechanism for Rental Housing in the United States", *Quarterly Journal of Economics*, 93 (1979), 163-183; FAIR, Ray C., "Disequilibrium in Housing Models", *Journal of Finance*, 27 (1972), 207-221. Defendendo, todavia, a visão clássica de que aquela correlação existe e de que o mecanismo de ajustamento no mercado habitacional é suficientemente expedito (ainda que sem ignorar a interferência de algumas «fricções» nesse mercado), cfr. SMITH, Lawrence B., "A Note on the Price Adjustment Mechanism for Rental Housing", *American Economic Review*, 64 (1974), 478-481.

7) travando uma selecção através dos preços enquanto assegura um excesso permanente de procura[68], o congelamento devolve aos senhorios, juntamente com um grau de poder de mercado «monopolístico» (que poderia, num regresso à desregulação, provocar rendas médias muito altas no curto prazo), os meios para discriminarem entre os candidatos a arrendatários, de acordo com outros critérios que não o da adequação eficiente às necessidades da procura – e isso confere aos senhorios, ao menos enquanto o regime de arrendamento for a forma dominante de acesso à habitação urbana, a possibilidade de «seleccionarem», através de critérios da mais diversa índole (incluindo os menos socialmente aceitáveis, como os advindos da estigmatização de grupos sociais), os novos habitantes das cidades[69]; evidentemente que todo o tipo de discriminação pode ocorrer também no mercado concorrencial, mas a preocupação com a eficiência das atitudes num ambiente de interdependência pode mitigar os efeitos daquela – como sublinhava Charles Baird, por muito chocante que seja a pura concentração em critérios económicos, a ausência deles pode trazer para primeiro plano critérios muito mais impiedosos e chocantes[70];

– nesse aspecto, há quem encare como abstractamente mais eficiente do que o controlo de rendas o recurso ao subsídio de habitação concedido às famílias mais pobres, por forma a possibilitar-lhes concorrerem no mercado do arrendamento sem ser necessário interferir-se directamente no mecanismo dos preços[71] – se não fosse o caso de um tal expediente, para lá dos efeitos depressivos que pudesse causar[72], ter um peso financeiro excessivo, que o torna

---

[68] Embora possa haver, em consequência do controlo das rendas, simples afectação deficiente de casas sem quebra de oferta – cfr. GLAESER, Edward L. & ERZO F.P. LUTTMER, "The Misallocation of Housing Under Rent Control", *NBER Working Paper 6220* (1997), 3.

[69] Cfr. FRIEDMAN, Milton & GEORGE STIGLER, "Roofs or Ceilings? The Current Housing Problem", *in* BLOCK, Walter & EDGAR OLSEN (orgs.), *Rent Control, Myths & Realities*, Vancouver, Fraser Institute, 1981, 96; LOIKKANEN, Heikki A., "On Availability Discrimination Under Rent Control", *Scandinavian Journal of Economics*, 87 (1985), 500-520.

[70] Cfr. BAIRD, Charles W., *Rent Control. The Perennial Folly*, Washington DC, Cato Institute, 1980, 61.

[71] Por exemplo, regimes de renda apoiada, como o previsto no art. 82.º do RAU.

[72] Tem sido estudado o impacto da política de "habitação social" nos incentivos ao trabalho dos arrendatários mais pobres. Por exemplo, interrogando-se sobre a possibilidade de haver uma "armadilha da pobreza" nas políticas britânicas de benefícios e de regulamentação do mercado, cfr. GILES, Christopher, PAUL JOHNSON, JULIAN MCCRAE & JAYNE TAYLOR, *Living with the State:The Incomes and Work Incentives of Tenants in the Social Rented Sector*, London, Institute for Fiscal Studies, 1996.

pratica e politicamente inviável, mais a mais porque as «perdas absolutas de bem-estar» resultantes do controlo de rendas reduzem a base de incidência da tributação; e, mais grave ainda, por tal expediente servir, perante uma oferta inelástica de unidades arrendáveis, não para colmatar a brecha entre oferta e procura, mas apenas para provocar a subida do nível das rendas, novamente para lá da disposição de pagar das camadas mais pobres[73-74]. Contudo, como bem sublinha Posner, a subida das rendas limitar-se-ia ao curto prazo, pelo que a atribuição de subsídios de renda poderia ainda justificar-se no longo prazo[75].

– a afectação das casas de acordo com critérios distributivos que não o do mercado põe problemas de optimização muito complexos, que têm suscitado respostas modelares sofisticadas, como por exemplo a do mecanismo de «*random serial dictatorship with squatting rights*»[76], ou o dos «*top trading cycles*»[77], duas opções imunes à estratégia dos candidatos ao arrendamento – de permeio com outros critérios distributivos, todos próximos do paradigma dos leilões, nos quais há espaço para as estratégias dominantes dos candidatos; o problema suscita-se igualmente em função daqueles arranjos contratuais que determinam para o inquilino a necessidade de abandonar o alojamento antes de obter outro, o que pode desencorajar os inquilinos a assumirem riscos e a obterem acréscimos de

---

[73] Cfr. DE LEEUW, Frank & NKANTA F. EKANEM, "The Supply of Rental Housing", *American Economic Review*, 61 (1971), 806.

[74] Sustentando que a inelasticidade da oferta de habitação para arrendamento é ainda maior do que aquela que aqueles autores sugerem, cfr. GRIESON, Ronald E., "The Supply of Rental Housing: Comment", *American Economic Review*, 63 (1973), 433-436, e a resposta DE LEEUW, Frank & NKANTA F. EKANEM, "The Supply of Rental Housing: A Reply", *American Economic Review*, 63 (1973), 437-438.

[75] Cfr. POSNER, Richard A., *Economic Analysis of Law*, New York, Aspen Law & Business, [5]1998, 515.

[76] No sistema de «*random serial dictatorship with squatting rights*», cada arrendatário mantém sempre em aberto a opção entre permanecer na casa que lhe coube ou prescindir dela e sujeitar-se ao sorteio das remanescentes, sendo-lhe dado escolher quando chegar a sua vez dentro de uma prioridade definida por critérios objectivos.

[77] No sistema dos «*top trading cycles*» todos os interessados declaram as suas preferências ordenadas relativamente a todas as casas, ocupadas ou não, e a afectação faz-se por sorteio de acordo com prioridades, sendo que sempre que alguém manifesta a sua preferência por uma casa ocupada o seu ocupante é colocado imediatamente à frente do pretendente na ordem de prioridades, o que lhe assegura que no sorteio lhe sairá uma casa pelo menos tão boa como aquela que actualmente ocupa.

bem-estar através das trocas. Há quem proponha, por isso, mecanismos e algoritmos optimizadores da atribuição de unidades de alojamento, de acordo com critérios de hierarquia, com os quais se procura acréscimos de eficiência[78];
– que o controlo das rendas devolve poder aos senhorios é manifesto até na circunstância, já referida, de a maior parte das regulamentações que impõem aquele regime imediatamente estabelecerem restrições ao despejo dos arrendatários, dada a facilidade, de que cada senhorio passa a dispor, de encontrar novos arrendatários e de com eles rever as condições contratuais[79-80].

8) os arrendatários beneficiados perdem qualquer incentivo à mobilidade, mormente quando a lei lhes confere alguns direitos em matéria de transmissão por morte da posição de arrendatário – agravando com isso a imobilidade laboral, por exemplo – e, isolando-se das condições de mercado, ficam reféns da sua situação privilegiada, ou seja, ganham o hábito de desconsiderar o peso das rendas nos seus orçamentos familiares[81-82]. Aliás, de certo modo pode considerar-se que o congelamento das rendas, como todas as formas absolutas de determinação de preços máximos que visam o benefício de «*rent-seekers*», é um mecanismo segurador, pelo qual os beneficiados se têm por isolados de algumas formas de risco;

---

[78] Cfr. ABDULKADIROGLU, A. & T. SÖNMEZ, "Random Serial Dictatorship and the Core from Random Endowments in House Allocation Problems", *Econometrica*, 66 (1998), 689-701; ABDULKADIROGLU, A. & T. SÖNMEZ, "House Allocation with Existing Tenants", *Journal of Economic Theory*, 88 (1999), 233-260; OLSON, Mark & DAVID PORTER, "An Experimental Examination into Design of Decentralized Methods to Solve the Assignment Problem with and without Money", *Economic Theory*, 4 (1994), 11-40.

[79] Como é observado em: SHELTERFORCE, "Rent Control is a Reform Worth Fighting For", *in* GILDERBLOOM, John & al. (orgs.), *Rent Control: A Source Book*, Santa Barbara, Foundation for National Progress, 1981, 77.

[80] São disso exemplo o art. 51.º do RAU, ao estabelecer a *imperatividade* do "*disposto neste diploma sobre a resolução, a caducidade e a denúncia do arrendamento*", ou os arts. 47.º e 97.º do RAU, ao preverem o direito de preferência do arrendatário.

[81] Cfr. AULT, R.W., J.D. JACKSON & R.P. SABA, "The Effect of Long-Term Rent Control on Tenant Mobility", *Journal of Urban Economics*, 35 (1994), 140-158; BAIRD, Charles W., *Rent Control. The Perennial Folly*, Washington DC, Cato Institute, 1980, 63).

[82] Sobre as variáveis exógenas que podem agravar o risco ínsito nas decisões respeitantes à habitação, e especificamente acerca da dimensão e composição do agregado familiar (e consequentemente a duração esperada da ocupação), opções contratuais, limitações financeiras, regimes tributários, cfr. CHUNG, E.-C. "Housing Decisions under Uncertainty", *Journal of Economic Research*, 1 (1996), 15-45

– Para que não pareça que estamos a simplificar demasiado, reconheça-se que a opção pelo arrendamento ou pela compra de habitação depende de projecções que cada núcleo familiar pode fazer em termos de rendimento esperado para o ciclo de vida, dado um quadro geral de gestão da liquidez e de acesso ao crédito, e até do valor de revenda no mercado da habitação adquirida, seja para efeitos de execução da garantia hipotecária, seja para concretização da opção da mobilidade – tudo isso temperado por factores únicos e irrepetíveis de cada agregado familiar[83].

9) a insignificância das rendas nominais nos orçamentos familiares não oferece qualquer incentivo aos arrendatários privilegiados no sentido de procurarem soluções habitacionais eficientes: ao fim de um ciclo generacional, será comum que os fogos estejam subocupados, sem que os «inquilinos remanescentes» tenham algum incentivo a deslocarem-se para habitações com menor capacidade – em todo o caso, pode admitir-se que aquele que subocupa uma casa arrendada pela qual pagou rendas ao longo da sua vida provocou a favor do senhorio uma transferência de bem-estar equivalente à daquele que comprou a casa e tem agora o direito de subocupá-la, pelo que não há perda de bem-estar de um caso para o outro; aliás, o senhorio racional não teria arrendado se o valor total das rendas, aplicada a taxa de desconto, não fosse superior ao de outra aplicação do valor correspondente ao preço de venda, aplicada a taxa de juro de mercado[84];

10) a imobilização dos inquilinos, agravada nos regimes nos quais não há limites à actualização das rendas nos novos contratos – o que dificulta o regresso ao mercado daqueles –, aumenta a probabilidade de ocorrerem ineficiências de afectação de recursos, agora derivadas de movi-

---

[83] Cfr. JONES, L.D., "Testing the Central Prediction of Housing Tenure Transition Models", *Journal of Urban Economics*, 38 (1995), 50–73.

[84] Um dos aspectos mais marcantes da "segunda transição demográfica" é a multiplicação de variedades de formas familiares a ocuparem o parque habitacional das grandes cidades – com efeitos de despovoamento e de reurbanização sucedendo-se nos centros urbanos. Num estudo que abarca as 10 maiores cidades francesas, concluiu-se que cerca de 75% das casas estão ocupadas por não mais do que 2 pessoas, sendo crescente o número da casas ocupadas por uma pessoa só (por razões de idade, mas também de razões de mobilidade social por jovens em princípio de carreira). Cfr. OGDEN, P.E. & R. HALL, "Households, Reurbanisation and the Rise of Living Alone in the Principal French Cities, 1975–90", *Urban Studies*, 37 (2000), 367-390.

mentos da procura, ou seja, da alteração das necessidades de habitação ao longo do ciclo de vida dos inquilinos[85].

– a contrariar o referido «efeito dissuasor do regresso ao mercado», tem-se constatado que a actualização das rendas manifesta alguma «viscosidade» nas subidas[86], mesmo na ausência de qualquer condicionamento ou limite de actualização, visto que a procura de um equilíbrio aconselha a uma conduta conservadora da parte dos senhorios, no sentido específico de eles aumentarem as suas rendas tomando geralmente por referência o anterior patamar de aumento[87];

– em contrapartida, o congelamento das rendas e o alongamento dos contratos levará os senhorios a combaterem essa «viscosidade», adicionando às rendas uma taxa de desconto e um «prémio de inflação» que ampliará muito as actualizações no mercado.

11) a carência absoluta de fogos para arrendamento faz com que a procura se desvie para o mercado de compra de habitação própria na periferia: o que só não acontecerá se o esforço de poupança prévia à decisão de comprar e o serviço da dívida depois disso não forem, no cômputo total do ciclo de vida – incluindo expectativas inflacionistas e aplicadas as taxas de desconto aos valores futuros –, compensadores em relação à opção de arrendar[88];

– com efeito, o controlo das rendas repercute sobre soluções sucedâneas à do arrendamento, como a da compra de habitação própria; exactamente do mesmo modo que as determinantes da procura de

---

[85] Cfr. GLAESER, EDWARD L. & ERZO F.P. LUTTMER, "The Misallocation of Housing Under Rent Control", *NBER Working Paper 6220* (1997), 10.

[86] Do tipo das viscosidades dos preços nominais de que tantas vezes se trata na análise macroeconómica.

[87] Cfr. GENESOVE, David, "The Nominal Rigidity of Apartment Rents', *NBER Working Paper 7137* (1999) – onde se atribui essa viscosidade do «*turnover*» ao fenómeno do «*grid pricing*»; mais genericamente, poderá dizer-se também que o senhorio que, ao aumentar as rendas, interfere nos *preços relativos* de bens deve ter a consciência de que pode estar a contribuir para movimentos inflacionistas com efeitos *reais*.

[88] Cfr. ARTLE, Roland & PRAVIN VARAIYA, "Life Cycle Consumption and Home-ownership", *Journal of Economic Theory*, 18 (1978), 38-58; HACKNER, Jonas & STEN NYBERG, "Rent Control and Prices of Owner-occupied Housing", *Scandinavian Journal of Economics*, 102 (2000), 311ss.; SCHWAB, Robert M., "Inflation Expectations and the Demand for Housing", *American Economic Review*, 72 (1982), 143-153.

habitação própria – taxas de juro, encargos fiscais, etc. – repercutem elas próprias no mercado do arrendamento[89];
– em tese geral, dada uma limitação das rendas a um nível inferior ao do equilíbrio de mercado, os próprios investidores terão (*ceteris paribus*) um incentivo maior a desviarem-se para o mercado da venda de habitações, em detrimento do mercado do arrendamento, o que pode ter efeitos discriminadores muito significativos, se os juros do crédito à habitação forem conjunturalmente elevados, com encargos de dívida muito superiores aos encargos das rendas – numa palavra, os que se sentiam discriminados pelo nível de equilíbrio das rendas livres podem sentir-se mais discriminados ainda no mercado da compra de habitação e no acesso ao crédito[90];
– a simples confluência de conteúdos funcionais entre o estatuto de arrendatário e o de proprietário, relativamente à administração da unidade de habitação, facilita o «trânsito» entre esses dois planos e esses dois mercados[91];
– existem diversas explicações económicas para a coexistência permanente de sectores complementares como são o da aquisição de habitação própria e o do arrendamento, mas a maior parte dessas explicações gravita em torno da segurança da titularidade que cada família decide adoptar quanto à sua habitação[92]; por exemplo, a

---

[89] Cfr. FALLIS, G. & L.B. SMITH, "Uncontrolled Prices in a Controlled Market: The Case of Rent Controls", *American Economic Review*, 74 (1984), 193-200; GOULD, J.R. & S.G.B. HENRY, "The Effects of Price Control on a Related Market", *Economica*, 34 (1967), 42-49.

[90] Cfr. BAIRD, Charles W., *Rent Control. The Perennial Folly*, Washington DC, Cato Institute, 1980, 65; Friedman, Milton & George Stigler, "Roofs or Ceilings? The Current Housing Problem", in BLOCK, Walter & EDGAR OLSEN (orgs.), *Rent Control, Myths & Realities*, Vancouver, Fraser Institute, 1981, 93.

[91] Os exemplos poderiam multiplicar-se; mas veja-se apenas o levantamento estatístico de 870 casos ingleses e galeses em que se detecta aquela confluência das posições de arrendatário e de proprietário – tornando complexa a categoria "tenure", quer a nível da definição normativa e doutrinária, quer a nível da própria percepção popular, explicando em parte a "viscosidade" do sector e o seu carácter refractário às reformas de fundo. Cfr. COLE, I. & D. ROBINSON, "Owners Yet Tenants: The Position of Leaseholders in Flats in England and Wales", *Housing Studies*, 15 (2000), 595-612.

[92] Sobre as determinantes da escolha entre arrendamento e compra de habitação própria – incluindo as vantagens fiscais, as vantagens de mobilidade, a segurança contra a inflação, as opções fundamentais relativas ao todo do ciclo de vida (em termos de maximização de bem-estar do consumidor), o condicionamento do mercado de capitais –, cfr. DIAMOND Jr., DOUGLAS B., "A Note on Inflation and Relative Tenure Prices", *Journal of*

maior mobilidade dos jovens torna-os mais susceptíveis de optar pelo arrendamento, dado que este envolve menores custos de transacção em cada mudança de casa, enquanto que, em contrapartida, a expectativa de vida facilita-lhes o acesso ao crédito para compra de habitação própria[93].

– admitamos, todavia, que o cálculo que preside à decisão de compra de habitação própria, e à licitação do preço correspondente, é de grande complexidade – mesmo abstraindo dos factores idiossincráticos que emergem na decisão da «escolha da casa» –, dependendo de factores tão complexos como o do influxo esperado de financiamento das infraestruturas da área, do uso esperado dos "serviços habitacionais", das opções de mobilidade e de realojamento, das incertezas do mercado, dos riscos da localização e da construção, etc.[94];

– isso não nos inibirá de traçarmos alguns vectores preponderantes na procura de habitação para compra, como os constrangimentos respeitantes à liquidez (a relação entre endividamento e valor da casa, o peso do serviço da dívida no orçamento das famílias), os motivos de precaução (que impedem uma distribuição optimizadora de encargos pelo total do ciclo de vida) – tudo isso tomando por pano de fundo uma determinada política de crédito (de injecção de liquidez no «mercado dos fundos mutuáveis»)[95], de permeio com correlações entre escolha de tipo contratual e de tipo de alojamento, por um lado, dimensão familiar e idade dos membros do agregado familiar, por outro, e rendimento disponível, por outro

---

the American Real Estate and Urban Economics Association, 6 (1978), 438-450; HENDERSON, J.V. & Y.M. IOANNIDES, "A Model of Housing Tenure Choice", *American Economic Review*, 73 (1983), 98-113; IOANNIDES, Yannis M., "Temporal Risks and the Tenure Decision in Housing Markets", *Economic Letters*, 4 (1979), 293-297; SHELTON, John P., "The Cost of Renting vs. Owning a Home", *Land Economics*, 44 (1968), 59-72; Weiss, Yoram, "Capital Gains, Discriminatory Taxes, and the Choice Between Renting and Owning a House", *Journal of Public Economics*, 10 (1978), 45-55.

[93] Cfr. HENDERSON, J. Vernon & YANNIS M. IOANNIDES, "A Model of Housing Tenure Choice", *American Economic Review*, 73 (1983), 98-113; SMITH, Lawrence B., KENNETH T. ROSEN & GEORGE FALLIS, "Recent Developments in Economic Models of Housing Markets", *Journal of Economic Literature*, 26 (1988), 35.

[94] Cfr. WIEAND, K., "The Urban Homeowner's Residential Location Decision in an Asset-Pricing Context", *Real Estate Economics*, 27 (1999), 649-667.

[95] Cfr. BALVERS, R.J. & L. SZERB, "Precaution and Liquidity in the Demand for Housing", *Economic Inquiry*, 38 (2000), 289-303.

lado ainda[96]. Um dos aspectos que tem prendido recentemente a atenção dos economistas é o do sobre-endividamento, que no mercado habitacional consiste essencialmente na circunstância de a dívida exceder o valor corrente dos imóveis, o que evidentemente torna insuficiente a garantia hipotecária e faz ressurgir a aversão ao risco dos credores (a «*negative equity*»)[97];

– é de igual complexidade a decisão de venda, bastando pensarmos que a alternativa entre hipóteses de certeza e hipóteses de dinâmica estocástica pode ser determinante, por exemplo, para a decisão de vender ou de arrendar uma casa desocupada – dada a maior flexibilidade da solução de arrendar[98]. Jogam aqui, a perturbar a pura linearidade do cálculo racional, factores demográficos e de mobilidade laboral, condições relativas ao mercado financeiro, às taxas de juro (as taxas efectivas face à taxa de equilíbrio no «mercado dos fundos mutuáveis»), às condições de produção de habitação nova e de conservação do parque habitacional existente, etc.[99];

12) todavia, a desproporção entre as rendas congeladas e os encargos financeiros da compra de habitação própria, ponderada pelas diferenças de qualidade entre as localizações dos fogos para arrendamento e para compra, nem sempre permite que o mercado de compra de habitação própria ajude a aliviar a pressão da procura sobre o mercado do arrendamento;

– em todo o caso, este ponto torna as interferências no nível das rendas um bom exemplo ilustrativo da «lei (económica) das consequências preter-intencionais», da inevitabilidade da repercussão em diversas áreas da actividade económica quando se perturba o equilíbrio espontâneo numa delas[100].

---

[96] Cfr. SKABURSKIS, A., "Modelling the Choice of Tenure and Building Type", *Urban Studies*, 36 (1999), 2199-2215.

[97] Cfr. FORREST, Ray, PATRICIA KENNETT & PHILIP LEATHER, *Home Ownership in Crisis?The British Experience of Negative Equity*, Aldershot, Ashgate, 1999.

[98] Cfr. NORDVIK, V., "Tenure Flexibility and the Supply of Private Rental Housing", *Regional Science and Urban Economics*, 30 (2000), 59-76.

[99] Para uma visão panorâmica deste tema inesgotável, cfr. MILES, David, *Housing, Financial Markets and the Wider Economy*, Chichester, Wiley, 1994 (em especial o Cap. II, "Theoretical Building Blocks for the Analysis of Housing Markets", 15ss.).

[100] Cfr. BAIRD, Charles W., *Rent Control. The Perennial Folly*, Washington DC, Cato Institute, 1980, 61.

13) essa pressão no sentido de se colmatar a brecha entre oferta e procura, obviando a situações de carência absoluta e recompondo o preço de equilíbrio, tende para a formação de um «mercado negro (ou cinzento) do arrendamento», no qual os candidatos a arrendatários licitam o aliciamento dos senhorios («*sweetening the deal*») no sentido de lhes atribuírem um valor aproximadamente equivalente ao diferencial entre o valor «congelado» e o valor «de equilíbrio», acrescido ainda de um «prémio de risco», dada a ilegalidade dessa prática[101-102];

14) o congelamento das rendas é a limitação directa do rendimento susceptível de ser gerado pelos fogos de que os senhorios são proprietários, o que os desincentiva de procederem a trabalhos de conservação – desincentivo que é ampliado pelo excesso de procura em relação à oferta: o senhorio pode «escolher» os seus arrendatários, não precisando de aliciá-los com a qualidade do bem que é oferecido; além disso, se a relação tende a eternizar-se, não há a probabilidade de a degradação da casa fazer aumentar os custos de renovação mínima para assegurar condições de habitabilidade ao novo arrendatário (os «*turnover costs*»):

– por outras palavras, o congelamento do preço que pode pedir-se por *unidade* arrendada leva o senhorio a limitar a *quantidade de serviços* associados a essa unidade, o que acaba por degradar as condições habitacionais dos próprios arrendatários privilegiados que conseguiram fugir à carência absoluta gerada pelo congelamento[103]; não deve esquecer-se que, sendo sempre muito maior o «*stock*» de unidades de habitação já construídas do que o das casas

---

[101] O crime de especulação a que se refere o art. 14.º do Decreto-Lei n.º 321-B/90, que aprova o RAU.

[102] Cfr. AULT, Richard W., "The Presumed Advantages and Real Disadvantages of Rent Control", in BLOCK, Walter & EDGAR OLSEN (orgs.), *Rent Control, Myths & Realities*, Vancouver, Fraser Institute, 1981, 62; BROWNING, Edgar K. & WILLIAM PATTON CULBERTSON, "A Theory of Black Markets Under Price Control: Competition and Monopoly", *Economic Inquiry*, 12 (1974), 175-189.

[103] Cfr. ALBON, R.P. & D.C. STAFFORD, "Rent Control and Housing Maintenance", *Urban Studies*, 27 (1990), 233-240; Frankena, Mark, "Alternative Models of Rent Control", *Urban Studies*, 12 (1975), 303-308; GYOURKO, Joseph & PETER LINNEMAN, "Rent Controls and Rental Housing Quality: A Note on the Effect of New York City's Old Controls", *Journal of Urban Economics*, 27 (1990), 398-409; KUTTY, Nandinee K., "The Impact of Rent Control on Housing Maintenance: A Dynamic Analysis Incorporating European and North American Rent Regulations", *Housing Studies*, 11 (1996), 69ss.; MOOREHOUSE, John C., "Optimal Housing Maintenance Under Rent Control", *Southern Economic Journal*, 39 (1972), 93-106.

novas ainda por ocupar, a conservação das casas é a principal medida de manutenção e incremento da qualidade dos *serviços* de habitação[104];
- por sua vez, a degradação do parque habitacional no mercado do arrendamento faz *subir* as rendas de equilíbrio, dado que acaba por refrear no longo prazo a construção de casas com esse destino e por intensificar a escassez da oferta (agravando ainda mais, pois, a pressão contrária ao efeito do congelamento)[105];
- sendo o congelamento incompatível com a repercussão dos custos das obras de conservação e beneficiação (os «*pass-through costs*»), isso incentivará alguns investidores a apostarem exclusivamente no mercado da habitação de luxo e na «*gentrification*», como já dissemos, por forma a encurtarem os prazos de recuperação do investimento, idealmente para um momento anterior ao da ocorrência daqueles custos variáveis – o que agravará a exclusão dos candidatos mais pobres face ao mercado da habitação[106];
- que esse risco existe, insistamos, constata-se com a actual tendência para a «*gentrification*», para a recuperação de edifícios degradados e devolutos junto dos centros das cidades e a sua reconversão em casas para venda a famílias de rendimentos elevados – ou seja, uma inversão da tendência anterior para a degradação e desertificação patrimonial dos centros urbanos, mas à custa de novos movimentos de irradiação sociológica[107];
- e que o «*trade-off*» entre congelamento das rendas e qualidade da oferta é percebido pela própria procura no mercado do arrendamento, tem sido demonstrado por estudos que analisam a convergência entre as rendas no sector controlado e no sector não-controlado, a partir do momento em que se introduzem, no sector controlado, factores de ponderação da qualidade das unidades de

---

[104] Cfr. SMITH, Lawrence B., KENNETH T. ROSEN & GEORGE FALLIS, "Recent Developments in Economic Models of Housing Markets", *Journal of Economic Literature*, 26 (1988), 45.

[105] Cfr. BAIRD, Charles W., *Rent Control. The Perennial Folly*, Washington DC, Cato Institute, 1980, 64.

[106] Sobre o regime jurídico das obras em casas arrendadas no contexto norte-americano, cfr. o Cap. V ("Repairs and Improvements") de HILL, David S., *Landlord and Tenant Law in a Nutshell*, N.Y., West Publishing, ³1994, 86ss..

[107] Cfr. SMITH, Lawrence B., KENNETH T. ROSEN & GEORGE FALLIS, "Recent Developments in Economic Models of Housing Markets", *Journal of Economic Literature*, 26 (1988), 46.

habitação oferecidas (da quantidade de *serviços* correspondentes a cada *unidade*) para a fixação do montante das rendas[108].

– têm sido apontados ainda efeitos depressivos sobre o progresso tecnológico resultantes das salvaguardas que eternizam a posição dos arrendatários e os colocam numa posição de fruição permanente do bem desacompanhada todavia dos poderes de disposição, e portanto desligada da possibilidade de acesso a alguns dos benefícios da propriedade (uma circunstância frequentemente associada ao subdesenvolvimento) – efeitos depressivos que resultam da perda de incentivos à partilha de riscos entre senhorio e arrendatário, a qual poderia induzi-los à celebração de contratos visando a inovação –[109];

---

[108] Cfr. AULT, Richard W. & R. SABA, "The Effects of Long-Term Rent Control: The Case of New York City", *Journal of Real Estate Finance and Economics*, 3 (1990), 24-41; LINNEMAN, Peter, "The Effect of Rent Control on the Distribution of Income Among New York City Renters", *Journal of Urban Economics*, 22 (1987), 14-34 (no qual se estima que a introdução do «*rent control*» tendeu a alongar a duração média dos contratos abrangidos em cerca de 12 anos). Cfr. ainda o Cap. XI ("Rent Regulation in New York City: A Protracted Saga") de KEATING, W. Dennis, ANDREJS SKABURSKIS & MICHAEL B. TEITZ, *Rent Control: Regulation and the Rental Housing Market*, N.Y., Center for Urban Policy Research, 1999, 151-168.

[109] Os incentivos perdem-se porque o arrendatário não quer associar-se a qualquer empreendimento inovador de que possa resultar o aumento da probabilidade de despejo e de perda dos benefícios de fruição do objecto do arrendamento, que revertem para ele em exclusivo, e o senhorio está incapacitado de reagir a um arrendatário improdutivo ou a um arrendatário que não reaja aos investimentos e obras de conservação e de beneficiação feitos na unidade de habitação; mais ainda, num efeito de «selecção adversa», entre vários arrendatários estarão mais dispostos a partilhar o esforço das obras os mais indesejáveis dos arrendatários do ponto de vista do senhorio, ou seja, aqueles que, tendo maior probabilidade de uma relação duradoura, mais longamente beneficiarão em exclusivo da conservação ou da beneficiação. Cfr. BASU, Kaushik, "Technological Stagnation, Tenurial Laws, and Adverse Selection", *American Economic Review*, 79 (1989), 251-255; BASU, Kaushik & P.M. EMERSON, "The Economics of Tenancy Rent Control", *Economic Journal*, 110 (2000), 939ss.; BRAVERMAN, Avishay & JOSEPH STIGLITZ, "Landlords, Tenants and Technological Innovations", *Journal of Development Economics*, 23 (1986), 313-332; JOHNSON, D. Gale, "Resource Allocation Under Share Contracts", *Journal of Political Economy*, 58 (1950), 111-123; NAQVI, Nadeem, "Technological Stagnation, Tenurial Laws, and Adverse Selection: Comment", *American Economic Review*, 80 (1990), 935-940; NEWBERY, David M.G., "Tenurial Obstacles to Innovation", *Journal of Development Studies*, 11 (1975), 263-277.

15) a quebra de rendimento gerado pelas casas torna mais aliciante a venda, sobretudo se o rendimento gerado por aplicações financeiras alternativas ao arrendamento ultrapassar o rendimento gerado por este – o que sucederá inevitavelmente sempre que um ambiente inflacionista provocar a erosão dos rendimentos nominais –; dada, no entanto, a perda de valor das casas arrendadas e ainda não devolutas, a própria venda pode encontrar-se dificultada, caso em que o senhorio se encontraria refém do seu investimento no mercado de arrendamento, não podendo reagir senão através da redução a zero das suas despesas de manutenção, desligando-se do problema da degradação do parque habitacional: a maior parte das obras de beneficiação do prédio não seriam bastantes para compensar a perda de valor resultante da sua ocupação, já para não falarmos na sustentação do custo das obras no rendimento obtido através de rendas degradadas pela erosão inflacionista.

- por outras palavras, o agravamento da inflação não apenas torna mais patentes a deficiências do controlo das rendas como agrava as desvantagens dos arrendamentos de longa duração – desvantagens que são repercutidas para o mercado por meio da subida das rendas *reais* para os novos candidatos ao arrendamento (e mais «*dead-weight loss*» por exclusão de mais candidatos potenciais, um efeito *real* da inflação);
- essas subidas do nível das rendas novas tendem, num cômputo global verificado após várias gerações, a causar aumentos mais pronunciados nos sectores controlados do que naqueles em que sempre vigorou a renda livre ou indexada, pela simples razão de que cada novo arrendamento tem que ser acompanhado de um «prémio» contra a inflação e de um «prémio» contra a «barreira de saída» do sector: aumentos acrescidos, pois, de puros custos de *ineficiência*;
- nada disto impede que, *no longo prazo*, o mercado do arrendamento volte a «ajustar»: a subida das rendas fará subir o valor das unidades de habitação arrendáveis, e isso induzirá um incremento da produção de novas unidades, provocando um novo ajustamento da oferta e o reequilíbrio das rendas a níveis mais baixos[110]. O

---

[110] Sobre a dualidade dos mercados de venda e de arrendamento, e sobre a predominância da óptica do *uso* no primeiro e do *investimento* no segundo, cfr. DiPASQUALE, Denise & WILLIAM C. WHEATON, *Urban Economics and Real Estate Markets*, Englewood Cliffs NJ, Prentice-Hall, 1996, 6ss., colocando ênfase no próprio mercado em que os candidatos a senhorios procuram casas para investirem (o mercado de factores, no qual a pro-

problema é que: 1.º – a necessidade de habitação manifesta-se no curto prazo, ou seja, se todos estivessem à espera dos ajustamentos do mercado, o mercado entraria em colapso; 2.º – as próprias expectativas e a especulação pouco fazem para estabilizar o mercado no curto prazo: muito do que se passa no mercado do arrendamento decorre das expectativas dos investidores-senhorios quanto à evolução da relação «rendas» / «preços de venda», e isso por si só induz algum grau de turbulência, já que parece poder comprovar-se que os investidores neste mercado tendem a sobrestimar, nas suas expectativas, as variações possíveis do rendimento[111-112].

B) *A perspectiva contemporânea e os controlos «de segunda geração»*

Como referimos, deve admitir-se que a consideração da imperfeição dos mercados seja uma medida indispensável de realismo, e que ela possa introduzir alguns elementos «moderadores» nas conclusões mais ou menos lineares que resultam da abordagem clássica.

i) *As proposições básicas*

i. em contextos de concorrência imperfeita, o controlo das rendas pode não ter tantos efeitos, ou efeitos tão amplos, como em situações concorrenciais perfeitas (não é tão ampla a «*deadweight loss*»);

a. por um lado, é verdade que a dificuldade de que existam economias de escala ou barreiras de entrada e saída deixa o mercado habitacional próximo da concorrência perfeita;

---

cura de casas é uma «procura derivada», é a procura de um «*housing stock*» e não de «*housing services*», porque os compradores do primeiro é que são os fornecedores dos segundos – cfr. OLSEN, EDGAR O., "A Competitive Theory of the Housing Market", *American Economic Review*, 59 (1969), 612).

[111] Cfr. CAPOZZA, Dennis R. & PAUL J. SEGUIN, "Expectations, Efficiency, and Euphoria in the Housing Market", *NBER Working Paper 5179* (1995); MANKIW, G. & A. WEIL, "The Baby Boom, the Baby Bust, and the Housing Market", *Regional Science and Urban Economics*, 19 (1989), 235-258.

[112] Para uma demonstração empírica da ligação entre nível das rendas e custo do capital imobiliário no mercado do arrendamento, cfr. BLACKLEY, Dixie M. & JAMES R. FOLLAIN, "In Search of Empirical Evidence that Links Rent and User Cost", *NBER Working Paper 5177* (1995).

b. mas por outro, a heterogeneidade da oferta, a predominância de factores idiossincráticos na procura, os altos níveis de «custos de busca», a presença de «externalidades espaciais» (efeitos de vizinhança, etc.), tornam o mercado habitacional incompatível com aquele paradigma da concorrência perfeita;

c. por outro lado ainda, o mercado do arrendamento tende a ter características de «concorrência monopolística», em que a presença de «efeitos qualitativos» devolve algum poder de mercado aos senhorios e lhes permite cobrar rendas acima do custo marginal;

ii. o controlo das rendas pode ter a sua amplitude temperada se for possível separar a sua incidência em dois mercados distintos:

a. o do investimento em *unidades* de habitação;

b. o do consumo de *serviços* de habitação – sendo que o arrendamento se caracteriza precisamente pela separação deste segundo face ao primeiro;

iii. no mercado do investimento em *unidades* de habitação, o controlo das rendas deve ser apreciado por comparação com o mercado da venda de habitações, no qual a concorrência pode estar tanto ou mais distorcida do que aquilo que resulta do controlo no mercado do arrendamento;

iv. no mercado do consumo dos *serviços* de habitação, o controlo das rendas deve ser apreciado por comparação com uma situação conjectural (contra-factual) de inexistência de controlo, a qual só pode ser medida por recurso ao falível instrumento dos «preços hedónicos» (a introdução de elementos qualitativos);

v. dada a flexibilidade dos controlos «de segunda geração» (por exemplo, o «*tenancy rent control*», com liberdade de fixação da renda nominal, mas condicionando as actualizações e a resolução do contrato), o controlo das rendas pode:

a. não implicar a degradação das casas se forem adoptados mecanismos de repercussão de custos para o arrendatário, ou de assunção directa de responsabilidades de conservação e beneficiação por este;

b. não envolver a eternização dos contratos, impondo periódicos «regressos ao mercado»;

c. por essa via, não causar o aumento dos fogos devolutos e o agravamento da disparidade entre oferta e procura;

d. introduzindo elementos de ponderação *qualitativa* na fixação das rendas, permitir uma convergência do nível das rendas entre o sector controlado e o sector livre, com o abaixamento das rendas de equilíbrio também neste sector;

vi. numa situação de concorrência monopolística, o controlo das rendas poderá justificar-se para contrabalançar o poder de mercado que advenha aos senhorios da existência de assimetrias informativas, de «custos de busca» e de heterogeneidade, que impedem a afectação eficiente mesmo ao nível de equilíbrio (por força dos «*mismatch costs*», cada candidato a arrendatário tem dificuldade em descobrir a «casa óptima», dada até a fixidez e dispersão geográfica das casas disponíveis);

vii. em situações de assimetria informativa em que os senhorios sejam potenciais vítimas de «selecção adversa», o controlo das rendas poderá:

a. servir para refrear uma «circulação externalizadora» de «inquilinos indesejáveis» que faça subir a renda para todos;

b. ajudar a conter uma excessiva mobilidade de inquilinos (devida a baixos custos privados de quebra do vínculo contratual), que agravasse os «custos de transacção» no mercado;

viii. se acompanhado da uma possibilidade de «discriminação de rendas» por escalões qualitativos da habitação oferecida, o controlo das rendas permite devolver alguns lucros aos senhorios e expandir até a oferta;

ix. o controlo das rendas pode ser desvalorizado se se abandonar a pretensão de convertê-lo em veículo de redistribuição de rendimentos;

x. o controlo das rendas pode ser mitigado pela atribuição de subsídios, seja aos senhorios no sentido da expansão da oferta até ao ponto em que a renda equilibraria ao nível desejado (mas com o senão do recurso aos impostos), seja aos inquilinos, o que provocando provavelmente uma pressão para a subida das rendas no curto prazo, poderia contudo alcançar os mesmos efeitos expansivos no longo prazo.

ii) *Análise das proposições básicas*

Vejamos em mais detalhe alguns destes tópicos, sem perdermos de vista que na abordagem contemporânea tende a estabelecer-se uma distinção básica entre contextos de concorrência perfeita e de concorrência imperfeita, tomando por certo que, sendo inevitável a verificação de elementos de imperfeição concorrencial, no entanto o mercado da habitação apresenta características que favorecem um nível concorrencial intenso, como a dificuldade de verificação de economias de escala ou de estabelecimento de barreiras de entrada e de saída do mercado[113].

1) O facto de a concorrência ser, na maior parte dos casos, imperfeita atenua alguns dos efeitos nocivos que abstractamente podem associar-se ao controlo das rendas (quanto mais perfeita puder ser a concorrência, mais amplas serão as perdas do «excedente de bem-estar» resultantes da interferência nesse mecanismo optimizador). Com efeito, as imperfeições do mercado da habitação resultam, entre outros, da presença de externalidades geradas por «efeitos de vizinhança», da heterogeneidade das unidades de habitação oferecidas e da predominância de factores idiossincráticos na procura, da existência de elevados «custos de busca» (como se demonstra pelo lucrativo negócio da mediação), ou mesmo da baixa incidência dos seguros nos custos e nos preços encontrados no mercado do arrendamento[114];

2) Encarando o controlo de rendas em termos de *grau* de regulamentação, dir-se-á que esse controlo se torna tanto mais *necessário* (senão mesmo tanto mais *provável*):

– quanto mais forte é a migração para as cidades ou o crescimento demográfico (pois esse controlo protegerá os actuais arrendatários contra as pressões da procura no sentido da subida das rendas);
– quanto menor é a degradação da qualidade das unidades de habitação (pois, diminuindo a probabilidade de que, por perda de qualidade, os arrendatários actuais tenham que regressar ao mercado do arrendamento, eles procurarão proteger-se da degradação da relação «qualidade-preço» através do aumento de preços);
– quanto menos custoso é o acesso à região em que vigora o controlo de rendas (porque a acessibilidade aumenta a pressão da procura de unidades de habitação nessa região)[115];
– note-se, no entanto, que as medidas de «segunda geração», como a estabilização das rendas, tendem a ser neutras quanto à duração dos contratos, quanto ao aumento do número de fogos devolutos e

---

[113] Cfr. SMITH, Lawrence B., KENNETH T. ROSEN & GEORGE FALLIS, "Recent Developments in Economic Models of Housing Markets", *Journal of Economic Literature*, 26 (1988), 29-64.

[114] Cfr. RAYMON, Neil, "Price Ceilings in Competitive Markets with Variable Quality", *Journal of Public Economics*, 22 (1983), 257-264.

[115] Cfr. EPPLE, Dennis, "Rent Control with Reputation: Theory and Evidence", *Regional Science and Urban Economics*, 28 (1994), 679ss..

quanto à duração desse estado de desocupação – enquanto que é certo que as formas mais estritas do congelamento provocavam um alongamento e, por essa via, uma restrição do número de fogos devolutos que nem sempre era compensada com a tendência para alongarem esse estado de desocupação e estenderem essa retracção face ao mercado[116].

3) Tem muito mais relevância abordar-se efeitos de eficiência do controlo de rendas do que questões de justiça, ou questões redistributivas (gerar o acesso dos pobres à habitação, por exemplo):

- seja porque o controlo de rendas se afigura como abstractamente inadequado e susceptível de gerar mais problemas do que aqueles que resolve (as tais situações da carência absoluta por disparidade entre oferta e procura de unidades de habitação);
- seja ainda porque, em contextos dominados por uma tributação geral do rendimento, todos os mecanismos redistributivos que queiram adicionar-se àquele são potencialmente insignificantes, mais a mais quando se corre o risco de serem redundantes, duplicando, agora ao nível dos preços, a redistribuição já operada ao nível dos rendimentos;

4) Isso não significa que o controlo de rendas não seja um expediente redistributivo a que se pode recorrer quando a tributação se afigure um meio pouco eficiente (e mesmo assim tem que se estabelecer como desejável essa transferência de bem-estar dos senhorios para os arrendatários, o que não se apresenta como óbvio, em especial quando se determina que a classe dos senhorios não é colectivamente mais abastada do que a dos arrendatários)[117], ou quando haja reservas fundadas relativamente ao recurso à tributação da economia habitacional, seja porque se teme efeitos desincentivadores[118] e de «*lock-in*»[119], seja porque não se tem por facilmente determinável o ponto de «tributação óptima» do mercado[120];

---

[116] Cfr. RAPAPORT, Carol, "Rent Regulation and Housing-Market Dynamics", *American Economic Review*, 82 (1992), 450-451.

[117] Cfr. GLAESER, Edward L., "The Social Costs of Rent Control Revisited", *NBER Working Paper 5441* (1996), 2.

[118] Tem sido estudado o impacto de algumas medidas fiscais na decisão de saída do mercado do arrendamento em direcção ao mercado de compra de habitação própria – o que tem em larga medida a ver com a dimensão do rendimento disponível líquido de impostos, e portanto com a parcela que pode ser aforrada com vista aos pagamentos iniciais na aquisição de casa própria; e em larga medida também, como é óbvio, com o preço das

5) Na concorrência, interessa discriminar elementos qualitativos, e procurar estabelecer correlações entre os investimentos dos senhorios e as mudanças qualitativas na oferta; ou, se quisermos, as mudanças quantitativas nos *serviços* associados a cada *unidade* de habitação oferecida – sendo englobáveis na acepção mais ampla de «serviços» as escolhas de acessibilidade, vizinhança, qualidade ambiental e segurança, entre outras «externalidades colectivas» ou «de proximidade», que ocorrem em conjunto nas escolhas dos candidatos a arrendatários (aliás, uma forma de os cidadãos «votarem com os pés» o seu nível de aprovação a formas de administração local[121]) –:

– na realidade, muitas decisões que respeitam à habitação podem enquadrar-se em duas categorias, uma decisão de investimento em unidades de habitação e uma decisão de consumo de serviços de habitação, que, como já sublinhámos, se confundem no mercado da compra de habitação própria e se separam no mercado do arrendamento (a renda é determinada pelo objectivo do *uso*, não pelo da *titularidade* em termos de susceptibilidade de geração de rendimentos)[122];

---

casas no mercado. Cfr. ENGELHARDT, G.V., "House Prices and the Decision to Save for Down Payments", *Journal of Urban Economics*, 36 (1994), 209-237.

[119] A tributação da transmissão das casas cria efeitos de imobilização e de redução do nível de transmissões (efeitos de «*lock-in*»), tanto maiores quanto mais elevada é a taxa de ocupação do parque habitacional – e isso reflecte-se no bem-estar, seja no dos vendedores seja no dos compradores, dependendo de quem suporta efectivamente a carga tributária (sendo que um imposto que recaia sobre os compradores contribui para baixar os preços e não provoca tanto «*lock-in*» ou tanto agravamento dos custos de busca das casas). Cfr. LUNDBORG, P. & P. Skedinger, "Transaction Taxes in a Search Model of the Housing Market", *Journal of Urban Economics*, 45 (1999), 385–399.

[120] Tem-se entendido que é possível calcular com algum rigor as afectações Pareto-eficientes que podem resultar da tributação da habitação, mesmo levando em conta a diferenciação de gostos e de rendimentos do lado da procura, e alguma estratificação qualitativa do lado da oferta – entre casas de "gama alta", de "gama intermédia" e de "habitação social" –. Num tal contexto, a tributação "óptima" reclamará tratamentos diferenciados, e a não-linearidade da tributação, além de pacificamente se aceitar que no extremo inferior deve predominar o recurso a subsídios. Cfr. CREMER, H. & F. GAHVARI, "On Optimal Taxation of Housing", *Journal of Urban Economics*, 43 (1998), 315-335

[121] Cfr. TIEBOUT, Charles M., "A Pure Theory of Local Expenditures", *Journal of Political Economy*, 64 (1956), 416-424.

[122] SMITH, Lawrence B., KENNETH T. ROSEN & GEORGE FALLIS, "Recent Developments in Economic Models of Housing Markets", *Journal of Economic Literature*, 26 (1988), 35-36.

– outra forma de pôr a questão é a de se dizer que o proprietário da sua habitação opta pela produção dos serviços de habitação pelos seus próprios meios, enquanto o arrendatário opta pela aquisição desses serviços no mercado[123];
– a ponderação dos efeitos da «qualidade» na procura de casas para arrendamento conduz à utilização da técnica dos «preços hedónicos», uma forma de ponderação do valor das rendas de acordo com elementos que se tenham por determinantes da «disposição de pagar» dos arrendatários[124] (e da disposição de pagar dos compradores das casas[125]), e também uma forma de calcular aproximadamente os «custos de controlo das rendas», ou seja a diferença entre as rendas condicionadas e as rendas que, dadas as características das casas, seriam pagas na ausência daquele condicionamento. Tecnicamente, o índice de «preços hedónicos» é uma regressão das rendas face às características que determinam essas rendas – idade, dimensão, localização, saturação, proximidade e eficiência dos serviços públicos[126].

---

[123] Cfr. WEISS, Yoram, "Capital Gains, Discriminatory Taxes and the Choice Between Renting and Owning a House", *Journal of Public Economics*, 10 (1978), 45-56.

[124] Veja-se a análise aplicada do método dos "preços hedónicos" para a zona próxima do aeroporto de Reno-Sparks, da qual resulta uma nítida correlação negativa entre distância do aeroporto e valor das casas (no mercado da compra de habitação), contrastando com outros estudos que davam a proximidade dos aeroportos como um factor de valorização. Cfr. ESPEY, M. & H. LOPEZ, "The Impact of Airport Noise and Proximity on Residential Property Values", *Growth Change*, 31 (2000), 408-419. Outra demonstração da técnica de "preços hedónicos" fez-se observando a desvalorização do valor das casas em função da sua proximidade a uma nova exploração suinícola – cfr. PALMQUIST, R.B., F.M. ROKA & T. VUKINA, "Hog Operations, Environmental Effects, and Residential Property Values", *Land Economics*, 73 (1997), 114-124.

[125] A comprovação estatística da desvalorização das casas para venda, por efeito do encerramento da escola local, temo-la, por exemplo, em: BOGART, W.T. & B.A. CROMWELL, "How Much Is a Neighborhood School Worth?", *Journal of Urban Economics*, 47 (2000), 280–305. A colocação das escolas tem levado a estudos assentes em preços hedónicos (por vezes corrigidos por factores de autocorrelação espacial). Veja-se, por exemplo, BRASINGTON, D.M., "Which Measures of School Quality Does the Housing Market Value?", *Journal of Real Estate Research*, 18 (1999), 395-413.

[126] Cfr. BUTLER, Richard V., "The Specification of Hedonic Indexes for Urban Housing", *Land Economics*, 58 (1982), 96-108; CAUDILL, Stephen B., RICHARD B. AULT & RICHARD P. SABA, "Efficient Estimation of the Cost of Rent Controls", *Review of Economics and Statistics*, 71 (1989), 154-158; Rosen, Sherwin, "Hedonic Prices and Implicit Markets: Product Differentiation in Pure Competition", *Journal of Political Economy*, 82 (1974), 34-55.

6) Estabelecida uma função que relaciona o nível da renda à qualidade, e uma outra que estabelece a relação entre custos de conservação e velocidade de depreciação (dado um determinado nível de tecnologia), o senhorio optará pelo nível de custos de conservação que maximize o rendimento esperado da unidade (o rendimento líquido e descontado ao seu valor presente, como é óbvio)[127]; ora, na presença de formas de controlo de rendas «de segunda geração», não é de excluir que o próprio controlo seja usado para induzir investimentos na conservação e beneficiação – por exemplo, na medida em que melhorias de qualidade permitam promover a *unidade* habitacional a um segmento no qual deixa de aplicar-se o condicionamento de rendas (no caso de o controlo estar restrito às rendas mais baixas), na medida em que se permita uma repercussão irrestrita do custo das obras de conservação e beneficiação em aumentos, em «actualizações» de renda[128], ou na medida em que se estabeleça um incremento da segurança do arrendatário em contrapartida da promoção, por ele mesmo, das obras de conservação ou de beneficiação[129];

7) Um modelo de concorrência imperfeita no mercado do arrendamento é o da concorrência monopolística, nos termos da qual cada família que procura uma unidade de habitação está disposta a pagar, por razões de preferências idiossincráticas, uma renda mais elevada do que aquela que corresponde a unidades de habitação genericamente comparáveis àquela (e que portanto deveriam formar com aquela um mercado único, sujeito à concorrência de preços[130]) – o que confere aos senhorios um poder de

---

[127] Cfr. ARNOTT, Richard, "Economic Theory and Housing", *in* Mills, Edwin S. (org.), *Handbook of Regional and Urban Economics. II*, Amsterdam, North-Holland, 1987, 959-988.

[128] Como se estabelece nos arts. 13.º, 2 e 38.º segs. do RAU.

[129] Cfr. OLSEN, EDGAR O., "What Do Economists Know About the Effect of Rent Control on Housing Maintenance?", *Journal of Real Estate Finance and Economics*, 1 (1988), 295-307; *eiusdem*, "Is Rent Control Good Social Policy?", *Chicago-Kent Law Review*, 67 (1992), 931-945; ARNOTT, Richard, "Time for Revisionism on Rent Control?", *Journal of Economic Perspectives*, 9 (1995), 106; ARNOTT, Richard, RUSSELL DAVIDSON & DAVID PINES, "Housing Quality, Maintenance, and Rehabilitation", *Review of Economic Studies*, 50 (1983), 467-494.

[130] Cfr. ANAS, A., "Rent Control with Matching Economies. A Model of European Housing Market Regulation", *Journal of Real Estate Finance and Economics*, 15 (1997), 111-137; ARNOTT, Richard, "Housing Vacancies, Thin Markets, and Idiosyncratic Tastes", *Journal of Real Estate Finance and Economics*, 2 (1989), 5ss.; ARNOTT, Richard & MASAHIRO IGARASHI, "Rent Control, Mismatch Costs and Search Efficiency", *Regional Science and Urban Economics*, 30 (2000), 249ss..

mercado que eles aproveitam para cobrarem rendas acima do custo marginal, sendo no entanto que esse poder de mercado só se manterá no longo prazo se se mantiver igualmente um número significativo de casas devolutas, já que, como é sabido, a concorrência, mesmo a concorrência monopolística, tende para a estabilização com «lucro zero» – admitindo-se, como referimos já, que exista um «nível óptimo de desocupação» que minimiza os «custos de busca», similar à «taxa natural de desemprego»[131];

– na realidade, poderá sustentar-se que o mercado da habitação não é um mercado único no sentido neoclássico, mas sim uma série de sub-mercados diferenciados em termos geográficos, qualitativos, e até jurídicos e financeiros; isto para não falarmos já da muito óbvia heterogeneidade do próprio bem transaccionado, que leva os consumidores a discriminarem a oferta de acordo com as suas características, procedendo a verdadeiras escolhas, em que prepondera o elemento qualitativo e a verdadeira incomparabilidade objectiva[132].

8) Em situações de concorrência monopolística, o controlo das rendas justificar-se-á *moderadamente*, na medida em que possa mitigar-se o poder de mercado dos senhorios que resulte de assimetrias informativas, de «custos de busca» ou da simples heterogeneidade das unidades de habitação oferecidas, quando esse poder de mercado gere «*deadweight losses*» sob forma de coexistência de desalojamento e de casas devolutas, sendo pois possíveis incrementos de bem-estar através desse controlo limitado das rendas – na medida em que esse controlo possa, numa palavra, «dinamizar» o mercado do arrendamento[133];

---

[131] Cfr. ARNOTT, Richard & MASAHIRO IGARASHI, "Rent Control, Mismatch Costs and Search Efficiency", *Regional Science and Urban Economics*, 30 (2000), 250; Hosios, A., "On the Efficiency of Matching and Related Models of Search and Unemployment", *Review of Economic Studies*, 57 (1990), 279-298; NAGY, John, "Do Vacancy Decontrol Provisions Undo Rent Control?", *Journal of Urban Economics*, 42 (1997), 64ss.; WHEATON, W., "Vacancy, Search, and Prices in a Housing Market Matching Model", *Journal of Political Economy*, 98 (1990), 1270-1292.

[132] Cfr. ROSEN, Sherwin, "Hedonic Prices and Implicit Markets: Product Differentiation in Pure Competition", *Journal of Political Economy*, 82 (1974), 34-55; SMITH, Lawrence B., KENNETH T. ROSEN & GEORGE FALLIS, "Recent Developments in Economic Models of Housing Markets", *Journal of Economic Literature*, 26 (1988), 30, 37.

[133] Cfr. ARNOTT, Richard, "Time for Revisionism on Rent Control?", *Journal of Economic Perspectives*, 9 (1995), 107; ARNOTT, Richard & MASAHIRO IGARASHI, "Rent Control, Mismatch Costs and Search Efficiency", *Regional Science and Urban Economics*, 30 (2000), 250, 277; NGUYEN, Trien T. & JOHN WHALLEY, "Equilibrium under Price Controls with Endogenous Transaction Costs", *Journal of Economic Theory*, 39 (1986),

9) Outro modelo de concorrência imperfeita no mercado do arrendamento é o modelo contratual, centrado nas questões da assimetria informativa e respectivos efeitos na configuração de uma estrutura contratual imune aos embates de contingências futuras[134]. Pode imaginar-se, por exemplo, os efeitos da selecção adversa num mercado em que os senhorios não conhecem ainda as características relevantes dos candidatos a inquilinos, mas são forçados a contratar antes que essa informação consiga completar-se (caso em que o prazo dos contratos terá tendência a encurtar-se, aumentando a pressão política do «*lobby*» dos senhorios no sentido da ampliação das causas de despejo), ou os efeitos da descoberta dos «maus» inquilinos no incremento de mobilidade destes (em consequência de os senhorios aumentarem as rendas dos seus piores inquilinos, tentando «empurrá-los», sob forma de externalidades negativas, para outros senhorios[135]), casos em que algum controlo de rendas pode:

— seja servir, na ausência de um sistema generalizado de seguro, de resguardo contra um aumento súbito e drástico das rendas ou contra a fragilização súbita da relação contratual[136];
— seja mitigar os efeitos daquela «circulação externalizadora», que leva os senhorios a assumirem uma atitude defensiva que degrada a posição de todos os intervenientes (agravando o «*deadweight loss*» resultante da retracção da sua disposição para contratarem)[137];
— seja evitar a multiplicação de «situações de busca», em casos em que o mercado livre criasse excessiva mobilidade (com baixos custos privados de quebra do vínculo contratual, incentivando a externalização).

290-300; WEIBULL, Jörgen W., "A Dynamic Model of Trade Frictions and Disequilibrium in the Housing Market", *Scandinavian Journal of Economics*, 85 (1983), 373-392.

[134] Cfr. BÖRSCH-SUPAN, Axel, "On the West German Tenants' Protection Legislation", *Journal of Institutional and Theoretical Economics*, 142 (1986), 380-404 (veja-se ainda a variante com controlo de rendas e emergência de «licitações subterrâneas», nomeadamente o estabelecimento de um «preço de chave» a favor do senhorio, em WEBER, Shlomo & HANS WEISMETH, "Contract Equilibrium in a Regulated Rental Housing Market", *Journal of Urban Economics*, 21 (1987), 59-68).

[135] Uma «*bad-tenant turnover externality*» – cfr. ARNOTT, Richard, "Time for Revisionism on Rent Control?", *Journal of Economic Perspectives*, 9 (1995), 107-108.

[136] Cfr. SKELLEY, C., "Rent Control and Complete Contract Equilibria", *Regional Science and Urban Economics*, 28 (1998), 711ss..

[137] Cfr. EARLY, Dirk W., "Rent Control, Rental Housing Supply, and the Distribution of Tenant Benefits", *Journal of Urban Economics*, 48 (2000), 185ss..

10) Uma das formas de «controlo de segunda geração» é o designado *«tenancy rent control»*, que permite aos senhorios liberdade na fixação de rendas nominais, mas depois os limita na possibilidade de aumentos das rendas ou de despejo do arrendatário – ou seja, os limita nas suas salvaguardas contra a inflação –. Isso expõe os senhorios a um mecanismo de selecção adversa, já que existe uma informação assimétrica entre eles e os candidatos a inquilinos quanto à duração projectada do contrato, que é naturalmente do conhecimento destes, mas não necessariamente do daqueles. Esse problema poderia ser eventualmente resolvido através da provisão de cláusulas salvaguardando a parte menos informada, como por exemplo o estabelecimento de cauções, de cláusulas penais, de medidas compulsivas e outros expedientes para contornar os limites do controlo das rendas: só que esses arranjos contratuais são precisamente aquilo que o controlo de rendas visa evitar. A consequência é que, só podendo haver recuperação de rendas de equilíbrio nos novos arrendamentos, num ambiente inflacionista os senhorios procurarão a celebração dos arrendamentos com os prazos mais curtos possíveis, tentando fugir da «selecção adversa» que resultaria de contratarem com arrendatários com intuitos (não-revelados) de permanecerem numa relação contratual muito protraída[138].

11) Às abordagens teóricas acresce também a análise das consequências práticas, políticas, que tem a adopção de soluções de controlo de rendas – começando por ter que se indagar qual o peso do «mercado político», do «mercado dos favores políticos», na geração das soluções de controlo.

– Por exemplo, a «captura» de um excedente de bem-estar aos senhorios por parte dos arrendatários através do controlo de rendas deveria ser uma solução muito mais difundida, dada a habitual desproporção de número, e portanto de peso eleitoral, entre arrendatários e senhorios (desproporção que tende a atenuar-se com a explosão do mercado de compra e venda de habitação própria, visto que os proprietários são abatidos ao contingente dos arrendatários ou candidatos a arrendatários), e dada ainda a prevalência de critérios de justiça de resultados sobre critérios de mera igualdade de oportunidades, que pareceriam reclamar uma maior estabilização de rendas e uma maior salvaguarda contra choques do

---

[138] Cfr. BASU, Kaushik, "Technological Stagnation, Tenurial Laws, and Adverse Selection", *American Economic Review*, 79 (1989), 251-255; NAGY, J., "Do Vacancy Decontrol Provisions Undo Rent Control?", *Journal of Urban Economics*, 42 (1997), 64-78.

nível das rendas ou da qualidade do parque habitacional destinado a arrendamento[139];
— Em contrapartida, o estabelecimento de controlos pode autoperpetuar-se em formas que reclamam a crescente intervenção do Estado, como se de um «monstro tentacular» e incontrolável se tratasse (que mais não seja porque os efeitos dos controlos de rendas tendem a ser cumulativos); ora isso agrava os custos administrativos – de supervisão da aplicação das normas legais, de estimação das soluções de acordo com uma previsão do impacto e incidências da «política de rendas», etc. – e aumenta a probabilidade de «falhas de intervenção», duas entre várias razões para o recuo do Estado e para a desregulamentação do mercado de arrendamento[140];
— Há que não esquecer ainda que os próprios controlos «de segunda geração» têm sido amiúde criticados por provocarem ainda maiores aumentos de custos administrativos – gerando perdas de eficiência desproporcionadas aos ganhos obtidos com medidas intermédias (medidas pouco afastadas do desfecho espontâneo do mercado), como a estabilização das rendas de acordo com planos de indexação, formas de «ancoragem explícita» que muitos consideram irrelevantes[141].

iii) *Crítica da perspectiva contemporânea. O agravamento das perdas de bem-estar*

Pode, contudo, perguntar-se se essa confiança na flexibilização propiciada pelos controlos «de segunda geração» é inteiramente fundada, e se não haverá razões para se terem como inerradicáveis algumas consequências nefastas do controlo das rendas, nomeadamente as que se prendem com as perdas de bem-estar social:
— É que podem acrescentar-se à análise «canónica» dos efeitos do estabelecimento de preços máximos algumas «*nuances*» e especificidades do mercado habitacional que tornam ainda mais nítida a

---

[139] Como se observa em FALLIS, George, "Rent Control: The Citizen, the Market, and the State", *Journal of Real Estate Finance and Economics*, 1 (1988), 309-320.

[140] Cfr. ARNOTT, Richard, "Time for Revisionism on Rent Control?", *Journal of Economic Perspectives*, 9 (1995), 109-110.

[141] Cfr. RAPAPORT, Carol, "Rent Regulation and Housing-Market Dynamics", *American Economic Review*, 82 (1992), 447, 449.

consequência da distorção na afectação justa ou eficiente dos recursos: em particular, o facto de a curva da procura, neste mercado, dever-se quase exclusivamente à heterogeneidade dos consumidores e não às escalas de preferências destes (em princípio cada um dos consumidores procura apenas uma *unidade* de habitação no mesmo mercado, e aqueles que procuram «segunda habitação» tendem a procurá-la num mercado diferente) determina que o *plafond* das rendas permita nivelar diversas «disposições de pagar rendas» e traga como consequência que as casas possam ir parar à «mãos erradas», isto é, aos arrendatários com mais fraca disposição de pagar, a pessoas que são capazes de arrendar ainda que esse arrendamento lhes traga uma utilidade comparativamente baixa;
– isso torna desaconselhável o controlo de rendas que fixe estas a níveis próximos do preço de equilíbrio do mercado, pois então o que se consiga em termos de se mitigar a retracção da oferta de casas será destruído por um custo mais importante, esse que decorre da afectação das casas a arrendatários com disposição relativamente baixa de pagar, excluindo aqueles que têm mais elevado «excedente de bem-estar». E isto porque a má afectação das casas pelo espectro dos potenciais arrendatários resulta precisamente do carácter não-contínuo da procura, e do facto de essa procura se diferenciar em termos de pura heterogeneidade, que tornam difícil a comparação intersubjectiva das «disposições de pagar» e bloqueiam a licitação «coaseana» entre eles[142].

Insistimos neste segundo ponto: que a análise «canónica» dos efeitos de bem-estar resultantes do controlo de preços é uma simplificação que faz tábua-rasa de inúmeras complicações e concausalidades, é facto há muito estabelecido, e tem reclamado incrementos de sofisticação que abarcam a interconexão de mercados ou a ponderação de elementos qualitativos[143]; não tem havido, contudo, suficiente ênfase na transposição para o mercado da habitação dos efeitos de distorção da afectação eficiente dos recurso aos consumidores, embora esses efeitos já tenham sido estudados[144].

---

[142] Cfr. GLAESER, Edward L., "The Social Costs of Rent Control Revisited", *NBER Working Paper 5441* (1996), 4, 32.

[143] Cfr. GOULD, J. & S. HENRY, "The Effects of Price Control on a Related Market", *Economica*, 34 (1967), 42-49; Frankena, Mark, "Alternative Models of Rent Control", *Urban Studies*, 12 (1975), 303-308.

[144] Os *«misallocation costs»* – cfr. HUBERT, F., *The Regulation of Rental Contracts in the Housing Market*, Frankfurt, Peter Lang, 1991.

Em particular, e como já referimos, o nivelamento provocado pelo controlo das rendas coloca no mesmo pé candidatos ao arrendamento com diferentes disposições de pagar, incluindo os recém-chegados candidatos que seriam excluídos pelo preço de equilíbrio no mercado, e cuja disposição de pagar se encontrava, portanto, abaixo daquele limiar de eficiência. Gera-se aqui uma situação dilemática: se a procura de casas para arrendar for muito inelástica, haverá, depois do controlo das rendas, poucos recém-chegados com disposições de pagar inferiores, mas a perda absoluta de bem-estar decorrente da fixação de preços será máxima; se aquela procura for muito elástica, o «*deadweight loss*» é mitigado, mas os novos concorrentes ao arrendamento entrarão em muito maior número no mercado, «capturando» uma parte do incremento de bem-estar que fora inicialmente conseguido pela limitação das rendas, bloqueando aquela transferência de bem-estar que discriminaria a favor daqueles cuja disposição de pagar fosse a mais elevada, a mais distante do nível que é fixado pelo controlo das rendas.

O nivelamento não atinge candidatos homogéneos com um contínuo de preferências representável numa escala de procura, de que a curva da procura fosse simples somatório – única hipótese de aquele nivelamento não provocar distorções e perdas de bem-estar para aqueles consumidores que, estando dispostos a pagar mais do que a nova renda controlada, aparentemente seriam aqueles que tinham mais a ganhar com o controlo das rendas, e que veriam aumentar o seu excedente de bem-estar se não fosse essa concorrência superveniente da parte daqueles que não contribuíram para o estabelecimento do controlo das rendas (e portanto «vão à boleia» desse benefício comum).

Esta situação merece uma breve «análise de bem-estar» em termos gráficos, remetendo-se aqui para o Anexo:

a. Numa situação sem controlo de rendas [Fig. I], não há, nem «perdas absolutas de bem-estar», nem «transferências de bem-estar» entre senhorios e inquilinos.

i. O «excedente do consumidor» [c] representa o somatório de todas as diferenças entre «disposição de pagar» e a renda que é efectivamente paga, desde a diferença máxima daquele que, por dispor de maior rendimento ou por ter mais urgência, está disposto a suportar rendas muito mais elevadas do que a renda de equilíbrio, até à diferença mínima do «inquilino marginal» cuja disposição de pagar praticamente coincide com a renda de equilíbrio, e que seria portanto o primeiro a sair do mercado se aquela renda subisse (por pouco que fosse);

ii. O lucro dos senhorios [d] é por sua vez o somatório de todas as diferenças entre «disposição de arrendar» (disposição que, no caso, é determinada pelos custos da oferta) e a renda de equilíbrio, desde a diferença máxima que beneficia o mais eficiente dos produtores de unidades de habitação para arrendar até à diferença mínima do «senhorio marginal», daquele cujo custo se aproxima tanto da renda de equilíbrio que mesmo a mais ínfima descida forçaria a sua saída do mercado;

iii. Nenhum «excedente do consumidor» dos arrendatários é alcançado à custa da perda de lucros dos senhorios, e vice-versa; ambos estão maximizados, no sentido de que não é possível expandir [c] senão à custa de [d], e vice-versa.

b. Numa situação em que as rendas são controladas e congeladas a um nível inferior ao de equilíbrio [Fig. II] imediatamente se registam «perdas absolutas de bem-estar» e «transferências de bem-estar» dos senhorios a favor dos inquilinos.

i. O abaixamento do nível das rendas leva a uma retracção da oferta, dado que saem do mercado todos os «senhorios marginais» cuja «disposição de arrendar» (o custo), sendo inferior à renda de equilíbrio, é todavia superior à renda controlada;

ii. Dado que essa retracção não pode ser contrariada pela concomitante expansão da procura, o nível de actividade decresce – de [b] para [b1] – e passa a haver menos arrendamentos;

iii. Havendo menos arrendamentos, desde logo há «excedente do consumidor» e lucro do senhorio que se perdem em absoluto e não revertem em benefício de ninguém, o que significa que deixam de arrendar os senhorios que arrendariam (com lucro) a um nível de rendas mais elevado – representados por [h] –, e que ficarão privados de alojamento arrendado muitos candidatos que conseguiriam arrendar (e ainda com «excedente do consumidor») a esse nível de rendas mais elevado – representados por [i] –;

iv. Além disso, regista-se uma perda relativa de bem-estar dos senhorios em benefício dos inquilinos – afinal, o próprio objectivo aparente de muitos dos controlos de rendas –, implicando isso que mesmo para os senhorios que sobreviveram ao abaixamento das rendas (os «não-marginais» cujos custos eram ainda inferiores às novas rendas mais baixas) o lucro diminuiu, e com ele o incentivo para produzir mais unidades arrendáveis;

v. Isso significa também que, para os inquilinos que permanecem no mercado, ou seja, os «não-marginais» que não são excluídos do mercado, nem passaram a sê-lo, pelo congelamento das rendas, o «excedente do consumidor» pode ter aumentado (ou seja, a perda absoluta – representada por [h] – pode ter sido mais do que compensada pelo ganho relativo da «captura de bem-estar» – representada por [f] –); mas também é aparente pela análise gráfica que, se for outra a inclinação das curvas da oferta e da procura (denotando por exemplo maior inelasticidade da procura), pode dar-se bem o caso de essa «captura de bem-estar» nem sequer ser compensadora do «*deadweight loss*», ficando pois até prejudicado no seu bem-estar o próprio inquilino *médio* (e não já somente o inquilino marginal).

c. Numa situação em que o «nivelamento forçado» entre inquilinos com diferentes disposições de pagar conduz a alguma aleatoriedade na afectação das casas arrendadas [Fig. III], há a considerar uma nova, e extensa, perda absoluta de bem-estar.

i. Tornando-se irrelevante revelar no mercado uma muito elevada disposição de pagar (dada a insusceptibilidade de ganhar através de uma licitação de preços), os candidatos a inquilinos com maior disposição de pagar nivelarão a parte superior da curva da procura, limitando-se a exprimir uma «disposição média de pagar» que assegure a não-exclusão num jogo de licitação por outros meios que não o dos preços;

ii. Dado que a revelação de uma «disposição máxima de pagar» não assegura a vitória na licitação, mesmo que essa revelação ocorresse ela não impediria que, aleatoriamente, as casas tendessem a ser afectadas para um limite central, precisamente o da «disposição média de pagar»;

iii. Esse efeito amplia-se pela circunstância de o abaixamento do nível das rendas ter feito aumentar a procura (veja-se o ponto em que o nível [a1] intercepta a curva da procura [Pr]), havendo agora mais candidatos a disputarem um número menor de casas oferecidas para arrendamento (o nível [b1]), tornando crescentemente improvável e aleatório que a primeira casa disponível seja atribuída ao candidato com maior disposição de pagar;

iv. Isso configura uma «falha de mercado», especificamente a insusceptibilidade de, a preços congelados, haver uma afectação eficiente, maximizadora de bem-estar – sendo a correspondente «perda absoluta de bem--estar» representada pelo somatório das diferenças entre disposições de pagar *acima da média* e disposição *média* de pagar – representada por [k] –;

v. Se se reconhece que a «perda absoluta de bem-estar» dos inquilinos é mais extensa por via desta falha de mercado (não é já só [h], é [h + k]), mais comum e fácil de demonstrar se torna que o controlo das rendas provoca, no cômputo final, «perdas absolutas» superiores aos «ganhos relativos» dos inquilinos, pelo que também estes têm a perder em média, reduzindo-se drasticamente o número daqueles inquilinos que efectivamente beneficiam do controlo, e, para estes, a dimensão do próprio «excedente do consumidor» (agora confinado a [j + f]).

Tudo se resolveria sem perda de eficiência se pudesse verificar-se a hipótese «coaseana» da ausência de custos de transacção, pois isso permitiria uma reafectação de recursos por renegociação (aqueles que tivessem mais elevada disposição de pagar revelá-la-iam «comprando» o direito ao arrendamento àqueles que tivessem menor disposição de pagar e por qualquer motivo tivessem sido bafejados com a sorte da atribuição de uma casa arrendada, através do pagamento a estes últimos da diferença entre as duas «disposições»); e o mesmo se diria na presença de um mecanismo de afectação extremamente eficiente, que permitisse atribuir, com o mínimo custo, as casas para arrendamento segundo o padrão maximizador do bem-estar social[145]. Só que, como já referimos, a heterogeneidade da oferta, os elementos idiossincráticos da procura, e uma série de outras características que aproximam o mercado do arrendamento do protótipo da «concorrência monopolística» e que agravam os custos de busca e de transacção – por exemplo, a fixidez espacial e a diversidade da oferta que impedem uma disseminação eficiente de informação de mercado entre os interessados[146] – tornam impossível uma tal «rectificação coaseana».

A existência de uma segmentação do mercado do arrendamento em termos de qualidade, ou seja, o facto de nem todos os candidatos com uma disposição de pagar superior ao valor da renda controlada disputarem *as mesmas casas*, havendo «bens inferiores» à medida que cresce o rendimento médio ou a heterogeneidade de rendimentos dos candidatos, diminui o impacto das distorções na afectação, os *«misallocation costs»*, que resultam do controlo das rendas, e volta a sobressair isoladamente o efeito de perda absoluta de bem-estar, de *«deadweight loss»*[147]. Outro factor que contribui para a diminuição do peso dos *«misallocation costs»* é o efeito dinâmico, isto é, o facto de o controlo de rendas surgir num contexto em que a maior parte das afectações das casas está já consumada (e, pre-

---

[145] Cfr. GLAESER, Edward L., "The Social Costs of Rent Control Revisited", *NBER Working Paper 5441* (1996), 6, 10, 19; SUEN, W., "Rationing and Rent Dissipation in the Presence of Heterogeneous Individuals", *Journal of Political Economy*, 97 (1989), 1384ss.

[146] Cfr. CHINLOY, Peter T., "An Empirical Model of the Market for Resale Homes", *Journal of Urban Economics*, 7 (1980), 279-292.

[147] O que era já sublinhado em: FRANKENA, Mark, "Alternative Models of Rent Control", *Urban Studies*, 12 (1975), 303-308.

sume-se, a um nível eficiente, visto que as rendas anteriores não teriam sido controladas), e em que portanto a disputa ineficiente se restringe «*ex nunc*» ao universo restrito – no curto prazo – das casas devolutas. Note-se que, além dos efeitos do controlo das rendas na repartição dos excedentes de bem-estar entre senhorios e arrendatários, existem também efeitos dinâmicos sobre a taxa de ocupação das casas, isto é, sobre o volume de unidades devolutas e a duração dessa desocupação[148].

Evidentemente que, se admitíssemos a omnipotência e omnisciência do Estado, teríamos a possibilidade de entrever um óptimo de afectação de bem-estar no mercado do arrendamento através da supervisão e da adjudicação benevolente do Estado, que eliminaria todos os «*misallocation costs*», ou mais especificamente os «*mismatch costs*», os custos do «não-contrato», dirigindo cada candidato a arrendatário para a sua unidade de habitação ideal; ainda poderíamos conceber uma situação intermédia de promoção pública de bem-estar, na qual o Estado controlaria a oferta e o nível das rendas mas não conseguiria observar eficientemente os «custos de transacção» no mercado do arrendamento; a situação menos eficiente será, nesta perspectiva, aquela em que o Estado controla directamente apenas as rendas, e não o nível da oferta ou a eficiência nas transacções[149].

Evidentemente que o que se afirma é que por si só o controlo de rendas tende a gerar graves perdas de bem-estar social e graves distorções na afectação *eficiente* das casas, em termos de maximização do bem-estar remanescente – e que por isso a abolição do condicionamento tende para o aumento do bem-estar social e para o aumento da eficiência. Mas nada se diz quanto à proeminência de um outro objectivo, nomeadamente de um objectivo de justiça redistributiva, a que por consenso social os objectivos de eficiência e de maximização de bem-estar devam ser sacrificados. Por exemplo, se o sistema de afectação de casas para arrendamento estiver predisposto para o alojamento ou realojamento das camadas mais pobres – e em especial de certas casas que no mercado da habitação sejam consideradas bens inferiores, sendo pois que ao seu arrendamento não concorrem

---

[148] Cfr. IGARASHI, M., "The Rent-Vacancy Relationship in the Rental Housing Market", *Journal of Housing Economics*, 1 (1992), 251-270; Rapaport, Carol, "Rent Regulation and Housing-Market Dynamics", *American Economic Review*, 82 (1992), 446-451.

[149] ARNOTT, Richard & MASAHIRO IGARASHI, "Rent Control, Mismatch Costs nd Search Efficiency", *Regional Science and Urban Economics*, 30 (2000), 260; HEFFLEY, D., "Landlords, Tenants and the Public Sector in a Spatial Equilibrium Model of Rent Control", *Regional Scien e and Urban Economics*, 28 (1998), 745-772.

candidatos de mais elevados rendimentos –, então o objectivo do controlo das rendas sobreleva sobre os demais[150].

IV. OS EFEITOS DA DESREGULAMENTAÇÃO

Feita a crítica da regulamentação das rendas, e mais especificamente do controlo e do congelamento das rendas, e colocadas dúvidas quanto às virtualidades redentoras de uma via intermédia ou «mitigada», cabe agora perguntar se a desregulamentação resolverá simetricamente todos os males da regulamentação – devendo colocar-se a hipótese de ocorrerem a «histerese» (a dilação dos efeitos para lá da erradicação da causa) e a irreversibilidade, e devendo ponderar-se os «choques» redistributivos que adviriam da abolição de um quadro jurídico à sombra do qual muitas situações fácticas se consolidaram longamente.

Dir-se-á, muito sucintamente, que a desregulamentação do mercado do arrendamento pode ter em abstracto efeitos positivos e negativos.

– Positivos:

1. Aumenta o bem-estar social;
2. Reduz a probabilidade de «falhas de mercado» e de *rent seeking* («vitórias de secretaria» extra-mercado);
3. Reduz os «custos administrativos» das soluções «de segunda geração»;
4. Melhora a qualidade e o estado de conservação das casas;
5. Baixando a taxa de desocupação, reduz a pressão centrífuga e a desertificação dos centros urbanos;
6. Aumenta a mobilidade, diminuindo a duração média dos contratos (e os concomitantes riscos para o senhorio);
7. Reduz a pressão da procura – e (*ceteris paribus*) baixa os preços no mercado da compra de habitação própria.

– Negativos:

1. Dado que a mediana das rendas tende a subir, pode implicar o desalojamento maciço dos ex-«arrendatários protegidos», que foram insensibilizados aos efeitos do mercado;

---

[150] Cfr. GLAESER, Edward L., "The Social Costs of Rent Control Revisited", *NBER Working Paper 5441* (1996), 18.

2. Pode implicar a concentração, no curto prazo, em arrendamentos de luxo, empurrando irreversivelmente candidatos com rendimentos médios para o mercado da compra de habitação própria (candidatos que já não regressam quando os preços voltarem a cair, o que pode significar rendas de equilíbrio muito baixas no longo prazo) – ou seja, como em todos os movimentos de desregulamentação, pode provocar «custos de ajustamento» que não são isentos de efeitos redistributivos;

3. Pode dificultar a inserção social das camadas mais pobres em áreas em que as rendas estabilizem livremente, e longamente, em níveis elevados.

Algumas das questões que têm que se colocar perante a hipótese de desregulamentação são:

a) renascendo o incentivo à reabilitação do parque habitacional, significará isso o desalojamento maciço daqueles inquilinos que manifestamente não acompanharão a repercussão dos custos das obras no nível das rendas?

b) até que nível chegarão as rendas para os inquilinos actuais?

c) quanto tempo demorará a organizar-se um mercado de arrendamento para inquilinos com rendimentos médios e baixos?

Podemos ter a certeza de que a desregulamentação subirá as rendas no curto prazo, mas isso terá efeitos discriminados: ou seja, serão beneficiados alguns inquilinos, e candidatos a inquilinos, que o controlo de rendas excluía do mercado ou remetia para habitação de baixa qualidade, e verdadeiramente beneficiados serão aqueles inquilinos que, não tendo sido excluídos, maximizam o seu «excedente do consumidor», não raro à custa do declínio do valor real das rendas que pagaram. Além disso, pode esperar-se a melhoria da qualidade e da quantidade das casas oferecidas, não apenas porque as rendas aumentam os rendimentos dos senhorios mas também porque diminuem para estes os riscos ínsitos na imobilização prolongada do contrato.

Em geral, estudos empíricos têm permitido determinar, quanto a experiências concretas de desregulamentação, que:

a) a mediana das rendas tende a subir (no curto prazo, ou seja, ao menos até que se expanda a oferta no mercado do arrendamento, em resposta à subida das rendas)[151];

---

[151] O processo dinâmico de reacção a "choques de preços" no mercado da habita-

b) as rendas mais elevadas (em média) são pagas pelos novos inquilinos no sector anteriormente controlado e agora desregulamentado, e as rendas mais baixas são pagas pelos antigos inquilinos que permanecem nesse sector – que é o sector da habitação da classe média[152];

c) as subidas mais pronunciadas verificam-se nas rendas dos novos inquilinos nesse sector anteriormente controlado, logo seguidas daquelas que atingem os inquilinos que já estavam nesse sector e que nele permanecem, sendo por fim menos pronunciadas as subidas no sector que já anteriormente era não-controlado;

d) os períodos de transição para a desregulamentação das rendas podem ser acompanhados da subsistência de rendas elevadas no sector já desregulamentado, mormente se os senhorios mantiverem a sua desconfiança quanto ao carácter permanente da desregulamentação e quiserem precaver-se contra futuros regressos a regimes controlados (uma especulação «estabilizadora» em reacção a medidas políticas pouco credíveis)[153];

e) a taxa de desocupação diminui drasticamente;

f) a subida das rendas não causa movimentos muito significativos de abandono por parte dos inquilinos que beneficiavam, e deixaram de beneficiar, do controlo das rendas, e que tendem a apresentar os mais longos índices de duração dos contratos;

ção, configurando um padrão de "resposta óptima" de despesa de consumo e de poupança familiar de um utente com capacidade de previsão de condições emergentes, dado um quadro confinado de opções contratuais e financeiras disponíveis, é objecto de análise em: MILES, David, *Housing, Financial Markets and the Wider Economy*, CHICHESTER, Wiley, 1994 (em especial o Cap. IV, "House-price Shocks and Consumption with Forward-looking Households", 69ss.).

[152] As políticas de habitação têm-se bifurcado completamente nas economias desenvolvidas, manifestando a presença de duas lógicas distintas e de certo modo contrárias, ou pelo menos desiguais e «polarizadas», a da "habitação social" e a da habitação da classe média – sendo que é neste sector, o mais afectado pelo controlo das rendas (porque aquele em que o desfasamento com a renda de equilíbrio é mais pronunciado), que o recuo da regulamentação se tem feito sentir com maior intensidade. Cfr. KLEINMAN, Mark, *Housing, Welfare and the State in Europe: A Comparative Analysis of Britain, France and Germany*, Cheltenham, Elgar, 1996 (em especial os Caps. II, "Britain: An Anglo-Saxon Housing Policy?", 18ss., III, "France: «Qui Dit Marché, Dit Exclusion»", 58ss., e IV, "Germany: From Social Market to Free Market", 90ss.).

[153] Prevendo um tempo de transição de um mínimo de 20 a 30 anos, cfr. EARLY, D.W. & J.T. PHELPS, "Rent Regulations' Pricing Effect in the Uncontrolled Sector: An Empirical Investigation", *Journal of Housing Research*, 10 (1999), 267-285.

g) como é de esperar-se num contexto de desregulamentação, podem seguir-se momentos de expansão e de contracção do mercado do arrendamento, em movimentos de ajustamento do mercado que não são isentos de custos e de efeitos distributivos[154].

ANEXO

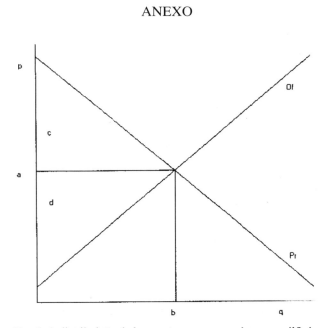

FIG. I. A distribuição de bem-estar num mercado em equilíbrio:

Legenda:
a – preço (renda) de equilíbrio
b – quantidade (de casas arrendadas) ao preço de equilíbrio
c – excedente do consumidor, ou bem-estar, dos arrendatários (diferença entre a disposição de pagar, representada pela curva da procura, e aquilo que é efectivamente pago, o preço de equilíbrio)
d – lucro, ou bem-estar, dos senhorios (diferença entre a disposição de arrendar –

---

[154] Cfr. MAISEL, Sherman J., "A Theory of Fluctuations in Residential Construction Starts", *American Economic Review*, 53 (1963), 359-383; MALPEZZI, Stephen, "Housing Prices, Externalities, and Regulation in U.S. Metropolitan Areas" *Journal of Housing Research*, 7 (1996), 209-24.

determinada pelo custo –, representada pela curva da oferta, e aquilo que é efectivamente recebido, o preço de equilíbrio)
  p – eixo dos preços (rendas)
  q – eixo das quantidades (de casas arrendadas)
  Of – curva da oferta
  Pr – curva da procura

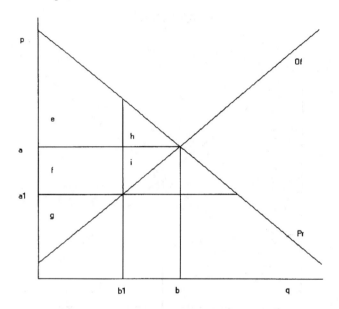

FIG. II. A distribuição de bem-estar num mercado com controlo de rendas:

Legenda:
a – preço (renda) de equilíbrio
a1 – preço máximo (renda controlada)
b – quantidade (de casas arrendadas) ao preço de equilíbrio
b1 – quantidade (de casas arrendadas) ao novo preço máximo
e – excedente do consumidor remanescente
f – transferência de bem-estar, dos senhorios para os arrendatários (perda *relativa* de bem-estar dos senhorios)
(e + f = bem-estar dos arrendatários)
g – remanescente do lucro, ou bem-estar, dos senhorios
h – perda absoluta de bem-estar dos arrendatários (excedente do consumidor que se perdeu com a retracção de b para b1)
  i – perda absoluta de bem-estar dos senhorios (lucro que se perdeu com a retracção de b para b1)

(h + i = perda absoluta de bem-estar, «*deadweight loss*», resultante do controlo das rendas)
p – eixo dos preços (rendas)
q – eixo das quantidades (de casas arrendadas)
Of – curva da oferta
Pr – curva da procura

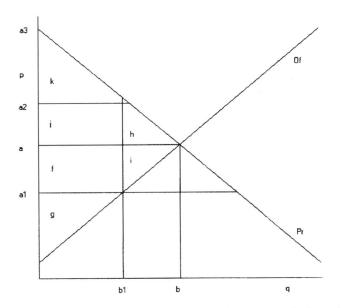

FIG. III. A distribuição de bem-estar num mercado com controlo de rendas e afectação aleatória das casas:

Legenda:
a – preço (renda) de equilíbrio
a1 – preço máximo (renda controlada)
a2 – disposição média de pagar, a valorização esperada das casas por arrendar depois do controlo das rendas (um ponto aproximadamente equidistante de a1 e a3)
a3 – disposição máxima de pagar (a renda que pagaria aquele que mais utilidade atribui ao arrendamento de uma casa, se as rendas não fossem controladas)
b – quantidade (de casas arrendadas) ao preço de equilíbrio
b1 – quantidade (de casas arrendadas) ao novo preço máximo
f – transferência de bem-estar, dos senhorios para os arrendatários (perda *relativa* de bem-estar dos senhorios)
g – remanescente do lucro, ou bem-estar, dos senhorios

h – perda absoluta de bem-estar dos arrendatários (excedente do consumidor que se perdeu com a retracção de b para b1)

i – perda absoluta de bem-estar dos senhorios (lucro que se perdeu com a retracção de b para b1)

j – remanescente do excedente do consumidor

(j + f = bem-estar dos arrendatários)

k – perda absoluta de bem-estar resultante da afectação aleatória das casas (a insusceptibilidade de discriminar entre disposições de pagar *acima* da média, resultando na impossibilidade de arrendar *através do mercado*)

(h + i + k = perda absoluta de bem-estar, «*deadweight loss*», resultante do controlo das rendas)

p – eixo dos preços (rendas)

q – eixo das quantidades (de casas arrendadas)

Of – curva da oferta

Pr – curva da procura

SUBARRENDAMENTO*

Pedro Romano Martinez**

SUMÁRIO: 1. O subarrendamento como modalidade de sublocação; 2. Conceito de subarrendamento; 3. Subarrendamento total e parcial; 4. Subarrendamento e transmissão da posição contratual; 5. Subarrendamento e hospedagem; 6. Proibição de subarrendar; autorização; 7. Regime; 8. Vicissitudes; 9. Extinção do vínculo; 10. Desfavor da lei em relação ao subarrendamento. a) Limite da sub-renda; b) Substituição do arrendatário; 11. Protecção do subarrendatário. a) Renascimento do contrato; b) Direito a novo arrendamento. 12. Acção directa; 13. Outras relações entre o senhorio e o subarrendatário; 14. Natureza jurídica.

1. O subarrendamento como modalidade de sublocação

A sublocação engloba tanto o subarrendamento como o subaluguer, este último, porém, sem grande relevância prática. As situações de sublocação verificam-se, essencialmente, no arrendamento e, em especial, na locação habitacional e comercial[1].

---

* O presente texto corresponde, com as necessárias adaptações, à segunda intervenção do autor, a 7 de Fevereiro de 2001, no Curso de Direito do Arrendamento, organizado na Faculdade de Direito de Lisboa pelo Prof. Doutor Manuel Januário da Costa Gomes. Entenderam justamente os membros da comissão organizadora do Livro de Homenagem ao Prof. Doutor Inocêncio Galvão Telles incluir os textos do Curso de Direito do Arrendamento num dos volumes a publicar, como uma das várias e devidas homenagens ao insigne Mestre desta Faculdade. Tal como em relação ao primeiro texto, o autor gostaria, assim, de se associar a esta justa homenagem ao seu antigo professor.

** Professor da Faculdade de Direito de Lisboa e da Faculdade de Direito da Universidade Católica

[1] Acerca da sublocação, cfr. Romano Martinez, *O Subcontrato,* Coimbra, 1989, pp. 27 ss. e bibliografia aí citada.

De entre as hipóteses subcontratuais, a sublocação constitui a figura paradigmática. De facto, no subarrendamento encontram-se as características fundamentais do subcontrato.

A sublocação vem definida no art. 1060.º do Código Civil (CC) e deste preceito depreende-se que ela corresponde a um contrato de locação, submetido ao regime deste último, mas com particularidades. Por exemplo, o sublocador não pode denunciar o contrato de sublocação se necessita do prédio para habitação ou caso se proponha ampliar o locado (art. 69.º, n.º 1 do Regime do Arrendamento Urbano [RAU]), pois estes são direitos que só assistem ao locador enquanto titular do direito real, nomeadamente de propriedade; em contrapartida, o subarrendatário não pode exigir a realização de obras ao sublocador, que este, por não ser proprietário do prédio, não possa executar.

O contrato de sublocação encontra o seu fundamento num precedente negócio jurídico locativo, pois o sublocador celebra o contrato de sublocação com base no seu direito de locatário, que lhe advém do contrato primitivo.

Ao subarrendamento, além das regras gerais dos arts. 1060.º a 1063.º CC e do regime especial dos arts. 44.º a 46.º RAU, há que atender a vários preceitos da locação (arts. 1022.º ss. CC) e do RAU que, directa ou indirectamente, se lhe aplicam.

2. Conceito de subarrendamento

O subarrendamento é um contrato subordinado, mediante o qual o inquilino, ao abrigo da sua qualidade de locatário, proporciona a terceiro (subarrendatário) o gozo do prédio arrendado, mediante retribuição. Passam, assim, a coexistir dois contratos de arrendamento sobrepostos, ficando o segundo negócio jurídico (subarrendamento) dependente do primeiro (arrendamento).

Os dois contratos de arrendamento e de subarrendamento não têm de ter conteúdo idêntico, pelo que podem estar sujeitos a regras diversas e não haver total coincidência de objecto. Quanto ao primeiro aspecto, importa referir que, além de diferenças entre a renda e a sub-renda, situação frequente, os contratos podem ficar subordinados a regimes diversos. Por exemplo, estando o contrato de arrendamento sujeito ao regime vinculístico, nada obsta a que o arrendatário celebre um subarrendamento de duração limitada (arts. 98.º ss. RAU); a inversa também é possível, mas, nesse caso, o subarrendamento que seria de renovação automática e obrigatória para o sublocador pode cessar como consequência da denúncia invocada pelo senhorio (*vd.* n.º 8).

Em princípio, o subarrendamento será celebrado pelo arrendatário que já tenha o desfrute do prédio arrendado, mas nada impede que alguém, na expectativa de vir a celebrar um contrato de arrendamento, ou depois de celebrado o contrato de arrendamento e antes do prédio lhe ser entregue, dê de subarrendamento o bem. Em tais casos, o sublocador, se não tiver excluído contratualmente a sua responsabilidade, terá de indemnizar o subarrendatário pelo incumprimento do contrato caso não venha a poder entregar o prédio em subarrendamento.

3. Subarrendamento total e parcial

O inquilino, como sublocador, pode proporcionar a terceiro o gozo total ou parcial do prédio arrendado; sendo, assim, o subarrendamento total ou parcial. Será total caso o inquilino, mantendo a relação jurídica com o senhorio, perca completamente o desfrute do prédio e será parcial se o locatário passa a partilhar o gozo do bem com o subarrendatário. Nesta segunda hipótese não há uma total coincidência de objecto entre os contratos de arrendamento e de subarrendamento, pois o segundo negócio jurídico incide só sobre parte do objecto do primeiro contrato, o que não constitui obstáculo à constituição de uma situação subcontratual.

4. Subarrendamento e transmissão da posição contratual

A distinção entre o subarrendamento e a cessão da posição contratual (arts. 424.º ss. CC) pode ser complexa, principalmente em caso de subarrendamento total.

O subarrendamento total distingue-se da transmissão da posição contratual, essencialmente, com base em dois aspectos. Primeiro, na cessão há uma modificação subjectiva; o antigo contraente (cedente) deixa de ser parte no contrato e o seu lugar é ocupado pelo novo contraente (cessionário). O cessionário passa a ser parte no contrato de arrendamento originário e não num derivado, como no subcontrato. Segundo, o subarrendamento pressupõe a coexistência de dois contratos e não a substituição de partes num contrato, como na cessão[2].

---

[2] Para maiores desenvolvimentos, *vd.* ROMANO MARTINEZ, *O Subcontrato,* cit., pp. 86 ss.

5. Subarrendamento e hospedagem

O contrato de hospedagem que praticamente deixou de contar entre os negócios jurídicos tipificados na lei civil com o Código Civil de 1966[3], encontra-se definido no art. 76.°, n.° 3 RAU como o contrato mediante o qual se proporciona habitação e presta habitualmente serviços relacionados com esta, podendo também ser fornecida alimentação, mediante retribuição. Neste sentido, trata-se de um contrato misto oneroso, em que uma das partes – o arrendatário –, para além de fornecer um espaço, presta serviços, como limpeza do local, lavagem de roupa e alimentos, em contrapartida de uma remuneração unitária.

Não sendo prestados serviços pelo arrendatário, em vez de uma hospedagem, pode estar-se perante um subarrendamento[4]. Ou seja, no contrato de subarrendamento, o arrendatário permite tão-só que terceiro (subarrendatário) passe a desfrutar total ou parcialmente do prédio, enquanto na hospedagem, para além do gozo do prédio, o hóspede beneficia também da prestação de serviços. Por isso, diferentemente do que resulta do art. 1062.° CC, o arrendatário pode exigir do hóspede uma retribuição superior à renda que paga ao senhorio, sem qualquer limite.

Por outro lado, como resulta do art. 76.° RAU, no prédio arrendado, juntamente com o arrendatário podem residir, não só todas as pessoas que com ele vivam em economia comum – definidas no n.° 2 do art. 76.° RAU[5] –, como igualmente, no máximo, três hóspedes[6]. Verifica-se uma abertura ao exercício, em pequena escala, da indústria doméstica de hospedagem, situação que já era tradicional; só que, como se determina na parte final da alínea b) do n.° 1 do art. 76.° RAU, a liberdade para dar hospedagem pode ser afastada por cláusula contratual. A mesma liberdade não vale quanto ao subarrendamento, que salvo acordo em contrário é ilícito (*vd.* n.° 6).

---

[3] Sobre a hospedagem, *vd.* ROMANO MARTINEZ, «Hospedagem», *Enciclopédia Verbo Luso-Brasileira de Cultura*, Edição Século XXI, Lisboa, S. Paulo, 2000, Vol. 15.

[4] Sobre esta questão, cfr. JANUÁRIO GOMES, *Arrendamentos para Habitação*, 2.ª ed., Coimbra, 1986, pp. 24 s.

[5] Desde que isso não implique um sobrealojamento, sob pena de violar a regra da prudente utilização da coisa (art. 1043.°, n.° 1 CC)

[6] O número três é, sem dúvida, arbitrário, mas, por motivos de segurança, o legislador sentiu a necessidade de ser preciso, fixando um número. Assim sendo, se der hospedagem a quatro pessoas, mesma que seja a um casal com dois filhos, há ilicitude Será igualmente ilícito dar hospedagem a três pessoas em local que, pela sua dimensão, não comporte habitação para tal número, cfr. PINTO FURTADO, *Manual do Arrendamento Urbano*, 2.ª ed., Coimbra, 1999, pp. 243 s.

Resta ainda acrescentar que o contrato de hospedagem pode ser celebrado por quem não seja arrendatário e disponha do bem por qualquer outro título, mas em tal caso não se suscitam dúvidas de distinção com respeito ao subarrendamento.

6. Proibição de subarrendar; autorização

I. Tal como prescreve o art. 1038.º, alínea f) CC, o locatário não pode subarrendar sem autorização do senhorio. No mesmo sentido dispõe o art. 44.º RAU[7].

A autorização para subarrendar deve revestir a forma necessária para a celebração do contrato de arrendamento ajustado (art. 44.º, n.º 1 RAU)[8]; assim, pretendendo-se viabilizar um subarrendamento para habitação, como o contrato de arrendamento já celebrado o foi por escrito (art. 7.º, n.º 1 RAU), a autorização reveste a mesma forma. Frequentemente, a autorização consta de uma das cláusulas do contrato de arrendamento.

Mesmo quando autorizado, o inquilino (sublocador) tem de comunicar ao senhorio, no prazo de quinze dias, a cedência do gozo do prédio (art. 1038.º, alínea g) CC). Porém, se a comunicação tiver sido feita pelo subarrendatário, é de concluir que a informação já foi devidamente prestada.

O subarrendamento é válido ainda que sem autorização da contraparte e comunicação ao senhorio se este reconhecer o subarrendatário como tal (arts. 1049.º e 1061.º CC e art. 44.º, n.º 2 RAU), designadamente se tiver recebido sub-rendas[9]. A solução acaba por ser a mesma em caso

---

[7] Veja-se também o art. 13.º do Regime do Arrendamento Rural (RAR) e o art. 23.º do Regime do Arrendamento Florestal (RAF).
Trata-se de uma regra igualmente vigente em outros sistemas jurídicos. É o que sucede nomeadamente no ordenamento alemão (§ 549.I BGB), onde, todavia, se admite que, havendo justificado interesse, o arrendatário exija autorização para subarrendar (§ 549. II BGB), cfr. LARENZ, *Schuldrechts*, II-1, 13.ª ed., Munique, 1986, § 48.III, p. 230. Quanto à eventual relação entre a recusa de autorizar a sublocação e o abuso de direito, em particular nas suas modalidades de *exceptio doli* e *venire contra factum proprium*, cfr. ROMANO MARTINEZ, *O Subcontrato,* cit., pp. 116 s.

[8] É esse também o sentido do art. 13.º, n.º 1 RAR. Diferentemente, em sede de arrendamento florestal, perante a omissão da lei (art. 23.º RAF), que não alude a qualquer exigência de forma escrita, vale o princípio geral de liberdade de forma (art. 219.º CC).

[9] Reconhecer o subarrendatário não é simplesmente ter conhecimento do subarrendamento, torna-se necessário aceitar o subarrendatário, cfr. Ac. STJ de 7/11/1995, CJ (STJ) III (1995), T. III, p. 94; Ac. Rel. Pt. de 25/1/1983, RC A 44 (1984), III, p. 655.

de caducidade da acção (art. 1094.º CC), pois, caducando o direito de interpor a acção, o contrato, apesar de inválido, é inatacável.

II. Caso o inquilino venha a subarrendar sem autorização, para além de conferir ao senhorio o direito de resolver o contrato de arrendamento com base em incumprimento (art. 64.º, n.º 1, alínea f) RAU), atribui-lhe a possibilidade de exigir indemnização pelos danos que resultem desse subarrendamento, nos termos gerais.

Mas, mesmo que o locatário venha a subarrendar o prédio sem autorização do senhorio, não há qualquer violação do primitivo contrato, desde que aquele não entregue ao subarrendatário o prédio subarrendado, pois o incumprimento da obrigação de não subarrendar só se verificará no caso de o contrato de subarrendamento, além de ter sido concluído, vier a ser executado[10]. Em contrapartida, se o linquilino / sublocador não entregar o prédio ao subarrendatário poder-se-á estar perante um desrespeito do contrato de subarrendamento, com as consequências comuns decorrentes do incumprimento de uma prestação contratual.

7. Regime

O contrato de subarrendamento acompanha o contrato base no que respeita à determinação do regime. Deste modo, o regime jurídico do subarrendamento não difere daquele que vigora para o arrendamento que lhe serviu de base; a um subarrendamento para habitação aplica-se-lhe o regime do arrendamento urbano para habitação. Para além das especificidades próprias estabelecidas em cada contrato, o subarrendatário tem os mesmos direitos e obrigações com respeito ao sublocador / inquilino, do que este em relação ao senhorio[11].

8. Vicissitudes

Como o subarrendamento é um contrato subordinado, segue as vicissitudes do contrato base, não só no que respeita à execução como também quanto à cessação do vínculo. O contrato de subarrendamento pode mo-

---

[10] Cfr. ROMANO MARTINEZ, *O Subcontrato*, cit., pp. 30 e 114.
[11] Quanto aos deveres de cuidado e protecção do sublocatário, cfr. LARENZ, *Schuldrechts*, II-1, cit., § 48.III, p. 231.

dificar-se e extinguir-se em função das ocorrências no contrato de arrendamento.

As vicissitudes na execução de um arrendamento são diversas, podendo aludir-se a modificações do objecto do contrato e a alterações das partes.

Como modificações no objecto, além de outras, importa referir a actualização de rendas (arts. 30.º ss. RAU). O aumento de renda no contrato de arrendamento não se repercute directamente no de subarrendamento, mas indirectamente estabelece uma nova relação para o limite da sub-renda. De facto, como decorre do art. 1062.º CC, salvo convenção em contrário, a sub-renda não pode exceder em vinte por cento o valor que é devido no arrendamento, mas actualizando-se a renda permite-se que a sub-renda seja actualizada sem exceder vinte por cento o valor daquela.

Quanto a alterações das partes pode referir-se, por exemplo que a morte do arrendatário viabiliza a subsistência do subarrendamento se o contrato de arrendamento se transmite para um sucessor do *de cujos*, nos termos dos arts. 85.º e 112.º RAU; mas, em tal caso, a transmissão do arrendamento determina uma alteração subjectiva no subarrendamento. Além de vicissitudes decorrentes do regime comum, refira-se que a relação de subarrendamento pode modificar-se, passando a arrendamento, com a consequente modificação subjectiva – em que o sublocador é substituído pelo senhorio –, nos termos do art. 46.º, n.º 1 RAU (*vd.* n.º 10).

9. Extinção do vínculo

I. Como se referiu no número anterior, o contrato de subarrendamento cessa como consequência da extinção do vinculo base. Do art. 45.º RAU resulta que o contrato de subarrendamento caduca em caso de extinção, por qualquer causa, da relação jurídica de arrendamento[12].

A caducidade do subarrendamento como consequência da extinção do contrato base pode determinar responsabilidade para o arrendatário sempre que tenha culpa na cessação do arrendamento (art. 45.º RAU), nomeadamente por ter revogado o contrato principal[13] ou por ter praticado

---

[12] Cfr. Ac. Rel. Év. de 4/6/1985, CJ XX (1985), T. III, p. 304; Ac. Rel. Pt. de 22/4/1991, CJ XVI (1991), T. II, p. 277; Ac. Rel. Pt. de 18/1/2000, CJ XXV, T. I, p. 190.

[13] No Ac. STJ de 25/11/1997, CJ (STJ) 1997, T. III, p. 140, responsabilizou-se o arrendatário / sublocador perante o subarrendatário, por ter revogado o contrato de arrendamento com o locador principal.

um ilícito contratual que justificou a resolução do negócio jurídico por parte do senhorio.

II. Além desta particularidade, as causas de cessação do subarrendamento são comuns, pelo que se extingue também por revogação, resolução ou denúncia. Para a apreciação destas formas de cessação há que atender ao disposto no contrato de subarrendamento bem como às regras gerais dos contratos e do arrendamento. Assim, o sublocador pode resolver o contrato de subarrendamento por um dos motivos previstos no art. 64.°, n.° 1 RAU, podem as partes fazer cessar a relação contratual por acordo (art. 62.° RAU) e, estando preenchidos os respectivos pressupostos, pode qualquer das partes denunciar o contrato.

Quanto à denúncia importa fazer alguns esclarecimentos. O subarrendatário pode livremente denunciar o contrato obstando à sua renovação, mas ao sublocador só lhe é facultada a possibilidade de denunciar o contrato de subarrendamento se este foi celebrado por duração limitada (arts. 98.° ss. RAU), pois não se lhe aplicam os casos de denúncia previstos no art. 69.° RAU. De facto, o sublocador não pode denunciar o contrato de sublocação se necessita do prédio para habitação ou caso se proponha ampliar o locado (art. 69.°, n.° 1 RAU), pois estes são direitos que só assistem ao locador enquanto titular do direito real, nomeadamente de propriedade.

10. Desfavor da lei em relação ao subarendamento

a) *Limite da sub-renda*

O subarrendamento é, muitas das vezes, visto como uma actividade meramente especulativa, mas ela pode ter uma utilidade pública, na medida em que estando os bens subaproveitados, *maxime* a habitação, permita atribuí-los a quem deles careça. Contudo, para evitar abusos por parte do sublocador, no art. 1062.° CC, estabeleceram-se limites à sub-renda, determinando-se que deve ser proporcional ao devido no contrato principal, podendo ser aumentado, no máximo, em vinte por cento em relação ao ajustado neste negócio jurídico[14]. Sendo o subarrendamento parcial,

---

[14] Na proporção referida é de ter em conta a parte do prédio dada em subarrendamento e o respectivo valor. Nos vinte por cento há que incluir a margem de lucro do sublocador que, por exemplo, introduziu melhoramentos no prédio subarrendado. Nesta sequên-

deve atender-se a uma proporção entre a totalidade locada e a parte subarrendada, segundo um critério qualitativo e quantitativo. Como, porém, esta não é uma disposição de ordem pública, pode o locador consentir em subrenda de montante superior àquele limite[15].

b) *Substituição do arrendatário*

No art. 46.º, n.º 1 RAU prevê-se a hipótese de o subarrendamento se extinguir, transformando-se em arrendamento. O subarrendatário passará, então, a arrendatário, em relação directa com o senhorio. Nesta hipótese considera-se resolvido o contrato de arrendamento, que é substituído pelo de subarrendamento. Há, por isso, uma modificação subjectiva no vínculo de subarrendamento, em que o sublocador é substituído pelo primeiro locador.

A estatuição do art. 46.º, n.º 1 RAU deve-se também a uma razão de desfavor da lei em relação ao subarrendamento total, por este ser considerado um modo parasitário de exploração[16].

11. Protecção do subarrendatário

a) *Renascimento do contrato*

No caso previsto no n.º 2 do art. 46.º RAU, prevalece um motivo de defesa de interesses do subarrendatário que, depois de extinto o contrato de locação, pagou a renda ao senhorio e se colocou numa situação, de facto, de arrendatário, julgando-se, portanto, com direito ao arrendamento. O contrato de subarrendamento caducou, mas constituiu-se uma relação de facto, que determina o estabelecimento de uma relação jurídica de arrendamento entre o senhorio e o subarrendatário.

---

cia, no Ac. Rel. Lx. de 4/1/1980, CJ V (1980), T. I, p. 190, admitiu-se que é de atender ao limite dos vinte por cento ainda que o sublocador tenha mobilado a casa subarrendada. Já não é de tomar em conta o mencionado limite dos vinte por cento quando estiver em causa o pagamento de prestação de serviços, até porque o contrato, nesse caso, em princípio, dever-se-á qualificar como de hospedagem (*vd*. n.º 5).

[15] Sobre estas questões, cfr. ROMANO MARTINEZ, *O Subcontrato*, cit., p. 30.

[16] Por motivos diversos, o subarrendamento total no período correspondente à ausência temporária do arrendatário, não está sujeito ao regime protector do RAU, cfr. art. 5.º, n.º 2, alínea d) RAU.

Em ambas as situações previstas no art. 46.º RAU há uma substituição: o sublocador é substituído pelo senhorio, mas na segunda hipótese verifica-se um renascer, com novas potencialidades, de um contrato que caducara nos termos do art. 45.º RAU, e, salvo acordo em contrário, à relação jurídica assim constituída aplicam-se as cláusulas do subarrendamento.

b) *Direito a novo arrendamento*

No mesmo sentido de defesa dos interesses do subarrendatário, quando se verifique a caducidade do arrendamento para habitação por morte do arrendatário, o sublocatário, cuja situação negocial seja eficaz em relação ao senhorio, vê o seu contrato de subarrendamento caducar nos termos do art. 45.º RAU, mas tem direito a um novo arrendamento (art. 90.º, n.º 1, alínea b) RAU). Este direito não vale em caso de outras hipóteses de caducidade do arrendamento que não advenham de morte do arrendatário, como no caso de cessação do direito com base no qual o contrato foi celebrado (art. 1051.º, n.º 1, alínea c) CC).

Da letra do art. 90.º, n.º 1, alínea b) RAU parece resultar que, sendo o subarrendamento parcial, esse direito incide sobre a totalidade do prédio arrendado, ou seja, o subarrendatário não tem direito a um novo arrendamento da parcela subarrendada, mas sim sobre todo o prédio que tenha sido arrendado ao inquilino. De facto, ao estabelecer-se que, no exercício do direito a novo arrendamento, prefere, entre os vários subarrendatários, o que tiver uma relação contratual mais antiga, terá de se concluir que os vínculos de subarrendamento se extinguem e só um dos subarrendatários pode exigir a celebração do contrato de arrendamento, que incidirá sobre a totalidade do prédio. Se o subarrendatário mais antigo não quiser celebrar o contrato de arrendamento, esse direito pode ser exercido por outro, seguindo-se a linha de antiguidade. A solução oposta, permitindo que o subarrendatário exercesse o direito a novo arrendamento em relação a uma parcela do local arrendado podia ser prejudicial para o senhorio, que eventualmente não quereria celebrar vários contratos de arrendamento.

12. Acção directa

No que respeita à sub-renda, no art. 1063.º CC admitiu-se a existência de uma acção directa para a sua cobrança. Permite-se que o senhorio, apesar de não ser parte no contrato de subarrendamento, exija do subarrendatário o pagamento da sub-renda. A acção directa aqui estabelecida corresponde a uma manifestação do inter-relacionamento entre os dois contratos (arrendamento e subarrendamento) que se encontram em união[17].

13. Outras relações entre o senhorio e o subarrendatário

Para além da situação prevista no art. 1063.º CC e das particularidades constantes do art. 46.º RAU, podem estabelecer-se certas relações entre o senhorio e o subarrendatário. A título exemplificativo são de indicar três situações. A falta de residência permanente do subarrendatário, em particular no subarrendamento total, constitui fundamento de despejo do arrendatário[18]. Cessando o contrato de arrendamento, o subarrendatário fica obrigado a restituir a coisa locada ao senhorio, com as consequências previstas no art. 1045.º CC, por um lado, e a ser ressarcido das benfeitorias necessárias que tenha realizado (art. 1046.º, n.º 1 CC), por outro. O subarrendatário pode sustar o despejo movido pelo senhorio na situação prevista na alínea b) do n.º 2 do art. 60.º RAU.

14. Natureza jurídica

O contrato de subarrendamento depende da relação base, permanecendo os dois contratos interrelacionados. Nestes termos, os contrato de arrendamento e de subarrendamento constituem uma união de contratos[19].

Na união dos contratos de arrendamento e de subarrendamento há uma dependência deste em relação àquele, em particular porque a cessação do arrendamento implica a caducidade do subarrendamento.

---

[17] Cfr. ROMANO MARTINEZ, *O Subcontrato*, cit., pp. 170 ss.
[18] Cfr. Ac. Rel. Lx. de 13/7/1989, CJ XIV (1989), T. IV, p. 124.
[19] Sobre a união de contratos, cfr. ROMANO MARTINEZ, *O Subcontrato*, cit., pp. 193 ss. e bibliografia aí citada, onde se conclui que a relação existente entre os dois contratos (contrato base e subcontrato) se explica através da figura da coligação negocial.

DIREITO DE PREFERÊNCIA DO ARRENDATÁRIO

J. Oliveira Ascensão*

SUMÁRIO: 1. Âmbito; 2. Regime básico e actos objecto de preferência; 3. O requisito da antiguidade do arrendamento por mais de um ano; 4. Objecto: o local arrendado; 5. A comunicação do projecto de venda; 6. O conhecimento da pessoa do comprador; 7. A desnecessidade de apresentação de um histórico contrato com terceiro; 8. A situação jurídica do participante do projecto de venda; 9. A situação jurídica do preferente após a comunicação; 10. O conhecimento do preferente vale como sub-rogado da comunicação; 11. A simulação do preço; 12. Direito de se substituir ao adquirente?; 13. As ultradisposições pelo terceiro adquirente; 14. Natureza jurídica.

1. Âmbito

Ao arrendatário é conferido por lei em várias hipóteses um direito de preferência[1] em igualdade de condições, no caso de o senhorio pretender alienar o local arrendado.

Como é próprio dos direitos de preferência legal, tem eficácia real[2]. Isto significa que, se o prédio for efectivamente alienado a terceiros, com violação do seu direito, o arrendatário se pode substituir ao adquirente, dando o tanto pelo tanto.

A lei portuguesa é pletórica na concessão de direitos de preferência, o que provoca a desvalorização dos bens e impecilhos ao tráfego negocial; ao contrário do que acontece noutros países como a França, em que a

---

* Professor Catedrático da Faculdade de Direito da Universidade de Lisboa.
[1] É a terminologia comum e a legal, que aqui nos limitamos a aceitar. Sobre este direito em geral cfr. I. Galvão Telles, *Direito de Preferência*, in *Colectânea de Jurisprudência*, IX, t. 1.º, 7 e segs..
[2] Cfr. o nosso *Direito Civil – Reais*, 5.ª ed., 1993, n.º 295 I.

preferência quase se reduz à concedida ao herdeiro em caso de alienação do quinhão hereditário por outro co-herdeiro.

Essa generosidade também se manifesta no domínio do arrendamento.

Em todo o caso, há hipóteses aparentes que estão fora do nosso tema.

1) Assim, o art. 116.º do Regime do Arrendamento Urbano reintroduziu a preferência do senhorio em caso de trespasse de estabelecimento comercial. O art. 117.º aplicou-a aos arrendamentos para o exercício de profissões liberais.

É muito contestável semelhante figura, como logo escrevemos no nosso *Subarrendamento e direitos de preferência no novo regime do arrendamento urbano*[3].

De todo o modo, aqui a preferência cabe ao senhorio, e não ao arrendatário. Não é uma preferência sobre o local arrendado. Pelo que nos abstemos de a examinar.

2) O art. 97.º concede o direito de preferência às pessoas que têm direito a novo arrendamento (art. 90.º) na compra do local arrendado, se pretenderam sem êxito exercer o direito a novo arrendamento.

Mas os contemplados não são arrendatários. São pessoas que conviviam com o arrendatário ou os subarrendatários[4]. Mesmo nesta última hipótese, em que há maior proximidade, não se trata de um arrendatário. Pelo que esta situação não será também considerada.

Vamos por isso concentrar-nos na figura central do arrendatário do prédio urbano, prevista no art. 47.º R.A.U.. O próprio arrendamento rural ficará fora do nosso exame.

É ainda necessário demarcar o âmbito de aplicação. A preferência é excluída nos arrendamentos para habitação com duração limitada, nos termos do art. 99.º/2 R.A.U.. É pelo contrário conferida no arrendamento comercial[5] e para exercício de profissões liberais (art. 117).

Mas incidirá além destes sobre todo o arrendamento não comercial que recaia sobre prédio urbano, ou será então apenas afloramento da protecção reforçada que se atribui ao arrendatário habitacional? Porque pode haver arrendamentos de prédios urbanos que não sejam comerciais nem habitacionais.

---

[3] "Rev. da Ordem dos Advogados", ano 51 I, Abr 91, 45-73 (58-60).

[4] Sobre este caso, cfr. o nosso *Subarrendamento* cit., 54-55.

[5] Que distingue verbalmente em "Arrendamento para comércio ou indústria", arts. 110 e segs.. Ainda menos compreensivelmente, fala em "Trespasse de estabelecimento comercial ou industrial" no art. 115.º.

A solução só pode ser a da exclusão da preferência nas hipóteses contempladas no art. 5.º/2 *a* a *e* R.A.U., não só pelo texto em si, como pela omissão do chamamento dos arts. 47.º a 49.º R.A.U. pelo art. 6.º/1[6]. A preferência é assim emanação do regime proteccionista do arrendatário.

Mas neste caso será aplicável ao arrendatário habitacional, ou abrangerá ainda a hipótese de o arrendatário (não comercial) utilizar o prédio para qualquer "outra aplicação lícita do prédio", nos termos do art. 3.º/1 R.A.U.?

A concatenação do art. 3.º/1 com o art. 5.º/2 *e* é difícil. Deve entender-se porém que o art. 3.º/1 fixa os traços comuns do arrendamento urbano e o art. 5.º o âmbito de aplicação do regime. Isto significa que, dentro do círculo dos arrendamentos, é só o art. 5.º/2 que opera as exclusões da aplicação do regime do R.A.U..

Quaisquer arrendamentos não urbanos não destinados ao comércio ou à habitação só são assim excluídos da preferência quando realizados para fins limitados especificados no contrato, como os ilustrados no art. 5.º/2 *e*.

2. Regime básico e actos objecto de preferência

O regime-padrão das preferências continua a ser o dos arts. 1409.º e 1410.º do Código Civil, a propósito da compropriedade.

O regime do art. 1410.º é aplicável até às preferências convencionais com eficácia real, nos termos do art. 421.º/2 do Código Civil. Inversamente, o art. 1409.º/2 manda aplicar à preferência do comproprietário o regime dos arts. 416.º a 418.º, que regulam os pactos de preferência. É este regime integrado que fornece o pano de fundo de todas as preferências com eficácia real.

No caso da preferência do arrendatário, a remissão é expressa: o art. 49.º R.A.U. manda aplicar os arts. 416.º a 418.º e 1410.º do Código Civil.

Os actos que desencadeiam o direito de preferência são, tradicionalmente, a venda e o aforamento[7]. Mas à venda foi assimilada a *dação em cumprimento*[8].

---

[6] Cfr. J. PINTO FURTADO, *Manual do Arrendamento Urbano*, 3.ª ed., Almedina, 2001, n.º 81 V; M. Januário da Costa Gomes, *Arrendamento Comercial*, 2.ª ed., Almedina, 1991, 202-204.

[7] O *aforamento* deixou de relevar, com a abolição deste. Poderia discutir-se a extensão à *colonia*, mas esta foi igualmente objecto de abolição.

[8] Na preferência em benefício das pessoas que teriam direito a um arrendamento

A troca não é abrangida[9]. A coisa que o senhorio pretende obter em troca do local arrendado e a aquisição do local arrendado por terceiro não têm equivalente em quantia em dinheiro que seja atribuída pelo preferente.

Questão análoga poderia suscitar-se em caso de entrada do local arrendado para o capital duma sociedade. Não há então a fungibilidade da contrapartida que permita o exercício da preferência. É verdade que assim se abre uma brecha na protecção do arrendatário. Também é verdade que o acto de entrada não deixa de estar sujeito aos princípios da fraude à lei, que permitam atingir pelo menos as hipóteses em que a transferência teve justamente por escopo a subtracção do senhorio à preferência do arrendatário.

Questão particular surge quando a alienação do local arrendado é feita em benefício doutro preferente. Há quem admita ainda então a preferência, mesmo no silêncio da lei[11].

Podem ser relevantes previsões que surgem noutras figuras legais de preferência. No que respeita ao arrendamento urbano, o art. 41.º/2 R.A.U. determina que, sendo dois ou mais os preferentes, abre-se entre eles licitação, revertendo o excesso para o alienante.

Esta regra tem sido aplicada à hipótese de no prédio haver vários preferentes, e o prédio ser vendido na totalidade. Normalmente, está em causa a hipótese de haver locatários de fracções delimitadas e o prédio ser vendido como um todo. Mas neste caso a solução está dependente do que se entender como "local arrendado" para efeitos de exercício do direito de preferência, matéria em que só entraremos mais tarde.

Invoca-se também o As. n.º 2/95, de 1 de Fevereiro[12]. Determina que, vendido o prédio a um arrendatário, os locatários preteridos têm de recorrer ao art. 1465.º C.P.C., mas o comprador não perde o direito de preferência.

Mas a verdade é que o assento só estabelece o que fazer quando há pluralidade de preferentes: não determina quando há essa pluralidade.

---

novo a seu favor (art. 90/1 R.A.U.) a lei fala apenas na compra do local arrendado. Dissemos já que a figura nos não ocuparia.

[9] Ac. do S.T.J. de 19.06.86, BMJ 358, 518.

[10] PINTO FURTADO, *Manual* cit., n.º 81 I. O autor observa que estas razões não são válidas quando a troca é feita por uma ou mais coisas fungíveis. Mas isso não implica, supomos, que admita então a preferência, pois não se vê como superar a falta de previsão legal.

[11] Neste sentido Luís Miguel Monteiro, *Direitos e obrigações legais de preferência no novo regime do arrendamento urbano*, AAFDL, 1992, 40-41.

[12] Publicado no DR n.º 93, de 20.04.95.

Pode haver pluralidade de preferentes fora da hipótese de estarem várias fracções arrendadas e ser vendido o prédio todo. Pode um mesmo espaço ter vários arrendatários. Ainda então se coloca a problemática da pluralidade de preferentes, se esse espaço for vendido a um só dos arrendatários.

Isto significa que o assento, na sua parte decisória, não condiciona a solução a dar à questão de saber se há ou não preferência do arrendatário de uma fracção quando o senhorio aliena a totalidade do prédio.

Já resolve porém a questão de saber se, havendo pluralidade de preferentes, pode o local ser alienado em benefício de um deles somente. O assento determina que há nesse caso violação do direito de preferência dos restantes.

No nosso entender, o assento decidiu mal. Uma das justificações da preferência consiste em reduzir o número de titulares de direitos em conflito. A venda a um só dos arrendatários preferentes atinge esse objectivo. A situação dos outros não se altera, pelo que não têm que reclamar pelo facto de apenas um ter alcançado a propriedade.

Esta solução manifesta a tendência para uma grande formalização que invade este sector. O direito de preferência passa a revestir contornos absolutos, sem a indagação e o desenvolvimento racional que se processa noutros institutos. Criou-se assim uma zona eriçada de dissídios e injustiças, que a prática exacerba ainda em relação a uma lei já tão magnânima.

3. O requisito da antiguidade do arrendamento por mais de um ano

A preferência é concedida na compra e venda ou na dação em cumprimento do local *arrendado há mais de um ano.*

Seguramente que o contrato deverá ter sido celebrado há mais de um ano. Mas exigir-se-á também o exercício efectivo há mais de um ano?

O art. 1117.º do Código Civil atribuía a preferência aos arrendatários que no prédio "exerçam o comércio ou indústria há mais de um ano".

Uma vez generalizada a preferência do arrendatário, nos termos do art. 47.º, sem referência ao exercício efectivo, haverá que exigir ou não aquele exercício?

Afirma-o categoricamente Antunes Varela[13]; e nega-o de modo igualmente categórico Pinto Furtado[14].

---

[13] *Código Anotado*, II, *sub* art. 47 RAU, n.º 4.
[14] *Manual*, n.º 181 V-A (pág. 615).

A solução afirmativa ainda se poderia aceitar se se tivesse mantido a limitação ao arrendamento para comércio ou indústria. Uma vez generalizada a preferência, porém, a exigência de exercício efectivo só poderia resultar de previsão específica. Até pela possibilidade de o arrendamento para habitação se poder manter, por previsão legal, em certos casos de afastamento do arrendatário.

Pode estranhar-se esta solução no caso do arrendamento comercial: a preferência perderia então o seu fundamento, que seria a manutenção do estabelecimento. Mas o senhorio pode atacar o não exercício por outros meios. Em sede de preferência, o não exercício deixou de representar requisito autónomo da atribuição do direito.

4. Objecto: o local arrendado

O objecto do direito de preferência é o "local arrendado" (art. 47.º/1).
O art. 1117.º do Código Civil, relativamente ao arrendamento comercial, previa a preferência sobre o "prédio arrendado". Daí se inferia que, no caso de venda do prédio na sua totalidade, o arrendatário comercial, mesmo que apenas de uma fracção, poderia preferir na venda global. Aplicar-se-iam então as regras de hierarquização das preferências resultantes dos vários arrendamentos eventualmente existentes.

Este preceito foi expressamente revogado. O art. 47.º/1 R.A.U., em matéria tão delicada, muda a fórmula, e aplica-a a todo o arrendamento regido pelo R.A.U.. Agora a preferência passa a incidir sobre o *local arrendado*.

Poderá pretender-se que a alteração é apenas consequência de se ter querido prever a situação decorrente da propriedade horizontal. Mas isso é desistir de qualquer explicação, pois então a alteração feita seria ociosa. O art. 47.º/1 R.A.U. cinge-se logo de início ao "arrendatário do prédio urbano *ou de sua fracção autónoma*". A propriedade horizontal estava já contemplada. A substituição do objecto do "prédio" pelo "local arrendado" ficaria deste modo sem explicação.

Logo na primeira reacção ao R.A.U. defendemos que este consagrava o princípio da coincidência do objecto do direito de preferência com o do direito preexistente que a justifica[15]. Por isso, ou o direito de preferência se pode exercer apenas em relação ao local arrendado – o que supõe a possibilidade de autonomização jurídica deste – ou não se pode exercer.

---

[15] *Subarrendamento* cit., VIII.

A mudança operada na transposição para o art. 47.º/1 R.A.U., em matéria de tanta relevância e num diploma com pretensão de correcção dogmática, não pode deixar de ser intencional. Nem sequer é ímpar: o art. 97.º/1 R.A.U., a propósito da preferência dos que teriam direito a um arrendamento novo, fala também na compra do "local arrendado".

O princípio da coincidência do objecto do direito que funda a preferência com o objecto da preferência manifesta-se ainda no art. 417.º/1 do Código Civil. Aí se estabelece que se o obrigado à preferência quiser vender a coisa juntamente com outra ou outras, por um preço global, a preferência pode ser exercida sobre a coisa vinculada, mas o obrigado pode exigir que ela abranja todas as restantes. Vemos assim que o princípio da oneração somente da coisa objecto do direito-base se mantém: é em benefício do obrigado à preferência que se estabelece a possibilidade de exigir que também as restantes sejam atingidas.

Temos assim que a solução legal vai no sentido da restrição do exercício da preferência aos casos em que há autonomização jurídica possível do local arrendado[16].

E é também a solução racional. A preferência do arrendatário de um local não pode ser transformada em cana de pesca para a aquisição de todo o prédio. A preferência não é um imperativo inderrogável: é um instituto que funciona dentro das possibilidades, numa conjugação óptima dos interesses em presença. Doutra maneira a preferência seria muito menos um meio de defesa da posição do arrendatário do que um direito de aquisição de novas coisas, onerando ainda mais gravemente a situação do senhorio.

Não obstante tudo isto, e por força do empolamento exacerbado da preferência, fomentado como oportunidade óptima de litigiosidade e de enriquecimento casual, continuou a ser defendida a possibilidade de exercício do direito de preferência em relação a todo o prédio[17].

Invocou-se a previsão da pluralidade de preferentes, constante do art. 47.º/2 R.A.U.[18]. Vimos já porém que aquela previsão tem explicação diferente[19].

---

[16] Neste sentido, cfr. M. JANUÁRIO DA COSTA GOMES, *Arrendamentos Comerciais* cit., 67 e segs.. Cfr. também António Carvalho Martins, *Preferência*, Coimbra Editora, 2001, n.º 4.3..

[17] Veja-se o Ac. da Relação do Porto de 24 de Outubro de 95 (BMJ 450, 560, sem justificação particular). O Ac. STJ de 8 de Outubro de 92 (BMJ 420, 502) refere-se ao Direito anterior.

[18] Cfr. PINTO FURTADO, *Manual*, n.º 81 V-A.

[19] *Supra*, n.º 2.

Parece seguir-se via intermédia no caso julgado pelo Ac. STJ de 30 de Abril de 1997[20].

Façamos o inventário dos elementos disponíveis no próprio acórdão.

O proprietário dum lote de terreno construiu armazéns numa orla deste, não constituídos em propriedade horizontal, e arrendou dois desses armazéns.

Vendeu o lote de terreno a terceiro, sem oferecer preferência ao arrendatário.

O arrendatário intentou acção de preferência sobre o lote de terreno.

O despacho-saneador-sentença reconheceu a preferência sobre "o prédio urbano em causa" (? só pode ser todo o lote de terreno, que assim vem qualificado como prédio urbano).

A sentença foi confirmada pela Relação; mas o Supremo concedeu a revista, absolvendo a ré do pedido.

Afirma expressamente o Ac. que a preferência se pode exercer apenas sobre o local arrendado, se daí não resultar prejuízo sensível para o alienante.

Se é este o sentido do acórdão, abre-se seguidamente a problemática da concretização de uma preferência que assim venha a ser reconhecida, uma vez que o local arrendado não está juridicamente autonomizado. Concretização que revestirá sem dúvida grande complexidade.

5. A comunicação do projecto de venda

Nos termos do art. 416.º/1 do Código Civil, o obrigado à preferência deve comunicar ao titular do direito o projecto de venda e as cláusulas do contrato.

Trata-se assim de um acto de comunicação. Vejamos em que consiste.

No que respeita à forma, nenhuma é exigida por lei. Consequentemente, a comunicação pode ser meramente verbal[21].

De todo o modo, como a imposição de forma solene é excepcional, não há base para fazer exigências formais particulares.

No que respeita ao conteúdo da comunicação, o art. 416.º/1 tipifica--o como "o projecto de venda e as cláusulas do respectivo contrato". Há

---

[20] BMJ 466, 501. Demos parecer neste caso.
[21] Pensará diferentemente quem sustentar que a comunicação para preferência representa uma proposta contratual. Mas veremos que não é assim.

pois que distinguir dois aspectos: o projecto de venda e as cláusulas do contrato.

Daqui resulta seguramente que:

– a comunicação deve ser anterior ao negócio de alienação.
– as cláusulas do contrato se não confundem com uma minuta do contrato, que devesse depois ser sacrossantamente seguida. A indicação do conteúdo é bastante.

Qual porém a densificação que essas cláusulas devem ter? A comunicação a fazer é de *todo* o conteúdo do contrato previsto?

A lei não o diz, e mais uma vez devemos evitar um formalismo gratuito. As cláusulas do contrato envolvem aquilo que for relevante para a decisão, não exigindo um enunciado exaustivo. O objectivo deve ser alcançar o equilíbrio entre o alienante e o preferente, e não admitir a transformação do instituto numa teia de arame farpado, paraíso dos chicaneiros. O instituto faz-se para pessoas comuns. Não se pode admitir uma exacerbação que leve a que dificilmente se encontre uma comunicação para preferência em que se não lobrigue algum vício.

Neste espírito, o núcleo do conteúdo exigido encontra-se no preço e condições de pagamento. Se houver uma prestação acessória, nos termos do art. 418.º C.C., essa também releva. Daí por diante haverá que fazer uma triagem, atendendo ao que é socialmente adequado. São considerações de normalidade social e não de formalismo jurídico que são decisivas.

Esta questão está todavia dependente do entendimento que tivermos da natureza da comunicação para preferência.

Se entendermos que ela representa uma proposta contratual, teria de ter todos os elementos necessários à perfeição do negócio. Pois é próprio da proposta contratual que permita que o contrato fique consolidado com a mera aceitação do destinatário.

Houve efectivamente quem entendesse assim. Mas semelhante posição é de rejeitar. Basta pensar que não só requereria uma formalização da comunicação, que a lei não indicia, como implicaria que o exercício do direito de preferência se traduzisse na celebração da escritura ou outro acto formal de venda.

Ora, não é esse o exercício do direito que o art. 416.º/2 supõe.

Numa formulação mais matizada, Pinto Furtado fala numa proposta de celebração de um contrato de compra e venda[22].

---

[22] *Manual* cit., n.º 81 XI-A.

Há de facto uma declaração, e uma declaração recipienda: o declaratário é o titular do direito de preferência. Mas não há uma declaração negocial. Os efeitos da comunicação não são de atribuir à vontade do declarante, mas à lei. Esses efeitos produzem-se ainda que o declarante não tenha consciência deles.

A lei tira consequências dessa declaração:

– faz desencadear o prazo de oito dias para o exercício do direito (art. 416.º/2)
– constitui o participante numa situação de sujeição perante o exercício do direito do preferente.

Mas a vontade do participante não tem de se dirigir a esses efeitos. Eles surgem mesmo que o participante verse em erro de direito. Por isso há um acto jurídico *stricto sensu:* exige-se apenas a voluntariedade do acto, mas não a vontade dos efeitos.

De todo o modo, para o que nos ocupa, resulta que a comunicação não tem de conter todos os elementos duma proposta contratual.

Na realidade, podemos usar a fórmula do art. 1410.º/1, pelo qual esta questão é encarada *ex post*. O que interessa é que o preferente tenha conhecimento dos "elementos essenciais da alienação". Estes serão de desenhar num ponto de vista de relevância social. Exigir mais do que isto seria cair no formalismo.

6. O conhecimento da pessoa do comprador

Há um elemento que exige porém um exame particular. Debate-se se o alienante deve dar conhecimento ao preferente da pessoa do comprador.

Este é um típico pomo de discórdia na doutrina contemporânea.

Invocam os que exigem a declaração desse elemento o interesse que o arrendatário pode ter em conhecer a pessoa do comprador[23]. *Maxime,* porque pode acontecer que esse comprador seja pessoa que presumivelmente quererá pôr termo ao contrato de arrendamento.

Mas isso seria levar a protecção do arrendatário a um extremo que a lei não suporta.

---

[23] Neste sentido por exemplo I. Galvão Telles, *Direito das Obrigações*, 7.ª ed., Coimbra Editora, 1997, n.º 34 *g*, a propósito do pacto de preferência, que exemplifica com um caso em que a identidade do terceiro seria motivo para não exercício do direito pelo preferente.

Também o vendedor pode ter interesse atendível em não revelar a pessoa do comprador. Aliás, semelhante exigência representaria na prática a vedação de todo o contrato para pessoa a nomear.

A letra da lei nada tem de decisivo. A pessoa do comprador não é uma cláusula do contrato, e é a estas que se refere o art. 416.º/1.

Distinguimos:

– os casos em que há uma preferência que é justificada pela individualidade do comprador
– os casos comuns.

Caso em que a própria preferência está dependente da pessoa do comprador é o da compropriedade. É importante saber quem entra naquela situação de relação próxima que caracteriza a comunhão[24].

Mas nos casos comuns, como o do arrendamento, a relação do arrendatário com o adquirente não tem essa intensidade. A protecção legal (justamente porque se trata de arrendamentos vinculísticos) dispensa que se vá tão longe. Não há que atender unilateralmente ao interesse duma das partes e deixar o outro de todo na sombra.

Lido de modo racional, e não partindo já do preconceito de uma protecção exaustiva do arrendatário, o que o preceito dispõe é apenas que devem ser dadas a conhecer ao preferente as cláusulas necessárias à formação da intenção de preferir. O que é necessário, mede-se atendendo ao aspecto objectivo da protecção do arrendamento, e não ao aspecto subjectivo das preferências pessoais futuras. Pergunta-se se, sim ou não, ele quer adquirir naquelas condições, e não se quer ser arrendatário de certa pessoa. O que significa que não é função da preferência do arrendatário eliminar a álea de ter no futuro um senhorio melhor ou pior.

Não desenvolvemos mais este aspecto, porque tivemos já oportunidade de o aprofundar em *Preferência do Arrendatário Obrigacional., Notificação, caducidade, renúncia*[25].

7. A desnecessidade de apresentação de um histórico contrato com terceiro

Pergunta-se seguidamente se, mesmo não sendo essencial dar a conhecer a pessoa do comprador, a comunicação do senhorio deve ter por

---

[24] Cfr. Luís Miguel Monteiro, *Direitos e Obrigações* cit., 20-21.
[25] Anotação ao Ac. STJ de 23.VI.92, *in* Rev. Ord. Adv. 53 III, Dez. 93, 673. Nesse lugar é publicado também esse importante acórdão.

objecto um histórico contrato de venda que o proprietário se propõe celebrar com terceiro.

A verdade é que nada na lei impõe que ao arrendatário seja apresentado um concreto projecto de contrato, para que prefira ou não; e muito menos que se indique um prazo certo em que esse contrato será celebrado, se não houver preferência.

O art. 416.° fala em "projecto de venda". Um projecto de venda não é um contrato historicamente aprazado. Baliza os termos essenciais em que a negociação se realizará, mas não supõe sequer que o proprietário tenha encontrado já um comprador naquelas condições.

Se o arrendatário não prefere, o proprietário tem liberdade para negociar naquelas condições mínimas. Deverá fazê-lo num prazo razoável. O prazo razoável não é porém quantificável de uma vez por todas, é uma cláusula geral a fixar em concreto. Oscila entre dois parâmetros:

– o tempo necessário à conclusão do negócio
– o tempo em que não é de presumir que as condições do preferente se alterem de maneira a fazê-lo mudar de intenção.

O que o proprietário deve comunicar é pois apenas um quadro negocial geral. Se o preferente aceita, proprietário está vinculado a negociar com ele naqueles termos, como veremos a seguir. Se não aceita, o proprietário fica livre para negociar com terceiros por aquele preço, ou acima daquele preço. Apenas, não pode negociar em condições mais favoráveis sem oferecer de novo a preferência ao arrendatário[26].

Fica assim afastada a orientação de exigir ao proprietário que pretenda alienar a apresentação dum contrato-promessa ao arrendatário. Por maioria de razão, fica também afastada a imposição da celebração prévia dum contrato definitivo com terceiro, de modo que o arrendatário apenas teria que, declarando querer preferir, se substituir ao adquirente.

8. A situação jurídica do participante do projecto de venda

Como dissemos, feita a comunicação o participante fica numa situação de sujeição perante o preferente. Se este exercer o direito, fica vinculado.

---

[26] Mais precisamente: pode negociar livremente, em toda a medida em que o arrendatário declarou não querer preferir.

Poderá porém o participante desistir da alienação?

A questão pode colocar-se antes ou depois do exercício do direito pelo preferente.

1) Antes do exercício do direito

Uma vez tornada a comunicação eficaz, o notificante não pode mais desistir da proposta. Ele não pode, unilateralmente, praticar actos que lesariam o direito potestativo do preferente.

2) Após o exercício do direito

Pode o participante, se o preferente aceitar, desistir do projecto de venda?

Não pode, porque isso frustaria o significado do instituto. Permitiria ao participante, a seu alvedrio, manipular o projecto, para obter os resultados que lhe conviessem. Isto significa que o exercício do direito pelo preferente constitui o participante na obrigação de lhe alienar o local, nas condições que enunciou.

Sendo uma verdadeira obrigação, o não cumprimento representa um acto ilícito. Como tal, sujeita o participante a indemnização de perdas e danos.

E poderá o preferente promover a execução específica da obrigação de contratar?[27]

Tudo depende do entendimento que se tiver do âmbito da execução específica, consagrada no art. 830.º C.C.. É questão que não podemos aqui aprofundar.

Se a execução específica pressupuser um contrato-promessa, como é proclamado na epígrafe do art. 830.º, não se aplica a este caso, porque não há um contrato-promessa entre participante e preferente.

Porém, se pressupuser apenas uma obrigação de negociar, seja qual for a origem, então já se pode recorrer à execução específica. A isto não é óbice o facto de da comunicação não constarem todas as cláusulas do contrato, uma vez que devem constar os elementos essenciais. O que falta deverá estar dentro dos poderes de integração judicial.

---

[27] O Ac. Rel. Porto de 11.III.96 (Colectânea de Jurisprudência XXI-II, 96, 188; *Vida Judiciária*, n.º 1, Abr/97, 47), num caso em que estava em litígio a preferência do senhorio em caso de trespasse, retira da afirmação que a notificação para preferência não é um contrato-promessa a conclusão que o notificante pode desistir do negócio. Este poderia incorrer então em responsabilidade civil extra-contratual, mas não ficaria sujeito à execução específica.

9. A situação jurídica do preferente após a comunicação

Qual a situação jurídica do preferente, após a comunicação do projecto de alienação ?

Ele ganha um direito potestativo, de carácter instrumental, que deve ser exercido no prazo de oito dias (art. 416.º/2 C.C.).

O conteúdo desse direito é o de, por uma declaração de vontade, passar a ter o direito à celebração do contrato; a que corresponderá, por parte do participante, a obrigação de o celebrar, que já analisámos.

Também o exercício deste direito não está sujeito a forma nenhuma.

Suponhamos agora que o preferente deixa esgotar o prazo sem se pronunciar.

O direito potestativo *caduca* (art. 416.º/2 C.C.)[28]. A qualificação legal é correcta. O participante fica livre de alienar o local arrendado.

Inversamente, o arrendatário pode tomar uma atitude activa e declarar que não pretende preferir.

Pratica então um acto negocial sem sujeição a forma especial[29], cujo efeito é a extinção do direito de preferência. Essa extinção dá-se imediatamente e não apenas após o decurso do prazo. É qualificável como renúncia.

Semelhante renúncia é aliás válida desde que tenha sido comunicado um projecto de venda, independentemente da especificação das cláusulas do contrato.

Se o proprietário comunica que pretende vender e o interlocutor logo declara que não está em condições de comprar, dá-se uma válida renúncia ao direito de preferência. Este direito, que existia como faculdade abstracta, ficou com a comunicação concretizado como um direito potestativo patrimonial disponível na esfera jurídica do preferente. Pode pois dispor dele como quiser, não estando a renúncia sujeita a quaisquer outros pressupostos. O art. 416.º/2 não tem decerto o sentido de tornar a comunicação das cláusulas do contrato pressuposto da validade ou da eficácia da renúncia: não pretende estabelecer ritos cegos[30].

---

[28] É absurdo e frontalmente ilegal o Ac. STJ de 06.05.98, segundo o qual do silêncio só se retiraria a não renúncia ao direito de preferência (BMJ 477, 425).

[29] Cfr. ANTUNES VARELA, *Das Obrigações m geral*, 9.ª ed., Almedina, 1998, vol. I, n.º 99.

[30] Veja-se também sobre esta matéria o nosso *Preferência do arrendatário habitacional: notificação, caducidade, renúncia* cit., anot ção ao Ac. STJ de 23.06.92, n.º 10.

Se o preferente declara que vai pensar e deixa escoar o prazo, o direito caduca. Nos termos gerais do art. 331.º/1 C.C., só impede a caducidade a prática, dentro do prazo legal ou convencional, do acto a que a lei ou a convenção atribua efeito impeditivo.

Suponhamos porém que o preferente declara que está em princípio interessado e pede esclarecimentos; ou que se limita a pedir esclarecimentos para poder responder; e que com isto deixou passar o prazo.

Em qualquer caso, não houve aceitação. Mas terá havido caducidade?

O acto de pedir esclarecimentos, para preparação de um negócio com a gravidade de uma aquisição imobiliária, é um acto normal e justificado. Cairíamos de novo no formalismo, agora em detrimento do preferente, se considerássemos que o direito caducaria se a situação não fosse clarificada no prazo curtíssimo de oito dias.

Tendemos por isso a considerar que o pedido de esclarecimentos, desde que fundado, abre um novo prazo[31]. Esse prazo começa a correr a partir da resposta do proprietário. Só assim não seria se se entendesse que o exercício do direito, previsto no art. 416.º/2 C.C., consistiria simplesmente na manifestação de interesse, que não traria nenhuma vinculação para o preferente, que poderia desistir a todo o tempo. Mas isto é o oposto de tudo o que tem sido a orientação da prática neste domínio.

Por outro lado, só releva o pedido de esclarecimentos *fundado*. Isto quer dizer que toda a actuação contrária à boa fé está excluída. O preferente não pode ir enrolando, quiçá para levar à desistência dum terceiro interessado. De qualquer modo, a situação terá de ficar esclarecida em prazo muito breve.

10. O conhecimento do preferente vale como sub-rogado da comunicação

Suponhamos agora outra hipótese. O proprietário não faz a comunicação do projecto de venda; mas o preferente veio, por qualquer meio, ao conhecimento desse projecto. Esse conhecimento valerá como um sub-rogado da comunicação não realizada?

---

[31] Em sentido parcialmente diferente cfr. I. Galvão Telles, em Parecer sobre *Direito de Preferência* publicado na "Colectânea de Jurisprudência" IX, tomo 1,7 e segs.: não constitui declaração de preferência a carta em que o proponente diz estar interessado e pede esclarecimentos acerca da área do prédio, do modo como pretende ser recebido o montante da sisa, bem como a indicação do cartório e a hora da celebração da escritura.

A relevância do conhecimento pelo preferente é objecto do art. 1410.º/1 C.C.. Fala-se do comproprietário a quem se não dê conhecimento da venda ou da dação em cumprimento; mas marca-se-lhe o prazo de seis meses, a contar da data em que teve conhecimento dos elementos essenciais da alienação, para reagir.

Vamos supor uma situação em que o preferente, a quem se não deu conhecimento do projecto de alienação, o vem a conhecer por outra via.

Terá oito dias, a partir do conhecimento, para preferir? Não, porque o elemento, seguro, da comunicação não é equivalente ao elemento, fluído, do conhecimento.

Se o preferente declara nessas circunstâncias que pretende preferir, pode depois afirmar-se não obrigado à celebração do negócio, por não ter sido notificado?

E se, pelo contrário, declara não pretender preferir, pode vir depois contestar a alienação, baseado na mesma não notificação?

Qualquer destas soluções seria inadmissível. O mero formalismo não habita o direito de preferência mais que qualquer outro sector da ordem jurídica.

Se conheceu e agiu, quer positiva quer negativamente, o acto foi fundado. Dispensou a notificação e não pode depois invocar uma falha que foi ultrapassada.

Num caso real, a comunicação para preferência foi feita pelo promitente--comprador, e não pelo promitente-vendedor. Os preferentes dirigem-se ao cartório no dia indicado, declarando querer preferir; mas o proprietário não aparece. Posteriormente, celebra com o promitente-comprador novo contrato por preço mais alto e faz então a comunicação para preferência.

Perante uma situação desta ordem, a Relação de Évora chegou a afirmar que caducara o direito de preferir[32].

Porém, o conhecimento substitui efectivamente a regularidade formal da comunicação. O preferente tem o direito potestativo de preferir, pois o obrigado não pode ser mais beneficiado quando, devendo fazê-lo, não comunicou, do que se tivesse devidamente comunicado.

Generalizando: uma vez formado o propósito de venda, se não se realiza a comunicação devida, o conhecimento obtido por outro meio pelo preferente supre a comunicação faltosa. Com as reservas resultantes da diversidade de configuração formal, o princípio é realmente o que o conhecimento do preferente é um sub-rogado da comunicação efectivamente realizada. É o que resulta da teleologia legal.

---

[32] Ac. de 4.VI.98.

Ainda outra hipótese real, que é uma variante desta.

O proprietário fez a comunicação formal para preferência, mas não diz quem é o comprador.

Todavia o arrendatário, por comunicação privada, sabe quem este é. Pode invocar depois a falta de notificação do nome deste?

Esqueçamos agora o que dissemos sobre a relevância deste elemento. Vamos a supor que deveria ter sido também objecto da notificação. Vamos esquecer também a validade da renúncia à preferência, mesmo que a comunicação realizada não contivesse os elementos essenciais da alienação.

O que interessa é isto: o preferente renunciante tem através do alienante o conhecimento do projecto de venda, e por outra via o conhecimento da identidade do comprador.

Poderá depois impugnar a venda realizada, com o fundamento de não ter sido informado do nome do comprador?

Este é um caso claro em que o conhecimento privado vale como subrogado de um elemento da comunicação, mesmo que fosse um elemento essencial.

Havendo o conhecimento do projecto de venda e por outro lado o conhecimento da identidade do comprador, todos os elementos essenciais eram conhecidos. Portanto, a renúncia foi feita com pleno conhecimento.

A isto acresceria em qualquer caso, uma actuação contrária à boa fé, dentro da modalidade do *venire contra factum proprium*. É contra a boa fé declarar que não opta, e ao fim de algum tempo vir invocar a carência da notificação. Na realidade, a renúncia foi feita com pleno conhecimento de causa.

11. A simulação do preço

A simulação do preço merece uma referência especial, dada a frequência da simulação fiscal.

O arrendatário toma conhecimento de se ter realizado uma venda por preço anormalmente baixo. Ele, que em condições normais nunca pensaria em preferir, deixa-se tentar por aquela oportunidade. Ou então é acicatado por terceiro, que quer o prédio para si e lhe disponibiliza o preço que deverá depositar, remunerando-o por se prestar a exercer a preferência.

A simulação surge também com um sentido diferente. Alienante e terceiro podem simular um preço anormalmente elevado, para desanimar o preferente, que estaria interessado num preço normal.

Esta última situação parece estar contemplada no art. 1458.º/5 do

Código de Processo Civil: não é admitida oposição à notificação para preferência com fundamento na existência de vícios no contrato em relação ao qual se vai efectivar o direito. Esses vícios apenas pelos meios comuns podem ser apreciados.

Isso implicará que o preferente, se não quiser perder o seu direito, terá de se prestar a celebrar o contrato nas condições propostas, e resignar-se a arguir a simulação nos meios comuns?

Antunes Varela responde negativamente[33], com razão. O preferente só foi notificado de um preço simulado; ninguém lhe perguntou se queria preferir pelo preço verdadeiro. Se a simulação vier a ser reconhecida, o preferente tem então a possibilidade de exercer a preferência pelo preço verdadeiro, que lhe não foi comunicado.

E no caso da simulação inerente à fraude fiscal? Poderão então vendedor e comprador defender-se, revelando o preço real, que deveria ser tomado como base para o exercício da preferência?

A característica deste caso está em nenhum dos litigantes merecer ser protegido. Alienante e adquirente, porque ambos agiram de má fé em detrimento do Estado. O preferente, porque receberia um ganho de acaso, sem nenhuma causa justificativa. E se tivesse êxito, seria igualmente em detrimento do Estado, uma vez que este ficaria do mesmo modo defraudado no imposto.

Há que distinguir duas hipóteses:

1) O alienante oferece a preferência por um preço mais baixo que aquele que efectivamente combinou com terceiro

2) O alienante não oferece a preferência e aliena com preço simulado.

1) No primeiro caso, o alienante procede assim porque está convencido que o arrendatário não tem condições para preferir. É surpreendido pela preferência, muitas vezes por influência de terceiros, que se aproveitam do baixo preço simulado para fazer uma aquisição vantajosa, por conluio com o arrendatário.

Poderá vir então o proprietário excepcionar que o preço oferecido era simulado?

É difícil falar neste caso em simulação. Ainda que haja contrato-promessa com terceiro por preço superior, a comunicação ao preferente não é simulada, é falsa: o proprietário declara que quer vender por um

---

[33] Rev. Leg. Jurispr. 100.º, 209-212.

preço que não é verdadeiro. Mas não é uma declaração enganosa, porque não quer enganar o arrendatário, quer enganar o fisco: se quisesse enganar o arrendatário indicaria até um preço superior para o fazer desistir da preferência.

A comunicação responsabiliza: não se vê maneira de o senhorio retirar ou anular a declaração. O senhorio terá mesmo de vender pelo preço declarado. A isto só parece fazer excepção a arguição de má fé do preferente, se para este era conhecida ou cognoscível a falsidade do preço. Deixa de haver então razão para que ele se locuplete, mantendo-se o prejuízo do Estado.

2) E se a alienação foi já realizada, com simulação fiscal, sem ter sido oferecida a preferência?

O art. 243.º/1 C.C. dispõe que a simulação não pode ser oposta pelo simulador a terceiro de boa fé. O preferente, se estiver de boa fé, está nestas condições. Só assim não se presumirá se intentar a acção de preferência posteriormente à acção de declaração da simulação (art. 243.º/3 C.C.).

O resultado seria muito insatisfatório. O preferente teria um lucro de acaso, possivelmente como instrumento de terceiros; e o Fisco sairia sempre prejudicado.

A questão tem sido colocada na dependência de outra: a do âmbito a atribuir aos terceiros de boa fé, a quem não pode ser oposta a simulação (art. 243.º/1 C.C.). Se esses terceiros são apenas os prejudicados com o negócio simulado, o preferente não estaria compreendido; se são também os que lucrariam com a validade do negócio, já lhe seria inoponível a simulação[34].

Esta é uma questão geral, que não podemos debater aqui.

Qualquer que seja porém a solução que se lhe dê, não se esqueça que o negócio simulado é nulo; e que há um prejudicado na simulação fiscal, que é o Estado.

Os simuladores podem sempre revelar perante o Estado a simulação em que incorreram. O que significa que o vício pode ser sempre actuado, ao menos pelo Fisco. Verificada a nulidade, as consequências não podem deixar de se fazer sentir sobre a operação objecto de preferência. O preferente fica obrigado ao pagamento da sisa em falta; e deixa de haver base para se continuar a locupletar com a diferença do preço real.

Pelo que cremos que, na prática, sempre se podem afastar os lucros de puro acaso que doutro modo se propiciariam.

---

[34] Neste sentido, logo em 1968, CASTRO MENDES, *Direito Civil (Teorial Geral)*, II AAFDL, n.º 190 V; Vaz Serra, Rev. Leg. Jurispr., 101.º, 235-236.

12. Direito de se substituir ao adquirente?

É uma grande questão, a de determinar o mecanismo jurídico preciso que está subjacente ao exercício duma preferência com eficácia real contra terceiros[35].

Supõe-se que o titular *A*, não respeitando o direito do preferente *P*, alienou o local arrendado a terceiro *T*.

O direito do preferente é inerente. Pode por isso atingir o imóvel onde quer que se encontre.

Mas como actua? Mediante a anulação do acto de disposição a favor de *T*?

Não. Exactamente porque o direito é inerente, *P* não necessita de discutir os actos praticados. Pode recair directamente sobre a coisa e fazê-la reverter para si. Isto significa o art. 1410.°/1 C.C., ao determinar que o comproprietário "tem o direito de haver para si a quota alienada".

Isto é: basta a *P* substituir-se ao titular actual, desde que deposite o preço devido[36].

Na lógica desta posição, o acto de alienação de *A* a *T* não necessita de ser destruído. Basta que *P*, que tinha o direito de ter celebrado o contrato por ser preferente, se substitua a *T*, para quem reverterá o preço depositado.

Isto já nos dará alguma luz sobre a *vexata quaestio* da legitimidade passiva nesta acção.

Se todo o efeito se processa na esfera jurídica do adquirente, só este deve ser necessariamente demandado. Sobre o alienante nada se vai repercutir. Por isso, só deverá ser demandado se as características da acção levarem, no caso concreto, nesse sentido.

Suscita-se porém a problemática da retroactividade.

A reversão opera *ex nunc,* no momento de propositura da acção, ou *ex tunc,* retroagindo ao momento da alienação?

---

[35] Sobre o exercício do pacto de preferência com eficácia real e a sua comparação com o exercício da preferência legal cfr. por exemplo MÁRIO JÚLIO DE ALMEIDA COSTA, *Direito das Obrigações*, 8.ª ed., Almedina, 2000, n.° 34-D e E; CARLOS LACERDA BARATA, *Da Obrigação de Preferência*, Coimbra Editora, 1990.

[36] Quanto ao entendimento desse *preço*, remetemos para o nosso *O depósito do preço na acção de preferência*, in Rev. Tribunais, ano 93 (1975), 147 e segs. e 195 e segs.. Sustentámos aí que *preço* é apenas o equivalente pecuniário, que não abrange a sisa nem as demais despesas: doutra maneira chegar-se-ia a uma indeterminabilidade quase inextricável da quantia a depositar, que levaria a um máximo a extrema complexidade deste instituto.

Se operar *ex nunc*, houve uma verdadeira transferência de *A* para *T*, e só mais tarde operou a reversão de *T* para *P*. O preferente é assim um adquirente a título individual do terceiro.

Se opera *ex tunc*, *T* é riscado do mapa dos titulares, sendo inteiramente substituído por P. Este é considerado adquirente desde o início.

Só a primeira posição é correcta. O acto de alienação de *A* a *T*, desrespeitando a preferência de *P*, é um acto ilícito, mas não é um acto inválido. A ilicitude é sanada pela substituição de *P* a *T* como adquirente[37].

E é por não haver duas transmissões que se não põe sequer a hipótese de haver a obrigação de pagamento de duas sisas. A primeira transmissão é válida, mas funciona para beneficiário diverso.

A admissão da retroactividade tem consequências importantes. O preferente *P* fica deste modo a salvo de actos praticados por *T*. As transmissões e onerações admitidas *medio tempore* ficam supervenientemente inquinadas por falta de legitimidade de *T*.

M. Henrique Mesquita, que aprofundou este tema, analisa vários aspectos da relação que ofereciam todavia desvios ao princípio da retroactividade[38].

É uma investigação muito útil, que não podemos acompanhar aqui. Apenas observamos que alguns dos desvios apontados não parece serem de acolher.

Assim, o facto de *T* não dever restituir os frutos *medio tempore* colhidos parece dever ser simplesmente regulado pelos princípios da posse. *T* terá ou não de restituir, conforme dever ser considerado ou não de boa fé.

Mais importante é o que respeita ao depósito do preço, exigido pelo art. 1410.º. M. Henrique Mesquita considera-o um desvio, uma vez que *T* poderia beneficiar de condições mais favoráveis de pagamento, mas *P* não beneficia do crédito de *T*, que assenta na confiança; terá por isso de pagar imediatamente a totalidade do preço.

Objectamos que deste modo se introduz um desvio à lógica da preferência. Se *A* tivesse procedido como devia, teria proposto a *P* as mesmas condições que ofereceu a *T*. Se, ilicitamente, o não fez, não se compreende

---

[37] PINTO FURTADO analisa muito correctamente esta problemática mas no final (*Manual* cit., n.º 81 *D*) diz que a transmissão é *ex tunc*, por se processar desde a data da propositura da acção. Adopta porém verdadeiramente a tese da transmissão *ex nunc*, pois com aquela afirmação apenas esclarece que é aplicável o princípio geral que os efeitos da sentença são de situar na data de propositura da acção. No sentido da retroactividade verdadeira, cfr. I. Galvão Telles, *Direito das Obrigações*, cit., n.º 34 *h*, 153; J. ANTUNES VARELA, RLJ, 103.º, 487.

[38] *Obrigações e Ónus Reais*, Almedina, 1990, 220-222.

que fique beneficiado, recebendo a pronto e não a prazo. Há aqui antes uma manifestação das contradições intrínsecas do direito de preferência, tal como está a ser desenvolvido na prática, que não é lícito vencer através de excepções à retroactividade que beneficiariam aleatoriamente o alienante faltoso.

13. As ultradisposições pelo terceiro adquirente

O terceiro T, dentro do nosso esquema, pode por sua vez ter alienado a um quarto Q; e este pode ter alienado de novo.

Ou pode ter praticado actos de oneração sobre o local arrendado; ou de qualquer outro modo tê-lo gravado.

P não é obrigado a tolerar essas situações. Dissemos já que a retroactividade do seu direito implica que fique em crise a legitimidade das situações constituídas em benefício de terceiros.

Fixemo-nos particularmente na hipótese de ultradisposições realizadas por T.

É perante estas situações que tem interesse a eficácia real do direito de preferência. Se não fosse esta eventualidade, bastaria possivelmente que tudo se situasse ao nível das relações pessoais, entre A, T e P.

Mas a eficácia real implica a inerência. E a inerência significa que o direito do preferente atinja o imóvel, quaisquer que sejam as vicissitudes fácticas ou as actuações jurídicas de que seja objecto.

Como agir então, em caso de ter havido ultradisposição por T?

P continua a ter de chamar T ao processo. É este que ele pretende substituir. Os actos de disposição por ele praticados eventualmente, em benefício de Q e outros, são-lhe inoponíveis, pelo que o seu conteúdo não releva.

Mas P pretende que o local arrendado reverta efectivamente para o seu poder.

No que respeita à preferência do arrendatário a situação não é tão caracterizada como noutras hipóteses de preferência, porque o local arrendado está facticamente em poder do preferente. Sobretudo se se aceitar a posição aqui exposta, que o objecto da preferência coincide com o objecto do direito de arrendamento.

De todo o modo, o preferente que se quiser prevenir contra a possibilidade de que ultra-adquirentes invoquem a posse e dificultem o exercício do direito que pretende, deverá dirigir a acção contra outras pessoas que tenham a coisa em seu poder. De maneira que resulte da acção a afirmação da posse de *P* e a negação de qualquer posse, de *Q* ou interveniente subsequente.

Só precisa de chamar à acção quem tiver a coisa em seu poder. Os eventuais transmissários intermédios, de *T* até ao possuidor actual, são-lhe indiferentes. Porque, uma vez adquirido o direito por reversão de *T*, essas transmissões intermédias deixam de relevar.

A acção contra o possuidor actual tem um significado muito diverso da acção contra *T*. No que respeita a *T*, *P* pretende substituir-se-lhe como parte contratual. No que respeita ao possuidor actual, *P* pretende que o objecto da preferência fique manietado, pela inerência do direito, de modo que a posse lhe seja efectivamente atribuída com a sentença final.

A acção é, significativamente, uma acção real. Tem muita semelhança com a acção de reivindicação. Na acção de reivindicação o autor pretende que o direito real lhe seja reconhecido e, consequentemente, a coisa lhe seja entregue[39]. Na acção de preferência o autor pretende que o direito sobre a coisa reverta para si e, estando esta em poder de terceiro, que a posse sobre ela lhe seja reconhecida.

Se o preferente não chamar à acção o possuidor actual da coisa, não está inibido de posteriormente intentar acção autónoma para esse fim, contra esse possuidor. Mas agravou a sua própria situação, porque entretanto a coisa pode ter sido transferida a outrem. A acção terá então de se dirigir contra este novo possuidor.

Repare-se que estes ultra-transmissários não são chamados por *razões relativas*. Não têm, nomeadamente, um dever de transferir a coisa antes da decisão da acção de preferência; e mesmo após esta, esse dever é meramente instrumental. O que se activa é ainda o direito de preferência, cuja eficácia real permite a *P* fazer reverter a coisa para si.

14. Natureza jurídica

Restaria tirar conclusões quanto à natureza jurídica do direito de preferência.

Antes de formado o projecto de venda, o direito de preferência não está concretizado. Não é um direito condicional[40]: é um direito puro e sim-

---

[39] Cfr. a nossa *Acção de reivindicação*, em Estudos em Memória do Professor Doutor JOÃO DE CASTRO MENDES, FDL/LEX, 1995, 17-42; e na Rev. Ordem Advogados, 54 II, Ab. 97, 511-545.

[40] Contra o que afirma PINTO LOUREIRO e, no seu seguimento, PINTO FURTADO, *Manual*, n.º 81 XI-A.

ples, mas cuja concretização depende do facto constituinte da hipótese legal. Em nada está subordinado ao regime dos direitos condicionais, nomeadamente a uma eventual retroactividade.

Uma vez formado o projecto de venda, e até à aceitação, o direito do preferente é um puro direito potestativo, como se disse já antes.

Se se decide pela aceitação, o preferente tem o direito e a obrigação de celebrar o contrato definitivo. Também esta situação foi já suficientemente examinada.

Passemos à outra vertente: o que se passa, quando a alienação do local arrendado é feita pelo proprietário, sem ao arrendatário ter sido dada a possibilidade de preferir.

O preferente tem então o direito de haver para si a coisa alienada (art. 1410.º/1 C.C.). Pode exercê-lo em seis meses ou não o exercer. Se não o exercer, o direito caduca.

Pinto Loureiro qualificou este direito como direito pessoal, porque não incidiria sobre a coisa[41]. É uma má utilização do qualificativo, pois *pessoal* só é útil se equivaler a não patrimonial[42]: ora, o direito de preferência é sem dúvida patrimonial.

É um direito inerente: permite atingir a coisa onde quer que ela se encontre, por mais vicissitudes fácticas ou jurídicas a que tiver sido submetida. Tem pois todas as características da inerência.

O direito é habitualmente qualificado como real de aquisição. Mas a qualificação defronta importantes oposições, como a de M. HENRIQUE MESQUITA[43]. Considera este que o direito do preferente consiste em sub-rogar-se ao adquirente na posição que ocupa no contrato celebrado. Os direitos recairiam assim sobre um contrato, e só mediatamente sobre a coisa alienada.

Há porém um elemento de inerência que é essencial à situação. O preferente tem, mesmo antes de exercido o direito, um poder sobre a coisa, uma vez que a pode seguir em qualquer vicissitude. Por isso, a sua situação jurídica não é compreendida apenas pelo poder de se sub-rogar, mas por este mais o poder de seguir a coisa com inerência. Como o direito é unitário, o direito não pode deixar de ser considerado inerente.

Há que perguntar por isso se o que se atribui não é antes um direito de aquisição da coisa, de tal modo que o poder de sub-rogação acaba por

---

[41] *Manual dos Direitos de Preferência*, I, Coimbra, 1944, n.ºs 14 e15.
[42] Cfr. o nosso *Direito Civil – Teoria Geral*, vol. III, Coimbra Editora, 2002, n.º 54.
[43] *Obrigações Reais* cit., 219-225.

ser instrumental, em relação a esse poder de adquirir a coisa. O direito do preferente é um direito de aquisição, e esse direito é munido de inerência.

Quanto a nós, a dúvida coloca-se além deste ponto.

Um direito de aquisição, munido de inerência, será necessariamente um direito real?

Tem-se-nos progressivamente imposto a necessidade de distinguir direitos inerentes e direitos reais. Todos os direitos reais são inerentes, mas há direitos inerentes que não são direitos reais.

Os direitos reais não se definem apenas pela característica formal da inerência. Exigem ainda um conteúdo substancial – isto é, que sejam dirigidos ao aproveitamento de utilidades prestadas pela própria coisa[44].

Em relação aos direitos inerentes de aquisição, poderemos considerar que a própria susceptibilidade de aquisição representa um aproveitamento da coisa? Ou representará tal uma extensão que seria desfiguradora da noção de aproveitamento? Porque o exercício de meras operações jurídicas sobre as coisas não parece revestir o significado substantivo que a noção de aproveitamento acorda.

É uma dúvida que não poderá ser resolvida aqui. Até porque a questão não é meramente classificatória. Está ligada a todo um regime, que atinge os direitos reais mas deixa de fora os direitos meramente inerentes.

Saber se os direitos inerentes de aquisição participam do regime dos direitos reais, só pode ser feito através da análise crítica de toda a categoria dos "direitos reais de aquisição".

---

[44] Cfr. o nosso *Direito Civil – Reais* cit., n.os 317 e 318.

MORTE DO ARRENDATÁRIO HABITACIONAL E SORTE DO CONTRATO*

João Sérgio Teles de Menezes Correia Leitão**

I. CONSIDERAÇÕES PRÉVIAS. AS FONTES RELEVANTES

1. O presente estudo tem como tema a *morte do arrendatário habitacional e a sorte do contrato de arrendamento* que daí pode advir.

Comecemos primeiramente por destacar as fontes relativas a este tema. É conveniente principiar por dar conta do teor dos textos legais pertinentes dado que alguns deles foram objecto de intervenções recentes do legislador pouco cuidadas, que obrigam a um trabalho prévio de fixação dos dados legais. Acresce que a normatividade em questão dá origem a várias dúvidas interpretativas, o que sempre conduziu à colocação de toda esta zona sob o particular signo da exegese. Na verdade, a matéria do arrendamento urbano tem sido marcada por constantes e dispersas intervenções legislativas[1] com vista a fazer-se face aos problemas sociais que vão surgindo da vida (ou às reivindicações sectoriais de grupos sociais que

---

* O presente escrito tem a sua base original na exposição realizada no Curso sobre Arrendamento Urbano, *"Análise e linhas de evolução uma década após o R.A.U"*, organizado pela Faculdade de Direito da Universidade de Lisboa no ano de 2001. Ao Senhor Professor Doutor Januário Gomes expressa-se o nosso agradecimento pelo convite para participar no referido Curso, o que nos possibilitou tornar à Casa a que consagrámos largos anos da nossa vida. Justamente, o facto de termos sido aluno do Senhor Professor Doutor Inocêncio Galvão Telles no Mestrado de Direito Civil naquela Faculdade e de assim termos podido beneficiar do seu magistério exemplar constituiu momento privilegiado que é de elementar justiça reconhecer. É-nos assim particularmente honroso poder participar nesta homenagem ao Ilustre Mestre.

** J rista do Centro de Estudos e Apoio às Políticas Tributárias. Mestre em Direito.

[1] É o próprio Preâmbulo do DL n.º 321-B/90, de 15 de Outubro que principia por referir que o *"arrendamento urbano apresenta, na sua evolução recente, uma sequência marcada pela prolixidade legislativa"* (n.º 1).

vão determinando as decisões públicas), pelo que a legislação respectiva surge muitas vezes como acentuadamente empírica e circunstancial e em certos casos com carácter de urgência, donde resulta que a dogmática respectiva se vê na necessidade de se concentrar em tarefas interpretativas básicas, de modo a detectar o sentido das camadas regulativas que assim vão surgindo[2].

2. O texto preliminar a considerar consta do art. 1051.º do Código Civil que, em sede geral de contrato de locação – que, como diz o art. 1022.º do Cód. Civil, é o *"contrato pelo qual uma das partes se obriga a proporcionar à outra o gozo temporário de uma coisa, mediante retribuição"*, o qual, como é sabido, *"diz-se arrendamento quando versa sobre coisa imóvel, aluguer quando incide sobre coisa móvel"* (art. 1023.º do Cód. Civil) –, estabelece que *o contrato caduca por morte do locatário* (al. d) do referido n.º 1 do art. 1051.º[3]), solução esta que é *supletiva*, podendo,

---

[2] Não por acaso, volta e meia, o legislador vê-se na necessidade de pôr ordem na dispersão, editando então diplomas com objectivos ordenadores e sistematizadores, ou seja, codificações da matéria. Assim sucedeu com o Decreto n.º 5411, de 17 de Abril de 1919 (*"Reúne num só diploma toda a legislação referente ao arrendamento de prédios rústicos e urbanos"*) e mais recentemente com o Regime do Arrendamento Urbano, aprovado pelo DL n.º 321-B/90, de 15 de Outubro (vd. aliás o art. 2.º, al. a) da Lei n.º 42/90, de 10 de Agosto: *"Codificação dos diplomas existentes no domínio do arrendamento urbano, por forma a colmatar lacunas, remover contradições e solucionar dúvidas de entendimento ou de aplicação resultantes da sua multiplicidade"*). Aliás, com tais objectivos já se deve considerar em boa medida a regulação disposta pelo Código Civil, pois, como fez notar ANTUNES VARELA, *"Do Projecto ao Código Civil"* in BMJ, n.º 161 (Dezembro 1966), pp. 5-85 [p. 37], "procurou menos reformar o instituto que concentrar num texto único toda a regulamentação do arrendamento dispersa por vários diplomas legislativos, sistematizar em termos hábeis os diferentes capítulos da locação, eliminar as contradições e sanar as deficiências da legislação vigente, e expurgar a nova lei de todos os preceitos de carácter transitório e de todas as disposições de puro direito local".

[3] O n.º 2 do art. 1051.º foi revogado pelo art. 5.º, n.º 2 do DL n.º 321-B/90, de 15/10, sem, porém, se ter alterado formalmente a sua divisão em números (defeito em que não incorreu a alteração promovida pelo art. 40.º da Lei n.º 46/85, de 20/9), razão porque continuamos a reportar-nos ao seu n.º 1 (apesar do art. 66.º do RAU). MENEZES CORDEIRO/CASTRO FRAGA, *Novo Regime do Arrendamento Urbano anotado*, Coimbra, Almedina, 1990, p. 41, criticando a técnica utilizada, consideram que a interpretação permite concluir pela supressão da referência formal esse n.º 1. Não seguimos tal orientação por ser hoje prática legislativa comum (com múltiplos exemplos, particularmente no domínio fiscal) a de, na sequência dessa imperfeita técnica formal, aproveitar números "vazios" de artigos para introduzir novas regulações. Por outro lado, perante a revogação de um núer

pois, convencionar-se a transmissão *mortis causa* da posição do locatário, como resulta da referência final na alínea mencionada a "*salvo convenção escrita em contrário*", bem como do facto de o art. 1059.º, n.º 1 do Cód. Civil consignar que: "*A posição contratual do locatário é transmissível por morte dele ou, tratando-se de pessoa colectiva, pela extinção desta, se assim tiver sido convencionado por escrito*".

Depois, temos que entrar em linha de conta com o Regime do Arrendamento Urbano (RAU)[4], dedicado especialmente ao "*contrato pelo qual*

---

intermédio de um artigo com vários números (sempre em técnica legislativa deficiente) não é corrente operar, por interpretação, uma renumeração.

Surge-nos aqui uma técnica legislativa imperfeitíssima que hoje tem campeado e que representa o completo olvido da fórmula tradicional pela qual "*toda a modificação que de futuro se fizer sobre a matéria contida no diploma será considerada como fazendo parte dele e inserida no lugar próprio, quer seja por meio de substituição de artigos alterados, quer pela supressão de artigos inúteis, ou pelo adicionamento dos que forem necessários*" (cfr., v. g., art. 4.º da Carta de Lei de 28 de Junho de 1888 ou mais recentemente o art. 16.º do DL n.º 442-A/88, de 30 de Novembro ou o art. 24.º do DL n.º 442-B/88 da mesma data). Não será excessivo citar aqui a lição, tão esquecida, que se encontra no Preâmbulo do DL n.º 47690, de 11 de Maio de 1967 e que se encontra em qualquer edição do CPC: "*Quando num artigo do Código (...), que tenha vários números não haja necessidade de corrigir todos estes apenas se insere o texto completo do número emendado, até para não forçar escusadamente o intérprete a procurar nos números restantes modificações que lá não se encontram. Critério análogo foi usado, como é lógico, nos casos em que tendo um número várias alíneas, só uma ou algumas destas são retocadas (...). Quando a alteração envolva a eliminação de um número entre vários do mesmo artigo, duas hipóteses importa distinguir: se o número eliminado não é o último daqueles que o artigo continha, haverá conveniência em repetir todos os preceitos subsequentes da disposição, visto que eles passaram a ter uma numeração diferente; se, pelo contrário (...), a supressão atinge o último número do texto legal vigente, haverá apenas que omitir no esquema do artigo a existência desse número*". Causa espanto que estas elementares regras não se cumpram num tempo de *copy/paste* quando isso sucedia noutros tempos que de computorizados pouco tinham (à excepção do que relevasse da imaginação humana, sempre infinita).

[4] Advirta-se que todos os artigos citados sem indicação de diploma pertencem ao Regime do Arrendamento Urbano, aprovado pelo art. 1.º do DL n.º 321-B/90, de 15 de Outubro (ao abrigo da autorização legislativa constante da Lei n.º 42/90, de 10 de Agosto), com as alterações introduzidas pelo DL n.º 278/93, de 10 de Agosto (ao abrigo da autorização legislativa constante da Lei n.º 14/93, de 14 de Maio), pela Lei n.º 13/94, de 11 de Maio (que alterou, por ratificação, o DL n.º 278/93), pelo DL n.º 163/95, de 13 de Julho (ao abrigo da autorização legislativa constante da Lei n.º 3/95, de 20 de Fevereiro), pelo DL n.º 257/95, de 30 de Setembro (ao abrigo da autorização legislativa constante da Lei n.º 21/95, de 18 de Julho), pela Lei n.º 135/99, de 28 de Agosto (posteriormente revogada pelo art. 10.º da Lei n.º 7/2001, de 11 de Maio), pelo DL n.º 64-A/2000, de 22 de Abril

uma das partes concede à outra o gozo temporário de um prédio urbano, no todo ou em parte, mediante retribuição" (art. 1.º), o qual na sua Secção IX – *Da cessação do contrato* – do Capítulo I (*Do arrendamento urbano em geral*), depois de referenciar no art. 50.º, sob a epígrafe *"Cessação do arrendamento*" que: *"O arrendamento urbano pode cessar por acordo entre as partes, por resolução, por caducidade, por denúncia ou por outras causas determinadas na lei"* refere, em sede de Subsecção IV, denominada *"Da caducidade"*, no art. 66.º, n.º 1 que: *"Sem prejuízo do disposto quanto aos regimes especiais, o arrendamento caduca nos casos fixados pelo artigo 1051.º do Código Civil"*.

Com base em tal norma, surgem-nos, para o que aqui importa, duas determinações:

I. uma primeira, prende-se com a explícita assunção de que continua a valer, em geral, para o arrendamento urbano o princípio disposto pelo legislador genericamente para a locação de que *o contrato caduca por morte do locatário* (al. d) do referido art. 1051.º, n.º 1 do Cód. Civil);

II. uma segunda, prende-se com a presença de regimes especiais, dos quais, como logo imediatamente se infere, pode resultar que o contrato de arrendamento *não caduque por morte do locatário*[5].

Importa, em consequência, referenciar os regimes especiais a este propósito dispostos pelo legislador.

Um primeiro regime especial concerne o *arrendamento urbano para habitação* (Cap. II do RAU), que é o que aqui particularmente nos vai ocupar. Com efeito, encontramos neste capítulo uma Secção III, denominada *"Da transmissão do direito do arrendatário"*, em cujos arts. 83.º e segs. se regula a matéria com directa atinência ao nosso tema.

Outro regime especial encontra-se em sede de *arrendamento para comércio ou indústria* (Cap. III do RAU), com a norma especial do art. 112.º, em que, sob a epígrafe *"Morte do arrendatário"*, se prevê a não caducidade do arrendamento por morte do arrendatário (n.º 1 do art. 112.º).

(ao abrigo da autorização legislativa dada pela Lei n.º 4-A/2000, de 13 de Abril), pelo DL n.º 329-B/2000, de 22 de Dezembro (ao abrigo da autorização legislativa constante da Lei n.º 16/2000, de 8 de Agosto), pela Lei n.º 6/2001, de 11 de Maio e pela Lei n.º 7/2001, de 11 de Maio.

[5] Verdadeiramente é em relação à al. d) do n.º 1 do art. 1051.º do Cód. Civil que encontramos regimes especiais em sede de causas determinativas da caducidade do arrendamento urbano.

Esta solução vale ainda, por directa remissão do art. 121.º, para o *arrendamento para o exercício de profissões liberais* (Cap. IV do RAU)[6].

Note-se ainda, desde já, que em relação à sub-espécie destas modalidades de arrendamento que constituem os *contratos de duração limitada*, portanto, com prazo para a duração efectiva do arrendamento (arts. 98.º e segs., 117.º e 121.º), valem igualmente estes regimes especiais que determinam a *transmissão do arrendamento por morte do arrendatário*. Isso resulta, com clareza, quanto ao arrendamento urbano para habitação, do art. 99.º, porquanto o seu n.º 1 reporta-se genericamente à transmissão de posições contratuais, no que vai implicado o disposto no art. 85.º, sendo ainda que no n.º 2 deste art. 99.º não se referencia o disposto no art. 85.º como não aplicável aos contratos de duração limitada (implicitamente antes pelo contrário, dada a menção aos arts. 89.º-A a 89.º-C). No que respeita aos arrendamentos para comércio ou indústria e para o exercício de profissões liberais, basta atentar nas normas remissivas constantes dos arts. 117.º, n.º 2 e 121.º do RAU que implicam a aplicação do já mencionado art. 99.º (embora com as necessárias adaptações de modo a operar o art. 112.º e não o art. 85.º).

3. O tema do nosso trabalho é a *morte do arrendatário habitacional e a sorte do contrato*. Nestes termos, vamos ocupar-nos aqui essencialmente do regime a tanto particular relativo ao arrendamento urbano para

---

[6] No que concerne aos arrendamentos rústicos não sujeitos a regimes especiais (designadamente os não rurais atenta a legislação a seguir referida e os não afectos a comércio e indústria dado o art. 110.º) e aos arrendamentos e subarrendamentos referidos no art. 5.º, n.º 2, als. a) e e) aplica-se, com as devidas e indispensáveis adaptações, o disposto quanto à transmissão por morte nos arts. 83.º e 85.º, bem como nos arts. 88.º e 89.º, por força do disposto no art. 6.º, n.º 1. Quanto ao arrendamento rural (DL n.º 385/88, de 25/10, alterado pelo DL n.º 524/99, de 10/12) e ao arrendamento florestal (DL n.º 394/88, de 8 de Novembro), adoptam-se igualmente soluções do tipo da constante do art. 85.º do RAU (cfr. respectivamente art. 23.º e art. 19.º). Deste modo, o campo de aplicação do princípio da caducidade da locação por morte do locatário encontra-se particularmente reduzido. Note-se, porém, que quanto aos arrendamentos para outros fins não habitacionais a que se reporta o art. 123.º (e art. 3.º, n.º 1, *in fine*) parece que (n.º 1 do art. 5.º) valerá o art. 1051.º, n.º 1, al. d) do Cód. Civil por força do art. 66.º, n.º 1, caducando, assim, por morte do arrendatário, salvo convenção escrita em contrário (assim, PEREIRA COELHO, "*Breves notas ao 'Regime do Arrendamento Urbano'*" in RLJ, ano 125 (1992-1993), pp. 257-264, ano 126 (1993-1994), pp. 194-201, ano 131 (1998-1999), pp. 226-234, 258-266, 358-373 [p. 369]; em sentido distinto, mas para que não encontramos fundamento, vd. PINTO FURTADO, *Manual do Arrendamento Urbano*, 3ª ed., Coimbra, Almedina, 2001, p. 287).

habitação⁷, ou seja, o arrendamento que tem como fim ou aplicação a habitação ou uso residencial (cfr. arts. 3.º e 75.º, n.º 1) do locatário e do seu agregado familiar (cfr. al. c) do n.º 2 do art. 64.º) ou, mais vastamente, de quem com ele viva em economia comum (cfr. art. 76.º, n.º 1, al. a) e n.º 2)⁸.

Já dissemos que este regime especial do arrendamento urbano para habitação consta dos arts. 83.º e segs. do RAU. Nestes prolegómenos centrados na indicação dos textos normativos relevantes, cabe então determo-nos mais de profundo nesses preceitos.

A chave da transmissão *mortis causa* por banda do arrendatário do arrendamento habitacional consta do art. 85.º que regula os casos em que ocorre essa vicissitude. Curiosamente, o legislador preocupou-se, não obstante a (ampla) consagração da possibilidade dessa vicissitude no art. 85.º, em começar por afirmar no art. 83.º, sob a epígrafe (incompleta⁹) de *"incomunicabilidade do arrendamento"*, que: *"Seja qual for o regime matrimonial, a posição do arrendatário não se comunica ao cônjuge e caduca por morte, sem prejuízo do disposto nos dois artigos seguintes"*. O que manifestamente se justificou pela necessidade de estabelecer (reforçar, dado o já dito nos arts. 1051.º, n.º 1, al. d) do Cód. Civil e 66.º, n.º 1 do RAU) que o princípio geral é o da caducidade do arrendamento por morte do arrendatário, com a consequente atribuição ao referido art. 85.º da natureza de norma excepcional.

3. Mas vejamos então, na sua actual redacção, o teor deste preceito chave constante do art. 85.º¹⁰:

---

[7] Sem prejuízo, embora, da referência aos outros regimes, quanto mais não seja por inelimináveis exigências atinentes ao elemento sistemático da interpretação.

[8] Consabidamente, este fim habitacional não assume contornos de radical exclusividade (cfr. al. c) do art. 1038.º do Código Civil e al. b) do n.º 1 do art. 64.º do RAU) atentas as possibilidades de exercício de indústria doméstica (art. 75.º), bem como de prestação de hospedagem na ausência de proibição contratual e desde que até ao máximo de três hóspedes (art. 76.º, n.º 1, al. b) e n.º 3 e al. e) do n.º 1 do art. 64.º).

[9] Incompleta porque apenas se reporta à incomunicabilidade, não referindo a intransmissibilidade (ou caducidade do arrendamento por morte do locatário).

[10] A redacção presentemente vigente do art. 85.º do RAU de que damos conta no texto foi introduzida pelas Leis n.ºs 6/2001 e 7/2001, ambas de 11 de Maio (vd. *infra* no texto). Este preceito foi objecto de uma inominável intervenção legislativa ("desastrada" é o qualificativo que emprega PAIS DE SOUSA, *Anotações ao Regime do Arrendamento Urbano*, 6ª ed., Lisboa, Rei dos Livros, 2001, p. 269), recheada de erros e imprecisões, que resultou da Lei n.º 135/99, de 28 de Agosto e a que à frente nos referiremos. A Lei n.º 7/2001 revogou (art. 10.º) aquela Lei n.º 135/99, mas, não obstante, deixou subsistir lapsos manifestos resultantes deste diploma, dado ter assente na redacção do art. 85.º por ele

"1. O arrendamento para habitação não caduca por morte do primitivo arrendatário ou daquele a quem tiver sido cedida a sua posição contratual, se lhe sobreviver:

a) Cônjuge não separado judicialmente de pessoas e bens ou de facto;
b) Descendente com menos de um ano de idade ou que com ele convivesse há mais de um ano;
c) Pessoa que com ele viva em união de facto há mais de dois anos, quando o arrendatário não seja casado ou esteja separado judicialmente de pessoas e bens;
d) Ascendente que com ele convivesse há mais de um ano;
e) Afim na linha recta, nas condições referidas nas alíneas b) e c);
f) Pessoas que com ele vivessem em economia comum há mais de dois anos.

2. Caso ao arrendatário não sobrevivam pessoas na situação prevista na alínea b) do n.° 1, ou estas não pretendam a transmissão, é equiparada ao cônjuge a pessoa que com ele vivesse em união de facto.
3. Nos casos do número anterior, a posição do arrendatário transmite-se, pela ordem das respectivas alíneas, às pessoas nele referidas, preferindo em igualdade de condições, sucessivamente, o parente ou afim mais próximo e mais idoso.
4. A transmissão a favor dos parentes ou afins também se verifica por morte do cônjuge sobrevivo quando, nos termos deste artigo, lhe tenha sido transmitido o direito ao arrendamento.".

A presente redacção deste preceito – que é fundamental para a matéria que nos ocupa – derivou por último das Leis n.°s 6/2001 e 7/2001, ambas de 11 de Maio (respectivamente arts. 6.° e 5.°, sempre sob a epígrafe *"Transmissão do arrendamento por morte"*)[11].

---

introduzida. Por outro lado, entre estas duas Leis n.°s 6/2001 e 7/2001 não se verifica conformidade redaccional no que respeita ao teor do art 85.° do RAU. Atentaremos mais detalhadamente nisto tudo a seguir no texto.

[11] Refira-se que PINTO FURTADO, M*anual* cit., pp. 503 e 1072 considera que esta nova redacção não se deve aplicar aos contratos existentes à data da sua introdução, só valendo, pois, para os contratos novos (e sem duração limitada, segundo escreve) que se venham a celebrar após a sua entrada em vigor. Defende este Autor que a aplicação imediata deste regime aos contratos existentes seria materialmente inconstitucional por violar a autonomia privada e o direito de propriedade. Vd. em sentido oposto ARAGÃO SEIA, *Arrendamento Urbano*, 6.ª ed., Coimbra, Almedina, 2002, pp. 563-564.

Impõe-se efectuar algumas precisões em ordem a explicar a redacção que apresentámos.

A Lei n.º 6/2001 (*Adopta medidas de protecção das pessoas que vivam em economia comum*), no seu art. 6.º, estabeleceu o seguinte:

"*Ao n.º 1 do artigo 85.º do Regime do Arrendamento Urbano, aprovado pelo Decreto-Lei n.º 321-B/90, de 15 de Outubro, é aditada uma alínea f), com a seguinte redacção: "f) Pessoas que com ele vivessem em economia comum há mais de dois anos"*.

Por seu turno, a Lei 7/2001 (*Adopta medidas de protecção das uniões de facto*), no seu art. 5.º, estabeleceu:

"*O artigo 85.º do Decreto-Lei n.º 321-B/90, de 15 de Outubro, que aprova o Regime do Arrendamento Urbano, passa a ter a seguinte redacção:*

"*Artigo 85.º*

[...]

1– ....

a) ....

b) ....

c) Pessoa que com ele viva em união de facto há mais de dois anos, quando o arrendatário não seja casado ou esteja separado judicialmente de pessoas e bens;

d) [Anterior alínea c).]

e) [Anterior alínea d).]

2. Caso ao arrendatário não sobrevivam pessoas na situação prevista na alínea b) do n.º 1, ou estas não pretendam a transmissão, é equiparada ao cônjuge a pessoa que com ele vivesse em união de facto.

3. ....

4. ....".

Como é fácil de ver, entre uma e outra Lei (*da mesma data de aprovação, promulgação, publicação e entrada em vigor, mas com a Lei n.º 7/2001 a ser numericamente subsequente*) desapareceu a nova alínea f) do n.º 1 deste art. 85.º, consagrada pelo art. 6.º da Lei n.º 6/2001: a Lei n.º 7/2001 expressamente refere (art. 5.º) que o art. 85.º (do RAU), a que tinha sido aditado pela Lei com numeração imediatamente anterior uma nova alínea no n.º 1, passa a ter uma redacção em que, afinal, não consta tal alínea. Como é manifesto, tudo isto não passa de lapso, estado permanente em que ultimamente tem vivido a actividade legislativa respeitante à transmissão *mortis causa* do arrendamento para habitação. Aliás, é igualmente lapso dizer-se nesta Lei n.º 7/2001 (art. 5.º) que se altera o art. 85.º do DL n.º 321-B/90 em vez de se referir o art. 85.º do RAU, confundindo-se assim o diploma preambular que aprova o RAU com este próprio RAU (erro em que já não incorre a Lei n.º 6/2001); ou manter-se o teor da anterior redacção do n.º 3 do art. 85.º que se reporta aos *"casos do número anterior"* quando deveria reportar-se *"aos casos do n.º 1"*; ou ainda manter-se na actual al. e) do n.º 1 do art. 85.º a remissão para a al. c) quando deveria ser a al. d), esquecendo-se, assim, que a al. c) se passou a reportar à pessoa que vivia em união de facto.

4. Para além deste preceito que constitui o núcleo da matéria da transmissão *mortis causa* da posição do locatário no arrendamento urbano para habitação, o legislador preocupou-se em regular outros aspectos relevantes nesta Secção III, dedicada à transmissão do direito do arrendatário. Nos seguintes termos:

– consagrou uma excepção à transmissão do arrendamento, determinativa, pois, do chamamento de eventual transmissário subsequente ou, em última instância, do reoperar do princípio geral constante do art. 83.º: *"O direito à transmissão previsto no artigo anterior não se verifica se o titular desse direito tiver residência nas comarcas de Lisboa e Porto e suas limítrofes, ou na respectiva localidade quanto ao resto do País, à data da morte do primitivo arrendatário"* (art. 86.º);
– previu alterações do regime a que se subordina o arrendamento objecto da transmissão *mortis causa*: quanto ao regime de renda que passa a ser, verificadas certas condições, o da renda condicionada (art. 87.º);
– regulou os termos do exercício do direito à transmissão consagrado no art. 85.º (art. 89.º), bem como a sua extinção (art. 88.º);
– previu um regime alternativo à modificação do contrato determinada no art. 87.º e as condições da sua aplicação, regime esse que pode envolver a própria extinção do arrendamento, por "denúncia" do senhorio (arts. 89.º-A a 89.º-D).

Fica assim referenciada a normatividade básica que aqui vamos cuidar.

5. Importa dizer que a normatividade assim vigente tem origem diversa, pelo que interessará dar conta das respectivas raízes. Manifesta-se aqui o carácter torturado de que o regime do arrendamento urbano há muito padece[12], em que as intervenções são feitas passo a passo – a medo, dir-se-ia – na esperança de que aquilo que se faz por fases, mais ou menos dilatadas no tempo, seja menos sentido e logo gere menor repercussão do que alterações bruscas (em matéria que se julga implicar sempre custos de popularidade, critério que, consabidamente, assume peso determinante para o "decisor" político-legislativo).

Só que ainda por cima multiplicam-se no domínio do arrendamento urbano as intervenções legislativas feitas com pouco rigor ou com manifesta negligência. Para além do que já atrás apontámos e sem prejuízo do que à frente ainda se referirá, aponte-se como demonstração no campo particular que nos ocupa o seguinte[13]: como exemplo de pouco rigor, nada melhor do que a revogação do n.º 3 do art. 89.º, feita pelo DL n.º 278/93, de 10 de Agosto sem a necessária cobertura por autorização legislativa e que por isso veio a ser declarada organicamente inconstitucional com força obrigatória geral pelo Acórdão do Tribunal Constitucional n.º 410/97, de 23 de Maio[14]; como exemplo de negligência, para além da situação atrás descrita resultante das Leis n.ºs 6/2001 e 7/2001, temos a redacção dada ao art. 85.º do RAU pela inominável intervenção operada pela Lei n.º 135/99, de 28 de Agosto, entretanto revogada pela Lei n.º 7/2001, a qual continha vários erros e imprecisões, que no mínimo se esperaria insusceptíveis de distracção[15].

---

[12] JANUÁRIO GOMES, *Arrendamentos para habitação*, 2ª ed., Coimbra, Almedina, 1996, p. 169 considera mesmo que o regime da transmissão do direito ao arrendamento por morte do arrendatário "por regular matéria especialmente controversa e sensível, a nível social em geral e dos senhorios e inquilinos em particular, bem pode ser considerado um dos mostruários das oscilações a que tem estado sujeita a legislação do arrendamento habitacional a partir de 25 de Abril de 1974".

[13] Fora deste âmbito, podemos dar como exemplo o DL n.º 64-A/2000, de 22 de Abril que deu nova redacção ao art. 7.º do RAU, mas esqueceu-se de proceder à revogação expressa do art. 1029.º do Cód. Civil, transformando-o assim num verdadeiro "morto-vivo". Curiosamente, este diploma já não se esqueceu de revogar a al. l) do n.º 2 do art. 80.º do Cód. do Notariado (cfr. art. 2.º), mostrando assim que actualmente o legislador tem mais presente o Cód. do Notariado do que o Cód. Civil. Vd. para uma análise das dificuldades resultantes desta "confusão legislativa", ROMANO MARTINEZ, *Direito das Obrigações (Parte Especial). Contratos*, 2ª ed., Coimbra, Almedina, 2001, p. 177. Note-se ainda que aquele diploma preocupou-se em alterar, em consonância com a mera exigência de forma escrita, o art. 9.º, n.º 4 do RAU, mas esqueceu-se de adoptar idêntica atitude em relação ao art. 44.º, n.º 1.

[14] Vd *infra*.

[15] Vd. *infra*.

Mas comecemos por partes, analisando então quais foram as alterações sofridas pela regulação disposta pelo RAU quanto à transmissão *mortis causa* da posição do arrendatário habitacional.

Na sua versão originária, rezava o art. 85.º do RAU o seguinte:

"1. O arrendamento para habitação não caduca por morte do primitivo arrendatário ou daquele a quem tiver sido cedida a sua posição contratual, se lhe sobreviver:

a) Cônjuge não separado judicialmente de pessoas e bens ou de facto;

b) Descendente com menos de um ano de idade ou que com ele convivesse há mais de um ano;

c) Ascendente que com ele convivesse há mais de um ano;

d) Afim na linha recta, nas condições referidas nas alíneas b) e c);

e) Pessoa que com ele viva há mais de cinco anos em condições análogas às dos cônjuges, quando o arrendatário não seja casado ou esteja separado judicialmente de pessoas e bens.

2. Nos casos do número anterior, a posição do arrendatário transmite-se, pela ordem das respectivas alíneas, às pessoas nele referidas, preferindo, em igualdade de condições, sucessivamente, o parente ou afim mais próximo e mais idoso.

3. A transmissão a favor dos parentes ou afins também se verifica por morte do cônjuge sobrevivo quando, nos termos deste artigo, lhe tenha sido transmitido o direito ao arrendamento.".

Ora, a Lei n.º 135/99, de 28 de Agosto veio alterar (art. 5.º) a al. e), introduzir um novo n.º 2 e renumerar os n.ºs 2 e 3 que passaram respectivamente a n.ºs 3 e 4. Em consequência, tal norma passou a possuir a seguinte redacção:

"1. O arrendamento para habitação não caduca por morte do primitivo arrendatário ou daquele a quem tiver sido cedida a sua posição contratual, se lhe sobreviver:

a) Cônjuge não separado judicialmente de pessoas e bens ou de facto;

b) Descendente com menos de um ano de idade ou que com ele convivesse há mais de um ano;

c) Ascendente que com ele convivesse há mais de um ano;

d) Afim na linha recta, nas condições referidas nas alíneas b) e c);

e) Pessoa que com ele viva há mais de dois anos em condições análogas às dos cônjuges, quando o arrendatário não seja casado ou esteja separado judicialmente de pessoas e bens.

2. *Caso ao arrendatário não sobrevivam pessoas na situação prevista nas alíneas b), c) e d) do n.° 1, ou estas não pretendam a transmissão, é equiparado ao cônjuge pessoa que com ele vivesse em união de facto nos termos da presente lei.*

3. Nos casos do número anterior, a posição do arrendatário transmite-se, pela ordem das respectivas alíneas, às pessoas nele referidas, preferindo em igualdade de condições, sucessivamente, o parente ou afim mais próximo e mais idoso.

4. A transmissão a favor dos parentes ou afins também se verifica por morte do cônjuge sobrevivo quando, nos termos deste artigo, lhe tenha sido transmitido o direito ao arrendamento.".

Esta redacção do art. 85.° não teve uma vida longa, porquanto a Lei n.° 7/2001 revogou a Lei n.° 135/99. Justamente pode dizer-se, pois, pelo menos na parte respeitante à transmissão por morte do arrendamento urbano para habitação, tratava-se de uma intervenção inqualificável dados os erros e lapsos de que padecia[16] como logo se descortina da sua simples leitura[17].

---

[16] Parece ser sina do domínio do arrendamento estas deficiências legislativas. Vejam-se, por exemplo, as referências que a respeito do Decreto n.° 5411 fazia CUNHA GONÇALVES, *Tratado de Direito Civil*, vol. VIII, Coimbra, Coimbra Editora, 1934, pp. 638-639 aos *factos inéditos e estranhos em qualquer sistema de legislar*.

[17] Não será inútil gastar algumas linhas com tal intervenção legislativa, assinalando os lapsos, *rectius*, as deficiências em que incorreu (a primeira expressão envolve uma certa desculpabilidade, sendo a segunda, por isso, mais justa para designar tal intervenção legislativa), até porque algumas dessas incorrecções acabaram por se perpetuar. Desde logo, como primeiro erro palmar (que, como se viu, foi repetido pela Lei n.° 7/2001), mencione-se que o art. 5.° da Lei n.° 135/99, de 28 de Agosto, pretendendo alterar o art. 85.° do RAU, consignou: "*O art. 85.° do Decreto-Lei n.° 321-B/90, de 15 de Outubro, que aprova o Regime do Arrendamento Urbano passa a ter a seguinte redacção (…)*", confundindo o Decreto-Lei preambular que aprova o RAU (vd. art. 1.°) com o próprio RAU. Note-se ainda que, ao referenciar-se o art. 85.°, o mesmo surge como "*Art. 5.°*"(!). Mas é mais sintomático atentar nas imprecisões e erros relativos à própria redacção dada ao art. 85.°. A primeira resulta do facto de se ter realizado a renumeração dos n.°s 2 e 3 do art. 85.°, que passaram a n.°s 3 e 4, esquecendo-se que o n.° 2 originário dizia "*Nos casos do número anterior*", que assim não foi absurdamente alterado, com a consequência literal que o actual n.° 3 se passou a referir ao actual n.° 2 em vez de ao n.° 1, como devia. Evidentemente, cabe ao intérprete – que não pode reproduzir os lapsos legislativos – corrigi-los e em consequência ler no n.° 3, em vez de "*Nos casos do número anterior*", "*Nos casos do número 1*". A segunda resulta do facto de o legislador ter dito na parte final da redacção então introduzida no n.° 2 do art. 85.° que: "*é equiparado ao cônjuge pessoa que com ele*

É necessário também referir que, já antes desta directa afectação do teor do preceito chave da nossa matéria, ocorreram as alterações introduzidas pelo DL n.º 278/93, de 10 de Agosto, que atingiram aspectos do regime regulador da transmissão por morte da posição do locatário. Com efeito, este diploma, com relevo para o nosso tema, veio introduzir uma nova redacção ao n.º 1 do art. 89.º (impondo que a comunicação aí prevista se faça por carta registada com aviso de recepção), eliminando simultaneamente o n.º 3 deste mesmo artigo. Para além disso, inseriu nesta Secção do Cap. II do RAU os arts. 89.º-A a 89.º-D, a que já atrás nos reportámos e a que à frente especificamente consideraremos.

Sucede, porém, como já se adiantou, que entretanto o Acórdão do Tribunal Constitucional n.º 410/97, de 23 de Maio[18] declarou a inconstitucionalidade com força obrigatória geral do art. 1.º daquele DL n.º 278/93 na parte em que se procedeu à eliminação do n.º 3 do art. 89.º, do que derivou a respectiva repristinação.

---

vivesse em união de facto nos termos da presente lei". Começando sem ser a sério, teríamos as seguintes conclusões: afinal o RAU pertencia a uma Lei e não a um Decreto-Lei (vd. art. 1.º do Decreto-Lei n.º 321-B/90), numa curiosa metamorfose digna do mais puro KAFKA; depois, ainda se concluiria que o RAU se dedicava a esclarecer o que é viver em união de facto, expressão esta última que, curiosamente, não se encontra nem se encontrava em qualquer outro local do RAU para além deste próprio art. 85.º. Já a sério, mais uma vez não restava ao intérprete senão corrigir os dizeres legais e onde se lia *"nos termos da presente lei"* tinha de ler-se *"nos termos da Lei n.º 135/99, de 28 de Agosto"*. Como é fácil de compreender, o legislador em total distracção misturou o conteúdo preceptivo da Lei com os artigos constantes doutros diplomas cuja redacção alterou, numa estranha refracção sobre si mesmo. É caso para dizer que com este tipo de intervenção legislativa acaba por se afectar irremediavelmente os n.ºs 2 e 3 do art. 9.º do Código Civil. Desde logo, passa a ser praticamente imprestável e de utilização inviável a directiva hermenêutica de que "na fixação do sentido e alcance da lei, o intérprete presumirá que o legislador consagrou as soluções mais acertadas e soube exprimir o seu pensamento em termos adequados". Depois, é evidente que não pode ser respeitada a determinação do n.º 2 do art. 9.º do Cód. Civil, ou seja, que "não pode, porém, ser considerado pelo intérprete o pensamento legislativo que não tenha na letra da lei um mínimo de correspondência verbal, ainda que imperfeitamente expresso": se assim tivesse que ser, eram inaproveitáveis as redacções a que atrás aludimos, dado a manifesta falta de correspondência verbal, por mínima que seja, das únicas soluções aceitáveis.

[18] Publicado no DR, I Série, de 8.7.1997.

II. REFERÊNCIA À HISTÓRIA LEGAL DA SOLUÇÃO

6. Já relatámos no número anterior a evolução recente da normatividade vigente. Importa ir um pouco mais longe e referir a história desta particular solução de transmissibilidade *mortis causa* da posição do locatário no arrendamento urbano habitacional[19].

6.1. A fonte mais remota desta específica solução de transmissibilidade do arrendamento urbano para habitação por morte do arrendatário detecta-se no art. 1.º, § 1, n.º 3 da Lei n.º 1662, de 4 de Setembro de 1924.

Antes, com efeito, a solução vigente era que o contrato de arrendamento de prédios rústicos e urbanos – *rectius*, certa espécie destes contratos, os objecto de determinada formalização – se transmitia por morte de acordo com as regras gerais da sucessão *mortis causa*[20]. O art. 1619.º do Código de Seabra consignava que: *"O contrato de arrendamento, cuja data foi declarada em título autêntico ou autenticado, não se rescinde por morte do senhorio nem do arrendatário, nem por transmissão da propriedade, quer por título universal, quer por título singular (...)"*, disposição esta que passou exactamente nestes termos para o art. 34.º do Decreto n.º 5411, de 17 de Abril de 1919: (*"O contrato de arrendamento, cuja data for declarada em título autêntico ou autenticado, não se rescinde por morte do senhorio ou do arrendatário, nem por transmissão da propriedade, quer por título universal quer por título singular (...)"*).

É certo que assim se estabelecia que a solução da transmissibilidade *mortis causa* dependia do contrato constar de documento autêntico ou autenticado[21], referindo a sua data, pelo que não se encontrando o contrato assim formalizado, então o arrendamento caducava por morte do arrendatário[22].

---

[19] A este respeito pode ver-se já JANUÁRIO GOMES, *Arrendamentos para habitação* cit., pp. 169-170.

[20] Era esta a lição que já se encontrava no Direito Romano: *"Mortuo conductore intra tempora conductionis, heres eius eodem iure in conductionem succedit"* (Inst., 3, 24, 6). Sobre esta solução de transmissão para os herdeiros dos direitos e obrigações respectivos em caso de morte de uma das partes na *locatio rei* (bem como sobre eventuais excepções), vd. referências em EDUARDO VERA-CRUZ PINTO, *O Direito das Obrigações em Roma*, vol. I, Lisboa, AAFDL, 1997, pp. 363-364 e em MANUEL JESUS GARCIA GARRIDO, *Derecho Privado Romano*, 6ª ed., Madrid, Dykinson, 1995, p. 621 e nota 15.

[21] O art. 2.º do Decreto n.º 9118, de 10 de Setembro de 1923 estabelecia: "Consideram-se títulos autênticados os títulos particulares de arrendamento autenticamente reconhecidos nos precisos termos do art. 2436.º do Código Civil".

[22] Vd. GALVÃO TELLES, *Arrendamento. Lições do Prof Doutor GALVÃO TELLES publi-*

De qualquer modo, a verdade é que se encontrava consagrada, sem particulares especialidades em termos sucessórios, a manutenção do arrendamento por morte do arrendatário, que se transmitia, pois, para os seus sucessores (legais ou voluntários) – cfr. art. 703.º do Cód. Civil de 1867[23]. A referida Lei n.º 1662, de 4 de Setembro de 1924 veio, porém, estabelecer quanto ao arrendamento de prédios urbanos no seu art. 1.º que:

"A contar de 6 de Dezembro de 1923, inclusive, o contrato de arrendamento de prédios urbanos, quer tenha sido feito antes, quer depois daquela data e embora não conste de título autêntico ou autenticado, não se considera rescindido nem pela morte do senhorio ou arrendatário, nem pela transmissão do prédio, seja qual for a natureza desta transmissão, salvo o disposto no artigo 36.º, § 1, do decreto n.º 5.411, de 17 de Abril de 1919[24].

§ 1.º. Exceptuam-se:

3. A transmissão por morte do arrendatário, quando a este não sobreviva cônjuge ou qualquer herdeiro legitimário, que com ele estivesse habitando há mais de seis meses."

---

cadas pelos alunos BENTO GARCIA DOMINGUES e MANUEL A. RIBEIRO, Lisboa, Pro Domo, 1944-45, pp. 256-257; PINTO LOUREIRO, *Tratado da Locação*, vol. II, Coimbra, Coimbra Editora, 1947, pp. 84-85; CUNHA GONÇALVES, *Tratado de Direito Civil*, vol. IX, Coimbra, Coimbra Editora, 1934, pp. 133-134 (a matéria era, porém, discutida). Já em relação aos "*arrendamentos de estabelecimentos comerciais ou industriais*", dispunha-se no Decreto n.º 5411 – na sequência do Decreto de 12 de Novembro de 1910 (arts. 37.º e 38.º) e do Decreto n.º 4499, de 27 de Junho de 1918 (arts. 38.º e 39.º) – que: "*O arrendamento de estabelecimentos comerciais e industriais subsistirá, não obstante a morte do senhorio ou do arrendatário e ainda havendo transmissão, salvo o único caso de expropriação por utilidade pública*" (art. 58.º), não se exigindo, pois, natureza autêntica ou autenticada do título para funcionar a transmissão (recorde-se que o art. 44.º deste Decreto n.º 5411 determinava que: "O arrendamento [de prédios urbanos] será feito por escrito com a assinatura do senhorio e do inquilino"). Vd., mais uma vez, PINTO LOUREIRO, idem, ibidem e ANTÓNIO PEDRO PINTO DE MESQUITA/RUI MANUEL POLÓNIO DE SAMPAIO, *Legislação sobre arrendamentos*, Coimbra, Almedina, 1962, p. 80. A disposição do art. 58.º do Decreto n.º 5411 foi ressalvada pelo art. 44.º da Lei n.º 2030, de 22 de Junho de 1948 (vd. *infra*).

[23] "*Os direitos e obrigações, resultantes dos contratos, podem ser transmitidos entre vivos ou por morte, salvo se esses direitos e obrigações forem puramente pessoais, por sua natureza, por efeito do contrato, ou por disposição da lei*".

[24] O art. 36 § 1 do Decreto n.º 5411 previa o seguinte: "Se a transmissão proceder de execução, observar-se-á o seguinte: § 1.º. Os arrendamentos sujeitos a registo subsistirão, se estiverem registados anteriormente ao registo do acto ou facto de que a execução resultou".

Com tal regra, primeiro, a partir de 6/12/1923, mesmo os arrendamentos *urbanos para habitação*[25] (anteriores ou posteriores a essa data) que não constassem de título autêntico ou autenticado, passaram a não se considerarem extintos pela morte do arrendatário; segundo, essa não "rescisão", porém, só ocorria quando sobrevivesse cônjuge ou qualquer herdeiro legitimário que com o arrendatário habitasse há mais de seis meses, só subsistindo, assim, em favor destes e já não de qualquer outro sucessor legal ou voluntário[26]. Pretendia esta solução responder ao problema social que resultava de os arrendamentos de prédios urbanos para habitação só em reduzidíssima parte serem efectuados por documento autêntico ou autenticado, pelo que caducavam por morte do inquilino, afectando assim a habitação do seu agregado familiar[27].

6. 2. A base mais directa e decisiva da actual solução de transmissão do arrendamento por morte do arrendatário deve reputar-se, todavia, no art. 46.º da Lei n.º 2030, de 22 de Junho de 1948, que – depois do art. 44.º do mesmo diploma referir que: *"O direito ao arrendamento, seja qual for o regime matrimonial, não se comunica ao cônjuge do arrendatário e caduca por sua morte, salvo nos casos indicados nesta lei e no artigo 58.º do decreto n.º 5.411, de 17 de Abril de 1919"* – dispunha[28]:

"1. O arrendamento para habitação não caduca por morte do primitivo arrendatário, se lhe sobreviver cônjuge não separado de pessoas e

---

[25] Permanecia como norma especial em relação aos arrendamentos comerciais ou industriais o art. 58.º do Decreto n.º 5411 a que nos referimos em nota anterior. Vd. indicações em PINTO LOUREIRO, ob. cit., p. 146.

[26] Vd. GALVÃO TELLES, *Arrendamento* cit., pp. 258-259, 261-262; PINTO LOUREIRO, ob. cit., pp. 90 e segs., 147 a 173; CUNHA Gonçalves, últ. ob. cit., pp. 134 a 142. Vd. também a "*Anotação*" ao Assento de 5 de Dezembro de 1929 in RLJ, ano 62 (1929-1930), pp. 287-288. Esta disposição foi muito criticada pela sua formulação "tortuosa", tendo dado origem a várias controvérsias interpretativas, designadamente a de saber se o requisito da habitação por mais de seis meses também se aplicava ao cônjuge, se a aquisição operava em benefício do cônjuge ou simultaneamente em favor deste e dos legitimários, se se verificava uma transmissão sucessiva e ilimitada, podendo ser exercida a transmissão pelo cônjuge ou herdeiros de anterior transmissário. Vd., para além dos dois últimos AA. antes citados, ALBERTO DOS REIS, *"Transmissão do arrendamento (Sobre o n.º 3 do § 1 do art. 1.º da lei n.º 1:662)"* in RLJ, 79.º ano (1946-47), pp. 385-391, 401-408; RLJ, 80.º ano (1947-48), pp. 2-9, 17-23, 33-38.

[27] Vd. CUNHA GONÇALVES, últ. ob. cit., p. 134.

[28] O art. 83.º deste diploma prescrevia que "a lei aplicável à transmissão, *mortis causa*, do direito ao arrendamento é a que vigorar à data da morte do arrendatário".

bens ou de facto, ou descendente ou ascendente que com ele vivesse pelo menos há um ano.
2. A transmissão do direito ao arrendamento estabelecida no número anterior defere-se pela ordem seguinte:
  a) Ao cônjuge sobrevivo;
  b) Aos descendentes, preferindo os mais próximos;
  c) Aos ascendentes, preferindo igualmente os mais próximos.
3. A transmissão a favor dos descendentes ou ascendentes do primitivo arrendatário também se verifica por morte do cônjuge deste, quando, nos termos do presente artigo ou do anterior[29]*, lhe tenha sido transmitido o direito ao arrendamento. Esta segunda transmissão só pode dar-se em favor de pessoas que viverem com o cônjuge do primitivo arrendatário pelo menos há um ano.*
4. Quando o arrendatário não residir no prédio e nele viver o seu cônjuge, descendentes ou ascendentes, o arrendamento não caduca por morte do arrendatário, e transmite-se nos termos dos n.ºs 1 e 2 deste artigo.
5. No caso de se não verificar a transmissão, por não existirem pessoas nas condições previstas neste artigo, é aplicável o disposto no art. 43.º[30]*."*

---

[29] O art. 45.º deste diploma estabelecia o seguinte: "*1. Requerida a separação de pessoas e bens ou o divórcio, podem os cônjuges acordar em que o direito ao arrendamento para habitação fique pertencendo ao não arrendatário. Na falta de acordo, o juiz, a requerimento de qualquer dos interessados, decidirá na sentença, tendo em conta a sua situação patrimonial, as circunstâncias de facto relativas à ocupação da casa, o interesse dos filhos, a culpa do arrendatário na separação ou divórcio e o facto de o arrendamento ser anterior ou posterior ao casamento./2. Se houver filhos e o processo tiver de ser remetido ao tribunal de menores, a este competirá decidir./3. A transmissão do direito ao arrendamento para o cônjuge do arrendatário, por acordo ou decisão judicial, só produzirá efeitos em relação ao senhorio, se for requerida a sua notificação dentro de trinta dias, a contar do trânsito em julgado da sentença da separação ou divórcio, ou da decisão proferida pelo tribunal de menores.*".

[30] O art. 43.º deste diploma regulava os termos e meios para se obter o despejo com base na "resolução" (extinção) do arrendamento, em consequência da extinção do direito ou cessação dos poderes legais de administração com base nos quais fora celebrado (usufruto – art. 41.º; administradores legais de bens alheios e fiduciário – art. 42.º). Era o seguinte o seu teor: "*1. Para obter o despejo, fundado na resolução do arrendamento, são competentes os meios dos artigos 970.º e seguintes do Código de Processo Civil, sem necessidade de aguardar o fim do prazo do contrato ou da renovação/2. Nos casos em que a resolução do contrato deva ocorrer em data certa, o aviso pode ser feito e a acção pode intentar-se antes dessa data, mas o despejo só se efectuará depois dela./3. Nos outros*

Como se vê, temos aqui perfeitamente delineado nos seus traços básicos o teor da solução que faria carreira no nosso ordenamento e que, com algumas modificações, seria consagrado pelo diploma fundamental do nosso Direito Privado.

6.3. Com efeito, o Código Civil veio originariamente dispor – depois do seu art. 1110.°, n.° 1 afirmar que: "*Seja qual for o regime matrimonial, a posição do arrendatário não se comunica ao cônjuge e caduca por sua morte, sem prejuízo do disposto no artigo seguinte*" – no art. 1111.° o seguinte:

"*1. O arrendamento não caduca por morte do primitivo arrendatário ou daquele a quem tiver sido cedida a sua posição contratual, se lhe sobreviver cônjuge não separado judicialmente de pessoas e bens ou de facto, ou deixar parentes ou afins na linha recta que com ele vivessem, pelo menos, há um ano; mas os sucessores podem renunciar à transmissão, comunicando a renúncia ao senhorio no prazo de trinta dias.*

---

casos, o aviso não pode ser feito nem a acção proposta antes da resolução do contrato./4. Em todos os casos, a acção caduca se não for intentada no prazo de um ano, a contar da resolução do arrendamento, e o despejo só pode tornar-se efectivo passados noventa dias sobre o aviso./5. O recebimento de rendas pelo proprietário, depois da resolução do contrato, não prejudica o direito de obter o despejo./6. Se se provar que o arrendatário desconhecia a circunstância de o outro contraente não ser proprietário pleno ao tempo em que, por facto seu, tenha advindo mais valia para o prédio, tem direito a receber uma compensação por essa mais valia, se em consequência da resolução do arrendamento tiver de desocupar o prédio. A importância da compensação será fixada conforme as circunstâncias, mas sem exceder vinte vezes a renda anual". O art. 67.° prescrevia que: "*O senhorio pode requerer o despejo imediato pelos fundamentos actualmente previstos na lei, incluídos os dos artigos 41.°, 42.° e 46.° (...)*", o que se deveria considerar como norma de aplicação da lei no tempo. Com este dispositivo, ficava claro que era à acção de despejo que cabia recorrer neste tipo de situações, afastando-se assim definitivamente – na sequência do art. 3.° do DL n.° 29637 de 28.5.1939 (que aprovou o CPC de 1939) – a doutrina do Assento do STJ de 23.7.1929 ("A acção própria para o dono de um prédio obter a sua entrega, por morte do senhorio usufrutuário, é a do processo ordinário"). Em consequência desta remissão temos que era a acção de despejo imediato que competia recorrer no caso de morte do inquilino quando não ocorresse a transmissão da posição de arrendatário, embora se aplicasse o processo constante dos arts. 970.° e segs. do Cód. de Processo Civil de 1939, o qual regulava o despejo para o fim do arrendamento e não o processo do despejo imediato regulado pelos arts. 977.° e segs. do CPC de 1939. Vd. a este respeito, CUNHA DE SÁ, *Caducidade do contrato de arrendamento*, II, Lisboa, Centro de Estudos Fiscais, 1969, pp. 202 e segs..

2. *A transmissão da posição do inquilino, estabelecida no número anterior, defere-se pela ordem seguinte:*

a) Ao cônjuge sobrevivo;

b) Aos parentes ou afins na linha recta, preferindo os primeiros aos segundos, os descendentes aos ascendentes e os de grau mais próximo aos de grau ulterior;

3. A transmissão a favor dos parentes ou afins também se verifica por morte do cônjuge sobrevivo quando, nos termos deste artigo, lhe tenha sido transmitido o direito ao arrendamento.".

Basicamente, verifica-se, em relação à anterior disposição constante do art. 46.º da Lei 2030, que o legislador veio equiparar (desnecessariamente) ao primitivo arrendatário o cessionário em cessão da posição contratual, tendo ainda alargado o âmbito dos beneficiários da transmissão que passou a compreender os afins na linha recta.

6. 4. Este art. 1111.º do Cód. Civil conheceu, porém, várias redacções (mais exactamente quatro), sempre sob a epígrafe *"Transmissão por morte do arrendatário"*.

A primeira resultou do Decreto-Lei n.º 293/77, de 20 de Julho, que alterou (art. 27.º) o n.º 1 do art. 1111.º que passou a referir:

"1. O arrendamento não caduca por morte do arrendatário, ou daquele a quem tiver sido cedida a sua posição contratual, se lhe sobreviver cônjuge não separado judicialmente de pessoas e bens ou de facto, ou deixar parentes ou afins na linha recta que com ele vivessem, pelo menos, há um ano; mas os sucessores podem renunciar à transmissão, comunicando a renúncia ao senhorio no prazo de trinta dias.

Limitada à eliminação do adjectivo "primitivo" que antes se aditava a "arrendatário", tal curta e simples modificação introduzia uma alteração fundamental ao regime da transmissão *mortis causa* da posição do arrendatário habitacional: consagrava a transmissibilidade *sem qualquer limite* do arrendamento, a qual até aí se encontrava restringida a um grau ou quando muito a dois (n.ºs 1 e 3 do art. 1111.º). Deste modo, o Decreto-Lei n.º 293/77, de 20 de Julho, ao suprimir a expressão "primitivo" relativamente ao arrendatário, estabeleceu que o direito do locatário se transmitia sempre por morte, sem limite de grau, desde que houvesse um dos beneficiários aí indicados. Curiosamente, o legislador, não obstante esta decisiva mudança de perspectiva quanto à ausência de limites à transmissão, esqueceu-se de eliminar o n.º 3 do art. 1111.º, o qual perdera, em consequência, qualquer sentido[31].

6. 5. O Decreto-Lei n.º 328/81, de 4 de Dezembro veio alterar o n.º 1 deste artigo, mantendo-se a redacção anterior dos n.ºs 2 e 3. O n.º 1 passou então a dispor:

"*1. O arrendamento não caduca por morte do primitivo arrendatário ou daquele a quem tiver sido cedida a sua posição contratual, se lhe sobreviver cônjuge não separado judicialmente de pessoas e bens ou de facto ou deixar parentes ou afins, na linha recta, com menos de 1 ano ou que com ele vivessem pelo menos há 1 ano, mas os sucessores podem renunciar à transmissão, comunicando a renúncia ao senhorio no prazo de 30 dias*".

Como se observa, introduziu-se novamente a referência a "primitivo" em relação ao arrendatário, eliminando-se, assim, a possibilidade de transmissões *ad infinitum* a que a redacção anterior dera lugar[32]. Para além disso, consagrou-se um novo alargamento dos beneficiários da transmissão que passou a compreender os parentes ou afins na linha recta *com menos de um ano*[33].

6.6. Por fim, na sua última redacção antes da entrada em vigor do RAU – cujo diploma de aprovação revogou este art. 1111.º do Cód. Civil (art. 3.º, n.º 1, al. a) do DL n.º 321-B/90, de 15/10) – que foi introduzida pelo art. 40.º da Lei n.º 46/85, de 20 de Setembro (que deu nova redacção aos n.ºs 2 e 3 e aditou os n.ºs 4 e 5), o art. 1111.º rezava que:

---

[31] Por isso, MENEZES CORDEIRO sustentou que se deveu a lapso do legislador a não supressão desse n.º 3 do art. 1111.º ("*O dever de comunicar a morte do arrendatário: o artigo 1111.º, n.º 5, do Código Civil*" in TJ, pp. 29-38 [p. 32]). Cfr. também JANUÁRIO GOMES, *Arrendamentos para habitação* cit, p. 180.

[32] Afirmou-se no Preâmbulo do DL n.º 328/81 o seguinte: "*O DL n.º 293/77, de 20 de Julho, ao regular a sucessão no arrendamento, alargou-o em termos de permitir transmissões sucessivas e praticamente ilimitadas, impondo, desse modo, injustificados sacrifícios aos senhorios, se tivermos sobretudo em conta o congelamento das rendas, que continua a vigorar para os contratos antigos. Preferiu-se, assim, voltar ao regime inicialmente adoptado pelo legislador do Código Civil e que tem uma certa tradição no nosso direito*".

[33] Esta hipótese de o parente ou afim com direito à sucessão não ter ainda um ano de idade à data do falecimento do arrendatário era já considerada doutrinariamente como abrangida pela *ratio legis* da disposição em causa (vd. CUNHA DE SÁ, *Caducidade do contrato de arrendamento*, I, Lisboa, Centro de Estudos Fiscais, 1968, p. 268; RUI VIEIRA MILLER, *Arrendamento Urbano,* Coimbra, Almedina, 1967, pp. 208-209).

"1. O arrendamento não caduca por morte do primitivo arrendatário ou daquele a quem tiver sido cedida a sua posição contratual, se lhe sobreviver cônjuge não separado judicialmente de pessoas e bens ou de facto ou deixar parentes ou afins na linha recta, com menos de 1 ano ou que com ele vivessem pelo menos há 1 ano, mas os sucessores podem renunciar à transmissão, comunicando a renúncia ao senhorio no prazo de 30 dias.
2. No caso de o primitivo inquilino ser pessoa não casada ou separada judicialmente de pessoas e bens, a sua posição também se transmite, sem prejuízo do disposto no número anterior, àquele que no momento da sua morte vivia com ele há mais de cinco anos em condições análogas às dos cônjuges.
3. A transmissão da posição de inquilino, estabelecida nos números anteriores, defere-se pela ordem seguinte:
a) Ao cônjuge sobrevivo;
b) Aos parentes ou afins na linha recta, preferindo os primeiros aos segundos, os descendentes aos ascendentes e os de grau mais próximo aos de grau ulterior;
c) À pessoa mencionada no n.º 2.
4. A transmissão a favor dos parentes ou afins também se verifica por morte do cônjuge sobrevivo quando, nos termos deste artigo, lhe tenha sido transmitido o direito ao arrendamento.
5. A morte do primitivo inquilino ou do cônjuge sobrevivo deve ser comunicada ao senhorio no prazo de 180 dias, por meio de carta registada com aviso de recepção, pela pessoa ou pessoas a quem o arrendamento se transmitir, acompanhada dos documentos autênticos que comprovem os seus direitos."

Basicamente, a Lei n.º 46/85 veio alargar os beneficiários da transmissão do arrendamento, o qual deixou de limitar-se às relações familiares do casamento, do parentesco (e adopção) e da afinidade para passar a compreender quem, no momento da morte do primitivo arrendatário, *vivia com ele há mais de cinco anos em condições análogas às dos cônjuges* (ou seja, o concubino em sede de união de facto passou a beneficiar da transmissão do arrendamento por morte do arrendatário com quem vivia)[34].

Para além disto, com o novo n.º 5 estabeleceu-se um dever de comunicação e comprovação dos factos determinativos da transmissão do arren-

---

[34] Como "medida revolucionária" e arrojada reputou tal alteração JANUÁRIO GOMES, *Arrendamentos para a habitação* cit., p. 170.

damento. Esta alteração determinada pela Lei n.º 46/85 foi ainda acompanhada pelo estabelecimento de regras formais pelo DL n.º 13/86, de 23 de Janeiro, que regulamentou aquela Lei (cfr. nesta o art. 52.º), tendo-se estabelecido que sempre que ocorra a transmissão do arrendamento nos termos do art. 1111.º do Cód. Civil deverá ser efectuado um aditamento ao contrato mencionando tal evento, bem como o nome ou nomes do transmissário ou transmissários, devendo os recibos de renda passar a ser emitidos em nome destes (art. 2.º, n.º 4).

III. DO PRINCÍPIO GERAL DA CADUCIDADE DO ARRENDAMENTO HABITACIONAL POR MORTE DO ARRENDATÁRIO AOS CASOS DE TRANSMISSIBILIDADE

7. É agora altura de considerarmos devidamente a regulação vigente no que concerne à *morte do arrendatário habitacional* e *à sorte do contrato de arrendamento daí resultante* (deixando para um ponto autónomo o regime relativo à sub-espécie dos contratos de duração limitada).

A regra geral em sede de arrendamento urbano para habitação constitui a caducidade do arrendamento por morte do arrendatário (art. 83.º, na sequência do estabelecido pelo art. 1051.º, n.º 1, al. d) do Cód. Civil para que remete, aliás, o art. 66.º, n.º 1 do RAU), regra essa que conhece, neste âmbito, as excepções a que se reporta o art. 85.º do RAU.

Deste modo, em termos de solução geral, à verificação da morte do arrendatário habitacional vai associada *ipso iure* a extinção automática do contrato (sem necessidade, pois, de qualquer manifestação de vontade a tanto dirigida)[35].

Como é sabido, é regra geral a transmissibilidade por morte das situações jurídicas de carácter patrimonial (cfr. art. 62.º da CRP e art. 2024.º do Cód. Civil). Em consequência, atenta a natureza patrimonial da posição do arrendatário[36], esta situação jurídica seria em princípio susceptível de

---

[35] Na caracterização clássica e sempre citada de GALVÃO TELLES (*"Contratos civis (Projecto completo de um Título do futuro Código Civil português e respectiva exposição de motivos)"* in BMJ, n.º 83 (1959), pp. 114-283 [p. 151]): "a caducidade é a extinção automática do contrato, como mera consequência de algum evento a que a lei atribui esse efeito. Aqui o contrato resolve-se *ipso iure*, sem necessidade de qualquer manifestação de vontade, jurisdicional ou privada, tendente a extingui-lo".

[36] A "economicidade essencial da sua natureza deriva claramente da possibilidade de avaliação pecuniária, bem ilustrada pela obrigação de renda" (MENEZES CORDEIRO, *Da natureza do direito do locatário*, Lisboa, 1980 (sep. da ROA), p. 13).

transmissão nos termos gerais. É sabido, contudo, que o n.º 1 do art. 2025.º do Cód. Civil determina que: *"não constituem objecto de sucessão as relações jurídicas que devam extinguir-se por morte do respectivo titular, em razão da sua natureza ou por força da lei"*. Ora, justamente, o art. 83.º do RAU vem determinar que o arrendamento para habitação caduca por morte do locatário, na sequência do disposto genericamente (embora em termos supletivos) para a locação pelo art. 1051.º, n.º 1, al. d) do Cód. Civil, com excepção dos casos determinados pelo art. 85.º.

Importa ponderar a razão de ser desta solução. A justificação tradicional assenta na natureza do vínculo locatício (e, logo, especificamente também do arrendamento para habitação) considerado como estabelecido pelo locador *intuitu personae*[37-38].

Sem prejuízo dessa justificação possuir naturalmente rendimento explicativo da solução (pelo menos sempre que esta opere em termos unívocos[39]), afigura-se-nos todavia que ela aparece como uma fundamentação *ex post* de um regime que poderia perfeitamente ser diferente e mesmo oposto. Na verdade, a História mostra-nos que a solução tradicional era a subsistência do contrato por morte do arrendatário, continuando, assim, nos seus sucessores (cfr. art. 1619.º do Cód. Civil de Seabra)[40]. Sucedeu,

---

[37] Assim, vd. GALVÃO TELLES (*"Contratos civis"* cit., p. 154) que escreve: "o princípio da sua intransmissibilidade [da posição jurídica do locatário], determinado pela natureza do vínculo locativo, que é em geral estabelecido *intuitus personae* da parte do locador, para quem não é indiferente a pessoa do outro contraente". Vd. também CUNHA DE SÁ, *Caducidade...* cit., I, p. 250; PEREIRA COELHO, *"Breves notas"* cit., p. 227; ROMANO MARTINEZ, ob. cit., pp. 172-173 (mas invocando a págs. 285-286 uma razão histórica que coincide com a justificação que a seguir defendemos no texto).

[38] Este carácter *intuitus personae*, manifestado genericamente pela obrigação do locatário enumerada no art. 1038.º, al. b) do Cód. Civil de *"não proporcionar a outrem o gozo total ou parcial da coisa por meio de cessão onerosa ou gratuita da sua posição jurídica, sublocação ou comodato, excepto se a lei o permitir ou o locador o autorizar"*, explica igualmente a incomunicabilidade em sede matrimonial do direito ao arrendamento habitacional expressamente consignada no art. 83.º (*"Seja qual for o regime matrimonial, a posição do arrendatário não se comunica ao cônjuge"*) – cfr. art. 1733.º, n.º 1, al. c) (*"São exceptuados da comunhão o usufruto, o uso ou habitação, e demais direitos estritamente pessoais"*) e art. 1699.º, n.º 1, al. d), ambos do Cód. Civil.

[39] É que justificar pela natureza *intuitus personae* um regime-regra de caducidade, mas em que se admite, ainda que apenas a título excepcional, a transmissibilidade em certos casos parece-nos de todo em todo insubsistente, porquanto se a situação se encontra intimamente ligada à pessoa do contratante ou às suas qualidades não se concebe *em caso algum* a sua transferência para outrem.

[40] Também em ordenamentos jurídicos estrangeiros a solução regra é a da transmissão do contrato por morte do locatário. Assim, no Direito francês, o art. 1742 do *Code*

porém, que a partir de certa altura o legislador passou a determinar a caducidade por morte do arrendatário, ainda que excepcionando a sua transmissão em favor de certos e delimitados beneficiários. É significativo atentar que essa solução acompanha em grande medida a instauração do regime vinculístico[41] operada fulcralmente com a determinação da proibição ao senhorio de denunciar o arrendamento para o termo do prazo ou da renovação em curso[42], com o que se afectava a proclamada temporaneidade

---

Civil refere para o contrato de locação em geral (dada a existência de múltipla legislação especial para o arrendamento, designadamente quanto ao *bail d'habitation*): "*Le contrat de louage n'est point résolu par la mort du bailleur, ni par celle du preneur*". Vd. DUTILLEUL/DELEBECQUE, *Contrats civils et commerciaux*, 3ª ed., Paris, Dalloz, 1996, pp. 371-372; HUET, *Les principaux contrats spéciaux*, Paris, LGDJ, 1996, pp. 702-703. Para o Direito italiano, escreve ANDREA TABET, "*Locazione (in generale) (Diritto Civile)*" in NssDI, vol. IX, pp. 996-1036 [p. 1031]: "A morte das partes não resolve o contrato, o qual se transmite aos herdeiros do locador ou do arrendatário defunto. A disposição do art. 1596 do C. Civ. de 1865 que o estabelecia não foi repetida no Código vigente só porque seria de todo pleonástica".

[41] Vd. sobre o surgimento do fenómeno vinculístico, PINTO FURTADO, *Manual* cit., pp. 146 e segs. e pp. 183 e segs.. Cfr. também PINTO FURTADO, "*Vinculismo arrendatício. Origens, características e tendência evolutiva*" in TJ, n.º 2 (Fev/Mar 1990), pp. 25-57.

[42] O art. 29.º do Decreto n.º 5411, de 17 de Abril de 1919 determinava que: "*Presume-se renovado o contrato de arrendamento se o arrendatário se não tiver despedido, ou o senhorio o não despedir, no tempo e pela forma designada na lei*", mas logo o seu art. 106.º previa que: "*Na renovação dos contratos de arrendamento de prédios urbanos, cujas rendas mensais não ultrapassem, à data do presente decreto, 50$ em Lisboa, 40$ no Porto, 20$ nas outras cidades e 15$ em todas as restantes terras do continente da República e das ilhas adjacentes, fica proibido aos senhorios: o elevarem, ainda mesmo com consentimento dos arrendatários, as respectivas rendas, e o requerem o despejo de quaisquer prédios, seja qual for a sua renda, com o fundamento de lhes não convir a continuação do arrendamento*". Em face desta parte final do preceito entendeu-se que assim se consagrava a regra da renovação ou prorrogação obrigatória dos arrendamentos urbanos em favor dos inquilinos, mesmo em relação a contratos em que se estipulassem rendas superiores às neles previstas. Vd. ANTÓNIO PEDRO PINTO DE MESQUITA/RUI MANUEL POLÓNIO DE SAMPAIO, ob. cit., p. 68. Com o art. 5.º da Lei n.º 1662 que veio proibir em geral as acções de despejo ("*Não poderão ser intentadas e ficam suspensas, desde a publicação desta lei, todas as acções e execuções de sentença de despejo de prédios urbanos, seja qual for o seu destino ou aplicação, salvas as excepções consignadas nas disposições seguintes(...)*"), não incluindo entre as excepções o despejo por não convir a continuação do arrendamento (despejo para o fim do arrendamento, por denúncia do senhorio), confirmou-se tal solução (sob a forma do que parecia mera regra processual). O princípio da renovação obrigatória foi mesmo tornado extensivo aos arrendamentos de prédios rústicos em que se encontrassem instalados estabelecimentos comerciais ou industriais pelo art. 1.º da Lei n.º 1503 de 3.12.1923, confirmado pelo art. 79.º da Lei n.º 2030.

ontológica deste contrato. Pois bem, precisamente quando a natureza temporária do arrendamento era segura, não havia qualquer problema na sua transmissibilidade *mortis causa* nos termos gerais: o arrendamento sempre se extinguiria no fim do seu prazo ou da renovação em curso se o senhorio assim o desejasse[43]. Deste modo, a solução da caducidade, acompanhada do reconhecimento excepcional da transmissão por morte do arrendatário em certas circunstâncias, afigura-se-nos ter constituído verdadeiramente uma contrapartida dada ao senhorio: o contrato não se extinguia no termo do prazo dada a proibição do senhorio se opor à sua renovação; a tendencial perpetuidade que daí poderia resultar era corrigida pelo recurso ao evento fáctico da morte do arrendatário ou dos sujeitos taxativamente enumerados que beneficiassem de transmissão do arrendamento por morte, assim se possibilitando que o arrendamento sempre cessasse, mais tarde ou mais cedo. Com efeito, a concomitante consagração da impossibilidade de oposição à renovação por parte do senhorio e da transmissão nos termos gerais da posição de arrendatário implicaria verdadeiramente, na ausência de qualquer outra causa justificativa relevante de extinção, uma continuação do arrendamento até ao fim dos tempos, convertendo em perpétuo aquilo que na sua essência era temporário (o que era tanto mais prejudicial quanto surgia acompanhado da medida do congelamento ou bloqueio de rendas). Daí precisamente a solução da caducidade apenas excepcionada em certos casos que, via de regra, apenas acarretavam uma única transmissão[44]. É esta, na nossa opinião, a razão de ser mais directa de tal solução, a qual, reconheça-se, é bastante mais comezinha do que a justificação em termos do carácter *intuitu personae*.

8. Chegados aqui, constitui questão que temos que começar por defrontar a natureza desta regra da caducidade do arrendamento para habitação por morte do arrendatário: estamos em presença de uma *norma supletiva* ou *injuntiva*?

---

[43] Como se escreve no Preâmbulo do DL n.º 321-B/90, de 15 de Outubro: "*Por morte do senhorio ou do arrendatário, o contrato continuava nos sucessores: a sua natureza temporária prevenia quaisquer problemas nessa manutenção*" (n.º 1). Note-se que se invoca neste local o art. 1612.º do Código de Seabra: trata-se de lapso não corrigido; o art. em causa é o 1619.º.

[44] Naturalmente, as soluções legais, uma vez surgidas, ganham autonomia e vida própria. Daí que actualmente seja possível discutir de per si o regime da transmissão *mortis causa* da posição de arrendatário, designadamente questionando a necessidade de equiparar, em atenção à *ratio* da regulação, certas pessoas aos beneficiários da transmissão legalmente previstos, alargando assim o elenco destes.

Começamos por recordar que, como se adiantou, nos *termos gerais* do art. 1051.º, n.º 1, al. d) do Cód. Civil a solução da caducidade em consequência da morte do locatário constitui norma supletiva, como resulta da referência final "*a salvo convenção em contrário*" e atento ainda o disposto no art. 1059.º, onde, aliás, se subordina tal convenção à exigência de forma escrita. Deste modo, em geral é possível convencionar que a morte do locatário não determina a caducidade do contrato, com a natural consequência de se verificar a competente transmissão para os respectivos herdeiros ou legatários, estipulação essa que revela assim que não se conferiu à pessoa do locatário relevância essencial na constituição do vínculo.

Mas e quanto ao que concerne especificamente o *arrendamento urbano para habitação* que é o que aqui nos importa?

Julgamos que para o caso específico do arrendamento urbano para habitação não se pode considerar que a regulação legal mais directamente pertinente não dê margem para dúvidas, embora pareça depor pelo carácter injuntivo da solução: o art. 83.º nada mais ressalva à regra da caducidade do que a disposição do art. 85.º; o art. 66.º, n.º 1, embora remeta para o art. 1051.º do Cód. Civil (e, portanto para a al. d) do seu n.º 1, onde se prevê, como se disse, a possibilidade de convenção em contrário), começa precisamente por ressalvar o disposto quanto aos regimes especiais.

Na doutrina, porém, tem-se considerado que não se encontra justificação para considerar que, fora dos casos em que a própria lei determinou a transmissibilidade da posição de arrendatário (art. 85.º), a regra da caducidade do arrendamento para habitação por morte do inquilino se deva ter como imperativa[45]. Tratar-se-ia, nesta visão, de uma desnecessária limitação à autonomia privada, sem cabimento razoável.

Note-se, antes de mais, que o âmbito da intervenção da autonomia privada, exercida em termos de convenção escrita, quanto à não caducidade do arrendamento – e logo quanto à sua transmissibilidade – não pode ser vista apenas em relação com a afirmação de princípio do art. 83.º; *exige*, evidentemente, a consideração *das hipóteses de transmissibilidade que o próprio legislador determinou no art. 85.º*. É que, com efeito, este dispositivo é indubitavelmente imperativo, pelo que não pode uma estipulação das partes contrariar os termos desta transmissibilidade consagrada

---

[45] Vd., assim, a posição de JANUÁRIO GOMES, *Arrendamentos para habitação* cit., p. 168 que escreve: "Não vemos razões que impeçam a aplicação da regra geral do n.º 1 do art. 1059.º do Cód. Civil aos contratos de arrendamento habitacional, possibilitando-se, assim, nos termos gerais, a subsistência da relação de arrendamento apesar da morte do arrendatário".

pelo art. 85.°: assim, logo à partida cabe reconhecer que não é possível convencionar a transmissão em favor de outros beneficiários, havendo sujeitos nas condições do referido art. 85.° que pretendam a transmissão, nem é possível afectar a ordem e a preferência dos beneficiários constante deste art. 85.°.

Em consequência, não podem as partes predispor a transmissibilidade do contrato de arrendamento por morte do arrendatário habitacional em termos que contrariem o funcionamento das hipóteses do art. 85.°[46]. Portanto, à partida, é certo que a intervenção da autonomia contratual no âmbito da determinação da transmissibilidade *mortis causa* do arrendamento urbano habitacional só se pode considerar perante a inexistência no momento da morte do arrendatário dos beneficiários a que se reporta o n.° 1 do art. 85.°.

Ainda a título prévio, julgamos, por outro lado, que a possibilidade de intervenção neste âmbito da autonomia contratual mediante estipulação convencional no contrato de arrendamento se tem de reputar limitada à consagração da transmissibilidade por morte do arrendatário, sem ser possível definir o direccionamento futuro dessa transmissão, a sua *"destinação mortis causa"*[47]. É que não é possível perante uma qualquer transmissão *mortis causa* descurar a conhecida compressão à autonomia privada que é constituída pela proibição dos pactos sucessórios (arts. 2028.°, n.°s 1 e 2 e 946.°, n.° 1 do Cód. Civil, com as excepções conhecidas dos pactos sucessórios designativos inseridos em convenção antenupcial – arts. 1701.° a 1703.°, 1705.° e 1755.°, n.° 2, do Cód. Civil). Com efeito, admitir o direccionar da transmissão *mortis causa* logo em sede de contrato de arrendamento significaria admitir aí um pacto *de succedendo* (ou pelo menos uma proposta disso, sempre que o sucessível beneficiário não intervenha no contrato), porquanto depararíamos com a regulação por contrato da sucessão de um dos contraentes (o arrendatário) seja a favor de outro contraente seja a favor de terceiro. Depararíamos, na verdade, com uma estipulação bilateral *mortis causa* pela qual se atribui para depois da morte a favor de outro contraente ou de terceiro uma situação jurídica determinada. Ora, como se adiantou, os contratos sucessórios são em regra proibidos. Não se pode, pois, considerar válida a determinação pelo contrato de arrendamento do concreto destino subjectivo *post-mortem* da situa-

---

[46] Assim, vd. ainda JANUÁRIO GOMES, últ. ob. cit., p. 168.

[47] Recorre-se à fórmula que GALVÃO TELLES, *Teoria geral do fenómeno jurídico sucessório. Noções fundamentais*, Lisboa, 1944, pp. 19, 37 empregava para designar a indicação dos beneficiários da transmissão operada por morte do sujeito.

ção jurídica em causa, dado uma tal designação convencional do sucessível na posição de arrendatário habitacional se reconduzir a um pacto sucessório proibido. Desta forma, não pode funcionar como título de vocação e transmissão na posição jurídica de arrendatário o próprio contrato de arrendamento – a fixação dos transmissários *mortis causa* nesta situação particular sempre teria de resultar da aplicação das soluções sucessórias gerais e designadamente dos factos designativos comuns e nos termos das regras da espécie de sucessão que seja aplicável (cfr. arts. 2026.º, 2027.º, 2032.º do Cód. Civil). Sublinhe-se, pois, em conclusão, que a intervenção da autonomia privada a nível do contrato de arrendamento, logo à partida, mais não pode do que estabelecer a transmissibilidade *mortis causa* da posição contratual do arrendatário, a qual seguirá, depois, os termos das fontes de vocação sucessória aplicáveis.

Feitas estas precisões, retomemos então a questão: pode, fora do âmbito da transmissibilidade *legal* já determinada pelo art. 85.º, operar uma estipulação contratual consagradora da transmissibilidade *mortis causa* da posição de arrendatário habitacional? Por outras palavras, a solução da caducidade por morte do arrendatário habitacional prevista no art. 83.º, 2ª parte sempre que não ocorram as situações do art. 85.º é derrogável por vontade das partes, convencionando-se por escrito a transmissibilidade por morte da situação do arrendatário habitacional (cfr. art. 1059.º, n.º 1 do Cód. Civil)?

Pois bem, embora manifestemos a nossa aceitação de *jure condendo* da referência que atrás fizemos ao carácter injustificado (e nessa medida de *odiosa restringenda*) dessa limitação à autonomia privada que passa pela imperativa e, logo, inevitável caducidade do arrendamento, de *jure condito* não podemos seguir a tese da supletividade dessa solução constante do art. 83.º. Vejamos porquê.

Desde logo, notemos que não se trata apenas de fazer funcionar a solução típica desta espécie de concurso de normas pela qual a norma especial afasta a norma geral, donde resulta que os arts. 1051.º, n.º 1, al. d) e 1059.º, n.º 1 do Cód. Civil, que permitem a estipulação de cláusula contrária à caducidade da locação por morte do locatário, não teriam aplicação aos arrendamentos habitacionais já que os arts. 83.º e 85.º não prevêem a possibilidade de um tal clausulado[48].

---

[48] A questão é expressamente colocada por PEREIRA COELHO, *"Breves notas"* cit., p. 227, nota 57 que rejeita, porém, o argumento por considerar que as razões que justificam a caducidade da locação por morte do locatário (que vê no carácter *intuitus personae*) não impõem essa solução. PIRES DE LIMA/ANTUNES VARELA, *Código Civil anotado*, vol. II,

É que, para além disso, a questão não pode deixar de ser vista em face do art. 51.º que determina que: "*O disposto neste diploma sobre a resolução, a caducidade e a denúncia do arrendamento tem natureza imperativa*". Pois bem, em face desta determinação, afigura-se-nos que a caducidade por morte do arrendatário habitacional tem de ser tida como efeito inafastável pela vontade das partes, pelo que uma estipulação determinativa da transmissibilidade fora dos quadros do art. 85.º, não gerando, pois, a aplicação da estatuição do art. 83.º, é nula, nos termos dos arts. 280.º e 294.º do Cód. Civil.

A consagração pelo art. 51.º de que a regulação da caducidade constante do RAU assume carácter imperativo implica, pois, o afastamento da fixação do carácter supletivo da caducidade que resulta do regime geral da locação civil constante dos arts. 1051.º, n.º 1, al. d) e 1056.º do Cód. Civil, dado isso se opor ao regime fixado pelo RAU (cfr. art. 5.º, n.º 1).

Nestes termos, entendemos que, na falta ou renúncia dos sujeitos indicados no art. 85.º, se segue inelimináveImente a extinção da relação locatícia por caducidade, não sendo possível convencionar a sucessão na posição jurídica de arrendatário habitacional e designadamente tornando operante uma sucessão ordinária em favor de herdeiros e *pro-quota* ou uma designação testamentária de legatário. *O arrendamento habitacional caduca sempre, desde que ao arrendatário não sobreviva qualquer dos beneficiários referidos no art. 85.º ou estes não pretendam a transmissão.*

Sublinhemos ainda que não está aqui em causa uma solução agarrada apenas à letra, descuidadamente genérica, do art. 51.º, para a qual, aliás, a doutrina tem até procurado concretizar os termos muito amplos em que surge essa determinação[49]. Assim, MENEZES CORDEIRO/CASTRO FRAGA[50] consideram que "embora o preceito o não diga expressamente, as cláusulas que as partes acordem sobre o tema só são inválidas quando contrariem os valores em jogo no arrendamento urbano e, para o caso, a estabilidade pretendida para a posição do arrendatário". Deste modo, a invocação do art. 51.º não deve ser efectuada em termos abstractos e, por isso, eventualmente vazios, mas deve atender aos "*valores em jogo*"[51].

4ª ed., Coimbra, Coimbra Editora, 1997, p. 391 invocam o carácter especial do regime do art. 85.º, parecendo que não consideram admissível convenção escrita contrária à caducidade fora dos casos daquele próprio art. 85.º.

[49] Vd. PIRES DE LIMA/ANTUNES VARELA, ob. cit., pp. 574-575; PINTO FURTADO, *Manual* cit., pp. 222-223; TEIXEIRA DE SOUSA, *A acção de despejo*, 2ª ed., Lisboa, Lex, 1995, pp. 48-49.

[50] Ob. cit., p. 100.

[51] Com efeito, a genérica determinação constante do art. 51.º não deve conduzir a

Justamente, afigura-se-nos que só a consideração da solução da caducidade do arrendamento para habitação como *ius cogens* se adequa aos valores presentes no regime do arrendamento urbano para habitação. Diferentemente, contrariedade com os "valores em jogo" é precisamente o que julgamos suceder se se considerar o art. 83.º como susceptível de ser afastado por vontade das partes, ou seja, se se reputar possível convencionar por escrito, fora dos casos do art. 85.º, a transmissibilidade da posição de arrendatário por morte do locatário.

É que não podemos esquecer o *direito a novo arrendamento*, efeito jurídico que é implicado em certas condições pela *caducidade do arrendamento para habitação por morte do arrendatário* (arts. 90.º e segs.)[52]. Na verdade, afigura-se-nos que atribuir carácter supletivo à determinação da caducidade por morte constante do art. 83.º colocaria completamente em choque o regime do direito a novo arrendamento, em termos que julgamos não terem sido queridos pelo legislador e que contrariam o objectivo de permitir a conservação ou continuidade da habitação[53], ainda que em termos da existência de novo contrato de duração limitada (cfr. art. 92.º), aos sujeitos indicados no art. 90.º[54]. Na verdade, o direito a novo arrendamento conferido pelo art. 90.º às pessoas aí referidas – o qual opera seja por morte do primitivo arrendatário, seja por morte de quem lhe haja suce-

---

deixar de ponderar em face de cada específica norma arrendatícia sobre a matéria a sua imperatividade e logo a possibilidade ou não de derrogação por estipulação contratual.

[52] Note-se que a argumentação subsequente não é aplicável aos contratos de arrendamento habitacional de duração limitada, atento o facto de nestes não ter lugar o direito a novo arrendamento (art. 99.º, n.º 2).

[53] Recorde-se o que se consignou no Preâmbulo do DL n.º 420/76, de 28 de Maio: *"A caducidade dos arrendamentos para habitação, resultante da morte do arrendatário, conduz frequentemente ao despejo de pessoas que, vivendo na habitação arrendada por vezes há vários anos, se defrontam com insuperáveis dificuldades de realojamento. Situações deste tipo são particularmente agudas para as camadas da população de menores recursos económicos e dão origem a graves tensões sociais, que importa reduzir. Com o presente diploma visa-se garantir o direito à habitação dessas pessoas, com obediência a princípios de justiça, estabelecendo-se o direito de preferência das mesmas relativamente a novos arrendamentos".*

[54] Discordamos aqui, com a devida vénia, da posição de JANUÁRIO GOMES (*Arrendamentos para habitação* cit., pp. 168-169) que considera que: "se não existir nenhuma das pessoas beneficiárias indicadas no n.º 1 do art. 85.º, aquando do decesso do arrendatário, a sua posição contratual transmitir-se-á nos termos da convenção escrita realizada, não parecendo que a essa transmissão possam opor-se eventuais titulares de direito a novo arrendamento". Seguindo esta posição, vd. também PEREIRA COELHO, *"Breves notas"* cit., p. 227, em nota.

dido, aferindo-se em relação ao arrendatário que o era no momento da caducidade do arrendamento[55] – traduz-se num arrendamento coactivo, o qual opera através da colocação do senhorio num estado de sujeição, pelo que, caso os beneficiários do direito (potestativo) a novo arrendamento actuem a sua posição potestativa (art. 94.°), fica o senhorio vinculado a novo contrato de arrendamento (podendo ainda o titular do direito a novo arrendamento recorrer ao mecanismo do art. 830.° do Cód. Civil – cfr. art. 95.°[56]). Ora, o regime do direito a novo arrendamento afigura-se-nos possuir carácter imperativo (note-se, aliás, que o legislador só configura como excepção ao direito a novo arrendamento a hipótese do art. 91.° e apenas reporta a recusa do novo arrendamento aos casos do art. 93.°), pelo que admitir que a caducidade determinada pelo art. 83.° sempre que não ocorram as hipóteses do art. 85.° possa ser afastada pela vontade das partes implicaria a afectação deste instituto, já que ele tem como pressuposto (para o que aqui nos importa) precisamente a caducidade por morte do arrendatário (cfr. art. 90.°, n.° 1). Sublinhe-se ainda, mais uma vez, que este instituto do direito a novo arrendamento também visa assegurar o

---

[55] Vd. o Acórdão do STJ de 21.10.1997 (CARDONA FERREIRA) in BMJ n.° 470 (Novembro 1997), pp. 576-580 [pp. 579-580] em que, assinalando-se que o art. 90.°, n.° 1 emprega apenas a expressão "arrendatário" (desacompanhada de "primitivo"), se conclui que "a convivência a que a lei se reporta é aquela que tenha existido com o arrendatário cuja morte desencadeia a caducidade desse anterior arrendamento e não, necessariamente, com o primeiro arrendatário na precedente relação locatícia". Cfr. também no mesmo sentido o Ac. do STJ de 10 de Dezembro de 1992 (RAUL DOMINGOS MATEUS DA SILVA] in BMJ n.° 422 (Janeiro 1993), pp. 342-347, onde se pode encontrar detida referência à história da solução. Na doutrina, vd. PIRES DE LIMA/ANTUNES VARELA, ob. cit., II, p. 669; JANUÁRIO GOMES, *Arrendamentos para habitação* cit., pp. 190-191; ARAGÃO SEIA, *Arrendamento urbano anotado e comentado*, 6ª ed., Coimbra, Almedina, 2002, pp. 579-578. Contra este entendimento, vd. ALFREDO ROCHA DE GOUVEIA, *"Resenha"* (em anotação ao Ac. do STJ de 10 de Dezembro de 1992) in ROA, ano 55-II (Julho 1995), pp. 527-533.

[56] Tendo em conta que, como resulta do texto, conceptualizamos o funcionamento do direito a novo arrendamento em termos de constituição potestativa do contrato de arrendamento, o qual surgirá assim, sem necessidade de nova manifestação de vontade, uma vez efectuada a declaração prevista no art. 94.°, afigura-se-nos que o recurso ao art. 830.° do Cód. Civil – que pressupõe uma obrigação de contratar – só tem aplicação quando não opere a constituição coactiva do arrendamento, o que sucederá, por exemplo, sempre que o senhorio recuse o novo arrendamento nos termos do art. 93.°. Nestes casos, não surgiu o novo arrendamento pelo que será necessário apurar a existência da obrigação de contratar do senhorio (vd., por exemplo, a hipótese do direito à reocupação prevista no art. 96.°). Fora destas hipóteses, julgamos que toda a tutela do titular do direito a novo arrendamento, justamente porque exerceu esse direito e passou assim a arrendatário, se efectua em termos de acção de cumprimento do contrato de arrendamento.

direito à habitação, garantindo uma certa estabilidade de alojamento às pessoas que dele podem beneficiar[57]. Em conclusão, temos por nula qualquer cláusula que estabeleça a transmissão *mortis causa* do arrendamento urbano para habitação, também porque isso pode contrariar a garantia legal da posição do titular de direito a novo arrendamento.

Em face do que fica referido, compreende-se então inteiramente que o legislador no art. 83.º só excepcione à ocorrência da caducidade do arrendamento habitacional por morte do arrendatário o disposto no art. 85.º e que não se ressalve a essa regra de caducidade, diferentemente do que sucede nos arts. 1051.º, n.º 1, al. d) e 1059.º, n.º 1 do Cód. Civil, qualquer disposição em contrário.

9. Referenciada esta primeira questão, temos então que sendo a regra (injuntiva) a extinção (por caducidade) do arrendamento habitacional por morte do arrendatário, a disposição do art. 85.º constitui a excepção (vastíssima) que ocorre sempre que ao arrendatário tenham sobrevivido e pretendam a transmissão qualquer uma das pessoas indicadas nesse preceito nos seus n.ºs 1 e 2.

Em consequência, não se encontrando perante a morte do arrendatário cônjuge não separado judicialmente de pessoas e bens ou de facto, descendente, pessoa que com ele vivesse em união de facto, ascendente, afim em linha recta, ou pessoa que com ele vivesse em economia comum, segue-se a extinção do arrendamento[58].

Verificando-se a caducidade do arrendamento, a cessação *ope legis* do contrato, cabe atentar no disposto no art. 1053.º do Cód. Civil que consagra o diferimento da desocupação do prédio[59], ao estabelecer que a sua

---

[57] Como se escreveu no já citado Acórdão do STJ de 21.1.1997, ob. cit., p. 579: "A lei procura proteger quem já habitava o prédio à data da caducidade desse arrendamento, determinando que se possa manter essa situação concreta, ainda que sob a nova veste e no regime de novo arrendamento, conforme o regime deste, vinculando o senhorio à possível vontade do convivente a ser novo arrendatário". Cfr. também o Ac. da Relação de Lisboa de 21.4.1994 (RODRIGUES CODEÇO) in CJ, ano XIX (1994), t. II, pp. 123-124 [p. 124].

[58] Pode então ter lugar o surgimento de novo arrendamento, ao abrigo do art. 90.º, ainda que caiba reconhecer que, atento o aditamento da al. f) ao n.º 1 do art. 85.º efectuado pela Lei n.º 6/2001, relativamente ao falecimento do *primitivo arrendatário*, isso só é suceptível de se verificar em relação a eventuais subarrendatários nos termos da al. b) do n.º 1 do art. 90.º, pois as hipóteses da al. a) do n.º 1 do art. 90.º (cfr. al. a) do n.º 1 do art. 76.º) passaram a beneficiar de transmissão por morte do arrendamento nos termos daquela al. f).

[59] PIRES DE LIMA/ANTUNES VARELA, ob. cit., II, p. 396 consideram que este preceito se encontra prejudicado quanto ao arrendamento para habitação pelo estabelecido pelos arts. 102.º e segs..

restituição só pode ser exigida passados três meses sobre a verificação do facto que determina a caducidade, ou seja, para o que aqui nos interessa, a data da morte do arrendatário[60]. Evita-se, desta forma, que, de modo mais ou menos súbito, se tenha de proceder à entrega do locado. De qualquer modo, julgamos que, estando a coisa locada a ser ocupada, deve considerar-se aplicável a solução disposta no art. 1045.º, n.º 1 do Cód. Civil, que determina que se a coisa locada não for restituída, *por qualquer causa*, logo que finde o contrato, surge a obrigação, a título de indemnização, de pagar até ao momento da restituição a renda que as partes tenham estipulado[61], bem como que findo o período de três meses previsto no referido art. 1053.º, esta indemnização é elevada para o dobro, logo que se verifique a exigência pelo locador do prédio arrendado (cfr. n.º 2 do art. 1045.º).

Note-se que, ocorrendo a caducidade do arrendamento por morte do arrendatário, está fora de causa a aplicação do art. 1056.º e a renovação do arrendamento caduco aí prevista. Na verdade, não obstante a genérica referência dele constante a "caducidade do arrendamento", cabe entender que a renovação do arrendamento caduco não se aplica aos casos de caducidade por morte do arrendatário, como, aliás, se pode retirar do facto de

---

[60] Vd. Mário Frota, *Arrendamento urbano comentado e anotado*, Coimbra, Coimbra Editora, 1987, p. 162. Sublinhe-se que se deve considerar que esta obrigação de restituição do prédio por parte de quem o esteja a ocupar findo o prazo de três meses preceituado pelo art. 1053.º do Cód. Civil se deve considerar uma obrigação constituída *ex novo* em consequência da morte do arrendatário e não uma situação jurídica adquirida *iure sucessionis*, não vinculando, aliás, abstractamente os sucessores, mas antes quem esteja a ocupar o imóvel. Como se escreve no Ac. da Relação de Coimbra de 17 de Junho de 1980 (Manuel de Oliveira Matos) in CJ, ano V (1980), t. 3, pp. 279-280 [p. 280]: "a extinção do contrato de arrendamento por falecimento do locatário pode dar origem a duas situações: a) o prédio arrendado fica desocupado: é lícita a reocupação do prédio pelo senhorio por qualquer meio a que queira lançar mão, visto gozar de modo pleno e exclusivo dos direitos de uso, fruição e disposição das coisas que lhe pertencem, nos termos do art. 1305.º do Código Civil; b) o prédio arrendado fica ocupado por pessoas vinculadas ao dever de restituição de prédio; sobre estas impenderá tal obrigação, finda a moratória concedida pelo artigo 1053.º do mesmo diploma legal".

[61] Romano Martinez, ob. cit., p. 202 entende que subsiste então uma relação contratual de facto. Afigura-se-nos mais adequada a construção de Cunha de Sá, *Caducidade...*, cit., II, p. 217 que considera estar-se aqui perante a produção de efeitos iguais aos do contrato válido e eficaz por simples imposição legal: "os 'efeitos do contrato caduco', são, pois, efeitos meramente legais, isto é, directamente conexos com a lei e só indirectamente 'determinados' ou medidos pelo contrato", tratando-se assim de "uma relação jurídica *sui generis*, de fonte legal, que não é uma relação jurídica de arrendamento, mas, tomando-a como unidade de conta, se configura praticamente como ela".

nesse preceito se aludir (aqui pertinentemente) a "locatário", o que pressupõe exigir que a coisa locada se mantenha no gozo de quem tinha a qualidade de locatário, pelo que, se ocorrer a caducidade passando a coisa sobre que incidia a locação anterior a ser objecto de gozo por pessoa distinta do anterior locatário, não se dá essa renovação mesmo que não haja no prazo de um ano qualquer oposição do locador[62]. Assim, a solução de que, não obstante a caducidade, caso o anterior locatário se mantenha no gozo da coisa, sem oposição do locador, pelo prazo de um ano (o que implica estabilização da situação fáctica resultante da inércia do locatário que não desocupa o prédio e da passividade do locador que não reage contra isso), se considera renovado o contrato nas condições do art. 1054.º, n.º 2 do Cód. Civil (art. 1056.º do Cód. Civil) só tem aplicação nas hipóteses das als. a), b) e c) do n.º 1 do art. 1051.º do Cód. Civil.

Recorde-se ainda que, quanto a benfeitorias, tem aplicação, em termos supletivos, o disposto quanto ao possuidor de má fé, por força do estatuído pelo art. 1046.º, n.º 1 do Cód. Civil, pelo que, verificando-se a caducidade, os sucessores (nos termos comuns) podem invocar os créditos daí resultantes, ou seja, indemnização pelas benfeitorias necessárias e o valor das benfeitorias úteis, calculado segundo as regras do enriquecimento sem causa, caso não caiba o seu levantamento (cfr. arts. 1273.º, n.ºs 1 e 2 e 1275.º, n.º 2 do Cód. Civil).

Não obstante a caducidade operar automaticamente uma vez verificada a sua causa determinativa, caso não ocorra a entrega do prédio ou o mesmo não se encontre livre e desocupado, torna-se evidentemente necessário actuar os competentes meios de reacção. Pois bem, a forma de efectivar a cessação do arrendamento em consequência da caducidade por morte do arrendatário e a desocupação e entrega do prédio arrendado não passa sempre pela acção de despejo, podendo ter antes cabimento o re-

---

[62] Vd. já assim, RUI VIEIRA MILLER, ob. cit., p. 75; JOÃO DE MATOS, *Manual do arrendamento e do aluguer*, vol. II, Porto, Livraria Fernando Machado, 1968, p. 181; ABÍLIO NETO, *Leis do Inquilinato*, 6ª ed., Lisboa, Petrony, 1988, pp. 65 e 73. Escrevem PIRES DE LIMA/ANTUNES VARELA, ob. cit., II, p. 399: "A disposição deste artigo é inaplicável, se a caducidade tiver por causa a morte do locatário, como resulta da exigência de ser o locatário quem se mantém no gozo da coisa. O simples gozo do direito ao arrendamento em que se constitua um terceiro não pode dar lugar à renovação dum contrato em que ele não era parte, nem à formação dum novo vínculo obrigacional". Na jurisprudência, vd. o Ac. da Relação de Lisboa de 12 de Janeiro de 1979 (LICURGO DOS SANTOS) in CJ, ano IV (1979), t. 1, pp. 82-85 [p. 84]; o Ac. da Relação de Évora de 29.11.90 (ANTÓNIO PEREIRA) in CJ, ano XV (1990), t. V, pp. 255-259 [p. 257] o Ac. da Relação de Lisboa (CUNHA BARBOSA) de 14.11.96, in CJ, ano XXI (1996), t. V, pp. 88-93 [pp. 90-91].

curso à acção de reivindicação. Com efeito, embora a acção de despejo sirva, não apenas para *"fazer cessar a situação jurídica do arrendamento"* (n.º 1 do art. 55.º), em que se configura como acção constitutiva, mas também *"para efectivar a cessação do arrendamento quando o arrendatário não aceite ou não execute o despedimento resultante de qualquer outra causa"* (n.º 2 do art. 55.º), caso em que então ela surge nos moldes de acção declarativa de condenação[63], a verdade é que como naturalmente perante a caducidade por morte do arrendatário não se trata *deste* não aceitar ou não executar o despedimento, daqui resulta que não tem de estar forçosamente em causa uma acção de despejo[64]. Como considera TEIXEIRA DE SOUSA[65]: "há que distinguir duas hipóteses: – nos casos em que os terceiros são sucessores do arrendatário, a acção de despejo continua a ser o meio adequado para obter desses terceiros a devolução do prédio (...); nas situações em que os terceiros ocupantes não são sucessores do arrendatário, não pode ser utilizada a acção de despejo para conseguir a entrega do imóvel (...): a acção adequada é a acção de reivindicação ou a acção possessória"[66]. Deste modo, sempre que o imóvel objecto do arrendamento caduco por morte do arrendatário esteja a ser utilizado por quem

---

[63] Vd. CUNHA DE SÁ, *Caducidade...*, cit., I, p. 69.

[64] O art. 52.º, n.º 2 é, porém, mais amplo limitando-se a referir que o senhorio dispõe para a cessação do arrendamento ou para a sua efectivação (sem mais nada) da acção de despejo. Todavia, como notam MENEZES CORDEIRO/CASTRO FRAGA, ob. cit., p. 100, o preceito "apenas sistematiza a matéria, em termos de generalidade, introduzindo a sequência".

[65] *A acção de despejo*, 2ª ed., Lisboa, Lex, 1995, p. 32. PAIS DE SOUSA, *Anotações* cit., p. 165 considera tão só que "a acção de despejo com fundamento na caducidade do arrendamento só pode ser exigida contra o arrendatário que, efectivamente, ocupa o imóvel; se a ocupação for feita por terceiros, o meio idóneo será a acção de reivindicação"; também assim vd. ARAGÃO SEIA, ob. cit., pp. 328-329, 464. Lembre-se também a fórmula (algo insegura e vaga, reconheça-se) que se encontra no Ac. da Relação de Lisboa de 7.1.1986 (ZEFERINO FARIA) in CJ, ano XI (1986), t. I, pp. 78-80 [p. 79]: "se a ocupação, posse ou detenção do imóvel tiver correspondência, ou conexão, ou for à sombra do arrendamento, a acção de despejo será o meio processual para se obter a entrega do prédio; se a ocupação, posse ou detenção do imóvel não tiver correspondência, ou conexão, ou não for à sombra do arrendamento, a acção de reivindicação será o meio adequado para se obter a entrega desse imóvel".

[66] Explicita ainda TEIXEIRA DE SOUSA, ob. cit., p. 32: "É certo que o art. 55.º, n.º 2, RAU só define o arrendatário como a parte passiva da acção de despejo, mas, como resulta do art. 498.º, n.º 2 CPC, o arrendatário e os seus sucessores são a mesma parte atendendo à sua qualidade jurídica, pelo que a legitimidade que pertence ao *de cuius* transmite-se sempre aos seus sucessores".

não é sucessor do *de cuius* arrendatário (sucessor nos termos comuns do Direito das Sucessões e não em atenção ao art. 85.º, pois neste caso não ocorre caducidade, excepto se os beneficiários não pretenderem a transmissão), para se obter a desocupação do prédio importa recorrer à acção de reivindicação (art. 1311.º do Cód. Civil)[67].

10. Mas, como se sabe, a caducidade do arrendamento conhece as excepções (facticamente frequentíssimas) a que se reporta o art. 85.º, n.º 1. Assim, sempre que perante a morte do arrendatário de arrendamento urbano para habitação exista alguém que preencha alguma das situações previstas no referido art. 85.º, n.º 1 estamos em presença de um *facto impeditivo* da caducidade do contrato de arrendamento, ou seja, de uma factualidade determinativa da transmissão do arrendamento em favor da pessoa que preencha as condições legais. Em princípio, pois, a morte do arrendatário produzirá a caducidade do contrato; porém, esta caducidade não ocorre, verificando-se antes a transmissão da posição arrendatícia, se o arrendatário for casado e não estiver separado judicialmente de pessoas e bens nem houver separação de facto, ocupando então o cônjuge a posição contratual do arrendatário falecido; não havendo cônjuge sobrevivo ou ocorrendo separação judicial de pessoas e bens ou de facto (em certos termos), ou não querendo ele a posição arrendatícia, então a posição contratual defere-se a descendente com menos de um ano de idade ou que convivesse com o arrendatário há mais de um ano; caso isso não ocorra, segue-se então como beneficiário a pessoa que vivia há mais de dois anos em união de facto com o arrendatário não casado ou separado judicialmente de pessoas e bens; subsequente é a posição de ascendente desde que convivesse com o arrendatário há mais de um ano; segue-se depois afim na linha recta, desde que com menos de um ano de idade ou que convivesse com o arrendatário há mais de um ano; por fim, pode ainda beneficiar da atribuição do direito ao arrendamento pessoa que viva em economia comum há mais de dois anos com o arrendatário.

Nestes casos pode ocorrer então a transmissão da posição jurídica de arrendatário habitacional, a qual se analisa numa verdadeira transmissão *mortis causa* da posição contratual, portanto, na integralidade das situações activas e passivas que compõem a posição subjectiva do arrenda-

---

[67] Não obstante e apesar do disposto no art. 102.º, n.º 2 do RAU, consideramos possível requerer o diferimento da desocupação nos termos dos arts. 102.º e segs. do RAU.

tário[68], configurando-se o beneficiário, assim, como um verdadeiro sucessor no contrato.

Pois bem, deve-se imediatamente destacar que encontramos aqui uma ordem de sucessores que não coincide com a resultante das regras comuns do Direito das Sucessões, designadamente com a prevista em sede de sucessão legal (cfr. arts. 2133.º e 2157.º do Cód. Civil), não havendo ainda lugar para a intervenção da autonomia privada mediante sucessão testamentária. O que é tanto mais de sublinhar quanto já em sede de arrendamento para comércio ou indústria ou para o exercício de profissão liberal a transmissão por morte se dá em benefício dos sucessores do arrendatário que o sejam em razão da aplicação das regras gerais reguladoras do fenómeno da sucessão por morte. Na verdade, em sede de arrendamento comercial ou industrial ou para o exercício de profissão liberal, o legislador determina *simpliciter* que o arrendamento não caduca por morte do arrendatário (arts. 112.º e 121.º) – não se encontrando aqui um reafirmar da regra geral do art. 1051.º, n.º 1, al. d) do Cód. Civil que se descortina em sede de arrendamento habitacional por força do art. 83.º[69] (embora o art. 66.º, n.º 1 estabeleça genericamente essa remissão) – pelo que, sem outros pormenores, isto significa que o arrendamento se transmite aos sucessores do arrendatário. Assim, falecendo o arrendatário comerciante, industrial ou profissional liberal, o arrendamento subsiste, transmitindo-se aos seus sucessores como elemento componente do acervo patrimonial do *de cuius*, sucessores esses que são aqui os sucessores comuns ou normais, ou seja, os sucessores legais (legítimos ou legitimários) ou voluntários, de acordo com os títulos gerais da vocação sucessória.

A justificação desta solução de não-caducidade destas espécies de arrendamento tem sido detectada no intuito de protecção do valor económico do estabelecimento que não deveria ficar afectado pela morte do arrendatário, tendo em conta que o direito ao arrendamento representa um elemento fulcral no desenvolvimento das respectivas actividades[70].

---

[68] Em vez de uma mera sucessão isolada e indistinta em créditos ou débitos emergentes de contrato. Vd. sobre este ponto MARTINE BEHAR-TOUCHAIS, *Le décès du contractant*, Paris, Economica, 1988, pp. 275 a 279. Entre nós, cfr. GALVÃO TELLES, *Direito das Sucessões. Noções Fundamentais,* 6ª ed., Coimbra, Coimbra Editora, 1991, pp. 81-82.

[69] Vd. JANUÁRIO GOMES, *Arrendamentos comerciais*, 2ª ed., Coimbra, Almedina, 1991, p. 256.

[70] Vd. PIRES DE LIMA/ANTUNES VARELA, ob. cit., II, p. 705; PEREIRA COELHO, *"Breves notas"*, p. 226 e *Arrendamento. Direito substantivo e processual*, Coimbra, 1988, pp. 71-72. Escreve-se nesta última obra: "a lei pretende garantir a continuidade da exploração comercial ou industrial ou da profissão liberal exercida no prédio arrendado, facilitar a cir-

Justamente, afigura-se-nos importar, desde já, determo-nos na *ratio* justificativa da particular solução constante do art. 85.º, ainda que isso implique antecipar expositivamente algumas considerações que resultarão da análise subsequente quanto às condições materiais de que depende a transmissibilidade aí consagrada. É fundamental para a compreensão de todo este regime proceder, desde logo, a uma clarificação dos objectivos valorativos que estão na base do seu dispositivo.

Pois bem, com clareza se conclui que o que está em jogo nesta solução é primacialmente a *protecção da conservação da habitação*, da *estabilidade ou continuidade da habitação*, da *manutenção do alojamento*, que é efectuada em favor de certos sujeitos que possuem uma particular relação (familiar ou parafamiliar[71]) com o arrendatário e com a casa em que ele residia. Como já escrevia ALBERTO DOS REIS[72], a *ratio* do preceito, a causa ou fundamento da transmissão é "a necessidade de assegurar a *conservação* da habitação à família do arrendatário, a quem vivia com ele na mesma economia doméstica"[73].

Nesta medida, cabe reconhecer que o preceito não se dirige propriamente à tutela descarnada da família. Na verdade, em atenção à exigência de condições materiais que, como já se adiantou e à frente se desenvolverá, os beneficiários devem satisfazer, conclui-se que não basta a existência de uma relação familiar para funcionar a transmissibilidade; é indispensável, para além disso, a existência de uma certa relação efectiva e duradoura com o bem arrendado: o cônjuge não pode estar separado judi-

---

culação da empresa (de que o direito ao arrendamento constitui, por vezes, o *elemento mais importante*) e defender a integridade do valor económico do estabelecimento ou da profissão liberal do arrendatário" (p. 71). Crítico desta ideia, vd. JANUÁRIO GOMES, *Arrendamentos comerciais* cit., pp. 268-269 que destaca que o legislador foi mais longe do que essa intenção, porquanto "a imposição ao senhorio da continuação do arrendamento não está dependente do efectivo exercício do comércio pelo locatário falecido; a não caducidade do contrato parece ter lugar ainda que o estabelecimento se encontre, no momento, desfalcado de elementos essenciais e mesmo que não exista de todo estabelecimento comercial, por exemplo em virtude de o locatário ter cessado a sua exploração", pelo que considera que o que está em causa é só a defesa dos interesses comerciais.

[71] Recorremos à caracterização da situação de união de facto e de economia comum como "relações parafamiliares" que se encontra em PEREIRA COELHO/GUILHERME DE OLIVEIRA, *Curso de Direito da Família*, vol. I, 2ª ed., Coimbra, Coimbra Editora, 2001, pp. 30-31 e 83, categoria que definem como as relações "conexas com as relações de família que a elas estão equiparadas para determinados efeitos ou são condição de que dependem, em certos casos, os efeitos que a lei atribui à relação conjugal e às relações de parentesco, afinidade e adopção".

[72] Loc. cit., p. 403.

cialmente de pessoas e bens ou de facto; os descendentes, os ascendentes e os afins têm que conviver com o arrendatário há mais de um ano (excepto tratando-se de descendentes ou afins que tenham menos de um ano de idade); a pessoa que viva em união de facto ou em economia comum tem de possuir um prazo mínimo de dois anos de "vivência" comum com o arrendatário.

Julgamos assim que, em linha principal, o que está em jogo neste preceito é a tutela dos conviventes, de quem com ele residia em comum, mais do que propriamente a tutela de sujeitos ligados ao arrendatário por qualquer relação familiar[74].

Deste modo, tal preceito é verdadeiramente concretização do direito à habitação[75], que, como se sabe, é objecto de consagração pela Lei Fundamental no seu art. 65.º, n.º 1 e, mais especificamente, do direito à segurança na habitação[76].

---

[73] Vd. também CUNHA DE SÁ, *Caducidade...*, cit., I, p. 265: "o verdadeiro alcance da lei, cujo objectivo é o de manter a estabilidade do lar e a sua continuidade, sem sobressaltos nem preocupações"; PEREIRA COELHO, *"Anotação"* ao Ac. do STJ de 2 de Abril de 1987 in RLJ, ano 122.º (1989-90), pp. 120-121, 135-143, 206-209 [pp. 136-137] e *Arrendamento* cit., pp. 65 e segs..

[74] Destaque-se, aliás, que o preceito foge à lógica hoje corrente de tutela da família que é particularmente centrada na família nuclear – o art. 85.º vai muito para além desse âmbito e mesmo para além do campo da grande família ou família parental, porquanto igualmente aos afins e também às pessoas em união de facto ou em economia comum reconhece a possibilidade de sucederem na posição de arrendatário. Com efeito, é sabido que hoje a regra é que a regulação da família se centra na família nuclear, celular ou conjugal (composta pelos cônjuges e seus descendentes ou pai e/ou mãe e descendentes), sendo, pois, à pequena família a quem mais decisivamente se destinam dispositivos de protecção. Nesta medida, o regime da transmissão por morte do arrendamento é um dos principais redutos de tutela de uma sociedade familiar alargada e ainda de agregado parafamiliar. Tutela essa que é feita, sempre se diga, à custa da posição privada e das necessidades ou interesses do senhorio.

[75] Mais do que propriamente manifestação de uma medida de protecção da família – cfr. art. 67.º da CRP —, embora isso também esteja naturalmente presente. Vd., porém, claramente perfilhando esta *ratio* familiar o Ac. do Tribunal Constitucional n.º 130/92, de 1 de Abril de 1992 (FERNANDO ALVES CORREIA) in BMJ n.º 416 (Maio 1992), pp. 158-165 [p. 164]: "As excepções ao princípio da não caducidade do arrendamento por morte do arrendatário encontram a sua credencial constitucional não só no próprio direito à habitação do artigo 65.º, mas também nos artigos 67.º e 69.º, que versam sobre o direito que a família e as crianças têm a protecção da sociedade e do Estado".

[76] Vd. GOMES CANOTILHO/VITAL MOREIRA, *Constituição da República Portuguesa anotada*, 3ª ed., Coimbra, Coimbra Editora, 1993, p. 345.

IV. OS BENEFICIÁRIOS DA TRANSMISSÃO POR MORTE DA POSIÇÃO DO ARRENDATÁRIO HABITACIONAL

11. De acordo com o normativo constante do art. 85.º, sobrevivendo ao arrendatário habitacional pessoa referida no n.º 1 deste artigo, o contrato de arrendamento não caduca, transmitindo-se em favor de sucessor aí designado de acordo com a ordem de transmissão consagrada. Pois bem, são justamente estas hipóteses em que, por morte do arrendatário, se verifica a transmissão da posição contratual que nos importa agora ponderar devidamente em ordem a averiguar da *sorte do contrato por morte do arrendatário habitacional*.

Começa a lei por afirmar que o contrato não caduca *por morte do primitivo arrendatário ou daquele a quem tiver sido cedida a sua posição contratual*, podendo, pois, ocorrer em relação a qualquer desses sujeitos as hipóteses de transmissão a que se reporta esse preceito.

Como arrendatário deve contar-se, para além daquele que o seja por força de contrato, também quem o seja por acto do juiz (arrendamento judicial[77]), pois em caso de divórcio ou separação de pessoas e bens (arts. 1793.º e 1794.º do Cód. Civil), ou de dissolução da união de facto por separação (art. 4.º, n.º 4[78] da Lei n.º 7/2001, de 11 de Maio), pode o tribunal, em atenção às necessidades do cônjuge ou do membro da união de facto e ao interesse dos filhos, dar de arrendamento a casa de morada da família, arrendamento judicial esse que se considera, nos termos do n.º 2 do art. 1793.º do Cód. Civil, sujeito às regras do arrendamento para habitação, ainda que com a possibilidade de se fazer "caducar" o arrendamento, a requerimento do senhorio, quando circunstâncias supervenientes o justifiquem.

Decidiu o legislador referenciar expressamente que ao cessionário da posição contratual de arrendatário pode suceder pessoa a que se reporta o n.º 1 deste preceito. Trata-se, porém, de uma referência algo inútil, porquanto isso já resultaria das regras gerais sobre cessão da posição contratual constantes dos arts. 424.º e segs. do Cód. Civil[79]. Por outro lado,

---

[77] Vd. sobre esta figura PINTO FURTADO, *Manual* cit., pp. 30-31; JANUÁRIO GOMES, *Arrendamentos para habitação* cit., pp. 49 e segs. e *Constituição da relação de arrendamento urbano*, Coimbra, Almedina, 1980, pp. 28 e segs..

[78] Fala-se neste preceito em "membro sobrevivo", mas trata-se seguramente de lapso.

[79] Por isso escreve, com inteira razão, PINTO FURTADO, *Manual* cit., pp. 498-499 que esta hipótese "não precisava, sequer, de ser prevista, pois é óbvio que qualquer pessoa a quem, com autorização do senhorio (art. 424-1 CC, referido ao art. 1059-2 CC), tenha

tendo havido cessão da posição contratual, evidentemente que não caberia perguntar pela transmissão em consequência da morte do arrendatário cedente, nem os beneficiários teriam de reportar a sua posição a este. A inutilidade da expressão manifesta-se ainda no facto de o legislador não ter referido o cessionário no art. 86.º, preceito em que apenas se consigna "à data da morte do primitivo arrendatário"; ora, está evidentemente fora de cogitação considerar que havendo cessão da posição contratual o art. 86.º supõe na sua aplicação atender à situação à data da morte do arrendatário antecedente, bem como está absolutamente fora de questão entender que esse preceito só se aplica quando a transmissão ocorra pelo facto de um primitivo arrendatário ter falecido, ou seja, considerar que não opera esse dispositivo sempre que tenha ocorrido cessão da posição contratual. Atente-se, por fim, que o art. 88.º se limita a falar em "morte do arrendatário".

Provavelmente, temeu-se que a expressão "primitivo arrendatário" que, como se verá a seguir, se dirige a transmissões *mortis causa* (veja-se o art. 89.º, n.º 1), pudesse acarretar leituras em relação a qualquer espécie de transmissão da posição contratual e, portanto, também em face de uma cessão *inter vivos* da posição contratual, afectando assim quem se encontrasse colocado na posição de arrendatário mas não o fosse originariamente. Daí que se tenha expressamente mencionado o cessionário em sede de cessão da posição contratual.

Como nota JANUÁRIO GOMES[80], é irrelevante o número de cessões da posição contratual que possam ter ocorrido, sempre se verificando à morte do então arrendatário cessionário o mecanismo da transmissão previsto neste art. 85.º. Na verdade, como o senhorio controla a cessão da posição do arrendatário, na medida em que a mesma depende do seu consentimento, nos termos do art. 424.º, n.º 1 e do art. 1059.º, n.º 2, ambos do Cód. Civil, não se verifica qualquer compressão da sua posição que não seja voluntariamente assumida.

Há, porém, casos em que essa compressão ocorre – e também pode ocorrer uma ou mais vezes – sem consentimento do senhorio e, não obstante, deve considerar-se que também tal cessionário está compreendido

---

sido *cedida* a *posição contratual* de *arrendatário*, em primeira, segunda, terceira ou mais mãos, ficará sempre com os direitos e obrigações que essa *posição contratual* comporta". Como já escrevia PINTO LOUREIRO, ob. cit., p. 172 quando a lei fala em morte do arrendatário, tanto pode referir-se ao "arrendatário originado como ao derivado, isto é, tanto aquele que inicialmente adquiriu o direito como a qualquer outro que viesse a substituí-lo legalmente, pois que arrendatário é todo o que tiver direito ao uso e fruição da coisa locada".

[80] *Arrendamentos para habitação* cit., p. 171.

como sujeito por cuja morte se determina a não caducidade do arrendamento. Referimo-nos às hipóteses do art. 84.º do RAU[81] e do art. 4.º, n.ºs 3 e n.º 4 da Lei n.º 7/2001: o cônjuge ou o membro da união de facto beneficiário da aquisição da posição contratual nos termos do art. 84.º equipara-se ao primitivo arrendatário ou a quem tiver sido cedida a sua posição contratual[82].

Mas então quanto à expressão "primitivo arrendatário", visa-se com ela significar que, em regra, a transmissibilidade da posição do arrendatário só opera em relação ao primeiro arrendatário que faleceu (o primeiro *de cuius*), e já não em relação a qualquer dos seus sucessores, nos termos das diversas alíneas do art. 85.º, n.º 1 do RAU[83], não se verificando, pois, uma transmissão sucessiva e ilimitada. Deste modo, em princípio, qualquer das pessoas que tenham sucedido na posição de arrendatário por morte do antecedente arrendatário já não veem – se ver pudessem – a sua posição contratual transmitir-se-lhes por sua morte.

A transmissão por morte do arrendamento opera, assim, via de regra, *apenas em um grau*, porquanto na generalidade dos casos reportados nas alíneas do n.º 1 do art. 85.º do RAU é apenas em favor dessas pessoas aí referidas que se opera a transmissão do arrendamento por morte do primitivo arrendatário ou daquele a quem este tenha cedido a sua posição contratual, cessando (caducando) o arrendamento por sua morte. Deste modo, evita-se que, por força de transmissões sucessivas e ilimitadas o arrendamento se perpetuasse indefinidamente (particular-

---

[81] O art 84.º prevê que, em caso de divórcio ou de separação judicial de pessoas e bens os cônjuges podem acordar em que a posição de arrendatário fique pertencendo a qualquer deles (n.º 1), sendo que na falta de acordo (n.º 2), cabe ao tribunal decidir, tendo em conta as circunstâncias de facto relativas à ocupação da casa, o interesse dos filhos, a culpa imputada ao arrendatário na separação ou divórcio, o facto de ser o arrendamento anterior ou posterior ao casamento e quaisquer outras razões atendíveis (critérios estes que, como se salienta no Ac. do STJ de 26 de Abril de 1995 (TORRES PAULO) in BMJ, n.º 446 (Maio 1995), pp. 288-294, [p. 292] não se encontram em relação hierárquica, mas operam como sistema móvel, em que todas as proposições têm a mesma potencialidade, embora se nos afigure que não se pode esquecer, como nota PEREIRA COELHO, "*Anotação*" ao Ac. do STJ de 2 de Abril de 1987 cit., p. 207 que o *critério geral* é "*proteger o cônjuge ou ex-cônjuge que mais seria atingido pelo divórcio ou pela separação quanto à estabilidade da habitação familiar*".

[82] Assim, vd. JANUÁRIO GOMES, *Arrendamentos para habitação* cit., p. 171; NUNO DE SALTER CID, *A protecção da casa de morada da família no Direito português*. Coimbra, Almedina, 1996, p. 378, nota 174.

[83] Cfr. PINTO FURTADO, *Manual* cit., p. 499. Como atrás se indicou, esta solução tinha sido afectada pelo DL n.º 293/77, mas foi retomada pelo DL n.º 328/81.

mente em face da regra da renovação obrigatória no que respeita ao senhorio – art. 68.º, n.º 2).

Porém, na hipótese da al. a) do n.º 1 do art. 85.º do RAU (e segundo julgamos também na da al. c) do n.º 1[84]), já o legislador admite a sucessão *num duplo grau*, porquanto tendo o arrendamento transmitido-se para o cônjuge do primitivo arrendatário ou daquele a quem este tenha cedido a sua posição contratual justamente ao abrigo da referida al. a), por morte do cônjuge ainda se pode verificar a transmissão a favor dos parentes ou afins, de acordo com o que se estabelece no n.º 4 do art. 85.º citado (cfr. ainda a referência do art. 89.º, n.º 1 à "morte do primitivo arrendatário ou do cônjuge sobrevivo")[85].

12. Vejamos, agora, quem são os beneficiários da transmissão determinada por este art. 85.º, n.º 1 reportando-nos para já apenas à sua condição pessoal, deixando para o ponto seguinte a análise dos requisitos materiais que devem satisfazer. Com efeito, este preceito consagra uma lista legal de sucessores que, em função de certas qualidades, são susceptíveis de beneficiarem da transmissão do contrato.

Nos termos do n.º 1 do art. 85.º os sujeitos que podem beneficiar da transmissão em causa são os seguintes:

– cônjuge sobrevivo não separado judicialmente de pessoas e bens ou de facto;
– descendente;
– pessoa que vivesse em união de facto com o arrendatário;
– ascendente;
– afim na linha recta;
– pessoas que vivessem em economia comum com o arrendatário.

Cabe notar que, como resulta no n.º 3, se trata aqui de uma ordem hierárquica de transmissão: cada um destes sujeitos beneficiará da trans-

---

[84] Vd. *infra*.
[85] Na síntese perfeita de PINTO FURTADO, últ. ob. cit., p. 499: "se morre o *primitivo arrendatário* (por *contrato de arrendamento* ou por *cessão inter vivos da posição contratual de arrendatário*), qualquer dos *sobreviventes* constantes das alíneas do n.º 1, verificadas as respectivas condições e nos termos do preceito, poderá obstar à *caducidade*; se, por morte dele, a *posição contratual* de arrendatário passou a um desses *sobreviventes*, o processo não pode, depois, repetir-se com a morte desse sobrevivente, excepto se tiver sido ele o *cônjuge* do *arrendatário primeiro falecido*, caso em que a *posição contratual* de *arrendatário* só poderá, no entanto, transmitir-se aos *parentes ou afins* nas condições requeridas".

missão se não existir quem lhe prefira ou ocorrendo renúncia à transmissão pelo beneficiário prioritário.

Deste modo, atenta esta hierarquização, se, por exemplo, no caso de arrendatário casado e não separado judicialmente de pessoas e bens ou de facto, falecer previamente o seu cônjuge, suceder-lhe-á por sua morte um descendente nas condições da al. b) do n.º 1 deste preceito; se não tiver descendente, mas tiver um ascendente nas condições da al. d) do n.º 1, suceder-lhe-á este e, assim, sucessivamente até se compreender todo o campo dos beneficiários.

Temos, pois, que o art. 85.º adopta uma técnica clássica de ordenação de sucessores: procede-se à sua repartição em *classes*, sendo que os beneficiários pertencentes a uma classe preferem aos da classe seguinte, funcionando assim uma ordem de prioridade assente num princípio de preferência de classes (cfr. o art. 2134.º do Cód. Civil).

13. Subsequentemente, dentro de cada classe, sempre que a questão se coloque (parentes e afins na linha recta), dá-se uma ordenação em função de uma *regra de preferência de grau*, pela qual o beneficiário de um grau mais próximo afasta aquele que possui um grau mais remoto, recorrendo-se subsidiariamente a uma *regra de idade*, preferindo o beneficiário mais idoso. Na verdade, existindo vários beneficiários no campo da mesma classe em igualdade de condições em termos de qualificativo familiar (parente ou afim na linha recta) determina o n.º 3 do art. 85.º que prefere, sucessivamente, o parente ou afim *mais próximo* e *mais idoso*[86].

Deste modo quis o legislador evitar qualquer fenómeno de contitularidade no âmbito da transmissão *mortis causa* da posição de arrendatário, tendo, pois, repudiado a lógica da *transmissão conjunta*: será sempre um *único* parente ou afim quem vai suceder na posição de arrendatário, pois mesmo que todos se encontrem no mesmo grau, preferirá o mais idoso[87]. Arredou-se assim a possibilidade de uma aquisição simultânea ou conjunta a favor de uma pluralidade de beneficiários. Considerou-se mais forte o

---

[86] Note-se, pois, que se concorrerem dois descendentes (dois irmãos), um com menos de um ano e outro que vivesse há mais de um ano com o arrendatário no locado (cfr. al. b) do n.º 1 do art. 85.º) é este último quem adquire a posição de arrendatário por ser, nos termos do n.º 3 do art. 85.º, o mais idoso.

[87] JANUÁRIO GOMES, *Arrendamentos para habitação* cit., p. 172 configura, porém, uma hipótese em que considera que a transmissão da posição de arrendatário pode dar-se em favor simultaneamente de vários beneficiários: o caso de os filhos do primitivo arrendatário, beneficiários directos da transmissão, serem gémeos. Afigura-se-nos que a solução não é forçosa, porquanto naturalmente um dos irmãos por ter nascido primeiro é o

argumento de que "a comunhão do direito ao arrendamento pode ser fonte de atritos, dificuldades e desinteligências quer entre o senhorio e os inquilinos, quer entre estes nas suas relações recíprocas"; "a fruição do prédio arrendado é tanto mais pacífica, conveniente e cómoda, quanto maior for a concentração do direito ao arrendamento: o ideal será a unidade de titular", desprezando-se em consequência "interesses atendíveis e legítimos de descendentes ou ascendentes do arrendatário falecido, expondo essas pessoas à contingência de ficarem sem habitação, apesar de carecerem dela e de viverem, há muito tempo, com o arrendatário à data da morte deste"[88].

Porém, a esta regra de *unidade do titular* em sede de transmissão *mortis causa* do direito ao arrendamento parece deparar-se hoje com uma excepção que é representada pela al. f) do n.º 1 do art. 85.º (alínea esta que foi aditada pela Lei n.º 6/2001, art. 6.º). Com efeito, o teor dessa al. f) é o seguinte: "*Pessoas que com ele vivessem em economia comum há mais de dois anos*". Segundo o n.º 1 do art. 2.º da Lei n.º 6/2001, entende-se por economia comum "*a situação de pessoas que vivam em comunhão de mesa e habitação há mais de dois anos e tenham estabelecido uma vivência em comum de entreajuda ou partilha de recursos*" (n.º 1), esclarecendo o n.º 2 do mesmo art. 2.º que: "*o disposto na presente lei é aplicável a agregados constituídos por duas ou mais pessoas, desde que pelo menos uma delas seja maior de idade*". Deste modo, o agregado juridicamente relevante constituído pelas pessoas que vivam em economia comum pode ser constituído por uma *pluralidade ilimitada de pessoas* (as quais podem ter entre si um ou mais pares em situação de união de facto – cfr. art. 1.º, n.º 3 da Lei n.º 6/2001). Pois bem, a expressão plural "*pessoas*" constante daquela al. f) do n.º 1 do art. 85.º do RAU parece implicar que, sempre que o agregado em economia comum seja composto por mais de duas pessoas, todas essas pessoas que vivam em economia comum com o arrendatário adquirirão por morte deste em regime de contitularidade essa posição contratual no contrato de arrendamento. Veja-se ainda que o art. 4.º, n.º 1, al. e) da Lei n.º 6/2001 atribui o direito à transmissão do arrendamento por morte "*às pessoas em situação de economia comum*", sendo que o n.º 2 deste preceito, que regula o exercício de direitos atribuídos às

---

mais velho (mais idoso para recorrer à formulação do art. 85.º, n.º 3). Note-se que o art. 102.º, n.º 1, al. c) do Cód. de Registo Civil determina como requisito especial do assento de nascimento a indicação da "data de nascimento, incluindo, se possível, a hora exacta". Vd. PEREIRA COELHO, *"Breves notas"* cit., p. 231, nota 80.

[88] ALBERTO DOS REIS, *"Transmissão..."*, cit., p. 4.

pessoas que vivam em economia comum sempre que tal situação integre *mais de duas pessoas*, apenas se reporta às als. a) e b) do n.º 1, não compreendendo assim a al. e), bem como a al. d) do n.º 1.

Teríamos, pois, que neste caso de transmissão ao abrigo da al. f) do n.º 1 do art. 85.º todos os conviventes em economia comum por morte do arrendatário beneficiariam de aquisição em comum da respectiva posição contratual, o que asseguraria a manutenção inalterada da situação de convivência em economia comum dessas pessoas.

Muito embora os argumentos literais atrás apontados pareçam inclinar neste sentido, julgamos que essa solução implicaria total desconformidade com o sistema que presidiu a este regime da transmissão *mortis causa* do arrendamento, surgindo como totalmente disfuncional, porquanto não se compreenderia porque é que por exemplo para os descendentes ou ascendentes não pode ocorrer tal aquisição em contitularidade (n.º 3 do art. 85.º), mas já pode para quem viva em economia comum. Por outro lado, isto comprometeria, em termos absolutamente excessivos, a posição do locador, dado que apenas por morte do último convivente em economia comum que adquiriu *mortis causa* a posição de arrendatário é que se consolidaria a sua posição, sendo também certo, por outro lado, que poderia ainda haver lugar a novo arrendamento nos termos do art. 90.º, n.º 1.

Entendemos, pois, que se impõe uma interpretação restritiva desta referência a "pessoas" constante da al. f) do n.º 1 do art. 85.º, pela qual também para esta hipótese de transmissão *mortis causa* da posição arrendatícia no âmbito de economia comum composta por mais de duas pessoas a posição apenas poderá ser adquirida por um único desses sujeitos. A pergunta subsequente imediata é, evidentemente, a de saber qual o critério de preferência entre esses vários elementos componentes do agregado em economia comum, afigurando-se-nos que a resposta se encontra com naturalidade na disposição, já aplicável às situações de economia comum, constante do n.º 2 do art. 90.º (dispositivo este que é mais rico na sua previsão que o art. 85.º, n.º 3 e por isso susceptível de abarcar a pluralidade de casos que pode estar presente nas situações de economia comum, hoje regulada pela Lei n.º 6/2001). Assim, em suma, em caso de transmissão *mortis causa* a favor de pessoas que vivam em economia comum, quando estas sejam mais de duas, a posição de arrendatário transmite-se àquela que conviva há mais tempo com o arrendatário, preferindo, em igualdade de condições, os parentes, por grau de parentesco, os afins, por grau de afinidade, e o mais idoso[89].

---

[89] Sublinhe-se que os descendentes, os ascendentes e os afins na linha recta, não

V. AS CONDIÇÕES MATERIAIS DA TRANSMISSIBILIDADE POR MORTE DA POSIÇÃO DE ARRENDATÁRIO

14. O legislador não se limita, porém, ao admitir a transmissibilidade *mortis causa* da posição de locatário (n.º 1 do art. 85.º), a definir quem são as pessoas que podem ser sucessores do direito em causa (cfr. n.ºs 1 e 2 do art. 85.º) e a estabelecer uma ordem de prioridade e de preferência na transmissão do direito ao arrendamento (n.º 3 do art. 85.º); exige, para além disso, que se mostrem preenchidas certas condições materiais, as quais constituem, deste modo, requisitos necessários à aquisição por banda dos respectivos beneficiários do direito ao arrendamento. Estas condições materiais prendem-se, em termos de paradigma geral, com a presença de *gozo da coisa arrendada pelo beneficiário*, o que é, em princípio, revelador da necessidade da *manutenção da habitação que constitui o motivo para a protecção instituída pela lei*[90]. Importa, por isso, analisar detidamente estes pressupostos materiais necessários à aquisição do direito ao arrendamento habitacional.

14. 1. No que concerne ao cônjuge sobrevivo, primeira pessoa com direito à transmissão do arrendamento habitacional atenta a al. a) do n.º 1 do art. 85.º, o legislador limita-se a exigir, para que ocorra a transmissibilidade *mortis causa*, que não esteja separado judicialmente de pessoas e bens ou de facto. Deste modo, havendo separação judicial de pessoas e bens ou separação de facto o cônjuge sobrevivo não adquire *mortis causa* a posição de arrendatário.

Como é sabido, a separação de pessoas e bens, embora não dissolva o vínculo conjugal, determina a cessação dos deveres de coabitação e assistência, sem prejuízo do direito a alimentos (art. 1795.º-A do Cód. Civil). Ora, a cessação do dever de coabitação (art. 1672.º e 1673.º do

---

obstante também se poderem integrar no campo da al. f) do n.º 1 do art. 85.º (cfr. aliás o art. 76.º, n.º 1, al. a) e n.º 2), são naturalmente chamados no âmbito da sua classe própria tal como prevista nas als. b), d) e e) do n.º 1 deste mesmo preceito.

[90] "O legislador sacrifica o interêsse do proprietário ao interêsse da família do arrendatário; mas o sacrifício só é legítimo quando visa a assegurar a *conservação* do lar *que a família tinha*. Se a família já estava desagregada, se o lar já estava desfeito, se o arrendatário vivia sósinho, não há razão para manter o arrendamento. Admitir em tal caso a subsistência e transmissão do arrendamento, é sacrificar inùtilmente o proprietário, sacrificá-lo em benefício dum *lar e duma família que não existiam*" escrevia ALBERTO DOS REIS, *"Anotação"* ao Ac. do STJ de 21.2.1933 in RLJ, 65.º ano (1932-1933), pp. 395-400 [p. 397].

Cód. Civil) justifica que o legislador não tenha abarcado o cônjuge separado de pessoas e bens no campo dos beneficiários da transmissão *mortis causa* da posição de arrendatário.

No que concerne à noção de separação de facto, afigura-se-nos que cabe aqui recorrer ao conceito que, ainda que fixado para efeitos de divórcio litigioso, se encontra no art. 1782.º, n.º 1 do Cód. Civil: *"Entende-se que há separação de facto (...) quando não existe comunhão de vida entre os cônjuges e há da parte de ambos, ou de um deles, o propósito de não a restabelecer"*. Trata-se, assim, da situação em que se verifica, no plano objectivo, a interrupção da convivência conjugal e, no plano subjectivo, a vontade de não mais retomar a comunhão plena de vida (art. 1577.º do Cód. Civil). Justifica-se inteiramente, também aqui, que o legislador tenha exigido que o cônjuge sobrevivo não esteja separado de facto: o cônjuge tem então vida separada, distinta e independente da do arrendatário, pelo que não carece daquela casa arrendada para sua habitação[91].

No fundo, com esta delimitação, é como se o legislador acabasse igualmente em relação ao cônjuge por dar relevo ao requisito da convivência – na forma de existência e manutenção do convívio conjugal à data da morte – que exige para os outros beneficiários (ainda que quanto ao cônjuge sem qualquer prazo mínimo), relevância essa, aliás, que está em consonância com o dever recíproco de coabitação que emerge da relação conjugal (cfr. arts. 1672.º e 1673.º, n.º 2 do Cód. Civil). Como escrevia ALBERTO DOS REIS[92]: "não se exige *directamente*, quanto ao cônjuge sobrevivo, que estivesse em companhia do falecido durante determinado lapso de tempo; mas exige-se a convivência por forma *indirecta*, visto que se prescreve a caducidade do arrendamento quando o consorte se ache separado de pessoas e bens ou de facto".

Fora isto, nada mais é exigível como requisito para que o cônjuge sobrevivo adquira a posição de arrendatário[93]. Assim, por exemplo, não é

---

[91] Para os casos de separação de facto, mas na mesma casa, embora a situação se reconduza ao art. 1782.º, parece que, como sustenta PEREIRA COELHO, *"Breves notas"* cit., p. 230, se deve entender que tal hipótese não determina o exclusão da transmissão do arrendamento, pois o cônjuge, ainda que separado de facto, vivia no locado.

[92] Loc. cit., p. 404.

[93] Não será de deixar de referir que esta disposição sobre transmissão do arrendamento para habitação por morte constitui um elemento de um complexo mais vasto que é o conjunto regulativo das disposições relativas à protecção da casa de morada da família ou alojamento conjugal. Vd. sobre isto, para além de PEREIRA COELHO, *"Anotação"* ao Ac. do STJ de 2 de Abril de 1987 cit., pp. 136 a 138, a obra de NUNO DE SALTER CID, *A protecção da casa de morada da família* cit., *passim*. Com efeito, a nossa legislação – à

necessário qualquer tempo mínimo de coabitação ou de duração do casamento para que se produza a transmissão do arrendamento (v. g., um casamento *in articulo mortis* legitima perfeitamente a transmissão do arrendamento a favor do cônjuge sobrevivo[94]).

Algumas cautelas devem, porém, ser adoptadas em relação ao requisito da inexistência de separação de facto, que se prendem com a possibilidade dessa situação ter sido determinada pelo cônjuge primitivo arrendatário que abandonou o locado casa de morada da família, nela permanecendo o seu cônjuge. Como escreve PEREIRA COELHO[95]: "O preceito só terá querido

---

semelhança, aliás, de outras – prevê um conjunto de dispositivos que têm como finalidade assegurar ao cônjuge ou ex-cônjuge a continuidade habitacional, restringindo os riscos do abandono forçado do lar.

Assim: o cônjuge sobrevivo beneficia na partilha de atribuição preferencial do direito de habitação da casa de morada da família e no direito de uso do respectivo recheio (arts. 2103.°-A a 2103.°-C do Cód. Civil); em caso de divórcio ou separação judicial de pessoas e bens pode, por sentença judicial, constituir-se arrendamento sobre a casa de morada da família a favor do cônjuge considerado mais merecedor de tutela e tendo em atenção os interesses dos filhos (arts. 1793.° e 1794.° do Cód. Civil) assim como pode ter lugar a atribuição do direito ao arrendamento (art. 84.° do RAU).

Durante o casamento, a casa de morada da família é protegida contra actos imprudentes ou pouco ponderados, senão mesmo prejudiciais de um dos cônjuges, estabelecendo-se que qualquer disposição a ela respeitante carece sempre do consentimento de ambos (arts. 1682.°-A, n.° 2 e 1682.°-B do Cód. Civil).

Curiosamente, de forma contrastante, a lei portuguesa já foi muito vigorosa em repudiar a comunicabilidade do arrendamento para habitação (art. 83.°), rejeitando, assim, a solução de considerar que o arrendamento de prédio para habitação é bem que pertence à comunhão ou que ambos os cônjuges são reputados locatários, a qual é seguramente a que melhor tutela daria ao cônjuge ou ex-cônjuge, já que asseguraria que perante qualquer eventualidade para um dos cônjuges o outro manteria o gozo pleno do prédio (esta solução pode-se encontrar no art. 1751 do Code Civil, onde se estabelece o seguinte: *"Le droit au bail du local, sans caractère professionnel ou commercial, qui sert effectivement à l'habitation de deux époux est, quel que soit leur régime matrimonial et nonobstant toute convention contraire, et même si le bail a été conclu avant le mariage, réputé appartenir à l'un et à l'autre des époux"*). Criticando decisivamente a solução nacional, vd. PEREIRA COELHO, últ. ob. cit., pp. 138 a 142. Cfr. também JANUÁRIO GOMES, *Arrendamentos para habitação*, pp. 42 e segs..

[94] Invocamos aqui a hipótese classicamente apontada para exemplificar tal desnecessidade de prazo de convivência e que se pode ver em ALBERTO DOS REIS, *"Transmissão...* cit., p. 405; CUNHA DE SÁ, *Caducidade...* cit., I, p. 260; MÁRIO FROTA, ob. cit., p. 469; PIRES DE LIMA/ANTUNES VARELA, ob. cit., II, p. 654; ARAGÃO SEIA, ob. cit., p. 556; PEREIRA COELHO, *"Breves notas"* cit., p. 229, nota 65.

[95] *"Anotação"* ao Ac. do STJ de 2 de Abril de 1987 cit., p. 142, nota 21; cfr. também *"Breves notas"* cit., p. 229. Defendendo idêntica interpretação restritiva, vd. JANUÁ-

excluir da sucessão – dir-se-á – o cônjuge sobrevivo que, separado de facto do arrendatário falecido, tinha estabelecido residência em outro local, e por isso, presumivelmente, não carecia do prédio arrendado para sua habitação; pretendendo proteger a estabilidade da habitação familiar, não se entenderia, porém, que se aplicasse no caso contrário, ou seja, no caso de ser o próprio cônjuge sobrevivo que, após a separação de facto, continuou a viver no prédio arrendado, tendo sido o outro cônjuge que estabeleceu em local diferente a sua residência habitual". Deste modo, tendo em conta esta *ratio legis*, o estabelecido pela al. a) do n.º 1 do art. 85.º deve ser objecto de devida interpretação *restritiva*, considerando-se então que a separação de facto existente entre os cônjuges na data do óbito do cônjuge primitivo arrendatário não determina a caducidade do arrendamento quando o cônjuge sobrevivo não arrendatário continuou a residir no local arrendado, antes se transmitindo para ele[96].

A solução, aliás, encontra-se em consonância com a aplicação a fazer da causa de resolução do contrato prevista pelo art. 64.º, n.º 1, al. i): "conservar o prédio desabitado por mais de um ano ou, sendo o prédio destinado a habitação, não tiver nele residência permanente, habite ou não outra casa, própria ou alheia", tendo em conta o disposto no art. 64.º, n.º 2, al. c) que determina que não se aplica o disposto naquela al. i) "se permanecerem no prédio o cônjuge ou parentes em linha recta do arrendatário ou outros familiares dele (...)". Depõe ainda em favor desta interpretação o regime do art. 84.º, pois, como já escrevia ALBERTO DOS REIS[97], "se, em caso de separação de pessoas e bens ou de divórcio, os cônjuges podem acordar em que o direito ao arrendamento fique a pertencer ao cônjuge ou ex-cônjuge do arrendatário e se, na falta de acordo, compete ao tribunal decidir sobre a atribuição desse direito, tendo em atenção, entre outros factores, as circunstâncias de facto relativas à ocupação da casa e o interesse dos filhos, é perfeitamente compreensível que, em caso de separação de facto determinada pelo abandono, por parte do arrendatário, da casa tomada de arrendamento, este fique a pertencer, quer durante a vida do arrendatá-

---

RIO GOMES, *Arrendamentos para habitação* cit., p. 174; PAIS DE SOUSA, *Anotações* cit., pp. 271-272. Já anteriormente vd. ALBERTO DOS REIS, *"Transmissão..."* cit., p. 407. Crítico desta orientação, que reputa um incorrecto alargamento das excepções legais, vd. PINTO FURTADO, *Manual* cit., p. 500 e nota 17 na mesma.

[96] Assim, vd. por último o Ac. da Relação de Lisboa de 20.2.2001 (SAMPAIO BEJA) in CJ, ano XXVI (2001), T. I, p. 123: "a alínea a) do n.º 1 do art. 85.º do RAU deve ser interpretada restritivamente, naqueles casos em que o cônjuge arrendatário abandona o arrendado, continuando a viver neste o cônjuge sobrevivo, após a separação de facto".

[97] ALBERTO DOS REIS, *"Transmissão..."* cit., pp. 407-408.

rio, quer por sua morte, ao cônjuge que continuou instalado na referida casa em companhia dos filhos".

14. 2. No que concerne aos descendentes, aos parentes na linha recta descendente (art. 1580.º, n.ºs 1 e 2 do Cód. Civil) – a que cabe equiparar os adoptados plena ou restritamente[98] – exige a lei a verificação de uma das seguintes condições alternativas: ou tratar-se de descendente com menos de um ano de idade; ou tratar-se de descendente que conviva com o arrendatário há mais de um ano.

Assim, não tendo o descendente menos de um ano de idade (o que parece compreender os nascituros[99], na dependência, claro está, do seu nascimento – art. 66.º, n.º 2 do Cód. Civil) torna-se indispensável um período mínimo de convivência (um ano) com o arrendatário. Exige-se, deste modo, a ocorrência de um *tempo de convivência efectiva* com o arrendatário pelo lapso mínimo de um ano[100].

E o que se deve entender que consubstancia essa "convivência"? Trata-se aqui de questão clássica sempre enfrentada por toda a doutrina especializada e com que permanentemente se defronta a jurisprudência, até porque a sua exacta caracterização é evidentemente função das circunstâncias do caso concreto. Pois bem, recorrendo a formulações doutrinárias e jurisprudenciais consagradas, deve assentar-se na seguinte directriz fulcral: a convivência não deve ser entendida em termos físicos ou materiais de vivência permanente e sem interrupção com o arrendatário; o que importa é que o prédio constitua *a base ou sede do agregado familiar, a residência ou lar onde se organiza e desenvolve a vida comum e a economia doméstica*, que seja a *residência permanente* (cfr. al. i) do art. 64.º, n.º 1[101]): "os parentes ou afins têm o seu lar, a sua residência habitual, com carácter de estabilidade e permanência, a sua vida familiar e doméstica, constituídos no prédio habitado pelo arrendatário há, pelo menos, um ano, mas não

---

[98] Vd. *infra*.

[99] Assim, vd. PEREIRA COELHO, *"Breves notas"* cit., p. 231, nota 78 e, na sua esteira, ARAGÃO SEIA, ob. cit., p. 558, nota 1.

[100] CUNHA DE SÁ, *Caducidade...*, cit., I, p. 263: "o lapso mínimo estabelecido por lei se refere ao período antecedente à morte do arrendatário e, por conseguinte, não pode representar a soma de fracções ou parcelas de tempo".

[101] Escreve-se no Ac. da Relação de Coimbra de 5.6.2001 (QUINTELA PROENÇA) in CJ, ano XXVI (2001), t. III, pp. 19-20 [p. 20]: "não se compreenderia que, estabelecendo a lei como causa de resolução do arrendamento a falta de residência permanente no locado, a mesma lei deferisse a transmissão do arrendamento a quem, no momento em que o direito nasce na sua esfera jurídica, não tem no locado essa residência permanente".

exclui que possam, acidental ou transitoriamente, dele estarem ausentes"[102].

Desenvolvendo um pouco esta ideia, sublinhe-se que não é exigível a permanente presença – e designadamente à morte do arrendatário – no locado. Como escreve JANUÁRIO GOMES[103]: "a lei *não exige* que a convivência há mais de um *ano se tenha processado fisicamente no local arrendado* – parecendo-nos que o conceito de convivência tem de ser interpretado habilmente: não deixa de ser beneficiário da transmissão o filho ausente do locado, internado num colégio, quando falece o pai". Não é assim indispensável que a convivência se dê continuada ou ininterruptamente, não sendo, pois, relevantes ausências temporárias com causas justificativas próprias da vida normal – o que importa é que a sua *habitação normal* seja no locado. Deste modo, mesmo que se encontre ausente do locado, se nele tiver a sua residência encontra-se preenchido o requisito da convivência, pois não é necessário que o beneficiário aí permaneça permanentemente: se estiver internado em casa de saúde, se tiver feito férias noutro local, se se encontrar em viagem profissional, nem por isso o beneficiário que vive naquela casa deixa de conviver com o arrendatário.

Dado o que se refere nas actuais als. d) e e) do n.º 1 do art. 85.º as considerações antecedentes têm inteira aplicação relativamente aos ascendentes, bem como aos afins na linha recta.

Faça-se ainda uma breve nota sobre os adoptados. Tem-se entendido que ao descendente natural se deve equiparar quer o adoptado plenamente, quer o adoptado restritamente[104]. Se essa solução em relação ao adoptado

---

[102] PAIS DE SOUSA, *Extinção do arrendamento urbano*, 2ª ed., Coimbra, Almedina, 1985, p. 372 e *Anotações* cit., p. 273. Vd. também MARGARIDA GRAVE, *Regime do arrendamento urbano. Anotações e comentários*, 2ª ed., s.l., s.d. (mas 1999), p. 187: "conjunta ocupação de uma casa em termos de agregado familiar estabilizado, de acordo com as circunstâncias concretas em que as pessoas vivem e se relacionam".

[103] *Arrendamentos para habitação* cit., p. 175: Vd. também PEREIRA COELHO, *"Breves notas"* cit., p. 233.

[104] Assim, JANUÁRIO GOMES, *Arrendamentos para habitação* cit., p. 176; PAIS DE SOUSA, *Anotações* cit., p. 272; PINTO FURTADO, *Manual* cit., p. 502. MARIO FROTA, ob. cit., p. 469 apenas refere os adoptados plenamente. Expressando dúvidas quanto à solução, vd. PEREIRA COELHO, *"Breves notas"* cit., p. 232. Na jurisprudência, veja-se o Ac. da Relação do Porto de 20.9.1988 (MARTINS COSTA) in CJ, ano XIII (1988), t. 4, pp. 175-177 [p. 176] onde se entendeu que o anterior art. 1111.º, n.º 1 do Cód. Civil "deve ser objecto de interpretação extensiva, no sentido de abranger a pessoa adoptada pelo arrendatário, mesmo no caso de adopção restrita", o que se fundamentou por a transmissão do arrendamento se destinar a proteger o interesse de certos familiares na perduração da habitação e na estabilidade do lar e do domicílio, o que também abrange o adoptado em sede de adopção

plenamente é indubitável dado o que se dispõe no art. 1986.°, n.° 1 do Cód. Civil, já é menos clara a sua aplicação ao adoptado restritamente, dependendo a sua recondução à previsão legal em causa de interpretação extensiva. Pois bem, afigura-se-nos que a sua inserção no campo dos beneficiários da transmissão (por equiparação com os descendentes) se deve ter como adequada, dando, mais uma vez, directa relevância à ideia de conservação da habitação que subjaz ao preceito. Para tanto, consideramos como argumento decisivo, não propriamente o art. 1999.° do Cód. Civil, que reconhece ao adoptado restrito a qualidade de herdeiro legítimo (n.° 2 do referido art. 1999.°), mas sobretudo o art. 1997.° do Cód. Civil que ao atribuir ao adoptante o poder paternal implica a necessidade do adoptado restritamente não abandonar a casa paterna (art. 1887.° do Cód. Civil). Ora, tendo em conta esta determinação e os seus reflexos fácticos posteriores em termos de permanência na habitação, seria injusto que, por morte do adoptante arrendatário, o adoptado restritamente se visse, sem mais, obrigado a deixar aquela sua residência. Já julgamos irrelevante invocar o regime dos alimentos (art. 2000.°, n.° 2 e 2009.°, n.° 1 do Cód. Civil) – que, como se sabe, compreende o indispensável à habitação (art. 2003.°, n.° 1) –, pois essa obrigação cessa justamente pela morte do obrigado (art. 2013.°, n.° 1, al. a) do Cód. Civil), aqui o adoptante arrendatário[105]. Assinale-se, por fim, que sustenta JANUÁRIO GOMES[106], "a especificidade do vínculo de adopção restrita, patente no seu regime (cfr. v.g. art. 1994.°) deverá determinar que, em caso de "concurso" de descendente natural (ou adoptado plenamente) com um adoptado restritamente, aquele deve ser considerado como "parente mais próximo" para efeitos do n.° 2 [hoje n.° 3] do art. 85.° do R.A.U.".

14. 3. Consideremos agora a situação da pessoa que vivia com o arrendatário em união de facto. Estabelece-se actualmente na al. c) do n.° 1 do art. 85.° (em posição subsequente, pois, ao descendente) que por morte do membro da união de facto arrendatário o contrato não caduca, transmitindo-se a posição contratual para a *"pessoa que com ele viva em união de facto há mais de dois anos, quando o arrendatário não seja casado ou esteja separado judicialmente de pessoas e bens"*.

---

restrita "não só pelos laços afectivos que lhe são inerentes como pelos vínculos jurídicos dela resultantes, nos domínios do exercício do poder paternal, das sucessões e dos alimentos, que incluem as necessidades relativas a habitação".
[105] Cfr. PEREIRA COELHO, *"Breves notas"* cit.., p. 232.
[106] Idem, ibidem.

Trata-se de dispositivo que, como atrás se viu, encontra a sua fonte na Lei n.º 7/2001 (cfr. o seu art. 5.º), devendo considerar-se como concretização específica (juntamente com o disposto no art. 4.º deste diploma) da determinação genérica constante do art. 3.º, al. a) segundo a qual as *"pessoas que vivem em união de facto nas condições previstas na presente lei têm direito a protecção da casa de morada de família, nos termos da presente lei"*.

Daqui resulta que o conceito de união de facto relevante para efeitos da aplicação deste dispositivo da al. c) do n.º 1 do art. 85.º é o que se encontra presente nesta Lei n.º 7/2001, cabendo atentar não só na definição do âmbito de aplicação da lei constante do art. 1.º – *"situação jurídica de duas pessoas, independentemente do sexo, que vivam em união de facto há mais de dois anos"*[107] – como nas condicionantes (impedimentos) do art. 2.º onde se determina serem impeditivos dos efeitos jurídicos decorrentes daquela lei (e logo também da transmissão *mortis* causa da posição de arrendatário habitacional nos termos da al. c) do n.º 1 do art. 85.º) a idade inferior a 16 anos; a demência notória, mesmo nos intervalos lúcidos, e a interdição ou inabilitação por anomalia psíquica; o casamento anterior não dissolvido, salvo se tiver sido decretada a separação judicial de pessoas e bens; o parentesco na linha recta ou no 2.º grau da linha colateral ou afinidade na linha recta; e a condenação anterior de uma das pessoas como autor ou cúmplice por homicídio doloso ainda que não consumado contra o cônjuge do outro.

Dado que na caracterização da união de facto como pressuposto de efeitos jurídicos não pode deixar de se recorrer ao preceituado por esta Lei n.º 7/2001, afigura-se-nos ser algo inútil a formulação da al. c) do n.º 1 do art. 85.º, porquanto que a união de facto tem de possuir um período de duração de mais de dois anos e que o arrendatário não seja casado ou esteja separado judicialmente de pessoas e bens é algo que já resulta respectivamente do art. 1.º, n.º 1 e do art. 2.º, al. c) da Lei n.º 7/2001[108]. Não julgamos, nestes termos, que essa formulação tautológica constante da al. c) do

---

[107] A respeito deste enunciado linguístico, escreve PINTO FURTADO, *Manual* cit., p. 1071: "Não será uma definição muito perfeita, mas supomos que se compreenderá o seu alcance fundamental desde que a expressão "independentemente do sexo" seja entendida exactamente em sentido contrário ao expresso: é *a convivência de base sexual em união estável e, portanto, com uma duração superior a dois anos, entre duas pessoas de oposto ou mesmo sexo"*.

[108] Provavelmente, depois da Lei n.º 135/99, de 28 de Agosto e da desastrada formulação então dada ao n.º 2 do art. 85.º – "união de facto nos termos da presente lei" – o legislador achou por bem evitar remissões, repetindo tudo.

n.º 1 do art. 85.º em face do referido na Lei n.º 7/2001 possua como objectivo marcar que a vivência em comum em sede de união de facto tem que decorrer durante aquele período de dois anos *no local arrendado*. Afigura-se-nos antes que continua a ter inteira pertinência a posição de PEREIRA COELHO[109] para quem "na ideia da lei, só uma união de facto *estável* justifica a atribuição ao sobrevivo de um direito à transmissão do arrendamento, e o decurso do prazo de cinco anos é um índice da estabilidade da relação, não importando, porém, desse ponto de vista, que a convivência tenha decorrido durante parte dos cinco anos em outro lugar", cabendo tão só actualizar a referência ao prazo que passou a ser apenas de dois anos.

Importa determinar a consistência material desta união de facto, já que a Lei n.º 7/2001 não procede a qualquer caracterização substantiva da realidade subjacente, pois o art. 1.º, n.º 1 limita-se a empregar a fórmula "união de facto" sem a explicitar. Ora, evidentemente, a configuração da união de facto não se contenta com o mero encontro de vontades (necessariamente alheio à celebração solene própria do casamento), mas exige uma certa consistência material, como resulta da exigência de um certo lapso de tempo que indicia a presença de uma união estável. Pois bem, em nosso entendimento deve considerar-se que na união de facto se trata de uma relação duradoura (com o período mínimo de dois anos) estabelecida entre duas pessoas de sexo diferente ou do mesmo sexo em que se verifica comunhão de leito, mesa e habitação[110]. Nestes termos, embora prescindindo do elemento da heterossexualidade, entendemos que se devem continuar a convocar os pressupostos reportados no art. 1871.º, n.º 1, al. c) (que determina que a paternidade se presume "quando, durante o período legal da concepção, tenha existido comunhão duradoura de vida em condições análogas às dos cônjuges ou concubinato duradouro entre a mãe e o pretenso pai") e no art. 2020, n.º 1 ("Aquele que, no momento da morte de pessoa não casada ou separada judicialmente de pessoas e bens, vivia com ela há mais de dois anos em condições análogas às dos cônjuges, tem direito a exigir alimentos do falecido, se os não puder obter nos termos das alíneas a) a d) do artigo 2029.º"), ambos do Cód. Civil[111]. Como é sabido,

---

[109] *"Breves notas"* cit., pp. 233-234, em nota 87.

[110] Cfr. assim FRANÇA PITÃO, *Uniões de Facto e Economia Comum*, Coimbra, Almedina, 2002, p. 76.

[111] É de sublinhar que o legislador na configuração da união de facto como evento juridicamente relevante impõe que se respeite um quadro de impedimentos, o qual constitui um modelo que é, em grande medida, a imitação do matrimónio. GERALDO DA CRUZ ALMEIDA, *Da união de facto. Convivência more uxorio em Direito internacional privado*, Lisboa, PF, 1999, pp. 59, 67, nota 108 coloca bem em destaque que constitui permanente

a separação entre a *"comunhão duradoura de vida em condições análogas aos dos cônjuges"* e o *"concubinato duradouro"* tem sido lida como reportando-se à distinção entre a união de facto (que supõe uma comunhão de vida) e o simples concubinato assente apenas na existência de relações sexuais assíduas, regulares e exclusivas, mas sem existir vida em comum[112]. Ora, justamente afigura-se-nos que a união de facto relevante para os efeitos da Lei n.º 7/2001 (e logo para a transmissão da posição de arrendatário) se traduz em uma *communio tori, mensae ac habitationis*[113].

Feita esta caracterização, temos assim que não havendo cônjuge ou ocorrendo separação de pessoas e bens à data da morte[114] e na falta ou desinteresse de descendentes com menos de um ano ou que vivessem há mais de um ano com o arrendatário, por morte deste, a pessoa que vivia com ele em união de facto há mais de dois anos sucederá na posição de arrendatário habitacional.

Resulta, assim, desta previsão que o membro sobrevivo da união de facto se encontra colocado na posição imediatamente subsequente à dos descendentes, sendo contemplado apenas na ausência ou renúncia destes[115] (als. b) e c) do n.º 1 do art. 85.º). Sendo assim, torna-se algo pro-

---

ponto fulcral da política legislativa do reconhecimento da união de facto "apenas atribuir efeitos de direito semelhantes aos do casamento quando tais uniões tendem a imitar o matrimónio, inclusive do ponto de vista do respeito pelos impedimentos matrimoniais, por forma a salvaguardar os valores de ordem pública que lhes estão subjacentes" (p. 59). Como se observa, também esta legislação recente colocou a associação de efeitos jurídicos à união de facto na dependência da presença de elementos vitais tradicionalmente associados ao casamento (descontando, porém, a heterossexualidade).

[112] Vd. GERALDO DA CRUZ ALMEIDA, ob. cit., pp. 58 e 65, nota 104 e pp. 69-70.

[113] Nota ANTUNES VARELA, *Direito da Família*, 1.º vol., 5ª ed., Lisboa, Petrony, 1999, p. 27, nota 1, "a *união livre ou de facto*, assente no convívio duradouro entre duas pessoas de sexo diferente, não se confunde com as simples relações carnais *acidentais* (...), nem com as relações secretas, embora duradouras, nem com as relações carnais *duradouras*, mas sem convivência marital sob o mesmo tecto, com comunhão de mesa, leito e habitação".

[114] Vd. PEREIRA COELHO/GUILHERME DE OLIVEIRA, ob. cit., pp.113-114: "Tal como em relação ao direito a alimentos previsto no art. 2020.º CCiv, não parece necessário que a união de facto não seja adulterina durante todo o prazo de dois anos exigido. Basta que à *data da morte* o arrendatário não fosse casado ou, sendo casado, estivesse separado de pessoas e bens, pois o que a lei pretende é apenas que o efeito que atribui à união de facto (a transmissão do arrendamento para o outro membro da relação) não se produza na constância do casamento". Vd. igualmente PEREIRA COELHO, *"Breves notas"* cit., p. 233, nota 87.

[115] Considerando injusta esta solução de preferência dos descendentes (comuns) em relação à pessoa que vivia em união de facto, vd. PINTO FURTADO, *Manual* cit., p. 503,

blemático compreender o sentido do actual n.º 2 do art. 85.º que refere: *"caso ao arrendatário não sobrevivam pessoas na situação prevista na al. b) do n.º 1 ou estas não pretendam a transmissão, é equiparado ao cônjuge a pessoa que com ele vivesse em união de facto"*.

CARVALHO FERNANDES[116] parece não atribuir ao preceito outro sentido que não seja o de estabelecer a posição do membro sobrevivo da união de facto quanto à ordem de transmissão do arrendamento. Escreve na verdade este Autor: "o novo n.º 2 do preceito veio equiparar ao cônjuge a pessoa que com ele vivesse em união de facto validamente constituída há mais de dois anos, no caso de não existirem as pessoas referidas na al. b) do n.º 1 do art. 85.º, ou estas não pretenderem a transmissão. Assim, na ordem de transmissão do direito de arrendamento, o membro sobrevivo de uma união de facto, se ocorrerem as circunstâncias atrás referidas, ocupa uma posição equivalente à do cônjuge". Ora, tendo em conta que por força do n.º 3 do art. 85.º já se determina que a posição de arrendatário se transmite pela ordem das alíneas do n.º 1 e que precisamente o membro sobrevivo da união de facto já surge colocado a seguir aos descendentes, parece de todo inútil que o n.º 2 deste artigo venha equiparar ao cônjuge a pessoa que vivesse com o arrendatário em união de facto *"caso ao arrendatário não sobrevivam pessoas na situação prevista na alínea b) do n.º 1, ou estas não pretendam a transmissão"*.

Já ARAGÃO SEIA[117] entende que a "única explicação para o n.º 2, em virtude da existência da al. c), será a de ter clarificado a possibilidade de ser alterada a hierarquia estabelecida no n.º 1, por renúncia à transmissão pelas pessoas na situação prevista na al. b)". Todavia, mais uma vez se deve reconhecer que, a ser assim, a clarificação é despicienda. Efectuada a renúncia (art. 88.º), o direito à transmissão defere-se ao beneficiário seguinte, segundo a ordem de preferência estabelecida pelo n.º 1 do art. 85.º (n.º 3 do art. 85.º) – o que, diga-se, não altera a hierarquia, antes manifesta-a.

Dar sentido à disposição "enigmática"[118] do n.º 2 do art. 85.º não parece por isto fácil.

Pois bem, julgamos que o sentido desta previsão tem de ser encontrado, não olhando para a escala de beneficiários, mas considerando devi-

---

ideia que é acolhida por JANUÁRIO GOMES, *Arrendamentos para habitação* cit., p. 178. Rejeita essa crítica, PEREIRA COELHO, *"Breves notas"* cit., p. 234, mas, salvo o devido respeito, argumentando apenas com elementos de qualificação.

[116] *Lições de Direito das Sucessões*, 2ª ed., Lisboa, Quid Juris, 2001, pp. 368-369.
[117] Ob. cit., p. 561.
[118] A expressão é de PEREIRA COELHO/GUILHERME DE OLIVEIRA, ob. cit., p. 114.

damente a equiparação entre o cônjuge sobrevivo e o membro sobrevivo da união de facto. Assim, pode-se desde logo entender que, por exemplo, o membro sobrevivo da união de facto deve ser equiparado ao cônjuge para efeitos do art. 107.º, n.º 2 (que determina que, para efeitos da limitação ao direito de denúncia facultado ao senhorio nos termos das als. a) e b) do n.º 1 do art. 69.º relativa ao facto de o arrendatário se manter no local arrendado há 30 ou mais anos, nessa qualidade, ou por um período de tempo mais curto previsto em lei anterior e decorrido na vigência desta[119], "*considera-se como tendo a qualidade de arrendatário o cônjuge a quem tal posição se transfira, nos termos dos artigos 84.º e 85.º, contando-se a seu favor o decurso do tempo de que o transmitente já beneficiasse*"). Não obstante, na nossa opinião, o sentido fulcral a dar ao disposto neste n.º 2 do art. 85.º prende-se com a aplicação do n.º 4 do mesmo preceito, valendo assim para os efeitos deste dispositivo[120]. Consubstancia-se, assim, uma extensão do regime da transmissão em dois graus da posição do arrendatário, a qual passa a aplicar-se também por morte do membro da união de facto que tenha adquirido *mortis causa* essa posição (consequentemente, há que considerar o membro da união de facto na menção à "morte do primitivo arrendatário ou do cônjuge sobrevivo" em sede de art. 89.º, n.º 1).

O regime de protecção de que a união de facto tem gozado no âmbito do arrendamento habitacional tem levado a considerá-la, neste âmbito, como uma relação de família, ou seja, para efeitos de locação a união de facto caracterizar-se-ia como verdadeira relação jurídica familiar[121].

---

[119] Redacção do DL n.º 329-B/2000, de 22 de Dezembro.
[120] Neste sentido, vd. PEREIRA COELHO/GUILHERME DE OLIVEIRA, ob. cit., p. 114. Cfr., aliás, o que escrevia PEREIRA COELHO, "*Breves notas*" cit., pp. 258-259. Cfr. também HELENA MOTA, "*O problema normativo da família. Breve reflexão a propósito das medidas de protecção à união de facto adoptadas pela Lei n.º 135/99, de 28 de Agosto*" in AAVV, *Estudos em comemoração dos cinco anos (1995-2000) da Faculdade de Direito da Universidade do Porto*, Coimbra, Coimbra Editora, 2001, pp. 535-562 [p. 557] que, porém, parece considerar a solução como inconsistente, o que, porém, só se pode entender perante uma interpretação limitada do n.º 4 do art. 85.º que não subscrevemos (vd. *infra*).
[121] Assim, PEREIRA COELHO, "*Breves notas*" cit., p. 228, nota 58 ("Temos entendido que a união de facto não é uma relação de família para a generalidade dos efeitos, mas que merece essa qualificação para efeitos de locação") e p. 234, e na sua esteira, JANUÁRIO GOMES, *Arrendamentos para habitação* cit., p. 178. Vd. também PEREIRA COELHO, "*Casamento e família no Direito português* in AAVV, *Temas de Direito da Família*, Coimbra, Almedina, 1986, pp. 1-29 [p. 9].

Sem pretender fugir drasticamente ao objecto deste nosso trabalho, julgamos que, mesmo em presença dos novos dados legais, não cabe considerar a união de facto como relação jurídica familiar, mesmo para efeitos de arrendamento. O que não impede, diga-se desde já, que se entenda, perante a *ratio* das disposições pertinentes, que a união de facto se subsume a previsões legais em que se recorre genericamente ao conceito de família ou de familiares sem delimitação (vd., por exemplo o art. 64.°, n.° 2, al. c) do RAU) – tudo depende do resultado das tarefas interpretativas a levar a cabo a propósito de cada caso.

A recondução da união de facto a uma relação jurídica familiar é uma questão clássica após a Constituição de 1976, cujo art. 36.°, n.° 1 veio referir o "direito de constituir família e de contrair casamento". Ora, para certa posição doutrinária (em que surgem como nomes decisivos GOMES CANOTILHO/VITAL MOREIRA[122]) com tal formulação, ao dar-se prioridade à constituição da família relativamente à celebração do casamento, conferir-se-ia à união de facto a natureza de relação familiar. A posição doutrinal maioritária, porém, sem prejuízo de defender a tutela da união de facto, considerou que o art. 36.°, n.° 1 não compreende na família a união de facto, reportando-se tal fórmula v. g. às relações entre progenitor solteiro e filho ou adoptante e adoptado[123].

Pois bem, temos para nós que o reconhecimento à união de facto do carácter de relação jurídica familiar[124] não encontra justificação se apenas se verifica a atribuição de efeitos jurídicos, designadamente em relação a terceiros, se surge tão só uma tutela (maior ou menor) dos membros desse agregado *maxime* perante a respectiva ruptura; muito mais do que isso, tal reconhecimento deve-se reputar necessariamente como função do surgimento de deveres recíprocos entre os membros respectivos[125].

Pois bem, a leitura destas recentes intervenções legislativas no campo da união de facto[126] não revela qualquer constituição de vínculos jurídicos relevantes entre os membros da união de facto, designadamente em termos

---

[122] Vd. *Constituição da República Portuguesa Anotada* cit., pp 220.

[123] Vd. por último HELENA MOTA, ob. cit., p. 537-538, nota 8.

[124] Só nos interessa, evidentemente, a união de facto em sentido restrito, ou seja, as relações dos concubinos entre si. As relações dos concubinos com os filhos escapam às preocupações específicas relativas ao regime da união de facto.

[125] Vd. ANTUNES VARELA, *Família* cit., p. 31 e segs..

[126] Com as quais, pode dizer-se, se riscou decisivamente aquilo que consta no Preâmbulo do DL n.° 496/77, de 25. 11: "Não se foi além de um esboço de protecção, julgado ética e socialmente justificado, ao companheiro que resta de uma união de facto que tenha revelado um mínimo de durabilidade, estabilidade e aparência conjugal. Foi-se intencionalmente pouco arrojado. Havia que não estimular as uniões de facto".

de situações jurídicas passivas recíprocas de carácter pessoal. Na verdade, a nosso ver, a Lei n.º 7/2001, bem como a sua antecessora Lei n.º 135/99, de 28 de Agosto, consistem basicamente em intervenções que procuram lidar com a realidade dos *casais de facto* mediante a pura e simples extensão ou alargamento dos efeitos jurídicos (vantajosos) que estão associados à figura, mas sem a considerar do ponto de vista interno (provavelmente por se entender que isso deve ser remetido para a liberdade dos seus membros de auto-regulação das próprias relações mediante os acordos pertinentes tendo em conta que os "assuntos familiares e parafamiliares" são sempre complexos, pelo que muitas vezes regulações de tipo *standard* e uniformes, por norma geral e abstracta, não alcançam os seus objectivos perante as relações concretas, que exigem antes flexibilidade e adaptabilidade). Deste modo, com esta legislação do que se cuidou foi de alargar (cfr. o n.º 2 do art. 1.º da Lei n.º 7/2001) o campo de intervenção ou de influência desta realidade em termos de produção de efeitos jurídicos (e diga-se, não de uma forma global e sintética, mas antes parcial e analítica – cfr. n.º 2 do art. 1.º, art. 3.º, art. 7.º e art. 8.º, n.º 2 da Lei n.º 7/2001). Ora, não obstante este mais amplo reconhecimento da união de facto como realidade susceptível de irradiar efeitos jurídicos, o legislador continuou a olhar para a figura sem a dotar de vinculação jurídica interna – a ausência de deveres é o dado básico: a vinculação afectiva, social e económica que a união de facto instaura não surge legalmente acompanhada (diferentemente do casamento como instituto juspositivo) de *vinculum iuris*. No matrimónio surgem-nos deveres jurídicos recíprocos que são juridicamente exigíveis; nada disto se manifesta legalmente na união de facto.

Nesta medida, se de tudo isto resulta o claro abandono da velha máxima napoleónica pela qual *les concubins se passent de la loi, la loi se désinteresse d'eux*, não basta, porém, para configurar a realidade social em causa como relação jurídica familiar[127].

---

[127] Vd. CAPELO DE SOUSA, *Direito da Família e das Sucessões. Relatório sobre o programa, o conteúdo e os métodos de ensino de tal disciplina*. Coimbra, 1999, p. 21, em nota, que, para além dos argumentos de teor jurídicos relativos ao facto de a união de facto apenas surgir prevista em casos pontuais e de não estar incluída no art. 1576.º em sede de relações familiares, escreve o seguinte: "Parece-nos que o art. 36.º, n.º 1 da Constituição da República Portuguesa não abrange as uniões de facto como entidades familiares, dado o projectado carácter transitório de tais uniões, a sua falta de estabilidade (durará enquanto houver amor ou interesse) e a possibilidade da sua ruptura unilateral, tudo o que não constitui o melhor ambiente para a criação dos filhos ou para a entreajuda tendencialmente perpétua entre os unidos de facto". Para CAPELO DE SOUSA a Lei n.º 135/99, sobre a união de facto heterossexual mantida há mais de dois anos, não obstante alargar a relevância da situação a outros direitos pontuais, continua a distinguir a figura do casamento, não a considerando assim fonte de relações jurídicas familiares.

14. 4. Por fim, para além do que já atrás dissemos[128], resta lembrar que, na sequência da Lei n.º 6/2001 (arts. 4.º, n.º 1, al. e) e 6.º), passou também a compreender-se no campo dos beneficiários de transmissão do arrendamento por morte (e não apenas em sede de direito a novo arrendamento – cfr. art. 90.º, n.º 1, al. a), que, aliás, perdeu em grande parte aplicação no que respeita ao primitivo arrendatário[129]) quem se encontre em situação de economia comum (al. f) do n.º 1 do art. 85.º).

Tal situação é definida pelo art. 2.º, n.º 1 desta Lei n.º 6/2001 como implicando comunhão de mesa e habitação há mais de dois anos e vivência em comum de entreajuda ou partilha de recursos. Como se escreveu no Acórdão do STJ de 15 de Maio de 1990[130]: "viver em economia comum significa partilha de vantagens e gastos relativamente a esse convívio. Isto é, comunicam-se os proventos em ordem às despesas da convivência. É um tipo de relacionamento que, na sua vertente jurídica, constitui um contrato atípico ou inominado, definido essencialmente na partilha em ordem a um fim".

Importa tão só sublinhar que, para além dessa situação ter de possuir uma *duração* mínima de dois anos (o que o legislador repete até à exaustão no art. 1.º, n.º 1, no art. 2.º, n.º 1, no art. 5.º, n.º 1, todos da Lei n.º 6/2001 e na al. f) do n.º 1 do art. 85.º do RAU), é necessário para a transmissão *mortis causa* do arrendamento em favor do convivente que não ocorra qualquer das circunstâncias enumeradas no art. 3.º, a saber, existência de vínculo contratual que implique a mesma residência ou habitação comum (sublocação e hospedagem); obrigação de convivência por prestação de actividade laboral para uma das pessoas com quem viva em economia

---

[128] Vd. *supra*.

[129] Dizemos em grande parte porquanto não nos parece fora de cogitação entender que a noção de situação de economia comum relevante para efeitos da al. f) do n.º 1 do art. 85.º não coincide com a respeitante à al. a) do n.º 1 do art. 90.º. Designadamente estará em causa o art. 3.º da Lei n.º 6/2001 que refere circunstâncias impeditivas da "produção dos efeitos jurídicos decorrentes da aplicação da presente lei"; ora, efeito decorrente dessa Lei é só o disposto na actual al. f) do n.º 1 do art. 85.º, não o direito a novo arrendamento. Note-se ainda que este art. 3.º foi manifestamente redigido de costas voltadas para o art. 90.º e para o art. 76.º, n.º 1, al. a) e n.º 2. Para a posição contrária, vd. FRANÇA PITÃO, ob. cit., p. 334 que defende que a noção da Lei n.º 6/2001 revogou as soluções anteriores. Julgamos, porém, que esta tese obnubila a especificidade (auto-assumida – cfr. art. 1.º, n.º 2 e 3.º da Lei n.º 6/2001) desta nova regulação. Vd. ainda PEREIRA COELHO/GUILHERME DE OLIVEIRA, ob. cit., p. 120.

[130] Ac. do STJ de 15 de Maio de 1990 (BROCHADO BRANDÃO) in BMJ 397 (1990), pp. 429-432 [p. 430].

comum (v. g. serviço doméstico); situação em que a economia comum esteja relacionada com a prossecução de finalidades transitórias (mas em qualquer caso que impliquem uma convivência que dure há mais de dois anos, pois senão não existe sequer economia comum relevante nos termos deste diploma); submissão a situação de coacção física ou psicológica ou atentatória da autodeterminação individual (a entender em termos penais[131], designadamente em atenção aos tipos constantes dos arts. 153.º e segs. do Cód. Penal – crimes contra a liberdade pessoal).

VI. A TRANSMISSÃO EM SEGUNDO GRAU DA POSIÇÃO DE ARRENDATÁRIO

15. Já acima se mencionou que, por força do disposto no n.º 4 do art. 85.º, é possível uma transmissão *mortis causa* da posição do arrendatário *em segundo grau* quando o beneficiário da primeira transmissão *mortis causa* tenha sido o cônjuge sobrevivo. Dispõe este preceito que: "*A transmissão a favor dos parentes ou afins também se verifica por morte do cônjuge sobrevivo quando, nos termos deste artigo, lhe tenha sido transmitido o direito ao arrendamento*". Consagrou-se, assim, a possibilidade, em termos excepcionais, de ocorrer uma dupla transmissão quando o beneficiário da primeira transmissão por morte do primitivo arrendatário tenha sido o cônjuge sobrevivo: uma primeira transmissão do primitivo arrendatário para o cônjuge sobrevivo, ao abrigo da al. a) do n.º 1 do art. 85.º; uma segunda transmissão do cônjuge para parente ou afim, nos termos do n.º 4 do art. 85.º[132].

---

[131] Bem destaca FRANÇA PITÃO, ob. cit., p. 349, em nota 8 que a coacção física que se refere neste preceito não é seguramente aquela a que se reporta o o art. 246.º do Cód. Civil.

[132] Deve-se perguntar o que justifica esta admissão de uma transmissão em segundo grau. A razão é basicamente de carácter histórico. Como é sabido, no domínio do Cód. Civil de 1867, o marido era normalmente o administrador dos bens do casal, pelo que nessa qualidade cabia-lhe a outorga dos contratos de arrendamento (cfr. art. 10.º do Decreto n.º 5411). Deste modo, se a mulher, que não era arrendatária dado que o arrendamento para habitação constituía bem incomunicável (solução que foi consagrada pelo art. 44.º da Lei n.º 2030 e que subsiste atento o disposto no art. 83.º), falecesse antes do marido daqui nada decorria para o contrato, sendo que por morte do marido se verificava a transmissão em favor dos demais beneficiários. Porém, se fosse a mulher a morrer depois do marido, isso determinava que, numa lógica de transmissão única do arrendamento (que ocorreria então em benefício da mulher), já não se poderia verificar depois por morte dela a transmissão em favor dos outros beneficiários. Vd. ALBERTO DOS REIS, "*Transmissão...*" cit.,

A esta hipótese específica possibilitadora de transmissão em segundo grau, há que aditar actualmente, conforme atrás defendemos[133], o caso de o beneficiário da transmissão por morte do primitivo arrendatário ter sido pessoa que com ele vivia em união de facto (al. c) do n.º 1 do art. 85.º). A equiparação que se faz no n.º 2 do art. 85.º ao cônjuge da pessoa que vivia com o arrendatário em união de facto, implica, a nosso ver, que idêntica transmissão em segundo grau pode ocorrer, nos termos do n.º 4 do art. 85.º, sempre que a posição de arrendatário se tenha inicialmente transmitido para o membro sobrevivo da união de facto.

Apontadas as únicas e excepcionais *facti species* que dão lugar a esta possibilidade de transmissão sucessiva da posição do arrendatário por morte de quem sucedeu ao primitivo arrendatário, importa analisar devidamente os pressupostos necessários para a ocorrência desta segunda transmissão.

Antes de mais, como resulta directamente dos próprios dizeres legais do art. 85.º, n.º 4, sublinhe-se que os beneficiários desta segunda transmissão são só "parentes ou afins". Com efeito, caso o cônjuge sobrevivo (ou o membro sobrevivo da união de facto) venha a contrair casamento não se dá por sua morte a transmissão em benefício do novo cônjuge, assim como isso também não ocorre caso o cônjuge sobrevivo (ou o membro sobrevivo da união de facto) tenha constituído uma situação de união de facto. Os destinatários desta segunda transmissão são única e exclusivamente "parentes ou afins".

Mas "parentes ou afins" de quem? A primeira questão que assim surge prende-se justamente com determinar quem são os parentes ou afins a que se reporta este n.º 4 do art. 85.º, pergunta que tem de se colocar porquanto não se pode dizer que seja esclarecedora a formulação legal. É preciso, deste modo, identificar se estes parentes ou afins que podem, em segundo grau, suceder ao cônjuge (ou ao membro sobrevivo da união de

---

p. 18; JANUÁRIO GOMES, *Arrendamentos para habitação* cit., p. 179. Para evitar esta solução, dispôs-se assim no art. 46.º do Decreto n.º 2030 que por morte do cônjuge havia lugar a uma segunda transmissão, evitando-se que o facto de apenas um cônjuge surgir como arrendatário conduzisse, em função apenas de quem morresse primeiro, à existência ou inexistência, totalmente arbitrária, de transmissão em favor dos outros beneficiários. Hoje, a doutrina continua a justificar-se tendo em conta a regra do art. 83.º pela qual, seja qual for o regime de bens do casamento, a posição do arrendatário habitacional não se comunica ao outro cônjuge, do que decorre que tem a posição de arrendatário apenas o cônjuge que tenha celebrado o contrato de arrendamento (sem prejuízo de actualmente ser mais frequente a intervenção de ambos os cônjuges na celebração do arrendamento).

[133] Vd. *supra*.

facto), por morte deste, o são relativamente ao primitivo arrendatário ou em relação ao cônjuge sobrevivo (ou ao membro sobrevivo da união de facto).

Julgamos, como é entendimento praticamente assente, que o parentesco ou a afinidade relevantes (em linha recta, sempre se acrescente) são os que dizem respeito ao *primitivo arrendatário* e não exclusivamente ao cônjuge (ou ao membro sobrevivo da união de facto): os parentes ou afins que poderão beneficiar da transmissão da posição arrendatícia são os *parentes ou afins do primitivo arrendatário*, estando excluídos os parentes ou afins que sejam unicamente do cônjuge sobrevivo (ou do membro sobrevivo da união de facto), pelo que, por morte deste, nunca se lhes transmite a posição de arrendatário[134]. Na verdade, tendo em conta que a lei refere que "a transmissão a favor dos parentes ou afins *também* se verifica..." daqui parece ser de concluir que se trata dos parentes ou afins a que se reporta o n.º 1 do art. 85.º, portanto, os parentes ou afins do primitivo arrendatário[135].

Beneficia, assim, esta norma com uma segunda transmissão da posição de arrendatário parentes ou afins na linha recta do primitivo arrendatário com menos de um ano de idade ou que vivessem no locado pelo menos há um ano. Com esta última afirmação, assinala-se que é também necessário que os parentes ou afins em linha recta chamados em segundo grau satisfaçam os requisitos a que se reporta o n.º 1 do art. 85.º. Mais uma vez há que entrar aqui em linha de conta com a *ratio* do preceito: a protecção da conservação ou estabilidade da habitação, que determina que se faça sentir para os transmissários em segundo grau os requisitos materiais aludidos nas als. b), d) e e) do n.º 1 do art. 85.

---

[134] Como fazia notar CUNHA DE SÁ, *Caducidade* cit., I, p. 273, em relação ao anterior 1111.º do Cód Civil: "se o que pretende o regime criado (...) é proteger a continuidade do lar do primitivo arrendatário, não faria sentido, de todo em todo, que, na segunda transmissão restritivamente admitida (...) se viesse proteger *também* a família criada, em segundas núpcias, pela mulher do primitivo arrendatário; seria sujeitar, indefinidamente, o locador a uma situação que foi evidente propósito da lei aceitar só muito excepcionalmente". Vd. Ac. da Relação de Lisboa de 11 de Maio de 2000 cit., p. 84.

[135] Vd. JANUÁRIO GOMES, *Arrendamentos para habitação* cit., p. 180; MARGARIDA GRAVE, ob. cit., p. 188; SALTER CID, ob. cit., p. 379, em nota 176. Já a propósito da última redacção do art. 1111.º do Cód. Civil atente-se no que escrevia PEREIRA COELHO, *Arrendamento* cit., p. 219, nota 1: ""Parece ser este (embora a letra da lei permita várias interpretações) o sentido a dar ao n.º 4 do art. 1111.º: os "parentes ou afins" a que a lei se refere não podem ser senão os parentes e afins a quem, *nos termos do n.º 1*, podia transmitir-se o direito ao arrendamento". Vd. também do mesmo Autor, *"Breves notas"* cit., p. 258.

Mas relativamente a quem é que deve funcionar o requisito de um período de convivência? Como é evidente, fácil é conceptualizar três hipóteses possíveis: em relação ao primitivo arrendatário; em relação ao cônjuge sobrevivo (ou ao membro sobrevivo da união de facto); a ambos simultaneamente.

Pois bem, temos para nós que este requisito da convivência no locado pelo período de tempo legalmente exigido se deve reportar ao segundo transmissário e apenas a ele. Como escreve PEREIRA COELHO: "aos parentes ou afins que, por morte do cônjuge do primitivo arrendatário, sucedam no direito ao arrendamento deve exigir-se o mesmo período de convivência por mais de um ano que eles devem cumprir quando sucedam *directamente* ao primitivo arrendatário, uma convivência, naturalmente, *com o cônjuge do primitivo arrendatário a quem o arrendamento se transmitiu*, pois não pode a lei ter exigido que os parentes ou afins convivessem há mais de um ano com o primitivo arrendatário, porventura falecido há longos anos"[136].

Na verdade, sendo o objectivo desta normatividade assegurar a persistência e estabilidade da habitação, o que importa é que à data da morte do arrendatário *originário* ou *posterior*, os beneficiários com ele vivam no locado. Assim, se um descendente vivia com o primitivo arrendatário à data da sua morte há mais de um ano, mas isso já não sucedia à data da morte do cônjuge sobrevivo (ou do membro sobrevivo da união de facto) não há transmissão e o arrendamento caduca; se um descendente não vivia com o arrendatário à data da morte deste, mas já vivia há mais de um ano à data da morte do seu cônjuge (ou do membro sobrevivo da união de facto), então dá-se a transmissão a seu favor, não caducando o arrendamento.

Neste sentido depõe, aliás, o elemento histórico da interpretação porquanto o n.º 3 do art. 46.º do Decreto 2030 determinava justamente que: "Esta segunda transmissão só pode dar-se em favor de pessoas que viverem com o cônjuge do primitivo arrendatário pelo menos há um ano".

---

[136] *"Breves notas"* cit., p. 258. No mesmo sentido, vd. PINTO FURTADO, *Manual* cit., p. 501, em nota 19. De modo diferente, cfr. ABÍLIO NETO, ob. cit., p. 249 que escrevia: "se, por morte do primitivo inquilino, a posição de arrendatário tiver sido transmitida para o cônjuge sobrevivo, quando este, por seu turno, falecer, o direito ao arrendamento volta a transmitir-se, agora pela última vez, para os parentes ou afins na linha recta do primitivo arrendatário, que, à data da morte deste, reunissem as condições para beneficiar dessa mesma transmissão".

É certo que, nesta tese, se possibilita que parentes ou afins do primitivo arrendatário (que com este não viviam à data da sua morte) mudem a sua residência para o locado tão só para perpetuarem uma situação arrendatícia. Precisamente em atenção a este aspecto, defendia CUNHA DE SÁ que o requisito da convivência se deveria verificar tanto no período antecedente à morte do primitivo arrendatário como do cônjuge sobrevivo a quem se transmitira em primeiro grau o arrendamento. Escrevia este Autor[137]: "(...) relativamente à segunda transmissão do arrendamento para habitação, (...) o requisito de vida em comum, pelo menos durante um ano, tem de verificar-se *não só em relação ao primitivo arrendatário, como também relativamente ao seu cônjuge sobrevivo*. Caso contrário, aconteceria que quem há muito já se tornara independente do agregado familiar do primitivo arrendatário (e para quem, portanto, à data da sua morte, não se poderia realizar a transmissão do contrato), só mais tarde se introduzisse na casa com o mero intuito de suceder no arrendamento". Pois bem, sendo evidentemente muito de ponderar esta situação, afigura-se-nos porém que a sua resolução não passa por uma tal interpretação do actual n.º 4 do art. 85.º; é mais adequado (até pela atenção que assim se possibilita dar às circunstâncias do caso concreto) recorrer a instrumentos como o exercício inadmissível de posições jurídicas (art. 334.º do Cód. Civil).

Pode-se, pois, subscrever inteiramente a síntese de PIRES DE LIMA/ /ANTUNES VARELA[138]: "Quanto aos parentes ou afins a que o n.º 3 [actual n.º 4] do artigo 85.º se refere, como beneficiários da transmissão do direito ao arrendamento, por morte do cônjuge sobrevivo, que haja já recebido esse direito nos termos da alínea a) do n.º 1, entende-se, e bem, com base na correcta interpretação gramatical dos textos, que esses parentes ou afins só podem ser os descendentes, ascendentes ou afins do primitivo arrendatário, embora o *período de convivência* exigido para a transmissão não possa, *teleologicamente*, deixar de referir-se à convivência com o cônjuge sobrevivo".

VII. A EXCEPÇÃO À TRANSMISSÃO POR MORTE DA POSIÇÃO DE ARRENDATÁRIO

16. A vicissitude da transmissão *mortis causa* que nos ocupou nos pontos anteriores conhece a excepção resultante de o beneficiário possuir,

---

[137] *Caducidade*... cit., I, p. 273.
[138] Ob. cit., II, p. 655.

em certos termos, outra residência. Determina, na verdade, o art. 86.º que: *"O direito à transmissão previsto no artigo anterior não se verifica se o titular desse direito tiver residência nas comarcas de Lisboa e Porto e suas limítrofes, ou na respectiva localidade quanto ao resto do País, à data da morte do primitivo arrendatário"*. Daqui deriva, pois, que neste circunstancialismo não surge em favor do eventual beneficiário[139] o direito à transmissão da posição de arrendatário.

Este art. 86.º tem sido desde sempre objecto de crítica pela difícil detecção da hipótese a que se reporta[140] (para além da sua redacção deficiente – vd. a menção a "titular do direito"), em atenção ao facto de no preceito anterior já se exigir uma *vivência* (als. a), c) e f) do n.º 1 do art. 85.º) ou *convivência* (als. b), d) e e) do n.º 1 do art. 85.º) no locado com o arrendatário: dada esta exigência prévia de convivência com o arrendatário para poder ocorrer a transmissão da posição arrendatícia é particularmente duvidoso descortinar o que significa *ter residência noutro local*, tanto mais que o uso disseminado pelo RAU da expressão residência se reporta manifestamente ao local onde se vive em termos de habitação permanente e estável, à residência habitual ou permanente (cfr. a al. i) do n.º 1 do art. 64.º; o n.º 3 do art. 56.º).

Assim, dado este recurso ao conceito de "residência" constante do art. 86.º, a obediência aos ditames interpretativos (art. 9.º, n.ºs 1 e 2 do Cód. Civil) implica dever considerar-se que o campo de aplicação da excepção se reporta aos casos de dupla residência[141], ainda que daqui resulte, como escreve JANUÁRIO GOMES[142], que "o âmbito de casos abrangidos pela excepção é tão limitado que a excepção quase passa a fazer

---

[139] Não obstante esta disposição apenas se reportar ao primitivo arrendatário, deve-se entender que ela aplica-se igualmente nos casos de transmissão em segundo grau.

[140] Vd. PIRES DE LIMA/ANTUNES VARELA, ob. cit., II, p. 656-657: "O artigo 86.º (...) é um preceito *novo*, de tal modo reconhecidamente *infeliz* na sua concepção, que deveria ter sido jugulado à nascença"; "É, aliás, um verdadeiro enigma a identificação da hipótese que o legislador teve realmente em vista"; cfr. também JANUÁRIO GOMES, *Arrendamentos para habitação* cit., p. 181.

[141] Reconduzimo-nos assim à orientação interpretativa que entende, face aos ditames do art. 9.º, n.º 2 e à necessidade de correspondência com a letra da lei, que o âmbito da excepção limita-se às hipóteses de dupla residência. Assim, vd. JANUÁRIO GOMES, *Arrendamentos para habitação* cit., pp. 181-182; PAIS DE SOUSA, *Anotações* cit., p. 277; ROMANO MARTINEZ, ob. cit., p. 208, nota 2. Também MENEZES CORDEIRO/CASTRO FRAGA, ob. cit., p. 127, consideram que o campo de aplicação desta norma se reporta às hipóteses de dupla residência ou ao caso de o beneficiário ter ido "conviver" com o inquilino sem deixar a sua residência.

[142] Últ. ob. cit., pp. 181 e 182.

parte das curiosidades legislativas" "já que a *residência relevante* não pode ser simplesmente uma casa de fim de semana ou de férias, mas uma *segunda residência principal,* ou uma *segunda residência habitual*".

Com efeito, o critério da *coerência normativa*, que representa relevante critério de interpretação dos enunciados legais (cfr. art. 9.º, n.º 1 do Cód. Civil) leva-nos a considerar que a exclusão do direito à transmissão do arrendamento determinada pelo preceito em causa apenas se aplica quando o eventual beneficiário possua uma dupla residência no âmbito territorial assinalado, ou seja, aos casos em que uma pessoa possui duas residências permanentes em que habita alternadamente.

Deste modo, por exigir configurar a noção de residência presente no art. 86.º em termos dissonantes em relação ao sistema legal em presença, não acolhemos a ideia de que "residência" teria aqui o significado de "ter outra casa que possa satisfazer as respectivas necessidades habitacionais imediatas", de ter "outra residência, *ou uma casa disponível para o efeito, na mesma área em que se situa a casa arrendada ao falecido"*[143].

Em nossa opinião, tem peso hermenêutico não facilmente ultrapassável o facto de a introdução do art. 81.º-A pelo DL n.º 278/93 tornar relativamente firme que o legislador entende "residência" no sentido de habitação estável e permanente[144] (cfr. ainda o novo n.º 3 do art. 56.º, introduzido pelo DL n.º 329-B/2000, de 22.12). Com efeito, atente-se que o art. 81.º-A, n.º 1 refere: *"O senhorio pode suscitar, para o termo do prazo do contrato ou da sua renovação, uma actualização obrigatória da renda, até ao que seria o seu valor em regime de renda condicionada, quando o arrendatário resida na área metropolitana de Lisboa ou do Porto e tenha outra residência ou for proprietário de imóvel nas respectivas áreas metropolitanas ou quando o arrendatário resida no resto do País e tenha outra residência ou seja proprietário de imóvel nessa mesma comarca, e desde que os mesmos possam satisfazer as respectivas necessidades habitacionais imediatas"*. Por seu turno também o n.º 3 do art. 56.º refere: *"Quando o pedido de despejo tiver por fundamento a falta de residência permanente do arrendatário e quando este tenha na área das comarcas de Lisboa ou do Porto e suas limítrofes ou na respectiva localidade quanto ao resto do País outra residência ou a propriedade de imóvel para habitação adquirido após o início da relação de arrendamento, com excepção dos casos de sucessão mortis causa, pode o senhorio, simultaneamente,*

---

[143] Trata-se da tese perfilhada por ARAGÃO SEIA, ob. cit., p. 565 e por PINTO FURTADO, *Manual* cit., p. 506.

[144] Vd. JANUÁRIO GOMES, *Arrendamentos para habitação* cit., p. 182.

pedir uma indemnização igual ao valor da renda condicionada, desde o termo do prazo para contestar até à entrega efectiva da habitação". Temos aqui a clara colocação da "residência" em alternativa à propriedade de outro imóvel disponível para habitação, pelo que julgamos de facto que não se pode ler a expressão "residência" reportada à disponibilidade de outra casa susceptível de satisfazer as necessidades de habitação, sob pena de manifesta quebra sistemática.

De qualquer modo, muito embora de *jure condito* entendamos que a excepção à transmissão consagrada pelo art. 86.º se limita aos casos de dupla residência do beneficiário, temos como indubitável a bondade de uma solução (de *iure condendo*) que afaste a transmissibilidade do arrendamento caso se verifique a inexistência de carência de habitação, isto é, caso o eventual transmissário tenha a disponibilidade de um outro local onde residir dentro de uma certa área geográfica. Na verdade, se o eventual transmissário possui disponível outro local para residência própria, falece a carência de habitação e a necessidade de manutenção de alojamento que, como se viu, justifica o regime[145]. Porém, repita-se, esta afirmação perante os dados legais parece-nos apenas poder valer *de iure condendo*[146].

VIII. DEVERES DO TRANSMISSÁRIO E RENÚNCIA

17. Sobre o transmissário incidem específicos deveres legais de comunicação e comprovação – nos termos do art. 89.º o transmissário não renunciante deve comunicar ao senhorio, por carta registada com aviso de recepção, a morte do primitivo arrendatário ou do cônjuge sobrevivo (ou do membro sobrevivo da união de facto), enviada nos 180 dias posteriores à ocorrência (n.º 1), a qual deve ser acompanhada dos documentos autênticos ou autenticados que comprovem os direitos do transmissário (n.º 2).

---

[145] Vd. BOZZI/CONFORTINI/GROSSO/ZIMATORE, *"Locazione di immobili urbani"* in NssDI-App, vol. IV (1983), pp. 1005-1052 [p. 1024] que consideram mesmo que, de outro modo, o regime não possui significado e escopo socialmente vantajoso.

[146] O que teve ainda o inconveniente de cortar pela raiz a orientação jurisprudencial (inteiramente de aplaudir) pela qual constituía pressuposto do direito à transmissão a necessidade de subsistência do arrendamento por carência de habitação. Vd. por exemplo o Ac. da Relação de Évora de 6.10.83 8 (JOSÉ MARIA SAMPAIO DA SILVA) in CJ, ano VIII (1983), t. 4., pp. 321-322 [p. 321], onde se refere, aliás, outra jurisprudência no mesmo sentido.

Este regime, que é emanação de princípios gerais – cabendo lembrar o disposto nos arts. 424.º, n.º 2, 573.º e 1038.º, al. g), todos do Cód. Civil – justifica-se inteiramente, sendo evidente a necessidade desta comunicação ao senhorio: de outra forma, como pode conhecer o senhorio o (novo) arrendatário em relação ao qual cabe exercer o feixe de direitos e deveres inerentes à relação locatícia[147]?

Nestes termos, o transmissário está obrigado a enviar ao senhorio comunicação informando-o da morte do anterior arrendatário, devendo comprovar documentalmente os seus direitos, o que passará por certidão de óbito, por certidão de casamento ou de nascimento do beneficiário e eventualmente por atestado da Junta de Freguesia comprovando a convivência com o arrendatário e os seus termos[148].

Atente-se que esta comunicação é verdadeiramente o cumprimento de um dever em relação a quem beneficiou – já beneficiou – da transmissão do arrendamento. Com efeito, não se trata aqui de manifestar uma vontade de aceitação da transmissão, pois esta transmissão já operou, pelo que a comunicação apenas poderia funcionar como confirmação ou consolidação duma aquisição já operada[149]. Verdadeiramente, esta comunicação regulada pelo art. 89.º é directa e imediatamente o cumprimento de um dever que tem em vista a posição do senhorio, em ordem a facultar-lhe o conhecimento do novo arrendatário.

Pois bem, como dever que é, *quid juris* em face do seu não cumprimento ou do seu cumprimento tardio?

Como é sabido, a resposta a esta questão implica referir a história do n.º 3 do art. 89.º que dispõe: *"A inobservância do disposto nos números anteriores não prejudica a transmissão do contrato mas obriga o transmissário faltoso a indemnizar por todos os danos derivados da omissão".*

Este dispositivo do n.º 3 do art. 89.º tinha sido eliminado pelo DL n.º 278/93, de 10 de Agosto (art. 1.º), o que, com a consequente introdução

---

[147] Assim, vd. MENEZES CORDEIRO, *"O dever..."* cit., p. 31.

[148] Para uma detida análise dos documentos comprovativos do direito à transmissão do arrendamento, é menção obrigatória remeter para SALTER CID, ob. cit., pp. 386 e segs..

[149] Não nos parece, assim, ao contrário do que parece sustentar MARGARIDA GRAVE, ob. cit., p. 193 que o transmissário não renunciante tenha o dever de comunicar o "seu interesse em exercer o direito à transmissão". Embora naturalmente essa manifestação de interesse esteja implícita, não é para isso que serve tal comunicação. Como se escreve em PIRES DE LIMA/ANTUNES VARELA, ob. cit., II, pp. 660-661: "a lei não exige a declaração de *aceitação* do parente, afim ou companheiro, a quem aproveita a transmissão do arrendamento"; a "simples comunicação da morte do arrendatário (ou do cônjuge sobrevivo) (...) é implicitamente considerada por lei como aceitação".

do art. 89.º-D ("*O não cumprimento dos prazos fixados nesta secção importa a caducidade do direito*") legitimava a consideração de que o não cumprimento ou o cumprimento não atempado do dever de comunicação constante do art. 89.º implicava a caducidade do direito à transmissão. Sucede, porém, que o Acórdão do Tribunal Constitucional n.º 410/97, de 23 de Maio declarou esta eliminação do n.º 3 do art. 89.º organicamente inconstitucional (atento que o (actual) art. 165.º, n.º 1, al. h) da CRP estabelece que é da reserva relativa da competência da Assembleia da República, salvo autorização ao Governo, legislar sobre o regime geral do arrendamento urbano).

Dada a repristinação do n.º 3 do art. 89.º, consequente da declaração de inconstitucionalidade com força obrigatória geral (cfr. art. 282.º da CRP), à falta de comunicação relativa ao art. 89.º, n.º 1 não vai associada a caducidade do direito à transmissão do arrendamento ("não prejudica a transmissão do contrato"), podendo apenas ter lugar indemnização pelos danos advenientes dessa omissão.

18. Dita o art. 88.º que "*o direito à transmissão é renunciável mediante comunicação feita ao senhorio nos 30 dias subsequentes à morte do arrendatário*". Reconheceu-se, assim, *expressis verbis,* que o "direito à transmissão do arrendamento" é susceptível de renúncia pelo beneficiário.

Foi, pois, por este esquema da renúncia que se assegurou que o beneficiário da transmissão da posição de arrendatário se possa pronunciar sobre a mesma, em ordem a decidir sobre a conveniência e interesse nessa transmissão. O que, evidentemente, era indispensável, pois, para citar MENEZES CORDEIRO[150]: "Ninguém pode ser beneficiado sem dar o seu assentimento: trata-se duma regra geral do nosso Direito, que aflora na natureza contratual da doação (940.º/1), e da remissão (863.º/1) e que implica a necessidade de aceitação para a transmissão por morte (2050.º/1). Por maioria de razão, ninguém pode ser adstringido sem ter dado o seu acordo prévio. Ora a transmissão do direito ao arrendamento implica uma cessão complexa, com passagem, para a esfera beneficiária, de direitos e deveres".

Sucede, porém, que no esquema da transmissão *mortis causa* da posição do arrendatário habitacional em análise isto foi assegurado não pela consagração da necessidade de aceitação, com a consequência de que só se produziria a transmissão da posição jurídica de arrendatário uma vez manifestada a vontade correspondente, mas antes de uma forma negativa,

---

[150] "*O dever de* ..." cit., pp. 30-31.

pela qual o locatário pode rejeitar a transmissão (com efeitos retroactivos) mediante correspondente renúncia.

Este esquema é objecto de crítica por MENEZES CORDEIRO: "a ausência de renúncia não é, de modo algum, assimilável à aceitação"; "a aceitação é um acto jurídico, implicando, como tal, uma declaração de vontade, enquanto a ausência de renúncia traduz uma pura passividade"[151]. Não consideramos, porém, a crítica como procedente. Primeiro, porque parece-nos ser de reconhecer que só muito dificilmente o beneficiário da transmissão não a pretenderá, o que bem justifica que se tenha estabelecido uma aquisição automática. Segundo, porque mesmo que o beneficiário não emita a comunicação de renúncia no prazo legal, tem sempre a possibilidade de denunciar o contrato para o fim do seu prazo ou da prorrogação em curso, com a antecedência legal. Na verdade, a solução que decorre do facto de a renúncia não se efectuar no prazo previsto de 30 dias é, dado o disposto no art. 89.°-D, a caducidade do direito, pelo que a extinção unilateral do arrendamento seguirá então o regime de denúncia (art. 68.°, n.° 1 do RAU e 1055.° do Cód. Civil).

Esta renúncia é uma declaração receptícia (art. 224.° do Cód. Civil), dependendo pois de comunicação ao senhorio, como expressamente refere o art. 88.°. Não está, porém, sujeita a qualquer forma especial, aplicando-se-lhe, pois, a regra geral da liberdade de forma (art. 219.° do Cód. Civil)[152].

Ocorrendo renúncia, a transmissão do arrendamento defere-se para o beneficiário subsequente, nos termos da hierarquia consagrada pelo art. 85.°, n.°s 1 e 2.

IX. A MODIFICAÇÃO DO CONTRATO DETERMINADA PELA MORTE DO ARRENDATÁRIO. A ALTERNATIVA DA "DENÚNCIA" PELO LOCADOR

19. Cabe agora fazer notar que, para certas situações, o legislador determinou que a transmissão da posição de arrendatário acarreta a alteração do conteúdo contratual do arrendamento em vigor, não ocorrendo então uma transmissão com *exacta identidade da posição jurídica*. Com

---

[151] *"O dever..."* cit., pp. 31-32.
[152] Criticando esta não exigência de forma especial para a comunicação da renúncia, vd. PIRES DE LIMA/ANTINES VARELA, ob. cit., II, p. 660; JANUÁRIO GOMES, *Arrendamentos para habitação* cit., p. 184.

efeito, por expressa imposição legal constante do art. 87.º[153], quando o descendente beneficiário da transmissão tenha mais de 26 anos de idade e menos de 65 anos, quando o ascendente tenha menos de 65 anos e ainda quando os afins preencham essas condições, passa a aplicar-se ao contrato objecto da transmissão o regime de renda condicionada (n.º 1 do art. 87.º), sucedendo isso ainda quando o descendente transmissário com menos de 26 anos de idade à data da transmissão venha a perfazê-la desde que tenha decorrido um ano sobre a morte do arrendatário (n.º 2 do art. 87.º), estando o transmissário obrigado a comunicar ao senhorio, por declaração escrita, com a antecedência mínima de 30 dias, a data em que completa essa idade[154] (n.º 3 do art. 87.º).

Nesses casos, pois, o regime de renda aplicável ao contrato passa a ser o da renda condicionada – "aquela cujo quantitativo é determinado em função do valor actualizado do fogo, relativamente ao ano da celebração do contrato e de acordo com as variáveis legalmente estabelecidas para o efeito"[155] – a que se reporta o art. 79.º[156], não podendo, porém, resultar

---

[153] Por força do art. 7.º do DL n.º 321-B/90, esta solução de em certas situações se passar a aplicar aos contratos transmitidos por força do art. 85.º o regime de renda condicionada foi subordinada a uma norma transitória. Estabelece esse art. 7.º que: *"Os contratos de arrendamento transmitidos por força do artigo 85.º, do Regime do Arrendamento Urbano, e a que se aplique o regime de renda condicionada, nos termos do artigo 87.º, mantêm, até 31 de Outubro de 1993 o montante da renda vigente à data da transmissão, sem prejuízo da sua actualização anual, nos termos gerais".* MENEZES CORDEIRO/ /CASTRO FRAGA, ob. cit., p. 42 sustentam que a data relevante para o cálculo do montante da renda condicionada deve ser a data da transmissão e não a da entrada em vigor da nova renda (1/11/93), embora o valor da renda daí resultante deva ser actualizado nos termos do art. 31.º. Vd. também JANUÁRIO GOMES, *Arrendamentos para habitação*, p. 90.

[154] Para a análise das consequências do não cumprimento desta obrigação, vd. JANUÁRIO GOMES, *Arrendamentos para habitação*, pp. 88-89.

[155] Emprega-se a definição de PINTO FURTADO, *Manual* cit., p. 464.

[156] Como se disse, a renda condicionada é determinada em razão fundamentalmente do valor actualizado do fogo, o qual é, de acordo com o art. 80.º, o seu valor real fixado nos termos do Código das Avaliações. Porém, até à entrada em vigor deste diploma (o qual, diga-se, parece estar no limbo das intenções nunca concretizadas) determinou a al. a) do art. 10.º do DL n.º 321-B/90 que o valor real dos fogos fosse calculado no regime de renda condicionada, nos termos dos artigos 4.º a 13.º e 20.º do Decreto-Lei n.º 13/86, de 23 de Janeiro (mantendo-se, assim, transitoriamente em vigor esses preceitos, não obstante a revogação daquele diploma – cfr. al. j) do n.º 1 e n.º 2 do art. 3.º do DL n.º 321-B/90). A matéria do valor actualizado dos fogos em regime de renda condicionada passou, porém, a constar do recente DL n.º 329-A/2000, de 22 de Dezembro, cujo art. 10.º determinou que: "Consideram-se feitas para o presente diploma todas as remissões legais em vigor, feitas para os artigos 4.º a 13.º e 20.º do Decreto-Lei n.º 13/86, de 23 de Janeiro".

dessa alteração diminuição da renda anteriormente praticada (art. 87.º, n.º 5), pelo que sendo superior passará a vigorar como renda condicionada nesse montante.

O n.º 4 deste art. 87.º consagra, porém, excepções a esta modificação do regime de renda. Assim, a aplicação não terá lugar quando o descendente ou afim na linha recta seja portador de deficiência a que corresponda incapacidade superior a dois terços ou o descendente ou o ascendente ou o afim na linha recta se encontrem na situação de reforma por invalidez absoluta ou, não beneficiando de pensão de invalidez, sofra de incapacidade total para o trabalho. Considerou-se que o aumento de renda que a aplicação do regime de renda condicionada deverá determinar (cfr. art. 87.º, n.º 5) poderia representar um sacrifício excessivo para pessoas nessas condições.

Conclui-se, pois, que o legislador considerou injustificável manter rendas reduzidas perante uma transmissão do arrendamento por morte sempre que se verifique que os beneficiários dispõem, seja pela sua idade, seja pelas suas condições de capacidade física, de possibilidade de angariarem meios de subsistência que lhes possibilitem suportar uma renda superior: daí a aplicação do regime de renda condicionada.

20. Porém, prevê actualmente a lei[157] que o senhorio, em vez dessa modificação contratual consistente na adopção do regime de renda condicionada, possa optar por "denunciar" o contrato, pagando uma indemnização correspondente a dez anos de renda (art. 89.º-A, n.º 1). O arrendatário beneficiário da transmissão pode opor-se a esta "denúncia", oferecendo-se para pagar uma nova renda (art. 89.º-B, n.º 1). Caso o locador, ainda assim, se decida pela "denúncia" do contrato, terá então de pagar uma indemnização correspondente a dez anos da renda de acordo com os termos para esta propostos pelo arrendatário (art. 89.º-B, n.º 2)[158].

---

[157] Como atrás se disse (vd. *supra*), este regime - que aqui apenas referenciamos pois a sua análise exigiria desenvolvimentos que assumem autonomia face ao objecto do nosso trabalho - foi introduzido pelo DL n.º 278/93, de 10 de Agosto. Sobre a sua aplicação no tempo, remete-se para o estudo fundamental de MENEZES CORDEIRO,"*Da aplicação no tempo do regime da denúncia do arrendamento pelo senhorio mediante a indemnização correspondente a 10 anos de renda*" in CJ-STJ, ano IV, t. I (1996), pp. 6-10.

[158] No Preâmbulo do DL n.º 278/93 (n.º 2) afirma-se a este respeito o seguinte: "A solução é equilibrada, já que o despejo se torna tanto mais oneroso quanto mais justa é a renda. E, quanto maior for a indemnização, mais facilmente poderá o transmissário do direito ao arrendamento prover, de forma alternativa, a sua necessidade de alojamento".

Este regime[159] (de dogmatização complexa em que indubitável é apenas a infelicidade da sua assimilação linguística à "denúncia" já que não se encontra aqui uma denúncia "técnica" seja como oposição à renovação seja como extinção unilateral de relações duradouras[160]) representa, assim, uma alternativa à aplicação do regime de renda condicionada na sequência da transmissão *mortis* causa do arrendamento para descendentes, ascendentes ou afins[161].

X. A TRANSMISSÃO POR MORTE NOS ARRENDAMENTOS DE "DURAÇÃO LIMITADA"

21. Por fim, cabe em breves traços apontar o regime da transmissão por morte do arrendamento nos contratos de duração limitada, na sequência do que já acima se notou[162].

Como é sabido, constituem contratos de arrendamento de duração limitada os arrendamentos urbanos para habitação (art. 98.º, n.º 1), os arrendamentos urbanos para comércio ou indústria (art. 117.º), os arrendamentos para o exercício de profissões liberais (cfr. art. 121.º) e os arrendamentos urbanos para outros fins não habitacionais (art. 123.º) em que seja estipulado um prazo para a duração efectiva, que podem, pois, cessar no termo do seu prazo ou da renovação, por denúncia seja do inquilino, seja sobretudo do senhorio (arts. 100.º, 117.º, n.º 2, 121.º, 123.º, n.º 1).

Com tais dispositivos, passou a conferir-se a um dos traços mais típicos do vinculismo arrendatício – a regra da renovação automática obriga-

---

[159] Em "estranho regime" fala a seu respeito, CARVALHO FERNANDES, *Lições de Direitos Reais*, 3ª ed., Lisboa, Quid Juris, 1999, p. 173.

[160] Para esta dogmatização, vd. as posições contrastantes de JANUÁRIO GOMES, *Arrendamentos para habitação* cit., pp. 325 e segs. (seguida por SEQUEIRA RIBEIRO, *Sobre a denúncia no contrato de arrendamento urbano para habitação*, Lisboa, Lex, 1996, p. 103) e PIRES DE LIMA/ANTUNES VARELA, ob. cit., II, pp. 662 e segs..

[161] O legislador, no Preâmbulo do DL n.º 278/93 que introduziu este regime afirma o seguinte: "Consagra-se agora uma alternativa à transmissão para descendentes com mais de 26 anos e menos de 65 anos, para ascendentes com menos de 65 anos e para afins na linha recta nas mesmas condições, traduzida numa indemnização correspondente a 10 anos de renda". A referência é incorrecta, pois a alternativa é, quando muito, à aplicação do regime da renda condicionada, supondo-se, segundo entendemos, a transmissão do arrendamento.

[162] Vd. *supra*.

tória do contrato ou prorrogação obrigatória do contrato[163] (antigo art. 1095.º do Cód. Civil e actuais arts. 68.º, n.º 2 e 69.º do RAU; cfr. também 1054.º, n.º 1 do Cód. Civil) – o carácter de norma supletiva para os novos arrendamentos dado que esse regime só se aplicará caso as partes não estipulem por escrito um prazo para a duração efectiva do contrato.

Na verdade, tradicionalmente, para uma série de modalidades de arrendamento, o legislador atribuiu ao arrendatário a possibilidade de prolongar indefinidamente a duração do contrato, porquanto retirou ao senhorio a faculdade de denunciar livremente o arrendamento, opondo-se à sua renovação (cfr. os actuais arts. 68.º, n.º 2 e 69.º), pelo que era o arrendatário, em função do exercício ou não da denúncia que lhe cabia (actual art. 68.º, n.º 1 e 1055.º do Cód. Civil), que decidia, unilateral e discricionariamente, sobre a prorrogação, sem limite temporal, do contrato. O senhorio, por força desta solução legal que lhe retirara a possibilidade de denunciar livremente o contrato, fazendo-o cessar para o termo do prazo ou da sua renovação, via assim, mesmo contra a sua vontade, subsistir o contrato para além do prazo fixado[164].

---

[163] Na caracterização de GALVÃO TELLES, *"Contratos civis"* cit., p. 152 melhor se falaria em prorrogação do que em renovação (vd. também pp. 159-160). Com efeito, para este Autor na prorrogação trata-se de "o contrato protrair a sua existência para além do tempo de duração que os contraentes lhe fixaram, pelo simples facto de nenhum o denunciar" ao passo que na renovação se trata de "a vigência contratual se ter como restabelecida retroactivamente, ao fim de certo tempo de haver terminado, se entretanto o locatário se manteve sem oposição do locador no gozo do objecto". E continua este Autor (ob. cit., pp. 152-153): "Na prorrogação o contrato não chega a interromper o curso da sua existência, que se prolonga por determinação da lei, em vista da inércia das partes, as quais ambas se abstiveram de manifestar com a antecedência necessária uma vontade oposta. A locação não se extingue, nem sequer teòricamente: dilata-se, por força da iniciação do novo período contratual. Na renovação o contrato extingue-se efectivamente: deixa de produzir efeitos jurídicos, porque é objecto de revogação, rescisão ou caducidade. Mas, sem embargo da resolução ocorrida sob alguma dessas formas, o locatário – melhor, o ex-locatário – continua por hipótese no uso ou fruição da coisa, sem oposição da outra parte. A situação *de direito* termina, mas a situação *de facto* permanece. Se esta situação de facto se prolonga por um ano, o contrato revive legalmente, retoma a sua existência no ponto em que a perdera e como se a não perdera. A locação readquire retroactivamente todo o seu valor jurídico".

[164] Como escrevia GALVÃO TELLES, *"Aspectos comuns aos vários contratos"* in RFDUL, VII (1950), pp. 234-315 [p. 261]: "O senhorio tem aí os movimentos presos, não pode obstar a que o contrato se renove uma e mais vezes, e a vida do acordo perpetua-se, contra o querer de um dos sujeitos, ao sabor da vontade do outro".

Deste modo, sem aquela denúncia do locatário, o contrato prorrogava-se legalmente para além do prazo fixado inicialmente. Naturalmente esta prorrogação legal indefinida do contrato implicava drástica afectação da liberdade contratual, pois a autonomia privada fixara ao contrato um determinado prazo que afinal não possuía sentido prático, bem como ainda se defrontava um dos princípios basilares dos contratos de duração indeterminada, segundo o qual neles é sempre possível uma denúncia (em sentido próprio) *ad nutum* em ordem a evitar vinculações perpétuas. Ainda que tal regra se justificasse inicialmente por particulares condições económicas e sociais[165], ela acabou por integrar-se como vector estável do regime do arrendamento urbano[166], que assim passou a ser dominado por "grande desigualdade nas posições dos contraentes, livre o arrendatário de se desvincular do contrato, sujeito o senhorio a permanecer preso indefinidamente nos seus laços"[167].

Como é sabido, constituindo hoje até matéria histórica, o RAU com os seus arts. 98.º a 101.º na sua versão inicial, e posteriormente com o art. 117.º, introduzido pelo DL 257/95, de 30/9, veio definitivamente permitir que as partes celebrem arrendamentos de duração limitada efectiva[168], ou

---

[165] Prendiam-se essas condições com a escassez de habitações disponíveis. Esta escassez determinava uma grande afectação da posição do inquilino, porquanto se se pudesse pôr termo sem mais ao contrato, das duas uma: ou o arrendatário se disponibilizava a pagar uma renda mais elevada, naturalmente gerada pela procura superior à oferta, ou teria de deixar o locado, com consequente dificuldade em arranjar outro. Vd. GALVÃO TELLES, *"Contratos civis"* cit., p. 159.

[166] Por isso, se inicialmente GALVÃO TELLES, *"Aspectos comuns"* cit., p. 261 considerava que o "fenómeno, manifestamente anómalo, apenas deve manter-se enquanto vigorar o condicionalismo económico e social que o determina", já em *"Contratos civis* cit., pp. 159-160 notava o seguinte: "é possível, e até provável, que o princípio, aceite a título excepcional e provisório, venha a perpetuar-se, enraizando-se na legislação, mesmo para além do eventual desaparecimento das circunstâncias de ordem económica e social que lhe deram origem".

[167] GALVÃO TELLES, *"Contratos civis"* cit., p. 159.

[168] Estabelece o art. 98.º, n.º 1 que a cláusula de estipulação de prazo de duração efectiva tem que ser inserida no texto escrito do contrato, assinado pelas partes. Já o art. 117.º, com fórmula literalmente algo distinta, estabelece que tal cláusula tem de ser inequivocamente prevista no texto do contrato, assinado pelas partes. O prazo inicial do contrato em sede de arrendamento habitacional tem de ser no mínimo de cinco anos (podendo, pois, ser estipulado prazo superior), excepto se locador for uma sociedade de gestão ou de investimento imobiliário ou um fundo de investimento imobiliário que podem celebrar, em certas condições, contratos pelo prazo mínimo de três anos (art. 98.º, n.ºs 2 e 3), sendo o prazo da prorrogação de três anos (art. 100.º, n.º 1). Na Região Autónoma da Madeira, por

seja, não sujeitos à regra da prorrogação obrigatória ou forçada do contrato (cfr. art. 100.º), a qual passou, assim, a valer em termos sociológicos fundamentalmente para os arrendamentos de pretérito[169].

Ora, também nestes contratos de duração limitada se verifica a transmissão por morte da posição de arrendatário, por força dos seguintes esquemas remissivos:

1) no que concerne ao arrendamento para habitação, o art. 99.º, n.º 1 referencia genericamente a "transmissão de posições contratuais"; o art. 99.º, n.º 2 não inclui entre as disposições não aplicáveis aos contratos de duração limitada os arts. 85.º a 89.º e 89.º-D;

2) no que concerne aos arrendamentos para comércio e indústria, o art. 117.º, n.º 2 manda aplicar o disposto nos arts. 98.º a 101.º, pelo que vale o disposto no art. 99.º, n.º 2;

3) quanto aos arrendamentos para o exercício de profissões liberais, o art. 121.º remete para o disposto nos arts. 110.º a 120.º, com a consequente aplicação do art. 117.º, n.º 2 e da remissão nele contida.

Deste modo, as considerações anteriormente efectuadas sobre a transmissão por morte do arrendamento valem inteiramente para estes contratos de duração limitada, podendo dar-se assim a transmissão em benefício das pessoas indicadas no art. 85.º, n.º 1 no que respeita ao arrendamento para habitação ou em favor dos sucessores, nos termos do art. 117.º, n.º 2 e 121.º no que concerne aos arrendamentos para comércio ou exercício de profissão liberal[170].

---

força da Lei n.º 89/95, de 1 de Setembro, "o prazo para a duração efectiva dos contratos de duração limitada, no âmbito dos arrendamentos urbanos para habitação, não pode ser inferior a dois anos, independentemente da natureza jurídica das partes" (art. 2.º). Também os contratos de arrendamento para comércio ou indústria e para exercício de profissão liberal estão sujeitos (arts. 117.º, n.º 1 e 121.º e 98.º, n.º 2) a prazo mínimo de duração efectiva de cinco anos; contudo, o prazo de renovação, na ausência de estipulação das partes, coincide aqui com o prazo inicial do contrato (art. 118.º, n.º 1).

[169] Falamos em arrendamentos de pretérito, porquanto tornou-se pouco frequente a celebração após o RAU de contratos de arrendamento sem cláusula de duração efectiva. Como diz PEREIRA COELHO, "Breves notas" cit., p. 226: "os antigos arrendamentos vão acabando com o tempo; os arrendamentos para habitação são agora quase todos 'de duração limitada'".

[170] Não podemos, porém deixar de sublinhar que esta remissão que fazemos quantos aos arrendamentos comerciais e industriais e para o exercício de profissão liberal para o art. 112.º não é inteiramente facultada pelos dispositivos citados. É que por força das remissões do art. 121.º para o art. 117.º e deste para os arts. 98.º a 101.º, parece derivar a

Ora, o que importa sublinhar aqui é que, como é natural atendendo a que estão em causa contratos com duração efectiva, mantém-se integralmente o prazo do contrato, pelo que, não obstante a transmissão, o contrato cessará quando se completar o prazo inicial ou da prorrogação em curso, se o senhorio o denunciar nos termos do art. 100.º, n.ºs 1 e 2.

E note-se sem qualquer solução de ruptura, mas antes continuadamente atento o disposto no art. 99.º, n.º 1 que estabelece que a transmissão das posições contratuais não implica a suspensão ou interrupção do prazo. Assim, um beneficiário da transmissão não pode pretender que o prazo se interrompa (art. 326.º, n.º 1 do Cód. Civil), inutilizando-se o tempo anteriormente decorrido e começando a contar novo prazo de cinco anos a partir da data de transmissão por morte do arrendatário; também não se pode pretender que o prazo do contrato se suspenda enquanto um descendente com menos de um ano de idade não tiver quem o represente (art. 320.º, n.º 1, 1ª parte do Cód. Civil).

Destaque-se, tão só, que não é aplicável a estes contratos a "denúncia" especial a que se reportam os arts. 89.º-A a 89.º-C, atento o disposto no n.º 2 do art. 99.º (na redacção do DL n.º 278/93). Porém, a possibilidade de o contrato, verificadas as circunstâncias do art. 87.º, se sujeitar ao regime da renda condicionada parece valer também neste âmbito (n.º 2 do art. 99.º), apesar de o art. 99.º, n.º 1 consignar que nestes contratos a transmissão de posições contratuais não conduz a quaisquer alterações no conteúdo do contrato, sendo que a alteração do regime de renda é evidentemente uma alteração ao conteúdo do contrato[171]. Deste modo, pode, pois, o senhorio, verificadas as necessárias condições, subir a renda até ao valor da renda condicionada[172].

---

aplicação do dispositivo do art. 99.º, n.º 2 do qual resultaria que valeria para os contratos de duração limitada o disposto no art. 85.º. Essa solução seria evidentemente estranha e insusceptível de se aplicar (quem conviveria no estabelecimento comercial ou industrial?) pelo que não pode deixar de se aproveitar a referência às necessárias adaptações para considerar que o preceito aplicável é o art. 112.º.

[171] PEREIRA COELHO justifica esta solução com o caso (materialmente fundado) de o senhorio, em atenção à pessoa do arrendatário, ter dado o prédio por renda inferior à renda condicionada, pelo que, falecido o arrendatário, se justifica aplicar o regime da renda condicionada.

[172] Ainda que, como note PEREIRA COELHO, *Breves notas* cit, p. 368 a questão tenha pouco interesse prático, dado raramente se convencionar renda inferior à renda condicionada nestes contratos, sendo que, nos termos do art. 87.º, n.º 5, quando se convencione renda superior não ocorre alteração do regime de renda. Contra a aplicação deste preceito no âmbito destes contratos, vd. JANUÁRIO GOMES, *Arrendamentos para habitação* cit., p. 213.

XI. A NATUREZA JURÍDICA DA TRANSMISSÃO POR MORTE DA POSIÇÃO DO ARRENDATÁRIO HABITACIONAL

22. Após esta análise do regime jurídico disposto para a transmissão por morte do arrendamento habitacional, importa, por fim, ponderar a *natureza jurídica* desta particular transmissão *mortis causa*.

Começamos imediatamente por destacar que, tal como logo resulta da terminologia sempre empregue, este fenómeno constitui efectivamente uma verdadeira vicissitude transmissiva e/ou sucessória. Afigura-se-nos, de facto, que é manifesto que a aquisição *mortis causa* da posição de arrendatário em causa se dá *iure successionis* e não *iure proprio*. Como é sabido, considera-se que uma aquisição ocorre *iure successionis* quando, por causa de morte, uma situação jurídica na titularidade do defunto é objecto de transmissão para o sujeito ou sujeitos dela beneficiários; diferentemente, perante uma aquisição *iure proprio* verifica-se que com a morte do respectivo titular a situação jurídica considerada se extingue, ocorrendo a aquisição autónoma pelo beneficiário de uma nova situação jurídica. Ora, sem necessidade de maiores desenvolvimentos, julgamos que a consideração do art. 85.º (cuja epígrafe é justamente "*transmissão por morte*") não deixa dúvidas de que se trata nessa aquisição da posição de arrendatário de uma verdadeira transmissão por causa de morte em favor do competente beneficiário e não da aquisição autónoma de um direito novo, não de uma aquisição *ex novo* mesmo que moldada sobre a posição anterior.

Tratando-se, assim, no fenómeno em apreço de uma sucessão por morte, cabe de seguida imediatamente fazer notar que estamos aqui em presença de uma sucessão *anómala*. É que esta sucessão na posição de arrendatário não segue o esquema sucessório típico consagrado genericamente no Livro V do Cód. Civil, mas envolve antes a aplicação de soluções particulares, das quais resulta a sujeição da transmissão desta posição jurídica a uma disciplina diferente daquela que é própria da *comum* sucessão *mortis causa*.

Temos, pois, aqui um fenómeno sucessório, uma sucessão *mortis causa*, dotada, porém, de uma estruturação particular: daí a sua caracterização como *sucessão anómala*.

23. Cabe reconhecer que este entendimento, que assim perfilhamos, da transmissão *mortis causa* da posição do arrendatário habitacional como um *fenómeno sucessório*, ainda que *anómalo*, não é objecto de grande reconhecimento pelas construções nacionais. Na verdade, relevantíssima doutrina nacional, com o acolhimento da jurisprudência, tem-se mostrado refractária à consideração da transmissão *mortis causa* da posição jurídica de arrendatário habitacional como uma verdadeira sucessão.

Assim, OLIVEIRA ASCENSÃO depois de acentuar que o Direito das Sucessões se ocupa de um fenómeno *unitário*[173] – justamente o fenómeno jurídico-sucessório ou a sucessão – considera que a transmissão do direito de arrendamento habitacional prevista pelo art. 85.º constitui uma aquisição *mortis causa* excluída das sucessões, que se processa fora do Direito das Sucessões, porquanto "dá-se por morte, mas segundo um regime que nada tem que ver com o regime das sucessões", pois "aparecem-nos como beneficiários os afins na linha recta que não surgem commumente entre os sucessíveis legais"; "exigem-se requisitos especiais, como a coabitação com o *de cuius*"; "o beneficiário não será afastado, mesmo que incorra em indignidade sucessória; nem o direito poderá ser dado à execução pelos credores do autor da sucessão"[174]. Do mesmo modo, também PEREIRA COELHO já qualificou esta transmissão *mortis causa* da posição de arrendatário como "transmissão *à margem do fenómeno sucessório*, em condições e segundo regras inteiramente diversas"[175]. Na jurisprudência esta leitura tem claramente dominado, verificando-se o seu acolhimento praticamente geral[176].

---

[173] *Direito Civil. Sucessões*. 5ª ed., Coimbra, Coimbra Editora, 2000, p. 14.

[174] Últ. ob. cit., pp. 250-251 e nota 306 nesta última pág., bem como pág. 254 nota 310.

[175] *"Anotação"* ao Ac. do STJ de 2 de Abril de 1987 cit., p. 140; *"Breves notas"* cit., p. 260. Segue esta posição SALTER CID, ob. cit., p. 383.

[176] Assim, vd. o Ac. do STJ de 4 de Abril de 1995 [FERNÃO FABIÃO] in BMJ 446 (Maio 1995), pp. 281-287 [p. 285] que considera que se trata de uma situação jurídica que se transmite "não segundo o regime da sucessão e antes segundo outro regime por lei estabelecido", "como decorre do facto de alguns dos beneficiários não serem sucessíveis legais e se exigir que eles satisfaçam determinados requisitos"; cfr. também o Ac. da Relação de Lisboa de 19 de Julho de 1984 (ANTÓNIO POÇAS) in CJ, ano IX (1984), t. 4., pp. 99-100; o Ac. da Relação de Lisboa de 6 de Março de 1997 (PROENÇA FOUTO) in CJ, ano XXII (1997), t. II, pp. 81-82 [p. 82]: "a transmissão do arrendamento só poderá ser feita para os concretos transmissários da posição contratual definidos na lei e não para os sucessores do arrendatário falecido, no quadro da sua herança. A destinação do direito ao arrendamento não determina abertura do fenómeno sucessório. Os herdeiros concorrem conjuntamente, com os sucessores *ex lege*, sem respeito pelos princípio normais da preferência de classe e de grau, cabendo o direito só a um deles"; o Ac. da Relação de Lisboa de 11 de Maio de 2000 (ARLINDO ROCHA) in CJ, ano XXV (2000), t. III, pp. 83-84 [p. 84]: "A destinação do direito ao arrendamento não determina a abertura do fenómeno sucessório. Em

Diga-se, porém, que julgamos que em grande medida a questão se situa a um nível marcadamente linguístico e semântico em que tudo se cifra em afirmar que a transmissão da posição contratual do arrendatário habitacional não se reconduz a um "*verdadeiro* fenómeno de 'sucessão'" porque essa situação jurídica não se transmite nos moldes habituais aos herdeiros (legais) comuns ou normais do falecido, não se incluindo no acervo hereditário pertinente.

Afigura-se-nos, porém, que isto não justifica conceptualizar (ou tão só denominar) a realidade em causa como um fenómeno distinto e autónomo em relação à vicissitude da sucessão por morte. É que, na verdade, se trata ainda e sempre de um fenómeno de sucessão *mortis causa* – o que sucede é que esta sucessão segue um regime específico, distinto daquele que se pode reputar como o regime comum, mas que, porém, não lhe é propriamente alheio ou oposto[177]. Ora, para o destacar é suficiente o

---

matéria de arrendamento, antes falava-se em sucessores e, agora, a lei alude a transmissários, sendo certo que a transmissão do arrendamento só poderá ser feita para os concretos transmissários da posição contratual definidos na lei e não para os sucessores do arrendatário falecido". Desta leitura tem a jurisprudência concluído que perante a propositura de acção de despejo de arrendamento habitacional contra marido e mulher, falecendo o cônjuge arrendatário, não tem lugar a suspensão da instância, ao abrigo dos arts. 276.°, n.° 1, al. a) e 277.°, n.° 1 do CPC, para fins de habilitação (arts. 371.° e segs. e 284.°, n.° 1, al. a) do CPC), mas a pura e simples extinção da instância em relação ao falecido nos termos do art. 276.°, n.° 3 do CPC – assim, vd. Ac. da Relação de Lisboa de 19 de Julho de 1984 cit., p. 100 e Ac. da Relação de Lisboa de 6 de Março de 1997 cit., p. 82; Ac. da Relação de Lisboa de 11 de Maio de 2000 cit., p. 84 ("Não havendo sucessão, no sentido que a lei atribui ao termo, não pode haver habilitação").

[177] Vd. assim, CARVALHO FERNANDES, *Lições de Direito das Sucessões,* 2ª ed., Lisboa, Quid Juris, 2001, pp. 14, 119-120, 369 que considera o caso da transmissão do direito ao arrendamento urbano para habitação por morte do arrendatário como um caso de transmissão *mortis causa* de direito integrado no património do *de cuius* que, porém, não segue "o regime comum do Direito das Sucessões", as "regras comuns da sucessão *mortis causa*". Escreve ainda este Autor (ob. cit., p. 59): "Se a sucessão rege a atribuição, por morte, do património do *de cuius*, o Livro do Direito das Sucessões, no Código Civil, traça apenas o regime geral do instituto, porquanto se podem identificar regimes particulares de sucessão, mesmo quanto a direitos de conteúdo patrimonial". Daí que este Autor bem conclua que "de modo algum se verifica um regime unitário na aquisição sucessória, quando a consideramos por referência a todos os direitos e vinculações, mesmo patrimoniais que (…) se transmitem *mortis causa*" ; "mesmo quanto aos direitos de conteúdo patrimonial, a atribuição sucessória dos bens da pessoa falecida não segue sempre o mesmo regime" (ob. cit., pp. 77-78). Igualmente CAPELO DE SOUSA, *Lições de Direito das Sucessões*, vol. I, 4ª ed., Coimbra, Coimbra Editora, 2000, fala a este respeito em "normas especiais de sucessão *mortis causa*" (p. 28, e nota 32) e em aquisição por morte com "regime distinto

recurso à sua conceptualização como *sucessão anómala*, o que é, desde logo em termos categoriais, mais adequado e realista.

Cabe então, naturalmente, determo-nos um pouco na referência a esta figura da sucessão anómala[178].

24. Como é sabido, constitui um dos princípios chave da ordem sucessória própria do sistema liberal-capitalista *o princípio da unidade do regime sucessório*, princípio esse cuja manifestação mais significativa encontramos na disposição (sem conteúdo preceptivo, mas plena de sentido a nível político-ideológico enquanto marca de uma concepção) do art. 732 do *Code Civil*: *"La loi ne considère ni la nature ni l'origine des biens pour en régler la succession"*[179]. Traduz-se o princípio da unidade da sucessão numa directriz (de relevo legislativo) de oposição e vedação à regulação diferenciada da sucessão *mortis causa* em atenção à origem e natureza dos bens, bem como, também, da qualidade dos beneficiários.

Este princípio da unidade do regime sucessório, pelo qual a devolução sucessória se realiza em termos abstractos, sem atender à natureza e origem dos bens, subordinada a princípios únicos, que se liga aos esquemas justinianeus, foi repudiado pelos esquemas medievais e feudais (em que precisamente se atendia à origem e natureza dos bens, encontrando-se regras específicas para os bens próprios – bens imóveis que o falecido adquiriu por sucessão e, nessa medida, bens familiares, que assim se autonomizavam dos bens adquiridos, e dos móveis, considerados de diminuta importância –, regras essas que assentavam na ideia de que tais bens, na falta de descendentes, deviam ser devolvidos à linha familiar da respectiva proveniência – *paterna paternis, materna maternis* –, relevando também os privilégios da primogenitura e da masculinidade), mas veio a ser retomado pelo Direito da Revolução Francesa (pela célebre lei de 17 de

---

do previsto no Livro V do Código Civil" (p. 315). Mesmo PEREIRA COELHO, cuja posição antes referenciámos, no seu *Direito das Sucessões*, Coimbra, 1992, p. 52 não deixa de qualificar o art. 85.º do RAU como norma de Direito das Sucessões, assinalando tão só que se fixa uma ordem sucessória distinta da do art. 2133.º do Cód. Civil.

[178] Vd. sobre esta figura LUISA MEZZANOTE, *La successione anomala del coniuge*, Napoli, Edizioni Scientifiche Italiane, 1989, pp. 33 e segs..

[179] A fórmula encontrava-se em termos semelhantes no art. 722 do Código Civil italiano de 1865 que consignava: *"La legge nel regolare la successione considera la prossimità della parentela, e non la prerogativa della linea né la origine dei beni, se non nei casi e nei modi dalla legge stessa espressamente stabiliti"*. Sublinhe-se que, não obstante esta referência à possibilidade da existência de excepções, a verdade é que não se encontrava neste diploma nenhum regime que derrogasse o princípio da unidade sucessória.

Nivose do ano II – *décret du 17 nivôse an II* (6 de Janeiro de 1794) – cujo art. 62.º afirmava: "*la loi ne reconnaît aucune différence dans la nature des biens ou dans leur origine pour en régler la transmission*") tendo dominado todo o século XIX pela sua recepção pelas codificações liberais[180].

Pois bem, em derrogação a este princípio milenário da unidade do regime sucessório (que, como se disse, encontra as suas raízes no Direito romano, tendo sido particularmente tocado com o feudalismo), surgem-nos precisamente as "*sucessões anómalas*". É que, pouco a pouco, a *reductio ad unum* que era consagrada pelo princípio da unidade sucessória começa a enfrentar-se com intervenções legislativas que multiplicam soluções particulares para certas transmissões de bens por morte. Precisamente a categoria das "*sucessões anómalas*" vai servir para designar as espécies de sucessão *mortis causa* que a lei disciplina sem se moldar ao desenho habitual da sucessão por causa de morte, entre nós consignado no Livro do Cód. Civil dedicado ao Direito das Sucessões.

Na lógica clássica do fenómeno sucessório, em que o herdeiro sucede *in locum et in ius* na posição do *de cuius*, ocupando a posição jurídica deste, verifica-se o subentrar na totalidade das relações jurídicas do defunto, com excepção daquilo que tivesse sido objecto de legado. O passo seguinte seria a concepção do património do *de cuius* como unidade orgânica, como *universitas*, pelo que o objecto da sucessão constituía o património como *universum ius*. Em consequência, os ordenamentos jurídicos vieram a cristalizar-se em torno da ideia de que o património hereditário constituía um complexo de situações jurídicas activas e passivas sujeito a um destino unitário e logo a uma mesma disciplina. Daí a unidade do regime sucessório.

Porém, passo a passo, o legislador foi introduzindo regimes especiais, em que surgem normas diversas daquelas que regem a sucessão ordinária. O legislador para certas espécies de bens vai ditando regras especiais, que produzem sucessões separadas e especiais em relação ao regime comum. Surgia assim uma pluralidade de regimes sucessórios, com o que se instalava a categoria das *sucessões anómalas*, enquanto sucessões em bens determinados ou em complexos de bens determinados regulados pela lei com normas especiais, que por isso derrogaram o princípio da unidade da sucessão.

---

[180] Vd. para um síntese MARTY/RAYNAUD, *Droit Civil. Les successions et les libéralités*, Paris, Sirey, 1983, pp. 8 e segs.; TERRÉ/LEQUETTE, *Droit civil. Les successions. Les libéralités*, 3ª ed., Paris, Dalloz, 1997, pp. 11 e segs.. Para dados no que respeita à situação portuguesa, vd. GALVÃO TELLES, *Apontamentos para a História do Direito das Sucessões português*, Lisboa, 1963 (sep. da RFDUL, vol. XV), *passim*.

Com efeito, a sucessão anómala ocorre justamente sempre que se afasta o princípio da unidade da sucessão, pelo qual, na ausência de disposições a título de legado, o património do *de cuius* deve ser atribuído aos herdeiros mediante um fraccionamento abstracto do todo em quotas proporcionais[181].

Em suma, esta categoria da *sucessão anómala* apresenta como traços típicos os seguintes:

– reporta-se a uma situação jurídica determinada, a um bem determinado (ou complexo de bens determinado) que é assim separado do destino que é dado globalmente ao património do *de cuius* (afectando, por isso, o princípio da unidade da sucessão que pretende que todo o património do defunto seja regulado pela disciplina sucessória comum constante do Livro V do Cód. Civil);
– surge como *inderrogável*, porquanto os particulares não podem afastar essa normatividade especial;
– obedece a regras próprias quanto à lista legal dos sucessores.

25. Pois bem, se procuramos retirar resultados dogmáticos da análise anterior para a matéria que nos ocupa parece-nos claro a recondução da transmissão *mortis causa* da posição de arrendatário a uma sucessão anómala.

Justamente MENEZES CORDEIRO fala a este respeito (a propósito do anterior art. 1111.º do Cód. Civil)[182] na presença de uma "sucessão especial", dada em função de três aspectos: "tem um objecto específico: o direito do arrendatário habitacional"; "tem beneficiários rigidamente fixados na lei"; "tem um esquema de renúncia próprio".

Trata-se, de facto, de um bem, de uma situação jurídica que sai fora do âmbito da herança, não sendo relacionável nem partilhável. Constitui elemento não componente do património hereditário para efeitos do regime sucessório normal, extrapolando da massa hereditária.

Os beneficiários são-no fora das regras sucessórias normais, não se reconduzindo designadamente à ordem do art. 2133.º (vd. os afins, bem como o membro da união de facto ou a pessoa que viva em economia comum), sendo ainda que carecem de preencher uma ligação material com a coisa que não se encontra de todo em todo no regime sucessório comum. Assim, a individualização dos sucessores é feita na base de uma relação

---

[181] Vd. GABRIELLI/PADOVINI, *La locazione di immobili urbani*, Padova, Cedam, 1994, p. 343.
[182] *"O dever..."* cit., pp. 29-38.

determinada do sujeito com o bem, relação cuja continuação se pretende tutelar[183].

Mesmo que esta posição exclusivamente atribuída a certos beneficiários o seja cumulativamente com o chamamento destes à sucessão comum cada atribuição sucessória é inteiramente independente, sem qualquer interferência.

Em suma, temos aqui uma sucessão inteiramente autónoma e particular – uma *sucessão anómala*.

Sucessão anómala essa que se justifica inteiramente dado que só assim – ou seja, só fora do esquema sucessório normal – se pode ter em conta os interesses vitais de certas pessoas que estão ligados à posição do arrendatário. Com efeito, o campo sucessório normal, particularmente legal[184], está sobretudo virado para a consideração *abstracta* da vicissitude em que o essencial é resolver a "exigência de continuidade"[185] ainda que fundamentalmente num âmbito familiar (cfr. arts. 2157.º e 2133.º do Cód. Civil).

Pois bem, diga-se agora que a recondução desta realidade (ainda e sempre) a um fenómeno sucessório (ainda que anómalo) tem a vantagem de não conduzir *ab initio* ao afastamento integral das regras gerais. Na verdade, não vemos que se deva afastar inteiramente, para além do que for imposto pela própria índole da figura e das suas exigências próprias, a aplicação das regras gerais. O fenómeno é de *especialidade*, pelo que em tudo o que não for incompatível as regras gerais têm aplicação.

Assim, afigura-se-nos, por exemplo, e ao contrário do que já foi defendido, que as regras da indignidade sucessória (art. 2034.º) devem ser aplicáveis a esta situação. Recorrendo a um argumento imediato, não se descortina assumir razoabilidade considerar como podendo beneficiar de transmissão *ex* art. 85.º quem seja autor ou cúmplice de homicídio doloso do arrendatário[186].

Para dar outro exemplo, consideramos que o regime geral do repúdio da herança ou legado (arts. 2062.º e 2249.º do Cód. Civil) tem directa aplicação à renúncia a que se reporta o art. 88.º do RAU (assim, vd. os arts. 2062.º, 2064.º, 2065.º, 2066.º do Cód. Civil).

---

[183] Note-se que já quanto à transmissão do arrendamento para comércio ou indústria vale o regime sucessório normal atento o disposto no art. 112.º do RAU.

[184] No campo testamentário, todo um mundo diferente se abre como é próprio de tudo o que diz respeito à intervenção da autonomia privada.

[185] OLIVEIRA ASCENSÃO, *Sucessões* cit., p. 11.

[186] Assim, vd. GABRIELLI/PADOVINI, ob. cit., pp. 344-345.

26. Mas cabe ainda perguntar pelos termos desta transmissão da posição jurídica do arrendatário. Verificada a morte do arrendatário, dá-se a atribuição ao transmissário do direito (potestativo) a adquirir a posição jurídica de arrendatário, concretizando-se então uma vocação[187], sendo que a aquisição apenas se verificará em razão de uma manifestação de vontade, a aceitação do destinatário, ou verifica-se a imediata transmissão da situação jurídica de arrendatário, ainda que podendo ser resolvida – isto é *aquisição potestativa, por aceitação*, ou *aquisição automática, independente da aceitação*?

Como é sabido, o regime geral da aquisição sucessória no Direito sucessório comum é que o sucessível apenas adquire a herança ou o legado com a aceitação (art. 2050.º, n.º 1 e art. 2249.º do Cód. Civil) ainda que esta retroaja os seus efeitos à abertura da sucessão (n.º 2 do art. 2050.º do Cód. Civil)[188]. Consagrou-se, assim, o regime da aquisição da herança por aceitação ou *aditio*, em que a aquisição se dá com a aceitação, a qual é, pois, imprescindível como pressuposto para a produção do efeito aquisitivo[189], rejeitando-se pois o sistema da aquisição automática ou *ipso iure* da herança, em que esta se processa automaticamente com a abertura da sucessão, sem necessidade de qualquer manifestação de vontade nesse sentido.

---

[187] Como escreve PAMPLONA CORTE-REAL, *Direito da Família e das Sucessões*, vol. II – *Sucessões*, Lisboa, Lex, 1993, p. 185: "embora a sucessão seja normalmente uma transmissão, o conteúdo jurídico da vocação é um poder originário, através de cujo exercício se concretiza, ou não (pelo repúdio), a aquisição (via de regra, a transmissão) sucessória". Citem-se também as palavras clássicas de GALVÃO TELLES, *Teoria geral...* cit., p. 46: "Pela devolução, o seu destinatário fica investido numa situação jurídica *originária, provisória* e *instrumental*. Originária: o elemento de que se compõe – o *direito de aceitar* ou *de suceder* – não se encontrava na esfera jurídica do *de cuius* (...); é um poder jurídico novo e autónomo, originàriamente adquirido pelo sucessível. Provisória: tal situação destina-se a desaparecer com o acto da aceitação, vive apenas e mantém-se enquanto êste acto não é praticado e, logo que o fôr, extingue-se, cedendo o passo a outra de que foi prelúdio, essa definitiva. Instrumental: funciona como instrumento mediante o qual o sujeito logra ingressar na situação jurídica definitiva que lhe é oferecida, e posta à sua disposição, no momento do chamamento sucessório".

[188] Sobre a matéria da aquisição sucessória, vd. OLIVEIRA ASCENSÃO, ob. cit., pp. 437 e segs.; CARVALHO FERNANDES, *Lições de Direito das Sucessões*, 2ª ed., Lisboa, Quid Juris, 2001, pp. 275 e segs.; FERNANDO BRANDÃO FERREIRA PINTO, *Direito das Sucessões*, Lisboa, EI-Editora Internacional, 1995, pp. 157 e segs.; PEREIRA COELHO, *Direito das Sucessões* cit., pp. 154 e segs..

[189] Não se esquecem, porém, as especialidades da aquisição sucessória pelo Estado como herdeiro legítimo, a qual opera *por investidura* (art. 2154.º do CC). Vd. OLIVEIRA ASCENSÃO, *Sucessões* cit., p. 442.

Na verdade, é corrente autonomizar dois sistemas básicos de aquisição sucessória (seja para o herdeiro seja para o legatário, conjunta ou separadamente)[190]:

- o sistema da aquisição *ipso iure* (sistema germânico, que se encontra no BGB), em que a aquisição da herança se produz de modo automático desde o momento da morte do autor da sucessão, pelo que o sucessor não carece de manifestar a sua vontade de ser sucessor, antes caso não o queira ser é que carece de manifestar a sua vontade repudiando a herança; deste modo, neste sistema, falece qualquer situação de herança jacente, porquanto desde a morte do autor da sucessão ocorre sem interrupção a aquisição da titularidade das situações jurídicas;
- sistema da aquisição mediante aceitação (sistema romano), em que se exige para se processar a aquisição sucessória que o chamado manifeste a sua vontade de suceder mediante a declaração de vontade de aceitação, pelo que entre o momento da morte e o momento da aceitação existe um lapso de tempo em que os bens não têm titular (a fase da herança jacente, em que a sucessão está pendente, à disposição do chamado).

Quid juris quanto à transmissão por morte da posição de arrendatário habitacional?

Não vale a pena prendermo-nos com as expressões como direito à transmissão ou à posição. Tratam-se, tal como as expressões análogas de direito à herança ou de direito ao legado[191], de fórmulas ambíguas que tanto servem para designar a aquisição definitiva da situação jurídica em causa, como a situação instrumental que possibilita a aceitação daquela.

Pois bem, tendo em conta o art. 88.° e o art. 89.° e, em particular, o disposto no (ressuscitado) n.° 3 deste último preceito ("*A inobservância do disposto nos números anteriores não prejudica a transmissão do contrato*

---

[190] Não nos importa considerar aqui o modo de aquisição sucessória por investidura ou *saisine*. Vd. OLIVEIRA ASCENSÃO, *Sucessões* cit., pp. 437 e segs.; SERRANO ALONSO, *Manual de Derecho de Sucesiones,* Madrid, McGraw-Hill, 1997, p. 37.

[191] Escreve GALVÃO TELLES, *Teoria geral...* cit., pp. 103-104: "as expressões 'direito à herança', 'direito ao legado', ambíguas como são, tanto servem para designar a situação jurídica definitiva que se consubstancia na herança ou no legado, como também – e até, talvez, mais idòneamente – a situação jurídica provisória e instrumental que se traduz no direito de aceitar".

mas obriga o transmissário faltoso a indemnizar") entendemos que temos aqui um caso de aquisição *ipso iure,* independente da aceitação[192].

Em consequência, a renúncia referida no art. 88.º analisa-se verdadeiramente na eliminação (retroactiva) de uma posição que se adquiriu, e não tanto em um repúdio[193]. Com efeito, não se nos afigura que o legislador tenha previsto o instante intermédio pelo qual se processa o oferecimento da sucessão – o chamamento, vocação ou devolução – que se traduz na atribuição do direito potestativo instrumental de aceitar ou repudiar (*ius delationis*).

Temos aqui um sistema de aquisição automática da posição arrendatícia, pelo que uma aceitação funciona como mero acto confirmativo ou consolidativo da transmissão já realizada. Deste modo, a comunicação prevista no art. 89.º, a desempenhar algum papel neste âmbito, é só, para utilizar palavras de GALVÃO TELLES, "o papel de *facto confirmativo*, visto que aos efeitos jurídicos, já desencadeados plenamente, apenas acrescentaria, na sua projecção *in futurum*, o vigor resultante de não mais poderem ser destruídos pelo repúdio", pelo que traduz-se afinal "na renúncia ao direito de renunciar"[194].

27. Em síntese, a transmissão *mortis causa* da posição de arrendatário habitacional constitui uma sucessão anómala.

Mais especificamente pode falar-se de um *legado legítimo* ou *legado ex lege*[195], pois está-se em presença de uma atribuição *mortis causa* a

---

[192] Já assim vd. PEREIRA COELHO, *Arrendamento* cit., p. 221 e *"Anotação"* ao Ac. do STJ de 2 de Abril de 1987 cit., p. 140, nota 17: "também em orientação diversa da estabelecida no art. 2050.º, n.º 1, a aquisição do direito ao arrendamento parece verificar-se aqui *ipso iure*, embora os sucessores possam "renunciar à transmissão", comunicando a renúncia ao senhorio no prazo de 30 dias" e *"Breves notas"*, p. 261. Neste sentido, vd. ainda JANUÁRIO GOMES, *Arrendamentos para habitação* cit., p. 187.

[193] GALVÃO TELLES, *Teoria geral...* cit., p. 105: "repudiar significa na verdade repelir, afastar algo que nos é oferecido e que ainda não nos pertence".

[194] GALVÃO TELLES, *Teoria geral...* cit., p. 101.

[195] Assim, vd. GALVÃO TELLES, *Direito das Sucessões* cit., p. 83 e p. 162 que escreve na primeira pág. referida: "é objecto de *legado* a posição de arrendatário de uma casa para habitação quando morre o inquilino, mas aí trata-se de legado *ex lege* porque a pessoa ou pessoas dos sucessores são designadas pela própria lei". Cfr. igualmente PAMPLONA CORTE-REAL, *Sucessões* cit., p. 117, nota 161 que qualifica justamente a hipótese do art. 85.º do RAU como um "legado legítimo". Do mesmo modo, vd. também CAPELO DE SOUSA, *Sucessões* cit., p. 54 e nota 88a. Apela também à ideia de "legado legítimo" DEUSDADO CASTELO BRANCO, *Problemas de Inquilinato*, Coimbra, Almedina, 1973, pp. 86-89. Contra OLIVEIRA ASCENSÃO, *Sucessões* cit., p. 254, nota 310 que rejeita tal qualifi-

título particular (uma *successio in singulas res*) em benefício de certas pessoas qualificadas que tem fundamento na lei, determinando uma devolução sucessória *ex lege*[196].

Acrescentaríamos tão só que se trata aqui verdadeiramente de um legado legitimário, se quisermos ser mais precisos do que a expressão "legado legítimo" que pouco mais faz do que indicar que se trata de um legado determinado por lei. Ora, atento que à sucessão legítima vai hoje associada a ideia de sucessão supletiva, convocando, assim, claramente a prevalência das disposições voluntárias, particularmente por testamento, melhor seria recorrer à expressão legado legitimário para designar esta espécie de legados legais que representam *ius cogens*, porquanto se aplicam e operam não apenas na ausência de uma disposição do *de cuius* em contrário, mas mesmo contra essa disposição: o legado é legitimário, se dermos a esta noção a ideia de que se trata de bem de que o testador não

---

cação por considerar que a aquisição sucessória se processa fora do Direito das Sucessões, (como acima se referiu). Vd. ainda LUISA MEZZANOTE, ob. cit., p. 150 que considera não ser possível reconduzir esta sucessão *mortis causa* no contrato a título particular e anómala a um legado *ex lege*, por não se poder aceitar que o legado possa ter por objecto um direito pessoal de gozo sobre bem alheio emergente de um contexto negocial. Vd. ainda assim GABRIELLI/PADOVINI, ob. cit., pp. 340-341 que não aceitam em geral a figura do legado de posição contratual de arrendatário por defenderem que não se pode impôr ao senhorio essa modificação contratual querida pelo *de cuius* arrendatário e por isso ser pouco conciliável com a ausência de responsabilidade *ultra vires* do legatário e com o esquema da redução por inoficiosidade.

[196] Para certas orientações doutrinárias, o legado é uma figura própria da sucessão testamentária, imprestável, pois, para designar vocações a título particular determinadas por lei. Assim, por exemplo, a doutrina espanhola não aceita os legados legais, considerando que o legado é uma disposição testamentária pela qual o testador dispõe de bens concretos e determinados, pelo que é sua característica definidora a vinculação à sucessão testamentária. Assim, vd. SERRANO ALONSO, *Manual de Derecho de Sucesiones*, Madrid, McGraw-Hill, 1997, p. 91. É posição que a doutrina nacional não tem seguido e julga-se que bem, optando pela autonomização, de raiz germânica, da categoria dos *gesetzliche Vermächtnisse* que designa as sucessões a título particular extraordinárias pelas quais a lei atribui a certas pessoas qualificadas determinados bens ou situações jurídicas. Vd., por exemplo, GALVÃO TELES, *Direito das Sucessões*, cit., p. 162 ("há legatários não só na sucessão *ex voluntate* como na sucessão *ex lege*"); OLIVEIRA ASCENSÃO, *Sucessões* cit., p. 254; CARVALHO FERNANDES, *Sucessões* cit., pp. 88, 107 (que aliás bem exemplifica quer com o anterior usufruto atribuído ao conjuge em caso de concurso com irmãos ou seus descendentes do falecido (art. 2146.º do Cód. Civil na sua versão originária) e com o actual direito real de habitação atribuído ao membro sobrevivo da união de facto no caso de falecimento do titular da casa de morada de família).

pode dispor (art. 2156.º do Cód. Civil), ainda que não seja legalmente destinada aos herdeiros legitimários a que se reporta o art. 2157.º, nem goze de mecanismos como a redução por inoficiosidade. Na verdade, não cabendo a possibilidade de o testador fazer estipulações contrárias ao teor desta disposição, cabe reconhecer à normatividade consagradora deste legado carácter imperativo e daí tratar-se não tanto de um legado legítimo, mas verdadeiramente forçado e necessário (para o *auctor successionis*).

Tudo o que só manifesta o carácter anómalo da sucessão por morte da posição jurídica de arrendatário habitacional.

BIBLIOGRAFIA

ALMEIDA, GERALDO DA CRUZ – *Da união de facto. Convivência more uxorio em Direito internacional privado*, Lisboa, PF, 1999.

ASCENSÃO, JOSÉ DE OLIVEIRA – *Direito Civil. Sucessões*. 5ª ed., Coimbra, Coimbra Editora, 2000.

BEHAR-TOUCHAIS, MARTINE – *Le décès du contractant*, Paris, Economica, 1988

BOZZI, GIUSEPPE/CONFORTINI, MASSIMO/GROSSO, GIORGI DEL/ZIMATORE, ATTILIO – *"Locazione di immobili urbani"* in NssDI-App, vol. IV (1983), pp. 1005-1052.

BRANCO, DEUSDADO CASTELO – *Problemas de Inquilinato*, Coimbra, Almedina, 1973.

CANOTILHO, J. J. GOMES/MOREIRA, VITAL – *Constituição da República Portuguesa anotada*, 3ª ed., Coimbra, Coimbra Editora, 1993.

CID, NUNO DE SALTER – *A protecção da casa de morada da família no Direito português*. Coimbra, Almedina, 1996.

COELHO, F. M. PEREIRA – *"Anotação"* ao Ac. do STJ de 2 de Abril de 1987 in RLJ, ano 122.º (1989-90), pp. 120-121, 135-143, 206-209.

COELHO, F. M. PEREIRA – *Arrendamento. Direito substantivo e processual*, Coimbra, 1988.

COELHO, F. M. PEREIRA – *"Breves notas ao "Regime do Arrendamento Urbano"* in RLJ, ano 125 (1992-1993), pp. 257-264, ano 126 (1993-1994), pp. 194-201, ano 131 (1998-1999), pp. 226-234, 258-266, 358-373.

COELHO, F. M. PEREIRA – *"Casamento e família no Direito português* in AAVV, *Temas de Direito da Família*, Coimbra, Almedina, 1986, pp. 1-29 [p. 9]

COELHO, F. M. PEREIRA / OLIVEIRA, GUILHERME DE – *Curso de Direito da Família*, vol. I, 2ª ed., Coimbra, Coimbra Editora, 2001.

CORDEIRO, ANTÓNIO MENEZES – *"Da aplicação no tempo do regime da denúncia do arrendamento pelo senhorio mediante a indemnização correspondente a 10 anos de renda"* in CJ-STJ, ano IV, t. I (1996), pp. 6-10.

CORDEIRO, ANTÓNIO MENEZES – *Da natureza do direito do locatário*, Lisboa, 1980 (sep. da ROA).

CORDEIRO, ANTÓNIO MENEZES – *"O dever de comunicar a morte do arrendatário: o artigo 1111.º, n.º 5, do Código Civil"* in TJ, pp. 29-38.

CORDEIRO, ANTÓNIO MENEZES/FRAGA, FRANCISCO CASTRO, *Novo Regime do Arrendamento Urbano anotado*, Coimbra, Almedina, 1990.

CORTE-REAL, CARLOS PAMPLONA – *Direito da Família e das Sucessões*, vol. II – *Sucessões*, Lisboa, Lex, 1993.

DUTILLEUL, FRANÇOIS COLLART/DELEBECQUE, PHILIPPE – *Contrats civils et commerciaux*, 3ª ed., Paris, Dalloz, 1996.

FERNANDES, LUÍS A. CARVALHO – *Lições de Direitos Reais*, 3ª ed., Lisboa, Quid Juris, 1999.

FERNANDES, LUÍS A. CARVALHO – *Lições de Direito das Sucessões*, 2ª ed., Lisboa, Quid Juris, 2001.
FROTA, MÁRIO – *Arrendamento urbano comentado e anotado*, Coimbra, Coimbra Editora, 1987.
FURTADO, JORGE HENRIQUE DA CRUZ PINTO – *Manual do Arrendamento Urbano*, 3ª ed., Coimbra, Almedina, 2001
FURTADO, JORGE HENRIQUE DA CRUZ PINTO – *"Vinculismo arrendatício. Origens, características e tendência evolutiva"* in TJ, n.º 2 (Fev/Mar 1990), pp. 25-57.
GABRIELLI/PADOVINI – *La locazione di immobili urbani*, Padova, Cedam, 1994.
GARCIA GARRIDO, MANUEL JESUS – *Derecho Privado Romano*, 6ª ed., Madrid, Dykinson, 1995.
GOMES, M. JANUÁRIO C. – *Arrendamentos comerciais*, 2ª ed., Coimbra, Almedina, 1991.
GOMES, M. JANUÁRIO C. – *Arrendamentos para habitação*, 2ª ed., Coimbra, Almedina, 1996.
GOMES, M. JANUÁRIO C. – *Constituição da relação de arrendamento urbano*, Coimbra, Almedina, 1980.
GONÇALVES, LUIZ DA CUNHA – *Tratado de Direito Civil*, vols. VIII e IX, Coimbra, Coimbra Editora, 1934.
GOUVEIA, ALFREDO ROCHA DE – *"Resenha"* (em anotação ao Ac. do STJ de 10 de Dezembro de 1992) in ROA, ano 55-II (Julho 1995), pp. 527-533.
GRAVE, MARGARIDA – *Regime do arrendamento urbano. Anotações e comentários*, 2ª ed., s.l., s.d. (mas 1999).
HUET, JÉRÔME – *Les principaux contrats spéciaux*, Paris, LGDJ, 1996 (JACQUES GHESTIN (dir.), *Traité de Droit Civil*).
LIMA, PIRES DE/VARELA, ANTUNES – *Código Civil anotado*, vol. II, 4ª ed., Coimbra, Coimbra Editora, 1997.
LOUREIRO, JOSÉ PINTO – *Tratado da Locação*, vol. II, Coimbra, Coimbra Editora, 1947.
MARTINEZ, PEDRO ROMANO – *Direito das Obrigações (Parte Especial). Contratos*, 2ª ed., Coimbra, Almedina, 2001.
MATOS, JOÃO DE – *Manual do arrendamento e do aluguer*, vol. II, Porto, Livraria Fernando Machado, 1968.
MESQUITA, ANTÓNIO PEDRO PINTO DE/SAMPAIO, RUI MANUEL POLÓNIO DE – *Legislação sobre arrendamentos*, Coimbra, Almedina, 1962.
MILLER, RUI VIEIRA – *Arrendamento Urbano*, Coimbra, Almedina, 1967.
HELENA MOTA, *"O problema normativo da família. Breve reflexão a propósito das medidas de protecção à união de facto adoptadas pela Lei n.º 135/99, de 28 de Agosto"* in AAVV, *Estudos em comemoração dos cinco anos (1995-2000) da Faculdade de Direito da Universidade do Porto*, Coimbra, Coimbra Editora, 2001, pp. 535-562.
NETO, ABÍLIO – *Leis do Inquilinato*, 6ª ed., Lisboa, Petrony, 1988.
PINTO, EDUARDO VERA-CRUZ – *O Direito das Obrigações em Roma*, vol. I, Lisboa, AAFDL, 1997.
PINTO, FERNANDO BRANDÃO FERREIRA – *Direito das Sucessões*, Lisboa, EI-Editora Internacional, 1995.
PITÃO, FRANÇA – *Uniões de Facto e Economia Comum*, Coimbra, Almedina, 2002.
REIS, J. ALBERTO DOS – *"Anotação"* ao Ac. do STJ de 21.2.1933 in RLJ, 65.º ano (1932--1933), pp. 395-400.

REIS, J. ALBERTO DOS – *"Transmissão do arrendamento (Sobre o n.° 3 do § 1 do art. 1.° da lei n.° 1:662)"* in RLJ, 79.° ano (1946-47), pp. 385-391, 401-408; RLJ, 80.° ano (1947-48), pp. 2-9, 17-23, 33-38.

REVISTA DE LEGISLAÇÃO E JURISPRUDÊNCIA - *"Anotação"* ao Assento de 5 de Dezembro de 1929 in RLJ, ano 62 (1929-1930), pp. 287-288.

RIBEIRO, ANTÓNIO SEQUEIRA – *Sobre a denúncia no contrato de arrendamento urbano para habitação*, Lisboa, Lex, 1996.

SÁ, FERNANDO AUGUSTO CUNHA DE – *Caducidade do contrato de arrendamento*, I, 1968 e II, 1969, Lisboa, Centro de Estudos Fiscais.

SOUSA, ANTÓNIO PAIS DE – *Anotações ao Regime do Arrendamento Urbano*, 6ª ed., Lisboa, Rei dos Livros, 2001.

SOUSA, ANTÓNIO PAIS DE – *Extinção do arrendamento urbano*, 2ª ed., Coimbra, Almedina, 1985.

SOUSA, MIGUEL TEIXEIRA DE – *A acção de despejo*, 2ª ed., Lisboa, Lex, 1995.

SOUSA, RABINDRANATH CAPELO DE – *Direito da Família e das Sucessões. Relatório sobre o programa, o conteúdo e os métodos de ensino de tal disciplina*. Coimbra, 1999.

SOUSA, RABINDRANATH CAPELO DE – *Lições de Direito das Sucessões*, vol. I, 4ª ed., Coimbra, Coimbra Editora, 2000.

TABET, ANDREA – *"Locazione (in generale) (Diritto Civile)"* in NssDI, vol. IX, pp. 996-1036.

TELLES, INOCÊNCIO GALVÃO – *Apontamentos para a História do Direito das Sucessões português*, Lisboa, 1963 (sep. da RFDUL, vol. XV).

TELLES, INOCÊNCIO GALVÃO – *Arrendamento. Lições do Prof Doutor GALVÃO TELLES publicadas pelos alunos BENTO GARCIA DOMINGUES e MANUEL A. RIBEIRO*, Lisboa, Pro Domo, 1944-45.

TELLES, INOCÊNCIO GALVÃO – *"Aspectos comuns aos vários contratos"* in RFDUL, VII (1950), pp. 234-315.

TELLES, INOCÊNCIO GALVÃO – *"Contratos civis (Projecto completo de um Título do futuro Código Civil português e respectiva exposição de motivos"* in BMJ, n.° 83 (1959), pp. 114-283.

TELLES, INOCÊNCIO GALVÃO – *Direito das Sucessões. Noções Fundamentais*, 6ª ed., Coimbra, Coimbra Editora, 1991.

TELLES, INOCÊNCIO GALVÃO – *Teoria geral do fenómeno jurídico sucessório. Noções fundamentais*, Lisboa, 1944.

TERRÉ, FRANÇOIS/LEQUETTE, YVES – *Droit civil. Les successions. Les libéralités*, 3ª ed., Paris, Dalloz, 1997.

VARELA, ANTUNES – *Direito da Família*, 1.° vol., 5ª ed., Lisboa, Petrony, 1999

VARELA, ANTUNES – *"Do Projecto ao Código Civil"* in BMJ, n.° 161 (Dezembro 1966), pp. 5-85.

JURISPRUDÊNCIA

Ac. da Relação de Coimbra de 17 de Junho de 1980 (MANUEL DE OLIVEIRA MATOS) in CJ, ano V (1980), t. 3, pp. 279-280.

Ac. da Relação de Coimbra de 5.6.2001 (QUINTELA PROENÇA) in CJ, ano XXVI (2001), t. III, pp. 19-20.

Ac. da Relação de Évora de 6.10.83 8 (JOSÉ MARIA SAMPAIO DA SILVA) in CJ, ano VIII (1983), t. 4., pp. 321-322.

Ac. da Relação de Évora de 29.11.90 (ANTÓNIO PEREIRA) in CJ, ano XV (1990), t. V, pp. 255-259

Ac. da Relação de Lisboa de 12 de Janeiro de 1979 (LICURGO DOS SANTOS) in CJ, ano IV (1979), t. 1, pp. 82-85

Ac. da Relação de Lisboa de 7.1.1986 (ZEFERINO FARIA) in CJ, ano XI (1986), t. I, pp. 78-80.

Ac. da Relação de Lisboa de 21.4.1994 (RODRIGUES CODEÇO) in CJ, ano XIX (1994), t. II, pp. 123-124

Ac. da Relação de Lisboa de 14.11.96 (CUNHA BARBOSA), in CJ, ano XXI (1996), t. V, pp. 88-93

Ac. da Relação de Lisboa de 6 de Março de 1997 (PROENÇA FOUTO) in CJ, ano XXII (1997), t. II, pp. 81-82

Ac. da Relação de Lisboa de 11 de Maio de 2000 (ARLINDO ROCHA) in CJ, ano XXV (2000), t. III, pp. 83-84.

Ac. da Relação de Lisboa de 20.2.2001 (SAMPAIO BEJA) in CJ, ano XXVI (2001), T. I, p. 123.

Ac. da Relação do Porto de 20.9.1988 (MARTINS COSTA) in CJ, ano XIII (1988), t. 4, pp. 175-177.

Ac. do STJ de 15 de Maio de 1990 (BROCHADO BRANDÃO) in BMJ 397 (1990), pp. 429-432

Ac. do STJ de 10 de Dezembro de 1992 (RAUL DOMINGOS MATEUS DA SILVA] in BMJ n.º 422 (Janeiro 1993), pp. 342-347

Ac. do STJ de 4 de Abril de 1995 [FERNÃO FABIÃO] in BMJ 446 (Maio 1995), pp. 281-287

Ac. do STJ de 26 de Abril de 1995 (TORRES PAULO) in BMJ, n.º 446 (Maio 1995), pp. 288-294.

Ac. do STJ de 21 de Outubro de 1997 (CARDONA FERREIRA) in BMJ n.º 470 (Novembro 1997), pp. 576-580.

Ac. do Tribunal Constitucional n.º 130/92, de 1 de Abril de 1992 (FERNANDO ALVES CORREIA) in BMJ n.º 416 (Maio 1992), pp. 158-165.

DIREITO A NOVO ARRENDAMENTO

Luís Manuel Teles de Menezes Leitão[*]

SUMÁRIO: 1. Evolução histórica do direito a novo arrendamento; 2. O actual regime do direito a novo arrendamento; 2.1. Pressupostos de atribuição do direito a novo arrendamento. A) A caducidade do contrato de arrendamento para habitação por morte do arrendatário ou por extinção do direito ou dos poderes de administração com base nos quais o contrato foi celebrado. B) A inexistência de residência nas comarcas de Lisboa e Porto e suas limítrofes ou na respectiva localidade, quanto ao resto do país. 2.2. Beneficiários do direito a novo arrendamento; 2.3. Causas legítimas de recusa do direito a novo arrendamento; 2.4. Exercício do direito a novo arrendamento; 2.5. Regime do contrato celebrado com base no direito a novo arrendamento; 3. Natureza do direito a novo arrendamento; 4. Conclusão.

INTRODUÇÃO

O tema que é objecto deste trabalho prende-se com o direito a novo arrendamento, que actualmente o Regime do Arrendamento Urbano vem prever no seus arts. 90.º e ss..

A nossa exposição será dividida em três partes. Primeiramente efectuaremos uma análise histórica sobre a introdução do direito a novo arrendamento no nosso ordenamento jurídico. Depois, averiguaremos quais as questões de regime que se prendem com a atribuição deste direito. Finalmente examinaremos a qualificação dogmática que se deve atribuir a esta figura jurídica.

---

[*] Professor da Faculdade de Direito da Universidade de Lisboa.

1. Evolução histórica do direito a novo arrendamento

No regime do Código Civil, o arrendamento para habitação caducava por morte do arrendatário (art. 1109.°, n.°1), salvo se existisse alguém em condições de lhe suceder nos termos do art. 1111.°. Não sendo esse o caso, o senhorio poderia requerer o despejo do prédio, o qual se executava fosse qual fosse a pessoa que estivesse na posse do prédio. Não era assim previsto na legislação qualquer direito a novo arrendamento, antes se determinava a restituição do prédio ao senhorio que era livre de o voltar ou não a arrendar.

A primeira alteração desta situação, com a imposição ao senhorio de um arrendamento coercivo veio a ser instituída no período histórico que se convencionou designar como gonçalvismo. Assim, e pelo Decreto-Lei 445/74, de 12 de Setembro, estabeleceu-se que não poderia ser recusado durante mais de cento e vinte dias o arrendamento de qualquer fogo que tivesse sido destinado a habitação no último arrendamento, ou que não tendo sido nunca arrendado se destinasse àquele fim, nos termos do respectivo projecto ou da licença de utilização (art. 5.° deste diploma). Deste regime apenas eram exceptuados: a) os fogos destinados a venda; b) os fogos destinados a habitação própria do senhorio, ou do respectivo agregado familiar, ainda que secundária; c) os fogos que tivessem sido submetidos a projecto de nova construção, ou cuja demolição fosse admissível; d) os fogos para habitação por curtos períodos em praias, campo, termas ou quaisquer lugares de vilegiatura, ou a fins especiais semelhantes; e) os edifícios de habitação unifamiliar que, pelas suas dimensões ou características arquitectónicas não interessem ao mercado corrente de habitação; e f) os fogos integrados em edifícios destinados pelas empresas a alojamento do seu pessoal (art. 6.°). Este diploma tinha ainda o cuidado de fixar a renda se o prédio já tivesse sido arrendado, determinando a inexistência de qualquer actualização se a renda tivesse sido fixada após 31 de Dezembro de 1970 e uma actualização com base na aplicação de uma tabela de coeficientes que tinha a curiosidade de variar entre 94,60 para as rendas fixadas até 1900 e 1,07 para as rendas fixadas em 1970 (art. 15.°) Apenas quanto aos prédios ainda não arrendados a renda poderia resultar do livre jogo da oferta ou da procura (art. 17.°). O exercício do direito ao arrendamento fazia-se pela entrega de um requerimento, por qualquer interessado na Câmara Municipal (art. 22.°, n.°1), a qual notificava o senhorio que, se recusasse a celebração do arrendamento, ficava sujeito a penas de prisão até dois anos (art. 25.°, n.°1 c) do D.L. 445/74).

Do D.L. 445/74 resultou assim a atribuição genérica de um direito ao arrendamento coercivo a qualquer interessado e a eliminação integral da liberdade de contratar do senhorio nesta matéria. Este diploma apenas veio a ser expressamente revogado pelo Decreto-Lei 148/81, de 4 de Julho, embora fosse evidente que a imposição coerciva do novo arrendamento se encontrava a ser ultrapassada na fase da Revolução, através das ocupações selvagens dos fogos devolutos, que se faziam sem que os ocupantes estivessem interessados na celebração de qualquer novo arrendamento e muito menos no pagamento de quaisquer rendas. Essas ocupações vieram a ser legalizadas através da celebração forçada de contratos de arrendamento pelo Decreto-Lei 198-A/75, de 14 de Abril, que determinou a imposição da celebração de contratos de arrendamento com os ocupantes, dentro de trinta dias, sendo que quando o proprietário a isso se opusesse poderia ser substituído pela respectiva Câmara Municipal. Curiosamente, embora destinado a legalizar as ocupações, esse diploma pareceu funcionar como uma restrição ao regime da obrigação da celebração de arrendamento com qualquer interessado, na medida em que passou a contemplar apenas os efectivos ocupantes dos prédios.

Perante este novo enquadramento surge então o Decreto-Lei 420/76, de 28 de Maio, ainda emanado do VI Governo Provisório. Conforme resultava do preâmbulo desse diploma, ele visava precisamente evitar o despejo da casa arrendada em relação às pessoas que aí habitavam, aquando da morte do arrendatário, considerando o legislador que importava reduzir as tensões sociais geradas com esse fenómeno, o que implicava que, em obediência a princípios de justiça lhes fosse reconhecido o que foi denominado como "direito de preferência a novo arrendamento".

Nos termos do art. 1.º do D.L. 420/76, o referido "direito de preferência a novo arrendamento para habitação" era conferido em caso de caducidade do arrendamento para habitação por morte do respectivo titular, ainda que não fosse o primitivo arrendatário, e sucessivamente: a) ao subarrendatário; b) às pessoas a que se refere o artigo 1109.º do Código Civil, desde que coabitem com o titular do arrendamento caducado há mais de cinco anos, incluindo, portanto, as pessoas que vivam com o arrendatário em economia comum e os hóspedes. A redacção deste artigo 1.º foi, porém, logo a seguir alterada pelo Decreto-Lei 293/77, de 20 de Julho que estendeu o referido "direito de preferência a novo arrendamento" às situações de resolução do contrato com fundamento nas alíneas a), d) a g) e j) do art. 1093.º do Código Civil.

A lei tinha o cuidado de hierarquizar a atribuição do direito de preferência a novo arrendamento quando não estava em causa o subarrendatário. Assim, no art. 1.º, n.º 2 estabelecia-se a prevalência das pessoas que viviam em economia em comum sobre os hóspedes, determinando-se que em igualdade de condições o direito de preferência era atribuído sucessivamente ao parente mais próximo, ao afim mais próximo, à pessoa mais idosa de entre os que, por força da lei ou de negócio jurídico que não respeite directamente à habitação convivam obrigatoriamente com o arrendatário e dele recebam alimentos e ao hóspede mais idoso.

Este diploma tinha ainda o cuidado de determinar a sua aplicação retroactiva aos casos de caducidade do arrendamento ocorridos antes da sua entrada em vigor, prevendo a suspensão de todas as acções de despejo pelo prazo de trinta dias, a fim de permitir que os titulares pudessem exercer logo o seu direito de preferência a novo arrendamento (art. 2.º).

O diploma em questão, apesar das boas intenções que o norteavam, era, no entanto, bastante deficiente a nível de técnica legislativa, suscitando imensas dúvidas de aplicação, algumas das quais, aliás, pareciam resultar da inspiração no direito de arrendamento coercivo, estabelecido no Decreto-Lei 445/74.

Assim, apesar de a lei prever que o direito a novo arrendamento só era conferido em caso de caducidade do contrato por morte do arrendatário e em certos casos de resolução pelo senhorio, não deixou de haver jurisprudência que o considerou extensivo aos casos de rescisão e denúncia por parte do arrendatário, o que motivou a justa crítica de ANTUNES VARELA[1].

Para além disso, o diploma falava de um "direito de preferência" a novo arrendamento, só que, conforme se compreende, o direito de preferência significa que apenas seria dado aos seus titulares a possibilidade de preferir em igualdade de circunstâncias, caso o senhorio decidisse arrendar o prédio a terceiro, não havendo, naturalmente até lá qualquer direito a ocupar o prédio. Mas esta solução era incompatível com a circunstância de a lei mandar sustar a acção de despejo para exercício do referido direito de preferência, solução que pressupõe claramente que o direito de preferência a novo arrendamento impediria o despejo dos seus titulares e, portanto, que lhes conferiria direito a habitar o prédio. A solução que triunfou na jurisprudência foi, por isso, como não podia deixar de ser, a qualificação do "direito de preferência a novo arrendamento" como efectivo direito a novo arrendamento, a qual veio a ser definitivamente sufragada, já após a revogação do D.L. 420/76, de 28 de Maio, pelo Assento STJ

---

[1] Cfr. ANTUNES VARELA, "Anotação Ac. STJ 10/12/1981", na *RLJ* 117 (1985), pp. 318-320

16/10/1984 (Ruy Corte-Real)[2], que veio a estabelecer que "na vigência do Decreto-Lei n.º 420/76, de 28 de Maio, com as alterações do Decreto-Lei n.º 293/77, de 20 de Julho, em caso de caducidade do contrato de arrendamento por morte do locatário, o titular do direito referido no art. 1.º, n.º 1 daquele decreto, aí apelidado de preferência, podia obrigar o senhorio a celebrar com ele novo contrato de arrendamento, se aquele não alegasse e provasse qualquer das excepções do art. 5.º, n.º 4, do Decreto-Lei n.º 445/74, sendo legítima a sua ocupação do fogo até à celebração desse contrato ou decisão final sobre o destino do fogo". Foi assim claramente consagrada a tese de que o direito de preferência a novo arrendamento nada mais era que uma nova versão do direito ao arrendamento coercivo, previsto no D.L. 445/74.

O regime do direito a novo arrendamento veio a ser posteriormente alterado pelo Decreto-Lei n.º 328/81, de 4 de Dezembro, em cujo preâmbulo foi claramente assumido que o direito a novo arrendamento nada tinha a ver com a figura jurídica do direito de preferência. Este diploma passou a limitar novamente o direito a novo arrendamento aos casos de caducidade do contrato por morte do arrendatário. Para além disso, excluiu os hóspedes da atribuição do direito a novo arrendamento, e colocou os subarrendatários em posição inferior às pessoas que viviam em economia comum com o arrendatário, além de esclarecer que apenas os subarrendatários, cujo vínculo fosse eficaz em relação ao senhorio passariam a beneficiar do direito (art. 3.º).

Em termos inovatórios, este regime consagrou causas legítimas de recusa do direito por parte do senhorio, em termos mais dilatados do que os que constavam da legislação anterior (art. 5.º), tendo ainda atribuído aos beneficiários do direito a novo arrendamento direito de preferência na venda do fogo (art. 6.º).

Foi esse o regime que passou para a Lei 46/85, de 20 de Setembro (arts. 28.º a 30.º), a qual, no entanto, mais uma vez enquadrou a situação numa secção denominada "preferência em arrendamentos para habitação", ainda que não houvesse quaisquer dúvidas de que era de um direito a novo arrendamento que se tratava, chegando-se, a partir daí, com poucas modificações aos arts. 90.º e ss. do R.A.U.

---

[2] Publicado no D.R. I Série de 27/10/1984.

2. O actual regime do direito a novo arrendamento

2.1. Pressupostos de atribuição do direito a novo arrendamento

A) *A caducidade do contrato de arrendamento para habitação por morte do arrendatário ou por extinção do direito ou dos poderes de administração com base nos quais o contrato foi celebrado*

O actual regime do direito a novo arrendamento consta do art. 90.º do R.A.U. que dispõe:

"1. Quando o contrato de arrendamento para habitação caduque por morte do arrendatário, têm direito a novo arrendamento, sucessivamente:

a) As pessoas referidas na alínea a) do n.º1 do art. 76.º, desde que convivam com o arrendatário há mais de cinco anos, com excepção das que habitem o local arrendado por força de negócio jurídico que não respeite directamente a habitação;

b) Os subarrendatários, quando a sublocação seja eficaz em relação ao senhorio, preferindo entre vários, o mais antigo.

2. Havendo pluralidade de pessoas nas condições da alínea a) do número anterior, o direito a novo arrendamento cabe às que convivam há mais tempo com o arrendatário, preferindo, em igualdade de condições, os parentes, por grau de parentesco, os afins, por grau de afinidade, e o mais idoso".

Conforme resulta desta disposição, o pressuposto da atribuição do direito a novo arrendamento é a caducidade do contrato de arrendamento para habitação por morte do inquilino, independentemente de este ser ou não o primitivo arrendatário, podendo inclusivamente ser até o segundo transmissário do direito, nos termos do art. 85, n.º4 do R.A.U.º[3]. Dado que se pressupõe a caducidade do contrato de arrendamento, naturalmente que

---

[3] Era já esta a doutrina sustentada perante a Lei 46/85 por PEREIRA COELHO, *Arrendamento*, Coimbra, polic., 1988, p. 313, a qual foi sufragada pelo Ac. STJ 10/12/1992 (MATEUS DA SILVA) no *BMJ* 422 (1992), pp. 342-347. No mesmo sentido, perante o Direito actual, PIRES DE LIMA/ANTUNES VARELA, *Código Civil Anotado*, II, 4ª ed., Coimbra, Coimbra Editora, 1997, p. 672, M. JANUÁRIO C. GOMES, *Arrendamentos para habitação*, 2ª ed., Coimbra, Almedina, 1996, p. 190 e ARAGÃO SEIA, *Arrendamento Urbano*, 6ª ed., Coimbra, Almedina, 2002, p. 579. Em sentido contrário, PINTO FURTADO, *Manual do Arrendamento Urbano*, 3ª ed., Coimbra, Almedina, 2001, p. 727, que argumenta com a referência a "primitivo arrendatário" no art. 91.º, e que em consequência acaba por concluir (p. 1071) que o art. 90.º a) foi implicitamente revogado pela Lei 6/2001, de 11 de Maio.

não se coloca a questão da aplicação do art. 90.º do R.A.U. sempre que exista transmissão do direito ao arrendamento, nos termos do art. 85.º R.A.U. Ora, uma vez que as alterações ao art. 85.º do R.A.U., efectuadas pela Lei 6/2001, de 11 de Maio, e 7/2001, de 11 de Maio, dilataram por forma considerável o âmbito do aplicação do regime da transmissão por morte do arrendamento[4], ficou em consequência altamente restringido o âmbito de aplicação do art. 90.º. Efectivamente, por força da actual redacção do art. 85.º f), que estende a transmissão do arrendamento às pessoas que vivessem há mais de dois anos em economia comum com o primitivo arrendatário, parece que o art. 90.º a) passou a ser apenas aplicável à morte do inquilino transmissário do direito, que não seja o primitivo arrendatário.

Sendo restrito às hipóteses de caducidade do arrendamento, não há, por esse motivo, atribuição do direito a novo arrendamento, sempre que o arrendamento venha a cessar por acordo das partes (art. 62.º R.A.U.), resolução (art. 63.º e ss. R.A.U.) ou denúncia do contrato (arts. 68.º e ss. R.A.U.). Também relativamente a outros casos de extinção do contrato de arrendamento para habitação por caducidade (cfr. art. 66.º, n.º 1 R.A.U. e 1051.º), como a perda da coisa locada (art. 1051.º d)) ou a expropriação por utilidade pública (art. 1051.º e)) a lei naturalmente exclui o direito a novo arrendamento. No entanto, e numa opção que nos parece sistematicamente criticável o art. 66.º, n.º 2, R.A.U., vem ainda estabelecer que "quando o contrato de arrendamento para habitação caduque por força da alínea c) do art. 1051.º do Código Civil, o arrendatário tem direito a um novo arrendamento, nos termos do art. 90.º", dilatando assim o direito a novo arrendamento a uma segunda hipótese de caducidade do contrato de arrendamento para habitação.

B) *A inexistência de residência nas comarcas de Lisboa e Porto e suas limítrofes ou na respectiva localidade, quanto ao resto do país*

Outro dos pressupostos da atribuição do direito a novo arrendamento é a inexistência de residência por parte do titular do direito na respectiva localidade ou, no caso de Lisboa e Porto, na mesma comarca ou nas comarcas limítrofes. Este exigência demonstra que o fim da atribuição do

---

[4] Concorda-se inteiramente com a opinião de PINTO FURTADO, *op. cit.*, p. 1071 relativamente ao carácter retrógado desta alteração, totalmente ao arrepio do que tem sido a evolução do regime do arrendamento.

direito a novo arrendamento é a tutela da necessidade de habitação por parte do beneficiário, deixando assim de se aplicar este regime, sempre que o beneficiário não tenha necessidade de habitação, o que é demonstrado pela existência de uma segunda residência na localidade. É isto que significa o art. 91.º do R.A.U, apesar da manifesta infelicidade da sua redacção. Efectivamente, a referência a residência no âmbito desta norma não é efectuada no seu significado jurídico preciso, significando apenas que o beneficiário é titular de outra casa na localidade, apta a satisfazer as suas necessidades de habitação[5].

O art. 91.º peca, porém, por ainda se referir ao primitivo arrendatário, quando o direito a novo arrendamento, conforme se referiu, não é limitado à morte do primitivo arrendatário, abrangendo igualmente o transmissário do direito.

2.2. Beneficiários do direito a novo arrendamento

Conforme vimos, o direito a novo arrendamento ocorre apenas em dois casos de caducidade do contrato de arrendamento, variando o beneficiário desse direito consoante o tipo de caducidade em questão:

– a extinção do direito ou dos poderes legais de administração com base nos quais o contrato foi celebrado, em que o beneficiário do direito é o próprio arrendatário;
– a morte do arrendatário, em que os beneficiários são as pessoas que com ele vivessem em economia comum há mais de cinco anos, com excepção dos que habitem o locado por força de negócio jurídico que não respeite directamente a habitação, bem como os subarrendatários

O primeiro caso não suscita dúvidas especiais. Aquele que possuía a posição jurídica de arrendatário perante o primitivo locador é o único que pode exercer o seu direito a novo arrendamento após a extinção do direito ou dos poderes de administração com base nos quais o contrato foi celebrado.

---

[5] Neste sentido, ARAGÃO SEIA, *op. cit.*, p. 582. Em sentido contrário, pretendendo que o art. 91.º, tal como o art. 86.º, seria apenas aplicável ao raríssimo caso de o arrendatário ter uma dupla residência principal na mesma localidade, cfr. JANUÁRIO GOMES, *op. cit.*, pp. 193 e 181.

O segundo caso tem, no entanto, que ser correctamente analisado. Efectivamente, verifica-se que através da fórmula algo rebuscada utilizada pelo art. 90.º a) se permite abranger como beneficiários do direito a novo arrendamento todas as pessoas que vivam com o arrendatário em economia comum há mais de cinco anos[6], exceptuando aqueles que habitem o locado em resultado de um contrato de trabalho ou de um contrato de prestação de serviços, como é o caso dos empregados domésticos. Abranger-se-ão aqui naturalmente o cônjuge, os parentes ou afins do arrendatário, os adoptantes ou adoptados, o cônjuge de facto ou qualquer outra pessoa que convivesse com o arrendatário em economia comum, sempre há mais de cinco anos[7].

Já os hóspedes, pelo contrário, não são considerados por lei como beneficiários do direito a novo arrendamento, dado que se encontram previstos, não no art. 76.º, n.º1 a), mas antes no art. 76.º, n.º 1 b) do R.A.U. É, no entanto, de referir que por força do art. 76.º, n.º 2 do R.A.U. não são considerados hóspedes, mas antes pessoas residentes em economia comum, mesmo que paguem alguma retribuição, os parentes ou afins do arrendatário, em linha recta ou até ao terceiro grau da linha colateral, mesmo que paguem alguma retribuição[8], bem como as pessoas em relação às quais exista uma obrigação de alimentos (cfr. art. 2009.º). Em relação a estas entidades a lei estabelece uma presunção *juris et de jure* de residência em economia comum (art. 76.º, n.º 2), pelo que parece que para beneficiarem do direito a novo arrendamento apenas terão que demonstrar a residência com o arrendatário há mais de cinco anos.

---

[6] O art. 90.º a) não define o que se pode entender por economia comum com o arrendatário, ainda que o art. 76.º, n.º2, refira um certo número de pessoas que se considera estarem sempre nessa situação. No entanto, a Lei 6/2001, de 11 de Maio, que acrescentou a alínea f) ao art. 85.º, contém, além de uma definição pomposa de economia comum (art. 2.º, n.º1 Lei 6/2001), uma série de restrições a esta qualificação (arts. 2.º, n.ºs 2 e art. 3.º Lei 6/2001) que dificilmente se podem harmonizar com o art. 76.º, n.º 2 do R.A.U.. Uma vez que estas disposições expressamente referem que se limitam à presente lei (6/2001), parece que o conceito de economia comum previsto no art. 85.º f) do R.A.U. introduzido por esta lei passou a ser diferente das outras referência à economia comum presentes no R.A.U., o que não deixa de ser uma opção legislativa altamente criticável.

[7] O arrendatário aqui mencionado é naturalmente o arrendatário cuja morte desencadeou a caducidade do arrendamento, e não o primitivo arrendatário. Cfr. Ac. STJ 21/10/1997 (CARDONA FERREIRA), em *BMJ* 470 (1997), pp. 576-581 e, no âmbito da Lei 46/85, Ac RL 6/7/1989 (CARDONA FERREIRA), na *CJ* 14 (1989), 4, pp. 116-119.

[8] Se forem parentes ou afins da linha recta do primitivo arrendatário beneficiam não de um direito a novo arrendamento, mas do direito à própria transmissão do arrendamento.

Ao contrário do que sucede no âmbito da transmissão do arrendamento, em caso de existir pluralidade de beneficiários a hierarquização é estabelecida primordialmente, não em função da proximidade de grau de parentesco ou de afinidade com o arrendatário, mas antes em função do tempo de convivência com ele, só funcionando o grau de parentesco ou de afinidade, bem como o critério da idade, perante beneficiários em igualdade de condições (art. 90.º, n.º 2). A solução, que aliás já vinha da legislação anterior, não pode deixar de se considerar estranhíssima[9]. Basta ver que se o arrendatário tiver um cônjuge de facto, um sobrinho, um primo, ou mesmo um amigo, a residir com ele no locado há mais tempo do que o seu próprio filho, e vier a falecer sem que já possa ocorrer a transmissão de arrendamento nos termos do art. 85.º (por, por exemplo, já ter ocorrido uma primeira ou segunda transmissão), o beneficiário do direito a novo arrendamento não será o seu filho, mas antes qualquer das pessoas acima referidas. Por outro lado, como nenhuma dessas pessoas tem obrigação de alimentos perante o filho do anterior arrendatário (cfr. art. 2009.º), parece que poderão inclusivamente expulsá-lo da habitação. É uma solução que não faz manifestamente sentido.

Outros beneficiários do direito a novo arrendamento em caso de caducidade do contrato por morte do arrendatário são os subarrendatários, e isto quer o subarrendamento seja total, quer parcial. Exige-se, porém, que a sublocação seja eficaz em relação ao senhorio, o que implica não apenas se exigir que este tenha autorizado o subarrendamento, mas também que este lhe tenha sido comunicado, salvo se o senhorio tiver posteriormente reconhecido o subarrendatário, em que nenhum destes requisitos se exige (art. 44.º, n.º 2 do R.A.U.). Caso nenhuma destas situações tenha ocorrido, naturalmente que não haverá direito a novo arrendamento por parte do subarrendatário, já que não faria sentido impor ao senhorio a celebração forçada do contrato perante um subarrendatário que era por ele desconhecido.

À semelhança do que sucede com a situação anterior também pode haver conflito entre subarrendatários que pretendam exercer o direito a novo arrendamento, o que acontecerá no caso de existirem vários subarrendamentos parciais do locado. Neste caso, a lei vem determinar que prevalece o mais antigo entre os subarrendatários no exercício do direito a novo arrendamento, que assim é elevado à condição de arrendatário. A lei não cuida, porém, de esclarecer o que sucede aos subarrendatários que te-

---

[9] No mesmo sentido, JANUÁRIO GOMES, *op. cit*., pp. 192-193.

nham sido preteridos no exercício do direito. Parece que, em face do art. 46.º do R.A.U., uma vez que o subarrendamento caduca sempre com a extinção do arrendamento anterior, ele não será oponível ao titular do novo arrendamento, que assim consegue passar de subarrendatário parcial a arrendatário total do prédio, sem qualquer subarrendamento sobre ele incidente. Não vemos nada que justifique esta solução, parecendo preferível que a lei estabelecesse antes o exercício do direito a novo arrendamento por cada subarrendatário nos limites do seu subarrendamento.

2.3. *Causas legítimas de recusa do direito a novo arrendamento*

O art. 93.º do R.A.U. admite, porém, que o senhorio possa recusar o novo arrendamento, mas apenas nas seguintes situações:

a) Pretenda vender o prédio ou a fracção arrendada.

b) Queira o local para sua residência ou para nele construir a sua habitação e não tenha na área das comarcas de Lisboa e do Porto e suas limítrofes, ou na respectiva localidade quanto ao resto do País casa própria ou arrendada

c) Queira o local para sua residência ou para nele construir a sua habitação e resida em casa que não satisfaça as necessidades de habitação própria da família ou em casa arrendada e denuncie o respectivo arrendamento;

d) Queira o local para residência de parentes ou afins na linha recta, desde que estes se encontrem nas condições previstas nas alíneas b) ou c);

e) Pretenda afectar o local a fim diferente da habitação e obtenha, para o efeito, a necessária licença camarária;

f) Pretenda aumentar o prédio ou construir novo edifício, em termos de aumentar o número de locais arrendáveis.

Conforme se pode verificar, estas excepções representam a grande maioria das faculdades que a posse do prédio confere às pessoas singulares, o que leva a que o direito a novo arrendamento apenas possa ser exercido se, perante a caducidade do contrato, a opção do senhorio for a de arrendar novamente o prédio ou de o emprestar a pessoas fora do seu círculo de parentes ou afins na linha recta, ou de o deixar sem utilização. Pretendendo o senhorio dar outro destino ao prédio, basta-lhe comunicar essa intenção para obstar ao exercício desse direito a novo arrendamento. Ao contrário do que sucede no âmbito da denúncia para habitação (art.

69.º), não é por isso necessário que o senhorio alegue e prove qualquer necessidade de aplicação da habitação a esse novo destino[10].

No âmbito do Decreto-Lei 420/76, prevalecia o entendimento de que a invocação pelo senhorio das excepções ao direito de preferência no arrendamento não prejudicava a ocupação do local pelo titular do direito, até que houvesse decisão final sobre o destino do prédio. Desde o Decreto-Lei 328/81 que o regime é outro, sendo claro que a invocação das excepções obriga à entrega do prédio ao senhorio, tendo o titular a possibilidade de reagir perante a sua não verificação através do direito à indemnização e reocupação do prédio, previsto nos arts. 96.º, n.ºs 1 e 2 do R.A.U. Efectivamente, a lei atribui um direito à indemnização de três anos de renda condicionada, e ainda o direito a novo arrendamento, caso o senhorio ou os parentes e afins em linha recta não forem habitar o local dentro de 180 dias após a desocupação, ou não permanecerem nele durante três anos ou ainda quando não tenham sido feitas dentro deste último prazo as obras que justificaram a recusa (art. 96.º, n.º 1 R.A.U.). Esse direito existe igualmente se o senhorio não vender o fogo no prazo de doze meses ou não o afectar a fim diferente da habitação no prazo de seis meses (art. 96.º, n.º 2).

É, no entanto, de referir que estes direitos não se constituem quando o impedimento decorra de caso fortuito ou de força maior, considerando-se como tal a falta de constituição tempestiva da propriedade horizontal do prédio, por facto não imputável ao senhorio (art. 96.º, n.º3). Nesse caso, porém, a lei não prevê que o titular possa continuar a exercer o direito, após o decurso de novo prazo depois da cessação do impedimento, pelo que parece que o impedimento do senhorio extingue definitivamente o direito a novo arrendamento, o que não deixa de ser estranho.

2.4. *Exercício do direito a novo arrendamento*

Nos termos do art. 94.º do R.A.U. o direito a novo arrendamento tem que ser exercido mediante comunicação escrita enviada ao senhorio nos trinta dias seguintes à caducidade do contrato anterior. A comunicação deverá naturalmente conter a formulação da pretensão da celebração do novo contrato de arrendamento e a fundamentação dessa pretensão, com a indicação dos factos que constituem o seu direito a novo arrendamento, sem o que o direito não se pode considerar correctamente exercido[11].

---

[10] Cfr. ARAGÃO SEIA, *op. cit.*, p. 585.
[11] No Ac. RL 14/11/1996 (CUNHA BARBOSA), na *CJ* 21 (1996), 5, pp. 88-93, con-

Apesar de se tratar de uma declaração receptícia, a lei não exige que a comunicação seja recebida dentro do prazo, mas apenas que a sua expedição ocorra dentro dele. Em qualquer caso, trata-se de um prazo bastante curto, que aliás se inicia com base num facto externo, uma vez que a caducidade se conta deste a extinção do contrato, e não desde o seu conhecimento pelo beneficiário. A solução tem, no entanto, alguma lógica no caso previsto no art. 90.º, já que se o beneficiário tem que conviver com o arrendatário, é suposto que conheça imediatamente a morte dele. No caso, porém, do direito a novo arrendamento previsto no art. 66.º, n.º 2 do R.A.U., isso já não acontecerá, podendo o arrendatário ser apanhado completamente desprevenido quanto à cessação do direito ou dos poderes legais de administração, com base nos quais o contrato foi celebrado. Parece, por isso, que neste último caso se deverá entender que apenas a partir do momento em que o arrendatário conheça a cessação do direito ou dos poderes de administração é que se deverá considerar iniciado o prazo para efectuar a comunicação ao senhorio[12].

Caso exista pluralidade de titulares do direito a novo arrendamento, determina-se no art. 94.º, n.º 2, que os interessados devem enviar, no prazo fixado, a comunicação referida, fazendo-se depois a sua graduação e escolha, segundo os critérios do art. 90.º, n.º 2. O prazo de 30 dias após a caducidade vigora assim para todos os interessados, os quais para exercerem o direito não podem aguardar para saber qual a decisão de um titular prioritário.

A lei estabelece que o direito a novo arrendamento se efectua mediante o recurso à execução específica prevista no art. 830.º, retroagindo os efeitos do novo contrato à data da caducidade do anterior (art. 95.º R.A.U.). A solução parece-nos excessivamente formal e desnecessária para a constituição de um contrato de duração limitada, dado que pelos atrasos processuais dos nossos tribunais, o mais provável é que a acção de execução específica só esteja decidida depois de terminado o prazo do novo contrato. Se o senhorio contestar o direito a novo arrendamento, naturalmente que interporá uma acção de reivindicação ao abrigo do art. 55.º do R.A.U. Ora, não parece que para obstar à restituição do prédio o

---

siderou-se não se poder converter, ao abrigo do art. 293.º C.C., uma comunicação a exigir a transmissão do arrendamento por morte ao abrigo do art. 85.º numa comunicação a solicitar a constituição de um direito a novo arrendamento, ao abrigo do art. 90.º.

[12] Neste sentido, PINTO FURTADO, *op. cit.*, p. 725 e ARAGÃO SEIA, *op. cit.*, p. 459. Na jurisprudência, vide Ac. RL 26/3/1998 (PESSOA DOS SANTOS), na *CJ* 23 (1998), 2, pp. 107-111.

titular do direito tenha que interpor entretanto a acção de execução específica, bastando-lhe alegar ter exercido o direito a novo arrendamento através da comunicação prevista no art. 94.º R.A.U., para impedir a procedência da reivindicação nos termos do art. 1311.º, n.º 2[13]. Ora, sendo assim, não se vê para quê vai o titular do direito interpor a acção de execução específica, uma vez que já ocupa o prédio e a acção de execução específica só o pode prejudicar, na medida em que como retroage a data do contrato à caducidade do anterior, só serve para o constituir em devedor de rendas anteriores e lhe limitar o prazo de ocupação do locado.

Parece-nos que será muito mais vantajoso para o titular adoptar uma posição passiva, esperando que o senhorio cumpra a obrigação de celebrar o novo contrato a que tem direito, uma vez que só a partir daí se conta o prazo do contrato[14] e também só a partir daí seriam devidas as rendas[15]. Trata-se, no entanto, de uma solução altamente criticável, uma vez que estimula a indefinição da situação jurídica relativa ao arrendamento. Não se vê, por que razão não se optou por considerar constituído o vínculo logo com a comunicação do titular prevista no art. 94.º, caso não exista ou não proceda qualquer excepção invocada pelo senhorio.

---

[13] Neste sentido, vide Ac. RL 13/7/1995, na *CJ* 20 (1995), 4, p. 85 (ABRANCHES MARTINS), e Ac. STJ 23/3/1999 (PAIS DE SOUSA), em *CJ-ASTJ* 7 (1999), 2, pp. 28, os quais sustentam ainda que perante a invocação do réu que exerceu o direito a novo arrendamento, cabe ao autor da reivindicação demonstrar que o réu não exerceu o direito a novo arrendamento, nos termos e condições descritas no art. 94.º.

[14] Ao contrário do referido por PIRES DE LIMA/ANTUNES VARELA, *op. cit.*, p. 677 não parece sustentável a aplicação do art. 95.º, n.º 2, aos contratos não celebrados através da execução específica. Efectivamente, para além de a tal se opor a localização sistemática do preceito, e de a previsão do art. 95.º, n.º 2, ter um nítido cariz excepcional, parece óbvio que essa solução não se coaduna com o facto de o novo arrendamento ter nesse caso a sua fonte no contrato celebrado com o senhorio, em data posterior à caducidade. Também, no sentido de que o art. 95.º, n.º2, é apenas aplicável à constituição do arrendamento por execução específica, cfr. JANUÁRIO GOMES, *op. cit.*, p. 202.

[15] Já foi, aliás, inclusivamente decidido pelo Ac. RL 15/11/1990 (CARDONA FERREIRA), na *CJ* 15 (1990), 5, p. 112-116, que reconhecido, por decisão transitada em julgado, que os utentes de uma casa têm direito a um novo arrendamento e, portanto, a não a desocupar, os mesmos não incorrerão em abuso de direito se não diligenciarem suficientemente pela quantificação da respectiva renda.

2.5. Regime do contrato celebrado com base no direito a novo arrendamento

O art. 92.º prevê que o direito a novo arrendamento é sujeito ao regime da duração limitada, previsto nos arts. 98.º a 100.º do R.A.U., o que implica que o arrendamento é constituído pelo prazo inicial mínimo de cinco anos, renovável por períodos de três anos, se não for denunciado por qualquer das partes[16]. É de notar que nessa sede o legislador apenas impõe o prazo *mínimo* de cinco anos (art. 98.º, n.º 2), o que constitui uma assinalável insuficiência de regulação do art. 92.º, n.º 1, já que se nada impede as partes de estipularem um prazo superior, não se vê o que impeça o tribunal de igualmente dilatar esse prazo na acção a que se refere o art. 95.º. Parece-nos, no entanto, por razões de segurança jurídica, que não se deverá admitir a fixação de prazos superiores a cinco anos, face ao pesado ónus que o direito a novo arrendamento já representa para o senhorio.

O art. 92.º, n.º 1, prevê ainda que o primeiro arrendamento é sujeito a renda condicionada, querendo naturalmente referir-se ao primeiro período de vigência do contrato. Não pode, porém, por via da aplicação do regime de renda condicionada, ocorrer diminuição de renda (art. 92.º, n.º 2), já que, caso tal suceda, o direito a novo arrendamento constitui-se com o valor da renda anterior.

Em relação às renovações posteriores, não é, porém, o senhorio obrigado a manter a sujeição ao regime de renda condicionada, pelo que esta só se manterá se não existir denúncia do contrato nem estipulação de nova renda. Caso, porém, não ocorra nenhuma destas situações, o contrato renova-se pela mesma renda, não podendo naturalmente o senhorio invocar o art. 92.º, n.º 1, para reclamar do arrendatário renda de valor superior[17].

---

[16] A sujeição do direito a novo arrendamento ao regime da duração limitada constitui uma inovação substancial face ao regime da Lei 46/85, tendo-se por isso questionado se esta alteração se encontrava contemplada pela Lei de autorização legislativa n.º 42/90 de 10 de Agosto, que permitiu a aprovação do R.A.U. A questão já foi submetida ao Tribunal Constitucional, tendo este decidido pelo Ac. 372/97, de 17/4/1997, publicado no D.R. II Série de 20/10/1997, que a norma constante do art. 92.º, n.º 1, do R.A.U. não é inconstitucional por não violar nem o art. 2.º h) da Lei 42/90, de 10 de Agosto, nem os arts. 164.º e) e 168.º, n.º 1 h) e 2 da Constituição da República.

[17] Neste sentido, JANUÁRIO GOMES, *op. cit.*, p. 203.

3. Natureza do direito a novo arrendamento

O direito a novo arrendamento constitui uma situação jurídica de natureza potestativa, já que o senhorio, verificados os seus pressupostos, se encontra num estado de sujeição, podendo o beneficiário, através da comunicação referida no art. 94.º, fazer nascer na esfera jurídica do senhorio a obrigação de celebrar um novo contrato de arrendamento. O direito a novo arrendamento é assim qualificável como um direito potestativo à constituição de um direito de crédito.

Não haveria, por isso, obstáculos a que o direito de crédito constituído por via do direito a novo arrendamento fosse o próprio direito de arrendamento. O legislador, no entanto, numa complicação que julgamos desnecessária, determinou que o direito de crédito que se constitui por via do direito a novo arrendamento é o direito à celebração de um novo contrato de arrendamento. Efectivamente, ocorrendo a situação prevista no art. 90.º, o senhorio fica sujeito a ver constituída na sua esfera jurídica a obrigação de celebrar novo contrato de arrendamento. Efectuada pelo titular a comunicação prevista no art. 94.º constitui-se essa obrigação de contratar, à qual no entanto podem ser opostas excepções específicas, previstas no art. 93.º, que tornam lícita a recusa de cumprimento dessa obrigação. Em caso de mora na celebração do contrato, o arrendatário recorrer à execução específica dessa obrigação (art. 95.º), embora não seja obrigado a fazê-lo, podendo optar por uma indemnização por incumprimento nos termos gerais.

Ora, essa construção vai implicar um hiato legal entre o exercício do direito a novo arrendamento e a celebração do contrato pelas partes, uma vez que nesse período o titular, embora ocupe o prédio, não é titular de um direito de arrendamento, mas apenas de um direito de crédito à celebração do contrato de arrendamento, do qual não podem resultar as obrigações típicas da relação locatícia. Esse hiato é preenchido se houver recurso à execução específica, por força da aplicação retroactiva dos efeitos da mesma (art. 95.º, n.º 2), solução pouco conforme com a configuração dogmática legal, já que a execução específica da obrigação de contratar prevista no art. 830.º tem os mesmos efeitos que o cumprimento dessa obrigação, mas não corresponde ao apagamento retroactivo da mesma. Em lugar de uma execução específica da obrigação de contratar, o que o art. 95, n.º 2, faz é converter retroactivamente a obrigação de contratar em contrato definitivo, não se vendo como, perante essa solução, o titular poderá, por exemplo, cumular o pedido de execução específica com uma indemnização pela mora no cumprimento, o que é claramente admissível no âmbito do art. 830.º.

No caso de cumprimento voluntário da obrigação, porém, o hiato legal entre a caducidade do contrato de arrendamento anterior e a celebração efectiva do novo contrato de arrendamento não é preenchido, ocorrendo para o titular do direito a novo arrendamento uma espécie de purgatório entre esses dois momentos. Nessa situação o titular possui a situação jurídica de credor do senhorio, que fica obrigado à celebração do contrato, ainda que, como se viu, mantenha ao mesmo tempo um direito à ocupação do prédio, que essa solução dogmática não permite explicar. Caso o senhorio decida cumprir essa obrigação, as partes têm que celebrar novo contrato de arrendamento, no qual têm liberdade de estipulação fora do âmbito do art. 92.º. Caso o senhorio opte pelo não cumprimento, a menos que se verifique algumas das excepções do art. 93.º, o titular mantém indefinidamente o direito à ocupação do prédio, independentemente de a sua situação jurídica não se poder considerar como de arrendatário.

4. Conclusão

Em conclusão, parece-nos que na formulação do direito a novo arrendamento, o legislador optou desnecessariamente por uma solução dogmática complexa e desajustada. Muito mais adequado teria sido considerar logo o direito a novo arrendamento constituído através da comunicação referida no art. 94.º, com a possibilidade de ele vir a ser extinto, com a invocação pelo senhorio das excepções referidas no art. 93.º.

ARRENDAMENTOS DE DURAÇÃO LIMITADA*

Luís de Lima Pinheiro**

I. INTRODUÇÃO

1. Sistemática legal

Os contratos de arrendamento de duração limitada são objecto da subsecção I da secção VI (Da cessação do contrato) do capítulo II (Do arrendamento urbano para habitação) do Regime do Arrendamento Urbano (RAU). As normas desta subsecção integram o regime especial do arrendamento urbano para habitação.

Esta inserção sistemática é criticada, alegando-se que nem todas as disposições sobre os contratos de duração limitada dizerem respeito à fase da cessação dos efeitos do contrato[1]. Este argumento não me parece procedente, porque todas as disposições referidas dizem respeito à duração do contrato ou à sua cessação.

Mas há um outro argumento contra a sistemática do RAU, que é o seguinte: a possibilidade de denúncia do arrendamento por parte do senhorio não é privativa dos arrendamentos urbanos para habitação, tendo sido consagrada pelo DL n.º 275/95, de 30/9, quer para os arrendamentos urbanos destinados ao exercício do comércio ou da indústria (art. 117.º RAU) quer para os arrendamentos destinados ao exercício de profissão liberal (art. 121.º) quer também para outros arrendamentos urbanos destinados a qualquer aplicação lícita, não habitacional, do prédio (art. 123.º).

---

* Texto da conferência proferida em 5 de Fevereiro de 2001 no âmbito do Curso sobre Arrendamento Urbano realizado na Faculdade de Direito de Lisboa.
** Professor da Faculdade de Direito de Lisboa.
[1] Januário Gomes [207], seguido por Pires de Lima – Antunes Varela [Art. 98.º RAU n. 2].

Verifica-se assim que a estipulação de uma "duração limitada" é em geral admitida para todos os arrendamentos urbanos e não somente para os arrendamentos urbanos para habitação. Razão por que seria tecnicamente preferível inserir no capítulo I do RAU as normas gerais sobre os arrendamentos de duração limitada, e integrar as normas privativas de cada modalidade de arrendamento urbano no respectivo capítulo especial.

2. Crítica da terminologia legal

Também se alega que a expressão "contratos de duração limitada" não é tecnicamente rigorosa, por duas razões:
- a todo o contrato de locação é aplicável o limite temporal máximo de duração estabelecido no art. 1025.° CC;
- não se trata de negócios de duração prévia e rigidamente determinada, mas apenas de contratos que podem ser denunciados por qualquer das partes a partir de certo prazo.

Estas razões são em grande parte de acolher.
É certo que o limite máximo de duração da locação, estabelecido pelo art. 1025.° CC (30 anos) não é, em regra, aplicável à duração do arrendamento urbano, visto que esta relação, através da renovação do contrato, imposta ao senhorio pelo art. 68.°/2 RAU, é prorrogada por força da lei[2]. Mas o limite máximo do art. 1025.° CC já é aplicável aos arrendamentos urbanos que não estão sujeitos às normas especiais sobre arrendamento urbano, referidos no art. 5.° /2 RAU.
É o caso:
- dos arrendamentos de prédios do Estado (a);
- dos arrendamentos para habitação não permanente em praias, termas ou outros lugares de vilegiatura, ou para outros fins especiais transitórios (b);
- dos arrendamentos de casa habitada pelo senhorio, por período correspondente à ausência temporária deste (c);
- dos subarrendamentos totais feitos por período correspondente à ausência temporária do arrendatário, nos termos da al. b) do n.° 64.°, e com autorização escrita do senhorio (d), e
- dos arrendamentos sujeitos a legislação especial.

---

[2] Cf. PIRES DE LIMA – ANTUNES VARELA [Art. 1025.° n. 4].

Acresce que para estes arrendamentos urbanos também não vale o princípio da renovação obrigatória. Por isso estes arrendamentos urbanos são de duração limitada.

A crítica também procede quando sublinha que os contratos ditos de duração limitada não têm uma duração prévia rigidamente determinada, uma vez que, nos termos do art. 100.º RAU, os contratos não caducam no fim do prazo, sendo renovados na falta de denúncia por qualquer das partes.

É com estas reservas que na exposição que se segue vou utilizar a expressão "arrendamentos de duração limitada".

II. CONSTITUIÇÃO DOS ARRENDAMENTOS DE DURAÇÃO LIMITADA PARA HABITAÇÃO

3. Arrendamentos de duração limitada por convenção das partes

Os arrendamentos de duração limitada para habitação podem ser constituídos de duas formas: por convenção das partes e em consequência do exercício do direito a novo arrendamento

Nos termos do art. 98.º/1 RAU as "partes podem estipular um prazo para a duração efectiva dos arrendamentos para habitação, desde que a respectiva cláusula seja inserida no texto escrito do contrato, assinado pelas partes".

O que a lei tem em vista não é a simples estipulação do prazo do contrato, mas o estabelecimento de um prazo de duração efectiva, incluindo pois o prazo inicial e posteriores renovações.

Não basta pois que as partes estipulem um prazo de arrendamento igual ou superior ao mínimo legalmente estabelecido pelo regime dos arrendamentos de duração limitada para que o arrendamento fique submetido a este regime.

Já seria excessivo exigir que o texto do contrato faça uma referência expressa ao regime do arrendamento de duração limitada[3].

Necessário é que o prazo estabelecido no contrato se refira expressamente à duração efectiva do arrendamento, sob pena de valer apenas como prazo contratual sujeito a renovação forçada.

---

[3] Como parece sugerir o ac. RPt 26/6/97, *in* base de dados da DGSI do Ministério da Justiça

A redacção do 98.º/1 não traduz claramente o sentido normativo, que é o de restabelecer a faculdade de denúncia do senhorio no fim de determinado prazo. Mediante a estipulação de um prazo de duração efectiva cessa a obrigatoriedade, para o senhorio, da renovação do contrato, que é estabelecida pelo art. 68.º/2 RAU como regra geral em matéria de arrendamento urbano.

Conforme esclarece o Preâmbulo do Decreto-Lei que aprovou o RAU, o legislador visa com esta medida a dinamização do mercado de habitação. Trata-se obviamente de tornar o arrendamento para habitação mais atractivo para os proprietários, aumentando, por esta via, a oferta de habitação, com vista a um maior equilíbrio no mercado.

4. Arrendamentos de duração limitada por força da lei

A segunda forma de constituição dos arrendamentos de duração limitada para habitação decorre do art. 92.º/1 RAU. Este preceito determina que aos contratos celebrados por força do exercício do direito a novo arrendamento aplica-se o regime do arrendamento de duração limitada. Este preceito foi pouco estudado, sendo diversas as dúvidas que suscita a aplicação do regime dos arrendamentos de duração limitada a estas relações. Na falta de estipulação das partes, qual é o prazo de duração efectiva destes contratos? Poderá porventura defender-se que é o prazo mínimo estabelecido pela lei.

III. PRAZO DE DURAÇÃO EFECTIVA DOS ARRENDAMENTOS DE DURAÇÃO LIMITADA PARA HABITAÇÃO

5. Prazos legais

O n.º 2 do art. 98.º RAU determina que o prazo de duração efectiva dos arrendamentos de duração limitada para habitação não pode ser inferior a 5 anos. Entendo que não há qualquer limite máximo ao prazo de duração efectiva[4], uma vez que não há limite legal à duração efectiva de um arrendamento urbano. Com efeito, já assinalei que o limite de duração máxima da locação fixado pelo art. 1025.º CC não é aplicável às prorrogações automáticas do arrendamento urbano.

---

[4] Cp. JANUÁRIO GOMES [209].

O n.º 3 do art. 98.º vem admitir que as sociedades de gestão e investimento imobiliário e os fundos de investimento imobiliário possam celebrar contratos pelo prazo mínimo de 3 anos, "desde que se encontrem nas condições a definir para o efeito". A *ratio* deste preceito está, segundo PIRES DE LIMA – ANTUNES VARELA[5], num estímulo concedido a entidades capazes de contribuírem para uma forte revitalização do mercado imobiliário. Mas isto entra em contradição com a *ratio* do n.º 2. Se o n.º 2 visa proteger o interesse do arrendatário na estabilidade do arrendamento, é difícil de entender que o arrendatário seja mais ou menos protegido em função da qualidade do senhorio.

6. Irrelevância da transmissão de posições contratuais

O art. 99.º/1 RAU determina que nos "contratos previstos nesta subsecção, a transmissão de posições contratuais não implica a suspensão ou a interrupção do prazo, nem conduz a quaisquer alterações no conteúdo do contrato."

Daqui decorre que a modificação subjectiva operada na posição do arrendatário ou do senhorio não prejudica o limite de duração estabelecido inicialmente.

Esta modificação subjectiva também não conduz a alterações dos direitos e obrigações das partes, razão por que não terá aplicação aos arrendamentos de duração limitada o art. 87.º RAU que estabelece a aplicação do regime da renda condicionada em caso de transmissão por morte da posição do arrendatário[6].

Esta regra aplica-se tanto à transmissão da posição contratual *inter vivos* como *mortis causa*.

IV. REGIME APLICÁVEL AOS ARRENDAMENTOS DE DURAÇÃO LIMITADA PARA HABITAÇÃO – EM GERAL

7. Princípio geral

Os arrendamentos de duração limitada para habitação estão em princípio submetidos ao regime estabelecido para a generalidade dos arrendamentos para habitação.

---

[5] Art. 98.º RAU n. 3.
[6] Cf. JANUÁRIO GOMES [213]; cp. ARAGÃO SEIA [406 n. 1].

8. Especialidades dos arrendamentos de duração limitada

Os arts. 99.º/2, 100.º e 101.º RAU introduzem, porém, algumas especialidades.

Por força do art. 99.º/2 RAU não se aplica aos contratos de duração limitada o disposto nos arts. 47.º a 49.º RAU (direito de preferência), 81.º-A RAU (actualização excepcional da renda baseada na relativa desnecessidade do prédio arrendado para as necessidades de habitação do arrendatário), 89.º-A a 89.º-C RAU (possibilidade de denúncia do arrendamento, por parte do senhorio, no caso de transmissão do contrato, por morte do arrendatário, para os descendentes ou ascendentes deste), 90.º a 97.º RAU (direito ao novo arrendamento e direito condicionado de preferência) e 102.º a 109.º RAU (direito ao diferimento da desocupação do imóvel, com base em certas razões sociais de carácter imperioso e limitações excepcionais à faculdade de renúncia do senhorio, fundada na necessidade do prédio para a sua habitação ou para a habitação dos seus descendentes em 1.º grau).

Nos contratos com prazo de duração efectiva inferior a 8 anos também não é aplicável o n.º 2 do art. 78.º RAU, que admite no regime da renda livre a estipulação pelas partes do regime de actualização anual das rendas. De resto aplica-se, quanto à renda, o regime geral do arrendamento urbano para habitação (arts. 77.º e segs. e 19.º e segs. RAU). A renda estipulada está sujeita às actualizações previstas na lei (arts. 30.º e segs. RAU), se outra coisa não resultar do contrato[7]. A interpretação do contrato pode suscitar dificuldades a este respeito, sendo conveniente que as partes contemplem expressamente o ponto no clausulado contratual.

Já se suscitou a questão da constitucionalidade do art. 99.º/2 na parte em que exclui o direito ao diferimento da desocupação, por representar uma desigualdade de tratamento relativamente aos arrendamentos submetidos ao regime geral. A Relação do Porto, no seu ac. de 9/12/96, entendeu que não há aqui violação do princípio constitucional da igualdade. Creio que com razão. Como observa ARAGÃO SEIA, os arrendamentos de duração limitada são uma realidade jurídica diferente dos arrendamentos sujeitos a renovação forçada[8]. Nestes o arrendatário pode contar com a renovação do arrendamento ao passo que naqueles sabe que o arrendamento é temporário. Há pois um fundamento material suficiente para a diferença de tratamento.

---

[7] Cf. RPt 25/2/98, *in* base dados da DGSI do Ministério da Justiça.
[8] Art. 100.º RAU n. 5.

V. REGIME APLICÁVEL AOS ARRENDAMENTOS DE DURAÇÃO LIMITADA PARA HABITAÇÃO – CESSAÇÃO DO CONTRATO

9. Aspectos gerais

Os arrendamentos de duração limitada estão sujeitos ao regime geral de cessação dos arrendamentos urbanos (arts. 50.º e segs. RAU), com as especialidades constantes dos arts. 100.º e 101.º RAU.

Estas especialidades dizem respeito à denúncia no fim do prazo estipulado para a duração efectiva do arrendamento.

10. Renovação do contrato

O art. 100.º/1 RAU mantém o princípio da renovação automática do contrato, estabelecendo que o contrato se renova por períodos mínimos de 3 anos, "se outro não estiver especialmente previsto".

A formulação deste preceito não é feliz e suscita dúvidas de interpretação. Parece de entender que o período de renovação é o que for estipulado pelas partes, desde que não seja inferior a 3 anos.

Outro é o entendimento seguido por PAIS DE SOUSA[9] e PIRES DE LIMA – ANTUNES VARELA[10], segundo os quais o prazo convencionado pelas partes pode ser inferior a 3 anos, desde que seja superior ao prazo mínimo de antecedência com que a denúncia subsequente necessita de ser efectuada.

Não sigo este entendimento. Se as partes pudessem estipular um período de renovação inferior a 3 anos não faria sentido a referência legislativa a "períodos *mínimos* de três anos". O superlativo "mínimo" ficaria privado de qualquer sentido útil, como justamente assinala JANUÁRIO GOMES[11].

O período mínimo de renovação destina-se, como o prazo mínimo de duração estabelecido n.º 2 do art. 98.º RAU, a tutelar o interesse do arrendatário na estabilidade da relação e, como tal, deve ser tão imperativo quanto este. Por forma geral, as normas que visam a protecção da parte contratual mais fraca são imperativas.

---

[9] Art. 100.º RAU n. 1.
[10] Art. 100.º RAU n. 3.
[11] 217.

11. Denúncia e revogação do contrato

O prazo a que se refere o art. 98.° RAU é o prazo dito de "duração efectiva" do contrato e não o prazo do contrato. Logo o art. 100.° deveria a meu ver distinguir a renovação do contrato da prorrogação deste prazo de duração efectiva.

O legislador parece supor que há coincidência entre o prazo do contrato e o prazo dito de duração efectiva do contrato. Ora esta coincidência não é necessária. As partes podem estipular um prazo dito de duração efectiva de 10 anos e nada disporem sobre o prazo do arrendamento, caso em que se deveria aplicar o prazo supletivamente fixado pela lei que é de 6 meses (art. 10.° RAU). O senhorio não poderia então opor-se à renovação automática do arrendamento até aos 10 anos, mas poderia denunciar o contrato no fim de cada período de 6 meses em casos excepcionais nos termos dos arts. 69.° e 70.° RAU. O arrendatário poderia denunciar o contrato no fim de cada período de 6 meses com antecedência mínima de 30 dias (art. 1055.°/1/c CC *ex vi* art. 68.° RAU).

O legislador não afastou a aplicação destas disposições aos contratos de duração limitada no art. 99.°/2 RAU[12].

Será isto compatível com o art. 100.° RAU?

Vejamos os n.°s 2 e 3 deste artigo relativos à denúncia pelo senhorio.

Nos termos do art. 100.°/2 RAU a denúncia deve ser feita pelo senhorio mediante notificação avulsa do inquilino, requerida com um ano de antecedência sobre o fim do prazo ou da sua renovação. Isto constitui um desvio ao regime geral dos contratos de arrendamento urbano, que exige que a denúncia pelo senhorio seja feita através de acção judicial (de despejo) (art. 70.° RAU).

A antecedência refere-se ao momento em que a notificação é requerida e não ao momento em que é feita. Admitindo a hipótese de um atraso anormal na notificação judicial diversos autores entendem que em qualquer caso deve ser respeitada a exigência formulada no art. 1055.° CC[13].

A denúncia pelo senhorio "nos termos desta disposição" não confere ao arrendatário o direito a qualquer indemnização (art. 100.°/3 RAU).

Estes preceitos não são incompatíveis com a aplicação do regime geral do arrendamento urbano com respeito à denúncia do contrato pelo senhorio, em casos excepcionais, no fim do prazo contratual quando este seja inferior ao prazo dito de duração efectiva estipulado pelas partes. O

---

[12] Cp. PINTO FURTADO [865 e seg.].
[13] Cf. PIRES DE LIMA – ANTUNES VARELA [Art. 100.° RAU n. 4].

n.º 3, quando se refere à "denúncia efectuada pelo senhorio nos termos desta disposição" sugere precisamente que não está excluída a faculdade de o senhorio denunciar o contrato nos termos gerais.

Examine-se agora o n.º 4 relativo à denúncia e revogação do contrato pelo arrendatário. Este preceito determina que o arrendatário pode denunciar "nos termos referidos no n.º 1, bem como revogar o contrato, a todo o tempo, mediante comunicação escrita a enviar ao senhorio, com a antecedência mínima de 90 dias sobre a data em que operam os seus efeitos".

Esta distinção entre denúncia e revogação é criticada por PIRES DE LIMA – ANTUNES VARELA que entendem que esta revogação também é uma denúncia do contrato[14].

Creio que não têm razão, mesmo perante o conceito de denúncia adoptado por ANTUNES VARELA. Com efeito, ANTUNES VARELA entende por denúncia a declaração feita por um dos contraentes de que não quer a renovação ou a continuação do contrato renovável ou fixado por tempo indeterminado[15].

A revogação referida no n.º 4 do art. 100.º não é um caso de denúncia à luz deste conceito de denúncia.

Neste caso, confere-se ao arrendatário um poder de fazer cessar a relação contratual antes do decurso do prazo, que configura a meu ver um caso de revogação unilateral[16]. Com efeito, segundo INOCÊNCIO GALVÃO TELLES, a revogação é justamente a livre destruição dos efeitos de um acto jurídico pelo seu próprio autor ou autores e pode ser bilateral ou unilateral[17].

Oferece dúvida se a exigência formulada pela última parte do preceito (comunicação escrita com a antecedência mínima de 90 dias) se refere apenas à revogação ou também à denúncia.

PINTO FURTADO e MENEZES CORDEIRO – CASTRO FRAGA entendem que se refere também à denúncia[18]. JANUÁRIO GOMES é de opinião contrária e defende a aplicação do art. 100.º/2 à denúncia pelo arrendatário[19].

Por minha parte creio que a exigência formulada pela última parte do preceito se refere apenas à revogação. Mas não vejo qualquer apoio na

---

[14] Art. 100.º RAU n. 6. No mesmo sentido MENEZES CORDEIRO – CASTRO FRAGA [Art. 100.º RAU n. 3].

[15] 270. Outro é o conceito de denúncia adoptado por MENEZES CORDEIRO [166].

[16] No mesmo sentido, PINTO FURTADO [665].

[17] 348.

[18] 864 e Art. 100.º n. 4, respectivamente.

[19] 216 e segs.

letra ou no espírito da lei para sujeitar a denúncia pelo arrendatário ao regime estabelecido para a denúncia pelo senhorio. Faz mais sentido aplicar à denúncia pelo arrendatário o regime geral dos arts. 68.º e 53.º RAU e 1055.º CC, uma vez que não se encontra fundamento para um desvio relativamente a este regime.

Ademais, nada justifica que o arrendatário tenha de esperar pelo fim do prazo de duração efectiva para denunciar o contrato. O arrendatário pode denunciar o contrato para o fim de qualquer prazo contratual. O que torna claro que o regime aplicável é o regime geral da denúncia.

A razão por que se confere uma faculdade de revogação ao arrendatário parece estar na suposição de que há coincidência entre o dito prazo de duração efectiva, que é necessariamente longo, e o prazo do contrato.

Com efeito, perante contratos sujeitos ao prazo supletivo de 6 meses esta faculdade não se afigura necessária. O arrendatário pode denunciar o contrato para o fim de cada período de seis meses.

Mas esta coincidência entre o prazo de duração efectiva e o prazo do contrato não é necessária.

Se as partes estipulam efectivamente um prazo contratual (e não apenas um prazo de duração efectiva) bastante longo, é muito discutível que se deva conferir a uma delas a faculdade de se desvincular a todo o tempo. Há aqui uma incoerência valorativa com regime dos arrendamentos comuns que não admite esta revogação unilateral.

O disposto no n.º 4 do art. 100.º não parece em todo o caso impedir a aplicação do regime geral à denúncia pelo arrendatário no fim do prazo contratual, quando este não coincida com o prazo dito de duração efectiva.

12. Execução forçada

De pouco valeria estabelecer que a denúncia pelo senhorio pode ser feita mediante notificação avulsa se o senhorio tivesse que propor uma acção declarativa antes de poder recorrer ao processo executivo. Daí que o art. 101.º/1 RAU determine que o contrato de duração limitada, em conjunto com a certidão da notificação judicial avulsa, constituem título executivo para efeitos de despejo do local arrendado.

VI. REGIME APLICÁVEL AOS ARRENDAMENTOS DE DURAÇÃO LIMITADA PARA COMÉRCIO OU INDÚSTRIA E PARA EXERCÍCIO DE PROFISSÃO LIBERAL

13. Arrendamentos para comércio ou indústria

Por força do art. 117.°/1 RAU nos arrendamentos para comércio ou indústria as partes também podem convencionar um prazo para a duração efectiva do arrendamento.

Neste caso exige-se que a respectiva cláusula "seja inequivocamente prevista no texto do contrato, assinado pelas partes". Terá algum significado a diferença de redacção relativamente ao art. 98.°/1 que exige que "a cláusula seja inserida no texto escrito do contrato, assinado pelas partes"? Parece que não. Como observa JANUÁRIO GOMES[20], também no domínio dos arrendamentos para habitação se deve entender, perante uma cláusula ambígua, que o arrendamento está sujeito ao regime comum.

Foi o DL n° 257/95, de 30/9, que introduziu a admissibilidade de arrendamentos de duração limitada para comércio ou indústria, exercício de profissões liberais e outros fins não habitacionais. Também neste caso se invoca, no preâmbulo do diploma, a reanimação do mercado de arrendamento.

Os arrendamentos de duração limitada para comércio ou indústria estão submetidos às normas especiais estabelecidas para os arrendamentos de duração limitada para habitação (art. 117.°/2), com as especialidades introduzidas pelo art. 118.° RAU.

Estas especialidades são duas.

Em primeiro lugar, o contrato renova-se automaticamente, na falta de denúncia, por período igual ao inicialmente fixado, se outro não for expressamente estipulado. Neste caso, visto que a lei não estabelece um período mínimo de renovação, deve entender-se que o período de renovação estipulado pelas partes tanto pode ser superior como inferior ao período inicial de arrendamento[21]. O período estipulado pelas partes não pode em qualquer caso ser inferior à antecedência mínima exigida para a denúncia[22].

---

[20] 209
[21] No mesmo sentido PIRES DE LIMA – ANTUNES VARELA [Art. 118.° RAU n. 3].
[22] Cp. ARAGÃO SEIA [Art. 118.° RAU n. 2].

Ao passo no arrendamento de duração limitada para habitação o período de renovação é de 3 anos, se as partes não estipularem um período mais longo.

Enquanto o art. 100.°/1 se refere à renovação "por períodos mínimos de três anos", o art. 118.°/1 menciona a renovação "por igual período". Isto leva ARAGÃO SEIA a defender que a renovação dos contratos de duração limitada para comércio e indústria apenas se pode verificar uma vez[23]. Creio que não tem razão, e que esta diferença de redacção é fortuita. A renovação automática por períodos sucessivos é uma regra geral em matéria de arrendamento (art. 1054.°/1 CC) não se vendo razão para abrir uma excepção para os contratos de arrendamento de duração limitada para comércio ou indústria.

Em segundo lugar, as partes podem convencionar um prazo para a denúncia do contrato pelo senhorio. A cláusula tem de ser reduzida a escrito. Através desta convenção as partes podem afastar o prazo de denúncia estabelecido no art. 100.°/2.

14. Arrendamentos para exercício de profissão liberais

O regime estabelecido para os arrendamentos de duração limitada para comércio ou indústria é estendido aos arrendamentos para o exercício de profissões liberais pelo art. 121.° RAU.

VII. REGIME APLICÁVEL AOS ARRENDAMENTOS DE DURAÇÃO LIMITADA PARA OUTRO FIM NÃO HABITACIONAL

15. Arrendamentos para outro fim não habitacional

Por força do art. 123.°/1 RAU, também podem ser celebrados arrendamentos de duração limitada para qualquer outra aplicação lícita, não habitacional, do prédio.

O regime é aplicável é, em princípio, o estabelecido para os arrendamentos de duração limitada para comércio ou indústria.

No entanto, nos termos do n.° 2 do mesmo artigo, se o arrendamento se destinar ao exercício de uma actividade não lucrativa, as partes

---

[23] Art. 118.° RAU n. 2.

podem estipular a sujeição do contrato ao regime dos arts. 98.º a 101.º RAU (normas especiais sobre os arrendamentos de duração limitada para habitação). A estipulação deve ser expressa.

A *ratio* este preceito não é clara. A única consequência da sujeição ao regime do arrendamento de duração limitada para habitação é o afastamento das soluções contidas no art. 118.º RAU. Mas ao abrigo do art. 118.º as partes podem estabelecer um regime de renovação idêntico ao que vigora para o arrendamento de duração limitada. Então qual o sentido útil do art. 123.º/2?

Pode argumentar-se que o n.º 2 do art. 123.º deve ser entendido em conjunto com o n.º 1 que manda aplicar não só os arts. 117.º e 118.º, que são relativos aos arrendamentos de duração limitada, mas também os arts. 119.º e 120.º relativos à actualização de rendas e às obras[24]. O n.º 2 do art. 123.º teria o alcance de permitir às partes o afastamento destas regras. Mas isto também faz pouco sentido, uma vez que estes artigos contêm basicamente permissões de certo tipo de cláusulas, que basta às partes não estipular para alcançarem o mesmo resultado prático.

VIII. APLICAÇÃO NO TEMPO DAS NORMAS SOBRE ARRENDAMENTOS DE DURAÇÃO LIMITADA PARA COMÉRCIO OU INDÚSTRIA, EXERCÍCIO DE PROFISSÃO LIBERAL E OUTRO FIM NÃO HABITACIONAL

16. Aplicação no tempo

Para finalizar, importa assinalar que por força do art. 6.º do DL n.º 257/95, de 30/9, os arts. 117.º e 118.º, na sua actual redacção, bem como os arts. 121.º e 123.º RAU, só se aplicam aos contratos celebrados depois da sua entrada em vigor.

---

[24] As cláusulas sobre actualização de rendas só são admitidas pelo RAU para os arrendamentos para habitação, para comércio e indústria e para o exercício de profissões liberais; as cláusulas sobre obras só são admitidas par os arrendamentos para comércio e indústria e para o exercício de profissões liberais.

BIBLIOGRAFIA

Cordeiro, António Menezes 1980 – *Direito das Obrigações*, vol. II, Lisboa.
Cordeiro, António Menezes e Francisco Castro Fraga 1990 – *Novo Regime do Arrendamento Urbano. Anotado*, Coimbra.
Furtado, Jorge Pinto 1999 – *Manual do Arrendamento Urbano*, 2.ª ed., Coimbra.
Gomes, M. Januário da Costa 1996 – *Arrendamentos para Habitação*, 2.ª ed., Coimbra.
Lima, Pires de e Antunes Varela 1997 – *Código Civil* Anotado, vol. II, 4.ª ed., Coimbra.
Seia, Jorge Aragão 2000 – *Arrendamento Urbano*, 5.ª ed., Coimbra.
Sousa, António Pais de 1997 – *Anotações ao Regime do Arrendamento Urbano (R.A.U.)*, 5.ª ed., Lisboa.
Telles, Inocêncio Galvão 1965 – *Manual dos Contratos em Geral*, 3.ª ed., Lisboa.
Varela, Antunes 1990 – *Das Obrigações em Geral*, vol. II, 4.ª ed., Coimbra.

ESTABELECIMENTO COMERCIAL E ARRENDAMENTO

António Menezes Cordeiro*

I. NOÇÃO E ELEMENTOS

1. Origem dogmática

I. O estabelecimento comercial surge como instituto vigoroso, no panorama do Direito privado português. Trata-se de uma noção ligada, na sua origem e na sua evolução, ao Direito do arrendamento.

II. A origem do reconhecimento do estabelecimento como realidade autónoma qualitativamente diferente dos elementos que o componham reside nas leis sobre o arrendamento, que vieram a ser promulgadas ao longo do século XX[1].

À partida, é importante ter presente que, muitas vezes, particularmente nos grandes centros, os comerciantes instalavam os seus estabelecimentos em locais arrendados. Esses locais, justamente quando neles exercessem comerciantes ordenados e de prestígio, viam o seu valor aumentar. O próprio comerciante poderia ser levado a realizar investimentos de relevo.

Todavia, no sistema liberal do Código de Seabra, o senhorio poderia, praticamente a todo o tempo, pôr cobro aos arrendamentos em vigor. Quando isso sucedesse, o estabelecimento teria de se transferir o que implicaria, muitas vezes, o seu desmantelamento. A mais-valia conquistada

---

* Professor Catedrático da Faculdade de Direito de Lisboa e da Universidade Católica Portuguesa.

[1] Cf., sobre a matéria, Barbosa de Magalhães, *Do estabelecimento comercial//Estudo de Direito Privado*, 2ª ed. (1964), 43 ss. e o preâmbulo do Decreto-Lei n.º 321-B/90, de 15 de Outubro.

pelo comerciante perder-se-ia, em conjunto com numerosos investimentos por ele levados a cabo. Além disso, o senhorio poderia receber, de volta, um local valorizado pelo trabalho alheio.

Estas e outras considerações acabaram por pesar junto do legislador. Assim, um Decreto de 12 de Novembro de 1910[2] veio dispor, para além de outras medidas, que o arrendatário comerciante ou industrial que tivesse valorizado o local arrendado teria, caso fosse despedido, o direito a uma indemnização pela clientela que poderia ir até dez vezes a renda anual – artigo 33.º. Além disso, segundo o artigo 35.º desse diploma, os prédios onde estivessem instalados estabelecimentos comerciais ou industriais poderiam ser "sublocados" – de facto: trespassados – sem autorização do senhorio.

Seguiu-se o importante Decreto n.º 5.411, de 17 de Abril de 1919[3], que consolidou algumas das soluções acima apontadas. Pelo seu artigo 53.º, § 2.º, o comerciante arrendatário despejado poderia ter lugar a uma indemnização de clientela correspondente a até vinte vezes o valor da renda anual – artigo 53.º, § 2.º. Além disso, havendo trespasse do estabelecimento, considerar-se-ia nele incluído, sem necessidade de autorização, a sublocação do prédio ou da parte onde o mesmo estivesse instalado – artigo 55.º.

A Lei n.º 1:662, de 4 de Setembro de 1924[4], veio adoptar novas medidas que mantêm a diferenciação do estabelecimento. Os trespasses de estabelecimento, que incluem a transferência do arrendamento sem autorização do senhorio, exigem escritura pública – artigo 9.º. Paralelamente, permite-se o despejo quando o local, tendo sido dado em arrendamento para comércio ou indústria, se mantenha encerrado durante mais de um ano – artigo 5.º, § 9.º: apenas o estabelecimento efectivo é, pois, protegido. Esta vertente acentuou-se na Lei n.º 2:030, de 22 de Junho de 1948[5]: segundo o seu artigo 64.º/2, o trespasse do estabelecimento exige a manutenção do mesmo comércio ou indústria e, ainda, que a transmissão seja acompanhada dos diversos elementos do estabelecimento.

Trata-se duma regra similar à que apareceria no artigo 1118.º do Código Civil e, hoje, no artigo 115.º do RAU.

---

[2] DG n.º 34, de 14-Nov.-1910.
[3] DG n.º 80 (Suplemento), de 17-Abr.-1919.
[4] DG n.º 200, de 4-Set.-1924, rect. no DG n.º 203, de 8-set.-1924 e no DG n.º 299, de 11-Out.-1924.
[5] DG I Série, n.º 143, de 22-Jun.-1948, 529-538.

2. Acepções

I. No Código Comercial, o estabelecimento surge em duas acepções[6]:
– como armazém ou loja: artigos 95.º, 2.º[7] e 263.º, § único[8];
– como conjunto de coisas materiais ou corpóreas: artigo 425.º[9][10].

II. Curiosamente, a noção geral adoptada de estabelecimento já não se encontra no Código Comercial[11], aflorando noutros lugares normativos, com relevo para o Código Civil.

Assim, cumpre relevar, todos do Código Civil:

artigo 316.º: prescrevem em seis meses os créditos dos estabelecimentos de alojamento, comidas ou bebidas, pelos créditos respectivos;
artigo 317.º: prescrevem em dois anos, alínea *a*), os créditos dos estabelecimentos que forneçam alojamento ou alojamento e alimentação a estudantes, bem como os créditos dos estabelecimentos de ensino, educação, assistência ou tratamento, relativamente aos serviços prestados;

---

[6] FERNANDO OLAVO, *Direito comercial*, 1.º vol., 2ª ed. (1970), 259-260 e JOSÉ PINTO LOUREIRO, *Manual do inquilinato*, 2.º vol. (1942), 99-100, nota 1. BARBOSA DE MAGALHÃES, *Do estabelecimento comercial*, 2ª ed. cit., 13 ss., aponta cinco acepções.
Na exemplificação acima realizada, retemos apenas do Código Comercial, os preceitos que não se mostrem revogados.

[7] Segundo esse preceito, considerar-se-ão como armazéns ou lojas de venda abertos ao público,
2.º Os que estabelecerem os comerciantes não matriculados, toda a vez que tais estabelecimentos se conservem abertos ao público (...)

[8] Dispõe o preceito em causa:
O caixeiro despedido terá o direito ao salário correspondente a esse mês, e o patrão não será obrigado a conservá-lo no estabelecimento nem no exercício das suas funções.

[9] Segundo o qual:
Todos os seguros, com excepção dos mútuos, serão comerciais a respeito do segurador, qualquer que seja o seu objecto; e relativamente aos outros contratantes, quando recaírem sobre géneros ou mercadorias destinados a qualquer acto de comércio, ou sobre estabelecimento mercantil.

[10] O Decreto-Lei n.º 462/99, de 5 de Novembro, relativo ao denominado cadastro comercial, dá, no seu artigo 3.º/1, uma definição ainda mais restrita de estabelecimento: apenas abrange determinadas instalações, de carácter fixo e permanente.

[11] Ele surgia no hoje revogado artigo 24.º, assim redigido:
O novo adquirente de um estabelecimento comercial pode continuar a geri-lo sob a mesma firma, se os interessados nisso concordarem, aditando-lhe a declaração de nele haver sucedido, e salvas as disposições dos artigos precedentes.

artigo 495.°/2: no caso de morte ou de lesão corporal, têm direito a indemnização aqueles que socorrerem o lesado, bem como os estabelecimentos hospitalares, médicos ou outras pessoas ou entidades que tenham contribuído para o tratamento ou assistência de vítima;

artigo 1559.°: a servidão legal de presa assiste a determinados proprietários e aos donos de estabelecimentos industriais;

artigo 1560.°/1, *a*): a servidão legal de presa para o aproveitamento de águas públicas só pode ser imposta coercivamente perante proprietários ou donos de estabelecimentos industriais que reúnam certas características aí definidas;

artigo 1682-A/1, *b*): carece do consentimento de ambos os cônjuges, salvo se entre eles vigorar o regime de separação de bens, a alienação, oneração ou locação de estabelecimento comercial, próprio ou comum;

artigo 1938.°/1, *f*): o tutor necessita de autorização do tribunal para continuar a exploração do estabelecimento comercial ou industrial que o menor haja recebido por sucessão ou doação;

artigo 1940.°: o tutor que continue a explorar, sem autorização, o estabelecimento comercial ou industrial do pupilo é pessoalmente responsável por todos os danos;

artigo 1962.°/1: quando não exista pessoa em condições de exercer a tutela, o menor é confiado à assistência pública, nos termos da respectiva legislação, exercendo as funções de tutor o director do estabelecimento público ou particular, onde tenha sido internado.

Esta acepção ocorre ainda nos artigos 111.°, 115.° e 116.° do RAU: trata-se de regras antes incluídas no Código Civil e que abaixo examinaremos.

O estabelecimento traduz, aí, um conjunto de coisas corpóreas e incorpóreas devidamente organizado para a prática do comércio[12]. Digamos que corresponde *grosso modo* a uma ideia de empresa, sem o elemento humano e de direcção[13].

3. Elementos do estabelecimento

I. O estabelecimento comercial abrange elementos bastante variados.

---

[12] Cf. BARBOSA DE MAGALHÃES, *Do estabelecimento comercial*, 2ª ed. cit., 13.

[13] O problema não se põe para os autores que, como COUTINHO DE ABREU, *Curso de Direito comercial*, 1.° vol., 2ª ed. (2000), 190, não distingam entre estabelecimento e empresa.

Em comum têm apenas o facto de se encontrarem interligados para a prática do comércio.

Seguindo uma técnica contabilística pode distinguir-se, no estabelecimento, o activo e o passivo[14]: o activo compreende o conjunto de direitos e outras posições equiparáveis afectas ao exercício do comércio; o passivo corresponde às adstrições ou obrigações contraídas pelo comerciante por esse mesmo exercício. À partida o passivo inclui-se no estabelecimento embora seja frequente, em negócios de transmissão, limitá-los ao activo.

II. No respeitante ao activo, o estabelecimento abrange[15]:

coisas corpóreas;
coisas incorpóreas;
aviamento e clientela.

No que tange a coisas corpóreas, ficam abarcados os direitos relativos a imóveis, particularmente: os direitos reais de gozo, como a propriedade ou o usufruto e os direitos pessoais de gozo, como o direito ao arrendamento. Seguem-se os direitos relativos aos móveis: mercadorias, matérias-primas, maquinaria, mobília e instrumentos de trabalho ou auxiliares, escrituração, computadores, livros, documentos, ficheiros e títulos de crédito. Ficam, pois, abrangidas quaisquer coisas que, estando no comércio, sejam, pelo comerciante, afectas a esse exercício.

III. No tocante a coisas incorpóreas, poderemos distinguir[16]: as obras literárias ou artísticas que se incluam no estabelecimento, os inventos (portanto: as patentes) e as marcas. Podemos ainda acrescentar o direito à firma ou nome do estabelecimento e outros aspectos que, embora à partida não-patrimoniais, consintam todavia uma comercialidade limitada. Desde meados do século XX que a nossa doutrina põe em relevo esta dimensão do estabelecimento. E bem: aquando da negociação dum estabelecimento, é evidente que os referidos factores incorpóreos poderão ser determinantes para encontrar um valor. Há estabelecimentos que valem, sobretudo, pelo nome que têm ou pelas marcas ou patentes que acarretam.

---

[14] BARBOSA DE MAGALHÃES, *Do estabelecimento comercial*, 2ª ed. cit., 37 e 73 ss..

[15] Para diversas enumerações entre nós cf. FERNANDO OLAVO, *Direito comercial*, 1.º vol. cit., 263 ss., FERRER CORREIA, *Direito comercial*, 1.º vol. (1973), 202 ss. = *Reprint* (1994), 117 ss. e *Reivindicação do estabelecimento comercial como unidade jurídica* (1957), em *Estudos jurídicos*, 2.º vol. (1969), 255-276 (255 ss.).

[16] Cf., em geral, o nosso *Tratado de Direito civil*, I, 2.º tomo (2000), 108 ss..

Também quanto a coisas incorpóreas, há que incluir os direitos a prestações provenientes de posições contratuais. Assim sucede desde logo com os contratos de trabalho; seguem-se-lhe outros contratos de prestação de serviço, contratos com fornecedores, contratos de distribuição, de publicidade, de concessão comercial, de agência, de franquia e mesmo contratos relativos a bens vitais: água, electricidade, telefone, ligação à *internet* e gás.

Adiante explicaremos por que razões tudo isto integra o estabelecimento.

IV. Encontramos, depois, o aviamento e a clientela: o primeiro é particularmente querido aos italianos e o segundo aos franceses. O aviamento corresponde *grosso modo* à mais-valia que o estabelecimento representa em relação à soma dos elementos que o componham, isoladamente tomados[17]: ele traduziria, deste modo, a aptidão funcional e produtiva do estabelecimento. A clientela, por seu turno, equivale ao conjunto, real ou potencial, de pessoas dispostas a contratar com o estabelecimento considerado, nele adquirindo bens ou serviços[18].

O aviamento e a clientela não constituem, como tais, objecto de direitos subjectivos. Eles correspondem, não obstante, a posições activas e são objecto de regras de tutela. Pense-se, por exemplo, na indemnização de clientela prevista na hipótese de cessação do contrato de agência e aplicável a outros negócios de distribuição. Ambos estes factores influenciam ou podem influenciar decisivamente o valor do estabelecimento e, sendo este transmitido, vão com ele.

4. O critério da inclusão

I. Perante o enunciado de elementos acima efectuado, pergunta-se qual o critério da sua inclusão no estabelecimento. A questão é importante; não obstante, repousa em construções doutrinárias, ainda que com bases legais dispersas e consagração jurisprudencial. O critério do estabelecimento assenta em duas ordens de factores:

um factor funcional;
um factor jurídico.

---

[17] Cf. BARBOSA DE MAGALHÃES, *Do estabelecimento comercial*, 2ª ed. cit., 58 ss..
[18] *Idem*, 69 ss..

O factor funcional apela ao realismo exigido pela própria vida do comércio. Sob pena de nos perdermos em inúteis abstracções, devemos, pela observação, verificar como se organiza efectivamente um estabelecimento e como ele funciona. Procurar reduzi-lo a coisas corpóreas, por muito que isso depois facilite o seu regime, é escamotear a realidade: o estabelecimento existe e é autonomizado pelo comércio e pelo Direito precisamente por, organizar as coisas corpóreas, em conjunto com as incorpóreas, num todo coerente para conseguir angariar clientela e, daí, lucro. A análise da realidade diz-nos que em regra o estabelecimento gira sob um nome, tem insígnias, usa marcas e patentes, disfruta de colaboradores, etc..

II. O factor jurídico explica-nos que, em homenagem a essa realidade que ele traduz, o Direito concede, ao conjunto dos elementos referidos, um regime especial, inaplicável *in solo*.

Este regime documenta-se nos pontos seguintes:

- o direito ao arrendamento, quando se inclua no estabelecimento, pode ser transmitido, em conjunto com este, independentemente de autorização do senhorio – artigo 115.º do RAU;
- a transmissão de firma só é possível em conjunto com o estabelecimento a que ela se achar ligada – artigo 44.º do RNPC;
- o trespasse do estabelecimento faz presumir a transmissão do pedido de registo ou de propriedade da marca – artigo 211.º/1 do CPI;
- a transmissão do estabelecimento implica a transferência dos contratos de trabalho dos trabalhadores a ele afectos – artigo 37.º da LCT[19];
- no caso de expropriação por utilidade pública que envolva um estabelecimento.

O sistema parece claro. O estabelecimento, para além de direitos reais relativos a coisas corpóreas, envolve posições contratuais, seja o direito ao arrendamento, seja o contrato de trabalho e posições incorpóreas, como o direito à firma e a marca ou o pedido do seu registo. Além disso, o aviamento e a clientela são valorados para efeitos de expropriação por utilidade pública, prova de que existem e são tidos em conta pelo Direito.

III. É certo que algum destes elementos – e muitos outros, com destaque para o passivo e para os contratos que, por definição, impliquem

---

[19] Cf. o nosso *Manual de Direito do Trabalho* (1991), 773 ss..

uma prestação do comerciante e logo, a esse nível, um passivo – só se transmitem plenamente com o consentimento do terceiro cedido: trata-se do regime que emerge dos artigos 424.°/1 e 595.° do Código Civil. Essa necessidade não prejudica a especificidade – que sempre é alguma – dos regimes acima apontados. Tão-pouco ela põe em crise os aspectos funcionais ou o tipo social que representa a transmissão, em bloco, de todos os elementos integrantes do estabelecimento.

Finalmente: o aviamento e a clientela valem, insofismavelmente, para efeitos indemnizatórios. Logo existem e são valorados pelo Direito.

5. Nota comparatística

I. A autonomização duma ideia de estabelecimento, distinta da do seu titular e – salvo quanto à Alemanha – diferente da de empresa é uma exigência do comércio tradicional.

Vamos, por isso, encontrá-la nos diversos ordenamentos, sendo curioso e elucidativo aqui consignar uma breve nota comparatística.

II. Em França, o estabelecimento comercial (*fonds de commerce*) é definido por GEORGES RIPERT e RENÉ ROBLOT como uma propriedade incorpórea que consiste no direito à clientela, ligada ao estabelecimento pelos elementos que servem à exploração. Esses elementos são uns de natureza corpórea: os utensílios e as mercadorias; outros de natureza incorpórea: o nome, a insígnia, o direito à locação, as patentes e as marcas[20]. Uma orientação deste tipo constava já de JEAN ESCARRA[21] e expande-se ao espaço belga[22], podendo considerar-se significativa. Sendo semelhante à noção portuguesa, a versão francesa do estabelecimento apresenta, no entanto, duas particularidades: exclui os imóveis[23] e acentua fortemente o elemento clientela, com uma tónica que supera a da nossa doutrina.

---

[20] RIPERT/ROBLOT, *Traité Élementaire de Droit Commercial*, 1.° vol., 10ª ed. (1980), 373, n.° 522.

[21] JEAN ESCARRA, *Cours de Droit Commercial*, 10ª ed. (1952), 160 ss. (n.°s 231 ss.), sublinhando (n.° 236) a essencialidade da clientela.

[22] LOUIS FREDERICQ, *Précis de Droit Commercial* (1970), 77 ss.. Quanto à clientela, diz este autor: "Trata-se, na opinião dominante, do elemento essencial. Não se imagina um estabelecimento sem clientela nem a cessão do estabelecimento sem a cessão de clientela" – *idem*, 77.

[23] Cf. J. ESCARRA, *Cours* cit., 161, n.° 232 e MICHEL PÉDAMON, *Droit commercial//Comerçants et fonds de commerce/Concurrence et contrats de commerce* (1994), 187 ss..

III. Em Itália, ao contrário do que sucede nos outros países, aparece uma definição expressa de estabelecimento (*azienda*): pelo artigo 2555.º do Código Civil italiano é o complexo dos bens organizados pelo empresário, para o exercício da empresa. A doutrina trabalha com esta noção, descobrindo nela dois elementos: um elemento formal objectivo – os bens – e um elemento formal finalístico – a organização[24]. ASCARELLI dedica ao estabelecimento comercial páginas muito semelhantes às dos comercialistas portugueses, explicando-o como um conjunto de bens funcional ou instrumentalmente unificados em relação a uma actividade empresarial determinada[25]. A doutrina mais recente, baseada na evolução legislativa e jurisprudencial, veio a acentuar o aviamento como elemento fundamental do estabelecimento[26]. Este ponto não é tão salientado no espaço português.

IV. Na Alemanha, a doutrina recente designa o estabelecimento como empresa, num dos seus sentidos. Compõe-se de coisas corpóreas – imóveis, construções, mercadorias, armazéns –, de direitos – créditos, direito à firma, marcas, patentes, direitos de autor –, e de vinculações. Tais elementos, como diz CANARIS, são, no entanto, ainda pouco caracterizadores do estabelecimento: é essencial que o comerciante proceda a uma ordenação ao serviço da prossecução de determinado escopo económico[27]. Incluem-se, pois, no estabelecimento, como elementos fundamentais: "... a repartição de tarefas no estabelecimento, a escrita, os métodos de trabalho, a experiência comercial, os segredos do negócio, bem como os fornecedores, as possibilidades de venda, a reputação e outros elementos semelhantes"[28]. Há um paralelismo claro perante o esquema português – deve ter-se presente que o Direito alemão é o mais românico da actualidade – sendo de enfocar a tónica funcional que, aí, lhe é conferida.

---

[24] GIORGIO FERRARA, *Azienda (diritto privato)*, ED IV (1959), 680-740 (685).
[25] TULIO ASCARELLI, *Corso di diritto commerciale*, 3ª ed. (1962), 318.
[26] MARIO CASANOVA, *Azienda*, Apendice I NssDI (actualização ao Novissimo Digesto Italiano) (1980), 626-635 (631-632; cf. 633). Sobre o estabelecimento em Itália refira-se, por último, a obra colectiva maciça (quase 900 pp.), coordenada por FABRIZIO GUERRERA, *I trasferimenti di azienda* (2000).
[27] CLAUS-WILHELM CANARIS, *Handelsrecht*, 23ª ed. (2000), 33 e *passim*.
[28] Cf. GÜNTHER H. ROTH, *Handels- und Gesellschaftsrecht/Das Recht des Kaufmännischen Unternehmens* (1980), 9 ss. e HANS BROX, *Handelsrecht und Wertpapierrecht*, 3ª ed. (1983), 75 (n.º 153).

II. O REGIME E A NATUREZA

6. A negociação unitária; o trespasse

I. O ponto mais significativo do regime do estabelecimento é a possibilidade da sua negociação unitária.

Em princípio, perante um conjunto de situações jurídicas distintas, funciona a regra da especialidade: cada uma delas, para ser transmitida, vai exigir um negócio jurídico autónomo[29]. Estando em causa um acervo de bens e direitos, a lei e a prática consagradas admitem que a transferência se faça unitariamente. Trata-se de um aspecto que abrange não apenas as coisas corpóreas articuladas, susceptíveis de negociação conjunta através das normas próprias das universalidades de facto – artigo 206.º do Código Civil – mas, também, todas as realidades envolvidas, incluindo o passivo.

Repare-se: não deixa de haver transmissão unitária pelo facto de, para a perfeita transferência de alguns dos elementos envolvidos, se exigir o consentimento de terceiros. É o que vimos suceder com o passivo, com os contratos de prestações recíprocas e é o que sucede, como veremos, com a própria firma. O trespasse do estabelecimento que tudo englobe continua a fazer-se por um único negócio – uma única escritura – com todas as facilidades que isso envolve.

II. É certo que, perante a relativa indefinição legal e dada a exigência das tais autorizações, o trespasse clássico tem vindo a perder terreno, a favor de esquemas societários. O comerciante que pretenda fundar um estabelecimento constituirá uma sociedade comercial mais ou menos (des)capitalizada, que irá encabeçar o acervo de bens e de deveres a inserir no estabelecimento. Querendo alienar a sua posição, o comerciante em causa, muito simplesmente, transferirá as suas posições sociais – quotas ou acções – para o adquirente. Formalmente, não há qualquer modificação a nível do sujeito.

Este fenómeno apenas documenta uma certa perda de importância relativa que o velho Direito comercial vem a acusar a favor dos ramos comerciais mais novos, que se têm vindo a autonomizar. Não obstante, e designadamente ao nível do pequeno comércio, a transferência do estabelecimento, enquanto tal, continua a apresentar um interesse marcado: basta ver a multiplicação recente de casos judicialmente decididos[30].

---

[29] Cf. CANARIS, *Handelsrecht*, 23ª ed. cit., 173.
[30] Cf. RPt 1-Jul.-1999 (OLIVEIRA VASCONCELOS), CJ XXIV (1999) 4, 189-190.

III. O trespasse do estabelecimento, mormente para ter eficácia no ponto nevrálgico do arrendamento, devia ser celebrado por escritura pública – artigo 115.º/3[31]. Todavia, o Decreto-Lei n.º 64-A/2000, de 22 de Abril, alterou esta regra tradicional: basta, agora, a forma escrita, explicitando (inutilmente) o novo n.º 3 daquele preceito "sob pena de nulidade". Deve tratar-se dum estabelecimento efectivo, isto é: que compreenda todos os elementos necessários para funcionar e que, além disso, opere, em termos comerciais. O artigo 115.º/2 do RAU exprime essa ideia, pela negativa; não haverá trespasse:

a) Quando a transmissão não seja acompanhada de transferência, em conjunto, das instalações, utensílios, mercadorias ou outros elementos que integram o estabelecimento;

b) Quando, transmitido o gozo do prédio, passe a exercer-se nele outro ramo de comércio ou indústria ou quando, de um modo geral, lhe seja dado outro destino.

O trespasse exige, pois, uma transmissão do estabelecimento no seu todo: é insuficiente aquela que incida sobre apenas alguns dos seus elementos[32]. Por certo que as partes, ao abrigo da sua autonomia privada, poderão, do estabelecimento, retirar os elementos que entenderem. O trespasse não deixará de o ser até ao limite de o conjunto transmitido ficar de tal modo descaracterizado que já não possa considerar-se um "estabelecimento" em condições de funcionar[33].

A lei especifica, a propósito da transmissão do arrendamento, que o trespasse deve abarcar "instalações", "utensílios", "mercadorias" e "outros elementos". Não oferecerá dúvidas reportar que, como vimos, "outros elementos" abrangerá os factores incorpóreos, com relevo para diversos direitos de crédito, nome, patentes e marcas.

IV. Perante um trespasse de âmbito máximo, que englobe, pois, o passivo, teremos de distinguir os seus efeitos internos dos externos[34].

---

[31] Uma vez que podem ser abrangidos elementos muito diversos, a exigência da forma limita-se ao seu cerne: STJ 28-Mar.-2000 (Francisco Lourenço), CJ/Supremo VIII (2000) 1, 148-152 (151/I).

[32] STJ 25-Mar.-1999 (Herculano Namora), CJ/Supremo VII (1999) 2, 38-40 (39).

[33] Trata-se do chamado estabelecimento incompleto; cf. Oliveira Ascensão//Menezes Cordeiro, *Cessão de exploração de estabelecimento comercial, arrendamento e nulidade formal/Parecer*, ROA 1987, 845-927 (882 ss.) e Oliveira Ascensão, *Direito comercial*, vol. 1.º – *Institutos gerais* (1998/99), 116 ss..

[34] STJ 28-Mar.-2000 cit., CJ/Supremo VIII, 1, 150/I.

Quanto aos internos, o trespassário adquirente fica adstrito, em face do trespassante, a pagar aos terceiros o que este lhes devia. Quanto aos externos: o alienante só ficará liberto se os terceiros, nos termos aplicáveis à assunção de dívidas e à cessão da posição contratual, o exonerarem ou derem acordo bastante.

V. O "trespasse" é, apenas, uma transmissão definitiva do estabelecimento[35]. Só por si, não nos diz a que título. Quer isso dizer que o trespasse pode operar por via de qualquer contrato, típico ou atípico, que assuma eficácia transmissiva: compra e venda, dação em pagamento, sociedade, doação ou outras figuras diversas.

O regime do trespasse dependerá do contrato que, concretamente, estiver na sua base. Para o tema aqui em causa, relevará apenas o seu efeito transmissivo de um estabelecimento.

Apesar de ser esse o núcleo, cumpre apontar outras decorrências típicas do trespasse:

– o RAU, no seu artigo 116.º, atribui ao senhorio um direito de preferência, na hipótese de trespasse por venda ou dação em cumprimento;
– o trespassante poderá ficar investido num dever de não-concorrência em relação ao trespassário.

Vamos ver cada um destes pontos.

VI. A preferência do senhorio fora instituída pela Lei n.º 1.662, de 4 de Setembro de 1924 – artigo 9.º, § único – vindo mais tarde a desaparecer. O RAU restabeleceu-a e isso com duas finalidades essenciais[36]:

– permitir ao senhorio uma vantagem potencial, aquando da transmissão do estabelecimento instalado no objecto da sua propriedade;

---

[35] Cf. STJ 29-Set.-1998 (FERREIRA RAMOS), CJ/Supremo VI (1998) 3, 38-44 (41/I). O trespasse não tinha, no início, um sentido unívoco; cf. BARBOSA DE MAGALHÃES, *Estabelecimento comercial* cit., 213 ss.; TABORDA FERREIRA, *Sublocação e trespasse; elementos para a definição do trespasse*, RDES 9 (1956), 97-112 (97 ss.) e RUI DE ALARCÃO, *Sobre a transferência da posição do arrendatário no caso de trespasse*, BFD 47 (1971), 21-54 (22 ss.).

[36] Cf. MENEZES CORDEIRO/CASTRO FRAGA, *O novo regime do arrendamento urbano anotado* (1990), 152.

– facultar um certo controlo da sociedade civil sobre as simulações operadas no tocante a trespasses.

Não é exacta a asserção de que, no conflito entre a propriedade fundiária e a propriedade comercial, o RAU tenha dado a primazia à primeira. O direito de preferência conferido ao senhorio não é um direito de resgate da coisa, de modo a conseguir desmantelar o estabelecimento, só para reaver o objecto da sua propriedade. Trata-se duma preferência na venda ou dação em cumprimento *do estabelecimento*. O senhorio interessado não pode agir na hipótese de qualquer trespasse mas, apenas, na de venda ou dação. Além disso, ele terá de adquirir todo o estabelecimento, mantendo-o em funções, nas precisas condições em que o faria o trespassário interessado[37].

Resulta ainda daí que a preferência do senhorio só é possível quando este próprio esteja em condições de, licitamente, adquirir o estabelecimento. Tratando-se duma farmácia, exige-se que o próprio senhorio seja farmacêutico[38]; estando em jogo um estabelecimento para o exercício de profissão liberal[39], o senhorio deverá ter as habilitações necessárias para prosseguir essa exploração[40].

VII. O dever de não-concorrência do trespassante perante o trespassário, quando não seja expressamente pactuado, poderá ser uma exigência da boa fé. Vamos supor que um comerciante conhecido angaria larga clientela. Trespassa, depois, por bom lucro, o seu estabelecimento e vai, de seguida, abrir um novo estabelecimento semelhante, mesmo em frente. É evidente que a clientela, que já o conhece, irá segui-lo: o trespassário adquire algo que, sem clientela, pouco ou nada vale.

Impõe-se, *ex bona fide* e como dever pós-eficaz[41], uma obrigação de não-concorrência[42]. A sua violação pode acarretar deveres de cessar a con-

---

[37] RLx 18-Nov.-1993 (LOPES PINTO), BMJ 431 (1993), 538 (o sumário).
[38] STJ 15-Jun.-1994 (ROGER LOPES), CJ/Supremo II (1994) 2, 146-148 (148).
[39] Em princípio, já não será, então, um estabelecimento comercial; aplicam-se-lhe, todavia, as mesmas regras; estaremos, então, perante uma "pessoa semelhante a comerciante".
[40] RLx 29-Jun.-1995 (SILVA SALAZAR), CJ XX (1995) 3, 142-146 (145).
[41] Cf. MENEZES CORDEIRO, *Da pós-eficácia das obrigações*, em *Estudos de Direito civil* (1991, reimp.), 143-197.
[42] O Supremo já sancionou uma situação deste tipo, a propósito do trespasse duma agência funerária: o trespassante foi abrir outra mesmo ao pé, conservando, com isso, a clientela que era suposto ter deixado ao trespassário; em STJ 17-Fev.-1998 (TORRES PAULO),

corrência indevida e de indemnizar o lesado, reconstruindo a situação que existiria se não fosse a violação perpetrada.

7. A cessão de exploração

I. Na cessão de exploração há uma cedência temporária do estabelecimento comercial[43]: digamos que opera tendo por base algo de semelhante à locação, quando a cessão funcione a título oneroso.

Em rigor – embora a doutrina não o faça – haveria que distinguir: a cessão de estabelecimento seria a transferência temporária do estabelecimento, efectuada a qualquer título; a locação de estabelecimento implicaria a cessão titulada por um negócio decalcado da locação, designadamente com uma obrigação periódica de pagamento de retribuição, tipo renda ou aluguer.

O interesse da autonomização da cessão de exploração é o do próprio reconhecimento do estabelecimento como objecto de negócios:

- permitiria a cedência temporária do estabelecimento como um todo, sem necessidade de negociar, uma a uma, todas as realidades que o compõem e viabilizando ainda o cômputo de elementos sem autonomia, como o aviamento e a clientela;
- possibilitaria atender à verdadeira realidade em jogo no estabelecimento, afastando normas comuns aplicáveis a outras figuras contratuais como, por exemplo, o arrendamento.

II. O reconhecimento da cessão de exploração como negócio próprio do estabelecimento foi obra da jurisprudência portuguesa, conforme relata ORLANDO DE CARVALHO[44]. Um passo importante nesse sentido foi dado pelo Supremo Tribunal de Justiça, no acórdão de 8-Fev.-1935, a propósito do cinema portuense *Águia d'Ouro*[45]. Seguiram-se outras decisões similares[46].

CJ/Supremo VI (1998) 1, 79-84 = BMJ 474 (1998), 502-515 (509 ss.), entendeu-se haver concorrência desleal. Preferiríamos a via que figura no texto, embora as soluções se aproximem.

[43] STJ 29-Set.-1998 cit., CJ/Supremo VI, 3, 41/I.

[44] ORLANDO DE CARVALHO, *Critério e estrutura do estabelecimento comercial* I – *O problema da empresa como objecto de negócios* (1967), 268 ss. (272). Quanto à história da cessão de exploração cf. STJ 6-Mai.-1998 (MIRANDA GUSMÃO), 428-436 (433).

[45] STJ 8-Fev.-1935 (PIRES SOARES), COF 34 (1935), 42-43 = RT 53 (1935),

Curiosamente, a autonomia da cessão da exploração foi-se afirmando mais pela negativa do que pela positiva. Era inevitável: mantendo-se o silêncio da lei, não restava, para ela, qualquer regulação específica. Caso a caso, havia que, à luz dos princípios gerais do Direito dos contratos e de acordo com as estipulações das partes, encontrar, para as diversas cessões, o regime adequado. Muito claro, BARBOSA DE MAGALHÃES apresenta, a esse propósito, a ideia dos contratos mistos, recordando as teses clássicas apresentadas para os enquadrar e propondo uma solução[47]. Mas tudo isto é necessariamente formal: em abstracto, não se pode esquematizar um regime genérico para a cessão de exploração. Em compensação, pela negativa, foi-se deixando clara a inaplicabilidade, à mesma, de normas dirigidas ao arrendamento[48].

Este aspecto é primordial. O arrendamento, por força da conhecida problemática social que envolve, foi concitando, da parte do legislador, a inclusão, no seu regime típico, de normas injuntivas, isto é, subtraídas à livre disponibilidade das partes. De entre elas, avultam as que se prendem com o regime do termo da situação locatícia, bastante limitativo e com a sua prorrogação automática no termo, e às quais, por influência italiana, se tem chamado regime vinculístico. Ora o estabelecimento comercial implica, muitas vezes, o gozo de bens imóveis o qual, sendo transferido temporariamente, cai, de modo automático, nas normas restritivas do arrendamento. O afastamento dessas normas constitui operação delicada, surgindo, com frequência, *contra legem*[49]. Tornou-se, pois, desejável a consagração legislativa da subtracção da cessão de exploração ao regime do arrendamento. O que foi feito, entre nós, pelo Código Civil de 1966.

116-117. A justificação era ainda insuficiente, dizendo apenas que a "... concessão de imóvel e móveis e do maquinismo para exploração de espectáculos não está sujeita às regras excepcionais do inquilinato". Donde a nota desfavorável da RT, loc. cit., 117.

[46] ORLANDO DE CARVALHO, *Estabelecimento comercial* cit., 268 ss..

[47] BARBOSA DE MAGALHÃES, *Estabelecimento comercial* cit., 166 ss..

[48] Cf. VAZ SERRA, anotação a STJ 16-Fev.-1967, RLJ 100 (1968), 262-266 (264), e ANTUNES VARELA, anotação ao mesmo acórdão, loc. cit., 266-271 (270), que, de modo incisivo, aponta a necessidade de um estabelecimento em sentido próprio para haver cessão. Do mesmo autor e no mesmo sentido cf., ainda, *Contratos mistos*, BFD 44 (1968), 143-168 (153).

[49] A doutrina jurídica, ainda que com cautelas compreensíveis, teria vindo a admitir a possibilidade de, em certos casos, a jurisprudência intervir *contra legem*; recorde-se o tema da inalegabilidade das nulidades formais, analisado no nosso *Tratado de Direito civil*, I, 1.º tomo, 2ª ed. (2000), 379 ss..

III. A possibilidade de, na cessão de exploração, afastar o regime restritivo do arrendamento, obriga a uma delimitação mais cuidada dos seus contornos. À partida, pode dizer-se que deve haver, como objecto do negócio, um estabelecimento comercial: é a presença deste, com a sua lógica própria e os seus valores particulares, que conduziu à autonomização prática e conceitual da figura. ANTUNES VARELA justifica a exclusão, na cessão de exploração, dos esquemas injuntivos do arrendamento, acentuando[50]:

- a inexistência das razões que justificam o proteccionismo do inquilinato comercial ou industrial;
- o facto de ao cedente se dever a iniciativa da criação ou a manutenção do estabelecimento, em cujo património ele se integra e continua;
- o facto de o cessionário não ter criado o estabelecimento, limitando-se a fruir o que temporariamente lhe foi cedido;
- a assimilação da cessão de exploração ao trespasse, caso tivesse aplicação o esquema da renovação automática estabelecida para o arrendamento.

O último dos pontos referidos tem um peso relativo: a semelhança com o trespasse ocorreria, apenas, pelo prisma do cedente; além disso, o regime restritivo vigente para o arrendamento aproxima-o da pura transmissão do imóvel sem que, daí, se extraiam consequências dogmáticas.

O Código Civil autonomizou a cessão de exploração precisamente pelo prisma da exclusão do regime do arrendamento, no seu artigo 1085.º. Trata-se da norma que passaria para o artigo 111.º do RAU, assim concebida:

Artigo 111.º (Cessão de exploração do estabelecimento comercial):
1. Não é havido como arrendamento de prédio urbano ou rústico o contrato pelo qual alguém transfere temporária e onerosamente para outrem, juntamente com a fruição do prédio, a exploração de um estabelecimento comercial ou industrial nele instalado.

---

[50] PIRES DE LIMA/ANTUNES VARELA, *Código Civil anotado*, II vol., 2ª ed. (1986), 491-492 e RLJ 100, 270 cit.. FERRER CORREIA, noutro prisma mas de modo confluente, contrapondo a cessão de exploração ao arrendamento, explica que, na primeira, se teve em vista a empresa e não o prédio – *Reivindicação de estabelecimento* cit., 266, em nota. Este mesmo aspecto é bem enfocado por AVELINO FARIA, *O contrato de exploração de estabelecimento comercial ou industrial*, RT 77 (1959), 66-70 (68-69).

Este texto legal tem, patentes, os elementos relevados como integrando a ideia de cessão de exploração: a presença de um estabelecimento comercial, aliás particularmente salientada em epígrafe, e a sua transferência temporária e onerosa para outrem. A falta de algum dos elementos estruturais do estabelecimento, aquando da cessão, determina a conversão legal desta em arrendamento, nos termos do artigo 111.°/2 do RAU.

IV. A jurisprudência sobre cessão de exploração tem vindo a fixar os contornos da figura. Assim, quando ela envolva um local arrendado, fica entendido que não é necessária a autorização do senhorio[51]. Já parece razoável exigir que, nos termos gerais do artigo 1038.°, *g*), do Código Civil, a operação seja comunicada ao senhorio, mau grado alguma divisão da jurisprudência[52].

A cessão de exploração exigia escritura pública – artigo 89.°, *k*) do CNot de 1967[53]. A regra desapareceu do CNot vigente, vindo o Decreto-Lei n.° 64-A/2000, de 22 de Abril, introduzir, no artigo 111.° do RAU, a regra de que a cessão de exploração deve constar de documento escrito. Finalmente, haverá que reconduzi-la à figura geral da locação[54]: seria "locação produtiva" (*Pacht, affitto*) caso essa figura tivesse sido autonomizada pelo Direito português. Não operam, como vimos, as regras vinculísticas do arrendamento.

8. O usufruto do estabelecimento

I. Sobre o estabelecimento comercial pode recair o direito de usufruto[55]. Nessa altura e nos termos gerais, o usufrutuário poderá aproveitar

---

[51] RPt 8-Jan.-1998 (OLIVEIRA VASCONCELOS), CJ XXIII (1998) 1, 184-188, REv 29-Jan.-1998 (GOMES DA SILVA), CJ XXIII (1998) 1, 262-263 (263/II) e STJ 2-Jun.-1998 (TOMÉ DE CARVALHO), CJ/Supremo VI (1998) 2, 102-105 (104/I), sublinhando que se trata de um *minus* em relação ao trespasse.

[52] Cf. RCb 9-Dez.-1997 (SERRA BAPTISTA), CJ XXII (1997) 5, 32-36 (35/I), enumerando as teorias e REv 29-Jan.-1998 cit., CJ XXIV, 1, 263/II.

[53] RLx 4-Jun.-1998 (PROENÇA FOUTO), CJ XXIII (1998) 3, 122-123.

[54] Cf., quanto à aproximação, STJ 30-Jun.-1998 (MACHADO SOARES), CJ/Supremo VI (1998) 2, 153-157 (155/II), RLx 2-Jul.-1998 (URBANO DIAS), CJ XXIII (1998) 4, 84-86 e STJ 29-Fev.-2000 (DIONÍSIO CORREIA), CJ/Supremo VIII (2000) 1, 122-124 (124/I).

[55] Cf. CANARIS, *Handelsrecht*, 23ª ed. cit., 191, chamando a atenção para a sua semelhança com a locação do estabelecimento. Entre nós cf. o desenvolvido tratamento dado a esta rubrica por BARBOSA DE MAGALHÃES, *Do estabelecimento comercial*, 2ª ed. cit., 299 ss..

plenamente o estabelecimento, sem alterar a sua forma ou substância – artigo 1439.º do Código Civil.

A figura não levanta dúvidas: os elementos corpóreos podem, por definição, ser objecto de usufruto, enquanto os incorpóreos o serão por via dos artigos 1463.º a 1467.º do Código Civil e dos princípios que deles emergem.

II. No domínio dos poderes de transformação do usufrutuário pensamos que, tratando-se de um estabelecimento, estes devem ir tão longe quanto possível[56]. De outro modo, iremos bloquear a actualização e a renovação do estabelecimento, enquanto durar o usufruto: haverá danos para o comércio e para todas as pessoas envolvidas, incluindo o titular da raiz.

9. O estabelecimento como objecto de garantia

I. Para além de poder ser globalmente transmitido, a título definitivo (trespasse) ou temporário (cessão de exploração), o estabelecimento comercial pode, ainda, ser dado em garantia ou, genericamente: pode operar como objecto de garantia. Bastará atentar em que essa situação constitui sempre um *minus* em relação ao próprio trespasse.

II. O estabelecimento pode ser dado em penhor, pelo seu titular. Em termos analíticos teríamos um misto de penhor de coisas e de penhor de direitos. Relevante é aqui, todavia, o penhor global sobre o conjunto. Em regra tratar-se-á de um penhor mercantil, sendo pois suficiente, nos termos do artigo 398.º, § único, uma entrega simbólica. O que tem aqui a maior importância prática: o estabelecimento dado em garantia poderá continuar a funcionar normalmente, numa situação fundamental para o bom decurso da operação.

III. O estabelecimento comercial poderá ainda ser objecto de penhora[57]. Trata-se duma operação que não afecta a relação locatícia que, eventualmente, nele se inclua e que, como em qualquer situação relativa ao estabelecimento, o atinge, no seu conjunto.

---

[56] Cf. MENEZES CORDEIRO, *Direitos reais* (1993, *Reprint*), 650 ss..
[57] Cf. RLx 3-Jul.-1997 (PROENÇA FOUTO), CJ XXII (1997) 4, 84-85 (85).

10. A reivindicação e as defesas possessórias

I. O estabelecimento não é composto apenas por coisas corpóreas. Não obstante, estas, para além de poderem ter um papel dominante, emprestam ao conjunto um teor característico. Basta ver que o estabelecimento, na multiplicidade dos seus elementos, surge como algo de perceptível pelos sentidos, enquanto o exercício de poderes sobre ele comporta, por si, uma publicidade espontânea.

Deste modo, apesar de múltiplas hesitações pontuais, a doutrina e a jurisprudência têm-se inclinado para a aplicabilidade, ao estabelecimento, das defesas reais.

II. Em primeiro lugar, o estabelecimento pode ser reivindicado. Embora se trate duma acção primacialmente dirigida a efectivar o direito de propriedade sobre os elementos corpóreos, os restantes factores acompanharão, automaticamente, os primeiros[58].

III. De seguida, temos as acções possessórias[59]. Estas assistem ao seu titular. Mas também o trespassário poderá utilizá-las para tornar efectiva a posse que tenha recebido por via contratual[60].

Vale o afirmado quanto à compleitude do estabelecimento e quanto à possibilidade de atingir, por essa via, elementos não corpóreos.

III. A NATUREZA

11. Natureza do estabelecimento

I. A questão da natureza do estabelecimento comercial tem-se prestado, na História e no Direito comparado, a uma especulação donde resultam inúmeras teorias[61].

---

[58] Cf. OLIVEIRA ASCENSÃO, *Direito comercial*, 1.° vol. cit., 134-135, mau grado a opção restritiva que formula quanto ao estabelecimento.

[59] Cf., com indicações de opções diversas, REv 12-Jan.-1997 (RODRIGUES DOS SANTOS), CJ XXII (1997) 3, 272-277 (274/II e 275/I); vide MENEZES CORDEIRO, *A posse/ /Perspectivas dogmáticas actuais*, 3ª ed. (2000), 79 ss..

[60] RPt 4-Fev.-1999 (JOÃO VAZ), CJ XXIV (1999) 1, 213-216 (215/I).

[61] Na nossa literatura domina, ainda hoje, o lato desenvolvimento de BARBOSA DE MAGALHÃES, *Do estabelecimento comercial*, 2ª ed. cit., 77 ss..

Se – como agora compete – colocarmos o problema perante o Direito positivo português, a questão resulta grandemente simplificada.

II. À partida, devemos entender que o estabelecimento não se confunde com a empresa. Esta, como vimos, é um conceito-quadro que ora se reporta a um sujeito de direitos, ora abrange uma organização produtiva com a sua direcção. Não há qualquer dogmática unitária para a empresa: é justamente esse o grande trunfo explicativo do seu êxito.

Já o estabelecimento surge, no Direito português, como um conceito jurídico mais preciso, dotado de regras próprias, dimanadas pelo legislador e cuidadosamente aperfeiçoadas pela jurisprudência e pela doutrina.

III. O estabelecimento é, no Direito português, objecto de negócios e de direitos. Demonstra-o todo o desenvolvimento, acima efectuado e referente ao seu regime. Tanto basta para afastar as teorias que intentem a sua personificação.

Mais delicada surge a recondução do estabelecimento à categoria de património autónomo ou de afectação: a unidade surgiria apenas perante determinados negócios ou acções, sendo impensável fora deles[62]. Trata-se duma construção que deve ser reconduzida à particular concepção que, de personalidade colectiva, nos deixou BRINZ. Segundo esta orientação, a própria ideia de personalidade colectiva deveria ser substituída pela de património de afectação[63], razão pela qual, quando aplicada ao estabelecimento, não é diferenciadora.

Os primeiros dogmáticos da empresa descobriram, na titularidade desta, um direito global autónomo[64]. Aplicada ao estabelecimento, esta doutrina redundaria em apresentá-lo como o objecto dum específico direito subjectivo: o direito ao estabelecimento. Todavia vem esta orientação contraditada pelo Direito positivo, pelo menos em parte: dado o princípio da especialidade, as diversas situações jurídicas incluídas no estabelecimento não perdem a sua autonomia. Temos, seguramente, uma multiplicidade de direitos, ainda que, sobre o conjunto, surja algo que cumpre explicar.

---

[62] ALOIS BRINZ, *Lehrbuch der Pandekten*, 1.º vol. (1857), § 50 (176-177).

[63] Cf. MENEZES CORDEIRO, *O levantamento da personalidade colectiva* (2000), 49 ss..

[64] Assim PISKO, *Das Unternehmen als Gegenstand des Rechtsverkehrs* (1907), 46 ss. e ISAY, *Das Recht am Unternehmen* cit., 12 ss.. Recorde-se, ainda, BARBARA MEYER, *Das subjektive Recht am Unternehmen* (1910), 35 ss., que tomava a empresa como objecto de um direito sobre um bem imaterial.

IV. As dificuldades encontradas por estas tentativas de explicação mais elaboradas levaram a doutrina, particularmente a italiana[65], a reconduzir o estabelecimento ao universo das coisas: mais precisamente às coisas compostas ou universalidades discutindo-se, dentro destas, se se trata de universalidade de facto ou de universalidade de direito[66].

Apelando às regras jurídico-positivas já apuradas, parece fácil avançar: o Direito civil português actual não admite – de resto à semelhança do italiano –, a figura das universalidades de direito[67]; por outro lado, o estabelecimento não pode dar corpo a uma universalidade de facto[68], por duas razões qualquer delas definitiva:

– abrange ou pode abranger o passivo;
– abrange ou pode abranger coisas incorpóreas.

V. O Direito dispensa um tratamento unitário às coisas compostas ou universalidades de facto, sem prejuízo de se conservarem direitos autónomos a cada uma das coisas simples que as componham. Este regime, embora corresponda a um desvio ao denominado princípio da especialidade, não deve ser considerado como de absoluta excepção. Outras leis poderão, em certos casos, determinar tratamentos unitários para elementos que, de outra forma, andariam dispersos. E a própria autonomia privada, respeitados os limites injuntivos, poderá fazer outro tanto: recorde-se que estamos em pleno Direito privado.

Recordemos a herança: deriva da esfera jurídica patrimonial do falecido, incluindo todo o tipo de direitos e de obrigações, e que tem um tratamento unitário: pode ser alienada – artigos 2024.º e seguintes do Código Civil – ou "reivindicada", no seu conjunto – artigos 2075.º, do mesmo Código.

---

[65] Cf. as numerosas indicações dadas por BARBOSA DE MAGALHÃES, *Do estabelecimento comercial* cit., 82 ss..

[66] A enumeração dos Autores portugueses que aderem a cada uma dessas orientações pode ser seguida em BARBOSA DE MAGALHÃES, *Do estabelecimento comercial* cit., 90 ss.; o próprio BARBOSA DE MAGALHÃES defendera inicialmente que se tratava duma universalidade de facto vindo, depois, a aderir à tese da universalidade de direito; cf. ob. cit., 91-92.

[67] Cf. MENEZES CORDEIRO, *Tratado* I, 2 cit., 162 ss..

[68] Contra, OLIVEIRA ASCENSÃO, *Direito comercial*, 1.º vol. cit., 110-111, que considera, como se referiu, o estabelecimento como uma coisa só, corpórea e universalidade de facto; para justificar tal conceptualização, viu-se obrigado a alijar do estabelecimento todos os elementos incorpóreos, o que contradiz o regime aplicável.

VI. O estabelecimento comercial é uma autêntica esfera jurídica e não, apenas, um património: inclui ou pode incluir o passivo e toda uma série de posições contratuais recíprocas. Trata-se, todavia, duma esfera jurídica afecta ao comércio ou a determinado exercício comercial. Tem, pois, a natureza de esfera jurídica de afectação, sendo delimitada pelo seu titular em função do escopo jurídico-comercial em jogo.

Teremos, assim, de admitir, ao lado dos patrimónios especiais há muito conquistados pela doutrina[69], a ideia de esferas jurídicas especiais, de modo a incluir o passivo. A unificação poderá dar-se em função de qualquer ponto de vista unitário – pense-se na herança! Não é necessário que a esfera de afectação implique qualquer regime preferencial de responsabilidade por dívidas: há outros factores possíveis de unificação.

Em qualquer dos casos, é inaceitável qualquer opção que, querendo reconduzir o estabelecimento comercial a conceitos mais rígidos, proceda, para o efeito, a uma amputação de todos os elementos que perturbem a geometria ambicionada. Teremos, aí, uma flagrante inversão conceptualista e não uma busca, ainda que atormentada, de esquemas explicativos reais.

---

[69] Cf. o nosso *Tratado*, I, 2 cit., 183-184.

ESPECIFICIDADES DOS ARRENDAMENTOS PARA COMÉRCIO OU INDÚSTRIA*

João Espírito Santo**

1. Delimitação do tema

Considerando que o tema de que nos propomos tratar consiste nas *especificidades dos arrendamentos para comércio ou indústria*, ocorre começar por uma delimitação normativa do objecto em análise, positiva e negativa, que decorre da necessidade de evitar sobreposições com os objectos específicos de outros trabalhos integrados neste volume.

Assim, o conjunto normativo que constitui, sistematicamente, o objecto da presente exposição resume-se, em princípio, nos arts. 110 a 120 do RAU[1-2] (arrendamento para comércio ou indústria – capítulo III)[3-4].

---

* A origem deste estudo situa-se no *Curso sobre Arrendamento Urbano*, realizado entre 8 de Janeiro e 30 de Março de 2001, organizado pela Faculdade de Direito da Universidade de Lisboa, no âmbito do qual foi produzida a intervenção sobre o tema em causa, no dia 2 de Março; o tempo entretanto decorrido permitiu-nos, todavia, a realização de uma abordagem que está para além do que foi apresentado naquela ocasião.

** Assistente da Faculdade de Direito de Lisboa.

[1] Dizemos *em princípio* porque é de elementar cautela não dar por demonstrado o que ainda o não está, isto é, *que todas as especificidades dos arrendamentos para comércio ou indústria se encerram naqueles preceitos* – veja-se, por exemplo, que o art. 64.º, n.º 1, h), do RAU, pese embora a sua inserção sistemática *geral*, só tem aplicação aos arrendamentos para comércio, indústria ou exercício de profissão liberal, embora constitua um preceito paralelo ao da alínea i), exclusivamente reportado aos arrendamentos para habitação.

[2] Qualquer preceito legal citado sem menção da origem reporta-se ao Regime do Arrendamento Urbano (RAU), aprovado pelo DL n.º 321-B/90, de 15 de Outubro.

[3] Cfr. o art. 3.º, n.º 1. Sobre a interpretação do n.º 2 do mesmo preceito legal, cfr. Carneiro da Frada, "O novo regime do arrendamento urbano: sistematização geral e âmbito material de aplicação", *ROA*, Ano 51 (1991), I, 173-174.

A necessidade acima referida conduz-nos, todavia, a excluir a análise das questões inerentes à cessão de exploração e ao trespasse do estabelecimento comercial ou industrial (arts. 111, 115 e 116 do RAU), uma vez que os *negócios sobre o estabelecimento* constituem objecto de um tema *a se*.

Importa também identificar o objecto do *arrendamento para comércio ou indústria*, o que, como se verificará de seguida, não é tarefa isenta de dificuldades; a noção consta do art. 110 do RAU.

Assim, e conforme resulta do referido preceito, o arrendamento urbano é considerado como realizado para comércio ou indústria *quando seja tomado para fins directamente relacionados com uma actividade comercial ou industrial e se reporte a prédios ou partes de prédios, urbanos ou rústicos*[5].

A correcção do que se acaba de afirmar, no que respeita à delimitação desta realidade com referência ao elemento *arrendamento urbano*, só pode verificar-se através do *recuo sistemático* à própria noção de *arrendamento urbano*. A noção legal resulta do art. 1.º: arrendamento urbano é o contrato mediante o qual uma das partes (o senhorio) concede à outra (o arrendatário) o gozo temporário de um *prédio urbano*, no todo ou em parte, mediante retribuição[6].

A considerar-se (todo) o arrendamento para comércio ou indústria como uma espécie pertencente ao *género arrendamento urbano*, existe contradição entre o disposto nos arts. 1.º e 110 do RAU, porquanto o último comporta a possibilidade de ser arrendado prédio *rústico* para aqueles fins, aspecto que, pelo menos no plano puramente literal, está afastado do

---

[4] Sobre a autonomização legislativa, no Direito português, dos arrendamentos para comércio ou indústria e a subsequente evolução, cfr., entre outros, BARBOSA DE MAGALHÃES, *Do estabelecimento comercial*, 2.ª ed., 42 e ss.; JANUÁRIO GOMES, *Arrendamentos comerciais*, 2.ª ed. (remodelada), 18 e ss..

[5] Sobre a distinção, cfr. o art. 204, n.º 2, do CC (na doutrina, cfr., entre outros, OLIVEIRA ASCENSÃO, *Teoria geral do Direito Civil*, Vol. I, 352 e ss.; MENEZES CORDEIRO, *Direitos Reais*, 197 e ss., e *Tratado de Direito Civil português*, I, Tomo II, 121 e ss.; CARVALHO FERNANDES, *Teoria geral do Direito Civil*, Vol. I, 2.ª ed., 555-557; PAIS DE VASCONCELOS, *Teoria geral do Direito Civil*, Vol. I, 131-134). Cfr. também o art. 2.º, n.º 1, do RAU, relativo aos arrendamentos de prédios com uma parte urbana e uma parte rústica (prédios mistos) – sobre o tema veja-se, entre outros, PINTO FURTADO, *Manual do arrendamento urbano*, 364.

[6] Cfr. os arts. 1022 e 1023 do CC. Sobre os elementos essenciais da locação e, em particular, do arrendamento, cfr., entre outros, PEREIRA COELHO, *Arrendamento*, 8-15; PINTO FURTADO, *ob. cit.*, 21 e ss..

género *arrendamento urbano*[7-8]. A *consideração* referida tem razão de ser, porquanto, nos termos do art. 3.º, n.º 1, o arrendamento urbano pode distinguir-se, quanto aos fins legalmente tipificados, em habitacional e comercial ou equiparado; na equiparação inclui-se o exercício de actividades industriais e de profissões liberais[9].

---

[7] Este problema não se colocava perante o conjunto normativo que, antes do início de vigência do RAU, regulava o arrendamento urbano (e rústico não rural): os arts. 1083 a 1120 do CC. Com efeito, preceituava o n.º 1 do art. 1083 que "[o]s arrendamentos de prédios urbanos *e os arrendamentos de prédios rústicos não compreendidos no artigo 1064.º* [arrendamento rural, definido no n.º 1 do preceito: "a locação de prédios rústicos para fins agrícolas, pecuários ou florestais, nas condições de uma exploração regular, denomina-se arrendamento rural (...)"] ficam sujeitos às disposições desta secção [secção VIII, capítulo IV, livro II] (...)", e sendo que o art. 1112 do CC era do mesmo teor que o art. 110 do RAU – não se verificava, pois, qualquer contradição, porquanto os arrendamentos urbanos e rústicos não rurais se sujeitavam ao mesmo regime jurídico. Cfr. PEREIRA COELHO, *Arrendamento*, 43-44, que, entre as dez modalidades de arrendamento que identifica no regime jurídico do arrendamento imediatamente anterior ao início de vigência do RAU, inclui o *arrendamento rústico não rural nem florestal* para comércio ou indústria.

[8] O facto de o art. 1.º do RAU conter uma definição legal nada retira à *possibilidade* da verificação de uma contradição normativa – cfr. CARNEIRO DA FRADA, *ob. cit.*, 163: "(...) o art. 1.º é uma *proposição normativa incompleta*, porque nele não encontramos nenhuma hipótese legal à qual se liguem específicas consequências jurídicas. Todavia, a definição que contém, longe de representar uma pura construção conceptual, visa antes a circunscrição das situações a que se aplica o regime estabelecido nos artigos que se lhe seguem. Ela destina-se, portanto, a integrar, por via indirecta, os *Tatbestände* dessas outras normas, e a definir conceitos normativos por ela utilizados. Há por isso, um nível prescritivo ineludível mediatizado pela noção de arrendamento urbano".

[9] Esta distinção explica, no essencial, a sistemática do Regime do Arrendamento Urbano, no qual se evidenciam quatro grupos normativos: o primeiro, o das disposições comuns às três finalidades, e outros três, que contêm as disposições que disciplinam especificamente (i) o arrendamento para habitação, (ii) o arrendamento para o exercício do comércio ou da indústria e (iii) o arrendamento para o exercício de profissões liberais; a autonomização do terceiro grupo, e considerando a essencial identidade de regimes jurídicos dos arrendamentos para comércio ou indústria, por um lado, e para o exercício de profissões liberais, por outro, só se justifica em razão do disposto no art. 122 (transmissão *inter vivos*, sem dependência de autorização do senhorio, da posição de arrendatário no arrendamento para o exercício de profissões liberais), o que induz, realmente, a consideração de que "de facto, há um conjunto de regras gerais válidas para todo o arrendamento urbano e dois regimes especiais (habitação e comércio ou indústria)" – ROMANO MARTINEZ, *Direito das Obrigações (Parte Especial), Contratos – Compra e venda, Locação, Empreitada*, 253; refira-se, por último, que a lei admite o arrendamento urbano que tenha como fim uma aplicação lícita do prédio diversa da habitação, exercício do comércio ou

No centro desta questão está também a relação entre o disposto nos arts. 6.º, n.º 1, e 110. Em verdade, o arrendamento de prédios rústicos (arrendamento rústico, portanto) não constitui, *nos termos do art. 1.º*, objecto do RAU, razão pela qual os arrendamentos rural e florestal (arrendamentos rústicos sujeitos a legislação especial[10]) não podem estar abrangidos pelo disposto no art. 5.º, n.º 2, f)[11]. Apesar disso, demonstrou o legislador do RAU a *preocupação* de determinar o regime que, subsidiariamente, rege os arrendamentos que estão excluídos do seu âmbito, quer por força da noção do art. 1.º quer porque (podendo recolher-se à noção do art. 1.º) foram objecto de uma norma de exclusão (art. 5.º, n.º 2), preocupação essa espelhada no art. 6.º – nos termos do seu n.º 1, *os arrendamentos rústicos não sujeitos a regimes especiais* regem-se pelo regime geral da locação e por algumas das disposições do RAU, com as devidas adaptações. Que dizer, então, do regime dos arrendamentos de prédios rústicos *para fins comerciais ou industriais*?

Numa primeira análise, poderia pensar-se que a contradição entre os arts. 1.º e 111 revela um mero lapso na referência do último a *prédios rústicos* – o lapso decorreria, por um lado, do facto de o legislador haver intencionado a circunscrição da noção legal contida no art. 1.º aos *prédios urbanos* [pondo fim à anterior equiparação legal entre arrendamento urbano e rústico não rural (art. 1083, n.º 1, do CC)][12], e, por outro lado, do facto de não se ter pretendido inovar na noção de arrendamento para comércio ou indústria, *esquecendo* que o art. 1112 do CC (do qual foi

---

da indústria ou exercício de profissão liberal (arts. 3.º, n.º 1, e 123, do RAU, este último aditado pelo DL n.º 257/95, de 30.09).

[10] DL n.ᵒˢ 385/88, de 25.10, e 394/88, de 8.11.

[11] Cfr. PAIS DE SOUSA, *Anotações ao regime do arrendamento urbano (R.A.U.)*, 70, nota 2.

[12] Ou seja, neste domínio, o legislador terá *dito* exactamente o que pretendia. Cfr. também os arts. 2.º, n.º 1, e 6.º, n.º 1; o último preceito submete a regulação dos arrendamentos rústicos não sujeitos a regimes especiais (portanto, os arrendamentos de prédios rústicos não abrangidos pelos regimes do arrendamento rural e do arrendamento florestal – DL n.ᵒˢ 385/88, de 25.10, e 394/88, de 8.11) ao regime geral da locação civil, bem como ao disposto nos arts. 2.º a 4.º, 19 a 21, 44 a 46, 74 a 76, 83 a 85, 88 e 89 do RAU, com as devidas adaptações. Daqui resulta com mediana clareza que foi intenção do legislador do RAU pôr fim à anterior equiparação de regime entre arrendamento urbano e arrendamento rústico não rural, pelo que, a admitir-se que a contradição resulta de lapso, este não podia ter-se verificado no art. 1.º (cfr. MENEZES CORDEIRO/CASTRO FRAGA, *Novo regime do arrendamento urbano – Anotado – Anotação ao regime do arrendamento urbano, aprovado pelo Decreto-Lei n.º 321-B/90, de 15 de Outubro*, 56, notas 4 e 5).

decalcado o conteúdo do art. 110 do RAU[13]) traduzia, *na dicotomia prédios urbanos/rústicos*, a equiparação legal referida. A detecção de um tal lapso deveria conduzir o intérprete, perante a letra do art. 110, a um resultado de *interpretação ab-rogante lógica*[14], circunscrevendo o preceito, quanto ao objecto do arrendamento, aos prédios *urbanos*.

A referida *assimetria* entre os arts. 1.º e 110 do RAU pode, todavia, ser objecto de uma *"leitura"* diversa, consistente na consideração de que o âmbito assinalado ao segundo (prédios, ou partes de prédios, urbanos *ou rústicos*) foi tão intencionado pelo legislador como a circunscrição do primeiro aos prédios *urbanos*, o que tem o significado material de determinação de um regime para os arrendamentos de prédios rústicos tomados para fins directamente relacionados com uma actividade comercial ou industrial *idêntico ao dos arrendamentos para comércio ou indústria de prédios urbanos*[15].

Esse *resultado material* parece só poder explicar-se coerentemente através da concepção de que os arrendamentos rústicos para comércio ou indústria estão, por força do art. 110, *sujeitos a um regime especial*, o que os retira do âmbito de aplicação do art. 6.º, n.º 1 – esse regime especial seria, sem margem para dúvida, constituído pelas disposições contidas nos arts. 110 a 120; a verdade, porém, é que vários desses preceitos, como refere JANUÁRIO GOMES, "têm por pressuposto lógico o regime vinculístico, a prorrogação forçada do contrato imposta ao senhorio"[16], restando ao intérprete, nesta senda, e ainda segundo o referido autor, determinar se há ou não fundamento através do qual se possa concluir no sentido da sujeição ao vinculismo dos arrendamentos de prédios rústicos para comércio ou indústria. Não seremos tão ambiciosos – se o referido *pressuposto lógico* é, cremos, inultrapassável, também não nos parece que a aceitação daquilo que está na sua base suponha necessariamente a "descoberta" de uma *ratio* que esteja para além de uma probabilidade razoável: a de que o legislador supôs a necessidade de um regime unitário para os arrendamentos comer-

---

[13] Embora com a "inovação" de uma referência aos arrendamentos que não abrangem a totalidade de um prédio (urbano ou rústico) – "(...) o arrendamento de prédios *ou partes* de prédios (...)".

[14] Cfr. OLIVEIRA ASCENSÃO, *O Direito – Introdução e teoria geral*, 410-416.

[15] O que, ainda assim, torna difícil uma *"leitura"* coerente do art. 6.º, n.º 1.

[16] *Arrendamentos comerciais*, 15 (que, aliás, se apoia em CARNEIRO DA FRADA, *ob. cit.*, 178), opinando ainda que "[a] não ser assim, a aplicação a tais arrendamentos dos dispositivos específicos dos arrendamentos comerciais, desacompanhada do suporte vinculístico, seria ilógica e até bizarra". Sobre o sentido do *vinculismo* e sobre as condições históricas que o ditaram, cfr. PINTO FURTADO, *ob. cit.*, 147-149.

ciais ou industriais, que se justifica qualquer que seja a natureza, rústica ou urbana, do prédio arrendado[17]; a ser assim, poderá criticar-se a opção legislativa quanto à *forma* usada para alcançar um tal resultado[18], muito embora a questão de fundo (a equiparação entre os dois *grupos* de arrendamentos) também não pareça pacífica[19].

Embora cada uma das explicações atrás avançadas para a redacção do art. 110 possa sustentar-se em argumentos de sinal contrário, a segunda, crê-se, consegue harmonizar o disposto nos arts. 1.º, 6.º, n.º 1, e 110, pelo que, *permitindo preservar a integridade da letra do último*, parece constituir a interpretação que melhor se coaduna com os ditames do art. 9.º, n.º 3, do CC; a isto acresce que, *a ter-se a referência do* art. 110 *a "prédios rústicos" como mero lapso*, mal se compreenderia que, em mais de dez anos de vigência do RAU, uma tal situação não tivesse merecido uma *correcção legislativa expressa*[20], tanto mais que a questão foi analisada pela doutrina, que, embora com compreensíveis hesitações, parece ter sempre preterido a *explicação do lapso*.

---

[17] A descoberta da *ratio* referida no texto foi tentada por JANUÁRIO GOMES, *ob. cit.*, 15, *apontando* ao art. 3.º do CCom. e partindo da ideia de que o arrendamento comercial é um acto de comércio objectivo [no que o A. se apoia em FERRER CORREIA (cfr., deste A., *Lições de Direito Comercial*, 52)]; ora, se bem entendemos JANUÁRIO GOMES, a detecção do regime do arrendamento de prédios rústicos para comércio ou indústria seria, assim, e nos termos daquele preceito, uma questão relativa a *direitos e obrigações comerciais* "não resolvidos pelos arts. 110.º a 116.º do R.A.U.", a que seria possível aplicar, "por força do citado art. 3.º, o mesmo regime vinculístico estabelecido para os casos análogos dos arrendamentos comerciais de prédios urbano" – a doutrina tradicional sobre o art. 3.º do CCom. diria certamente desta argumentação que, antes disso, haveria que demonstrar o carácter comercial de tal arrendamento, o que deveria ser tentado perante o art. 2.º do mesmo diploma, e, considerada a referência do art. 110 do RAU a *prédios rústicos*, é duvidoso que se não trate de *acto especialmente regulado (art. 2.º do CCom.) num conjunto normativo--comercial*, que, por o ser, torna desnecessário o recurso ao mencionado art. 3.º (sobre a interpretação do art. 3.º do CCom., cfr., entre muitos outros, FERRER CORREIA, *ob. cit.*, 31 e ss.; FERNANDO OLAVO, *Direito Comercial*, Vol. I, 71; OLIVEIRA ASCENSÃO, *Direito Comercial*, Vol. I, Parte Geral, 32 e ss.; MENEZES CORDEIRO, *Manual de Direito Comercial*, Vol. I, 166 e ss.).

[18] De facto, como refere CARNEIRO DA FRADA, *ob. cit.*, 163, "teria sido preferível corrigir a noção do art. 110.º, retirando-lhe a referência aos arrendamento rústicos para fins comerciais ou industriais, e substituí-lo por uma norma de aplicação extensiva, que declarasse aplicável àqueles arrendamentos o regime dos seus congéneres urbanos".

[19] Cfr. MENEZES CORDEIRO/CASTRO FRAGA, *ob. cit.*, 56; PINTO FURTADO, *ob. cit.*, 229 e 276.

[20] Assim, e invocando argumentos que estão para além da *mera inércia*, PINTO FURTADO, *ob. cit.*, 228.

Esta primeira abordagem do tema não ficaria completa sem a consideração da noção constante do art. 110 *no que respeita ao finalismo assinalado ao contrato* – este considerar-se-á realizado para comércio ou indústria quando os prédios (ou partes de prédios) urbanos ou rústicos que constituem o seu objecto *forem tomados para fins directamente relacionados com uma actividade comercial ou industrial*[21]. Considerado esse aspecto, a demarcação do âmbito de aplicação do preceituado nos arts. 111 a 120 passa agora, essencialmente, pela determinação das actividades que possam corresponder àquelas qualificações, no que, *aparentemente* (e pelo menos no que se refere à adjectivação *comercial* da actividade), existe um reporte aos critérios de determinação da comercialidade dos actos jurídicos, recortados nos arts. 2.º e 230 do CCom[22].

Todavia, a contraposição legal entre actividades *comerciais*, por um lado, e *industriais*, por outro, pode suscitar a dúvida de que assim seja – uma tal distinção releva no plano da Ciência Económica, no quadro da demarcação dos sectores da economia [primário (agricultura), secundário (indústria) e terciário (comércio e serviços)][23], mas não, tendencialmente, no do Direito: a noção jurídica de *comércio* abrange a área da intermediação nas trocas (o comércio em sentido económico), mas também a da actividade produtiva em sentido estrito (a indústria). Na experiência continental é um dado historicamente adquirido que o *Direito Comercial* não tem exclusivamente por objecto a actividade comercial entendida em sentido económico... precisamente porque sempre foi sua *pretensão* abranger a indústria[24]. Assim sendo, não é de estranhar que alguma doutrina entenda

---

[21] Sobre as *zonas de fronteira* entre o arrendamento de prédios *rústicos* para comércio ou indústria e o arrendamento rural, cfr. PINTO FURTADO, *ob. cit.*, 274-276.

[22] Sobre a questão, cfr., entre muitos outros, FERRER CORREIA, *ob. cit.*, 37 e ss.; FERNANDO OLAVO, *ob. cit.*, 61 e ss.; OLIVEIRA ASCENSÃO, *Direito Comercial*, Vol. I, Parte Geral, 57 e ss.; COUTINHO DE ABREU, *Curso de Direito Comercial*, Vol. I, 33 e ss. e *Da empresarialidade – As empresas no Direito*, 26 e ss.; MENEZES CORDEIRO, *Manual de Direito Comercial*, Vol. I, 147 e ss..

[23] Para uma noção económica de *comércio*, cfr. HERMES DOS SANTOS, "Comércio", in *Polis – Enciclopédia Verbo da sociedade e do Estado*, Vol. I, coluna 991; para uma referência à delimitação económica-sectorial, da autoria de FICHER/CLARK, cfr. ANÍBAL SANTOS, "Indústria", in *Polis – Enciclopédia Verbo da sociedade e do Estado*, Vol. 3, coluna 525.

[24] Sobre o tema, cfr., entre muitos outros, SOLÁ CAÑIZARES, *Tratado de derecho comercial comparado*, Tomo I, 108-109; FRANCESCO GALGANO, *História do Direito Comercial*, 13-14; JACQUES MESTRE/MARIE-EVE PANCRAZI, *Droit commercial*, 1-2; OLIVEIRA ASCENSÃO, *Direito Comercial*, Vol. I, Parte Geral, 5-6; COUTINHO DE ABREU, *Curso de Direito Comercial*, Vol. I, 14-15; MENEZES CORDEIRO, *Manual de Direito Comercial*, Vol. I, 22.

que "a actividade comercial aludida no art. 110.º do R.A.U. parece dever ser entendida em sentido económico e não jurídico: portanto, como actividade intermediária, de mediação nas trocas, relativa à *circulação de bens*"[25]. Sobre esta questão, cumpre, antes de mais, explicitar que a distinção hoje presente no art. 110 da RAU [no plano (objectivo) da *actividade*] remonta ao Decreto n.º 5411, de 17 de Abril de 1919, "o primeiro diploma de onde consta um conjunto de regras especiais para os arrendamentos de estabelecimentos comerciais ou industriais (arts. 52.º a 60.º)"[26]. Com efeito, sob a epígrafe de *especialidades dos arrendamentos de estabelecimentos comerciais e industriais*, foi aí incluída uma subsecção (terceira), sistematicamente subordinada à secção VI, dedicada às *especialidades dos arrendamentos de prédios urbanos*, incluída, por sua vez, no capítulo I, dedicado ao *contrato de arrendamento*[27]. A demarcação do âmbito de aplicação da referida subsecção terceira era realizada pelo preceito que a encabeçava, o art. 52, nos termos do qual se considerava *estabelecimento comercial ou industrial* todo o *prédio urbano ou parte dele* que o comerciante ou industrial tomasse de arrendamento para o exercício da sua profissão; o § único esclarecia que, por industrial seria considerado todo o indivíduo que, como tal, estivesse sujeito à respectiva contribuição (o imposto da contribuição industrial) *e que não fosse comerciante* – comerciantes seriam as pessoas como tal qualificadas pelo art. 13 do CCom.[28-29]. A aplicação do regime especial dependia, portanto, de uma certa qualidade, de comerciante ou industrial, do arrendatário, mas não apenas disso; era ainda necessário, para tal efeito, que o prédio urbano (ou apenas parte dele) fosse arrendado pelo comerciante ou industrial *para o exercício da sua profissão* – algo de análogo, portanto, àquilo que alguma doutrina

---

[25] JANUÁRIO GOMES, *Arrendamentos comerciais*, 23; com o mesmo entendimento, embora sem expressa referência à *noção económica* de comércio, PEREIRA COELHO, *Arrendamento*, 41; cfr. também ANTUNES VARELA, *Código civil anotado* (PIRES DE LIMA/ /ANTUNES VARELA), Vol. II (4.ª ed.), 483; COUTINHO DE ABREU, *Curso de Direito Comercial*, Vol. I, 44.

[26] ROMANO MARTINEZ, *ob. cit.*, 234.

[27] Os capítulos II, III, IV e V eram dedicados, respectivamente, ao despejo, ao depósito das rendas, às disposições gerais e às disposições especiais.

[28] PINTO LOUREIRO, *Tratado da locação*, Vol. II, 128; ISIDRO MATOS, *Arrendamento e aluguer*, 293; JANUÁRIO GOMES, *Arrendamentos comerciais*, 21.

[29] O n.º 2 do preceito refere-se às sociedades comerciais – sobre a discussão que, entre nós, envolveu a *atribuição* de personalidade jurídica à sociedade em nome colectivo, cfr. JOÃO ESPÍRITO SANTO, *Sociedades anónimas e por quotas – vinculação: objecto social e representação plural*, 333-334, nota 899.

identifica como a *condição objectiva da comercialidade subjectiva de um acto* (art. 2.º, 2.ª parte, do CCom.: "... se o contrário do próprio acto não resultar")[30].

A dualidade comerciante/industrial vazada no art. 52 Decreto n.º 5411 compreende-se mal atento o facto de *comerciante*, segundo o Direito Comercial já então vigente, ser também aquele que, nos termos da caracterização económica, é *industrial* (arts. 13 e 230 do CCom.) – considerando o *"cenário"* de liberalismo político no seio do qual surge este diploma (1919), e a ausência de dados que permitam interpretar o real sentido daquela dualidade, é difícil conceber que ela represente mais do que o *modismo linguístico* da época, que, desde a Revolução Francesa, associava o comércio e a indústria no *laissez faire* ... para ambos pretendido pela burguesia, que se lhes dedicava.

O *critério fiscal* na qualificação do *industrial*, para efeitos da aplicação do regime dos arrendamentos comerciais ou industriais foi abandonado pelo Código Civil de 1966 (art. 1112[31]) e, mais recentemente, no RAU (art. 110), que recorrem, para o efeito, ao critério objectivo da *actividade*, comercial ou industrial – o arrendamento considera-se realizado para comércio ou indústria quando *é tomado* para fins *directamente relacionados* com uma actividade comercial ou industrial. Considerado o que atrás se referiu sobre *o âmbito histórico do Direito Comercial*, a manutenção na legislação arrendatícia da distinção entre comerciante e industrial parece-nos que se explica apenas pelo *peso da tradição*, não encontrando qualquer justificação cabal perante o vigente quadro jus-mercantil. É seguro, todavia, que a *actividade comercial* a que se refere o art. 110 do RAU *deve ser entendida em sentido económico*; mas significará isso *um impedimento de recurso aos critérios jurídicos da comercialidade?*[32] Cremos que não. Na verdade, a *actividade comercial* a que se referem os arts. 1112 do CC (revogado) e 110 do RAU, desempenham, nesses preceitos, a mesma função que antes desempenhava, no art. 54 do Decreto n.º 5411, a referência ao *comerciante*; e, se esta noção era integrável através do art. 13 do CCom., *não se vê razão para excluir que a "actividade comercial" a que se refere o art. 110 do RAU possa ser integrada pela noção jurídica de*

---

[30] Cfr., entre outros, PEREIRA DE ALMEIDA, *Direito Comercial*, 44; COUTINHO DE ABREU, *Curso...*, *cit.*, 40.

[31] "Considera-se realizado para comércio ou indústria o arrendamento de prédios urbanos ou rústicos tomados para fins directamente relacionados com uma actividade comercial ou industrial".

[32] Como, aliás, pretende JANUÁRIO GOMES, *Arrendamentos comerciais*, 23.

"acto de comércio" (arts. 2.º e 230 do CCom.) – a *"articulação elíptica"* entre as duas noções (*comerciante* e *acto de comércio*)[33] permite pensar que a utilização de uma ou de outra pouco mais não é (aqui, como em outros sectores) do que *uma mera diferença de perspectiva*.

O que se acaba de referir – e considerando, para o efeito em causa, a irrelevância de uma delimitação qualificativa recíproca entre o comerciante e o industrial, já que o regime jurídico aplicável é o mesmo, seja o prédio tomado de arrendamento para fins directamente relacionados com o exercício de uma actividade comercial ou para fins directamente relacionados com o exercício de uma actividade industrial[34] – , designadamente quanto ao âmbito da *noção jurídica de comércio*, leva-nos a concluir que a relevância do *critério económico* que, no art. 110 do RAU preside à distinção entre actividades comerciais, por um lado, e actividades industriais, por outro, só marginalmente revelará actividades económicas que, pela qualificação jurídica da comercialidade, não fossem já de submeter ao regime específico dos arrendamentos para comércio ou indústria.

Resulta do art. 110 que o arrendamento se considera realizado para comércio ou indústria quando o prédio (ou parte dele) é tomado pelo arrendatário para *fins directamente relacionados com uma actividade comercial ou industrial* – embora se trate de uma *noção legal*, é inegável o seu valor normativo, porquanto a mesma delimita o âmbito de aplicação do regime jurídico contido nos arts. 111 a 120[35] –, o que significa que a *causa* do contrato é o exercício dessa actividade, embora uma tal causa não tenha necessariamente que surgir em termos exclusivos[36].

Procurando delimitar positivamente o âmbito da *noção legal*, é inegável que a mesma abrange o arrendamento de prédios exclusivamente para o exercício daquelas actividades. Todavia, *fins directamente relacionados com... e fins exclusivamente relacionados com... (uma actividade comercial ou industrial)* não constituem uma e a mesma realidade, pelo que o âmbito da noção legal está para além do círculo de situações já assinalado. JANUÁRIO GOMES refere ainda como conteúdo da noção *"fim directamente relacionado"*: i) o arrendamento de um prédio para fins predominantemente comerciais ou industriais; ii) o arrendamento de um prédio para fins simultaneamente comerciais (ou industriais) e habitacionais (ou

---

[33] MENEZES CORDEIRO, *Manual de Direito Comercial*, Vol. I, 22.
[34] PINTO FURTADO, *ob. cit.*, 257.
[35] Cfr. a nota 8.
[36] JANUÁRIO GOMES, *Arrendamentos comerciais*, 24; PINTO FURTADO, *ob. cit.*, 257 e 362.

outro fim lícito), desde que sem subordinação de uns a outros[37]. É que a hipótese inversa à da celebração de um contrato de arrendamento com um único fim (fim exclusivo, que, para o que agora nos interessa, seria o do exercício de actividade comercial ou industrial) é a de o contrato comportar *mais do que um fim*, pressuposto comum de aplicação dos preceitos contidos no art. 1028 do CC[38-39], que, *nessa base*, formulam duas hipóteses: *a de não subordinação de um(ns) fim(ns) em relação ao(s) outro(s)* (n.º 1) e *a de existência de uma relação de primazia de um fim em relação a outro(s)*, respectivamente, o fim principal e o(s) fim(ns) subordinado(s) (n.º 3). Verificando-se a segunda hipótese, e sendo subordinado o fim *exercício de uma actividade comercial ou industrial*[40], o regime jurídico do contrato é o correspondente ao do fim principal, muito embora as *especificidades* dos arrendamentos para comércio ou indústria (arts. 111 a 120) possam ter aplicação condicionada (art. 1028, n.º 3) – a considerar-se a hipótese como de *contrato misto*[41], a solução filia-se na *teoria da absorção*. Pese embora a potencialidade de aplicação (subordinada) do

---

[37] *Arrendamentos comerciais*, 24; cfr. também MÁRIO FROTA, *Arrendamento urbano*, 485.

[38] Cfr. os arts. 1027 do CC e 5.º, n.º 1, do RAU.

[39] A hipótese (*mistura* de várias modalidades de arrendamento umas com as outras) é identificada por PEREIRA COELHO (*Arrendamento,* 49 e ss.) com a de *contratos mistos* em que o arrendamento se *mistura* com outros tipos contratuais (*v.g.*, aluguer, prestação de serviços), argumentando que "cada uma dessas modalidades constituirá, de certo modo, um *tipo* contratual distinto"; dessa opinião compartilha PINTO FURTADO, *ob. cit.*, 363, e com ela parece ainda concordar ANTUNES VARELA, *Código civil anotado* (PIRES DE LIMA/ANTUNES VARELA), Vol. II (4.ª ed.), 483 e *Das obrigações em geral*, Vol. I, 293; sobre a categoria do *contrato misto*, cfr., entre outros, o último A. citado, *últ. ob. cit.*, 281 e ss.; GALVÃO TELLES, *Manual dos contratos em geral* (*Reprint*, 1995), 387 e ss.; MENEZES CORDEIRO, *Direito das Obrigações*, 1.º Vol., 424 e ss.; PAIS DE VASCONCELOS, *Contratos atípicos*, 207 e ss.; LUÍS MENEZES LEITÃO, *Direito das obrigações, Vol. I (Introdução – Da constituição das obrigações)*, 184 e ss..

[40] Esta hipótese, implicando a existência de um contrato de arrendamento para mais do que um fim, e sendo um deles directamente relacionado com o exercício de uma actividade comercial ou industrial, difere da que se contém no art. 75, n.º 1, do RAU (correspondente ao revogado art. 1108 do CC); com efeito, a aplicação deste preceito não exige mais do que um arrendamento com um único fim: a habitação do arrendatário; no *fim habitacional* inclui-se o exercício de qualquer *indústria doméstica* – não é, portanto, pelo efectivo exercício de uma indústria doméstica que o arrendamento é descaracterizado como habitacional (sobre a *ratio* da permissão do exercício da indústria doméstica no local arrendado para habitação do arrendatário cfr. ANTUNES VARELA, *Código civil anotado* (PIRES DE LIMA/ANTUNES VARELA), Vol. II (4.ª ed.), 633; PINTO FURTADO, *ob. cit.*, 235.

[41] Cfr. a penúltima nota.

regime jurídico específico dos arrendamentos para comércio ou indústria, esta hipótese não revela o arrendamento de um prédio "tomado para fins *directamente relacionados* com uma actividade comercial ou industrial".

Considerando ainda a hipótese do arrendamento com mais do que um fim, e havendo subordinação de um(ns) fim(ns) em relação a outro(s), pode suceder que o fim principal seja – inversamente ao que já considerámos – o comercial ou industrial, o que, nos termos do art. 1028, n.º 3, do CC, determinará a prevalência do regime dos arrendamentos para comércio ou indústria (com as respectivas especificidades), porque revela o arrendamento de um prédio "tomado para fins *directamente relacionados* com uma actividade comercial ou industrial" – é a hipótese qualificada por JANUÁRIO GOMES como de "arrendamento de um prédio para fins *predominantemente* comerciais ou industriais".

A última situação a considerar é a de o prédio ser arrendado para mais do que um fim, sendo um deles *directamente relacionado* com uma actividade comercial ou industrial, e não se subordinando este fim ao(s) restante(s), revelando, por isso mesmo, uma realidade que corresponde à qualificação do art. 110 do RAU – a hipótese é legalmente disciplinada com recurso à *teoria da combinação* (contratos mistos), nos termos do art. 1028, n.º 1, do CC[42-43].

2. Arrendamentos para comércio ou indústria: modalidades legalmente tipificadas; regime e especificidades (especialidades e excepcionalidades) de regime

I – A sistematização do RAU permite encontrar, para os arrendamentos comerciais ou industriais, um *regime em camadas*, resultado do

---

[42] Sobre a aferição da subordinação, ou não, do fim comercial ou industrial, cfr. JANUÁRIO GOMES, *Arrendamentos comerciais*, 25.

[43] Situação que tem gerado opiniões doutrinárias desencontradas é a da qualificação dos contratos relativos à utilização de lojas em centros comerciais; as teses essencialmente em conflito são, por um lado, a do *contrato típico de arrendamento comercial*, e, por outro lado, a do *contrato atípico* – sobre o tema, cfr., entre outros, OLIVEIRA ASCENSÃO, "Integração empresarial e centros comerciais", separata da Revista da Faculdade de Direito, XXXII (1991) Lisboa, e "Lojas em centros comerciais; integração empresarial; forma" (anotação ao Ac. do STJ de 24.03.1992), *ROA*, 1994 (III), 819 e ss.; PINTO FURTADO, *ob. cit.*, 259 e ss.; COUTINHO DE ABREU, *Da empresarialidade...*, *cit.*, 320-323; PAIS DE VASCONCELOS, "Contratos de utilização de lojas em centros comerciais; qualificação e forma", *ROA*, 1996 (II), 535 e ss.; ROMANO MARTINEZ, *ob. cit.*, 267-269.

relacionamento do conjunto normativo especificamente ditado para eles (arts. 110 a 120) com aquele que, concebido em termos gerais, é *potencialmente* aplicável a qualquer modalidade de arrendamento urbano (art. 3.º, n.º 1) – no plano da técnica legislativa, e no pressuposto da autónoma relevância jurídica da categoria *arrendamento para comércio ou indústria*, o primeiro conjunto normativo só encontra justificação sistemática na medida em que seja composto por *"regras desviantes"*, especiais ou excepcionais, relativamente às que, sobre o mesmo objecto, *comparecem* no segundo.

É este o momento próprio para explicitar que o primeiro dos referidos conjuntos normativos não é homogéneo, querendo com isso significar que nem todas as regras em causa têm aplicação a qualquer arrendamento para comércio ou indústria. Na verdade, a versão originária do RAU não compreendia na regulação do arrendamento para comércio ou indústria *senão uma sua modalidade: a do vinculismo, ou seja, da proibição da livre denúncia do contrato pelo senhorio para o termo do prazo ou da sua renovação (arts. 68, n.º 2, e 69)*[44]; o mesmo não sucedia com o arrendamento para habitação, relativamente ao qual o RAU, paralelamente à *clássica* modalidade vinculista, construiu uma outra, a dos denominados arrendamentos de *duração limitada* ou *efectiva* (capítulo II, secção VI, subsecção I, e art. 98, n.º 1)[45]. Todavia, o DL n.º 257/95, de 30.09, veio incluir no capítulo III do RAU quatro novos artigos (117 a 120), o primeiro dos quais – o art. 117 (n.º 1) – admite que *as partes convencionem um prazo para a duração efectiva dos arrendamentos urbanos para comércio ou indústria, desde que a respectiva cláusula seja inequivocamente prevista no texto do contrato.* O regime específico destes contratos de arrendamento resulta, fundamentalmente, do disposto nos arts. 98 a 101 (*ex vi* do art. 117, n.º 2), preceitos que regulam directamente os arrendamentos habitacionais *com duração efectiva*; todavia, os arrendamentos para comércio ou indústria *com duração efectiva* conhecem alguns *desvios* a este regime. Assim, (i)

---

[44] A expressão *"renovação"* está legalmente consagrada, *v.g.*, no art. 69, n.º 1, embora alguma doutrina prefira a expressão *"prorrogação"* para designar o fenómeno em causa [cfr., entre outros, GALVÃO TELLES, Parecer, *CJ*, 1983, T. 5, 7; PINTO FURTADO, *ob. cit.*, 706, nota 15; JANUÁRIO GOMES, *Constituição da relação de arrendamento urbano*, 44 e ss., e *Arrendamentos para habitação*, 275; ANTUNES VARELA, *Código civil anotado* (PIRES DE LIMA/ANTUNES VARELA), Vol. II (4.ª ed.), 399; SEQUEIRA RIBEIRO, *Sobre a denúncia no contrato de arrendamento urbano para habitação*, 44].

[45] Sobre os contratos de duração *limitada* ou *efectiva*, cfr. JANUÁRIO GOMES, *Arrendamentos para habitação*, 207 e ss.; PINTO FURTADO, *ob. cit.*, 253 e ss. (arrendamentos habitacionais) e 279 e ss. (arrendamentos comerciais/industriais).

nos termos do art. 118, n.º 1, os contratos que estão na origem destes arrendamentos, não sendo denunciados por qualquer das partes nos termos legalmente admitidos [e sublinhe-se que podem ser livremente denunciados pelo senhorio para o termo do prazo (art. 100, n.º 1)], renovam-se automaticamente no fim do prazo, *por igual período*, se outro não estiver expressamente estipulado, o que, quanto ao *prazo da renovação (não havendo estipulação diversa)*, revela solução diversa da que resulta do art. 100, n.º 1, para os arrendamentos habitacionais, cujo prazo supletivo de renovação é de três anos[46]; (ii) segundo o n.º 2 do art. 118, *o prazo para a denúncia do contrato <u>pelo senhorio</u> pode constituir objecto de convenção, desde que a mesma seja reduzida a escrito*, o que tem o significado de permitir que *a antecipação* da denúncia pelo senhorio em relação ao termo do prazo (ou da renovação) seja livremente convencionada, ao contrário do que sucede nos arrendamentos para habitação de duração efectiva, nos quais a antecipação dessa denúncia é injuntivamente fixada no n.º 2 do art. 100 [a denúncia pelo senhorio deve ser realizada mediante *notificação avulsa*[47] *(forma* que vale igualmente para os arrendamentos para comércio ou indústria com duração efectiva, *ex vi* do art. 117, n.º 2), requerida com *um ano de antecedência* sobre o fim do prazo ou da renovação[48]], e, por último, (iii) o art. 119 possibilita a estipulação de um

---

[46] Ou seja, no pressuposto da inexistência de um prazo convencional de renovação, bem como no da aplicação concreta do prazo de cinco anos para que aponta o art. 98, n.º 2, *enquanto prazo mínimo (de carácter geral) que é*, o contrato de arrendamento habitacional com duração efectiva renova-se por períodos de três anos (art. 100, n.º 1), enquanto o de arrendamento para comércio ou indústria, também com duração efectiva, se renova por igual período, ou seja, cinco anos, nos termos do art. 118, n.º 1, preceito que atribui relevância à estipulação de um prazo de renovação, desde que seja *expresso* (no que se refere aos arrendamentos para habitação, a lei também permite a estipulação de um prazo de renovação, *desde que o mesmo seja superior a três anos, pois só esse entendimento permite explicar cabalmente a referência a períodos "mínimos" contida no n.º 2 do art. 100.º*, subscrevendo-se deste modo a doutrina de JANUÁRIO GOMES, *Arrendamentos para habitação*, 217; contra, sustentando ser legalmente admissível a estipulação de *período inferior*, PAIS DE SOUSA, *Anotações...*, *cit.*, 304-305 [com essa opinião parece concordar ANTUNES VARELA, *Código civil anotado* (PIRES DE LIMA/ANTUNES VARELA), Vol. II (4.ª ed.), 685, que, estranhamente, cita JANUÁRIO GOMES], bem como PINTO FURTADO, *ob. cit.*, 255, que, todavia, entende que tal prazo não pode ser inferior a um ano "pois esta é a antecedência mínima que o *senhorio* tem de respeitar em caso de *denúncia*".

[47] Sobre a terminologia, cfr. PINTO FURTADO, *ob. cit.*, 254, nota 30.

[48] Apesar de a lei o não dizer, e porque tal prazo é fixado em benefício do arrendatário, deve admitir-se que a referida injuntividade *é unilateral*, ou seja, a norma só impede o *encurtamento convencional do prazo de um ano, em prejuízo do arrendatário*

regime de actualização das rendas que, se é semelhante àquele a que se refere o art. 99, n.º 2, última parte (arrendamentos habitacionais com duração efectiva), por remissão para o art. 78, n.º 2 (arrendamentos para habitação sem duração efectiva em regime de renda livre), e que se permite *para os arrendamentos habitacionais com duração efectiva de oito ou mais anos*, diverge dele quanto ao facto de o permitir para os arrendamentos comerciais ou industriais com duração efectiva celebrados por prazo *superior a cinco anos* (e, portanto, *ainda que inferior a oito*) – a encarar-se o disposto nos arts. 99 a 101 como uma *parte geral* dos arrendamentos com duração efectiva (cfr. o art. 11, n.º 2), poderá, neste caso, dizer-se existir uma relação de generalidade/especialidade entre as regras dos arts. 99, n.º 2, última parte, e 119; sublinha-se esta questão porquanto *só em relação aos arrendamentos habitacionais com duração efectiva celebrados por prazo inferior a oito anos* existe no art. 119 uma solução diferente *para os arrendamentos comerciais ou industrias com duração efectiva, desde que celebrados por prazo superior a cinco anos*; no demais, isto é, (i) no que concerne aos arrendamentos para comércio ou indústria sem duração efectiva, bem como, (ii) no que diz respeito aos arrendamentos para comércio ou indústria com duração efectiva celebrados pelo prazo de oito ou mais anos, existe coincidência de soluções legais na matéria *relativamente ao que se dispõe para os arrendamentos habitacionais sem duração efectiva em regime de renda livre* (art. 78, n.º 2; e sendo que o arrendamento para comércio ou indústria não conhece a distinção a que se reporta o art. 77, n.º 1[49]), *bem como para os arrendamentos habitacionais com duração efectiva celebrados pelo prazo de oito ou mais anos*[50].

(PINTO FURTADO, *ob. cit.*, 903). Tratando-se de denúncia do arrendatário, deverá a mesma ser realizada com a antecedência mínima de noventa dias sobre o termo do prazo ou da renovação, estando apenas sujeita à forma escrita; o arrendatário pode ainda, e independentemente do termo do prazo ou da renovação, revogar unilateralmente o contrato, devendo, igualmente, comunicar a revogação ao senhorio, por escrito, com a antecedência de noventa dias sobre a data em que pretende que a mesma opere (cfr., sobre o tema, o A. e a *ob. cits.*, 740 e ss.).

[49] Cfr., sobre o assunto, JANUÁRIO GOMES, *Arrendamentos comerciais*, 91: "(...) se quisermos estabelecer uma comparação com o regime dos arrendamentos para habitação, podemos dizer que nos arrendamentos comerciais (e equiparados) a renda inicial é *livre*, já que *é estipulada por livre negociação entre as partes*". Cfr. também PINTO FURTADO, *ob. cit.*, 462.

[50] A hipótese do art. 119 compreende, literalmente, os contratos de arrendamento nos quais *"não haja sido convencionado qualquer prazo"*; a compreensão do preceito passa, antes de mais, por esclarecer em que é que se traduz *um contrato de arrendamento sem prazo convencionado*. Nos termos do art. 8.º, n.º 2, g), *o contrato de arrendamento*

urbano deve mencionar o prazo "sempre que o seu objecto ou o seu fim o impliquem" – uma vez que o gozo do prédio concedido pelo senhorio ao arrendatário só pode ser *temporário* [art. 1.º; sendo que o prazo *da celebração do contrato* não pode exceder trinta anos (art. 1025 do CC), muito embora não se verifique unanimidade na doutrina quanto ao facto de esse limite cronológico poder representar um fundamento de denúncia do contrato de arrendamento para além dos que constam do art. 69, n.º 1 (respondendo negativamente à questão, e, portanto, admitindo que o arrendamento possa *durar* mais do que trinta anos, por força do regime da prorrogação forçada – art. 68, n.º 2 –, PIRES DE LIMA/ANTUNES VARELA, *Código civil anotado*, Vol. II (4.ª ed.), 348; respondendo afirmativamente, e de forma que nos parece inteiramente convincente, PINTO FURTADO, *ob. cit.*, 985-986); se o prazo estipulado exceder trinta anos (ou se o contrato for celebrado em termos de perpetuidade), considera-se reduzido àquele limite – para uma resenha doutrinal sobre o tema cfr. SEQUEIRA RIBEIRO, *ob. cit.*, 22-23], a *"delimitação"* da necessidade da menção aos casos em que *o objecto ou o fim do arrendamento o impliquem* não pode deixar de gerar alguma estranheza. Não havendo prazo convencionado (o que, em termos normais, equivale a dizer que não existe no texto do contrato cláusula que o determine), o mesmo é supletivamente fixado pelo art. 10 do RAU: *seis meses, se outro não for determinado por lei ou estabelecido pelos usos* [JANUÁRIO GOMES, *Arrendamentos para habitação*, 71, admite (implicitamente) a validade de uma convenção quanto ao prazo *que não conste de um contrato de arrendamento celebrado por escrito*, o que nos parece incompatível com a natureza *ad substantiam* da exigência de forma escrita (cfr. a nota 55 e os arts. 364 do CC e 7.º, n.º 1, do RAU)]. Literalmente, o que resulta do art. 119 quanto ao aspecto que ora consideramos é um absurdo: o preceito teria a sua aplicação limitada *aos casos em que não existe convenção das partes sobre a duração do contrato* (embora ele possa sugerir uma outra interpretação, que referiremos adiante); a real intenção do legislador terá sido, todavia, a de contrapor, na previsão do preceito, os arrendamentos *de duração efectiva* (superior a cinco anos) e aqueles cuja *"duração"* se submete ao disposto nos arts. 66, n.º 1, 68, n.º 2, e 69, n.º 1, estando apenas excluídos do seu âmbito de aplicação os arrendamentos para comércio ou indústria *com duração efectiva igual ou inferior a cinco anos* [com essa opinião, aparentemente, JANUÁRIO GOMES, *Arrendamentos para habitação*, 138, e ANTUNES VARELA, *Código civil anotado* (PIRES DE LIMA/ANTUNES VARELA), Vol. II (4.ª ed.), 719] contra, PINTO FURTADO, *ob. cit.*, 483, para quem a previsão do art. 119 *não abrange arrendamentos sem duração efectiva*, e que, portanto, interpreta a expressão do art. 119 *"quando não haja sido convencionado qualquer prazo"* como referida exclusivamente *a contratos de duração efectiva nos quais não exista convenção quanto ao prazo*, o que, segundo parece, e supondo claramente identificada a vontade das partes de submeter o contrato *ao regime da duração efectiva*, corresponde à hipótese identificada por JANUÁRIO GOMES (*Arrendamentos para habitação*, 209) – falta de estipulação do prazo –, para a qual o A. sustenta que o *prazo supletivo* deve ser de cinco anos, por se tratar do prazo mínimo de celebração, em termos de normalidade (art. 98, n.º 2, aplicável aos

Compulsadas as duas modalidades típicas do arrendamento para comércio ou indústria, convém agora sublinhar, *no que se refere ao arrendamento de carácter vinculista*, que o disposto nos arts. 117 e 118 do RAU[51] em nada releva para o respectivo regime e que as áreas nas quais se fazem sentir as suas especificidades, para o que aqui interessa considerar[52], prendem-se com (i) a transmissão *mortis causa* da posição contratual de arrendatário (art. 112), questão relacionada com a cessação do arrendamento por caducidade (art. 50), (ii) as consequências da cessação do arrendamento por caducidade ou denúncia do senhorio (aspecto que abrange os arts. 113 e 114), (iii) o regime de actualização das rendas (art. 119[53]) e (iv) o regime das obras (art. 120[54])[55].

---

arrendamentos para comércio ou indústria, *ex vi* do art. 117, n.º 2). Não estamos inteiramente convencidos de que devam ter-se por admissíveis contratos de arrendamento de duração efectiva, enquanto tais, *que omitam a estipulação do prazo*, atenta a incindibilidade entre o *nomen* e a referida estipulação, que resulta dos arts. 98, n.º 1, e 117, n.º 1, mas, a dar-se resposta positiva à questão, subscreve-se o entendimento de JANUÁRIO GOMES.

[51] A redacção vigente foi introduzida pelo DL n.º 257/95, de 30.09.

[52] Recorde-se o que atrás se referiu quanto aos *negócios sobre o estabelecimento comercial ou industrial*.

[53] Aditado pelo DL n.º 257/95, de 30.09.

[54] Aditado pelo DL n.º 257/95, de 30.09.

[55] A *formação* do contrato de arrendamento para comércio ou indústria não constituirá aqui objecto de tratamento autónomo. Está fora de dúvida que o facto constitutivo da relação jurídica de arrendamento (qualquer que seja o seu fim – cfr. o art. 3.º, n.º 1, do RAU) é, quase sempre, um contrato [mas poderá ser também a *decisão judicial* que execute especificamente um contrato-promessa de arrendamento definitivamente incumprido por uma das partes ou como consequência da previsão do art. 95, n.º 1 – sobre o tema veja-se JANUÁRIO GOMES, *Arrendamentos comerciais*, 42-43; discorda PINTO FURTADO, *ob. cit.*, 27-28, para quem o único caso de arrendamento não constituído por contrato é o do *arrendamento judicial* (a expressão é do autor) a que se refere o art. 1793, n.º 1, do CC]; aliás, é sobre essa base contratual que está desenhado todo o regime do arrendamento urbano (art. 1.º do RAU). Um tal contrato tem, como prestação característica de uma das partes, o senhorio, proporcionar à outra, o arrendatário, o gozo temporário de um prédio *urbano* (*supra*, 1), no todo ou em parte; a prestação característica do contrato, pelo lado do arrendatário, cifra-se na retribuição (renda), devida ao senhorio, pelo gozo proporcionado. Na sistemática codificadora civil, o contrato de arrendamento afigura-se como espécie do contrato de locação (arts. 1022 e 1023 do CC). A versão originária do art. 7.º, n.º 2, do RAU, apontava para uma *especificidade* dos arrendamentos comerciais, industriais e para o exercício de profissão liberal quanto à forma legalmente exigida para os respectivos contratos constitutivos (por comparação com o que sucedia com os arrendamentos habitacionais, que caíam sob a alçada do n.º 1 do mesmo preceito); o mesmo sucedia com os arrendamentos sujeitos a registo, que, nos termos do art. 2.º, n.º 1, m), do Código

do Registo Predial, são os celebrados por prazo superior a seis anos. Essa especificidade assinalava-se no facto de a forma exigida para a válida celebração dos referidos contratos de arrendamento ser a *escritura pública*, ao contrário do que sucedia com a generalidade dos contratos de arrendamento urbano, para os quais o n.º 1 do mesmo preceito exigia apenas a *forma escrita* – em qualquer dos casos o arrendamento urbano fazia (e continua a fazer) excepção à regra do art. 219 do CC [liberdade de forma; tenha-se, contudo, em atenção que a variação temporal dos requisitos legais de validade formal dos actos jurídicos (*sucessão de leis*) pode conduzir à coexistência de contratos de arrendamento urbano com diferentes *regimes de forma*, nos termos do disposto no art. 12, n.º 2, primeira parte, do CC – sobre o tema, cfr. PINTO FURTADO, *ob. cit.*, 368 e ss.]. A referida especificidade deixou de se verificar com a actual redacção do art. 7.º do RAU, introduzida pelo DL n.º 64-A/2000, de 22 de Abril (que entrou em vigor em 1 de Maio de 2000), tendo-se absolutizado a regra do n.º 1, que vale agora para quaisquer contratos de arrendamento urbano, qualquer que seja o seu fim ou o prazo por que sejam celebrados – de qualquer modo, o carácter formal do contrato de arrendamento foi mantido, o que se justifica por elementares razões de segurança jurídica. O n.º 2 do art. 7.º, cuja actual redacção se deve ao já referido DL n.º 64-A/2000, de 22 de Abril, e que, no essencial, corresponde à redacção do primitivo n.º 3, parece ter agora um significado diferente do que antes tinha o mencionado n.º 3; com efeito, na redacção originária o preceito tinha como previsão o *"caso do n.º 1"* (o que excluía os arrendamentos para comércio, indústria ou exercício de profissão liberal, contemplados no primitivo n.º 2, relativamente aos quais a inobservância da forma *escritura pública* produzia a nulidade do contrato), determinando que *"a inobservância da forma escrita só pode ser suprida pela exibição do recibo de renda e determina a aplicação do regime de renda condicionada (...)"* (sobre a negação da qualificação *ad probationem* à *forma escrita* cfr. PINTO FURTADO, *ob. cit.*, 378 e ss., a cuja doutrina aderimos; JANUÁRIO GOMES, *Arrendamentos para habitação*, 62), o que conduziu alguma doutrina a circunscrevê-lo aos arrendamentos para habitação [pois só em relação a estes existe um regime de renda condicionada – art. 79; cfr. JANUÁRIO GOMES, *Arrendamentos comerciais,* 51 (que, todavia, segue orientação diferente em *Arrendamentos para habitação* (2.ª ed., 1996), 62-63; PINTO FURTADO, *ob. cit.*, 376, 378, 399]; observe-se ainda que o preceito, na sua primeira parte, tem a função de afastar a normal consequência da inobservância da forma legalmente exigida para a declaração negocial: a nulidade (art. 220, primeira parte, do CC); perante a nova redacção do art. 7.º, é patente que a última parte do actual n.º 2 (renda condicionada) continua a só poder aplicar-se a arrendamentos para habitação, mas a verdade é que não se verifica agora nenhuma circunscrição do seu âmbito de aplicação a um qualquer *caso* (o que, aliás, se justifica pela indistinção de *casos*, para efeitos do n.º 1), pelo que parece de admitir, ante a inobservância de forma escrita, que a mesma possa ser suprida pela exibição de recibo de renda, ainda que se trate de arrendamento para comércio ou indústria (PINTO FURTADO, *ob. cit.*, 399-400). Registe-se, por último, que, se a redacção original do art. 7.º do RAU só permitia concluir, quanto ao

Verificado que o disposto nos arts. 117 e 118 do RAU é privativo dos arrendamentos para comércio ou indústria com duração efectiva, resta agora determinar se todo o restante regime jurídico genericamente atribuído ao *arrendamento para comércio ou indústria* (arts. 111 a 116, 119 e 120) se aplica independentemente da modalidade arrendatícia: *com e sem duração efectiva*; sendo que apenas do art. 119 resulta com mediana clareza a respectiva aplicação a ambas[56] (no primeiro caso, quando o prazo estipulado seja superior a cinco anos). O disposto nos arts. 112 e 115, envolvendo a problemática da transmissão da posição contratual de arrendatário, não parece suscitar qualquer dificuldade de aplicação aos arrendamentos para comércio ou indústria com duração efectiva, atento, designadamente, o preceituado no art. 99, n.º 1 (aplicável *ex vi* do art. 117, n.º 1)[57]. Menos linear é a análise da questão no que respeita ao disposto nos arts. 113 e 114, cujo conteúdo parece privativo dos arrendamentos para comércio ou indústria sem duração efectiva, como, de resto, é sustentado por PINTO FURTADO[58] – o assunto será adiante retomado.

II – No que respeita à problemática vertida no art. 112, preceitua o seu n.º 1 que *"o arrendamento não caduca por morte do arrendatário"* (primeira parte), ao contrário do que, por via remissiva, dispõe o art. 66, n.º 1, com referência aos casos previstos no art. 1051 do CC, que, relativamente à locação, determina a caducidade do contrato *"por morte do locatário ou, tratando-se de pessoa colectiva, pela extinção desta, salvo convenção escrita em contrário"* [alínea d[59])][60-61] – embora dispositiva,

---

art. 1029 do CC, pela *duplicação* deste, a redacção que lhe foi fornecida pelo art. 1.º do DL n.º 64-A/2000, de 22 de Abril, *implica, segundo parece, a revogação tácita daquele art. 1029.*

[56] Cfr. a nota 50.

[57] A sustentada aplicabilidade aos arrendamentos para comércio ou indústria com duração efectiva do disposto no art. 115 envolve idêntico resultado relativamente ao art. 116.

[58] *Ob. cit.*, 281.

[59] Na redacção introduzida pelo DL n.º 496/77, de 25.11, que eliminou a primitiva al. d); na versão original constituía a al. e). A vigente redacção do art. 1051 resulta do art. 5.º do DL n.º 321-B/90, de 15 de Outubro, que revogou o n.º 2.

[60] Dando sequência à parte final do preceito, determina o n.º 1 do art. 1059 do CC que *a posição contratual de locatário é transmissível por morte dele ou, tratando-se de pessoa colectiva, pela extinção desta, se assim se tiver convencionado por escrito.*

[61] O art. 112 do RAU representa, portanto, a continuidade de uma solução para o problema da (sorte do arrendamento perante a) morte do arrendatário que podia já encon-

esta regra mostra claramente que a que resulta do art. 112, n.º 1, primeira parte, está com ela numa relação de excepcionalidade[62]. As pretensões doutrinárias sobre a *ratio* da excepção são resumidas por JANUÁRIO GOMES nos seguintes termos: "[n]ormalmente entende-se que as razões do especial regime do actual art. 112.º do R.A.U. radicam numa preocupação, manifestada também no art. 115.º (correspondente ao art. 1118.º do Cód. Civil), de proteger a exploração comercial ou industrial exercida no local arrendado: na necessidade de proteger o valor económico do estabelecimento, que tem muitas vezes como elemento essencial o direito ao arrendamento. (...) Seria, portanto, essa preocupação de evitar o desmembramento duma *unidade económica* (...), que ditaria a excepção à al. *d)* do art. 1051.º e a consequente imposição ao senhorio da continuação da relação locatícia"[63]. O autor opina, contudo, que "tal não corresponde inteiramente à realidade", porquanto, por um lado, a transmissão do arrendamento aos sucessores, imposta ao senhorio, não depende "do efectivo exercício do comércio pelo locatário falecido", e, por outro lado, que "a não caducidade do contrato parece ter lugar ainda que o estabelecimento se encontre, no momento, desfalcado de elementos essenciais *e mesmo que não exista de*

---

trar-se no art. 37 do Decreto de 12.11.1910 – "O arrendamento a que se referem os artigos 32 a 36 [de estabelecimentos "commerciaes e industriaes" – cfr. o art. 32 do diploma] subsistirá, não obstante a morte do senhorio ou do arrendatário, e ainda havendo transmissão, salvo o único caso do artigo 1620 do Codigo Civil" – , no art. 58 do Decreto n.º 5411, de 17.04.1919 – "O arrendamento de estabelecimentos comerciais e industriais subsistirá não obstante a morte do senhorio ou do arrendatário e ainda havendo transmissão, salvo o único caso de expropriação por utilidade pública" – , no art. 44 da Lei n.º 2030, de 22.06.1948, e no art. 1113 do CC.

[62] Algo de diferente resulta da lei para os arrendamentos habitacionais: o art. 83 determina, numa fórmula literal referida *à posição de arrendatário*, que esta *caduca por morte* [que o arrendamento caducaria por morte do arrendatário já resultava da conjugação dos arts. 66, n.º 1, e 1051, n.º 1, d), do CC] – cfr., sobre a questão, JANUÁRIO GOMES, *Arrendamentos para habitação*, 166 e ss.; PINTO FURTADO, *ob. cit.*, 497 e ss. Todavia, o art. 85, n.º 1, proémio, excepciona a referida caducidade dos arrendamentos habitacionais para o conjunto de situações previstas nas suas diversas alíneas, pelo que, a diferença em relação ao que estatui o art. 112, n.º 1, primeira parte, é *meramente quantitativa*, ou seja, ambos os preceitos constituem excepção à regra que resulta do art. 1051, n.º 1, d), do CC, aplicável *ex vi* do art. 66, n.º 1, mas enquanto o segundo exclui a aplicação desta em relação a todo o arrendamento para comércio ou indústria, o primeiro só o faz em relação aos contratos de arrendamento para habitação nos quais, ao primitivo arrendatário ou a quem tenha sido cedida a respectiva posição contratual, sobrevivam as pessoas referidas nas suas diversas alíneas.

[63] *Arrendamentos comerciais*, 268-269.

todo estabelecimento comercial, por exemplo em virtude de o locatário ter cessado a sua exploração" [itálico nosso], concluindo que protegidos "[s]ão, aparentemente, interesses ligados ao comércio, incluindo-se, como situação normal, a protecção do estabelecimento, quando exista. Constata--se, porém, que a protecção da lei vai mais longe do que deveria, já que acaba por englobar na previsão de não caducidade todos os casos em que o arrendamento, em concreto seja *comercial*, independentemente do efectivo exercício do comércio"[64].

O n.º 1 do art. 112 corresponde integralmente ao disposto no art. 1113 do CC (*o arrendamento não caduca por morte do arrendatário, mas os sucessores podem renunciar à transmissão, comunicando a renúncia ao senhorio no prazo de trinta dias*) – literalmente, a *factie species* de ambos os preceitos só contempla o *arrendatário pessoa singular*, devendo a referência aos *sucessores*, neste caso, interpretar-se de acordo com o preceituado no art. 2030, n.º 1, do CC; sucessores serão, portanto, os *herdeiros* ou *legatários* do arrendatário falecido.

Atento o *desenho legal* do art. 112, n.º 1, do RAU, designadamente a inexistência de um "regime específico de devolução do direito do arrendatário aos seus *sucessores*, limitando-se aquele preceito a disciplinar a comunicação por estes, ao senhorio, da morte do arrendatário"[65] parecem--nos fundados os juízos de que «[a] aquisição pelos sucessores do direito ao arrendamento (...) se verificará *ipso iure*, podendo os sucessores, todavia, "renunciar à transmissão"»[66], bem como de que "[d]eve, portanto, entender-se que, nestes casos, já o *direito de arrendatário* obedecerá ao regime geral do *fenómeno sucessório*"[67]. A *aplicação do regime geral do fenómeno sucessório* não pode fazer-se, todavia, com prejuízo da própria possibilidade jurídica da renúncia (art. 112, n.º 1) – a observação deve-

---

[64] Cfr. também, e entre outros, PEREIRA COELHO, *Arrendamento*, 71-72 e 225; ANTUNES VARELA, *Código civil anotado* (PIRES DE LIMA/ANTUNES VARELA), Vol. II (4.ª ed.), 705; ROMANO MARTINEZ, *ob. cit.*, 292.

[65] PINTO FURTADO, *ob. cit.*, 509, e veja-se o que sucede, no art. 85, quanto aos arrendamentos para habitação.

[66] PEREIRA COELHO, *Arrendamento*..., 225, pronunciando-se, todavia, em relação ao art. 1113 do CC.

[67] PINTO FURTADO, *ob. cit.*, 510, apoiando-se em OLIVEIRA ASCENSÃO [cfr., deste A., *Direito Civil: Sucessões*, 4.ª ed. (revista), 55, nota 1], ao contrário do que entende suceder no art. 85 do RAU quanto à transmissão por morte no arrendamento para habitação, que obedece a um figurino legal bem diverso do fenómeno sucessório comum (*ob. cit.*, 504); tem a mesma opinião, perante o disposto no art. 85, JANUÁRIO GOMES, *Arrendamentos para habitação*, 165.

-se ao facto de nos parecer que, no quadro sucessório, a mesma configura um *repúdio* (art. 2062 e ss. do CC), e, assim sendo, *ser aqui admitido um repúdio parcial da herança* (cfr. o art. 2064, n.º 2, do CC); identicamente, parece-nos que o disposto no art. 112, n.º 1, do RAU, determina a inaplicabilidade do preceituado no art. 2154 do CC, que impediria a renúncia à transmissão do direito ao arrendamento por parte do herdeiro *Estado*, quando o mesmo venha a suceder ao arrendatário[68].

Apesar do que atrás se disse sobre o revogado art. 1113 do CC, é bom de ver que o que resulta do vigente art. 112 do RAU está para além do que antes decorria daquele preceito; assim, o n.º 2 do art. 112 *inaugurou* no regime jurídico dos arrendamentos para comércio ou indústria uma obrigação, do *sucessor não renunciante*, de comunicação ao senhorio, por escrito, da morte do arrendatário [sendo indiferente, crê-se, para efeitos do n.º 1 do art. 112, que o arrendatário seja *o primitivo* ou aquele a quem haja sido cedida a respectiva posição contratual em termos eficazes perante o senhorio, o que tanto pode ocorrer por força de trespasse (art. 115.º do RAU), como, nos termos gerais, mediante cessão da posição contratual (art. 424, n.º 1, do CC); sustenta-se aqui, portanto, solução paralela à que pode retirar-se do art. 85, n.º 1, do RAU[69]], "a enviar nos 180 dias posteriores à ocorrência e da qual constem os documentos autênticos ou autenticados que comprovem os seus direitos"[70]. Encabeçada essa obrigação no *sucessor não renunciante*, deverá agora perguntar-se quais as consequências do não cumprimento da mesma. Deduz-se da anotação ao RAU de MENEZES CORDEIRO/CASTRO FRAGA[71] que terá sido intenção do legislador solucionar essa questão no n.º 3 do art. 112[72], que, todavia *resultou numa disposição enigmática*, nos termos da qual: "[o] arrendatário não pode prevalecer-se do não cumprimento dos deveres de comunicação estabele-

---

[68] Cfr. os arts. 2131 e 2133, n.º 1, ambos do CC.

[69] Cfr. a nota 73.

[70] A lei não exige qualquer qualificação particular da *comunicação por escrito*, ao contrário do que sucede com a comunicação (da morte do primitivo arrendatário ou do cônjuge sobrevivo) a que se refere o art. 89, n.º 1, que deve realizar-se *por carta registada com aviso de recepção* (redacção do DL n.º 278/93, de 10.08); a doutrina frequentemente adverte, porém, que será mais prudente realizá-la deste modo.

[71] *Ob. cit.*, 150, nota 3.

[72] Doutrina a que, sem qualquer inaceitável subjectivismo na interpretação da lei (art. 9.º, n.º 1, do CC), deve atribuir-se a devida relevância, já que promana do autor do anteprojecto do RAU (cfr. a *nota prévia* ao *Novo regime do arrendamento urbano – Anotado – Anotação ao regime do arrendamento urbano, aprovado pelo Decreto-Lei n.º 321--B/90, de 15 de Outubro*).

cidos neste artigo e deve indemnizar o senhorio por todos os danos derivados da omissão"; segundo os autores, "(...) a falta de comunicação da morte do arrendatário nos termos prescritos no n.º 2, implica a caducidade do contrato"[73], o que resulta *indiciado* da comparação da sua primeira

---

[73] *Ob. cit.*, 150, o que, ainda segundo os AA., constituía solução oposta à que resultava do RAU para os arrendamentos habitacionais, o que se mostrava exacto, nos termos da redacção originária do art. 89 (e continua a sê-lo, como se verificará adiante) – assim, o arrendamento habitacional caducaria por morte do arrendatário (art. 83), muito embora essa caducidade fosse excepcionada no n.º 1 do art. 85. Nas situações em que se verificava um *direito à transmissão da posição de arrendatário*, a pessoa que dele beneficiasse [nos termos do art. 85, segundo o qual, *o transmitente da posição de arrendatário* poderia ser (i) *o primitivo arrendatário (ou a pessoa a quem tivesse sido cedida a posição contratual deste, equiparada para o efeito, ao primeiro* – sobre a extensão da equiparação cfr. JANUÁRIO GOMES, *Arrendamentos para habitação*, 171, com quem concordamos) ou (ii) *o cônjuge do primitivo arrendatário*] e que lhe não renunciasse (art. 88), deveria comunicar ao senhorio, por escrito, a morte do primitivo arrendatário ou do cônjuge, a enviar nos 180 dias posteriores à ocorrência (art. 89, n.º 1, na redacção originária, que correspondia essencialmente à solução que já anteriormente resultava do n.º 5 do art. 1111 do CC, aditado pela Lei n.º 46/85, de 20.09); a comunicação deveria fazer-se acompanhar dos documentos, autênticos ou autenticados, que comprovassem o direito do transmissário (art. 89, n.º 2) – todavia, o incumprimento do dever de comunicação do falecimento *não prejudicava a transmissão*, muito embora constituísse o transmissário na obrigação de indemnização do senhorio por todos os danos decorrentes da omissão (art. 89, n.º 1, na redacção originária). O n.º 3 do art. 89 foi introduzido pelo legislador com o objectivo de solucionar as dúvidas que, na doutrina e na jurisprudência, se suscitaram quanto às consequências do incumprimento do dever de comunicação previsto no art. 1111, n.º 5, do CC (redacção da Lei n.º 46/85, de 20.09) – cfr. MENEZES CORDEIRO, "O dever de comunicar a morte do arrendatário: o artigo 1111.º, n.º 5, do Código Civil", Tribuna da Justiça, 1, 1989 (Dezembro), 35 e ss.; JANUÁRIO GOMES, *ob. cit.*, 1.ª ed., 177-178; sobre os antecedentes normativos e sobre a evolução da redacção do art. 1111 do CC, cfr. ANTUNES VARELA, *Código civil anotado* (PIRES DE LIMA/ANTUNES VARELA), Vol. II (4.ª ed.), 660-661; cfr., sobre a questão, JANUÁRIO GOMES, *Arrendamentos para habitação*, 166 e ss.. O n.º 3 do originário art. 89 foi eliminado pelo DL n.º 278/93, de 10.08, que aditou ao RAU o art. 89-D, nos termos do qual "o não cumprimento dos prazos fixados nesta secção importa a caducidade do direito", o que faz crer numa intenção legislativa de associar a caducidade do direito à transmissão do arrendamento à não realização da comunicação a que se refere o n.º 1 do art. 89; contudo, o Ac. do Tribunal Constitucional n.º 410/97, de 23.05.1997 (*Diário da República* de 08.07.1997, I série) acabou por declarar, com força obrigatória geral, a inconstitucionalidade (orgânica) do art. 1.º do DL n.º 278/93, de 10.08, *na parte em que elimina o n.º 3 do art. 89 do RAU*, o que, nos termos do art. 282, n.º 1, da CRP, determinou a repristinação do referido n.º 3 do art. 89 [essa inconstitucionalidade havia já sido sustentada por JANUÁRIO GOMES, *últ. ob. cit.*, 1.ª ed., 180; cfr. também PINTO FURTADO, *ob. cit.*, 709-710, que discorda da sustentada (e declarada) inconstitucionalidade].

parte com o disposto no n.º 3 do art. 89[74], e, como refere JANUÁRIO GOMES, «por via oblíqua, do "esclarecimento" do n.º 1 do art. 113.º, que dá por assente uma conclusão a que o n.º 3 do art. 112.º, de *per si*, não conduz»[75].

Esta visão do problema não é, todavia, unanimemente aceite pela doutrina; com efeito, PINTO FURTADO[76], aceitando (com alguma hesitação) que a omissão da comunicação a que se refere o art. 113, n.º 2, determinará *a cessação do contrato*, por força do n.º 3 do mesmo preceito – afirma o autor, no que respeita ao art. 112, n.º 3, (i) que o sucessível *renunciante* que não comunicar o repúdio nos termos do n.º 1, *não podendo prevalecer-se do não cumprimento da obrigação de comunicação*, deve indemnizar o senhorio dos danos que para ele decorreram da omissão ("pagar as rendas vencidas; cumprir, em suma, as obrigações de arrendatário ou ressarcir os danos provocados com o seu incumprimento"[77]); (ii) não podendo, nesse caso, admitir-se a caducidade do contrato no dia imediato aos 30 nos quais devia ter sido realizada a comunicação do repúdio, porquanto estará ainda a decorrer o prazo de 180 dias a que se refere o n.º 2 do preceito[78], (iii) não sendo o sucessível renunciante e não realizando a comunicação a que se refere o n.º 2 do art. 112, cessará o arrendamento, devendo ainda o senhorio ser por ele indemnizado (conclusões que temos por inatacáveis) – , qualifica a causa de cessação como *um caso de resolução pelo senhorio*[79].

---

[74] Cfr. a nota anterior.

[75] *Arrendamentos comerciais*, 274; com idêntica interpretação, ANTUNES VARELA, *Código civil anotado*, (PIRES DE LIMA/ANTUNES VARELA), Vol. II (4.ª ed.), 708; PAIS DE SOUSA, *ob. cit.*, 327. A explicação avançada por MENEZES CORDEIRO/CASTRO FRAGA, *ob. cit.*, 150, para a estranha redacção do art. 112, n.º 3, não é particularmente convincente.

[76] *Ob. cit.*, 873-874.

[77] A., *ob. e últ. loc. cit.*.

[78] Ou seja, a omissão de uma qualquer comunicação do sucessível no prazo de 30 dias, contados sobre a data do falecimento do arrendatário, *não significa necessariamente que aquele seja renunciante, porquanto pode ainda vir a realizar a comunicação a que se refere o n.º 2 do art. 112 nos 150 dias seguintes*; o A. citado aponta ainda um outro argumento para sustentar a sua opinião de que a caducidade do contrato não se produz no dia imediato aos 30 nos quais devia ter sido realizada a comunicação do repúdio: é que a mesma "não daria satisfação ao *senhorio* porque poderia corresponder à susceptibilidade de deixar sem indemnização danos efectivamente suportados", que, todavia, não nos parece decisivo.

[79] O que, todavia, só pode compreender-se à luz do entendimento que o A. revela sobre o relacionamento dos arts. 1051, 1053 e 1056, todos do CC, e sobre o *conceito dogmático de caducidade* (*ob. cit.*, 705), que "exige impreterivelmente *que a cessação resulte do próprio facto, em si*: sem efeito *ipso iure*, não pode haver caducidade [; d]este modo, a

Aspecto que há muito gera controvérsia na doutrina, e que pode actualmente ligar-se ao art. 112, n.º 1, do RAU, é o de saber qual a *sorte* do contrato quando, sendo o arrendatário uma pessoa colectiva[80], se verifique a *extinção* da mesma – a questão foi julgada pelo Supremo Tribunal de Justiça em 1947 (Ac. de 16.12.1947[81]; estando já em vigor a Lei n.º 2030, de 22.06.1948, cujo art. 44 ressalvou a vigência do art. 58 do Decreto n.º 5411, de 17.04.1919, nos termos do qual *"O arrendamento de estabelecimentos comerciais e industriais subsistirá, não obstante a morte do senhorio ou do arrendatário e ainda havendo transmissão, salvo o caso*

---

querela acerca do efeito *ope legis*, ou não, dos *casos de caducidade* do *arrendamento*, posta nestes simples termos, fica necessariamente desfocada. Ela é, isso sim, a questão de saber se os eventos que a nossa lei denomina de *casos de caducidade da locação* produzem uma verdadeira e própria *caducidade* do contrato de *arrendamento urbano*, ou se, pelo contrário, não passam de meros fundamentos de cessação mais rigorosamente enquadráveis em outra categoria jurídica", concluindo que o efeito do art. 1056 do CC sobre as causas de *caducidade* (= cessação do arrendamento) previstas no art. 1051, n.º 1, *que comportem a possibilidade material de o arrendatário se manter no gozo do prédio após a respectiva verificação (o que exclui, pelo menos, os casos de morte do arrendatário e de perda da coisa locada)*, pode ser o de *revelar* que tais *factos caducantes* são, na realidade, causas de denúncia ou de resolução. Assim, seriam casos de *denúncia* os dos *"factos caducantes"* termo determinado [art. 1051, n.º 1, a), do CC], verificação da condição suspensiva e termo indeterminado [al. b) do mesmo preceito], *ex vi* dos arts. 1054 do CC e 70 do RAU. As hipóteses de *cessação do direito ou dos poderes legais de administração com base nos quais foi celebrado o contrato* [art. 1051, n.º 1, c), do CC] e de *falta de tempestiva comunicação ao senhorio dos transmissários não renunciantes por morte do arrendatário comercial ou industrial* (art. 112.º, n.º 3, do RAU) corresponderiam à *factie species* do art. 1056 do CC, e, porque exigiriam a *oposição do senhorio* para a produção do efeito extintivo do arrendamento, constituiriam antes *fundamentos de resolução*.

[80] E sendo o fim do arrendamento o exercício de actividade comercial ou industrial, entenda-se, o que não supõe necessariamente que o arrendatário seja uma sociedade comercial ou civil sob forma comercial (art. 1.º, nos 3 e 4, do CSC), atento o que se dispõe, designadamente, no art. 160, n.º 1, do CC, através do qual se verifica ser admissível que uma pessoa colectiva de Direito privado comum (associação; fundação) adquira os direitos e as obrigações (apenas) *convenientes* à prossecução dos seus fins, e, portanto, que exerça uma actividade comercial ou industrial enquadrável naquela *conveniência* (sobre o tema, cfr. JOÃO ESPÍRITO SANTO, *ob. cit.*, 153 e ss.); a estas pessoas colectivas há que acrescentar outras, que, não sendo sociedades personalizadas, podem qualificar-se como comerciantes, nos termos do art. 13, 1.º, e que, realizando *profissionalmente* actos de comércio, poderão fazê-lo em local arrendado (sobre o tema, cfr., entre outros, COUTINHO DE ABREU, *Curso...*, *cit.*, 89 e ss.) – contra a qualificação destes arrendamentos como comerciais//industriais, ISIDRO MATOS, *ob. cit.*, 294 (em comentário ao art. 1112 do CC).

[81] *BMJ*, 4 (1948), 179 e ss..

único de expropriação por utilidade pública"). No entendimento do Tribunal, "a extinção da sociedade não é fundamento de despejo, visto que o direito ao arrendamento é um valor da sociedade que tem de ser considerado na liquidação e partilha, sendo negociável por trespasse ou adjudicação" [querendo com isto considerar-se que a extinção da sociedade arrendatária (sociedade em nome colectivo) não produzia a caducidade do contrato de arrendamento]; contra ele insurgiu-se JOSÉ ALBERTO DOS REIS[82], afirmando que "[d]izer que o arrendamento não caduca com a extinção da sociedade, porque é um valor dela, equivale a dar como demonstrado precisamente o que se quer demonstrar", procurando o autor firmar a conclusão de que "feito um arrendamento a uma sociedade para fins comerciais ou industriais, o arrendamento não se extingue, não caduca, pelo facto de a sociedade ser dissolvida ou deixar de existir; transmite-se à pessoa para a qual passar o estabelecimento", que procura fundamentar com o art. 58 do Decreto n.º 5411, do qual extrai um *princípio de transmissibilidade, inter vivos e mortis causa, relativamente aos arrendamentos comerciais ou industriais*. Fosse essa, ou não, a melhor solução para o problema em causa, parece-nos certo, todavia, que a conclusão de ALBERTO DOS REIS está implantada sobre um salto lógico, consistente na *assunção indemonstrada* de que o disposto no art. 58 do Decreto n.º 5411 seria aplicável a uma hipótese que não cabia na respectiva letra: *a de o arrendatário ser uma pessoa colectiva*[83]; além disso, parece pressupor que a extinção da pessoa colectiva nunca provoca o desmembramento do estabelecimento, o que não pode aceitar-se.

Com o problema já *explorado* pelo Supremo Tribunal de Justiça, sobrevem o art. 1051 do CC de 1966, que, desta feita, separa, na previsão contida na original alínea e) – aplicável à generalidade dos contratos de arrendamento, qualquer que fosse o seu fim, dada a colocação sistemática no âmbito da *locação*[84] – , por um lado, a hipótese de o arrendatário ser uma pessoa singular, e, por outro lado, a hipótese de se tratar de pessoa colectiva; no primeiro caso, a morte do arrendatário provocava (*ex vi do*

---

[82] *RLJ*, ano 81 (1948-1949), 329 e ss..

[83] Com efeito, o preceito refere-se à subsistência do arrendamento *não obstante a morte do arrendatário*, sendo que a referência à *transmissão* está conexionada com os *estabelecimentos comerciais ou industriais* e reporta-se, portanto, à transmissão *inter vivos* (contra, aparentemente, ISIDRO MATOS, *ob. cit.*, 295, para quem, nos termos do preceito em causa se entendia "que a extinção da pessoa colectiva se equiparava à morte da pessoa física").

[84] Cfr. os arts. 1022, 1023, 1083, n.º 1 (revogado), e 1086, n.º 1 (revogado), todos do CC.

art. 1083, n.º 1) a caducidade do arrendamento, o mesmo sucedendo, no segundo caso, perante a *extinção* da arrendatária. Todavia, e como já se referiu, tratando-se de arrendamento para comércio ou indústria, o art. 1113 excepcionava aquela caducidade; a letra do preceito, contudo, só abria a excepção *por morte do arrendatário*.

Comentando o art. 1113 do CC, PIRES DE LIMA e ANTUNES VARELA consideraram que a opinião de ALBERTO DOS REIS, sustentada ante a vigência do art. 58 do Decreto n.º 5411, continuava exacta perante aquele preceito, "simplesmente [dizem], parece que não é com base neste art. 1113.º que deve justificar-se a solução legal; o caso é de transmissão entre vivos do estabelecimento, e, portanto, um caso de trespasse previsto no art. 1118.º. Não havendo transmissão do estabelecimento, o arrendamento caduca, por força da alínea *d)* do art. 1051.º"[85] – o que, como refere JANUÁRIO GOMES[86], efectivamente «equivale a dizer: se a sociedade "em vida", tivesse transmitido o estabelecimento, teríamos aí um trespasse, aplicando-se o disposto no art. 1118.º; *se, porém, ocorresse a extinção da sociedade sem que tivesse havido a aludida transferência, o contrato caducaria por força da regra geral da locação* [itálico nosso]"[87].

Pronunciam-se igualmente no sentido da caducidade do arrendamento comercial ou industrial pela extinção da pessoa colectiva arrendatária, entre

---

[85] *Código civil anotado*, Vol. II (3.ª ed.), 636.

[86] *Arrendamentos comerciais*, 269-270.

[87] Uma tal opinião (PIRES DE LIMA/ANTUNES VARELA) suscita-nos, todavia, reservas, porquanto parece verificar-se contradição entre o ponto de partida (exactidão da doutrina de ALBERTO DOS REIS perante o CC de 1966 = não caducidade do arrendamento para comércio ou indústria perante a extinção da pessoa colectiva arrendatária) e o ponto de chegada (caducidade, na mesma hipótese); além disso, o argumento aduzido prova demais; com efeito, *o problema em causa não é o de saber se o arrendamento pode ou não ser transmitido a terceiro pela pessoa colectiva "em vida" desta* (para utilizar a expressão de JANUÁRIO GOMES) sem o consentimento do senhorio (questão a que, efectivamente, respondia o art. 1118 do CC), mas antes o de saber se o contrato caduca com a extinção da mesma, o que, seja qual for a solução, coloca grande parte do seu interesse em saber o que é que pode entender-se por *extinção* da pessoa colectiva para efeitos do art. 1051, d), do CC (redacção do DL n.º 496/77, de 25.11), como, de resto, salienta JANUÁRIO GOMES (*ob. cit.* na nota anterior, 270 e ss.). Na 4.ª ed. do *Código civil anotado*, 706 (PIRES DE LIMA/ /ANTUNES VARELA), em comentário ao art. 112 do RAU, é *clarificado* o entendimento de ANTUNES VARELA sobre a matéria da extinção da pessoa colectiva arrendatária: "nesse caso, não tem por via de regra cabimento a solução que o artigo 112.º proclama apenas para o caso da morte do arrendatário".

outros, PINTO FURTADO[88], MÁRIO FROTA[89] e ROMANO MARTINEZ[90]. O primeiro destes autores alinha, entre outros, os seguintes argumentos a favor desse entendimento: (i) o arrendamento, como modalidade de locação que é, caduca, nos termos do art. 1051, n.º 1, d), do CC, *por morte do arrendatário*, ou, *tratando-se de pessoa colectiva, pela extinção desta*, salvo havendo convenção em contrário; (ii) o caso da *morte do arrendatário (pessoa singular), no que respeita aos arrendamentos para comércio ou indústria*, foi especificamente excluído do âmbito de aplicação dessa regra (actual art. 112, n.º 1, do RAU); (iii) não se verificou idêntica exclusão para os casos em que o arrendatário é uma pessoa colectiva; (iv) a conjugação dos aspectos referidos em ii. e iii. tem o sentido de *fazer corresponder à excepção (art. 112, n.º 1, do RAU – não caducidade do arrendamento) um fenómeno sucessório, que tem cabimento perante o facto "morte" (pessoa singular), mas não perante o facto "extinção" (pessoa colectiva)*[91-92].

Opinião diversa têm ISIDRO MATOS[93] e JANUÁRIO GOMES[94], para quem a extinção da pessoa colectiva arrendatária, tratando-se de arrendamento para comércio ou indústria, não produz a caducidade do mesmo: argumenta o primeiro que, no art. 1113 do CC, "o legislador visou assegurar a continuidade do estabelecimento, além da morte do arrendatário ou da extinção da pessoa colectiva [; n]ão se visa razão que tenha induzido o legislador a regular de modo diverso situações inteiramente idênticas"; o segundo equipara o caso da extinção da pessoa colectiva *à posição do*

---

[88] *Ob. cit.*, 715 e ss..

[89] *Arrendamento urbano*, 487-488 (analisando o disposto no art. 1113 do CC).

[90] *Ob. cit.*, 292.

[91] Opinião que recolhe o apoio de ANTUNES VARELA, *Código civil anotado* (PIRES DE LIMA/ANTUNES VARELA), Vol. II (4.ª ed.), 707.

[92] Precisando, todavia, o A. (*ob. cit.*, 719-720) que "ocorrido um *facto dissolutivo* do arrendatário comercial ou industrial, não haverá ainda *caducidade* dessa locação, que a lei, na al. d) do art. 1051 CC associa unicamente à *extinção*, ou seja, ao termo da personalidade jurídica que se enquadra numa *dissolução com liquidação* (art. 160-2 CSC), não na resultante de *dissolução sem liquidação*, que se traduzirá numa simples transformação [; d]este modo o arrendatário comercial ou industrial, *em dissolução*, terá ainda *legitimidade* para *trespassar* o seu *estabelecimento*, nos termos do art. 115 RAU – [...] não é o *facto dissolutivo* que produz automaticamente o *trespasse*. Este tem de ser um *facto dos liquidatários*, que necessariamente deverá processar-se com a forma legal e em termos de oponibilidade ao *senhorio* [....], sob pena de, não podendo considerar-se configurado, vir então a produzir-se a *caducidade* do arrendamento, com a *extinção* do arrendatário, à vista do disposto na referida al. d) do art. 1051 CC".

[93] *Ob. cit.*, 296.

[94] *Arrendamentos comerciais*, 270 e ss..

arrendatário singular "por cuja morte ocorre a transmissão da posição contratual, *independentemente* de exercer o comércio à data da morte ou de ser titular de um estabelecimento".

A primeira das teses em confronto parece-nos a melhor *de iure constituto*.

A terminar a análise do disposto no art. 112 do RAU resta fazer uma menção à especificidade dos arrendamentos para comércio ou indústria que a doutrina costuma detectar no facto de, na regulação destes, se não encontrar uma determinação de *incomunicabilidade (conjugal)* idêntica à do art. 83 [(arrendamentos habitacionais), preceito no qual se regula também, e genericamente, a questão da transmissão por morte da posição de arrendatário]: quando apenas um dos cônjuges assuma a posição contratual de arrendatário (hipótese de todo normal), o direito ao arrendamento comunicar-se-á ao outro nos regimes típicos de comunhão[94a-94b].

III – Determina o n.º 1 do art. 113 que, *cessando o arrendamento por motivo de caducidade ou por denúncia do senhorio, o arrendatário tem direito a uma compensação em dinheiro, sempre que, por facto seu, o prédio arrendado tenha aumentado de valor locativo*[95-96] – o preceito contém ainda excepções e um *esclarecimento* à regra que enuncia. Constituem excepções, *no caso da caducidade*, a causa *perda da coisa locada*[97] e a situação a que, de forma obscura, se refere o n.º 3 do art. 112: caducidade

---

[94a] Saber se o mesmo sucede num qualquer regime de bens atípico só pode ser determinado casuisticamente.

[94b] Cfr., entre outros, Pinto Furtado, *ob. cit.*, 1012, nota 24.

[95] O directo antecedente normativo desta regra encontra-se no n.º 1 do art. 1114 do CC; o seu antecedente mais longínquo situa-se no proémio do art. 33 do Decreto de 12.11.1910 ("Se por facto do arrendatario, em virtude da clientela por elle alcançada, a casa arrendada se encontrar em circunstancias de valer mais de renda do que valia ao tempo em que se fez o arrendamento, o arrendatario terá direito a uma indemnização, caso o senhorio o queira despedir"). No Decreto n.º 5411, por seu turno, dispunha-se (art. 53) que "[o] arrendatário terá direito a uma indemnização, sempre que o despejo seja decretado judicialmente, por não convir ao senhorio a continuação do arrendamento".

[96] As causas de cessação do arrendamento urbano constituem objecto do art. 50 do RAU [revogação (acordo entre as partes), resolução, caducidade, denúncia ou *outras causas determinadas na lei*]; do n.º 1 do art. 113 decorre, portanto, que apenas duas das causas de cessação do arrendamento tipificadas no art. 50 podem estar na origem do direito à compensação em dinheiro a que se refere aquele preceito, e, no que se refere à denúncia, ela só releva para o efeito se for realizada pelo senhorio (arts. 68, n.º 2, e 69 e ss.).

[97] Cfr. os arts. 1051, e), do CC (redacção do DL n.º 321-B/90, de 15.10), e 66, n.º 1, do RAU.

do arrendamento (i) por morte do arrendatário e (ii) incumprimento pelos sucessores (não renunciantes à transmissão a que se reporta o n.º 1 do art. 112) do dever de comunicação da morte do arrendatário (art. 112, n.º 2) – a cessação do arrendamento para comércio ou indústria determinada por caducidade, com estas duas causas, não importa, para o arrendatário, o *direito à compensação em dinheiro* a que se refere o n.º 1 do art. 113[98].

Ainda que não ressalvada no n.º 1 do art. 113, constitui também excepção ao *direito do arrendatário à compensação em dinheiro*, caso a cessação do arrendamento resulte de denúncia (do senhorio – art. 69, n.º 1), aquela cujo fundamento resida no art. 69, n.º 1, c)[99], porquanto, nos termos do art. 73, n.º 1[100], *a denúncia do contrato para aumento do número*

---

[98] Apesar de a lei o não referir, constitui ainda excepção ao *direito à compensação pecuniária*, a caducidade *"simples"*, ou seja a que decorre da morte do arrendatário, acompanhada da renúncia (art. 112, n.º 1) pelo(s) herdeiro(s) ou legatário(s) que sucederiam na titularidade da posição contratual de arrendatário (exista ou não estabelecimento à data da abertura da sucessão) – PINTO FURTADO, *ob. cit.*, 730, discordando-se, todavia, da forma como o A. coloca a questão: "se, morto o *arrendatário comercial ou industrial*, ele não deixa herdeiros ou, em todo o caso se estes renunciarem prontamente à sucessão nos termos do n.º 2 [?] do art. 112 do RAU, o *contrato caduca*, afinal, e também aí *não haverá que indemnizar ou compensar quem quer que seja*". Esta observação parte do A. que antes sustentara (com razão, crê-se) que o disposto no art. 112, n.º 1, corresponde a um fenómeno sucessório (*supra*, no texto); ora, se assim é, *não deixar o arrendatário herdeiros* é uma impossibilidade jurídica, atento o que se dispõe nos arts. 2133, n.º 1, e), 2137, n.º 1, e 2152, todos do CC; na verdade, a conjugação do disposto no art. 112, n.º 1, do RAU com *o regime geral do fenómeno sucessório* parece implicar que a renúncia seja realizada *por quem, efectivamente, entra na sucessão do arrendatário (e, por isso, tem já a qualidade de sucessor e não de mero sucessível)*, bem como que possa verificar-se um *repúdio* da herança apenas quanto a esse direito (divisibilidade da vocação sucessória) e que, feita a renúncia nos termos legais, *a posição contratual do arrendatário não constituirá objecto de vocações indirectas assentes no repúdio (cfr., v.g., os arts. 2039, 2041 e 2042, todos do CC), nem será deferida aos "sucessíveis subsequentes" (art. 2032, n.º 2, do CC)*.

[99] Redacção do DL n.º 329-B/2000, de 22.12; o caso estava anteriormente contemplado na alínea b) do n.º 1 do mesmo preceito [e, antes do início de vigência do RAU, no art. 1096.º, n.º 1, b), do CC]. A nova redacção, para a qual não existe qualquer justificação no preâmbulo do DL n.º 329-B/2000, de 22.12, acrescentou, no final, "e disponha [o senhorio] do respectivo projecto de arquitectura, aprovado pela câmara municipal" (a existência de um projecto camarário aprovado, como condição da denúncia, resultava já do disposto no proémio do art. 1.º da Lei n.º 2088, de 3.06.1957); as restantes alterações consistem na substituição da expressão *em termos* pela expressão *por forma* (de mais do que duvidosa relevância) e na introdução da palavra *nele*, referida *ao prédio* [(...) ampliar o prédio ou *nele* construir novos edifícios (...)], alteração cuja *relevância* nos escapa por completo.

[100] Redacção do DL n.º 329-B/2000, de 22.12.

de locais arrendáveis é objecto de legislação especial[101], o mesmo sucedendo com aquela a que se refere o art. 69, n.º 1, d)[102], nos termos do n.º 2 do referido art. 73[103-104].

---

[101] JANUÁRIO GOMES, *Arrendamentos comerciais*, 276-277; ANTUNES VARELA, *Código civil anotado* (PIRES DE LIMA/ANTUNES VARELA), Vol. II (4.ª ed.), 708. A legislação especial em causa continua a concretizar-se na Lei n.º 2088, de 3.06.1957 (cfr. o revogado art. 1110 do CC e o art. 3.º do DL n.º 47344, de 25.11.1966, que aprovou o CC) – sobre a denúncia a que se refere actualmente o art. 69, n.º 1, c), cfr., entre outros, CUNHA DE SÁ, *Caducidade do contrato de arrendamento*, I, 140 e ss..

[102] Alínea aditada pelo DL n.º 329-B/2000, de 22.12.

[103] Aditado pelo DL n.º 329-B/2000, de 22.12.

[104] Compulsados todos os dados, verificamos, pois, que as únicas causas de denúncia que se recolhem à previsão do art. 113, n.º 1, são as constantes do art. 69, n.º 1, a) e b) (redacção do DL n.º 329-B/2000, de 22.12), já que aos arrendamentos comerciais ou industriais *com prazo de duração efectiva* [art. 117 (n.º 1), aditado pelo DL n.º 257/95, de 30.09] é aplicável o disposto no art. 100, n.º 3 (cfr. o art. 117, n.º 2), nos termos do qual, *a denúncia efectuada pelo senhorio nos termos desta disposição não confere ao arrendatário o direito a qualquer indemnização*. Cfr. JANUÁRIO GOMES, *Arrendamentos para habitação*, 282: «[a] primeira excepção ao princípio da prorrogação forçada respeita apenas aos casos em que o senhorio *necessita do prédio para sua habitação*: pode o locador "ter necessidade" da casa para instalar o seu estabelecimento comercial que a lei não protege a sua pretensão: ainda que o arrendamento seja comercial, a denúncia nessas situações não é possível. A alínea *a)* do n.º 1 do art. 69.º do R.A.U. só atribui relevância à necessidade do prédio para *fins de residência* do locador e respectivo agregado familiar (...)» – embora discordemos da *bondade duvidosa* imputada pelo A. à solução legal, «quando a denúncia implique a condenação à morte de um estabelecimento comercial ou de um serviço de profissionais liberais, com a consequente "condenação" dos seus assalariados ao desemprego» (*ob. cit.*, 284), argumentação que promove a *"subsídio-dependência"* (como, aliás, bem nota PINTO FURTADO, *ob. cit.*, 932), o que temos por inaceitável. O arrendamento para comércio ou indústria pode ser denunciado pelo senhorio nos termos do art. 69, n.º 1, a) e b), ou seja, com fundamento na necessidade do prédio (arrendado para fins directamente relacionados com o exercício de actividades comerciais ou industriais) *para habitação*, do senhorio ou dos seus descendentes em 1.º grau [ou para nele construir a respectiva residência; sobre a interpretação desta parte da al. b) cfr. PAIS DE SOUSA, *ob. cit.*, 237-238] – cfr. ainda, e entre outros, JANUÁRIO GOMES, *Arrendamentos para habitação*, 283-284; SEQUEIRA RIBEIRO, *ob. cit.*, 63: o primeiro dos AA. citados sustenta que não pode ser denunciado com esses fundamentos o arrendamento comercial ou industrial de prédio urbano *cujo licenciamento de utilização não seja a habitação* [o que não é necessariamente equivalente a *prédio não licenciado para habitação*, pois o prédio *pode não estar licenciado para utilização alguma, por ser anterior ao diploma legal que, tendo aprovado o Regulamento Geral das Edificações Urbanas (RGEU), criou o licenciamento do fim (Decreto-Lei n.º 38382, de 7.08.1951)*], podendo, todavia, o senhorio "intentar a acção de despejo depois de ter requerido licença para afectação do local a habitação, instruindo

O *esclarecimento* da regra consiste na enunciação de que o direito à compensação em dinheiro não prejudica *a indemnização referida no art. 67*. Na realidade, uma das causas de caducidade a que alude o art. 1051 do CC (avocado para o regime do arrendamento urbano pelo art. 66, n.º 1, do RAU) consiste na expropriação por utilidade pública da coisa locada [alínea f)[105]][106]; se o contrato de arrendamento, seja qual for o seu fim, caducar por esse motivo, o expropriante *é obrigado a indemnizar o arrendatário, cuja posição é, para o efeito, considerada como um encargo autónomo* (art. 67, n.º 1[107]). Delimitado que está o significado da remissão, cabe sublinhar que o directo antecedente normativo do art. 113, n.º 1, do RAU, o art. 1114, n.º 1, do CC[108], afirmava também que a compensação em dinheiro (assente no pressuposto de que, por facto do arrendatário, o prédio houvesse aumentado de valor locativo) seria devida *sem prejuízo da indemnização referida no art. 1099*. Ora, a indemnização prevista no art. 1099 do CC (mais precisamente no seu n.º 1) era a devida ao arrendatário como consequência de denúncia do contrato de arrendamento pelo senhorio com fundamento em necessidade do prédio arrendado para sua habitação [arts. 1096, n.º 1, a), e 1098, ambos do CC (revogados)][109] e correspondia a *dois anos e meio de renda à data do despejo*, ou seja, aquela que surge no RAU no art. 72, n.º 1 – o facto de o art. 113, n.º 1, do RAU conter uma remissão para o disposto no art. 67, mas não para o art. 72,

---

depois o processo, que segue seus termos, com certidão da licença obtida" (*Arrendamentos para habitação*, 1.ª ed., 263). Ao entendimento de que o licenciamento para habitação constitui condição do exercício do direito do senhorio opôs-se SEQUEIRA RIBEIRO (*ob. cit.*, 64 e ss.), argumentando, entre outros aspectos, que a denúncia e o licenciamento *operam em planos distintos* (a licença "tem a ver com o uso do prédio e das suas condições de habitabilidade e não com princípios arrendatícios"), opinião que parece ter abalado as bases do raciocínio de JANUÁRIO GOMES (já que o A. veio admitir, na 2.ª ed. dos *Arrendamentos para habitação*, 285, *não ter certezas na matéria,* embora combata a argumentação de SEQUEIRA RIBEIRO) e recolhe o apoio de PINTO FURTADO (*ob. cit.*, 911-912), embora com fundamentação parcialmente divergente.

[105] Redacção do DL n.º 321-B/90, de 15.10.

[106] A menos que "a expropriação se compadeça com a subsistência do contrato".

[107] Sobre o cálculo da indemnização, cfr. o n.º 2 do mesmo preceito. O directo antecedente normativo do art. 67, n.º 1, do RAU encontra-se no art. 1115, n.º 1, do CC, que previa esta indemnização apenas para os casos de expropriação por utilidade pública de prédios arrendados para comércio ou indústria.

[108] Cfr. a nota 95.

[109] Sobre o tema, cfr., entre outros, JANUÁRIO GOMES, *Arrendamentos para habitação, cit.*, 259 e ss.; PINTO FURTADO, *ob. cit.*, 905 e ss..

tem sido objecto de opiniões desencontradas. Assim, há quem, como PAIS DE SOUSA[110], estranhe o facto de a ressalva não abranger (também) a indemnização prevista no art. 72 e *não vislumbre fundamento para o legislador ter querido afastá-la*; JANUÁRIO GOMES, por seu turno, parece não atribuir qualquer significado especial à *descontinuidade* que, nesta matéria, se analisa nos art. 1114, n.º 1, do CC, e 113, n.º 1, do RAU[111], procurando explicar a remissão deste para o art. 67 como o resultado de uma alteração sistemática: tal remissão não existiria no art. 1114 do CC porquanto a indemnização devida ao arrendatário pela caducidade do arrendamento, em consequência de expropriação por utilidade pública, resultava do artigo imediatamente seguinte; PINTO FURTADO[112], por último, entende que há *lapso evidente* na remissão legal, explicando que "tratando o art. 113 de uma indemnização de mais-valia, a pagar pela cessação do arrendamento comercial, em geral, (ressalvados os casos que o preceito especifica), não faz sentido dizer-se que ela acresce à indemnização eventualmente devida, *por expropriação* (que é a do art. 67 RAU), hipótese que pode nem se verificar no caso concreto".

Segundo cremos, a razão está com PINTO FURTADO, podendo acrescentar-se ao argumento avançado pelo autor, que a cumulação da compensação a que se refere o art. 113, n.º 1, com a indemnização prevista no art. 67, n.º 1, não faz qualquer sentido – com efeito, perguntar-se-á, porque razão (havendo expropriação incompatível com a manutenção do arrendamento) há-de o senhorio ser onerado com o pagamento de uma compensação por aumento do valor locativo do prédio, quando, na realidade, não aproveitará desse aumento, em razão da expropriação?[113] Contra a possibilidade da mencionada cumulação pode ainda aduzir-se o precedente histórico constituído pelo art. 1115, n.º 1, do CC, nos termos do qual, caducando o contrato de arrendamento para comércio ou indústria em consequência de expropriação por utilidade pública, o arrendatário seria autonomamente indemnizado pelo expropriante. Ora, a doutrina viu naquele preceito um regime especial em relação ao disposto no art. 1114, n.º 1, do

---

[110] *Anotações..., cit.*, 329.
[111] *Arrendamentos* comerciais, 277. O mesmo sucede com ANTUNES VARELA, *Código civil anotado* (PIRES DE LIMA/ANTUNES VARELA), Vol. II (4.ª ed.), 708.
[112] *Ob. cit.*, 321.
[113] Considerada a hipótese do ponto de vista do senhorio, ela revela, crê-se, analogia com a da *perda da coisa arrendada*, pelo que se justifica idêntica solução, ou seja, a expropriação por utilidade pública incompatível com a manutenção do arrendamento não dá lugar à compensação a que se refere o art. 113, n.º 1.

CC (correspondente ao actual art. 113, n.º 1)[114], pelo que este seria inaplicável quando a causa da caducidade do arrendamento fosse a expropriação por utilidade pública; sabendo-se que o art. 113 do RAU pretende ser o *preceito homólogo* do anterior art. 1114 do CC[115], há, de facto, razões para pensar que existiu lapso na remissão para o art. 67. Cremos, pois, que o preceito deve ser objecto de interpretação ab-rogante no que respeita à remissão para o art. 67, sem que fique prejudicada a possibilidade da cumulação da compensação e da indemnização previstas, respectivamente, no art. 113, n.º 1, e 72, n.º 1. Do que fica dito resulta, igualmente, que a indemnização a que se refere o art. 67, n.º 1, *não é cumulável com a compensação prevista no art. 113, n.º 2*; dito de outro modo: a caducidade do arrendamento que seja consequência de expropriação por utilidade pública não confere ao arrendatário qualquer compensação por aumento do valor locativo do prédio[116], ou seja, a *caducidade* a que se refere o art. 113, n.º 1, não abrange a causa *expropriação por utilidade pública* [art. 1051, n.º 1, f), do CC].

A *compensação* ao arrendatário comercial ou industrial de que temos vindo a tratar, que lhe é devida quando, por facto seu, o prédio arrendado tenha aumentado de valor locativo, é fixada pelo tribunal segundo juízos de equidade[117], não podendo exceder o décuplo da renda anual (art. 113, n.º 2).

Impõem-se, por último, algumas breves considerações sobre a *ratio* de uma compensação pecuniária que não tem paralelo nos arrendamentos habitacionais. A sua razão de ser prende-se com o quadro de interesses tipicamente conflituantes, no âmbito da relação arrendatícia, do titular do estabelecimento instalado em prédio arrendado e do proprietário do imóvel. Com efeito, o século XIX tardio viria a conhecer o nascimento do conceito "fluido e impreciso"[118] de *propriedade comercial*, «manifestando-se num conjunto de "reivindicações históricas" dos proprietários dos "fonds [de commerce[119]]", contra os proprietários radiciários»[120]. O conflito entre

---

[114] PIRES DE LIMA/ANTUNES VARELA, *Código Civil anotado*, Vol. II (3.ª ed.), 636- -637; MÁRIO FROTA, *ob. cit.*, 490-491.

[115] Cfr. MENEZES CORDEIRO/CASTRO FRAGA, *ob. cit.*, 151 (cfr. a nossa nota 72), referem, inclusivamente, que a remissão do n.º 1 sofreu apenas uma *actualização*.

[116] PINTO FURTADO, *ob. cit.*, 279 e 732; contra, ANTUNES VARELA, *Código civil anotado* (PIRES DE LIMA/ANTUNES VARELA), Vol. II (4.ª ed.), 708.

[117] Cfr. o art. 4.º, a), do CC.

[118] JANUÁRIO GOMES, *Arrendamentos comerciais*, 278.

[119] JACQUES MESTRE/MARIE-EVE PANCRAZI, *Droit commercial*, 451-452.

[120] JANUÁRIO GOMES, *Arrendamentos comerciais*, 278, acrescentado o A. que «[e]ssas

a *propriedade comercial* e a *propriedade imobiliária* – ou, dito de outro modo, entre a *empresa* e a *propriedade* – viria a ditar a derrota desta, num fenómeno de prevalência cujas manifestações são múltiplas, embora particularmente visíveis no domínio que ora consideramos[121].

Não cabe aqui analisar, em termos abstractos, a justeza da protecção da *propriedade comercial* e da correlativa oneração da propriedade imobiliária – noutros termos, *da protecção legal do arrendatário comercial ou industrial (podendo até falar-se, neste domínio, de uma "melhor protecção" relativamente ao arrendatário habitacional) em detrimento dos interesses típicos do senhorio* – ; cabe sim proceder à determinação das condições de aplicação do art. 113, n.º 1, do RAU, que limita o direito do arrendatário à compensação pecuniária aos casos em que se verifique (i) *uma actuação do (imputável ao) arrendatário, que tenha por consequência* (ii) *o aumento do valor locativo do prédio* (devendo a referência ao *prédio* ser interpretada de harmonia com o disposto no art. 110, podendo, portanto, falar-se, *v.g.*, do aumento do valor locativo da *fracção autónoma* arrendada). A circunstância de o direito à compensação pecuniária decorrer, em primeiro lugar, *de uma actuação do arrendatário*, exclui, parece--nos, qualquer aumento do valor locativo que decorra de outras causas, como por exemplo de uma intervenção urbanística municipal com vista à melhoria da acessibilidade ou da qualidade paisagística da área na qual se insere o prédio arrendado, ou da abertura nas proximidades de uma *"grande superfície"*, que funcione como um *pólo de atracção de clientela*. O *aumento do valor locativo* traduz-se, parece-nos, *numa mera susceptibilidade de o prédio ser arrendado por valor superior ao que poderia ser obtido pelo senhorio se se não tivesse verificado a mencionada actuação do arrendatário "cessante"* – trata-se, portanto, de uma tutela do arrendatário que, *de iure constituendo*, se mostra muito discutível, *pois só o futuro demonstrará se a "mera susceptibilidade" se transformará em efectividade*.

Segundo cremos, a compensação devida pelo aumento do valor locativo reduz-se essencialmente à problemática das benfeitorias realizadas no

---

reivindicações concernem ao prazo do contrato, às obras de reparação e beneficiação, ao direito ao trespasse sem autorização do locador e, fundamentalmente, ao direito de exigir a prorrogação ou, em alternativa, uma compensação que cubra as despesas de deslocação para outro local e instalação e as perdas de clientela daí advenientes; tudo isto com base no "enriquecimento" do locador à custa do sobrevalor acrescentado ao local pela actividade desenvolvida pelo locatário».

[121] Cfr. OLIVEIRA ASCENSÃO, "Integração empresarial..., *cit.*, 37.

prédio pelo arrendatário[122-123]. Relativamente a benfeitorias, determina o art. 1046, n.º 1, do CC, que, com excepção dos casos a que se refere o art. 1036 do mesmo diploma legal, *o locatário é equiparado ao possuidor de má fé quanto a benfeitorias que haja feito na coisa locada*; esta equiparação determina a aplicabilidade do disposto no art. 1273 do CC, nos termos do qual o arrendatário *tem direito a ser indemnizado pelas benfeitorias necessárias que haja realizado no prédio, bem como a levantar as benfeitorias úteis, que o possam ser sem detrimento daquele* (n.º 1); se as benfeitorias úteis não puderem ser levantadas sem *detrimento da coisa*, o arrendatário tem direito a ser a ser indemnizado pelo senhorio, nos termos do enriquecimento sem causa (n.º 2). A equiparação determina também a aplicabilidade do disposto no art. 1275 do CC: em relação às benfeitorias voluptuárias tem o arrendatário o direito de as levantar, desde que se não verifique o detrimento do prédio; no caso contrário, não podem ser levantadas, nem, tão-pouco, terá o arrendatário o direito a ser por elas indemnizado.

O art. 1046, n.º 1, do CC, determina, todavia, que as consequências legais da equiparação do locatário ao possuidor de má fé *admitem estipulação em contrário*, o que legitima as cláusulas contratuais que excluam, no caso das benfeitorias necessárias ou úteis, o direito do arrendatário a qualquer indemnização, e, no caso das úteis e voluptuárias, o direito ao respectivo levantamento, quando exista. Admitimos que *o aumento do valor locativo do prédio* decorrente das benfeitorias seja compensado ao arrendatário, nos termos do art. 114, *quando estas não sejam, como tais, indemnizáveis, por força da lei ou do contrato de arrendamento*[124] –

---

[122] Cfr. o art. 216 do CC.

[123] Além desse exemplo, poderia apontar-se ainda o caso da clientela granjeada pelo arrendatário, mas a verdade é que a mesma se liga ao *estabelecimento* daquele, que deixará de estar instalado no prédio arrendado, por força da denúncia ou da caducidade do arrendamento, pelo que se concebe mal que a mesma, desgarrada do estabelecimento em causa, possa *aumentar o valor locativo do prédio*.

[124] Cfr. o Ac. da RP de 3.02.1983 (*CJ*, 1983, Tomo 1, 229 e ss.), que, crê-se, estabelece em termos correctos a articulação do disposto no art. 1114, n.º 1, do CC (actual art. 113, n.º 1, do RAU) com a questão das benfeitorias realizadas pelo arrendatário, embora discordemos da *ratio* imputada ao preceito: assistir o direito à compensação ao arrendatário comercial ou industrial por este "perder a fruição da coisa locada em virtude da denúncia do contrato feito pelo senhorio"; a compensação é a contrapartida do aumento do valor locativo de que, abstractamente, beneficia o senhorio. Sustenta-se ainda no Ac. que o "aumento de valor [locativo] pode resultar [...] de factos vários que nada tenham a ver com obras de benfeitorização, como seja o caso, por exemplo, de aplicação do arrendado

excluem-se, todavia, as benfeitorias voluptuárias, que, por definição (art. 216, n.º 3, do CC), não aumentam o valor locativo do prédio.
Considerando que o *aumento do valor locativo* a que se reporta o n.º 1 do art. 113 do RAU comporta aquele que decorra de benfeitorias realizadas pelo arrendatário, bem como a equiparação produzida no art. 1046, n.º 1, do CC, a realização de uma benfeitoria necessária ou útil *cuja indemnizabilidade não seja contratualmente excluída* provoca, portanto, o concurso das regras determinativas da *medida* da indemnização (arts. 1273, n.ºs 1 e 2, do CC, e 113, n.º 2, do RAU), que, julgamos, deve resolver-se pela prevalência do art. 113, n.º 2, do RAU, por se tratar de regra especial.

IV – A caducidade ou a denúncia que, nos termos do art. 113, n.º 1, constituem, na esfera jurídica do arrendatário, *o direito a uma compensação em dinheiro*, permitem também, segundo o que se dispõe no art. 114, o diferimento da desocupação do prédio, pelo prazo de um ano (contado sobre o termo do prazo do contrato ou da sua renovação), *quando o arrendamento tiver durado um ou mais anos* (n.º 1), ou pelo prazo de dois anos, *quando tenha durado dez ou mais anos* (n.º 2)[125-126] – a *duração* parece

---

a qualquer fim lícito que o torne distinguido no respectivo mercado de locação e cobiçado por isso mesmo", do que discordamos inteiramente: não há aí *facto* algum do arrendatário do qual resulte o aumento do valor locativo – a mera utilização do local arrendado para o exercício de uma actividade (afinal, a causa do arrendamento), não pode como tal considerar-se. A "cobiça" do prédio por potenciais arrendatários (que sempre deveria constituir objecto de demonstração por parte de quem reclama a compensação) ligar-se-á, crê-se, a dois aspectos fundamentais: a clientela e/ou a localização; ora, a clientela *corresponde ao estabelecimento* do arrendatário "cessante", e, no que respeita à localização, ela não resulta de facto do arrendatário. Na decisão da primeira instância deu-se como provado que "o valor locativo do andar arrendado aumentou consideravelmente não só por virtude das obras [...] mas também pelo facto de o réu ter parte da sua organização comercial, edição e distribuição de livros aí instalada e montada" – a ligação entre o suposto aumento do valor locativo e a instalação no prédio da organização comercial da arrendatária escapa-nos completamente; seria pressuposto "necessário" à manutenção do valor locativo (= não aumento) o encerramento do local?

[125] O directo antecedente normativo do art. 114 do RAU encontra-se no revogado art. 1116 do CC; mais longínquo, o art. 35 do Decreto de 12.11.1910 determinava que "[q]uando o arrendamento houver durado um anno ou mais, o arrendatário, embora citado com a antecipação determinada na lei, não será obrigado a effectuar o despejo senão um anno depois de findo o prazo do arrendamento", dispondo, por seu turno, o § 2.º que "[q]uando o arrendamento tiver durado mais de dez annos, o prazo para o despejo além do termo do arrendamento será de dois annos (...)". No art. 57 do Decreto n.º 5411, de

17.04.1919, dispunha-se que "[do proémio: q]uando o arrendamento houver durado um ano ou mais, o arrendatário, embora citado com a antecedência determinada na lei, não será obrigado a efectuar o despejo, quando requerido nos termos do artigo 70.° deste decreto, senão um ano depois de findo o prazo do arrendamento[; § 1.°: q]uando o arrendamento houver durado por cinco anos ou mais, o prazo para despejo, além do termo do arrendamento, será de dois anos [; § 2.°: q]uando o arrendamento houver durado por dez anos ou mais, o prazo para despejo, além do termo do arrendamento, será de tres anos [; § 3.°: q]uando o arrendamento houver durado por dez anos ou mais, o prazo para despejo, além do termo do arrendamento, será de tres anos".

[126] O n.° 1 do art. 114 refere-se, na previsão, ao *arrendamento que (...) cessar pelas causas referidas no artigo anterior*, pelo que poderia questionar-se se estão aí abrangidas a perda da coisa locada e o caso do art. 112, n.° 3 (ambos de caducidade), mas a *ratio* do preceito parece centrar-se numa essencial coincidência entre as causas que justificam *a compensação em dinheiro* (art. 113) e as que justificam *a não imediata desocupação do prédio* – cfr., entre outros, ANTUNES VARELA, *Código civil anotado* (PIRES DE LIMA/ /ANTUNES VARELA), Vol. II (4.ª ed.), 709; JANUÁRIO GOMES, *Arrendamentos comerciais*, 280-281; PAIS DE SOUSA, *Anotações..., cit.*, 330. A *essencial coincidência* referida tem também conduzido a generalidade da doutrina a afastar a aplicação do art. 114 quando, denunciado o contrato pelo senhorio, o fundamento da denúncia resida na alínea c) do n.° 1 do art. 69 (redacção do DL n.° 329-B/2000, de 22.12); nesse caso, e por força do art. 73, n.° 1 (redacção do DL n.° 329-B/2000, de 22.12), o prazo para a desocupação do imóvel seria o previsto no art. 12 da Lei n.° 2088, de 3.06.1957 (*AA. cit., ob. e loc. cit.*): seis meses contados sobre o marco cronológico aí referido (tratando-se de arrendamento para habitação o prazo seria apenas de três meses), "ou até ao fim do prazo do arrendamento ou da sua renovação em curso ao tempo da propositura da acção, se este prazo for mais longo" [o mesmo parecendo suceder com o fundamento de denúncia que resulta agora da alínea d) do n.° 1 do art. 69 do RAU (redacção do DL n.° 329-B/2000, de 22.12), por força do disposto no art. 73, n.° 2 (redacção do mesmo diploma)]; contra, MÁRIO FROTA, *ob. cit.*, 495- -496, para quem os arts. 1083 a 1106 do CC constituíam normas gerais "na economia do arrendamento urbano e rústico não rural", constituindo os arts. 1112 a 1118 do mesmo diploma (especificidades dos arrendamentos para comércio ou indústria) normas excepcionais e a Lei n.° 2088 um conjunto de disposições especiais, cuja aplicação seria preterida pelo segundo grupo, no qual se situava a norma correspondente ao actual art. 114 do RAU (art. 1116 do CC). E o que dizer da caducidade decorrente de *expropriação por utilidade pública*? Dever-se-á ter por compreendida na previsão do art. 114, n.° 1? Cremos que não. Na verdade, e conforme já atrás ficou dito, a caducidade a que se refere o art. 113, n.° 1, não compreende a causa *expropriação por utilidade pública*, pelo que a *coincidência* antes referida aponta para a sua exclusão do âmbito de aplicação do art. 114. Também o precedente normativo imediato do art. 114, o art. 1116 do CC, recorria, na respectiva previsão (n.° 1), à cessação do arrendamento *pelos motivos referidos no art. 1114 (do CC)*,

dever ser entendida como o período de tempo decorrido entre a constituição da relação arrendatícia e a verificação do *evento caducante*, ou, tratando-se de denúncia, a decisão judicial definitiva (incluindo, portanto, os períodos das eventuais renovações[127]), ainda que o arrendatário não seja o primitivo, mas outra pessoa, a quem aquele haja cedido a respectiva posição contratual, com eficácia perante o senhorio[128-129]. O facto de o diferimento ser contado sobre *o termo do prazo do contrato ou da sua renovação* não deixa de gerar alguma estranheza quando a cessação do arrendamento decorra de uma causa de caducidade, o que, realmente, induz a consideração de que "o evento não produziu propriamente a *caducidade do contrato* e apenas impediu que ele se prorrogasse, no seu termo, ou depois de lhe ter acrescentado uma *prorrogação* de 1 a 2 anos"[130].

A conjugação das hipóteses dos n.ºs 1 e 2 do art. 114, para efeitos da determinação do prazo durante o qual o arrendatário pode permanecer no prédio, implica uma distinção tripartida entre: (i) arrendamentos *que tenham durado menos de um ano*, aos quais é inaplicável o disposto no art. 114, uma vez que não cabem na previsão de qualquer um dos seus números; (ii) arrendamentos que tenham durado entre um e dez anos (exclusive); (iii) arrendamentos que tenham durado dez ou mais anos[131]. No primeiro caso, sendo inaplicável o disposto no art. 114, as soluções a considerar para o problema em causa passam pela aplicação do regime geral. Assim, cessando o arrendamento por caducidade, *a restituição do prédio só pode ser exigida passados três meses sobre a verificação do facto que a deter-*

---

preceito que, como atrás verificámos, era tido por inaplicável à caducidade decorrente de expropriação por utilidade pública; assim sendo, poderia pensar-se que à caducidade dela decorrente seria de aplicar o disposto no art. 1053 do CC. Todavia, sendo a expropriação objecto de legislação especial (Código das Expropriações, aprovado pelo DL n.º 168/99, de 18.09) suscita-se a dúvida sobre a compatibilidade da mesma com o *diferimento* previsto naquele preceito (cfr., sobre o assunto, PINTO FURTADO, *ob. cit.*, 700 e 729-730).

[127] Cfr. os arts. 10 do RAU e 1054 do CC.

[128] JANUÁRIO GOMES, *Arrendamentos comerciais*, 282.

[129] O que não deixa de ter o curioso efeito de o contrato, efectivamente, ter uma *duração superior* à apontada no texto, por aplicação do preceito legal em causa, uma vez que *a obrigação de entrega do local arrendado* [cfr. o art. 1038, i)] *é diferida para um ou dois anos, contados sobre o termo do prazo do contrato ou da sua renovação.*

[130] PINTO FURTADO (*ob. cit.*, 702).

[131] PINTO FURTADO (*ob. cit.*, 701), num posicionamento para o qual não encontramos explicação, exclui a aplicação do n.º 1 do art. 114 aos arrendamentos que *"tenham durado apenas um ano"*.

minou (art. 1053 do CC, *ex vi* do art. 66, n.º 1, do RAU[132-133]); sendo a causa da cessação a denúncia pelo senhorio, nos termos legalmente permitidos (art. 69 do RAU), e devendo aquela resultar de decisão judicial, o arrendatário só é obrigado a despejar o local decorridos que sejam três meses sobre a decisão definitiva, isto é, transitada em julgado (art. 70)[134].

Como atrás ficou referido, o disposto nos arts. 113 e 114 do RAU parece-nos inaplicável aos arrendamentos para comércio ou indústria com duração efectiva – no que respeita ao primeiro preceito, isso sucede por duas

---

[132] ISIDRO MATOS, *ob. cit.*, 302 [a propósito do art. 1116 do CC (revogado)]; JANUÁRIO GOMES, *Arrendamentos comerciais*, 280; PAIS DE SOUSA, *Anotações...*, *cit.*, 330; contra: PINTO FURTADO, *ob. cit.*, 701, sublinhando que "enquanto o diferimento geral opera sobre a *verificação* do evento caducante, o dos *arrendamentos comerciais, industriais e para exercício de profissão liberal* incide sobre o *termo do contrato* ou da sua prorrogação – o que, só por si, pode dilatar a eficácia da *caducidade* por período superior ao do diferimento do art. 1053 CC", sustentando, por isso, que, nos arrendamentos para comércio ou indústria que tenham durado apenas um ano (?), ou menos, "o diferimento consistirá unicamente em esperar-se pelo termo do contrato ou da sua *prorrogação*, se esse lapso for superior a três meses, ficando o regime geral reservado somente para o caso de ele vir a ser inferior, na concreta hipótese verificada", opinião da qual discordamos, porquanto, além de não assentar em base legal segura, parte da assumida premissa de que "o [diferimento] dos *arrendamentos comerciais, industriais e para exercício de profissão liberal* incide sobre o *termo do contrato* ou da sua prorrogação", o que, *só valendo para os contratos que tenham durado um ano ou mais (art. 114)*, não pode estender-se a todo o âmbito "dos *arrendamentos comerciais, industriais e para exercício de profissão liberal*".

[133] O próprio art. 1053 do CC (que, no quadro geral da locação, *só abrange o contrato de arrendamento)*, exclui do seu âmbito a causa de caducidade a que se reporta o antecedente art. 1051, n.º 1, a) – *o contrato de locação caduca findo o prazo estipulado ou estabelecido por lei*, o que não pode deixar de ter o significado de poder o locador exigir a entrega da coisa locada logo após o decurso do prazo, regra que, sem margem para dúvidas, vale para o contrato de aluguer. Tratando-se de arrendamento, porém, dispõe o art. 1054, n.º 1, do CC, que *findo o prazo do arrendamento, o contrato renova-se por períodos sucessivos, se nenhuma das partes o tiver <u>denunciado</u> no tempo e pela forma mencionados ou designados na lei*, sendo que a denúncia pelo senhorio *só é possível nos casos previstos na lei e pela forma nela estabelecida* (art. 68, n.º 2, do RAU; cfr. também o art. 69, n.º 1), pelo que, *no contrato de arrendamento, qualquer que seja o seu fim típico (habitação, exercício de actividade comercial ou industrial ou exercício de profissão liberal), o mero decurso do prazo nunca justifica a denúncia pelo senhorio, o que quer dizer que o art. 1053 do CC abrange todos os casos de caducidade previstos no art. 114 do RAU em que o arrendamento tenha durado menos de um ano.*

[134] O art. 114 constitui, assim, um preceito *especial* relativamente ao disposto nos arts. 1053 do CC e 70 do RAU – JANUÁRIO GOMES, *Arrendamentos comerciais*, 280; cfr. também as pp. 141-142 quanto ao problema das *cláusulas de renda variável*.

ordens de razões: (i) a caracterização das situações que podem recolher-se à respectiva previsão, e, (ii) o disposto no art. 100, n.º 3 (aplicável *ex vi* do art. 117, n.º 2); quanto ao segundo, pode dizer-se que o *diferimento da desocupação* aí previsto é claramente incompatível com a *mens legis* relativa à "duração limitada ou efectiva".

V – Determina o art. 119 do RAU[135], para os contratos de arrendamento comercial ou industrial *sem duração efectiva*[136], bem como para aqueles *em que haja sido estipulado um prazo de duração efectiva superior a cinco anos*, que as partes podem convencionar, no contrato ou em *documento* posterior[137], *o regime de actualização anual das rendas*.

A *ratio* do preceito consiste na possibilidade de afastamento do sistema da actualização anual da renda fundado em coeficiente determinado pela variação do índice de preços para o consumidor, o que, de resto, encontra tradução expressa no art. 31, n.º 1, a)[138]. Aliás, essa possibilidade vigora também, desde 1993, para os arrendamentos habitacionais em regime de renda livre *sem duração efectiva* e *com duração efectiva igual ou superior a oito anos* (arts. 78, n.º 2, e 99, n.º 2, ambos com a redacção introduzida pelo DL n.º 278/93, de 10 de Agosto).

De qualquer forma, a actualização convencionada só pode ser *anual*, o que, traduzindo em termos materiais a aplicação do art. 34, n.º 1, reduz as possibilidades da convenção à *fixação do critério da actualização*[139].

---

[135] Aditado pelo DL n.º 257/95, de 30.09.

[136] Cfr. a nota 50.

[137] O que, apesar da ampla noção de *documento* que se contém no art. 362, segunda parte, do CC, se traduz, crê-se, numa exigência de *forma escrita*.

[138] Cuja redacção em vigor provém do DL n.º 329-B/2000, de 22 de Dezembro. A necessidade desta nova redacção prende-se intimamente com a alteração, oriunda do mesmo diploma, do disposto no art. 32, que, além de ter modificado o número de coeficientes de actualização, que passa a ser apenas um, modificou também a forma de o determinar, sendo actualmente igual *à totalidade da variação de preços ao consumidor, sem habitação, "correspondentes aos últimos doze meses e para os quais existam valores disponíveis à data de 31 de Agosto, apurado pelo Instituto Nacional de Estatística"*, quando antes os coeficientes eram aprovados anualmente por portaria conjunta dos Ministros das Finanças, da Indústria e Energia, das Obras Públicas, Transportes e Comunicações e do Comércio e Turismo, *e fixados entre três quartos e a totalidade da variação do índice de preços para o consumidor, sem habitação,* apurados com base nos dados já referidos.

[139] JANUÁRIO GOMES, *Arrendamentos para habitação*, 139.

VI – A terminar o excurso relativo às especificidades dos arrendamentos para comércio ou indústria, resta fazer uma menção ao regime que, relativamente a obras, resulta do art. 120 do RAU[140].

O regime geral das obras consta dos arts. 11 a 18 (secção IV do capítulo I) e é *encabeçado* por uma classificação dos tipos de obras de que, para efeitos do RAU, podem ser objecto os prédios urbanos (art. 11, n.º 1): de conservação ordinária, de conservação extraordinária e de beneficiação[141-142]. Nos termos do n.º 1 do art. 120, podem as partes convencionar, *por escrito,* em relação a obras no imóvel arrendado, que, qualquer que seja o seu tipo (art. 11, n.º 1), fiquem as mesmas, total ou parcialmente, *a cargo do arrendatário.*

No que respeita a todas as categorias de obras a que se refere o art. 11, n.º 1, o disposto no art. 120, n.º 1, revela uma especialidade do regime dos arrendamentos para comércio ou indústria, quando confrontado com aquilo que, em termos gerais, decorre dos arts. 12, n.º 1 (redacção do DL 329-B/2000, de 22 de Dezembro), e 13, n.º 1. Destes preceitos resulta que essas obras estão a cargo do senhorio [(n.º 1 de cada um dos preceitos, muito embora o n.º 1 do art. 13 *defina condições de cuja verificação depende o "encargo" do senhorio*); aliás, do confronto desses preceitos com o disposto n.º 1 do art. 120 decorre que os primeiros são injuntivos] e que a sua realização dá lugar à actualização da renda, nos termos dos arts. 38 e 39 (n.º 2 do art. 12 e n.º 2 do art. 13); nos arrendamentos para comércio ou indústria, o senhorio e arrendatário podem convencionar *"por escrito, que qualquer dos tipos de obras a que se refere o artigo 11.º (...) fique, total ou parcialmente, a cargo do arrendatário"* (art. 120, n.º 1)[143].

Tendo o arrendatário suportado o custo de quaisquer obras das referidas no art. 11, n.º 1, *nos termos da convenção a que se refere o art. 120, n.º 1,* deve ser indemnizado pelo senhorio, no fim do contrato e segundo as regras do enriquecimento sem causa, *a menos que exista cláusula em contrário* (art. 120, n.º 3).

---

[140] Aditado pelo DL n.º 257/95, de 30.09.

[141] Os números 2, 3 e 4 do art. 11 definem, sucessivamente, em que consiste cada uma das categorias.

[142] Cfr. sobre o tema, ROMANO MARTINEZ, *ob. cit.*, 255 e ss..

[143] Conquanto nos inclinemos a pensar que a exigência de forma escrita poderia configurar-se como requisito meramente *ad probationem*, a verdade é que tal não resulta claramente da lei (como o exige o n.º 2 do art. 364 do CC), pelo que, pensamos, trata-se de um requisito de validade formal da declaração.

3. O *regime específico* dos arrendamentos para comércio ou indústria: apreciação conclusiva.

Analisadas que estão as *especificidades* dos arrendamentos para comércio ou indústria no âmbito proposto, em termos expositivos e de articulação com o regime geral, cremos devida uma breve apreciação de conjunto.

Essa apreciação deve começar por frisar a natureza de *lei comercial* do conjunto normativo em análise[144], o que, portanto, determina a respectiva integração sistemática no (ramo) *Direito Comercial*. Aliás, a história (portuguesa) da autonomização legislativa do regime jurídico específico dos arrendamentos para comércio ou indústria demonstra que o mesmo se afirmou, essencialmente, como conjunto normativo visando uma situação de privilégio (do arrendatário) *relativamente à regulação dos arrendamentos habitacionais*, que, entre nós, só deixou de se confundir com o *regime comum* do arrendamento urbano com o Código Civil de 1966.

O sistema jurídico português conhece um ramo de Direito cujo âmbito é expressamente recortado sobre a noção de *acto de comércio* (art. 1.º do Código Comercial), o *Direito Comercial*, substancialmente autónomo em relação ao Direito Civil – concorde-se ou não, em tese geral, com essa autonomia, ela deveria constituir a primeira *"zona de busca"* de uma justificação dogmática para a existência de um conjunto de *regras desviantes* que têm por objecto os arrendamentos *de prédios (urbanos ou rústicos) tomados para fins directamente relacionados com uma actividade comercial ou industrial*. Crê-se, todavia, que a integração sistemática atrás referida, não permite passar de generalidades como a que decorre do juízo de que esse conjunto normativo existe para satisfação de *necessidades especiais do comércio*, que se não compadecem inteiramente com a regulação geral do arrendamento – perguntar-se-á, então, que necessidades especiais são essas e porque razão cede aí a *ratio* da regulação geral. Essas *"necessidades especiais"*, há que assumi-lo com clareza, constituem uma formulação verbal destinada a *normalizar* aquilo que não é, efectivamente, comum: um *Direito de privilégio*. O que está, portanto, em aberto é saber se esse Direito de privilégio – que, nas soluções legais consideradas, produz a tutela da actividade comercial (ou, numa perspectiva subjectiva, do

---

[144] COUTINHO DE ABREU, *Curso...*, *cit.*, 43-44; negando, todavia, que o arrendamento comercial constitua acto de comércio objectivo, OLIVEIRA ASCENSÃO, "Integração empresarial...", *cit.*, 48-49.

comerciante-arrendatário) contra os interesses típicos dos senhorios (alterando os equilíbrios obtidos nas soluções gerais) – tem justificação bastante.

Temos por duvidosa a existência de razões que justifiquem cabalmente esta *protecção acrescida* aos arrendamentos para comércio ou indústria e a consequente *"subordinação"* dos interesses típicos dos senhorios, sendo que não nos convencem os *discursos* que, confrontando a *produção* e *propriedade*, parecem apontados a considerar que aquela é, *de per si*, merecedora de melhor tutela – o facto de as *"reivindicações"* históricas dos comerciantes (*lato sensu*) terem sido, a um tempo, atendidas por um legislador *"favorável"*, não pode significar a aceitação acrítica do regime jurídico em que tais *"reivindicações"* se traduzem.

BIBLIOGRAFIA

ABREU, JORGE MANUEL COUTINHO DE
— *Curso de Direito Comercial*, Vol. I, 2.ª ed., Almedina, Coimbra, 2000
— *Da empresarialidade – As empresas no Direito*, Almedina, Coimbra, 1996

ALMEIDA, ANTÓNIO PEREIRA DE
— *Direito Comercial*, Associação Académica da Faculdade de Direito de Lisboa, Lisboa, 1976/77

ASCENSÃO, JOSÉ DE OLIVEIRA
— "Integração empresarial e centros comerciais", separata da Revista da Faculdade de Direito, XXXII (1991), Lisboa
— *Direito Civil: Sucessões*, 4.ª ed. (revista), Coimbra Editora, Coimbra, 1989
— *Direito Comercial*, Vol. I, Parte Geral, Lisboa, 1994
— "Lojas em centros comerciais; integração empresarial; forma" (anotação ao Ac. do STJ de 24.03.1992), *ROA*, 1994 (III), 819 e ss.
— *O Direito – Introdução e teoria geral (Uma perspectiva Luso-Brasileira)*, 11.ª ed. (revista), Coimbra, 2000
— *Teoria geral do Direito Civil*, Vol. I (*Introdução; As pessoas; Os Bens*), Lisboa, 1995/96

COELHO, F. M. PEREIRA
— *Arrendamento (Direito substantivo e processual), Lições ao curso do 5.° ano de Ciências Jurídicas no ano lectivo de 1988-1989*, Coimbra, 1988 (polic.)

CORDEIRO, ANTÓNIO MENEZES
— *Direito das Obrigações*, 1.° Vol., AAFDL, Lisboa, 1990
— *Direitos Reais (Reprint 1979)*, Lex, Lisboa, 1993
— "O dever de comunicar a morte do arrendatário: o artigo 1111.°, n.° 5, do Código Civil", Tribuna da Justiça, 1, 1989 (Dezembro)
— *Manual de Direito Comercial*, Vol. I, Almedina, Coimbra, 2001
— *Tratado de Direito Civil português*, I (Parte Geral), Tomo II (Coisas), Livraria Almedina, Coimbra, 2000

CORDEIRO, ANTÓNIO MENEZES/FRAGA, FRANCISCO CASTRO
— *Novo regime do arrendamento urbano – Anotado – Anotação ao regime do arrendamento urbano, aprovado pelo Decreto-Lei n.° 321-B/90, de 15 de Outubro* (col. de Ana de Sousa Botelho/Maria Esperança Espadinha), Almedina, Coimbra, 1990

CORREIA, A. FERRER
— *Lições de Direito Comercial, Reprint*, Lex, Lisboa, 1994

ESPÍRITO SANTO, JOÃO
— *Sociedades anónimas e por quotas – vinculação: objecto social e representação plural*, Almedina, Coimbra, 2000

FERNANDES, LUÍS A. CARVALHO
– *Teoria geral do Direito Civil*, Vol. I (2.ª ed.), Lex, Lisboa, 1995
FRADA, MANUEL A. CARNEIRO DA
– "O novo regime do arrendamento urbano: sistematização geral e âmbito material de aplicação", *ROA*, Ano 51 (1991), I
FROTA, MÁRIO
– *Arrendamento urbano (comentado e anotado)*, Coimbra Editora, Coimbra, 1987
FURTADO, JORGE HENRIQUE DA CRUZ PINTO
– *Manual do arrendamento urbano*, 3.ª ed. (revista e actualizada), Almedina, Coimbra, 2001
GALGANO, FRANCESCO
– *História do Direito Comercial* (trad. portuguesa de João Espírito Santo), Signo, Lisboa, s/ data (mas de 1990)
GOMES, M. JANUÁRIO C.
– *Constituição da relação de arrendamento urbano (sua projecção na pendência e extinção da relação contratual)*, Livraria Almedina, Coimbra, 1980
– *Arrendamentos comerciais*, 2.ª ed. (remodelada), Livraria Almedina, Coimbra, 1993
– *Arrendamentos para habitação*, 2.ª ed., Livraria Almedina, Coimbra, 1996
LEITÃO, LUÍS MENEZES
– *Direito das obrigações*, Vol. I (Introdução – Da constituição das obrigações), Almedina, 2000
LIMA, FERNANDO ANDRADE PIRES DE/VARELA, JOÃO DE MATOS ANTUNES
– *Código civil anotado*, Vol. II [3.ª ed. (revista e actualizada): 1986; 4.ª ed. (revista e actualizada): 1997], Coimbra Editora, Coimbra
LOUREIRO, JOSÉ PINTO
– *Tratado da locação*, Vol. II, Coimbra Editora, Ldª., Coimbra, 1947
MAGALHÃES, J. M. BARBOSA DE
– *Do estabelecimento comercial (Estudo de Direito privado)*, 2.ª ed., Edições Ática, Lisboa, 1964
MARTINEZ, PEDRO ROMANO
– *Direito das Obrigações (Parte Especial), Contratos – Compra e venda; Locação; Empreitada*, 2.ª ed., Almedina, Coimbra, 2001
MATOS, ISIDRO
– *Arrendamento e aluguer – Breve comentário ao capítulo IV do título II do livro II (artigos 1022.º a 1120.º do Código Civil)*, Atlântida Editora, Coimbra, 1968
MESTRE, JACQUES / PANCRAZI, MARIE-EVE
– *Droit commercial*, Librairie générale de droit et de jurisprudence, 25.ª ed., Paris, 2001
OLAVO, FERNANDO
– *Direito Comercial*, Vol. I, 2.ª ed. (3.ª reimp.), Coimbra Editora, Ldª., Coimbra, 1979
REIS, JOSÉ ALBERTO DOS
– Anotação ao Ac. do STJ de 16.12.1947, *RLJ*, ano 81 (1948-1949), 329 e ss.
RIBEIRO, ANTÓNIO JOÃO SEQUEIRA
– *Sobre a denúncia no contrato de arrendamento urbano para habitação*, Lex, Lisboa, 1996

SÁ, FERNANDO AUGUSTO CUNHA DE
– *Caducidade do contrato de arrendamento*, I, Centro de Estudos Fiscais, Lisboa, 1968

SANTOS, ANÍBAL
– "Indústria", in *Polis – Enciclopédia Verbo da sociedade e do Estado*, Vol. 3, coluna 525

SANTOS, HERMES DOS
– "Comércio", in *Polis – Enciclopédia Verbo da sociedade e do Estado*, Vol. I, coluna 991

SOLÁ CAÑIZARES, FELIPE DE
– *Tratado de derecho comercial comparado*, Tomo I, Montaner y Simón, SA, Barcelona, 1963

SOUSA, ANTÓNIO PAIS DE
– *Anotações ao regime do arrendamento urbano (R.A.U.)*, 6.ª ed. actualizada, Rei dos Livros, Lisboa, 2001

TELLES, INOCÊNCIO GALVÃO
– *Manual dos contratos em geral*, 3.ª ed.-1965 (*Reprint*, 1995), Lex, Lisboa
– Parecer, CJ, 1983, T. 5, 7 e ss.

VARELA, JOÃO DE MATOS ANTUNES
– *Das obrigações em geral*, Vol. I, 8.ª ed., Almedina, Coimbra, 1994

VASCONCELOS, PEDRO PAIS DE
– *Contratos atípicos*, Almedina, Coimbra, 1995
– "Contratos de utilização de lojas em centros comerciais; qualificação e forma", *ROA*, 1996 (II), 535 e ss.
– *Teoria geral do Direito Civil*, Vol. I, Lex, Lisboa, 1999.

A PENHORA DO DIREITO AO ARRENDAMENTO E TRESPASSE

José Lebre de Freitas*

1. A penhora do estabelecimento tomado de arrendamento

Usa-se correntemente a expressão que serve de título a este artigo para designar a penhora do estabelecimento comercial instalado em local arrendado. O estabelecimento inclui, no dizer do art. 115-2-a RAU, instalações, utensílios, mercadorias e outros elementos; entre estes, sobressai, pela sua importância, o direito ao arrendamento, o que explica a designação "direito ao arrendamento e trespasse". Mas esta designação é enganadora: o *direito* ao trespasse mais não é do que o *poder* (ou faculdade) de alienar o estabelecimento, que integra o conteúdo do direito que sobre ele incide[1]. Não é, pois, correcto destacar o "direito ao trespasse" do todo constituído pelo direito ao estabelecimento comercial. A penhora, tal como a alienação, do estabelecimento instalado em local arrendado tem como objecto uma universalidade que engloba coisas corpóreas e direitos, entre estes o direito ao arrendamento. Por outro lado, é também redutor falar do direito ao arrendamento, esquecendo os correspectivos deveres do arrendatário, o primeiro dos quais o de pagar a renda: o objecto da penhora e da subsequente venda é, na realidade, a *posição contratual do arrendatário*, misto de direitos e deveres, cuja cessão, no seu conjunto, a lei permite sem autorização do senhorio.

---

* Professor da Faculdade de Direito da Universidade Nova de Lisboa.

[1] O direito subjectivo, como situação favorável resultante da afectação jurídica dum bem à realização dum ou mais fins de pessoas individualmente consideradas (na definição de Gomes da Silva, *O dever de prestar e o dever de indemnizar*, Lisboa, 1944, p. 52, aperfeiçoada por Castro Mendes, *O direito de acção judicial*, Lisboa, 1957, p. 47), integra, entre outros, o poder de dele próprio dispor, que não constitui assim um poder autónomo (exterior ao próprio direito) nem, muito menos, mera emanação abstracta da capacidade geral de exercício.

A integração do estabelecimento com o direito ao arrendamento leva a que o senhorio, enquanto devedor da prestação que permite a sua utilização pelo arrendatário, seja notificado nos termos do art. 856.º-1 CPC, constituindo essa notificação a penhora da cessão da posição contratual do executado. O art. 862.º-A-1 CPC, que trata da penhora do estabelecimento comercial, é inequívoco ao mandar aplicar as disposições relativas à penhora de direitos, assim como manda aplicar à apreensão das coisas corpóreas que constituem o estabelecimento as disposições relativas à penhora de bens móveis e, eventualmente, imóveis. Da atitude que o senhorio tome, na sequência da notificação que lhe é feita, pode resultar a manutenção da penhora nos termos em que foi realizada (assim acontece se o senhorio reconhecer a adequação desses termos à situação jurídica existente e ainda, por via do art. 856.º-3 CPC, se se mantiver silencioso) ou a consideração da posição contratual do arrendatário como litigiosa (art. 858.º-3 CPC).

Da penhora resultará, nos termos dos arts. 819.º CC e 820.º CC, a ineficácia relativa de qualquer acto de disposição, oneração ou extinção que o arrendatário subsequentemente pratique (*maxime*, o trespasse, o penhor do estabelecimento ou a denúncia do arrendamento), bem como de qualquer acto de extinção praticado por vontade do senhorio (a denúncia do arrendamento e, em certos termos, que adiante veremos, a sua resolução). Dela resulta também a preferência do exequente, nos termos gerais do art. 822.º CC, sujeita a graduação no concurso de credores que se segue (nunca havendo lugar à dispensa de concurso prevista, para outras situações, nos arts. 864.º-A CPC e 2.º do DL 274/97, de 8 de Outubro). Da penhora nem sempre resulta a transferência para o tribunal da posse do estabelecimento e dos respectivos poderes de administração[2], dadas as especialidades constantes dos n.ºs 3, 4 e 5 do art. 862.º-A CPC: em regra, a gestão é do executado, com possível fiscalização (n.º 3); havendo fundamento para tal, pode, a requerimento do exequente, ser nomeado administrador, com poderes de gestão ordinária (n.º 4); em caso de suspensão, actual ou futura, da actividade do estabelecimento, nomeia-se depositário para mera administração dos bens (n.º 5).

---

[2] Constitui efeito geral da penhora a transferência para o tribunal dos poderes de gozo que integram o direito do executado; a transferência da posse (exercida por intermédio do depositário judicial) dá-se quando a penhora incide sobre o objecto corpóreo dum direito real (LEBRE DE FREITAS, *A acção executiva*, Coimbra, Coimbra Editora, 2001, 15.2). No caso do estabelecimento comercial, tomado como universalidade, é discutido se a posse é possível, constituindo o art. 862.º-A da importante achega para uma resposta afirmativa (LEBRE DE FREITAS – A. MONTALVÃO MACHADO – RUI PINTO, *Código de Processo Civil anotado*, II, n.º 4 da anotação ao art. 393.º).

2. A penhora de bem arrendado a terceiro

Situação diversa é a do arrendatário do bem penhorado que seja terceiro relativamente ao processo.

Efectuada a penhora, o arrendatário pode a ela opor-se por embargos de terceiro, quando a execução contra ele não tenha sido dirigida. Tendo sido o local dado de arrendamento pelo executado (ou por um seu antecessor) antes da penhora[3], o arrendamento sobreviverá à posterior venda executiva[4], dada a sua natureza vinculística[5], pelo que não há neste caso fundamento para embargar[6]. Mas o arrendatário que tenha derivado a sua posição de terceiro tem legitimidade para embargar: possuindo em nome alheio, é-lhe facultado o meio dos embargos de terceiro para, em substituição processual da pessoa em nome de quem possui, fazer valer o interesse desta no levantamento da penhora e, reflexamente, o seu próprio interesse em continuar a poder fazer valer perante o senhorio o seu direito ao arrendamento, de outro modo insubsistente por ter sido constituído *a non domino*.

---

[3] Depois da penhora, o executado, perdendo os poderes de gozo que integram o seu direito, deixa de poder arrendar o prédio penhorado, não por via do art. 819.º CC, mas porque só ao tribunal, através do depositário judicial, cabe agora proceder ao arrendamento (art. 843.º-2 CPC).

[4] Diversamente dos outros direitos pessoais de gozo que gozam de tutela possessória (direito do comodatário, do depositário, do parceiro pensador): no conflito entre o direito real, resultante da penhora (direito de garantia do exequente) ou da posterior venda (direito de propriedade do comprador), e o direito de crédito do titular de um desses direitos, a prevalência é do primeiro, em conformidade com os princípios gerais; não subsistindo o direito de crédito, as expressões "mesmo contra o parceiro proprietário" (art. 1125.º-2 CC), "mesmo contra o comodante" (art. 1133.º-2 CC) e "mesmo contra o depositante" (art. 1188.º-2 CC) não têm aplicação no caso dos embargos de terceiro, em que não está em causa a defesa do possuidor em nome alheio em face da pessoa (o executado) que através dele possui, mas a sua defesa perante o terceiro exequente que, através da penhora, agride o património dela. O mesmo se pode dizer no caso do locatário (cf. art. 1037.º CC); mas a subsistência do arrendamento afasta, só por si, o recurso aos embargos.

[5] O direito ao arrendamento não é abrangido pelo disposto no art. 824.º-2 CC. O que pode acontecer é que a não publicitação dum arrendamento existente dê lugar à anulação da venda executiva (art. 908.º-1 CPC: "falta de conformidade com o que foi anunciado").

[6] Os embargos de terceiro constituem hoje meio de reacção à penhora de direito com ela incompatível (art. 351.º-1 CPC) e esta incompatibilidade, tido em conta que a penhora se destina a possibilitar a posterior venda executiva, há-de traduzir-se em a subsistência do direito impedir a realização desta sua função (LEBRE DE FREITAS, *A acção executiva* cit., 16.4.1.B).

Uma nota ainda, antes de voltar à penhora do estabelecimento comercial tomado de arrendamento: o RAU concede ao arrendatário o direito de preferência na compra e venda do local arrendado há mais de um ano (art. 47.º-1) e ao senhorio o direito de preferência na compra e venda do estabelecimento comercial (art. 116.º-1); ambas as preferências podem ser feitas valer perante a venda executiva.

3. O regime excepcional do trespasse

A penhorabilidade do estabelecimento comercial e, com ele, a da posição de arrendatário do comerciante pressupõe a respectiva alienabilidade. Constituindo a penhora um acto instrumental, cuja função consiste em possibilitar a subsequente venda executiva, circunscrevendo o seu objecto material, perante o qual produz efeitos conservatórios (ineficácia relativa de subsequentes actos de disposição, oneração e extinção; transferência dos poderes de gozo) e constitutivos (direito de preferência do exequente), só bens alienáveis podem dela ser objecto, sem prejuízo de alguns bens alienáveis estarem sujeitos a um regime de impenhorabilidade de direito substantivo ou processual. É o que expressamente estabelece o art. 822.º – a CPC. Ficam assim excluídos, designadamente, por serem *inalienáveis*, o direito a alimentos (art. 2008.º-1 CC), o direito de uso e habitação (art. 1488.º CC), o direito à sucessão de pessoa viva (art. 2028.º CC) e a posição do arrendatário habitacional (art. 8.º RAU).

Como corolário, quando a alienabilidade dum bem é condicionada pelo direito substantivo, a respectiva penhorabilidade não é *absoluta*, mas *relativa*. Não o diz o art. 823.º CPC, que trata tão-só da impenhorabilidade relativa imposta pela lei processual, mas tal decorre do art. 821.º CPC: "estão sujeitos à execução todos os bens do devedor susceptíveis de penhora que, *nos termos da lei substantiva*, respondem pela dívida exequenda". Por conseguinte, há que ter sempre em conta, na penhora dum bem, a medida da sua alienabilidade substantiva e, designadamente, as limitações ao poder de disposição que a lei civil estabelece para tutela dum interesse de terceiro, a quem conceda o poder de autorizar a alienação ou nela consentir[7]. É certo que algumas dessas limitações cedem perante a

---

[7] Não têm interesse, em sede de penhorabilidade, as situações de pura indisponibilidade subjectiva (o titular do direito não é titular do poder de disposição, que é concedido a outrem, seja no interesse deste – é o caso do credor pignoratício –, seja no interesse do titular – é o caso do incapaz), nem aquelas em que o poder de disposição é limitado no

necessidade de tutela do interesse do exequente: para evitar que este seja gravemente prejudicado, nomeadamente em casos em que é íntima a ligação entre o titular do direito e o terceiro titular do poder de autorização ou consentimento, a lei faz prevalecer o interesse do exequente sobre o do terceiro, possibilitando a penhora do bem, independentemente da autorização ou consentimento; assim acontece nos casos de limitações extrínsecas ao direito, como são as resultantes do casamento (art. 1696.º-1 CC, não obstante o disposto nos arts. 1682.º-A-1-c CC e 1687.º-1 CC), e também nos de limitação que, embora intrínseca, se apresente alheia a um esquema de cumprimento contratual, como é o caso da exigência legal supletiva do consentimento da sociedade por quotas para a cessão da quota do sócio (arts. 228.º-2 CSC, 239.º-2 CSC e 475.º CSC) e da exigência pactícia do consentimento da sociedade anónima para a transmissão das acções nominativas (art. 328.º CSC, n.º 2, als. a) e c), e n.º 5). Mas, na falta duma norma específica que o estabeleça, a limitação de direito substantivo não cede no processo executivo e o regime substantivo da alienação e o regime processual da penhora coincidem. É o que acontece quando a limitação é estabelecida em consideração dum esquema de cumprimento contratual. Assim, por exemplo, a exigência do consentimento do autor para a transmissão dos direitos resultantes para o editor do contrato de edição (art. 100 do Código dos Direitos de Autor) mantém-se na acção executiva, não sendo admissível, sem ele, a penhora dos direitos do editor; e, duma maneira geral, a cessão da posição contratual, estando sujeita ao consentimento da contraparte (art. 424.º-1 CC), não é penhorável se este não for prestado, ainda que sejam penhoráveis, sem prejuízo do sinalagma, prestações instantâneas[8] contratualmente devidas, mas autonomizáveis do contrato (o direito ao preço da coisa vendida; o direito à renda cobrada ao arrendatário)[9].

Excepcionalmente, o art. 115-1 RAU permite a cessão da posição contratual do arrendatário comercial em caso de trespasse: a acompanhar a transmissão das instalações, utensílios e mercadorias que integram o estabelecimento, os direitos e os deveres do arrendatário transmitem-se

---

interesse do titular do direito (o titular do direito continua a ser titular do poder de disposição, mas só pode exercê-lo mediante autorização ou consentimento de outrem, como é o caso do inabilitado). Remeto, sobre estas situações, para a minha *Acção executiva* cit., ps. 180-181.

[8] Incluindo prestações periódicas, como a renda. Não prestações duradoiras, como o direito do arrendatário, fora dum esquema de cessão da posição contratual.

[9] Para maiores desenvolvimentos: LEBRE DE FREITAS, *Da impenhorabilidade do direito do lojista de centro comercial*, ROA, 1999, I, ps. 47 e ss, n.ºs 11 a 16.

também para o tomador de trespasse, não podendo o senhorio obstar a que outro passe a ser o devedor da renda[10]. Trata-se duma disposição de lei imperativa, como tal insusceptível de convenção contrária[11]. O estabelecimento pode transmitir-se, embora se encontre encerrado, sem prejuízo do direito de resolução do senhorio se o encerramento durar mais de um ano (art. 64.º-1-h RAU); mas o trespasse tem como pressuposto a existência das instalações, utensílios e mercadorias que possibilitam a exploração do ramo de negócio em causa, ainda que ela não esteja actualmente a ser feita[12]. Tratando-se dum regime excepcional, em face da norma geral do art. 424.º-1 CC, não é possível a sua aplicação analógica, inclusivamente aos casos de outros contratos constitutivos de direitos reais de gozo ou ao contrato normalmente celebrado com o lojista do centro comercial[13].

Em nada o regime do arrendamento é alterado quando sobrevém acção executiva ou processo de falência: quer os pressupostos do trespasse, quer o eventual direito de resolução do senhorio, são os constantes da lei substantiva, sem que o processo tenha neles interferência. No entanto, a aplicação deste princípio suscita dificuldades práticas, que têm dado azo a alguma controvérsia. Vou considerar sucessivamente as seguintes hipóteses: resolução unilateral do arrendamento; denúncia do inquilino ou resolução bilateral (revogação) do arrendamento; silêncio do pretenso senhorio, noti-

---

[10] A eventualidade do não pagamento desta e da insolvência do tomador de trespasse constitui um risco que a lei impõe ao senhorio em consideração de outros interesses que – mal ou bem – considerou mais relevantes.

[11] Acs. do TRL de 23.7.76, *CJ*, 1976, I, p. 611, e do TRC de 14.6.88, *CJ*, 1988, III, p. 91.

[12] Ver, porém, o ac. do TRC de 19.9.89, *CJ*, 1989, IV, p. 64: constituindo o estabelecimento "uma unidade em movimento ou apta a entrar em movimento", a existência, em local onde se exerceu até 29.11.85 a indústria de seguros, dum arquivo e dos móveis ou recheio que integravam o estabelecimento não era suficiente para caracterizar o trespasse, efectuado em 13.2.86, pois era essencial que se mantivesse a respectiva exploração e esta havia sido transferida na primeira data para outro local.

[13] Podem ser objecto de penhora os bens e direitos do lojista, individualmente considerados, que integram o estabelecimento, mas não o direito à utilização da loja. Aliás, não só os acabamentos da loja, mas também as suas instalações, usam ser do proprietário do centro comercial. A integração da loja no centro comercial, em obediência a um programa de exploração conjunta, que passa pela existência de clientela comum aos vários estabelecimentos, configura o contrato celebrado entre o proprietário ou o gestor do centro e o lojista como um contrato inominado de integração empresarial, não sujeito ao regime do arrendamento e cuja cessão segue o regime geral da cessão do contrato.

ficado nos termos do art. 856.º-1 CPC, em caso em que o arrendamento já está extinto ou nunca existiu.

4. Penhora e resolução do arrendamento

Em sede de articulação entre os efeitos da acção de despejo, através da qual o senhorio faz valer a vontade de resolver o arrendamento, com algum dos fundamentos do art. 64.º-1 RAU, e os da penhora, há que distinguir os casos em que a acção de despejo está julgada ou pendente à data da penhora daqueles outros em que é proposta posteriormente à penhora.

Serve de exemplo do primeiro tipo de casos a situação sobre a qual se pronunciou o Tribunal da Relação de Coimbra em 9.6.92, *CJ*, 1992, III, p. 119: à data da penhora, estava pendente uma acção de despejo fundada no encerramento do estabelecimento durante mais de um ano; a resolução foi decretada em 17.6.88, entre a data da penhora e a da praça para arrematação em hasta pública; à data da praça, em 10.11.88, o senhorio protestou pela reivindicação (arts. 910.º CPC e 825.º-2 CC). Defendeu o arrematante que a resolução não era eficaz perante ele, dado ter a qualidade de terceiro perante o caso julgado formado entre o senhorio e o arrendatário. A 1ª instância entendeu que a venda era ineficaz, visto que a posição do arrendatário, inexistente desde a resolução do arrendamento, não era transmissível à data da praça. A Relação alterou em parte a decisão: a venda era, de facto, ineficaz na parte relativa à transmissão da posição contratual; mantinha-se, porém, sobre os restantes elementos que compunham o estabelecimento.

Deixando de parte o ponto de desacordo entre a 1ª e a 2ª instância, cuja resolução concreta havia de ter lugar nos termos dos arts. 292.º CC e 902.º CC[14], há que considerar que o exercício do direito potestativo, tendo como efeito a alteração das situações jurídicas das partes, traduz uma manifestação de vontade a cujas consequências estão sujeitos, não só a parte contrária (em situação de sujeição), mas reflexamente terceiros, que não estão legitimados, fora o caso de nulidade (art. 602.º CC) ou de impugnação pauliana (art. 606.º CC), a questionar a alteração realizada. Quando o exercício do direito potestativo tem lugar extrajudicialmente, como é o caso, em regra, da resolução do contrato (art. 436.º-1 CC), o efeito produz-

---

[14] Em regra, a compra e venda seria objecto de redução, havendo lugar à redução proporcional do preço; mas a nulidade seria total se o arrematante provasse que não teria comprado os bens sem inclusão da posição contratual (o que não era difícil acontecer).

-se com a recepção, pela parte contrária, da declaração do titular do direito (art. 224.º-1 CC), retroagindo, quando a lei o determina, à data do negócio jurídico (art. 289.º-1 CC; arts. 433 CC e 434.º-1 CC), sem prejuízo, no caso da resolução, de não afectar, nos contratos de execução continuada ou periódica, as prestações já efectuadas (art. 434.º-2 CC) nem prejudicar os direitos adquiridos por terceiro (art. 435.º CC). Nos casos de direito potestativo de exercício judicial, o efeito produz-se com a sentença, sendo a retroactividade regida pelas mesmas normas gerais, quando outra coisa não decorra de algum regime legal especial[15]. Assim, a resolução do arrendamento urbano, em que estão em causa uma prestação continuada (a prestação do gozo da casa arrendada) e prestações periódicas (as rendas), não afecta a prestação do gozo da casa até ao momento da sentença nem, consequentemente, o direito do senhorio às rendas correspondentes. Quanto ao terceiro adquirente (do prédio e, portanto da posição de senhorio, ou do direito ao arrendamento, por trespasse), a sentença proferida na acção de despejo é-lhe oponível, desde que a aquisição se tenha efectuado na pendência da acção ou depois de esta ter sido julgada — no primeiro caso, por via da norma do art. 271.º-3 CPC (transmissão de direito litigioso) e, no segundo, por o adquirente ter, perante o objecto do litígio, a mesma qualidade jurídica que o transmitente (art. 498.º-2 CPC)[16].

A decisão dada pelas instâncias ao caso acima referido foi, portanto, certa, valendo igualmente para o caso em que a acção de despejo esteja ainda pendente à data da venda e independentemente do facto de o senho-

---

[15] A sentença de anulação retrotrai à data do negócio jurídico (art. 289.º-1 CC); a de alimentos retrotrai à data da propositura da acção (art. 2006.º CC); a de execução específica, equivalendo à declaração negocial do promitente inadimplente, não retrotrai (art. 830-1 CC), a não ser quando a acção é registada (arts. 3.º, 6.º-3, 92.º-1-a e 101.º-2-b do CRP); a de divórcio também só opera *ex nunc*, sem prejuízo de os efeitos patrimoniais entre os cônjuges, mas não perante terceiros, retroagirem à data da propositura da acção (art. 1789.º CC); a de denúncia do arrendamento urbano, não só não retrotrai, mas também só produz efeito três meses após a decisão definitiva (art. 70.º RAU).

[16] Ver LEBRE DE FREITAS, – A. MONTALVÃO MACHADO – RUI PINTO, *Código de Processo Civil anotado*, II, n.º 3 da anotação ao art. 498.º. Quanto a outros terceiros, o caso julgado é-lhes oponível quando, tendo intervindo na acção todos os titulares da relação jurídica de arrendamento, sejam titulares duma situação jurídica cuja subsistência jurídica não seja por ele afectada (credores) ou que esteja sujeita às consequências, semelhantes às da sentença, do exercício da vontade negocial da parte (sublocatário). Neste sentido, ver, na mesma obra, o n.º 2 da anotação ao art. 674.º. Noutra perspectiva, conducente ao mesmo resultado, distingue-se o efeito do caso julgado e o efeito constitutivo da sentença para afirmar a oponibilidade deste último a terceiros (CASTRO MENDES, *Limites objectivos do caso julgado*, Lisboa, Ática, 1968, ps. 63-68).

rio protestar pela reivindicação: não o fazendo, a anulação da venda continua a ser possível, ainda que o adquirente do estabelecimento não saiba, à data da aquisição, da sentença de despejo proferida ou da pendência da acção (art. 909.º-1-d CPC).

Valerão, porém, as mesmas conclusões no caso de a acção de despejo ser proposta já depois da penhora?

Tomemos como ponto de partida o acórdão do TRE de 23.1.86, *CJ*, 1986, I, p. 227. Ordenada uma penhora em Agosto de 1992 e efectuada em Novembro de 1992, as rendas deixaram de ser pagas logo em Agosto. Entendeu a Relação que o fundamento de despejo se verificava, quer quanto às rendas vencidas entre Agosto e Novembro, quer quanto às vencidas posteriormente a Novembro.

Assim era. Os fundamentos de resolução do contrato de arrendamento são estabelecidos por lei, constituindo-se o direito potestativo independentemente da vontade do senhorio. O art. 820.º CC, ao estatuir a ineficácia dos actos de extinção do direito de crédito dependentes da vontade do devedor, não abrange aqueles cuja admissibilidade se funde em factos, não directamente resultantes da acção executiva[17], que ocorram depois da penhora. Ora ao depositário ou administrador judicial cabe, após a penhora, pagar as rendas que ulteriormente vencerem, bem como, para subsistência do arrendamento, as que verifique estarem em falta à data da realização da penhora, devendo, se os bens penhorados não proporcionarem receitas que o permitam, informar o tribunal a fim de que o exequente solicite as medidas que entenda. Por outro lado, feita a penhora da posição contratual por notificação ao senhorio, a constituição de depósito ou administração implica que a acção de despejo seja movida contra o depositário (cf. art. 843.º CPC) ou administrador, não tendo o arrendatário, só por si, legitimidade passiva para ela. Até ao termo do prazo da contestação, as rendas em dívida podem ser pagas, com o acréscimo previsto no art. 1041.º-1 CC, pelo que a omissão de o fazer, impedindo o efeito do facto constitutivo do direito potestativo ao despejo, é imputável a quem tenha os poderes de administração. Já o executado que permaneça na gestão do estabelecimento, haja ou não quem fiscalize a sua actuação, continua a ter legitimidade passiva para a acção de despejo; mas deve entender-se que o senho-

---

[17] Não resulta directamente da acção executiva um acto praticado pelo depositário ou administrador judicial ou uma sua omissão. Como administrador dos bens do executado, o depositário ou administrador actua, em vez dele, no âmbito das relações jurídicas a eles respeitantes, sendo irrelevante, para os efeitos do direito substantivo, que o depositário seja de nomeação judicial.

rio mantém o *ónus de informação* do art. 856.°-2 CPC para além do momento imediatamente posterior à penhora: ocorrido o fundamento de resolução, ele deve comunicar ao tribunal a intenção de dele se prevalecer, movendo a acção de despejo (o que proporcionará ao exequente e aos credores reclamantes a possibilidade da sua constituição como assistentes: art. 335.° CPC), e, não o fazendo, a resolução que obtenha não será eficaz perante a execução.

O mesmo se diga quanto a outros fundamentos ocorridos depois da penhora, ainda que resultantes do decurso dum prazo iniciado antes dela (por exemplo, a conclusão do período de um ano de encerramento do estabelecimento ou a mudança do ramo explorado).

Tratando-se de fundamento de resolução ocorrido antes da penhora (o período de 1 ano do encerramento do estabelecimento já se tinha concluído, por exemplo), a mesma solução já não é tão linear, pois, embora a resolução continue a não constituir um mero acto de vontade do senhorio e a não ser, portanto, em princípio, abrangida pelo preceito do art. 820.° CC, há que verificar se a propositura da acção depois da inércia anterior do senhorio, designadamente quando o fundamento seja constituído por um facto continuado (como é o caso do encerramento do estabelecimento por mais de um ano), que mantém, enquanto não cessar, o direito à resolução (art. 65.°-2 RAU), não constituirá *abuso de direito*, isto é, uma actuação apenas inspirada pelo acto de penhora e visando evitar, não directamente a subsistência do arrendamento, mas a sua transmissão por trespasse, acabando neste caso por conformar um acto de vontade do senhorio dirigido à frustração da execução.

5. Penhora, denúncia do inquilino e revogação do arrendamento

A denúncia do inquilino e a revogação do contrato de arrendamento podem ter lugar extrajudicial ou judicialmente, neste caso por confissão do pedido ou transacção, e podem ocorrer depois da penhora ou antes dela.

Quando ocorram depois da penhora, trata-se de actos que integram a previsão do art. 820.° CC. Fala este apenas da extinção do direito de crédito, mas, estando em causa a penhora da posição contratual e abrangendo esta direitos e deveres do executado, os primeiros são abrangidos pelo art. 820.° CC, cuja aplicação, tornando inoponível o acto extintivo dos direitos, acarreta idêntica inoponibilidade do acto extintivo dos recíprocos deveres.

Mais complexo é o caso da denúncia ou revogação ocorrida antes da penhora. Consideremos três tipos de situação: na realidade, o arrendatário trespassa, mas, em lugar da respectiva escritura, é feito pelo senhorio um novo arrendamento ao tomador de trespasse[18]; o arrendatário continua a explorar o estabelecimento, normalmente sob a capa duma nova sociedade, a quem o senhorio arrenda; o arrendatário entrega realmente o local ao senhorio, com os restantes elementos que compõem o estabelecimento.

No primeiro caso, encontramo-nos perante uma *simulação relativa*. O negócio simulado (novo arrendamento, sem ligação com o anterior) é nulo (art. 240.°-2 CC). O negócio dissimulado de trespasse também o é, por falta de forma (art. 241.°-2 CC), visto que o dador de trespasse não outorga a escritura de novo arrendamento.

No segundo caso, a simulação é *absoluta*, desde que se faça valer a desconsideração da personalidade colectiva[19]: a nova arrendatária serve apenas de capa ao anterior arrendatário, ocultando a manutenção do mesmo arrendamento; o abuso de direito é manifesto e, afastada a personalidade colectiva, verifica-se que, na realidade, nenhum novo negócio jurídico foi querido pelas partes para valer entre elas.

No terceiro caso, pôr-se-á a questão de saber se é admissível a *acção pauliana*. O arrendatário, ao entregar o estabelecimento (local + recheio) ao senhorio, está alienando um bem patrimonial, onerosa ou gratuitamente[20], pelo que, verificados os requisitos do art. 610.° CC e, no primeiro caso, a má fé exigida pelo art. 612.° CC, a impugnação pauliana pode ter lugar. Quando, entretanto, o senhorio haja procedido a novo arrendamento, é analogicamente aplicável o art. 613.° CC: embora não se trate, quanto ao objecto do arrendamento, de um acto de transmissão nem de constituição

---

[18] Quando o arrendatário receba uma quantia pela transmissão da posição contratual, mas o objecto desta seja modificado, quanto ao fim do arrendamento ou quanto à renda, o trespasse é descaracterizado (art. 115.°-2 RAU); mas não deixa de constituir um negócio jurídico inominado em que intervém o antigo arrendatário, o novo arrendatário e o senhorio. É-lhe, por isso, aplicável o esquema de solução do texto, directamente pensado para o caso em que o objecto da posição contratual se mantém.

[19] Ver, sobre a desconsideração ("levantamento") da personalidade colectiva, MENEZES CORDEIRO, *Da responsabilidade civil dos administradores das sociedades comerciais*, Lisboa, 1996, ps. 321-334 e, especialmente, sobre o papel, nela, do abuso de direito, ps. 327-328 e 334.

[20] Incluindo a entrega do recheio do estabelecimento, a alienação dificilmente não será onerosa, embora possa constituir, total ou parcialmente, uma dação em cumprimento (por rendas devidas). Mas a sua aparência pode ser a de acto gratuito, pelo que, então, enquanto o adquirente não provar que foi oneroso, bastarão os requisitos de procedência do art. 610.° CC.

de direito real[21], a identidade da frustração do direito do credor leva a admitir a impugnação pauliana do acto de arrendamento, verificados os requisitos do art. 613.°-1 CC.

Outra é a solução do caso em que o arrendatário entrega ao senhorio o local arrendado, mas vende a terceiros o respectivo recheio. Sem prejuízo da sujeição da compra e venda do recheio à impugnação pauliana, a denúncia do arrendamento não é, em si, impugnável, visto que, sendo a posição contratual do arrendatário inalienável (e, portanto, impenhorável) fora do condicionalismo do trespasse, a denúncia não representa um acto de diminuição da garantia patrimonial dos credores.

Resta acrescentar que a arguição da simulação e a impugnação pauliana terão, em princípio, lugar em acção independente do processo de execução, podendo entretanto ser neste feita a penhora do direito litigioso; mas que, se for feita a penhora do estabelecimento e só depois o senhorio vier embargar de terceiro, é no processo de embargos (obrigatoriamente, se eles forem fundados no direito de fundo, e facultativamente, enquanto se fundem apenas na posse: cf. arts. 351.°-1 CPC, 357.°-2 CPC e 358.° CPC) que tais questões deverão ser levantadas pelos embargados.

6. A omissão de declarar do senhorio

Advertido o senhorio, nos termos dos arts. 856.°-1 CPC e 862.°-A-1 CPC, de que a posição contratual do arrendatário fica à ordem do tribunal de execução, cumpre-lhe declarar, nos termos do art. 856.°-2 CPC, se essa posição existe, qual o prazo do arrendamento e a renda e quaisquer outras circunstâncias que possam interessar à execução. Na falta de declaração – estatui o art. 856.°-3 CPC –, entende-se que o devedor reconhece a existência da obrigação nos termos que hajam sido estabelecidos no acto de nomeação à penhora. Trata-se de efeito semelhante àquele que a revelia operante produziu no processo cominatório pleno até à revisão do Código de Processo Civil operada em 1995-1996.

A dureza da cominação, aplicada a um terceiro chamado a colaborar em processo alheio, explica-se pela necessidade de acertar a existência do bem penhorado para os fins da execução; mas não pode conduzir à poster-

---

[21] Para quem entenda que o arrendatário tem um direito real sobre o bem arrendado, a aplicação do art. 613.°-2 CC é directa. Por outro lado, sendo o novo arrendamento acompanhado da transmissão de instalações, utensílios, mercadorias ou outros elementos que constituíam o estabelecimento do anterior arrendatário, encontramo-nos, nesta parte, perante um acto translativo.

gação de garantias mínimas que à lei processual cabe salvaguardar. O art. 856.º CPC deve, por isso, ser entendido no sentido de que: *1*. a notificação ao terceiro devedor é uma notificação pessoal, a fazer com as formalidades do acto da citação (arts. 235.º CPC e 256.º CPC), sob pena de a cominação não jogar[22]; *2*. não fixando a lei um prazo para a informação a prestar e não sendo o terceiro devedor parte na causa, cabe ao juiz fixar um prazo para o efeito, não se aplicando o prazo supletivo do art. 153.º CPC e não jogando, portanto, a cominação quando o prazo não seja fixado e comunicado ao devedor[23]; *3*. a cominação só joga quando, dentro de prazo fixado pelo tribunal, o terceiro omita qualquer declaração ou use expedientes dilatórios, recusando, explícita ou implicitamente, a colaboração devida, mas não quando, por hipótese, solicite elementos complementares necessários à declaração a emitir. De qualquer modo, a penhora tem-se sempre por efectuada à data da notificação ao devedor, não ficando o momento da produção dos seus efeitos dependente do comportamento que ele assuma.

A declaração de reconhecimento do devedor do executado, ou o seu silêncio no prazo fixado, constitui um *título executivo judicial impróprio*[24], no qual se pode fundar uma execução para entrega de coisa certa (o bem objecto do arrendamento), contra ele movida pelo exequente ou pelo adquirente do direito de crédito, nos termos do art. 860.º-3 CPC. Não se tratando dum título executivo judicial em sentido próprio, os embargos de executado não estão limitados aos fundamentos taxativamente enunciados no art. 813.º CPC, aplicando-se, sim, o art. 815.º-1 CPC; mas o acto de reconhecimento, tal como o silêncio que a lei a ele equipara, preclude a invocação dos fundamentos de impugnação e de excepção já à data existentes[25]. No caso da penhora de posição contratual, idêntico efeito preclu-

---

[22] LEBRE DE FREITAS, *A acção executiva* cit., 14 (14-A).

[23] Não o entendeu assim o Assento de 25.11.93, para o qual joga o prazo legal supletivo do art. 153 CPC. Para chegar a essa conclusão, o Supremo partiu do pressuposto de que o apuramento do crédito do executado se faz num *incidente*, em que o terceiro devedor não é já terceiro (como em face da execução), mas sim parte. Esse pressuposto não se verifica, porém: o juiz não tem que decidir qualquer questão (incidental) sobre a existência do crédito, cujo acertamento está inteiramente dependente da posição tomada pelo terceiro devedor, de tal modo que, contestada a sua existência e mantida a contestação perante o juiz, o crédito só pode ser transmitido como litigioso (art. 858 CPC); não há, por outro lado, qualquer procedimento anómalo, mas apenas um processamento normal para resolver uma questão necessariamente postulada pela penhora do direito de crédito. Veja-se, no sentido correcto, ALBERTO DOS REIS, *Processo de execução*, II, p. 193.

[24] LEBRE DE FREITAS, *A acção executiva* cit., 3 (61-A).

[25] LEBRE DE FREITAS, *A confissão no direito probatório*, Coimbra, Coimbra Editora, 1991, 20 (101) e 23.2.

sivo resulta, quanto aos deveres do executado para com o terceiro (designadamente, o dever de pagar a renda), não tanto dessa declaração ou silêncio como da afirmação feita pelo exequente (ou pelo executado), ao nomear o bem à penhora[26].

Claro que, se, no acto de nomeação à penhora, não for indicado o montante da renda e o senhorio não o indicar posteriormente, há falta dum elemento essencial do objecto da cessão contratual, sem o qual nem a penhora pode subsistir nem a venda subsequente pode ter validade. Mas, afirmados os elementos essenciais do contrato de arrendamento, o silêncio do senhorio pode ter como consequência a posterior alienação duma posição contratual inexistente. Pressupondo a existência material do local pretensamente arrendado e a inexistência de direitos de terceiro a ele respeitantes, o arrendamento assim criado *ex novo* (ou renovado, se se tratar de arrendamento extinto) valerá para os efeitos da execução e dos direitos dela derivados, designadamente os do adquirente da posição do arrendatário. Esta consequência anómala, que outros sistemas jurídicos não conhecem[27], é, a valer, ainda uma manifestação serôdia do sistema português de *ficta confessio*[28].

---

[26] O reconhecimento do dever do executado é favorável ao terceiro, mas desfavorável ao executado, bem como, indirectamente, ao exequente que faz valer o seu direito contra o terceiro, ao contrário do reconhecimento do direito do executado.

[27] Assim: em direito italiano, quando o terceiro devedor nada diz sobre o crédito, a existência deste é previamente *verificada* e só depois prossegue o processo executivo; em direito alemão, o exequente e o adquirente correm inteiramente o *risco* de o crédito realmente não existir, sem prejuízo do dever de indemnizar a cargo do terceiro devedor que omita a declaração que lhe seja solicitada; em direito francês, a falta de informação do terceiro devedor, sem invocação dum motivo legítimo, *pode* levar o juiz a declará-lo devedor, sem prejuízo do seu direito de regresso contra o executado.

[28] Veja-se, sobre ele, LEBRE DE FREITAS, *A confissão* cit., 22.1 e 23.1, e, no direito emergente da revisão de 1995-1996, *Introdução ao processo civil*, Coimbra, Coimbra Editora, 1996, II.2.3.4. O ponto é, porém, questionável, tendo em conta a exigência de escritura pública para a formação do contrato de arrendamento, feita pelo art. 7.°-2-b RAU. Para a sua solução há também que ter em conta que o art. 856.°-3 CPC não excepciona da aplicação da cominação o caso do art. 485.°-d CPC ("factos para cuja prova se exija documento escrito"), tal como não o excepcionava o art. 784.° CPC anterior à revisão de 1995-1996, que consagrava o efeito cominatório pleno no processo sumário (eram excepcionadas outras situações, de entre as previstas no art. 485.°, mas não essa). E há, finalmente – mas não secundariamente –, que equacionar a questão da constitucionalidade do efeito cominatório pleno e, no plano da interpretação da norma do art. 856.°-3 CPC, que procurar aquela que melhor se coadune com os princípios constitucionais, não oferecendo grande dúvida a melhor bondade, a este título, da aplicação, por analogia, ao efeito cominatório pleno das

excepções por lei predispostas para o efeito cominatório semi-pleno. Note-se, de qualquer modo, que o segmento "nos termos estabelecidos na nomeação do crédito à penhora" seguramente não permite o jogo da cominação quando dos factos que o nomeante refira se extraia a inexistência do direito (por hipótese, é dado como existente um arrendamento para comércio que se afirma ter sido celebrado verbalmente).

CESSÃO DA POSIÇÃO DO ARRENDATÁRIO E DIREITO DE PREFERÊNCIA DO SENHORIO

Manuel Januário da Costa Gomes*

1. Introdução

I. Neste breve estudo que carinhosamente ofereço em homenagem ao Prof. Doutor Inocêncio Galvão Telles, proponho-me analisar um aspecto importante do regime da cessão da posição do arrendatário nos arrendamentos para o exercício de profissões liberais. Refiro-me à articulação entre o regime do art. 122/1 RAU[1], na sua actual redacção, introduzida pelo DL 257/95, de 30/9, e o dos arts. 121 e 116 do mesmo diploma, também na nova e actual redacção.

A referência à redacção actual do RAU é apenas um ponto de partida, que será também de chegada, uma vez que, como veremos, não podemos abstrair, no estudo do problema e no modo como o mesmo vem sendo resolvido pela doutrina e pela jurisprudência, da análise dos preceitos em causa, tal qual se apresentavam antes da ordenação e redacção introduzidas pelo citado DL 257/95. Ou seja, não podemos prescindir da análise das redacções com que se apresentavam, aquando da publicação do RAU, os então arts. 118 (a que corresponde, actualmente, o art. 122) e 117 (a que corresponde o actual art. 121).

---

* Professor da Faculdade de Direito da Universidade de Lisboa.

[1] As referências legislativas que não se encontrem especificamente identificadas reportam-se ao RAU. São as seguintes as principais abreviaturas utilizadas: Ac.=Acórdão; BMJ=Boletim do Ministério da Justiça; CC=Código Civil; CE=Código das Expropriações; CJ=Colectânea de Jurisprudência; CJ/STJ= Colectânea de Jurisprudência / Acórdãos do Supremo Tribunal de Justiça; Dec.=Decreto; DL=Decreto-Lei; L.=Lei; n.=nota; p.=página; pp.=páginas; RAU=Regime do Arrendamento Urbano; RC=Relação de Coimbra; RE=Relação de Évora; RL=Relação de Lisboa; RLJ=Revista de Legislação e Jurisprudência; ROA=Revista da Ordem dos Advogados; RP=Relação do Porto; RPDC=Revista Portuguesa de Direito do Consumo; ss.=seguintes; STJ=Supremo Tribunal de Justiça; TC=Tribunal Constitucional.

A identificação de cada elemento bibliográfico é feita na primeira citação.

II. Face aos dispositivos do CC revogados com o aparecimento do RAU, os arts. 117 e 118/1 originais (actualmente arts. 121 e 122/1) constituíram, na sua "filosofia receptora", soluções de continuidade. Aliás, exceptuada a concreta remissão do art. 117 para os dispositivos do capítulo dos arrendamentos comerciais, as redacções dos arts. 117 e 118/1 (tal como agora a dos arts. 121 e 122/1) seguem, *ipsis verbis*, as redacções dos arts. 1119 e 1120 CC [2].

A inovação, face ao regime do CC, foi constituída pelo art. 116, sistematicamente colocado no capítulo dos arrendamentos para comércio e indústria, tendo por epígrafe "Direitos do senhorio no caso de trespasse". Este dispositivo, aplicável aos arrendamentos para o exercício de profissões liberais por força do art. 117 (actual art. 121), veio atribuir ao senhorio do prédio arrendado um direito de preferência "no trespasse por venda ou dação em cumprimento do estabelecimento comercial". A remissão do art. 117 para (entre outros) o art. 116, foi então pronta e naturalmente interpretada[3] como significando a atribuição ao senhorio de prédio arrendado para exercício de profissão liberal, de um direito de preferência no caso de cessão da posição do arrendatário.

Era assim assegurada, também neste campo, uma paridade de tratamento entre os arrendamentos comerciais e os arrendamentos para o exercício de profissões liberais, dando-se, em ambos os domínios, ao senhorio a oportunidade de "recuperar um bem que a ordem jurídica supostamente lhe atribuiu em primeira linha"[4].

Inicialmente, as maiores dúvidas suscitadas pelo (então) art. 117, na sua articulação com os arts. 116 e 118 respeitavam, fundamentalmente, a duas questões: a de saber se, para o exercício do direito de preferência do

---

[2] Cf. por todos, neste particular, PEREIRA COELHO, *Breves notas ao Regime do Arrendamento Urbano* (=*Breves notas*), RLJ 125, p. 258, PIRES DE LIMA / ANTUNES VARELA, *Código Civil anotado*, II, 4ª ed., Coimbra Ed., Coimbra, 1997 (=*CCanot.*, II[4]), p. 721 e ss. e os nossos *Arrendamentos comerciais*, 2ª ed. (reimp.), Almedina, Coimbra, 1993 (=*Arrendamentos comerciais*[2]), p. 194 e ss.; cf. também, para uma referência mais ampla à comparação entre a estruturação das normas do arrendamento urbano no CC e no RAU, CARNEIRO DA FRADA, *O novo regime do arrendamento urbano: sistematização geral e âmbito de aplicação*, in ROA ano 51 (1991), I (=*O novo regime*), p. 156 e ss..

[3] Cf., por todos, PINTO FURTADO, *Manual do arrendamento urbano*, Almedina, Coimbra, 1996 (=*Manual*[1]), p. 540 e os nossos *Arrendamentos comerciais*[2], p. 196.

[4] Assim MENEZES CORDEIRO / CASTRO FRAGA, *Novo regime do arrendamento urbano anotado*, Almedina, Coimbra, 1990 (=*Novo regime*), p. 152; cf. também os nossos *Arrendamentos comerciais*[2], p. 196, onde se colocava em destaque o facto de a filosofia do art. 116 ser estritamente a de "recuperação" ou "resgate" do prédio pelo senhorio.

senhorio, seria mister que este exercesse a mesma actividade do arrendatário[5] e ainda – dúvida esta já "importada" do CC e directamente centrada no regime do art. 118 (actualmente art. 122) – se os possíveis transmissários poderiam ser pessoas colectivas ou se teriam de ser, para beneficiar desse regime, pessoas singulares [6].

A nova redacção e ordenação introduzidas pelo DL 257/95 vem provocar uma outra perturbação. Não nos referimos tanto à ordenação, uma vez que a mesma é, em si, inócua. Referimo-nos ao facto de o mesmo artigo remissivo para os dispositivos do capítulo dos arrendamentos comerciais fazer agora uma remissão mais ampla do que aquela que fora sucessivamente adoptada pelos arts. 1119 CC e 117 RAU.

Enquanto que estes remetiam para os dispositivos relativos à "morte do arrendatário" (art. 1113 CC e art. 112 RAU), à "cessação por caducidade ou por denúncia do senhorio" (art. 1114 CC e art. 113 RAU), à "caducidade por expropriação" (art. 1115 CC) [7], à "desocupação do prédio" (art. 1116 CC e art 114 RAU) e, no caso do RAU[8], ao "trespasse de estabelecimento comercial ou industrial" (art. 115) e ainda aos "direitos do senhorio em caso de trespasse" (art. 116), o novo art 121 RAU remete para

---

[5] Cf., por todos, PAIS DE SOUSA, *Anotações ao regime do arrendamento urbano (RAU)*, 6ª ed., Rei dos Livros, 2001 (=*Anotações*[6]), p. 346 e os nossos *Arrendamentos comerciais*[2], p. 196.

[6] Cf., por todos, PAIS DE SOUSA, *Anotações*[6], p. 345 e PINTO FURTADO, *Manual do arrendamento urbano*, 3ª ed., Almedina, Coimbra (=*Manual*[3]), p. 624 e ss..

[7] As consequências da caducidade por expropriação por utilidade pública estão agora genericamente previstas no art. 67 RAU, que considera a posição de arrendatário como encargo autónomo, independentemente do fim do arrendamento; cf. os nossos *Arrendamentos comerciais*[2], p. 256 e ss. e PIRES DE LIMA / ANTUNES VARELA, *CCanot.*, II[4], p. 618; cf. também, a propósito do art. 30 CE, PERESTRELO OLIVEIRA, *Código das Expropriações anotado*, 2ª ed., Almedina, Coimbra, 2000, p. 107 e ss. e MELO FERREIRA, *Código das Expropriações anotado*, 2ª ed., Coimbra Ed., Coimbra, 2000, p. 136 e ss..

[8] Refira-se, no caso do CC, a remissão do art. 1119 para o art. 1117, relativo ao direito de preferência, remissão essa que não é feita nem na versão inicial nem na versão de 1995 do RAU, uma vez que a matéria é tratada genericamente no art. 47; cf., v.g., OLIVEIRA ASCENSÃO, *Subarrendamento e direitos de preferência no novo regime do arrendamento urbano*, in ROA ano 51 (1991), I (=*Subarrendamento e direitos de preferência*), pp. 56-57 e 66 e ss., OLIVEIRA ASCENSÃO / PEDROSA MACHADO, *O objecto da preferência do arrendatário. Parecer*, in Direito e Justiça XIII (1993), t. 3, *passim*, os nossos *Arrendamentos comerciais*[2], p. 199 e ss, e LUÍS M. MONTEIRO, *Direitos e obrigações legais de preferência no novo regime do arrendamento urbano (RAU)*, AAFDL, Lisboa, 1992 (=*Direitos e obrigações legais de preferência*), p. 37 e ss..

as mesmas matérias da versão inicial e ainda, entre outros[9], para os arts. 110 (correspondente ao art. 1112 CC) – sobre a noção de arrendamento para comércio ou indústria[10] – e 111 (correspondente ao art. 1085 CC) – sobre a cessão de exploração do estabelecimento comercial[11].

A inclusão na remissão para o regime dos arrendamentos comerciais de matéria historicamente fora da mesma, tem tido naturalmente influência no modo como a doutrina e a jurisprudência têm traçado o âmbito da "recepção" das disposições relativas aos arrendamentos comerciais no regime dos arrendamentos para exercício de profissões liberais. As dúvidas sobre os termos e âmbito de aplicação do art. 116 no caso de cessão da posição do arrendatário é, porém, um caso particular, já que as mesmas não têm origem directa nas alterações de redacção e sistematização operadas pelo DL 257/95; na verdade, como vimos, o art. 117 já remetia, a um tempo, para os arts. 115 ("Trespasse do estabelecimento comercial ou industrial") e 116 ("Direitos do senhorio no caso de trespasse"). Contudo, foi sobretudo a partir da alteração de redacção que a doutrina e a jurisprudência passaram a dar ao assunto uma maior atenção.

2. O regime do art. 122/1 RAU

I. De acordo com o art. 122/1 RAU que, como vimos, reproduz a redacção do art. 118/1 RAU, anterior ao DL 257/95, e, mais remotamente, a redacção do art. 1120/1 CC, a posição do arrendatário para exercício de profissão liberal "é transmissível por acto entre vivos, sem autorização do senhorio, a pessoas que no prédio arrendado continuem a exercer a mesma profissão".

---

[9] O art. 121 remete para os arts. 110 a 120, pelo que abrange também a remissão, que não está em análise neste estudo, para os arts. 117 a 119, dedicados aos arrendamentos de duração limitada e a problemas de actualização de rendas.

[10] Cf., sobre esta, PIRES DE LIMA / ANTUNES VARELA, CCanot., II[4], p. 698 e ss. e os nossos *Arrendamentos comerciais*[2], p. 18 e ss.; no domínio do Dec. n.° 5.411, pode ver-se GALVÃO TELLES, *Arrendamento*, Lisboa, 1945/46 (=*Arrendamento*), p. 199 e ss..

[11] Cf, sobre esta, por todos, ORLANDO DE CARVALHO, *Critério e estrutura do estabelecimento comercial, I / O problema da empresa como objecto de negócios*, Coimbra, 1967 (=*Critério e estrutura*), p. 212 e ss., PEREIRA COELHO, *Arrendamento. Direito substantivo e processual*, Coimbra, 1988 (=*Arrendamento*), pp. 232-233, MENEZES CORDEIRO, *Manual de direito comercial*, I, Almedina, Coimbra, 2001 (=*Direito comercial*, I), p. 250 e ss., COUTINHO DE ABREU, *Da empresarialidade. As empresas no Direito*, Almedina, Coimbra, 1996 (=*Da empresarialidade*), p. 309 e ss. e os nossos *Arrendamentos comerciais*[2], p. 61 e ss. e demais doutrina aí citada.

O regime do art. 1120/1 CC – ou seja, por sucessão, o regime do actual art. 122/1 RAU – remonta, por sua vez, ao art. 64/1 L. 2030, de 22/06/1948, que tinha a seguinte redacção: "Pode fazer-se, sem autorização do senhorio, a cessão do direito ao arrendamento de prédios destinados ao exercício de profissões liberais, quando continuarem a ser aplicados à mesma profissão". O regime introduzido pelo art 64/1 L. 2030 constituía uma inovação face ao regime do art. 55 do Dec. 5.411, de 17/04/1919[12], dispositivo continuado pelo art. 64/2 L. 2030[13] – que apenas se ocupou do trespasse de estabelecimento comercial ou industrial.

A razão da inovação corporizada pelo art. 64/1 não se encontra plenamente documentada, lendo-se em PINTO DE MESQUITA / POLÓNIO DE SAMPAIO[14] a vaga afirmação de que se pretendeu "resolver a dúvida suscitada acerca do regime dos escritórios em que se exerçam profissões liberais". A verdade é que, nem no Projecto SÁ CARNEIRO, nem no "contraprojecto" da Câmara Corporativa, nem na proposta da lei governamental[15] encontramos rasto do que viria a ser, depois, o art. 64/1 L. 2030. Esclarece-nos, porém, a RLJ[16] que a explicação radica numa proposta de MÁRIO DE

---

[12] Cf., sobre este e o seu antecedente, o § 4.º do art. 33 do Dec. de 12/11/1910, por todos, GALVÃO TELLES, *Arrendamento*, p. 228 e ss., PINTO LOUREIRO, *Manual do inquilinato*, II, Coimbra Ed., Coimbra, 1942 (=*Manual do inquilinato*, II), p. 117 e ss.; cf. também o Parecer da Câmara Corporativa, *in* TITO ARANTES, *Inquilinato e avaliações*, Lisboa, 1949 (=*Inquilinato e avaliações*), p. 195 e ss..

[13] Cf., sobre este regime, por todos, PINTO DE MESQUITA / POLÓNIO DE SAMPAIO, *Legislação sobre arrendamentos*, Lisboa, 1962 (=*Legislação sobre arrendamentos*), p. 132, ANTUNES VARELA / DIAS DA FONSECA, *Inquilinato. Lei n.º 2030, de 22 de Junho de 1948, revista e anotada*, Coimbra Ed., Coimbra (=*Inquilinato*), p. 86 e DIOGO CORREIA, *A nova lei do inquilinato explicada*, Lisboa, 1948-49 (=*A nova lei*), p. 41 e ss..

[14] *Legislação sobre arrendamentos*, p. 135.

[15] Os textos destes projectos podem ser consultados em TITO ARANTES, *Inquilinato e avaliações*, respectivamente em p. 7 e ss., 110 e ss. e 155 e ss..

Idêntico silêncio encontramos no art. 114 do projecto de PINTO LOUREIRO (cf. *Temas jurídicos*, Coimbra Ed., Coimbra, 1948, p. 23 e ss.), mas o autor – cuja contribuição terá sido pensada na feitura da L. 2038 (cf. TITO ARANTES, *Inquilinato e avaliações*, p. 515) – resolvia o problema a montante, no 3.º parágrafo do art. 107, cuja redacção completa era a seguinte: "Considera-se estabelecimento comercial ou industrial, para os efeitos locativos, qualquer local destinado ao exercício das profissões respectivamente de comerciante ou industrial. Para os efeitos desta lei, tem-se por industrial toda a pessoa que, como tal, esteja sujeita à respectiva contribuição e que não seja comerciante. E como estabelecimento comercial se considera também o local, diferente da residência, em que exerçam a sua profissão as pessoas sujeitas ao pagamento de imposto profissional".

[16] Ano 81 (1948-49), p. 360 e ss..

FIGUEIREDO: "O texto do art. 64.º da Lei n.º 2030 é a reprodução fiel da proposta MÁRIO DE FIGUEIREDO, com mera alteração da ordem dos dois primeiros preceitos. O n.º 1 do art. 64.º corresponde à segunda alínea do n.º 1 da proposta; a primeira parte do n.º 2 do artigo corresponde à primeira alínea do n.º 1 da proposta. Simples modificações de arranjo ou de colocação, introduzidas pela Comissão de Redacção no uso legítimo dos seus poderes". Noutro passo, a mesma RLJ[17] esclarece: "O que hoje se lê no n.º 1 do artigo 64.º não tinha correspondência alguma na base ministerial nem na base da Câmara Corporativa". Ainda a mesma RLJ[18] alvitra a seguinte explicação para o regime do art. 64/1 L. 2030: "Entendeu-se, decerto, que era justo atribuir ao arrendatário de prédios destinados ao exercício de profissões liberais direito semelhante àquele de que já gozavam e continuaram a gozar os arrendatários de prédios destinados ao exercício de comércio ou indústria: o direito de ceder o arrendamento sem autorização do senhorio".

Ao seu regime não terá sido também alheia a perturbação causada pelas alterações na lei fiscal, designadamente em consequência da criação, pelo Dec. n.º 16.731, de 13/4/1929, de um imposto profissional, ao qual passaram a ficar sujeitas profissões antes submetidas à lógica da contribuição industrial[19], lógica que, para o § único do art. 52 do Dec. 5.411, era determinante da qualificação como industrial.

---

[17] Ano 81, p. 361.
[18] Ano 81, p. 361.
[19] Cf., por todos, GALVÃO TELLES, *Arrendamento*, pp. 202-203, PINTO LOUREIRO, *Manual do inquilinato*, II, p. 109 e ss. e RLJ 84, pp. 10-11; cf., também, a explicação, mais recente, de ISIDRO MATOS, *Arrendamento e aluguer*, Atlântida, Coimbra, 1968, pp. 324--325 e os nossos *Arrendamentos comerciais*[2], p. 36 e ss.. A perturbação causada era assim resumida por PINTO LOUREIRO (*op. cit.*, pp. 110-111): "E durante algum tempo foi matéria controvertida a da inclusão na categoria industrial dos lugares em que se exerciam as profissões liberais, chegando a julgar-se que um médico não era um industrial, não sendo portanto estabelecimento industrial o prédio onde ele exercia a sua profissão e não lhe competindo o benefício dos artigos 52.º e seguintes do decreto 5.411. Mas tal doutrina era já insustentável não só *de jure condendo*, mas *de jure condito*. Sabido que os médicos pagavam contribuição industrial à data do decreto 5.411, tendo-a pago ainda muitos anos depois e continuando com diverso nome ainda a pagá-la depois de 1929, a alteração do nome dessa contribuição não podia ter os efeitos que assim se lhe atribuíam".

Este mesmo aspecto era destacado pela RLJ 84, p. 12: "Escusado será dizer que este argumento não tem valor algum; atende ao *nome*, à *forma*, em vez de atender ao *facto*, à *substância*. Por a contribuição a pagar por parte dos titulares de profissões liberais passar a denominar-se imposto profissional, em vez de contribuição industrial, não se seguia que tivessem desaparecido ou perdido valor as razões pelas quais os consultórios dos médicos,

II. O regime do art. 64/1 L. 2.030 não gerou dificuldades interpretativas de relevo. Operado o "destaque" da cessão do direito ao arrendamento de prédio destinado ao exercício de profissão liberal, do "trespasse de estabelecimento comercial ou industrial" do art. 55 do De. 5.411, a doutrina e a jurisprudência posteriores à L. 2.030 passaram a tratar autonomamente as situações enquadradas no art. 64/1 – cessão do direito ao arrendamento de prédios destinados ao exercício de profissões liberais – daquelas, que antes constituíam a matriz, respeitantes aos arrendamentos comerciais e industriais, de "traspasse".

Lê-se, por exemplo em DIOGO CORREIA[20]: "E porque no caso de trespasse a cessão do direito ao arrendamento se dilui no *cocktail* de actos de vária natureza jurídica que é o trespasse (a compra e venda dos móveis, das instalações e utensílios, a cessão de créditos, a novação quanto aos débitos, porventura a compensação, quiçá a confusão), terá de assentar-se em que a cessão pura do direito ao arrendamento só na transferência do arrendamento destinado ao exercício de profissões liberais, pode figurar".

III. Este estado de coisas manteve-se, após 1967, com o CC. Aliás, acentuou-se o tratamento autónomo, conquanto de algum modo paralelo, do regime da cessão da posição do arrendatário, face ao regime do trespasse, quebrado que foi o cordão da ligação formal constituído pela inserção dos dois regimes – cessão da posição do arrendatário nos arrendamentos para exercício de profissões liberais e "traspasse" de estabelecimento comercial e industrial – num mesmo normativo (o art. 64 L. 2030). Na verdade, o CC optou por dar um tratamento autónomo, em termos sistemático-formais, aos arrendamentos para exercício de profissões liberais (subsecção VIII da Secção VIII do Cap. IV do Título II do Livro II CC) face aos arrendamentos para comércio e indústria (subsecção VII), tendo as matérias em apreço tratamento, respectivamente, nos arts. 1120 e 1118[21].

---

os escritórios dos advogados, e semelhantes locais haviam sido classificados como estabelecimentos industriais para efeitos locativos".

A autonomização dos arrendamentos para exercício de profissão liberal face aos arrendamentos para comércio e indústria tinha também lugar a nível do imposto do selo. O Dec. 27.235, de 23/11/36, veio distinguir, para efeitos de sujeição ao imposto do selo de 5%, ao lado dos locais para comércio ou indústria, os destinados a profissão liberal; cf., a propósito, o Parecer n.º 29 da Câmara Corporativa, in TITO ARANTES, *Inquilinato e avaliações*, p. 197.

[20] *A nova lei*, p. 42.
[21] Sobre o regime do art. 1118 pode ver-se, entre outros, os estudos já clássicos, de ORLANDO DE CARVALHO, *Anotação Ac. STJ 24.06.75*, in RLJ 110, p. 102 e ss. e RUI DE

Contudo, essa "perturbação" sistemático-formal em relação à arrumação que vinha da L. 2030 não teve sequelas no modo de interpretar o regime do art. 1120, incluindo a sua razão de ser[22]. A única dúvida que o art. 1120/1 permitiu gerar – dúvida provocada pelos novos modos e condições de exercício de actividades profissionais – foi a de saber se o beneficiário da cessão da posição do arrendatário tem de ser uma pessoa singular ou se pode ser uma pessoa colectiva. A dúvida – que não se encontra sanada[23] – não tem interesse directo para o nosso estudo embora não lhe seja totalmente alheia, pela razão, não essencial e não característica, de parte significativa das pessoas colectivas profissionais, *maxime* sociedades, funcionar numa lógica empresarial[24].

Não vamos considerar, porém, este ponto, na medida em que, por um lado, muitos e cada vez mais profissionais liberais singulares funcionam em termos organizativos como empresa e em que, por outro, algumas sociedades profissionais são mero invólucro jurídico-formal sob o qual não se identifica qualquer "estabelecimento profissional".

ALARCÃO, *Sobre a transferência da posição do arrendatário no caso de trespasse*, in BFD XLVII (1971) (=*Sobre a transferência da posição do arrendatário*) passim.

[22] Cf., por todos, sobre o regime do art. 1120/1, PEREIRA COELHO, *Arrendamento*, p. 217 e MÁRIO FROTA, *Arrendamento urbano*, Coimbra Ed., Coimbra, 1987 (=*Arrendamento urbano*), p. 525.

[23] Embora se encontre esmorecida; enquanto HENRIQUE MESQUITA, *Cessão da posição de arrendatário*, in CJ XI (1986), t 1, *passim*, contesta a extensão da categoria de profissional liberal a pessoas colectivas, os tribunais e a maioria da doutrina têm afastado este entendimento purista; cf. as referências constantes de PAIS DE SOUSA, *Anotações*[6], p. 345, e ARAGÃO SEIA, *Arrendamento urbano*, 6ª ed., Almedina, Coimbra, 2002 (=*Arrendamento urbano*[6]), p. 683 e ss; cf. também PIRES DE LIMA / ANTUNES VARELA, *CCanot*, II[4], pp. 725-726 (onde não é tomada posição sobre o problema) e ainda PINTO FURTADO, *Manual*[3], p. 624 e ss., ponderando que "hoje em dia, com a institucionalização das *sociedades profissionais*, como instrumentos técnicos para a realização mais intensa e aperfeiçoada da profissão liberal dos sócios que as compõem, não faz sentido pretender restringir o exercício da actividade profissional liberal às *pessoas singulares*".

[24] Sobre a questão da indagação de uma ideia trans-mercantil de estabelecimento, em termos de abranger, entre outros, o terreno das profissões liberais, pode ver-se, desde logo, ORLANDO DE CARVALHO, *Critério e estrutura*, p. 96 e ss.. O autor acentua (*op. cit.*, p. 113 e ss.) que o estudo dessas "formas" parte necessariamente do estudo do estabelecimento comercial considerado como "paradigma" ou como "aguilhão" da ideia ampla de empresa. O tema é mais recentemente retomado por COUTINHO DE ABREU, *Da empresarialidade*, p. 98 e ss..

IV. Com o RAU, na sua redacção inicial, anterior ao DL 257/95, o art. 118/1 reproduz a redacção do art. 1120/1 CC, o mesmo acontecendo mais tarde, após a reordenação operada por aquele diploma de 95, com o actual art. 122/1.

Considerado o art. 122/1 em si, desligado das polémicas provocadas pela remissão do art. 121 para os arts. 110 a 120 do RAU, a doutrina e jurisprudência continuam, na senda do art. 1120/1 CC, a não colocar obstáculos à plena aplicação do art. 122/1, no sentido em que – exceptuadas as dúvidas, atrás referidas, sobre o conceito de "pessoas" – não diferenciam, para efeitos do concreto regime de dispensa de autorização do senhorio, entre os arrendamentos para exercício "pesado" de profissão liberal, em que o exercício da profissão coenvolve a criação de um estabelecimento, dos arrendamentos para exercício mais "leve" de profissão liberal, em que o profissional liberal desenvolve a sua profissão sem a "artilharia pesada" de um estabelecimento[25]. Para qualquer dos casos, continua a valer o seguinte comentário de Mário Frota[26], feito no âmbito temporal de aplicação do art. 1120/1 CC: "O fio condutor entre a posição do cedente e a do cessionário é a de que no prédio arrendado se continue a exercer a mesma profissão. Não se impõe, como se afigura curial, que a transferência dos utensílios ou outros elementos que integram o consultório, o escritório, o gabinete, as salas que constituem objecto do arrendamento, se processe".

Na realidade, quer face ao primitivo art. 118/1 RAU, quer face ao actual art. 122/1 RAU, podemos dizer que o único requisito[27] para que seja dispensada a autorização do senhorio na cessão da posição do arrendatário para exercício de profissão liberal é que o cessionário continue a exercer a mesma profissão no local arrendado[28]. Este requisito sobrevive incólume

---

[25] Cf., os nossos *Arrendamentos comerciais*[2], p. 195; cf. também Pires de Lima / Antunes Varela, *CCanot..*, II[4], p. 724, Pais de Sousa, *Anotações*[6], pp. 346-347 e Aragão Seia, *Arrendamento urbano*[6], p. 684 e ss..

[26] *Arrendamento urbano*, p. 525.

[27] Enquanto requisito é, ontologicamente, um falso requisito. Se o requisito é estruturalmente prévio ou, pelo menos, coevo ao acto, e se, como parece claro, o "continuar a exercer a mesma profissão" é necessariamente posterior, estamos perante uma técnica singular, algo próxima da condição, mas sem que se lhe aplique o regime respectivo: a consequência da não continuação do exercício da mesma profissão está na possível resolução do contrato que não na lógica da condição, seja ela suspensiva ou resolutiva.

[28] Não já como requisito mas claramente como obrigação subsequente, há que referir a obrigação de comunicação; cf. Pires de Lima / Antunes Varela, *CCanot.*, II[4], p. 726 e os nossos *Arrendamentos comerciais*[2], pp. 195-196.

sucessivamente desde o art. 64/1 L. 2030, resistindo às perturbações causadas, a outro nível, pelas redacções, primeiro do art. 117 (anterior ao DL 257/95) e depois do art. 121 (posterior ao DL 257/95), ambos do RAU.

A nível de construção jurídica, tem sido entendido que o regime do art. 122/1 configura um caso de cessão forçada da posição contratual[29], ao arrepio do regime geral do art. 424/1 CC, excepção essa justificada à luz de uma ponderação-valoração feita pelo legislador dos não coincidentes interesses do senhorio e do arrendatário.

É duvidoso que essa ponderação, *rectius*, o resultado global dessa ponderação se apresente como equilibrada no que tange à consideração da posição do locador[30]. Contudo, no que respeita à estrita questão da modificação subjectiva da titularidade do arrendamento, as posições divergentes situam-se mais a nível de sugestões *de jure condendo* do que de posições dissonantes *de jure condito*[31].

3. O direito do senhorio consagrado no art. 116 RAU

I. O direito de preferência que o art. 116/1 RAU atribui ao senhorio no caso de trespasse para venda ou dação em cumprimento do estabelecimento comercial tem como antecedente inspirador[32] o § único do art. 9 da

---

[29] Cf., por todos, GALVÃO TELLES, *Manual dos contratos em geral*, 3ª ed., Lisboa, 1965 (=*Manual dos contratos em geral*³), p. 369, MOTA PINTO, *Cessão da posição contratual*, Atlântida, Coimbra, 1970 (=*Cessão da posição contratual*), p. 81, RUI ALARCÃO, *Sobre a transferência da posição do arrendatário*, p. 38 e ss. e, mais recentemente, ALMEIDA COSTA, *Obrigações*, 8ª ed., Almedina, Coimbra, 2000, pp. 214 e 765.

[30] Referimo-nos basicamente à questão da garantia do pagamento das rendas. Feita a opção legislativa pela imposição ao senhorio da mudança de locatário, impunha-se uma "contrapartida" ao senhorio, traduzida, v.g. na garantia pelo cedente do pagamento das rendas pelo cessionário. Esse regime, que era estabelecido pelo § 4 do art. 33 do Dec. de 11/12/1910, foi abandonado pelo Dec. 5411; cf., v. g. GALVÃO TELLES, *Arrendamento*, pp. 229-230. É certo que o regime do art. 116 tempera agora essa deficiência, mas não a anula, já que o senhorio pode não ter dinheiro para preferir e ter, ademais, a desdita de a um arrendatário solvente e cumpridor lhe surgir um cessionário relapso. Relacionada com esta problemática está a questão do destino da fiança do trespassante, a que nos reportamos na nossa *Assunção fidejussória de dívida*, Almedina, Coimbra, 2000, pp. 789-790, n. 171.

[31] Assim v.g. PINTO FURTADO, *Manual*³, p. 677, alvitrando outras soluções que, no seu entender, não requereriam muita imaginação a um "legislador mais familiarizado com o tema".

[32] É o que se deduz, designadamente, de MENEZES CORDEIRO / CASTRO FRAGA, *Novo regime*, p. 153: "O direito de preferência do senhorio, no caso de trespasse, teve já uma

L. 1662, de 4 de Setembro de 1924, de acordo com o qual "o senhorio terá sempre o direito de opção nos termos da legislação geral".

Explicam PINTO DE MESQUITA / POLÓNIO DE SAMPAIO[33] que a L. 1662 quis estabelecer para os arrendamentos comerciais um recíproco regime de preferência a favor do senhorio e do inquilino: o § único do artigo 9 seria, assim, a "contrapartida" do direito de preferência de que, nos termos do art. 11, gozava "o principal locatário, comercial ou industrial, de prédio urbano", no caso de venda do mesmo prédio pelo senhorio. O § único do art. 9 L. 1662 manteve-se em vigor com a L. 2030 que, no entanto, optou por regular, no seu art. 66[34], a matéria do art. 11 L. 1662.

A circunstância de a L 2030 ter operado a "cisão" entre a cessão do direito ao arrendamento comercial ou industrial (art. 64/2) e a cessão do direito ao arrendamento de prédios destinados ao exercício de profissões liberais (art. 64/1) – antes global e unitariamente abrangidos pelo art. 55 Dec. 5411, de 17 de Abril de 1919[35] – não era impeditiva da consideração do § único do art. 9 como subsistente também em relação aos arrendamentos para exercício de profissão liberal. Assim não aconteceu efectivamente. Numa decisão que prima por uma acentuada rigidez formal, o Ac. STJ de 14.06.57[36], desconsiderando o facto de o § único art. 9 L. 1662 ter, no seu âmbito de aplicação, aquando da publicação do diploma, tanto os arrendamentos para comércio quanto os arrendamentos (então tidos como industriais) para exercício de profissão liberal, apenas olhou – cegamente, passe o paradoxo – ao estado da legislação aquando da elaboração do

---

certa tradição no espaço jurídico português"; cfr. também PIRES DE LIMA / ANTUNES VARELA, *CCanot.*, II[4], p. 714, que, no entanto, qualificam de "peregrina" a ideia de ressurreição, em 1990, do direito de preferência consagrado no diploma de 1924.

[33] *Legislação sobre arrendamentos*, pp. 94 e 133; cfr. também GALVÃO TELLES, *Arrendamento*, p. 231, n. 1 e PINTO LOUREIRO, *Tratado da locação*, III, Coimbra Ed., Coimbra, 1947, p. 215 e ss..

[34] Uma das preocupações do art. 66 – para além da hierarquização das preferências – foi deixar vincado que o direito de preferência do arrendatário para comércio tinha também lugar no caso de dação em pagamento; cfr. ANTUNES VARELA / DIAS DA FONSECA, *Inquilinato*, pp. 87-88 e DIOGO CORREIA, *A nova lei*, p. 45.

[35] Cfr. os nossos *Arrendamentos comerciais*[2], p. 160 e ss..

[36] BMJ 68, p. 581 e ss.. A solução do Ac. só se compreenderia à luz da posição que, segundo dão nota PINTO DE MESQUITA / POLÓNIO DE SAMPAIO, *Legislação sobre arrendamentos*, p. 77, foi defendida por CUNHA GONÇALVES: a da revogação da L. 1662 pelo Dec. n.º 14.630, de 28.11.27, posição essa que não só não terá tido outros defensores como era contrariada v. g. pelo próprio art. 68 L. 2030, que, ao revogar determinados §§ do art. 5 L. 1662, dava a entender, de forma clara, a vigência do diploma nas partes não prejudicadas pelo novo regime.

aresto: se o § único art. 9 se reporta aos arrendamentos para comércio e indústria e os arrendamentos para exercício de profissão liberal estão autonomizados no art. 64/1 L. 2030, então – concluiu logico-formalmente o Ac. – aquele § único não pode ter aplicação a estes últimos[37].

II. Considerando o seu âmbito natural e directo de aplicação – o dos arrendamentos para comércio ou indústria – o art. 116 RAU tem, conforme já assinalámos noutro local [38], e quando cotejado com o regime do § único do art. 9 da L. 1662, uma diferença no que concerne à previsão das situações em que o direito de preferência tem lugar: enquanto que no diploma de 1924 o direito de preferência acontece genericamente no caso de trespasse de estabelecimento comercial ou industrial, no diploma de 1990 o direito de preferência apenas tem lugar "no trespasse por venda ou dação em cumprimento do estabelecimento comercial".

Embora tal diferença seja importante em sede de teoria de trespasse e de estabelecimento, ela tem, na prática, pouco relevo, já que, por um lado, os trespasses a que se referia o art. 9 L. 1662 eram naturalmente onerosos e, por outro, se retirarmos ao universo de trespasses de estabelecimentos os casos de venda e dação em pagamento, ficamos reduzidos a pouco[39].

---

[37] O Ac. mostra-se tanto mais criticável quanto é certo que era então conhecido o "bom exemplo" da RLJ 84, p. 6 e ss., que não deixou de considerar aplicável o art. 58 Dec. 5.411 (que previa, nos arrendamentos comerciais e industriais, a transmissão para o herdeiro do direito ao arrendamento em caso de morte do arrendatário) aos arrendamentos para exercício de profissão liberal, apesar da autonomização feita pela L. 2030. Lê-se, a pp. 14: "Um advogado cede a outro advogado o direito ao arrendamento do local em que tem instalado o seu escritório; não traspassa o escritório porque a cessão não abrange os livros, a instalação, o mobiliário do escritório, é unicamente restrita ao arrendamento; apesar disso, a cessão é válida, sem necessidade de autorização do senhorio. O que não pode fazer o arrendatário comercial ou industrial pode fazê-lo o arrendatário que exerça profissão liberal. Quer dizer, no tocante à cessão, a lei protegeu mais fortemente este arrendamento do que aquele. Seria chocante e estaria em contraste flagrante com esta atitude que, relativamente à transmissão por morte, o arrendatário do local destinado a exercício de profissão liberal não gozasse, pelo menos, da protecção concedida ao arrendatário comercial ou industrial".

[38] *Arrendamentos comerciais*[2], p. 177; cfr. também, entre outros, PIRES DE LIMA / / ANTUNES VARELA *CCanot*., II[4], pp. 713-714.

[39] Diz MENEZES CORDEIRO, *Direito comercial*, I, p. 246, que "o trespasse pode operar por via de qualquer contrato, típico ou atípico, que assuma eficácia transmissiva: compra e venda, dação em pagamento, sociedade, doação ou outras figuras diversas". Sobre a compatibilidade do "trespasse" com a negociação não onerosa do estabelecimento,

De qualquer modo, o relevo que tem vindo a ser dado por parte da doutrina e jurisprudência à letra da remissão operada pelo art. 117 RAU e, agora, após o DL 257/95, pelo art. 121 RAU, para disposições do capítulo relativo aos arrendamentos para comércio ou indústria, impõe que, ao menos, se equacione se não haverá uma outra diferença de âmbito entre o regime de 1924 e o regime de 1990: o do *trespasse de estabelecimentos industriais*.

Na verdade, diversamente do que acontecia com o art. 9 da L. 1662 que se referia aos "trespasses de estabelecimentos comerciais ou industriais", o art. 116/1 RAU refere-se apenas ao "trespasse (...) do estabelecimento comercial", legitimando a dúvida sobre se o regime do art. 116 também tem lugar no caso em que o estabelecimento trespassando seja *industrial* e não comercial. A dúvida está longe de ser bizantina ou ilegítima, já que a equiparação entre comercial e industrial – quer no que concerne à *actividade* quer no que tange ao *estabelecimento* – é uma constante, conforme se pode confirmar no título do cap. III do RAU, no art. 110, no art. 111/1, na epígrafe do art. 115, no art. 115/1, no art. 115/2, al. b), no art. 117/1, no art. 117/2, no art. 118/1 (implicitamente), no art. 119 ou no art. 120 (implicitamente).

Parece-nos, contudo, que só uma postura exegético-positivista[40] excluiria o trespasse de estabelecimento industrial do âmbito de aplicação do art. 116 onde, no nosso entender, o legislador *minus dixit quam voluit*[41]. Não encontramos, na verdade, nenhuma razão que aponte no sentido da

---

cf. também ORLANDO DE CARVALHO, *Critério e estrutura*, p. 589 e ss., SANTOS JÚNIOR, *Sobre o trespasse e a cessão da exploração do estabelecimento comercial*, in "As operações comerciais", Almedina, Coimbra, 1988, p. 437, PINTO FURTADO, *Manual*[3], p. 556 e ss. e PUPO CORREIA, *Direito comercial*, 7ª ed., Ediforum, Lisboa, 2001 (=*Direito comercial*[7]), p. 272.

[40] A crítica às posturas positivistas é praticamente uma constante na ciência jurídica actual; cf., v. g., CANARIS, *Pensamento sistemático e conceito de sistema na ciência do Direito*, FCG, Lisboa, 1989, p. 28 e ss., LARENZ, *Metodologia da ciência do Direito*, 2ªed., FCG, 1989, p. 97 e ss., MENEZES CORDEIRO, *Introdução à edição portuguesa de "Pensamento sistemático e conceito de sistema na ciência do Direito"*, FCG, Lisboa, 1989, p. IX e ss., OLIVEIRA ASCENSÃO, *Introdução e teoria geral*, 11ª ed., Almedina, Coimbra, 2001 (=*Introdução*[11]), pp. 172 e 384, e FERNANDO BRONZE, *A metodonomologia entre a semelhança e a diferença*, Universidade de Coimbra, Coimbra Editora, Coimbra, 1994, p. 319 e ss..

[41] Em geral, sobre a interpretação extensiva, pode ver-se, por todos, GALVÃO TELLES, *Introdução ao estudo do Direito*, I, 11ª ed., Coimbra Ed., Coimbra, 1999, p. 409 e ss. e OLIVEIRA ASCENSÃO, *O Direito*[11], p. 409 e ss.; cf. também LARENZ / CANARIS, *Methodenlehre der Rechtswissenschaft*, 3ª ed., Springer, Berlin, 1995, p. 216 e ss..

"cisão", no âmbito específico do art. 116/1, em termos de o mesmo só abranger os estabelecimentos comerciais, deixando de fora os industriais, quando todo o demais regime está estruturado numa base de equivalência, entre o "comercial" e o "industrial"; ou, por outro prisma, não encontramos razões para concluir que o legislador ponderou – pesou – a hipótese mais vasta dos estabelecimentos comerciais e industriais e optou pela solução mais restrita dos estabelecimentos comerciais[42].

III. Conforme também prontamente se destacou[43], o direito de preferência do art. 116 RAU não tem lugar no caso de o trespasse do estabelecimento não englobar a transmissão da posição de arrendatário, ou porque o trespassante decidiu encetar no local outro ramo de negócio[44] ou porque decidiu simplesmente interromper a actividade[45] ou mesmo porque continuou a mesma actividade mas com formação de um novo estabelecimento[46].

Conforme também se vincou noutro local[47], o direito de preferência do senhorio é independente da relevância do direito ao arrendamento enquanto elemento do estabelecimento, no confronto com os demais elementos. Assim, mesmo que o direito ao arrendamento não seja, em con-

---

[42] Sobre a necessidade de o intérprete dever procurar surpreender os juízos de valor legais, cf., por todos, OLIVEIRA ASCENSÃO, O Direito[11], p. 410.

[43] Arrendamentos comerciais[2], p. 179. Para uma análise das situações de trespasse sem transmissão do arrendamento, cf., por todos, RUI DE ALARCÃO, Sobre a transferência da posição do arrendatário, p. 43 e ss..

[44] Na medida em que o contrato de arrendamento o permita. De qualquer modo, ainda que assim não seja, tal circunstância não prejudica a opção do arrendatário que, assim, se sujeita às consequências da aplicação do locado a fim diverso do permitido ou autorizado; cfr. os nossos Arrendamentos comerciais[2], p. 223 e ss., PAIS DE SOUSA, Anotações[6], p. 198 e ss. e ARAGÃO SEIA, Arrendamento urbano[6], p. 399 e ss..

[45] A circunstância do art. 64/1, al. h) não o impede de fazer essa opção, sujeitando-se ao risco inerente; cf., sobre a al. h) do art. 64/1 RAU, os nossos Arrendamentos comerciais[2], p. 236 e ss. e PINTO FURTADO, Manual[3], p. 819 e ss..

[46] O problema, neste caso, será o da eventual responsabilização do trespassário pelo trespassante, por violação de um dever de não concorrência; cf. MENEZES CORDEIRO, Direito comercial, I, pp. 249-250 e NOGUEIRA SERENS, Trespasse de estabelecimento comercial, in CJ/STJ IX (2001), t. II, passim.

[47] Arrendamentos comerciais[2], p. 179. Sobre a questão dos elementos essenciais do estabelecimento, com referência ao "âmbito de entrega", cf., por todos, ORLANDO DE CARVALHO, Critério e estrutura, p. 476 e ss., RUI DE ALARCÃO, Sobre a transferência da posição do arrendatário, p. 34 e ss. e, mais recentemente, COUTINHO DE ABREU, Da empresarialidade, pp. 52 e ss. e 330-331 e MENEZES CORDEIRO, Direito comercial, I, pp. 247-248.

creto, um elemento essencial do estabelecimento trespassando, o senhorio tem direito de preferência se a posição de arrendatário fizer parte dos elementos a englobar na transmissão.

IV. O direito de preferência consagrado no art. 116 RAU tem dado azo – mesmo quando circunscrito ao seu âmbito directo de aplicação, o dos arrendamentos para comércio ou indústria – a interessantes polémicas, algumas das quais se centram na questão de saber se o direito em causa obedece ao "paradigma" dos direitos legais de preferência ou se, ao invés, não será um direito de preferência impróprio, cuja verdadeira natureza é, então, mister encontrar.

De forma expressa ou não, a "prova dos nove" lançada fundamentalmente pela jurisprudência[48], tem sido a questão de saber se o senhorio tem de estar legitimado – licenciado – para exercer o ramo de negócio em causa e ainda se o vai efectivamente exercer, conforme o "deveria" fazer o trespassário inicialmente proposto, face ao disposto no art. 115/2 RAU[49].

A primeira dúvida só tem efectivo sentido nos casos em que o exercício de actividade em causa esteja dependente de requisitos específicos que o senhorio não esteja em condições de, em tempo razoável, conseguir, como é, certamente, o caso das farmácias[50]. Diversamente do que acon-

---

[48] Cf., adiante, ponto 4.

[49] Face ao que dispõe o art. 115/2; Cf., v. g., PEREIRA COELHO, *Arrendamento*, p. 213 e ss., PINTO FURTADO, *Manual*³, p. 566 e ss., REMÉDIO MARQUES, *Direito comercial*, Reproset, Coimbra, 1995 (=*Direito comercial*), p. 518 e ss.; cf. também os nossos *Arrendamentos comerciais*², p. 170 e ss..

[50] O caso específico das farmácias tem dividido a doutrina e a jurisprudência. Na jurisprudência, é maioritário o entendimento contrário ao direito de preferência do senhorio não farmacêutico; assim Acs. STJ 27.09.94 (BMJ 439, p. 600 e ss.), STJ 15.06.1994 (CJ/STJ, ano II (1994), t. II, p. 146 e ss. = BMJ 438, p. 491 e ss.), RP 30.05.1994 (CJ, XIX, 1994, t. III, p. 227). Na doutrina, MÁRIO FROTA, em comentário ao Ac. RP 30.05.1994, considera (RPDC, 1995, 1, p. 107) que "sempre que, à luz da Lei n.º 2125, de 20 de Março de 1965, e do Decreto-Lei n.º 48.547, de 27 de Agosto de 1968, se opere qualquer trespasse de farmácia de oficina (ou comunitária, na formulação mais recente), o direito conferido ao locador no artigo 116 do Regime do Arrendamento Urbano cede perante o rigor da Lei da Propriedade da Farmácia que não consente, a não ser transitoriamente e em caso de sucessão *mortis causa*, que a titularidade compita a não farmacêutico". E ainda: "Desde que obviamente o locador não seja farmacêutico, não poderá, em caso de trespasse, fazer valer o direito de preferência que ali em abstracto se lhe reconhece". No mesmo sentido, pode ver-se LUÍS M. MONTEIRO, *Direitos e obrigações legais de preferência*, p. 76., Em sentido contrário, pode ver-se PINTO FURTADO, *Manual*³, p. 643, que considera viciada a argumentação do STJ no Ac. 15.06.94: "Revertendo ao fundo da questão, é, na nossa pers-

tece neste caso específico, ninguém contestará, de per si, a "capacidade" de qualquer cidadão medianamente capaz ser, a um tempo, proprietário e explorador de uma livraria, de uma pastelaria, de um snack-bar, de um talho, etc., por si ou por interposta pessoa. Daí que, como requisito específico, o mesmo não tenha consistência.

Mais difícil é o problema da necessidade de o senhorio passar efectivamente a exercer aquele ramo de actividade. É uma exigência – formulada por imposição indirecta do art. 115/2 RAU – que suscita perplexidades que saltam a esta simples pergunta: o que acontece se o senhorio, afirmando, embora, o seu propósito firme de exercer aquele ramo de comércio, muda de ramo no mês seguinte; ou então se, pura e simplesmente, liquida o estabelecimento trespassado para construir outro, ou para arrendar o espaço etc. Qual a reacção possível – que seja merecedora de tutela – do ex-arrendatário, afastado que está, por razões lógicas, que o mesmo possa ter o poder potestativo de se "realcandorar" à posição de arrendatário-trespassante, de que livremente abriu mão?

Poderá o ex-arrendatário desfazer o negócio, considerando-se – um pouco à semelhança do regime do art. 115/2 RAU – não ter havido trespasse ? É uma consequência que não tem sentido, já que o ex-inquilino obteve do ex-senhorio exactamente o *quantum* que pretendia obter do terceiro, único aspecto que lhe interessa verdadeiramente – único merecedor de tutela.

Podemos, assim, dizer – no que estamos inteiramente de acordo com ANTUNES VARELA[51] – que, para o efeito, é indiferente que o senhorio pretenda continuar no imóvel a exploração do mesmo estabelecimento. Esta

---

pectiva, incontestável que o raciocínio adoptado pelo Supremo enferma de um salto lógico intransponível: da proibição legal de concessão de *alvará* de exploração de farmácia a quem não é *farmacêutico* (Base II-1 da Lei n.º 2.125, de 20.3.1965) e de celebração de "contratos de transferência e de cessão de exploração" (Base IX-2) saltou para o exercício do *direito de preferência*". Com interesse para o tema, pode ver-se também ARAGÃO SEIA, *Arrendamento urbano*[6], p. 670 e ss..

A questão da constitucionalidade do princípio da indivisibilidade da propriedade e da gerência técnica da farmácia foi já objecto de atenção pelo TC: cf., v.g., ABEL MESQUITA, *Regime jurídico do exercício farmacêutico da farmácia e do medicamento*, 1993, p. 125 e ss. (onde é transcrito o Ac. TC 76/85, de 6 de Maio.) Na doutrina, sobre o problema, pode ver-se JORGE MIRANDA, *Propriedade e Constituição (a propósito da lei da propriedade da farmácia)*, in O Direito, 106-119 (1974/87), p. 75 e ss. e H. MARTINS DE CARVALHO, *Ainda a propósito da propriedade da farmácia*, in "O Direito", 120 (1988), p. 295 e ss..

[51] RLJ 130, p. 341.

conclusão é reforçada pela constatação de que não encontramos na posição de proprietário – qualidade que normalmente tem o senhorio[52] – ou, mais rigorosamente, na posição de senhorio, nenhuma qualidade ou especificidade que aponte no sentido de o direito de preferência ter outra direcção que não a de possibilitar a recuperação do imóvel: ter outro fim que não o de possibilitar o resgate do mesmo.

Na verdade, sempre que a lei concede um direito de preferência fá-lo em atenção a uma determinada qualidade do titular do direito ou em função de um determinado interesse ou valor considerado pelo sistema como digno de tutela. Vejamos, a título ilustrativo, alguns exemplos:

a) O arrendatário goza de direito de preferência na compra e venda ou doação do local arrendado há mais de um ano, conforme resulta do art. 47/1. A razão de ser do preceito é clara: o legislador presume que o contacto e a familiaridade do arrendatário com o local tomado de arrendamento, independentemente do seu fim – mas com mais relevo nos arrendamentos para habitação e para comércio, indústria e exercício de profissão liberal – quando feito por mais de uma ano, lhe cria raízes no lugar, o que legitima que, querendo o senhorio vendê-lo ou dá-lo em cumprimento a terceiro, pesando a posição do terceiro com a do arrendatário, esta lhe mereça protecção, na medida em que, através do exercício da preferência se torna proprietário do local que já ocupa, deixando as vestes, mais precárias, de arrendatário. Compreende-se, a esta luz, que os arrendatários de arrendamentos de duração limitada não gozem de direito de preferência (art. 99/2), uma vez que, pelo seu próprio regime, tais arrendamentos caracterizam-se, precisamente, por o senhorio poder, através de denúncia, pôr licitamente fim ao gozo do locado para o fim do prazo ou sua prorrogação, o que constitui uma relevante diferença, em termos de ligação do arrendatário ao locado, face aos arrendamentos sujeitos ao regime comum.

b) Outro caso de direito de preferência na venda ou dação em cumprimento é o estabelecido a favor do titular de direito a novo arrendamento (art. 97). Trata-se de alguém que, não logrando, embora, ser beneficiário da transmissão *mortis-causa*, vive no locado, onde terá criado raízes e estabilidade, legitimadoras, aos olhos da lei, desse direito[53]. Se a

---

[52] Contudo, como é sabido, a legitimidade para dar de arrendamento não está circunscrita ao proprietário do prédio; cf. v.g. GALVÃO TELLES, *Arrendamento*, p. 115 e ss., PEREIRA COELHO, *Arrendamento*, p. 100 e ss., PINTO FURTADO, *Manual*³, p. 320 e ss. e a nossa *Constituição da relação de arrendamento urbano*, Almedina, Coimbra, 1980, p. 273 e ss.

[53] Conforme destacámos nos nossos *Arrendamentos para habitação*, 2ª ed., Alme-

causa paralizadora do novo arrendamento for a al. a) do art. 93 – ou seja, o senhorio pretender vender o prédio ou a fracção arrendada –, compreende-se que o titular do direito a novo arrendamento beneficie de um direito de preferência (art. 97/1) na aquisição[54].

c) O art. 1380/1 CC atribui aos proprietários de terrenos confinantes de área inferior à unidade de cultura, direitos de preferência recíprocos na venda ou dação em cumprimento de qualquer dos prédios a quem não seja proprietário confinante. A *ratio* do regime é assim explicada por GALVÃO TELLES[55]: "O direito de preferência baseado na confinância de prédios integra-se num conjunto de providências legais tendentes a combater a excessiva pulverização da propriedade rústica, que oferece inconvenientes de ordem económica, pela menor produtividade dos prédios quando estes se reduzem a proporções muito limitadas".

d) De acordo com o art. 1409/1 CC, o comproprietário goza do direito de preferência no caso de venda ou dação em cumprimento a estranhos da quota de qualquer dos seus consortes. A doutrina tem sido clara na identificação da *ratio* deste direito de preferência, que é, assim, resumida por PIRES DE LIMA / ANTUNES VARELA[56]: "a) fomentar a propriedade plena, que facilita a exploração mais equilibrada e mais pacífica dos bens; b) não sendo possível alcançar a propriedade exclusiva, diminuir o número dos consortes; c) impedir o ingresso, na contitularidade do direito de pessoas com quem os consortes, por qualquer razão, o não queiram exercer".

e) O art. 1555/1 CC atribui ao proprietário de prédio onerado com servidão legal de passagem direito de preferência no caso de venda ou dação em cumprimento do prédio dominante. A *ratio* é, mais uma vez

---

dina, Coimbra, 1996, (= *Arrendamentos para habitação*²), p. 205, não basta a formal inserção na previsão das alíneas a) ou b) do art. 90: é ainda necessário que o titular do direito tenha pretendido exercer o direito a novo arrendamento e que tal tenha sido obstado pela invocação da excepção da al. a) do art. 93.

[54] Cf. também PIRES DE LIMA / ANTUNES VARELA, *CCanot.*, II⁴, p. 680, para quem a preferência do titular do direito a novo arrendamento é "uma preferência *muito especial*, que representa apenas uma espécie de *prémio de consolação* pela *recusa* do senhorio à celebração do novo arrendamento".

[55] *Anotação ao Assento STJ de 18.03.86*, in O Direito 106-119 (1974/87), p. 353. No mesmo sentido, cf. v. g. PIRES DE LIMA / ANTUNES VARELA, *Código civil anotado*, III, 2ª ed., Coimbra Ed., Coimbra, 1987 (=*CCanot.*, III²), p. 271.

[56] *CCanot.*, III², p. 367. Cf. também HENRIQUE MESQUITA, *Direitos reais*, Coimbra, 1967, p. 230, n. 386 e CARVALHO FERNANDES, *Lições de direitos reais*, 3ª ed., Quid Juris, Lisboa, 1999, p. 341.

clara e lógica, sendo explicada por MENEZES CORDEIRO[57] com a preocupação em "evitar a proliferação das servidões legais de passagem"; ou, como observou PIRES DE LIMA[58], com o fim de libertar a propriedade de encargos excepcionais.

Em todo estes casos há uma *ratio* específica justificativa da medida excepcional [59] que é a atribuição de um direito de preferência.

Ora, no caso do art. 116 RAU, a *ratio* só pode ser a estreitamente conexionada ou associada à posição de senhorio que, no quadro da actual legislação locatícia, surge, objectivamente, como espartilhada, designadamente por ter de suportar a cessão da posição contratual do arrendatário (arts. 115/1 e 122/1), por não poder denunciar livremente o contrato para o fim do prazo (art. 68/2) – libertando o prédio para o mercado do arrendamento ou da venda desonerada – e não poder actualizar a renda de acordo com as regras do mercado para os novos arrendamentos (art. 30). Ou seja, o direito de preferência do art 116 RAU só pode estar relacionado com o *prédio*, único interesse relevante do senhorio, e não – pelo menos tipicamente – com a continuação da exploração do arrendatário-trespassante.

Funcionalmente, o direito de preferência do senhorio surge, assim, como um direito cujo exercício permite ao senhorio o resgate do imóvel, "prisioneiro" do regime do arrendamento[60]. Secundaria ou então cumulativamente, tem sido apontada uma outra *ratio*: o combate às fraudes e injustiças a que o trespasse do estabelecimento pode dar lugar[61]. É um

---

[57] *Direitos reais*, Lex, Lisboa, 1979, p. 732. Noutro estudo (*Servidão legal de passagem e direito de preferência*, in ROA, ano 50, III, 1990 (=*Servidão legal de passagem*), p. 543) o autor, após análise da evolução geral do problema dos encraves e das servidões legais de passagem, conclui ser claro "que o problema dos encraves e dos direitos de passagem dele emergentes, seja qual for a forma técnica que assumam, dá lugar a limitações sérias ao direito de propriedade".

[58] Cf. PIRES DE LIMA / ANTUNES VARELA, *CCanot.*, III², p. 647. Os autores realçam também o aspecto da "compensação pelo encargo" a que está sujeito o proprietário serviente.

[59] Acentuando o carácter excepcional das preferências legais, cf. MENEZES CORDEIRO, *Servidão legal de passagem*, p. 556. Observa, criticamente, OLIVEIRA ASCENSÃO, *Subarrendamento e direitos de preferência*, p. 58, que Portugal deterá o recorde mundial das preferências.

[60] Assim MENEZES CORDEIRO / CASTRO FRAGA, *Novo regime*, p. 152.

[61] Cf. MENEZES CORDEIRO / CASTRO FRAGA, *Novo regime*, p. 152 e ANTUNES VARELA, RLJ 130, p. 342; cf. também, recentemente, mas com uma posição final aparentemente não coincidente com a da primeira obra assinalada, MENEZES CORDEIRO, *Direito comercial*, I, p. 249.

objectivo que, de forma directa, não beneficia o senhorio, já que a indicação de preços inferiores aos valores de negociação, situação a que se pretendeu reagir, tinha fundamentalmente em vista – num quadro de ausência de direito de preferência do senhorio – iludir o Fisco.

A atribuição ao senhorio de um direito de resgate na veste de direito de preferência aparece, assim, como uma solução lógica e até justa[62], correspondendo, de resto, à "directriz" da lei de autorização legislativa[63]. Por outro lado, é a solução que melhor contrabalança, conforme fora já entendido no domínio dos arts. 9 (§ único) e 11 L. 1662, a atribuição ao arrendatário de um direito de preferência na venda ou dação em cumprimento do locado.

V. Questão importante é a de saber se o direito de preferência deve ser atribuído ao senhorio, como a letra inculca, ou se, ao invés, o texto da lei deverá ser interpretado restritivamente em termos de abranger apenas o senhorio proprietário.

Se o art. 116 puder e dever ser interpretado restritivamente no sentido de só contemplar, como titular do direito de preferência, o senhorio proprietário, o usufrutuário que tenha dado de arrendamento não goza de direito de preferência, o mesmo acontecendo com o arrendatário num caso de sub-arrendamento.

Não encontramos na razão de ser do preceito fundamento para o restringir ao proprietário. Parecendo-nos, embora, seguro que o legislador teve em mente o caso mais comum – o do senhorio-proprietário – não vemos razão para limitar o âmbito de aplicação do preceito.

Também o usufrutuário-senhorio e o locatário-locador gozam de direito de preferência, podendo, assim, obter a "libertação" do local que, no segundo caso, continuará arrendado mas só no âmbito do arrendamento principal.

---

[62] Questão diferente é a de saber se não haveria melhores medidas de tutela do senhorio, designadamente do senhorio pobre que não pode acompanhar a "oferta" de terceiros, estando impedido de resgatar o prédio. Apontando soluções alternativas, cf. PINTO FURTADO, *Manual*³, p. 677.

[63] Referimo-nos à al. j) do art. 2.º da L. n.º 42/90, de 10.08, que indicou como directriz o "aperfeiçoamento das regras aplicáveis aos trespasses de estabelecimentos comerciais, de modo a contemplar os diversos interesses em presença"; cf. o relevo dado pelo Ac. TC n.º 421/99, de 30.06, a esta alínea (BMJ 488, p. 156).

4. O âmbito da remissão do art. 121 RAU

I. Conforme já se observou *supra*[64], o actual art. 121 RAU apresenta, a olho nu, uma diferença relevante face ao art. 1119 CC: enquanto que este normativo se preocupava em estabelecer uma remissão selectiva, o art. 121 RAU manda aplicar aos arrendamentos em causa o disposto nos arts. 110 a 120 RAU, ou seja, nem mais nem menos do que todos os dispositivos do capítulo respeitante aos arrendamentos para comércio ou indústria.

A genérica remissão operada pela redacção introduzida pelo DL 257/95, de 30 de Setembro – que não foi "comandada" pela L. 21/95, de 18 de Julho[65], nem é explicada pelo preâmbulo do DL 257/95[66] – terá visado vincar a recepção do regime dos arrendamentos comerciais, com destaque para as reformas de 1995, no regime dos arrendamentos para exercício de profissões liberais, recepção essa que, atenta, desde logo, a autonomização sistemática, não pode deixar de ser entendida com a natural e lógica ressalva das "necessárias adaptações"

A redacção inicial do RAU[67] era, aparentemente, mais criteriosa, na medida em que mantinha basicamente a estrutura remissiva do art. 1119 CC, acrescentando, porém, a matéria dos arts. 115 e 116 RAU. Importará, porém, apurar se a ampla remissão do art. 121 para os arts. 110 a 120 tem, para além do caso especial do art. 116, algum significado inovatório face ao regime anterior.

II. Entre os dispositivos objecto de remissão pelo art. 121 está, desde logo, o art. 110, que dá a noção de arrendamento para comércio ou indústria.

---

[64] Cf. pontos 1/II e 3/II.

[65] É certo que esta lei se refere aos arrendamentos para exercício de profissões liberais nas alíneas a), b) e c) do art. 2.º, mas nenhuma delas explica os novos termos da remissão. Se quisermos encontrar uma base específica de apoio, ela só poderá estar na alínea d), que traçava como sentido e extensão da autorização legislativa, "proceder às adaptações técnico-legislativas necessárias à coerência e à harmonização sistemática da legislação de arrendamento urbano em vigor".

[66] Que, no entanto, se refere aos arrendamentos para exercício de profissões liberais, mas só na medida das reformas introduzidas pelo diploma.

[67] Referimo-nos à redacção após a Rectificação constante do DR n.º 277, de 30.11.90, já que a versão publicada continha, no art. 117, remissão não para os arts. 112 a 116 (conforme seria depois rectificado) mas para os arts. 110 a 116; cf. v.g. PAIS DE SOUSA, *Anotações ao regime do arrendamento urbano (RAU)*, Rei dos Livros, 1990, p. 227 e *Anotações ao regime do arrendamento urbano (RAU)*, Rei dos Livros, 1991, p. 235.

A uma primeira análise, não haveria razão atendível para esta remissão, cuja única explicação estaria num certo desnorte do legislador que, em 1995, reintroduziu remissões que corrigira em 1990. Ainda se poderia descortinar uma pálida razão assente numa determinação indirecta da noção de arrendamento para exercício de profissão liberal. Contudo, é evidente que tal razão não é consistente. Por um lado, a noção de arrendamento para exercício de profissão liberal é demarcada pela positiva[68]. Por outro lado, dentro do âmbito dos arrendamentos urbanos não habitacionais, os arrendamentos para exercício de profissões liberais não são estritamente demarcados pela noção de arrendamentos para comércio ou indústria. Como é sabido [69], a haver um critério residual, ele vale para os arrendamentos não habitacionais que não sejam para comércio, indústria ou exercício de profissão liberal – critério esse que determinará os arrendamentos para outros fins não habitacionais (arts. 3/1 e 123).

A esta estrita luz, a remissão do art. 121 para o art. 110 seria uma infelicidade, que deveria ser paralisada pela leitura racional do mesmo art. 121. Porém, a uma análise mais cuidada, tal remissão não deixa de fazer sentido e, nessa medida, de ser aproveitável, se tivermos em conta, não a referência do art. 110 às "partes de prédios" – já, naturalmente aplicáveis aos arrendamentos para exercício de profissões liberais, por força do art. 1 – mas, antes, a referência aos "prédios rústicos", a qual tem sido objecto de análise prudente por parte da doutrina[70], em sede de arrendamentos para comércio ou indústria. Na verdade, sem deixar de ter presente que as hipóteses de arrendamentos de prédios rústicos para exercício de profissões liberais se apresentam como raras[71], a verdade é que tais arrendamentos se apresentam como possíveis, "salvando-se", assim, a remissão do art. 121 para o art. 110[72].

---

[68] Cf., por todos, PEREIRA COELHO, *Arrendamento*, p. 42 e *Algumas notas*, RLJ 131, p. 369, n. 179.

[69] Cf. v.g. PEREIRA COELHO, *Arrendamento*, p. 42 e PINTO FURTADO, *Manual*³, p. 286 e ss..

[70] Cf., v. g., PEREIRA COELHO, *Algumas notas*, RLJ 125, p. 258 e ss. e CARNEIRO DA FRADA, *O novo regime*, p. 177 e ss..

[71] PEREIRA COELHO, *Algumas notas*, RLJ 125, pp. 258-259, alertando, embora, para as hipóteses "académicas" e "teóricas" de tais arrendamentos, não deixa de dar exemplos: o arrendamento de prédio rústico para dar lições de equitação ou, tendo o prédio uma lagoa, de natação ou canoagem.

[72] Cf. também PINTO FURTADO, *Manual*³, p. 285.

O que não nos parece é que tal remissão introduza um regime novo[73] face ao vigente antes da alteração operada pelo DL 257/95, já que a doutrina, pese embora uma não remissão do então art. 117 para o art. 110, vinha concluindo no sentido da necessidade de distinguir entre os arrendamentos rústicos não rurais nem florestais para comércio, indústria ou exercício de profissões liberais e os arrendamentos rústicos não rurais nem florestais para outro fim, só a estes últimos sendo aplicável o art. 6/1 RAU[74].

III. Dispositivo naturalmente inaplicável aos arrendamentos para exercício de profissões liberais é o art. 115, que já era objecto de remissão na redacção inicial do RAU.

O art. 115 não é aplicável aos arrendamentos para exercício de profissões liberais – conforme o reconhecia o art. 1119 CC, ao não incluir na remissão o art. 1118, também do CC – pela razão, que nos parece decisiva e fundamental, de o próprio capítulo reservado aos arrendamentos para exercício de profissões liberais ter uma disposição paralela àquele art. 115: o art. 122/1[75]. O art. 122/1 dá corpo a uma norma que considera e regula a especificidade dos arrendamentos em causa, estabelecendo um regime específico, paralelo ao do art. 115. Julgamos ter demonstrado[76] que assim é, através da referência histórica ao art. 64 L. 2030.

Escrevem, a propósito, PIRES DE LIMA / ANTUNES VARELA[77] que, graças à conjugação da remissão do art. 121 para o art. 115 com o regime do art. 122/1, "nós temos hoje reconhecida na legislação vigente, na área do arrendamento para o exercício das profissões liberais, a validade da transmissão do arrendamento, sem necessidade de autorização do senhorio, quer a transmissão se faça com o equipamento – máquinas de fotocópias, computadores, aparelhos de medicina e de cirurgia, equipamento de radiografia, câmaras de ecografia, bibliotecas, telefones, etc. –, o pessoal, projectos e anteprojectos de arquitectura ou de engenharia encomen-

---

[73] Não sendo, substancialmente, um regime novo, não se suscita a questão da aplicação do regime do art. 6 DL 257/95, que limita a aplicação do diploma aos arrendamentos celebrados após a sua entrada em vigor; cf. PIRES DE LIMA / ANTUNES VARELA, *CCanot.*, II[4], p. 721, na parte em que consideram que a remissão do art 121 para o art. 110 nada acrescenta de substancialmente novo à disciplina deste.

[74] Cf., por todos, PEREIRA COELHO, *Algumas notas*, RLJ 125, p. 259.

[75] De "soluções gémeas" fala, sugestivamente, ANTUNES VARELA, RLJ 130, p. 346, referindo-se às soluções dos actuais arts. 115/1 e 122/1.

[76] Cf. supra 2/I e 2/II.

[77] *CCanot.*, II[4], p. 722.

dados, do escritório, gabinete ou atelier instalado no imóvel arrendado, quer a transmissão abranja apenas o imóvel (vazio ou em cru) para o adquirente (do direito ao arrendamento) nele continuar a exercer a mesma profissão (liberal)".

O trecho transcrito, interpretado à letra, pode gerar um equívoco. Na verdade, o reconhecimento de que a transmissão do arrendamento para exercício de profissão liberal pode ser feita com ou sem estabelecimento não é obra da conjugada remissão do art. 121 para o art. 115 com o regime do art. 122/1, mas estritamente deste último. Tal como já no domínio do art. 1120/1 CC, o actual art. 122/1 irreleva o facto de a transmissão se processar com ou sem estabelecimento. Neste particular, a remissão para o art. 115 nada acrescentou, diversamente do sugerido no trecho transcrito.

Aliás, o regime do art. 122/1 é menos espartilhante do que o do art. 115, já que, sendo irrelevante a transmissão de estabelecimento, a al. a) do art. 115/2 não tem, naturalmente, aplicação ao arrendamento para exercício de profissão liberal. Só assim não seria se, de forma coerente, se "destacasse", de forma plena, os casos dos arrendamentos para exercício de profissão liberal em que há estabelecimento dos demais, circunscrevendo a estes últimos o regime do art. 122/1 e aplicando aos primeiros, de forma integral, o regime do art. 115, sem esquecer o seu n.º 2. Daqui resultaria que, sempre que houvesse estabelecimento de profissão liberal, a cessão da posição de arrendatário só seria possível através de trespasse, podendo o senhorio resolver o contrato com base na al. f) do art. 64/1 se ocorresse alguma das circunstâncias do art. 115/2, *maxime*, por ser a mais problemática[78], a al. a). Não foi isto, parece-nos, o pretendido pelo legislador, mas seria essa a conclusão lógica e coerente da implantação de um "enclave comercial" em zona de profissões liberais. A não ser assim, o legislador estaria, a um tempo, a aquecer a eira do arrendatário com o sol da desnecessidade de dar preferência ao senhorio e a refrescar o nabal do mesmo arrendatário com a chuva da inaplicação do regime do art. 115/2.

IV. Problemática é também a remissão do art. 121 para o art. 111. Três leituras são aqui perspectiváveis.

A primeira leitura exclui, em absoluto, a aplicação do art. 111 aos arrendamentos para exercício de profissões liberais: estabelecendo o Cap. IV RAU um regime específico para a cessão da posição do arrendatário, seria de excluir a aplicação do art. 111 RAU aos arrendamentos para exer-

---

[78] Já no que respeita à al. b), sempre se poderia entender que o art. 122/1 in fine, já consagra um paralelismo com a solução que resulta da aplicação dessa alínea.

cício de profissões liberais. Ou seja, a especificidade do regime do art. 122/1 consumiria uma eventual "necessidade" de aplicar o regime do art. 111: o arrendatário pode ceder a sua posição a terceiro à revelia da exploração de qualquer estabelecimento profissional liberal. Ora, no art. 111 a cessão de exploração supõe necessariamente o coenvolvimento do estabelecimento, sob pena de o contrato passar a ser havido como arrendamento (art. 115/2), com as consequências que daí resultam[79].

Numa segunda leitura, aplicaríamos a lógica conjugada dos arts. 111 e 122/1 aos arrendamentos para exercício de profissões liberais; uma vez que o art. 122/1 irreleva a transmissão do "estabelecimento", seria de admitir uma "cessão de exploração" não do "estabelecimento" mas do simples local, desde que o mesmo fosse "explorado", temporariamente, através da afectação à mesma profissão do cedente.

Uma terceira leitura é possível: a de que, através da remissão do art. 121, o legislador veio permitir, pela primeira vez[80], a cessão de exploração de estabelecimento de profissão liberal. O arrendatário de profissão liberal não podia, face ao regime do CC, ceder a terceiro a exploração do seu escritório, por tempo determinado, sem que o senhorio ficasse legitimado a resolver o contrato. Pois bem, o art. 121, ao remeter para o art. 111, legitima, nesta terceira leitura, a cessão de exploração nos mesmos termos da cessão de exploração de estabelecimento comercial ou industrial. Assim, se ocorrer alguma das circunstâncias referidas no art. 115/2, levanta-se ao senhorio a hipótese de resolução do contrato *ex vi* art. 64/1, al. f)[81]. Esta terceira leitura é contrariada por PINTO FURTADO[82], nos seguintes termos: "Se, como reconhece ANTUNES VARELA, foi necessário editar um preceito novo porque a figura do *trespasse* não se adaptava ao *arrendamento para exercício de profissão liberal*, também a *locação de estabelecimento comercial* constante do art. 111 RAU, apesar da remissão genérica do art. 121 RAU, não deverá considerar-se aplicável a este tipo arrendatício, por falta de um preceito específico nesse sentido".

---

[79] Cf., por todos, PEREIRA COELHO, *Arrendamento*, pp. 232-233, REMÉDIO MARQUES, *Direito comercial*, p. 488 e ss., COUTINHO DE ABREU, *Da empresarialidade*, p. 315 e ss. e PUPO CORREIA, *Direito comercial*[7], p. 277; cf., ainda, os nossos *Arrendamentos comerciais*[2], p. 73 e ss..

[80] Contudo, PIRES DE LIMA / ANTUNES VARELA, *CCanot.*, II[4], p. 721, numa posição que não acompanhamos, consideram que a remissão para o art. 111, no texto do actual art. 121, "nada acrescenta de substancialmente novo à disciplina deste".

[81] Cf., sobre esta alínea, por todos, PEREIRA COELHO, *Arrendamento*, p. 283 e PIRES DE LIMA / ANTUNES VARELA, *CCanot.*, II[4], pp. 603-604.

[82] *Manual*[3], p. 623.

As únicas leituras que, *a priori*, nos parecem aceitáveis são a primeira e a terceira. A segunda leitura legitimaria, na prática, o subarrendamento do local arrendado à revelia da autorização do senhorio[83], legitimação essa que, para além de não estar presente na reforma de 1995, introduziria um perturbador factor de desequilíbrio no quadro legislativo actual.

A primeira leitura é a mais radical e assenta na ideia de que a remissão do art. 121 para o art. 111 é, para além de não específica, produto de uma certa ligeireza do legislador, que não curou devidamente de seleccionar os artigos que poderiam ser objecto de recepção no campo dos arrendamentos para exercício de profissões liberais. Temos, porém, por força do disposto no art. 9/3 CC[84], que presumir que o legislador foi razoável e ponderou devidamente a remissão, tanto mais que a afastara em 1990[85].

A terceira leitura viria ao encontro da realidade de certos estabelecimentos de profissão liberal, estando-lhe subjacente a ideia de que as mesmas razões que estiveram na base da autonomização da cessão de exploração do estabelecimento comercial e da consagração de um regime específico no art. 1085 CC primeiro e, agora, no art. 111 RAU [86], justificariam a extensão do regime em causa àqueles estabelecimentos. Admitimos que esta terceira leitura seja possível mas uma nossa tomada de posição, neste particular, exigiria que encetássemos uma outra via de investigação que nos afastaria do tema deste trabalho.

V. Diverso é o caso – por permitir uma efectiva recepção no regime dos arrendamentos para exercício de profissões liberais – da remissão para os dispositivos já objecto de remissão no domínio do CC e ainda para os arts. 116 a 120.

A grande inovação da reforma de 1995 está precisamente na extensão do regime de duração efectiva aos arrendamentos para comércio e indústria (arts. 117 e 118)[87], bem como na introdução de um regime específico para a actualização de rendas (art. 119)[88] e para as obras (art. 120)[89].

---

[83] Cf., por todos, ROMANO MARTINEZ, *Direito das obrigações. Contratos*, 2ª ed., Almedina, Coimbra, 2001 (=*Contratos*²), p. 212 e ss..

[84] Cf., sobre este, por todos, OLIVEIRA ASCENSÃO, *O Direito*¹¹, p. 403.

[85] Cf., supra, n. 67.

[86] Cf., sobre essas razões, por todos, ORLANDO DE CARVALHO, *Critério e estrutura*, p. 220 e ss..

[87] Cf. v.g. PIRES DE LIMA / ANTUNES VARELA, *CCanot.*, II⁴, p. 716 e ss. e PINTO FURTADO, *Manual*³, p. 279 e ss..

[88] Cf. v.g. PAIS DE SOUSA, *Anotações*⁶, p. 340 e ss..

[89] Cf. v.g. ARAGÃO SEIA, *Arrendamento urbano*⁶, pp. 680-681.

Compreende-se que o art. 121 aceite como regime dos arrendamentos para exercício de profissões liberais o regime dos arrendamentos de duração limitada. Uma vez ultrapassada a fase inicial, de sabor experimental, em que a admissibilidade de convenção de um prazo de duração efectiva estava limitada aos arrendamentos para habitação[90], não havia razão par circunscrever a extensão dos arrendamentos de livre denúncia[91] aos arrendamentos para comércio ou indústria, introduzindo uma cisão na tradicional equiparação de regime entre aqueles e os arrendamentos para exercício de profissões liberais. Aliás, como é sabido, o legislador foi mais longe e permitiu a extensão do regime dos arrendamentos de duração limitada aos "arrendamentos para outros fins não habitacionais", nos termos do art. 123 RAU[92].

Compreende-se também a extensão do novo regime das obras do art. 120 aos arrendamentos para exercício de profissões liberais, atenta a tradicional equiparação dos dois regimes[93].

---

[90] Conforme observámos in *Arrendamentos para habitação*², p. 208, o pioneirismo nos contratos de duração limitada talvez devesse ter pertencido aos arrendamentos não habitacionais, em que, *a priori*, não estão em causa valores tão importantes quanto o da estabilidade da habitação.

[91] Cf. os nossos *Arrendamentos para habitação*², p. 208.

[92] C., sobre este, designadamente sobre a alternativa entre a aplicação do regime dos arts. 117 e 118 ou 98 a 101 RAU, PEREIRA COELHO, *Breves notas*, RLJ 131, p. 369, PIRES DE LIMA / ANTUNES VARELA, *CCanot*., II⁴, p. 727, PINTO FURTADO, *Manual*³, p. 286 e ss., PAIS DE SOUSA, *Anotações*⁶, p. 349 e ARAGÃO SEIA, *Arrendamento urbano*⁶, p. 689 e ss..

[93] Já no que respeita aos arrendamentos para outros fins não habitacionais, resulta do art. 123/2 que se o arrendamento não se destinar ao exercício de uma actividade lucrativa e as partes optarem pelo regime dos arts. 98 a 101, em alternativa ao dos arts. 117 a 119, não poderá ser aplicado o regime do art. 120, pautando-se assim o regime de tais arrendamentos de duração limitada pelo figurino dos arrendamentos habitacionais (também de duração limitada), onde não há correspondente ao regime do art. 120.

A redacção do art. 123, designadamente do art. 123/2, não é das mais felizes, já que coloca em contraposição – em alternativa – realidades com dimensões diversas: regime de duração limitada dos arts. 117 a 119 mais regime das obras (art. 120), por um lado, e regime de duração limitada dos arts. 98 a 101, por outro.

Apesar das dúvidas que suscita – também PIRES DE LIMA / ANTUNES VARELA, *CCanot*., II⁴, p. 727, se referem à redacção vaga e imprecisa do art. 123 RAU – parece--nos ser possível concluir que o regime do art. 120 só não poderá ser aplicado aos arrendamentos para outros fins não habitacionais quando, sendo o arrendamento para exercício de uma actividade não lucrativa, as partes convencionem o regime habitacional de duração limitada.

5. Sobre o direito de preferência do senhorio no caso de cessão onerosa da posição do arrendatário

I. Conforme já se referiu, os termos da remissão do art. 121 RAU para, entre outros, o art. 115 e 116, têm provocado uma interessante polémica doutrinal e jurisprudencial sobre a existência, o sentido e o âmbito do direito de preferência do senhorio no caso de cessão da posição do arrendatário.

Não nos parece, neste particular, necessário cindir a análise em função da redacção do art. 116 RAU antes ou depois do DL 257/97, uma vez que, como vimos, o art. 117 inicial já remetia, tal qual o actual art. 121, para os arts. 115 e 116. Por outro lado, não nos parece que os termos da remissão do art. 121 actual para as disposições do capítulo anterior ignoradas pelo art. 117 inicial, – ou seja, para os arts. 110 e 111 – sejam, de per si, de molde a permitir alguma inflexão nas conclusões que possamos formular nesta sede.

Julgamos resumir e sistematizar a doutrina e jurisprudência sobre o problema, dividindo-as em três grandes grupos de teses.

A primeira é a que defende o direito de preferência do senhorio no caso de cessão da posição do arrendatário, sem enunciar quaisquer requisitos a satisfazer pelo mesmo senhorio ou pelo *quid* objecto de cessão.

A segunda aceita o direito de preferência do senhorio mas introduz-lhe limitações em função da necessidade de continuação da actividade pelo senhorio.

A terceira reconhece também o direito de preferência do senhorio mas limita-o aos casos de trespasse de estabelecimento de profissão liberal.

II. De acordo com a primeira tese, conforme enunciado, o senhorio goza, em princípio, de direito de preferência no caso de cessão da posição de arrendatário: pretendendo este ceder a sua posição a pessoa que no prédio continue a exercer a mesma profissão, está obrigado a dar preferência ao senhorio, embora esteja dispensado da sua autorização.

É esta tese que encontramos consagrada no Ac. STJ 12.06.96[94], aparentemente no Ac. RP 29.06.95[95] e no Ac. RE 25.10.01[96] e que, na

---

[94] BMJ 458, p. 275 e ss. (= CJ/STJ IV, 1996, t. II, p. 122 e ss. = RLJ 130, p. 215 e ss.)

[95] *In* www.dgsi.pt.

[96] CJ XXVI (2001), t. IV, p. 272 e ss..

doutrina, teve sucessivamente o nosso apoio[97], o de PINTO FURTADO[98], o de PAIS DE SOUSA / CARDONA FERREIRA / LEMOS JORGE[99] e o de ROMANO MARTINEZ[100].

Na linha da tese, identificável desde logo em MENEZES CORDEIRO[101], de que a filosofia do art. 116 é a de permitir a recuperação do imóvel pelo senhorio, defendemos, desde o início, a incondicionalidade (com a ressalva do carácter oneroso, a que se alude de seguida) do direito de preferência do senhorio, sem deixarmos, contudo, de pôr em relevo o cariz anómalo desse direito nos casos em que não haja estabelecimento de profissão liberal, caso que qualificámos mais como um direito ao distrate, ou seja como um direito potestativo ao distrate, consagrado na lei com o recurso à armadura de um verdadeiro direito de preferência.

A única limitação que erigimos ao direito de preferência do senhorio é o necessário carácter oneroso da cessão da posição contratual: assim o impõe o facto de o direito de preferência do senhorio nos arrendamentos para comércio ou indústria estar limitado aos casos de trespasse por venda ou dação em cumprimento.

Estas ideias foram *grosso modo* aceites e consagradas pelo STJ no citado Ac. STJ de 12.06.96[102]: "Ora, não exigindo a lei, ao contrário do que acontece com o trespasse, autorização do senhorio para a transmissão *singela* do direito ao arrendamento (isto é, desacompanhada da transmissão dos utensílios e de outros elementos respeitantes ao exercício da profissão), nos termos estabelecidos no art. 118.º, não seria facilmente compreensível, à luz de critérios de razoabilidade e de coerência interna do sistema, que o reconhecimento do direito de preferência ao senhorio, que se pretendeu alcançar através da remissão feita no art. 117.º, não incidisse sobre a cessão da posição contratual prevista no subsequente art. 118.º, que é simetricamente correspondente, nas profissões liberais, à figura do trespasse".

E prossegue o STJ: "É certo que, numa interpretação meramente literal do diploma em análise, passou a ser aplicável aos arrendamentos para o exercício de profissões liberais, através da ampla remissão que se fez no

---

[97] *Arrendamentos comerciais*², pp. 196-197.
[98] *Manual*¹, p. 540; cf., mais recentemente, *Manual*³, p. 644 e ss..
[99] *Arrendamento urbano. Notas práticas*, Rei dos Livros, 1996, p. 67.
[100] *Contratos*², p. 302.
[101] Cf. MENEZES CORDEIRO / CASTRO FRAGA, *Novo regime*, p. 152.
[102] RLJ 130, pp. 216-217; eliminaram-se da transcrição as partes relativas a citações e remissões doutrinais.

art. 117.º, a figura do trespasse (a que alude o art. 115.º), e bem assim o seu regime legal (arts. 115.º e 116.º), em termos de ser sustentável que o local onde se exerce a profissão liberal pode ser trespassado, ao contrário da filosofia que impregnava o Código Civil (...)". E continua: "Seja como for, vem-se entendendo na doutrina e na jurisprudência dominantes que, havendo cessão da posição de arrendatário para o exercício da mesma profissão liberal – que se configura como uma transmissão homóloga do trespasse – a lei concede ao senhorio um direito de preferência, face ao que se dispunha nos arts. 116.º e 117.º (...)". Nesta sequência de raciocínio, conclui o STJ: "É esse seguramente o pensamento legislativo que presidiu às referidas disposições legais, devendo pois entender-se que a remissão feita pelo art. 117.º para os arts. 115.º e 116.º tem além do mais o sentido da aplicabilidade desses preceitos, com as necessárias adaptações, aos casos de cessão previstos no art. 118.º, o que se salda no reconhecimento de um direito de preferência do senhorio em hipóteses de cessão onerosa da posição de arrendatário".

III. A segunda tese aceita o direito de preferência do senhorio mas condiciona-o à prossecução pelo mesmo senhorio da actividade exercida no prédio arrendado.

É a posição defendida no Ac. RL 18.11.93[103-104], na senda de ABÍLIO NETO[105], que advoga uma interpretação restritiva do art. 116 RAU "de modo a nele não ser contemplada a preferência do senhorio que não exerça a mesma actividade". Pondera ainda o Ac.[106] que "a unidade do sistema jurídico (...) impõe que outra não possa ser a interpretação".

Noutro passo, o Ac. refuta a ideia do puro resgate, já que, se assim fosse[107], "o senhorio não se apresentava a preferir nas mesmas condições que o adquirente – a este impunha-se-lhe a exigência da continuidade,

---

[103] CJ XVII (1993), t. V, p. 125 e ss. (= RLJ 130, p. 211 e ss.).

[104] O Ac. RL 11.03.97 (www.dgsi.pt) acentua também a necessidade de continuação da mesma actividade. Contudo, o Ac. integra-se mais directamente na 3ª tese enunciada, uma vez que integra a necessidade de continuação da mesma actividade no âmbito do "trespasse de cessão da posição de arrendatário", única situação em que, segundo o Ac., o senhorio goza de direito de preferência.

[105] *Código civil anotado*, 8ª ed., Ediforum, Lisboa, 1994, p. 1598: "Este preceito deve ser interpretado restritivamente, por forma a excluir o direito de preferência do senhorio sempre que este não reúna os requisitos necessários à continuação da actividade exercida no estabelecimento comercial que é objecto de trespasse".

[106] CJ XVII (1993), t. V, p. 126.

[107] CJ XVII (1993), t. V, p. 126.

além de desembolsar o valor; àquele, apenas o preço, ficando dependente do seu arbítrio a continuidade da actividade; o preferente não seria colocado na mesma posição do adquirente, mas tão somente na posição de adquirente". O Ac. RL, aparentemente impressionado com as consequências do "direito de resgate", conclui[108] subsistirem "razões fortes para o legislador não ter ido mais longe", ponderando ser a solução da exigência da continuação da actividade a solução mais equilibrada.

Não se vê, porém, como sustentável a posição do Ac. RL 18.11.93, que, no nosso entender, mistura o momento para o exercício da preferência com a fase subsequente. Para o exercício da preferência no caso de trespasse de estabelecimento comercial ou industrial, o que verdadeiramente interessa é que o senhorio ofereça – acompanhe – as condições indicadas pelo arrendatário, como sendo oferecidas por terceiro, não constituindo fundamento para recusa de trespasse a suspeita do arrendatário de que o senhorio não vai continuar a exercer a mesma actividade. Ou seja: nem no trespasse de estabelecimento comercial ou industrial nem na cessão da posição do arrendatário a lei permite ao arrendatário impor ao senhorio – como condição para a consistência do seu direito ou como seu requisito conformador – a "jura solene" de que vai exercer a mesma actividade. Se tal jura não é exigível no trespasse ou na cessão a terceiro da posição de arrendatário, porque é que deverá sê-lo no trespasse ou na cessão ao senhorio?

O problema da continuação da actividade não é, portanto, um problema do momento da negociação do estabelecimento – ou da cessão da posição do arrendatário – mas, antes, um problema logicamente posterior, não constituindo desmentido desta evidência o facto de, nos arrendamentos para comércio ou indústria, a não continuação da mesma actividade poder constituir um indício de que as partes não quiseram negociar o estabelecimento mas apenas o local[109].

No momento do trespasse ou da cessão, o que releva verdadeiramente é se o senhorio acompanha as condições imediatas – *maxime* preço – comunicadas nos termos do art. 416 CC[110]. Certo é que se o trespassário não continuar o mesmo ramo de actividade pode "ter problemas" com o

---

[108] CJ XVII (1993), t. V, p. 127.

[109] Cf. os nossos *Arrendamentos comerciais*², p. 170 e ss..

[110] Cf. CARLOS L. BARATA, *Da obrigação de preferência. Contributo para o estudo do artigo 416.º do Código Civil*, Coimbra Ed., Coimbra, 1990, *passim*; cf. também ANTUNES VARELA, *Das obrigações em geral*, I, 10ª ed., Almedina, Coimbra, 2000, p. 380 e ss. e, mais recentemente, MENEZES LEITÃO, *Direito das obrigações*, I, 2ª ed., Almedina, Coimbra, 2002, p. 238 e ss..

senhorio, que pode, assim, pretender a resolução do contrato. Contudo, tal não respeita às condições para o exercício da preferência, conquanto possa respeitar aos requisitos para que, à luz do regime do art. 115 RAU, haja – para efeitos do RAU [111] – trespasse.

Ora, exercendo o senhorio direito de preferência quer no trespasse quer na cessão do direito do arrendatário e admitindo que o mesmo senhorio deixa, no dia imediato, de exercer a actividade prosseguida, *quid juris* ?

Diversamente do que acontece no caso em que o trespassário ou cessionário é um terceiro, com o trespasse ou a cessão ao senhorio deixa de fazer sentido, desde logo por falta de *credor*, a exigência da continuação da mesma actividade[112], exigência esta que não é, em rigor, estrutural ao trespasse e conformante do mesmo[113], mas consequência do regime especial dos arts. 115/1 e 122/1 RAU, enquanto excepção ao regime geral da alínea f) do art 1038 CC e do art. 424 CC. O ex-arrendatário trespassante ou cedente – cujas condições de trespasse ou cessão foram satisfeitas – não tem interesse atendível na restauração da situação anterior, nem a tem o terceiro que contra o senhorio não logrará fazer vencer qualquer pretensão. A exigência, resultante do regime do arrendamento, de o trespassário manter a mesma actividade, é estabelecida em função da posição do senhorio e da imposição ao mesmo da alteração subjectiva no arrendamento, imposição que tem cariz excepcional[114]. É para garantir a excepcionalidade dessa imposição que o senhorio, no caso de não manutenção da actividade no arrendamento para comércio ou indústria (art. 115/2, al. b)) ou no

---

[111] Vincando que o art. 115 "tem mais a ver com o regime do arrendamento que com o trespasse", uma vez que "o núcleo ou o modelo do regime do contrato não está na lei", cf. PAIS DE VASCONCELOS, *Contratos atípicos*, Almedina, Coimbra, 1995, pp. 210--211; cf. também os nossos *Arrendamentos comerciais*[2], pp. 162-163.

[112] Como diz ROMANO MARTINEZ, *Contratos*[2], p. 297, n. 4, "se o senhorio / trespassário encerrar o estabelecimento, ninguém lhe poderá mover uma acção de despejo". Em sentido diverso, inclina-se MENEZES CORDEIRO, *Direito comercial*, I, p. 249, na senda do Ac. RL 18.11.93, ou seja, no sentido de o adquirente dever manter o estabelecimento em funções "nas precisas condições em que o faria o trespassário interessado". O autor não alude, porém, às consequências da violação de um tal dever.

[113] Em termos de teoria do estabelecimento, desde que seja negociado um estabelecimento, o adquirente poderá desmembrá-lo e construir um novo ou simplesmente não construir nenhum, sem prejuízo de dever respeitar as consequências que tal decisão drástica comporta v.g. a nível laboral. Contudo, tal não é de molde a transformar um trespasse em "não trespasse".

[114] Cf., por todos, GALVÃO TELLES, *Manual dos contratos em geral*[3], p. 369.

arrendamento para exercício de profissão liberal (art. 122/1), pode resolver o contrato, por força do disposto no art. 64/1, al. f) RAU[115].

Estas considerações demonstram que a defesa da necessidade de o senhorio poder e dever manter a mesma actividade do arrendatário para que possa exercer a preferência no caso de cessão do direito é, como diz, sem titubear, o Ac. RE 25.10.01[116], um "contra-senso". Ou, como diz ANTUNES VARELA[117], "não existe o mais leve indício de o legislador se ter preocupado com a manutenção do estabelecimento comercial após o exercício da preferência".

Ainda segundo o Ac. RL 18.11.93, razões de ordem laboral, societária e civil afastam a redução do direito de preferência à mera recuperação do local, solução esta que seria contrária ao equilíbrio de interesses entre senhorio e arrendatário. Porém, diversamente do que, a certo passo, parece inferir-se do Ac., a tese do "direito de resgate" não significa que o senhorio que pretenda exercer a preferência possa desconsiderar os problemas laborais[118] que o trespasse do estabelecimento profissional liberal possa acarretar. O senhorio ficará, como qualquer outro adquirente, legalmente sub-rogado na posição do trespassante[119], nos termos do art. 37 LCT, assumindo tudo o que tal sub-rogação implica. Acentuar o direito de resgate significa *apenas* que o senhorio, ao exercer a preferência, liberta o prédio do ónus do arrendamento. Nenhum defensor da tese do "resgate" foi, que saibamos, mais longe do que isto, dispensando o senhorio do cumprimento das leis laborais ou outras. Ou seja, ninguém confunde o objecto mediato da preferência do senhorio: ele é o *quid* objecto de negociação, seja ele a descarnada posição contratual de arrendatário seja ele aquilo que vem

---

[115] Cf. v.g. PEREIRA COELHO, *Arrendamento*, pp. 216 e 283.
[116] CJ XXVI (2001), t. IV, p. 274.
[117] RLJ 130, p. 348.
[118] O Ac. refere-se ainda, como dissemos, aos problemas societários e civis. Os civis são os que estão em análise. Quanto aos societários, não vemos quais sejam, já que se a arrendatária for uma sociedade, não passa a ter problemas acrescidos pelo facto de a cessão ser feita ao senhorio que não a um terceiro; se, por outro lado, tiver sido uma sociedade a dar de arrendamento, não vemos como é que a circunstância de a mesma sociedade gozar de direito de preferência possa trazer perturbações que a qualidade de pessoa singular lhe não carrearia.
[119] Cf., por todos, GALVÃO TELLES, *Manual dos contratos em geral*³, p. 370, MOTA PINTO, *Cessão da posição contratual*, p. 88 e ss., COUTINHO DE ABREU, *Da empresarialidade*, p. 332, n. 862 e, recentemente, ROSÁRIO RAMALHO, *Da autonomia dogmática do Direito do Trabalho*, Almedina, Coimbra, 2000, p. 736, n. 91.

sendo designado por "estabelecimento profissional liberal", em que a posição contratual de arrendatário é um dos elementos componentes[120].

Por outro lado, não se compreendem os próprios termos da valoração feita no Ac., ao pesar os interesses do senhorio e do arrendatário[121]: qual é, na verdade – ressalvada, porventura, alguma situação excepcional e atípica – o interesse atendível do arrendatário em ceder a sua posição a terceiro (que *deve* continuar a actividade) e não ao senhorio (que *pode* não a continuar), se, em qualquer dos casos, recebe o mesmo preço?

Finalmente, no que concerne à afirmação do Ac. de que não há uma reciprocidade entre o direito de preferência do art. 47/1 RAU e o direito de preferência do art. 116, já que naquele caso está em causa o local enquanto que neste está em causa algo mais complexo, não temos dificuldade em concordar com a evidência de que são diferentes os objectos num e noutro caso. Porém, essa circunstância, não permite, de per si, desmentir a afirmação de reciprocidade que esteve, aliás, historicamente presente no regime do § único do art. 9 L. 1662[122]. Mas, por outro lado, não estamos certos que, na base do regime do art. 116 esteja um claro propósito de estabelecer uma lógica de reciprocidade, como defende ARAGÃO SEIA[123] e é também advogado pelo Ac. RE 25.10.01[124]. O que é certo é que não há, a nível de regime, nenhuma dependência recíproca entre o art. 47/1 e o art. 116 como o demonstra – para além e sem prejuízo de outras diferenças de

---

[120] A preferência é sobre o estabelecimento quando o haja, do que não decorre, porém, como regra – salvo quando a lei o exija, como no caso das farmácias (cf. *supra* n. 50) – que um não profissional liberal não possa ser proprietário de um estabelecimento de profissão liberal. Não existe, que saibamos – sempre com a ressalva de situações de excepção em função da "sensibilidade" de certas profissões – um princípio da indivisibilidade entre a propriedade de estabelecimento profissional liberal e o exercício da profissão. Questão bem diversa é a de saber *quem pode exercer* a profissão em causa.

[121] CJ XVIII (1993), t. V, p. 127: "Uma interpretação tomando em conta o significado de cada um, o resultado que cada um permite alcançar, a conjugação de uns com os outros, o equilíbrio de interesses entre senhorio e arrendatário, as implicações de uma tal medida, *maxime* as de ordem laboral, revelam que o legislador, na tutela do interesse daquele, não foi tão longe quanto os apelantes pretendem ler na norma". E ainda: "Conferiu apenas um direito de preferência, não o direito de resgate – embora mais forte o seu direito, porque assente no direito de propriedade no geral, o seu interesse pode, em casos pontuais (o do trespasse, o da cessão da posição de locatário), não merecer maior relevância em termos de tutela jurídica".

[122] Cf. *supra* 3/I.

[123] *Arrendamento urbano*[6], p. 669.

[124] CJ XXVI (2001), t. IV, p. 273.

âmbito[125] – desde logo, o facto de o direito de preferência do senhorio não estar dependente do decurso do tempo do arrendamento, diversamente do que acontece com o direito de preferência do arrendatário[126].

De qualquer modo, não parece que a associação entre os dois direitos de preferência possa trazer algum contributo directo e actual para o problema objecto deste estudo. Conforme veremos adiante, a reciprocidade a equacionar e quiçá a afirmar é, antes, entre o sacrifício da imposição de uma alteração subjectiva da posição contratual e a vantagem da preferência.

IV. Finalmente, a terceira tese é a que, reconhecendo embora o direito de preferência do senhorio no caso de cessão da posição do arrendatário, limita-o aos casos de "trespasse de estabelecimento profissional liberal".

A nível dos tribunais superiores, podemos apontar os Acs. RL 29.06.95[127], RL 11.03.97[128], RP 11.02.99[129], RP 27.09.99[130] e, aparentemente, STJ 16.03.00[131].

O citado Ac. RL 29.06.95 debruçou-se sobre uma situação em que, num arrendamento para exercício de profissão liberal, sendo arrendatária uma médica, esta cedera a sua posição contratual a um terceiro médico sem ter dado prévia preferência ao senhorio, que não tinha habilitações para o exercício daquela profissão. O Ac. dá especial relevo[132] ao facto de o art. 116, ao consagrar o direito de preferência, referir a hipótese de tres-

---

[125] Veja-se, por exemplo, o que ocorre a nível dos arrendamentos comerciais, industriais ou para exercício de profissões liberais de duração limitada: é claro que o senhorio goza de direito de preferência nos termos do art. 116, mas é também claro que o arrendatário não goza do direito de preferência do art. 47, todos do RAU (cf. arts. 99/2 e 117/2).

[126] Cf., v. g., os nossos *Arrendamentos comerciais*[2], p. 203.

[127] CJ XX (1995), t. III, p. 142 e ss..

[128] *In* www.dgsi.pt.

[129] *In* www.dgsi.pt.

[130] CJ XXIV (1999), t. IV, p. 204 e ss..

[131] *In* www.dgsi.pt.

[132] O Ac. debruça-se sobre outros problemas como v.g. o da questão da aplicação do art. 116 aos arrendamentos já existentes à data da entrada em vigor do RAU, concluindo, e bem – em consonância, aliás, com outra jurisprudência anterior (cf. v.g. o supra citado Ac. RL 18.11.93 – ponto 4/III supra) – que o art. 116 RAU tem aplicação a situações locativas anteriores ao RAU, desde que, naturalmente, o acto translativo tenha sido posterior. Na doutrina, neste sentido, cf., v. g., OLIVEIRA ASCENSÃO, *Subarrendamento e direitos de preferência*, pp. 59-60.

passe e não a de cessão. E conclui[133], em conformidade: "Donde, só se pode concluir que só havendo trespasse, mesmo em caso de arrendamento para exercício de profissões liberais, é que o senhorio tem direito de preferência; já não o tem, pois a lei não lhe concede, na hipótese de só haver cessão na posição de arrendatário, como é o caso dos autos". E remata, em função do facto de, no caso dos autos, não ter havido trespasse: "Já se pode, pois, concluir daqui, sem necessidade de mais considerações, que a autora não goza de direito de preferência, pelo que a acção tem de improceder".

O argumento central do Ac. RL – podemos mesmo dizer o único, já que, conhecendo, embora, o contributo do Ac. RL 18.11.93[134], não enfoca o problema da continuação da actividade – é a letra do art. 116, na sua articulação com a letra do art. 117 (primeira redacção) RAU. O argumento é pobre por assentar exclusivamente no elemento literal, não sendo teorizada nenhuma *ratio* que permita compreender minimamente porque é que nos casos de trespasse haverá direito de preferência e tal não acontece nos casos de mera cessão da posição do arrendatário.

Centremo-nos, agora, nos argumentos do Ac RP 27.09.99[135]. Estava em causa o reconhecimento do direito de preferência do senhorio, uma sociedade comercial, que dera de arrendamento uma sala de um andar a um advogado para o exercício de profissão liberal, tendo este posteriormente cedido a posição de arrendatário a uma sociedade de advogados sem dar preferência à senhoria.

O Ac., dando nota das divergentes posições na doutrina e na jurisprudência, inclinou-se no sentido de limitar o direito de preferência do senhorio aos casos de trespasse de estabelecimento liberal, ficando de fora os casos de simples cessão da posição de arrendatário. Para o Ac., que se socorre, no essencial, da autoridade de ANTUNES VARELA, parece ser determinante a letra do art. 116 RAU: se o art. 117 (primitiva redacção) remete para o art. 116; se o art. 116/1 se refere a direito de preferência em caso de trespasse, logo o direito de preferência do senhorio nos arrendamentos para exercício de profissões liberais só tem lugar se trespasse houver. É esta, descrita de forma singela e ao jeito de silogismo, a tese do Ac., donde se transcreve[136] : "No n.º 1 do art. 116 do RAU (redacção primitiva e na actual) estabelece-se o direito de preferência do senhorio do prédio arrendado no trespasse por venda ou dação em cumprimento do estabeleci-

---

[133] CJ XX (1995), t. III, pp. 145-146.
[134] Cf. supra ponto 4/III.
[135] CJ XXIV (1999), t. IV, p. 204 e ss..
[136] CJ XXIV (1999), t. IV, p. 206.

mento comercial. É também nosso entendimento que só havendo trespasse, incluindo no caso de arrendamento para exercício de profissões liberais, é que o senhorio tem direito de preferência, o que não sucede nas hipóteses de cessão". E conclui o Ac.[137], depois de citar e reproduzir ANTUNES VARELA: "Ora, verificando-se, no caso dos autos, uma simples cessão (parcial) do direito ao arrendamento para o exercício de profissão liberal, efectuada (...) à sociedade de advogados demandada e não se vislumbrando trespasse de estabelecimento comercial destinado ao exercício de profissão liberal, ou seja, aquisição onerosa da titularidade definitiva de estabelecimento comercial ou industrial, excluído fica o direito de preferência".

Não podemos deixar de apontar a pouca consistência dos argumentos da RP nas partes transcritas. Quanto ao singular, mas para o Ac. decisivo, argumento de que se o art. 116/1 RAU se refere a trespasse, logo o direito de preferência só acontece no caso de trespasse, o mesmo cai pela base com a observação de que aquilo que está em discussão não é o âmbito de aplicação directa do art. 116, no seu universo próprio dos arrendamentos para comércio ou indústria, mas o da sua aplicação, por remissão do art. 121 – aplicação, digamos, indirecta – técnica que exige um especial cuidado interpretativo.

No que tange à aplicação da doutrina de ANTUNES VARELA ao caso concreto dos autos, a parte transcrita manifesta confusões conceituais, não imputáveis àquele ilustre Mestre, confusões que não podemos deixar de apontar, na medida em que as mesmas poderão estar no cerne da posição tomada pelo Ac., no que tange à dimensão do direito de preferência do senhorio. O Ac. RP desconcerta-nos, efectivamente, quando aponta como critério determinante o haver ou não haver "trespasse de estabelecimento comercial destinado ao exercício de profissão liberal" – o que o mesmo Ac., no mesmo passo, sinonimiza com "aquisição onerosa da titularidade definitiva de estabelecimento comercial ou industrial". Ou o Ac. tem uma teoria original, caso em que cita mal ANTUNES VARELA em seu abono, ou quis mesmo seguir a posição deste autor, mas, nesse caso, desvia-se do seu pensamento. A tese correspondente às partes acima transcritas conduziria à exigência de um requisito impossível para a existência de um direito de preferência do senhorio no caso de cessão da posição de arrendatário em arrendamento para exercício de profissão liberal: o de que o arrendatário profissional liberal pretenda transmitir o que, obviamente, não possui: um estabelecimento comercial ou industrial. É certo que, conforme veremos de seguida, ANTUNES VARELA traça um paralelismo entre estabelecimen-

---

[137] CJ XXIV (1999), t. IV, p. 206.

tos comerciais e "estabelecimentos de profissão liberal" que funcionam como se estabelecimentos comerciais fossem, mas não vai para além disso: não vai além da *equiparação*[138]; passar da simples equiparação para a identidade, como faz o Ac., é, *hoc sensu*, ser mais papista que o papa.

V. A terceira tese, tal qual sumariamente enunciada, é defendida, como dissemos, por ANTUNES VARELA[139]. Já fizemos a apreciação crítica desta tese, ao longo do texto, pelo que nos vamos limitar a abordar a justificação apresentada por aquele autor para a alegada cisão de regime, para efeitos de preferência – sempre dentro dos arrendamentos para exercício de profissões liberais – entre os casos de trespasse de estabelecimentos de profissões liberais e os casos de simples cessão da posição de arrendatário, sem trespasse, portanto.

O que nos interessa captar é, na lógica dessa posição, a *ratio* de um tal regime. Ou seja e mais concretamente: porque razão o médico A, arrendatário, que pretende "trespassar" o seu "estabelecimento" com todos os seus elementos (aparelhos, livros, mobiliário, carteira de clientes), tem de dar preferência ao senhorio, ainda que não seja médico[140], e já o terá de fazer o médico B, do andar do lado, que, em virtude de problemas de espaço, pretende transferir-se para outro escritório mais amplo, cedendo onerosamente a sua posição a um colega?

Podemos também perspectivar a questão pelo lado do senhorio: porque é que o senhorio de A tem o "privilégio" de ter preferência e o senhorio de B não tem? A jurisprudência comentada dá como franciscana justificação, como vimos, a letra do art. 116, que se refere a "trespasse".

ANTUNES VARELA[141] faz uma distinção fundamental entre os casos excepcionais em que o local onde a prestação de serviços liberais é executada pode ser "equiparado a um *estabelecimento comercial* no sentido usual ou corrente do termo" (consultórios de radiologia, clínicas médicas, etc.) e os casos, digamos, comuns em que assim não acontece. O direito de preferência do senhorio, nos termos do art. 116 RAU, estaria reservado para os primeiros casos. Nos segundos, o arrendatário poderia, é certo,

---

[138] ANTUNES VARELA, RLJ 130, p. 352; cf. também ARAGÃO SEIA, *Arrendamento urbano*[6], p. 685.

[139] RLJ 130, p. 218 e ss..

[140] Assim também ANTUNES VARELA, RLJ 130, p. 348: "o direito de preferência atribuído ao senhorio pelo art. 116.º do RAU compete ao senhorio do prédio arrendado, qualquer que seja a sua situação profissional e, em princípio, sem nenhum dever de prosseguir com a actividade comercial ou industrial do estabelecimento adquirido".

[141] RLJ 130, p. 352, n. 32.

ceder a sua posição nos termos do art. 122/1; contudo, não estaria obrigado a dar preferência ao senhorio.

Esta diversidade de regime, a ser aceite, deve ter uma razão de ser. É essa razão que procuramos em ANTUNES VARELA, autor que, no entanto, dá ao problema, pelo menos aparentemente[142], uma importância secundária. Contudo, esta é, no nosso entender, uma questão central e fundamental já que, a ser correcta essa tese, a solução que a mesma propugna traz consigo várias rupturas que devem ser maduramente pensadas e pesadas.

Na verdade, essa solução diferencia, dentro dos arrendamentos para exercício de profissões liberais, os arrendamentos em que o senhorio goza de direito de preferência daqueles em que não goza de tal direito. Esta secessão nos arrendamentos para exercício de profissões liberais implica a existência de arrendatários de tipo x e de tipo y, a que corresponde, da parte dos senhorios, senhores de classe A e sujeitos de classe B. Por outro lado, evidencia uma outra cisão: a da não correspondência entre os casos de preferência do senhorio e os casos de imposição, também ao senhorio, da mudança de arrendatário. Ou seja: no universo dos arrendamentos para comércio, indústria ou para exercício de profissões liberais haveria situações em que à imposição ao senhorio da mudança de arrendatário não corresponderia um direito de preferência do mesmo senhorio: esses casos seriam os de profissão liberal sem estabelecimento e, logo, sem trespasse possível.

Todas estas consequências, claramente insuspeitadas face à genérica remissão do art. 121, teriam de ser justificações sólidas que extravasassem a simples letra da lei e que não criassem no intérprete e no julgador a sensação de estar a aplicar uma solução assente em areia movediça. A justificação apresentada por ANTUNES VARELA[143] é a seguinte: "havendo cessão do direito ao arrendamento num *espaço* (v.g. consultório ou clínica médica) que seja verdadeiro *estabelecimento comercial*, a localização do imóvel (o *ponto do estabelecimento*) terá sempre um valor *substancial*, significativo, que, aos olhos *justos* ou *distorcidos* do legislador de 1990, passou a justificar a preferência do senhorio". E prossegue: "Quando, pelo contrário, o que está em jogo é a simples cedência (ou cessão) do direito ao arrendamento previsto no art. 122.° (sem nenhum estabelecimento comercial na sua retaguarda), entende-se que o *único* ou o valor de *longe preponderante* que conta na cessão é o *saber*, o *bom nome* e o *prestígio profissional* do cedente ou o *ambiente de trabalho* que ele soube criar ou manter dentro do escritório".

---

[142] Na verdade, ANTUNES VARELA dedica ao assunto uma simples nota; cf. RLJ 130, p. 352, n. 32.

[143] RLJ 130, p. 352, n. 32.

A explicação esboçada por ANTUNES VARELA não nos parece satisfatória, não sendo crível que o legislador possa ter assentado uma tal solução em tão imprecisa justificação. Primeiro, pela razão, supra aludida, de que nada, na redacção ampla do art. 121, permite inferir que o legislador tenha querido tão radical diferenciação. Segundo, porque se o legislador quisesse distinguir os casos em que há estabelecimento de profissão liberal daqueles em que não há, para atribuir, pensadamente – e não de olhos fechados – a um deles um direito de preferência do senhorio, seria mais lógico que o fizesse no caso em que não há estabelecimento, uma vez que é a solução que envolve, digamos, menos danos: não há estabelecimento que deva ser eventualmente protegido, na sua integridade, da natural "apetência fundiária" do senhorio; neste caso, há apenas o local: não há, portanto, razões laborais ou outras, não há unidade tipo empresarial, cuja eventual extinção resulte em prejuízo da economia nacional. Por outro lado, porque é que o legislador haveria de dar preferência ao senhorio, querendo beneficiá-lo, precisamente e apenas no caso em que aquilo que tipicamente lhe interessa – o prédio – surge mais longinquamente, por estar "envolvido" por elementos diversos integradores de um complexo estabelecimento de profissão liberal, elementos esses cuja existência pode ser de molde a desencorajar o senhorio cuja interesse esteja, conforme será típico, limitado ao prédio? Como diz OLIVEIRA ASCENSÃO[144] "não há que presumir no senhorio nenhuma vocação, competência ou interesse empresarial". A termos de aceitar a terceira tese acima identificada, bem poderíamos concluir que o legislador manifestou nos arts. 121 e 116 RAU uma singular faceta de sadismo jurídico.

VI. A circunstância de o Ac. TC 421/99, de 30.06.99[145], não reconhecer nenhuma inconstitucionalidade no art. 117 da versão original do RAU, quando interpretado no sentido de tal direito de preferência não ser reconhecido em caso de simples cessão da posição do arrendatário, mas só no caso de "trespasse", não altera o sentido das observações que temos vindo a fazer.

Tal como o TC, não vemos qualquer inconstitucionalidade na interpretação que criticámos. Questão diversa é a da aceitação da bondade da

---

[144] *Subarrendamento e direitos de preferência*, p. 59. Na mesma linha, escreve ROMANO MARTINEZ, *Contratos*², p. 297: "O proprietário de um prédio urbano, por via de regra, não é uma pessoa que tenha tendência para se dedicar ao comércio ou à indústria, não só pela falta de preparação como por mentalidade".

[145] BMJ 488, p. 147 e ss..

interpretação cuja constitucionalidade foi objecto de apreciação, quer sob o prisma orgânico quer material.

5. Em jeito de síntese e conclusão

I. Conforme resulta do que já escrevemos noutro local[146] e temos vindo a realçar ao longo do presente estudo, a solução do RAU de dar preferência ao senhorio nos termos e por força da articulação entre os arts. 121 e 116, deve ser entendida em função do especial regime consagrado no art. 122/1, por um lado, e em função de uma equiparação de regime com os arrendamentos comerciais ou industriais, por outro.

Na verdade, sendo o regime do art. 122/1 – conquanto diverso – o regime paralelo ao do art. 115/1, compreende-se que o legislador, respeitando o âmbito de aplicação de cada um desses dispositivos, tenha pretendido estabelecer, nesses casos, a favor do senhorio, o direito de, através da aquisição onerosa do *quid* em negociação, poder resgatar o imóvel do espartilho do vínculo arrendatício, deixando ao mesmo senhorio a opção entre continuar a actividade no locado – se estiver habilitado a fazê-lo – negociar o estabelecimento adquirido (se tiver sido este o caso) ou dar ao imóvel outro destino, ainda que tal implique arcar com as consequências do desmembramento do estabelecimento de profissão liberal, se estabelecimento houver.

Os únicos limites ao direito de preferência do senhorio, ou melhor as únicas situações em que o direito de preferência do senhorio de arrendamento para exercício de profissão liberal não tem lugar são aquelas em que a lei exige uma especial qualidade ou habilitação para a aquisição do *quid* em causa e ainda aquelas em que a cessão da posição do arrendatário seja gratuita, não constituindo venda ou dação em cumprimento (art. 116/1).

No primeiro grupo de limites englobamos os casos que possam ser equiparados aos dos estabelecimentos de farmácia[147], isto é todos os casos em que a lei, por razões específicas, exige que o titular de um determinado estabelecimento tenha qualidades ou habilitações determinadas, em termos de, ainda que por um segundo lógico, o estabelecimento não poder, por razões específicas, ser titulado por um qualquer sujeito. No segundo grupo de situações faz-se a necessária articulação entre o regime dos arts. 121 e 122/1, por um lado, e o do art. 116/1, por outro. Diversamente do que acontece tipicamente no caso de doação em que há o propósito *intuitu*

---

[146] *Arrendamentos comerciais*², p. 176 e ss..
[147] Cf supra n. 50.

personae de beneficiar o donatário, tal não sucede na venda ou dação, onde ao arrendatário cedente só interessa a contrapartida, independentemente de quem a dê.

II. Falou-se supra do *quid* em negociação, abrangendo-se, desta forma, quer o caso em que o arrendatário para exercício de profissão liberal cede simplesmente a sua posição, quer o caso de trespasse de estabelecimento, sendo que, em qualquer dos casos, o terceiro cessionário deverá, nos termos do art. 122/1, continuar a exercer no locado a mesma profissão.

Contudo, o art. 122/1 apenas se refere à posição do arrendatário e não também à unidade complexa em que se traduz o estabelecimento de que aquela posição seja apenas um dos elementos. Neste último caso – quando o arrendatário negoceie o "estabelecimento" em bloco sem destacar o elemento "posição" de arrendatário – o senhorio goza também de direito de preferência? É uma dúvida de algum modo inversa à que tem sido suscitada pela terceira tese, supra identificada[148].

No nosso entender, o senhorio goza de preferência também nesse caso, incidindo a preferência sobre o todo. Ou seja: o senhorio não pode pretender que o arrendatário "cinda" o "estabelecimento" negociado, para efeitos de exercer a preferência apenas em relação a esse elemento conforme resulta de dois argumentos:

1.º Do facto de a solução do art. 122/1 ser independente da via atomística ou plural-complexa em que se manifeste a transmissão da posição de arrendatário;

2.º Do facto de a remissão do art. 121, lida com as necessárias adaptações, não determinar uma "desintegração" do processo de alienação por parte do arrendatário, tanto mais que a cisão que fosse imposta nesta fase teria consequências desvantajosas para o mesmo arrendatário, a quem só interesse a alienação do estabelecimento em bloco.

III. A exigência da continuação da mesma actividade como requisito para que o senhorio possa gozar de direito de preferência[149], falha desde logo por um erro de perspectiva.

Conforme se crê ter demonstrado, não se pode exigir como requisito da cessão algo que lhe é necessariamente posterior. Ainda que um terceiro cessionário não continue a exercer a mesma profissão, conforme exige o art. 122/1, tal não transforma a "cessão" em "não cessão": apenas permite

---

[148] Cf. supra ponto 4/IV.
[149] Cf. supra ponto 4/III.

ao senhorio resolver o contrato, já que será, então de presumir que as partes ou pelo menos o cessionário, quiseram criar artificialmente as condições para tornearem a exigência de autorização do senhor para a cessão, autorização essa que se impunha *ex vi* al. f) art. 1038 CC.

Do mesmo modo, a mudança de actividade no trespasse, em termos de teoria do estabelecimento, não transforma um trespasse efectivammente efectivamente ocorrido em trespasse não acontecido: tal apenas interessa em função do regime especial do art. 115/1 RAU.

No caso da cessão da posição do arrendatário para exercício de profissão liberal, exigir a continuação da actividade como requisito é confundir dois momentos diferentes, não sendo tal constatação prejudicada pelo facto de, no caso, a análise do 2.º momento já não fazer o mínimo sentido, em virtude da ocorrida extinção do arrendamento e da clara falta de legitimidade quer do arrendatário-cedente quer do terceiro a favor do qual cessão teria lugar para impor ao cessionário ex-senhorio uma qualquer solução correctora.

IV. Por outro lado, a cisão operada no âmbito dos arrendamentos para exercício de profissões liberais pela doutrina e jurisprudência que, com base na simples remissão do art. 121 para o art. 116, erige uma solução distinguindo consoante há ou não há trespasse de estabelecimento profissional liberal, não tem, como vimos, solidez suficiente para se apresentar como solução confortante, não tendo a doutrina e a jurisprudência partidárias desta posição logrado apresentar uma *ratio* convincente para tal cisão.

Acresce que todos os direitos de preferência têm uma explicação racional, uma lógica intrínseca que, no caso do art. 116, está claramente associada aos interesses fundiários do senhorio que, na esmagadora maioria dos casos, é o proprietário do prédio arrendado. Ora, como é evidente, tais interesse fundiários respeitam ao prédio que não à continuação da exploração ou da actividade do arrendatário.

V. Anote-se ainda que a solução que vimos defendendo é a que melhor equilibra as posições relativas de senhorios e inquilinos[150]. O princí-

---

[150] Reconhece-se, não obstante, que as situações, algo frequentes, de coexistência de vários arrendamentos tendo por objecto diferentes divisões de uma fracção de um prédio urbano, podem gerar dificuldades acrescidas, dada a eventualidade de instalação de um novo inquilino (ou do próprio senhorio) perturbador da *pax* existente entre os diversos arrendatários. Contudo, essas dificuldades não são maiores ou menores em função da inexistência ou da existência de estabelecimento de profissão liberal na titularidade do ex--inquilino cedente. Por outro lado, cada inquilino sabe, de antemão, que a coexistência de

pio da equiparação de que fala a doutrina e a jurisprudência e de que se deu nota supra, não deve ser equacionado entre os desiguais direitos de preferência dos arts. 47 e 116 RAU mas antes numa lógica de correspondência, de "compensação" – agora tornada plenamente possível nos arrendamentos para comércio, indústria e exercício de profissões liberais – entre imposição-sacrifício e vantagem. Ao sacrifício imposto ao senhorio de ter de suportar arrendatário diverso daquele com quem contratou (arts. 115/1 e 122/1), corresponderá a vantagem do direito de preferência na aquisição do *quid* que legitima a imposição.

É esta, parece-nos, tendo em conta o direito constituído, uma solução formalmente lógica e coerente, que explica a aplicação do direito de preferência do senhorio em todos os casos de cessão onerosa do direito do arrendatário, em arrendamento para exercício de profissão liberal.

Questão diversa, agora sob um prisma *de jure condendo*, é a da ponderação da bondade do próprio regime consagrado no art. 116, enquanto solução destinada a imprimir maior justiça à relação global entre senhorio e arrendatário. Pensamos que outras vias alternativas à solução fundiária do art. 116 poderão ser exploradas, com recurso a mecanismos de modificação de certas rendas, de garantia de pagamento das rendas e/ou, ainda, de transformação, por força da lei, de arrendamentos sujeitos ao regime comum em arrendamentos de duração limitada, quando ocorra trespasse ou cessão da posição do arrendatário.

Faculdade de Direito de Lisboa, Janeiro de 2002.

---

diversos arrendamentos é uma fonte potencial de atritos, ainda que não haja mudança de arrendatários.

Admite-se, no entanto que, ainda que o senhorio se não tenha vinculado a abster-se de arrendar (ou ocupar) as divisões entretanto vagas para fins não "compatíveis" com os dos arrendamentos existentes, os arrendatários destes últimos arrendamentos possam, nalguns casos, exigir ao senhorio a cessação da nova actividade, por violação da obrigação de assegurar o gozo da coisa para os fins a que a mesma se destina (art. 1031, al. b) CC): assim, se numa fracção objecto de 4 arrendamentos a médicos, o senhorio dá de arrendamento uma divisão, entretanto desocupada, para um escritório comercial, temos muita dificuldade em ver como é que o senhorio logra cumprir a sobredita obrigação em relação aos três arrendatários médicos.

Caso diferente do exposto, merecedor, pela sua especificidade, de uma atenção e de um estudo autónomos, é o do único arrendamento com pluralidade de arrendatários, em que, à partida, é, desde logo, de colocar em sérias dúvidas, pela *ratio* dos arts. 121 e 116 RAU, que o senhorio seja titular de um direito de preferência: essa preferência só será, ainda assim, equacionável nos casos em que um dos co-arrendatários pretenda ceder a sua quota a terceiro estranho à plural posição de arrendatário.

CESSAÇÃO DO CONTRATO DE ARRENDAMENTO PARA AUMENTO DA CAPACIDADE DO PRÉDIO*

Luís Gonçalves da Silva**

SUMÁRIO: § 1.º) Introdução 1. Generalidades 2. Delimitação do objecto § 2.º) Breve enquadramento histórico § 3.º) Regime jurídico da Lei n.º 2088 3. Âmbito de aplicação 4. Requisitos 5. Efeitos.

§ 1.º
Introdução

1. Generalidades

I. O Direito do Arrendamento corresponde a uma área do Direito que, tendo presente as especificidades do seu objecto, se autonomizou do direito comum, ou seja, do Direito Civil; atendendo às suas particularidades constitui um especial e relevante sector normativo do nosso quotidiano.

---

* O presente texto corresponde, com algum desenvolvimento, a parte da conferência proferida no Curso de Arrendamento Urbano, realizado sob a coordenação do Senhor Professor Doutor J. da Costa Gomes, na Faculdade de Direito de Lisboa, no dia 26 de Março de 2001. Aproveitamos para felicitar o Senhor Professor Doutor J. da Costa Gomes pelo evento e pelo seu sucesso, bem como para agradecer o honroso convite que nos foi endereçado para nele participarmos e a constante disponibilidade em nos auxiliar nas dúvidas que nos iam surgindo.

** Mestre em Direito. Assistente da Faculdade de Direito de Lisboa.

*** Todos os preceitos sem indicação da respectiva fonte, referem-se à Lei n.º 2088, de 3 de Julho de 1957, devidamente actualizada.

Numa época em que é clara e inequívoca a crise e, consequentemente, a dificuldade de destrinça entre o Direito Público e o Direito Privado[1], o Direito do Arrendamento surge, tal como outras áreas, de que é exemplo o Direito do Trabalho, com um objecto inter-disciplinar. As suas regras atravessam diferentes ramos de Direito, de que são exemplo o Direito Constitucional, o Direito Administrativo ou, naturalmente, o Direito das Obrigações, o que é bem demonstrativo da pluralidade de valores que estão presentes, sendo certo que muitos deles atingem foros de ordem pública[2].

II. Existe, no entanto, uma preocupação que é comum a outras áreas: o estabelecimento de uma igualdade material entre os sujeitos da situação jurídica, ou seja, sem entrar em fundamentalismos de que o Direito do Arrendamento é, apenas e somente, o direito dos arrendatários, há que reconhecer que os seus intentos, pelo menos originários, são os de proteger um contraente débil, i.e., o arrendatário, sem, no entanto, ignorar o proprietário.

III. A história do arrendamento urbano teve, e tem, sem prejuízo do facto de o Direito ser refractário a fórmulas reducionistas, ao longo dos tempos, dois grandes vectores: o valor das rendas e as formas de cessação do contrato; isto mesmo nos é confirmado pelo preâmbulo do Decreto-Lei n.º 321-B/90, de 15 de Outubro[3].

---

[1] Sobre a divisão do Direito em público e privado, cuja origem remonta ao Direito Romano, *vd.*, entre muitos outros, OLIVEIRA ASCENSÃO, *O Direito – Introdução e Teoria Geral – Uma Perspectiva Luso Brasileira*, 11.ª edição, Almedina, Coimbra, 2001, pp. 325 e ss; BAPTISTA MACHADO, *Introdução ao Direito e ao Discurso Legitimador*, Almedina, Coimbra, 7.ª reimpressão, 1994, pp. 65 e ss; e, em especial, MARIA JOÃO ESTORNINHO, *A Fuga para o Direito Privado – Contributo para o Estudo da Actividade de Direito Privado da Administração Pública*, «colecção teses», Almedina, Coimbra, 1996, pp. 139 e ss, com diversas indicações bibliográficas.

[2] Sobre o conceito de ordem pública, e as suas diferentes perspectivas, *vd.*, entre outros, MENEZES CORDEIRO, *Tratado de Direito Civil Português – Parte Geral*, volume I, tomo I, 2.ª edição, Almedina, Coimbra, 2000, pp. 507 e ss; BAPTISTA MACHADO, *Lições de Direito Internacional Privado*, 3.ª edição, Almedina, Coimbra, 1988, pp. 253 e ss; SEQUEIRA RIBEIRO, *Sobre a Denúncia no Contrato de Arrendamento Urbano para Habitação*, Lex, Lisboa, 1996, p. 58; MARQUES DOS SANTOS, *As Normas de Aplicação Imediata no Direito Internacional Privado*, «colecção teses», Almedina, Coimbra, volume I e II, 1991, respectivamente, pp. 171 e ss, 698 e ss.

[3] Com elementos sobre a evolução histórica do arrendamento, *vd.*, por exemplo, ROMANO MARTINEZ, *Direito das Obrigações (Parte Especial), Contratos (Compra e Venda, Locação e Empreitada)*, 2.ª edição, Almedina, Coimbra, 2001 pp. 233 e ss.

Subjacente a tais vectores está, entre outros, a, em regra, desigualdade económica das partes. Não falta mesmo quem fale, não obstante a existência da oposição de autorizada doutrina[4], que indubitavelmente acompanhamos, no princípio do tratamento mais favorável do arrendatário[5].

IV. Toda a situação (jurídica) existente no arrendamento deve ser encarada numa perspectiva puramente jurídica, sem paixões de outra

---

[4] Por exemplo, PINTO FURTADO, *Manual de Arrendamento Urbano*, 3.ª edição, Coimbra Editora, 2001, pp. 214 e ss; ROMANO MARTINEZ, *Direito das Obrigações – Parte Especial*, cit., p. 235, nota 1.

[5] Cfr. CARLOS ALEGRE, *Regime de Arrendamento Urbano Anotado*, Coimbra Editora, 1991, p. 20; PEREIRA COELHO, *Arrendamento – Direito Substantivo e Processual* (Lições ao Curso do 5.º ano de Ciências Jurídicas no ano lectivo de 1988-1989) policopiadas, Coimbra, 1988, pp. 61 e ss, preconizando que, tal como no Direito do Trabalho, o Direito do Arrendamento é parcial na resolução dos litígios entre as partes envolvidas. Com interesse para o debate, *vd.*, BRANDÃO PROENÇA, "Um Exemplo do Princípio do Melhor Tratamento do Arrendatário Habitacional: Termo Final do Arrendamento e «Renovação Forçada» – (Uma Perspectiva Comparatística", *Estudos Em Homenagem ao Prof. Doutor J. J. Teixeira Ribeiro*, Boletim da Faculdade de Direito da Universidade de Coimbra, número especial, volume III, Coimbra, 1983, pp. 315 e ss. Sobre o princípio do tratamento mais favorável do trabalhador, também objecto de muitas críticas, *vd.*, entre outros, ANTÓNIO ARAÚJO, "Princípio «Pro Operario» e Interpretação de Normas Juslaborais", *Revista Jurídica da Associação Académica da Faculdade de Direito de Lisboa*, número temático – Direito do Trabalho, n.º 15 (nova série), 1991, pp. 29 e ss; MENEZES CORDEIRO, "O Princípio do Tratamento Mais Favorável no Direito do Trabalho", *Direito e Justiça*, Revista da Faculdade de Ciências Humanas – Universidade Católica Portuguesa, volume de Homenagem ao Prof. Doutor Gonçalves Cavaleiro Ferreira, volume III, 1987/1988, pp. 111 e ss, e *Manual de Direito do Trabalho*, Almedina, Coimbra, reimpressão, 1994, pp. 69 e ss, e 205 e ss; MONTEIRO FERNANDES, "Princípio do Tratamento Mais Favorável ao Trabalhador – Sua Função", *Estudos de Direito do Trabalho*, Almedina, Coimbra, 1972, pp. 7 e ss (previamente publicado em *Estudos Sociais e Corporativos*, ano VI, n.º 21, 1967, pp. 73 e ss), e *Direito do Trabalho*, 11.ª edição, Almedina, Coimbra, 1999, pp. 114 e ss; RIBEIRO LOPES, *Direito do Trabalho – Sumários Desenvolvidos das Aulas –*, policopiado, s.e., Lisboa, 1977-1978, pp. 57 e ss; ACÁCIO LOURENÇO, "O Princípio do Tratamento Mais Favorável", *Estudos sobre Temas de Direito do Trabalho*, Perspectivas e Realidades, Lisboa, 1979, pp. 91 e ss; ROMANO MARTINEZ, *Direito do Trabalho – Parte Geral*, volume I, 3.ª edição, 1998, Lisboa, pp. 279 e ss, e 339 e ss; BARROS MOURA, *A Convenção Colectiva entre as Fontes de Direito do Trabalho*, Almedina, Coimbra, 1984, pp. 155 e ss; MÁRIO PINTO, *Direito do Trabalho – Introdução e Relação Colectivas*, Universidade Católica, Lisboa, 1996, pp. 163 e ss; RAÚL VENTURA, *Teoria da Relação Jurídica de Trabalho – Estudo de Direito Privado*, volume I, Imprensa Portuguesa, Pôrto, 1944, pp. 195 e ss; LOBO XAVIER, *Curso de Direito do Trabalho*, 2.ª edição, Verbo, Lisboa, 1993, pp. 254 e ss.

índole, embora o Direito não possa, nem deva, ser alheio à qualidade dos sujeitos envolvidos.

A tensão entre os interesses das partes envolvidas é um dado irrefutável. Como se pode ler em aresto do Tribunal Constitucional, "o regime jurídico da relação arrendatícia (particularmente, no âmbito do arrendamento urbano) consubstancia um polo de tensão, no qual se procura a composição juridicamente sustentável dos interesses do titular do direito sobre o imóvel (senhorio) e do arrendatário (titular do direito à habitação). Neste quadro de posições divergentes, as soluções limitadoras de direitos de uma das partes, para além da compensação contratual devida, hão-de sempre encontrar fundamento legitimador numa dimensão prevalecente dos interesses do outro contraente. É na correcta articulação das duas posições que se encontrará equilíbrio juridicamente pretendido"[6].

O quadro gizado tem, desde logo, necessariamente de ser encontrado, no que respeita à harmonia entre as partes envolvidas, no alicerce do sistema jurídico: A Constituição da República (1976).

Estabelece, com efeito, este diploma, no art. 65.º, n.º 1, que *"todos têm direito, para si e para a sua família, a uma habitação de dimensão adequada, em condições de higiene e conforto e que preserve a intimidade pessoal e a privacidade familiar"*. Ressalta, desde logo, deste preceito, tal como dos números subsequentes, que o Estado, tal como quaisquer outras pessoas, não podem obstar, em princípio, à obtenção de habitação, e nesta medida estamos perante um direito análogo aos direitos, liberdades e garantias (art. 17.º)[7]; por outro lado, e ao invés de um direito negativo ou de defesa, temos um direito positivo do qual resulta que o Estado deve agir de modo a maximizar o direito à habitação, cabendo para tal às entidades públicas a tomada de medidas para a concretização deste direito social, que pode, face à inacção, gerar inconstitucionalidade por omissão (art. 283.º)[8].

Em correlação com este direito, temos o direito do proprietário[9], i.e., "(...) *o direito à propriedade privada e à sua transmissão em vida ou por*

---

[6] Acórdão n.º 280/2001, de 26 de Junho, inédito, p. 3, ao apreciar o art. 64.º, n.º 1, alínea d) do RAU.

[7] Sobre o regime dos direitos análogos aos direitos, liberdades e garantias, *vd.* VIEIRA DE ANDRADE, *Os Direitos Fundamentais na Constituição Portuguesa de 1976*, 2.ª edição, Almedina, pp. 192 e ss; JORGE MIRANDA, *Manual de Direito Constitucional – Direitos Fundamentais*, 2.ª edição, Coimbra Editora, 1993, pp. 139 e ss.

[8] Cfr. GOMES CANOTILHO – VITAL MOREIRA, *Constituição da República Portuguesa Anotada*, 3.ª edição, Almedina, Coimbra, 1993, pp. 344-345 (I).

[9] Como escreve ROMANO MARTINEZ, "A Constituição de 1976 e o Direito do Traba-

morte, nos termos da Constituição"[10]. Como resulta do preceito, o direito de propriedade deve exercer-se no quadro estruturante da Constituição, ou seja, como acontece com qualquer outro, em harmonia com os outros direitos.

A medida da harmonia é que é discutível e discutida.

Para GOMES CANOTILHO e VITAL MOREIRA, o direito de uso e disposição da propriedade privada deve subordinar-se ao direito de estabilidade na habitação – que afasta, por exemplo, a possibilidade das rendas ou dos despejos estarem apenas submetidas à liberdade contratual[11]. A questão, para nós, não deve ser de subordinação mas de concordância prática, pois não podemos, de modo algum, permitir a aniquilação de um direito em detrimento de outro[12]. Mais: a pior forma que haveria para (aparentemente) garantir o direito à habitação seria afectar elementos nucleares do direito de propriedade privada, pois, sem dúvida, o resultado seria o oposto do pretendido com graves consequências para a habitação, além de tal posição não ter apoio na Constituição (art. 18.º, n.º 2).

---

lho", AAVV, *Nos 25 Anos da Constituição da República Portuguesa de 1976 – Evolução Constitucional e Perspectivas Futuras*, Associação Académica da Faculdade de Direito de Lisboa, 2001, pp. 183 e ss, "o direito à habitação dos inquilinos teve de se harmonizar com o direito de propriedade dos senhorios, denotando-se, em especial depois de 1990, uma inflexão na política legislativa ao permitir-se, por exemplo, a livre celebração de contratos de duração limitada ao mesmo tempo que se reduziam algumas prerrogativas dos inquilinos, como a não actualização de rendas".

[10] Este direito embora esteja formalmente colocado no âmbito dos direitos, económicos, sociais e culturais, é considerado um direito, liberdade e garantia de natureza análoga, gozando, deste modo, do regime do art. 18.º, por via do art. 17.º. Neste sentido, por exemplo, VIEIRA DE ANDRADE, *Os Direitos Fundamentais* ..., cit., p. 194; GOMES CANOTILHO – VITAL MOREIRA, *Constituição da República Portuguesa Anotada*, cit., pp. 331 (I); JORGE MIRANDA, *Manual de Direito Constitucional – Direitos Fundamentais*, cit., pp. 466 e ss; AFONSO VAZ, *Direito Económico – A Ordem Económica Portuguesa*, 4.ª edição, Coimbra Editora, 1998, p. 150). Na jurisprudência constitucional, *vd.*, por exemplo, aresto n.º 76/85, de 6 de Maio, *Boletim do Ministério da Justiça* n.º 360 (Novembro), suplemento, 1986, pp. 296 e ss. Relativamente ao conteúdo do direito de propriedade privada, *vd.*, nomeadamente, GOMES CANOTILHO – VITAL MOREIRA, *op. cit.*, pp. 330 e ss; JORGE MIRANDA, *op. cit.*, pp. 462 e ss.

[11] GOMES CANOTILHO – VITAL MOREIRA, *Constituição da República Portuguesa Anotada*, cit., pp. 345 (III).

[12] Sobre a questão, *vd.*, em termos gerais, VIEIRA DE ANDRADE, *Os Direitos Fundamentais* ..., cit., pp. 275 e ss; JORGE MIRANDA, *Direito Constitucional – Direitos Fundamentais*, cit., pp. 296 e ss; ROMANO MARTINEZ, "A Constituição de 1976 ...", cit., pp. 184 e ss.

V. É, então, em nossa opinião, neste quadro de harmonia e concordância que devem ser interpretadas as normas legais e exercidos os dois direitos.

O Tribunal Constitucional tem entendido, a propósito da apreciação da eventual inconstitucionalidade de normas sobre o arrendamento, que[13]:

- "o direito à habitação não confere, por si mesmo, habitação de dimensão adequada, em condições de higiene e conforto, com preservação da intimidade pessoal e da privacidade pessoal, dependendo (sob «reserva do possível») da concretização da tarefa constitucional"[14].
- "(...) dada a necessária intervenção do legislador ordinário para concretizar o conteúdo do direito [à habitação], o cidadão só pode exigir o seu cumprimento, nas condições e nos termos plasmados na lei, não sendo também constitucionalmente exigível que tal direito se realize pela imposição de limitações intoleráveis e desproporcionadas de direitos constitucionalmente consagrados de terceiros, como é o caso do direito de propriedade"[15].
- ou ainda, "o direito à habitação tem, assim, o Estado – e, igualmente, as regiões autónomas e os municípios – como único sujeito passivo – e nunca, ao menos em princípio, os proprietários de habitações ou os senhorios. Além disso, ele só surge depois de uma *interpositio* do legislador, destinada a concretizar o seu conteúdo, o que significa que o cidadão só poderá exigir o seu cumprimento, nas condições e nos termos definidos pela lei"[16].

VI. Em virtude dos valores aludidos, e no seguimento de graves crises da habitação, o legislador, na sequência das diversas fontes que a precederam[17], consagrou, na versão originária do Código Civil[18], o regime

---

[13] A orientação do Tribunal Constitucional, no que respeita ao Direito à habitação, pode ser compulsada em ANA PAULA UCHA, "Direitos Sociais", AAVV, *Estudos sobre a Jurisprudência Constitucional*, Aequitas, Lisboa, 1993, pp. 234 e ss.

[14] Acórdão n.º 633/95, de 8 de Novembro, *Diário da República*, de 20 de Abril de 1996, II série, número 94, pp. 5439 e ss (5441), a propósito da alínea i) do n.º 1 do art. 64.º do RAU.

[15] Acórdão n.º 952/96, de 10 de Julho, inédito, p. 12, ao analisar a alínea i) do n.º 1 do art. 64.º do RAU.

[16] Acórdão n.º 32/97, de 15 de Janeiro, inédito, p. 7, sublinhado no original, estando em causa a alínea i) do n.º 1 do art. 64.º do RAU.

[17] Sobre o princípio da prorrogação automática, *vd.* PINTO FURTADO, *Manual do Arrendamento* ..., cit., pp. 167 e ss, 183 e ss, que defende a inconstitucionalidade da pror-

geral (imperativo) da prorrogação automática, de onde dimana a proibição, como princípio geral, de denúncia por parte do senhorio (arts. 1095.°)[19]. Entre as excepções encontravam-se as situações previstas no n.° 1 do art. 1096.°, segundo o qual "*o senhorio pode, porém, denunciar o contrato, para o termo do prazo ou da renovação, nos casos seguintes: a) quando necessite do prédio para sua habitação ou para nele construir a sua residência; b) quando se proponha ampliar o prédio ou construir novos edifícios em termos de aumentar o número de locais arrendáveis*"[20].

Consequentemente a denúncia para aumento da capacidade de prédio, tal como a para habitação do senhorio (arts. 1097.° e 1098.° do Código Civil), eram ainda objecto de regulamentação pelo mesmo diploma, embora naquela situação o Código Civil se limitasse a remeter para legislação especial (art. 1100.°).

---

rogação forçada dos arrendamentos (p. 183); SEQUEIRA RIBEIRO, *Sobre a Denúncia no Contrato de Arrendamento ...*, cit., pp. 44 e ss, com indicações históricas; J. DA COSTA GOMES, *Arrendamentos para Habitação*, 2.ª edição, Almedina, Coimbra, 1996, pp. 274 e ss, com indicação de diversa bibliografia; BRANDÃO PROENÇA, "Um Exemplo do Princípio do Melhor Tratamento ...", cit., em especial, pp. 338 e ss, com elementos de Direito Comparado.

[18] Recorde-se que a Comissão de elaboração do Código Civil (de 1966) contou com a participação de GALVÃO TELLES. Inicialmente foi constituída por um presidente (VAZ SERRA), a quem coube escolher os outros membros, e que foram MANUEL DE ANDRADE, PIRES DE LIMA e PAULO CUNHA. Mais tarde, a Comissão foi alargada, ficando a GALVÃO TELLES com a parte dos contratos em geral, onde se incluiu, naturalmente, a locação. Cfr. GALVÃO TELLES, "Aspectos Comuns aos Vários Contratos", *Revista da Faculdade de Direito de Lisboa*, volume VII, 1950, pp. 234 e ss; VAZ SERRA, "A Revisão Geral do Código Civil (Alguns Factos e Comentários)", *Boletim da Faculdade de Direito da Universidade de Coimbra*, volume XXII (1946), 1947, pp. 458 e ss.

[19] Como salienta GALVÃO TELLES, "Aspectos Comuns ...", cit., p. 261, a propósito da análise da figura do contrato, "outro aspecto curioso do fortalecimento do contrato é o que consiste em a lei impor a sua subsistência *para além do prazo fixado*, contra os desejos de um dos contraentes", itálico no original, exemplificando com a situação dos arrendamentos urbanos. De seguida, escreve o Professor (pp. 261-262): "o senhorio tem aí os movimentos presos, não pode obstar a que o contrato se renove uma e mais vezes, e a vida do acordo perpetua-se, contra o querer de um dos sujeitos, ao sabor da vontade do outro.

A prolongação artificial do vínculo – continua o Autor – é mais uma consequência do intervencionismo, que se traduz em acréscimo de vitalidade do contrato. Este escapa ao domínio de um dos seus autores, legalmente impossibilitado de o fazer cessar no prazo previsto. A lei dá-lhe vida superior à que lhe marcaram os próprios contraentes no momento da celebração".

[20] O n.° 2 do art. 1096.° excluía a aplicação deste preceito às casas de saúde e aos estabelecimentos de ensino oficial e particular.

Solução idêntica à consagrada no Código Civil, foi sufragada, tendo sido revogados aqueles preceitos, no RAU, no qual se estabelece que o prazo supletivo de duração do contrato é de 6 meses (art. 10.°) e que a denúncia[21] por parte do senhorio só é admitida quando a lei a prevê e pela

---

[21] Em bom rigor o que está em causa, sem prejuízo de utilizarmos a linguagem legal, é a *oposição à prorrogação*, ou se preferimos a *denúncia-oposição à prorrogação* – a que a lei chama, em vez de prorrogação, renovação 1054.° do Código Civil (cfr. nota seguinte) – e não a *denúncia* (*toute court*), uma vez que nesta o que se verifica é que uma parte de um contrato de duração indeterminada põe fim a este, através de uma declaração feita com determinada antecedência à outra parte; enquanto que na oposição à prorrogação, uma parte de um contrato com prazo para prorrogação automática opõe-se unilateralmente a que tal suceda; ou seja, aqui evita-se a constituição de novas obrigações ainda que idênticas às existentes; na denúncia suprime-se a fonte de onde brotavam as obrigações, pelo que consequentemente se extinguem as obrigações.

J. DA COSTA GOMES, refere-se à denúncia – oposição à prorrogação, escrevendo o Autor, *Em Tema da Revogação do Mandato Civil*, Almedina, Coimbra, 1989, p. 77, que "a denúncia enquanto forma de cessação duma relação contratual duradoura por tempo indeterminado, não se confunde, a nosso ver, com a denúncia-oposição à prorrogação; por exemplo no arrendamento urbano, através da denúncia o arrendatário (arts. 1054.° e 1055.°) – ou até o senhorio nos casos excepcionais em que o pode fazer (art. 1096.° e ss e Lei n.° 53/79, de 15 de Setembro) – não provoca ele próprio a extinção da relação contratual: aí a denúncia apenas obsta à prorrogação do contrato, sendo a caducidade pelo decurso do prazo a verdadeira cauas de cessação (art. 1051.°, n.° 1, alínea a)". Cfr. também, do mesmo Autor, *Arrendamentos para Habitação*, cit., pp. 271 e ss, escrevendo o Professor na p. 275, que "o princípio firmado no art. 1095.° – dito, embora, de *renovação* – era de autêntica *prorrogação*: na verdade, aqui, o contrato não chega a extinguir-se por caducidade, em termos de se produzir a sua *renovação*; não há uma *recondução tácita*", itálico no original.

Também MENEZES CORDEIRO, *Direito das Obrigações*, 2.° volume, Associação Académica da Faculdade de Direito de Lisboa, Lisboa, reimpressão, 1994, p. 166; PESSOA JORGE, *Direito das Obrigações*, volume I, Associação Académica da Faculdade de Direito de Lisboa, Lisboa, 1975/75, pp. 197 e ss; e MENEZES LEITÃO, *Direito das Obrigações – Transmissão e Extinção das Obrigações, Não cumprimento e Garantias do Crédito*, volume II, Almedina, Coimbra, 2002, p. 104, se referem à oposição à renovação – não utilizando a expressão prorrogação, salvo PESSOA JORGE – como uma figura diferente da denúncia. MENEZES LEITÃO, *ibidem, idem*, defende que a oposição à renovação conjuga a caducidade e a denúncia, exemplificando com os arts. 1054.° e 1055.° do Código Civil.

Diferentemente, ALMEIDA COSTA, *Direito das Obrigações*, 9.ª edição, Almedina, Coimbra, 2001, pp. 282 e ss, e ANTUNES VARELA, *Das Obrigações em Geral*, volume II, Almedina, Coimbra, 7.ª edição, 1997, p. 281, e ANTUNES VARELA – PIRES DE LIMA, *Código Civil Anotado*, volume II (artigos 762.° a 1250.°), 4.ª edição, revista e actualizada, Coimbra Editora, 1997, p. 619 (2), referem-se à denúncia como uma manifestação da vontade de uma das partes, em contratos de prestação duradouras, dirigidas à sua não renovação ou

forma nela estabelecida (art. 68.º, n.º 2 do RAU)[22]. Um dos casos em que o senhorio pode denunciar o contrato, para o termo do prazo ou da sua renovação, ocorre quando este "(...) *se proponha ampliar o prédio ou nele construir novos edifícios por forma a aumentar o número de locais arrendáveis e disponha do respectivo projecto de arquitectura, aprovado pela*

---

continuação. Aliás, como escrevem estes Autores, *ibidem*, esta noção de denúncia encontra-se legalmente estabelecida (por exemplo, artigos 1054.º, 1055.º e 68.º e ss do RAU).

Sobre a denúncia, além das obras acima indicadas, *vd*. MENEZES CORDEIRO, "Contrato de Arrendamento – Denúncia – Âmbito do Regime Vinculístico", *Revista da Ordem dos Advogados*, ano 54, 1994, III, pp. 847 e ss; VAZ SERRA, "Tempo da Prestação. Denúncia", *Boletim do Ministério da Ivstiça*, n.º 50 (Setembro), 1955, pp. 184 e ss; GALVÃO TELLES, "Contrato Duradouro com Termo Final. Denúncia", *Colectânea de Jurisprudência*, ano XI, 1986, tomo III, pp. 18 e ss.

[22] Sobre as diferenças entre a prorrogação e a renovação automática, *vd*. J. DA COSTA GOMES, *Arrendamentos para a Habitação*, cit., pp. 275 e a diversa bibliografia aí indicada; PESSOA JORGE, *Direito das Obrigações*, cit., p. 198; BRANDÃO PROENÇA, "Um Exemplo do Princípio do Melhor Tratamento ...", cit., *maxime*, pp. 332 e ss; e GALVÃO TELLES, "Contratos Civis ...", 1953, cit., pp. 186-187, que escreve: a prorrogação "(...) consiste em o contrato protrair a sua existência para além do tempo de duração que os contraentes lhe fixaram, pelo simples facto de nenhum o denunciar (art. 56.º)"; enquanto que a renovação "(...) consiste em a vigência contratual se ter como restabelecida retroactivamente, ao fim de certo tempo de haver determinado, se entretanto o locatário se manteve sem oposição do locador no gozo do objecto (art. 57.º).

Na prorrogação – continua o Autor – o contrato não chega a interromper o curso da sua existência, que se prolonga por determinação da lei, em vista da inércia das partes, as quais ambas se abstiveram de manifestar com a antecedência necessária uma vontade oposta. A locação não se extingue, nem sequer teóricamente: dilata-se, por força da iniciação do novo período contratual.

Na renovação o contrato extingue-se efectivamente: deixa de produzir efeitos jurídicos, porque é objecto de revogação, rescisão ou caducidade".

Consequentemente, prescreviam os arts. 56.º e 57.º da proposta de GALVÃO TELLES, "Contratos Civis – Exposição de Motivos", *Revista da Faculdade de Direito da Universidade de Lisboa*, volume X, 1954, p. 202, o seguinte: (art. 56.º) "*§ 1.º O contrato de locação prorroga-se sucessivamente se nenhum das partes o denunciar.*

§ 2.º A denúncia tem de ser comunicada ao outro contraente com uma antecedência mínima, em relação ao fim do prazo do contrato, de sessenta dias, trinta dias ou um terço do referido prazo, conforme este seja de um ano ou tempo superior, de três meses ou mais, até um ano, ou de menos de três meses.

§ 3.º A prorrogação é igual ao prazo por que tenha sido celebrado o contrato; mas será apenas de um ano se o dito prazo for mais longo"; (art. 57.º) "*se, depois de revogado, rescindindo ou caduco o contrato, o locatário se mantiver, ainda assim, no gozo da coisa, pelo lapso de um ano, sem oposição da outra parte, o contrato considerar-se-á de novo em vigor, como se não tivesse findado*".

câmara municipal" (art. 69.º, n.º 1, alínea c), 1.ª parte do RAU). Esta matéria, que é objecto de legislação especial (art. 73.º, n.º 1 do RAU), encontra-se regulada pela Lei n.º 2088, de 3 de Julho de 1957.

Dito isto, podemos, então, assentar que, em regra, os contratos de arrendamento urbano se prorrogam automaticamente (arts. 1054.º do CC e 68.º do RAU), excepção feita aos casos legalmente previstos[23], entre os quais se inclui a faculdade de denúncia do senhorio, o que leva J. DA COSTA GOMES a falar em *perpetualidade tendencial*[24].

2. Delimitação do objecto

I. Depois desta sumária introdução (§ 1.º), iniciaremos um breve enquadramento histórico (§ 2.º) com o intuito de obter uma melhor entendimento do actual sistema, pois conhecer o passado de um regime é essencial para a sua compreensão actual.

Posteriormente, analisaremos a parte substantiva do regime jurídico vigente (§ 3.º), iniciando a exposição pelo âmbito de aplicação do diploma (3), seguindo-se uma apreciação dos requisitos do instituto (4), para, finalmente, apurarmos os efeitos ocorridos na esfera jurídica dos sujeitos da situação arrendatícia (5).

§ 2.º
Breve enquadramento histórico

I. A *Lei n.º 2088, de 3 de Julho de 1957*, tem como antecedente a alínea c) do art. 69.º da *Lei n.º 2:030, de 22 de Junho de 1948*[25] – revogada pelo art. 19.º daquele diploma –, segundo a qual pode ser requerido o despejo para o fim do prazo do arrendamento ou da renovação quando o senhorio se propuser, desde que exista um projecto aprovado pela respectiva câmara municipal, a:

a) ampliar o prédio de modo a aumentar o número de arrendatários,

---

[23] Em relação ao arrendatário, a denúncia tem apenas restrições temporais (arts. 68.º, n.º 1 e 1055.º do CC).

[24] J. DA COSTA GOMES, *Constituição da Relação de Arrendamento Urbano*, Almedina, Coimbra, 1980, p. 69.

[25] Podem encontrar-se os trabalhos preparatórios e comentários deste diploma em TITO ARANTES, *Inquilinato, Avaliações – Trabalhos Preparatórios e Primeiros Comentários*, Lisboa, 1949.

contanto que estes não possam aí ser mantidos, facto que deve ser comprovado mediante vistoria camarária;

b) substituir integralmente o prédio com a inerente possibilidade de aumentar o número de inquilinos;

c) realizar construções para habitação no interior de zonas urbanizadas em terrenos em que elas inexistam.

Este diploma teve um vector essencial: permitir que o senhorio possa impor a cessação do contrato de arrendamento para o fim do prazo, desde que esteja em causa o aumento da capacidade do prédio e, consequentemente, do número de inquilinos[26]. Como escreve PIRES DE LIMA, o Autor da ideia,

"quando sugerimos à Câmara Corporativa, em 1947, a introdução no contra-projecto de este novo fundamento de despejo para o fim do prazo do arrendamento ou da renovação, fize-mo-lo com a convicção de que não só contribuíamos para a resolução do problema habitacional, como também para a resolução dum problema estético, designadamente na cidade de Lisboa, permitindo, dissémo-lo no *parecer* da Câmara, «transformar casas velhas e pequenas, impróprias muitas vezes dos locais onde se encontram, em edifícios novos»"[27].

II. Antes deste diploma de 1948, não existia legislação que permitisse o senhorio despejar o arrendatário por este fundamento[28]. Foi com

---

[26] Cfr. o debate sobre a proposta de lei de alteração da alínea c) da Lei n.º 2:030, de 22 de Junho de 1948, em *Diário das Sessões da Assembleia Nacional* (VI legislatura), de 13 de Março de 1957, número 186, p. 340.

[27] PIRES DE LIMA, *Revista de Legislação e de Jurisprudência*, ano 96.º, n.º 3261, 1964, p. 372.

[28] Cfr. J. G. DE SÁ CARNEIRO, "Notas à Lei n.º 2:030", *Revista dos Tribunais*, ano 66.º, n.º 1584, 1948, pp. 372 e ss, onde o Autor analisa a alínea c) do art. 69.º da Lei n.º 2030. Deve-se, no entanto, chamar à atenção para o facto – situação que não se confunde com a que está a ser analisada – de ser, já na altura, possível recorrer, eventualmente, ao despejo para realizar obras destinadas à conservação do local arrendado (cfr. art. 21.º, n.º 3, do Decreto n.º 5411, de 17 de Abril de 1919; art. 51.º, n.ºs 18 e 19 do Código Administrativo; art. 167.º do Regulamento Geral das Edificações Urbanas, aprovado pela Decreto-Lei n.º 38 382, de 7 de Agosto de 1951). Note-se que na situação em análise, não é pressuposto a conservação do local, mas o aumento do número de inquilinos (para mais desenvolvimentos sobre as diferenças entre o art. 21.º, n.º 3 do Decreto n.º 5411 e a alínea c) do n.º 1 do art. 69.º, antecedente da Lei n.º 2088, vd. *Revista de Legislação e de Jurisprudência*, ano 82.º, número 2917, 1949, em especial, pp. 281 e ss). No entanto, por exemplo, GALVÃO TELLES, *Arrendamento – Lições ao 5.º ano jurídico*, coligidas pelos alunos

base nesta e, depois de decorridos quase uma década, com a experiência e os conhecimentos que só o decurso do tempo permite adquirir, que surgiu o debate que daria origem à Lei n.º 2088.

Esta discussão teve, desde logo, algumas linhas orientadoras, das quais são de destacar:

a) um aumento mínimo do número de arrendatários, que reveste indiscutível e evidente interesse público;

b) efectivo direito de reocupação do arrendatário, mediante uma correspondência aproximada entre os locais que os antigos inquilinos ocupavam e os novos locais;

c) harmonização dos interesses do senhorio e dos arrendatários, nomeadamente, no que respeita a estes, o da estabilidade do arrendamento[29].

III. Na senda destas linhas traçadas pela Câmara Corporativa, o Governo usando as suas sugestões, propôs à Assembleia Nacional[30], o texto do qual resultaria a Lei n.º 2088, de 3 de Julho de 1957. Esta causa legalmente chamada de denúncia seria objecto de várias oscilações ao longo dos tempos.

Recorde-se que corria o ano de 1966, quando o *Código Civil* – que apenas entrou em vigor no dia 1 de Junho de 1967 (art. 2.º) – estabeleceu, no art. 1095.º, que o senhorio não goza do direito de denúncia, havendo

---

Garcia Domingues e Manuel Ribeiro, Pro Domo, Lisboa, 1944/1945, pp. 264 e ss, entendia que o art. 21.º, n.º 3 do Decreto n.º 5411, consagrava um caso de suspensão e não de cessação (rescisão), uma vez que, como escreve o Professor, e é acompanhado pelo Supremo, num aresto que indica, "não há aqui, da parte do inquilino, qualquer ofensa aos interêsses do senhorio que justifique o pedido de rescisão do contrato e a consequente cessação definitiva da sua eficácia" (p. 264). *Vd.* também sobre o assunto, Parecer da Câmara Corporativa, n.º 47/VI, de 22 de Fevereiro de 1957, sobre o Projecto de Decreto-Lei n.º 519 (alterações a introduzir na Lei n.º 2:030, de 22 de Junho de 1948), *Diário das Sessões*, de 13 de Março de 1957, VI legislatura, número 186, p. 345(2).

[29] Cfr. Parecer da Câmara Corporativa, n.º 47/VI, de 22 de Fevereiro de 1957, cit., p. 346(5).

[30] Note-se que o projecto inicial – projecto do Decreto-Lei n.º 519 – submetido pelo Governo à apreciação da Câmara Corporativa era limitado aos arrendamentos de Lisboa e Porto, pois era nestas duas cidades que os problemas assumiam maiores proporções. Tais situações advinham, desde logo, do facto de o art. 48.º da Lei n.º 2:030 não ter resolvido o problema do aumento das rendas, tendo-se ficado à espera de um diploma que o fizesse.

Ora, este não surgiu e muitos foram os casos de indevida utilização da lei, i.e., utilização do regime previsto na alínea c) do art. 69.º da Lei n.º 2:030 com o mero objectivo de fazer cessar o arrendamento. Para mais desenvolvimentos, Parecer da Câmara Corporativa, n.º 47/VI, de 22 de Fevereiro de 1957, cit., p. 345(3).

renovação se não for denunciado pelo arrendatário. No entanto, como vimos acima, no art. 1096.º, n.º 1, alínea b), ficou estabelecido que o senhorio pode denunciar o contrato, para o termo do prazo ou da renovação, quando se proponha ampliar o prédio ou construir novos edifícios em termos de aumentar o número de locais arrendáveis. Por sua vez, o art. 1100.º remetia o regime deste tipo de denúncia para a legislação especial, a qual continuava a ser a Lei n.º 2088.

O Projecto de GALVÃO TELLES, propunha, com base na destrinça, dentro da locação, arrendamento e aluguer (art. 2.º), um regime geral (arts. 1.º a 15.º, secção I – Disposições Preliminares), à qual se seguiam as obrigações do locador (arts. 16.º a 24.º, secção II – Obrigações do Locador), as obrigações do locatário (arts. 25.º a 42.º, secção III – Obrigações do Locatário), a modificação e resolução do contrato (arts. 43.º a 55.º, secção IV – Modificação e Resolução do Contrato). Nesta secção, regulava-se a modificação (art. 43.º) e a revogação (arts. 43.º a 45.º) (Subsecção I); a rescisão (arts. 46.º a 50.º, Subsecção II); a caducidade (arts. 51.º a 53.º, Subsecção III); e o despejo (arts. 54.º e 55.º, Subsecção IV). Posteriormente, surgia a matéria da prorrogação e renovação do contrato (arts. 56.º a 59.º), onde se consagrava a faculdade de denúncia, respeitada a antecedência mínima, que era supletiva (art. 59.º); relativamente à renovação do contrato, o Projecto preconizava que quando o locador, decorrido um ano após a cessação do contrato (revogação, rescisão ou caducidade), mantinha o gozo da coisa sem oposição da outra parte, o acordo considerava-se de novo em vigor como se não tivesse havido qualquer dissolução (art. 57.º). A seguir, surgia a matéria da transmissão do contrato (arts. 60.º a 65.º, Secção VI – Transmissão do Contrato, com duas Subsecções, transmissão de direitos e obrigações do locador (I) e transmissão de direitos e obrigações do locatário (II)). Mais tarde, a sublocação (arts. 66.º a 68.º, Secção VII) e a locação de coisas produtivas (arts. 69.º a 85.º, Secção VIII). Finalmente, eram reguladas as particularidades do arrendamento de prédios urbanos e de prédios rústicos como coisas não produtivas (arts. 86.º a 95.º, Secção IX – Arrendamento de Prédios Urbanos e Arrendamento de Prédios Rústicos como Coisas não Produtivas), cujo art. 86.º mandava aplicar as secções I a VII, em tudo que não contrariasse os artigos especiais. Nestes previa-se que o senhorio só podia rescindir o contrato com base com incumprimento de determinadas obrigações (art. 95.º). A terminar um preceito que prescrevia a legislação revogada[31].

---

[31] Cfr. GALVÃO TELLES, "Contratos Civis ...", 1954, cit., pp. 184 e ss. A explicação deste articulado foi feita, pelo Autor, em "Contratos Civis ...", 1953, cit., pp. 174 e ss.

Como resulta do exposto, e escreve GALVÃO TELLES, depois de referir que o arrendamento urbano estava sujeito a um regime excepcional de prorrogação automática (imperativa), cuja regulação foi introduzida a título transitório sob a forma de suspensão das acções de despejo, suspensão que foi sendo reiteradamente prorrogada, "é possível, e até provável, que o princípio, aceite a título excepcional e provisório, venha a perpetuar-se, enraizando--se na legislação, mesmo para além do eventual desaparecimento das circunstâncias de ordem económica e social que lhe deram origem. Mas ainda é cedo para formular um juízo seguro; e sobretudo não conviria de maneira nenhuma encorporar desde já num Código, que por sua natureza aspira à estabilidade, uma solução como essa, que por enquanto se apresenta como anómala e transitória e que constitui na verdade um fundo desvio ao princípio do igual tratamento das partes contratantes"[32]. Como se sabe, tal entendimento não seria o acolhido[33].

Mais tarde, o *Decreto-Lei n.° 445/74, de 12 de Setembro*[34], suspendeu a faculdade de demolição consagrada na Lei n.° 2088, deixando apenas algumas excepções salvaguardadas, de que é exemplo a irrecuperabilidade do prédio por motivos técnicos ou económicos (arts. 2.°, n.°s 1 e 3, e 4.°, alínea c))[35].

Posteriormente, mediante o *Decreto-Lei n.° 155/75, de 25 de Março*, seria suspensa a acção e a execução de despejo com base nos artigos 1096.° a 1098.° do CC[36][37]. Este motivo de denúncia seria retomado pelo

---

[32] GALVÃO TELLES, "Contratos Civis ...", 1953, cit., pp. 194-195.

[33] Com informação também sobre os trabalhos preparatórios dos arts. 1095.° e 1096.° do Código Civil, *vd.* RODRIGUES BASTOS, *Dos Contratos em Especial – Arts. 1022.° a 1141.°*, volume II, s.e., Viseu, 1974, pp. 165 e ss.

[34] Este diploma foi objecto de revogação expressa pelo art. 16.° do Decreto-Lei n.° 148/81, de 4 de Junho, tendo os arts. 2.° a 4.° sido revogados pelo art. 64.° do Decreto-Lei n.° 794/76, de 5 de Novembro. Por sua vez, o art. 51.° da Lei n.° 46/85, de 20 Setembro, revogou o Decreto-Lei n.° 148/81, de 4 de Junho.

[35] Sobre as consequências, *vd.* arts. 24.° e 25.° do mesmo diploma.

[36] O Decreto-Lei n.° 155/75, de 25 de Março, foi objecto de revogação parcial pelo Decreto-Lei n.° 583/76, de 22 de Julho, que terminou com a suspensão de despejo com fundamento na alínea a) do art. 1096.°, ou seja, nas situações em que o senhorio necessita do prédio para habitação ou para nele construir a sua residência, tendo o legislador, no entanto, limitado tal situação. Nos termos do n.° 1 do art. único do diploma de 1976, *"cessa a suspensão das acções e execuções de despejo, com processo comum ou especial, que tenham por base o disposto na alínea a) do n.° 1 do artigo 1096.° do Código Civil, quando sejam autores ou exequentes: a) Os retornados das ex-colónias ou emigrantes que, ao regressarem a Portugal, pretendam ocupar casa própria que haviam arrendado; b) Os reformados ou aposentados que, em consequência da reforma ou aposentação, pre-*

Decreto-Lei n.° 293/77, de 20 de Julho[38], que permitiu ainda ao juiz fixar o prazo, não superior a um ano, para a desocupação do prédio (art 1.°, n.°s 1 e 2).

Note-se ainda que o *Decreto-Lei n.° 794/76, de 5 de Novembro* – que revogou os arts. 2.° a 4.° do Decreto-Lei n.° 445/74, de 12 de setembro (art. 64.°), ou seja, restabeleceu a faculdade de demolição – veio determinar que a demolição de edifícios para a habitação, caso não esteja integrada em operações de renovação urbana planeadas pela Administração ou por esta determinada, está sujeita, no caso que interessa para a Lei n.° 2088, a autorização, através de despacho, do Secretário de Estado (arts. 36.° e 37.°, n.° 3, cfr. também arts. 41.° e ss).

A seguir, a *Lei n.° 46/85, de 20 de Setembro*, incidiu, entre outras, sobre as situações de caducidade do contrato de arrendamento para habitação em caso de morte de inquilino, tendo atribuído o direito a novo arrendamento a diversas pessoas (art. 28.°, n.° 1); excepcionou, no entanto, entre outras situações, o caso do senhorio pretender ampliar o prédio ou construir novo edifício, desde que existisse aumento do número de locais arrendáveis nos imóveis classificados pela câmara municipal competente como subaproveitados ou degradados (art. 29.°, n.° 1, alínea f); cfr. também os n.°s 2 e 3).

Este mesmo diploma, através dos arts. 42.° e 43.°, modificou a Lei n.° 2088[39]. De acordo com o primeiro preceito, os §§ 1.° e 2.° do art.° 5.°

---

tendam residir em localidade onde tenham casa própria anteriormente arrendada e dela necessitem para sua habitação; c) Os trabalhadores que deixem de beneficiar de habitação que lhes era fornecida pela entidade patronal, em consequência da caducidade ou resolução do contrato de trabalho, e pretendam habitar casa própria anteriormente arrendada".

[37] Este diploma de 1975 e o Decreto-Lei n.° 445/74 permitiram, segundo MOITINHO DE ALMEIDA, *O Inquilinato Urbano Post 25 de Abril*, Coimbra Editora, 1980, pp. 10 e 83 e ss, ultrapassar um aspecto muito negativo do Direito do Arrendamento, uma vez que "os despejos para demolição, ao abrigo do art. 1.° da Lei n.° 2088, de 3 de Junho de 1957, haviam-se tornado um escândalo anti-social e anti-urbanístico, porque privaram da habitação muitos portugueses e porque, em consequência, foram arrazados muitos prédios urbanos, alguns com características arquitectónicas que era pena perder, chegando até a ser objecto da demolição prédios ainda novos e, por isso mesmo, ainda em condições de continuarem a assegurar a sua função social e económica" (p. 10).

[38] Este diploma revogou (expressamente) o Decreto-Lei n.° 155/75, de 25 de Março (art. 34.°).

[39] A Lei n.° 46/85, de 20 de Setembro, foi objecto de revogação expressa por parte da alínea i) do art. 3.° (parte preambular) do Decreto-Lei n.° 321-B/90, de 15 de Outubro; por outro lado, de entre os números desse artigo, ao contrário do que acontece em relação

da Lei n.º 2088 deixaram de diferenciar a indemnização pela suspensão do arrendamento consoante este se destinasse à habitação ou ao comércio, indústria ou profissão liberal; por sua vez, o art.º 43.º acrescentou, ao art. 7.º, a indicação, segundo a qual nas situações de arrendamento para habitação, as rendas, estabelecidas pela Comissão Permanente de Avaliação, têm como limite os valores que resultariam da aplicação do regime de renda condicionada aos fogos destinados a antigos inquilinos[40].

V. Em 1990, a alínea b) do n.º 1 do art. 1096.º do Código Civil seria objecto – mais exactamente os arts. 1083.º a 1120.º – de revogação pelo art. 3.º, n.º 1, alínea a) do Decreto-Lei n.º 321-B/90, de 15 de Outubro (RAU), tendo dado origem ao art. 69.º deste diploma, onde manteve a redacção anterior. Por sua vez, o art. 1100.º do CC deu lugar ao art. 73.º do RAU, não tendo, no entanto, ocorrido qualquer alteração de conteúdo; por outro lado, a Lei n.º 2088 manteve-se vigente[41].

VI. Mais recentemente, o *Decreto-Lei n.º 329-B/2000*, de 22 de Dezembro[42], deu, por um lado, nova redacção aos arts. 69.º, n.º 1, alínea

---

a outros preceitos (*v.g.*, n.º 6 ou o art. 9.º da parte preambular), não existe qualquer ressalva. Quererá isto dizer que também os arts. 42.º e 43.º foram revogados, uma vez que faziam parte integrante desse diploma?

Pensamos que não, pois é necessário distinguir dois tipos de preceitos na Lei n.º 46/85: os que eram imediata e directamente parte da Lei e os que apenas visavam modificar normas previstas noutros diplomas, pelo que passaram a fazer parte deles. Este é, em nossa opinião, o que aconteceu com as normas 42.º e 43.º que materialmente (e formalmente) passaram a fazer parte da Lei n.º 2088, motivo pela qual a revogação da Lei n.º 46/85 não afecta os preceitos em causa. Acresce que não faria sentido que sendo a actualização das formas de cálculo de rendas ou de valores de indemnização um dos seus objectivos, se regressasse agora ao regime consignado na Lei n.º 2088 que data de 1957. Neste sentido, *vd.* ARAGÃO SEIA, *Arrendamento Urbano – Anotado e Comentado*, 6.ª edição, Almedina, Coimbra, 2001, p. 510, nota 3.

[40] Este preceito foi tacitamente revogado pelo art. 2.º do Decreto-Lei n.º 329--B/2000, de 22 de Dezembro, que acrescentou um § 3.º ao art. 7.º da Lei n.º 2088.

[41] Como escrevem MENEZES CORDEIRO e CASTRO FRAGA (com a colaboração de A. Sousa Botelho M. Esperança Espadinha), *Novo Regime do Arrendamento Urbano – Anotado*, Almedina, Coimbra, 1990, p. 118, "a legislação especial em causa é, ainda hoje, a Lei n.º 2088, de 3 de Junho de 1957. Dado o seu teor técnico e específico, é correcta a manutenção do esquema do Código Civil: a remissão para lei especial, fora do próprio R.A.U.."

[42] Este diploma foi elaborado ao abrigo da Lei de Autorização Legislativa, n.º 16/2000, de 8 de Agosto, sendo de salientar no que respeita à Lei n.º 2088, o art. 2.º, alínea n).

b) e 73.º (art. 1.º) e, por outro, alterou os arts. 1.º, 3.º e 7.º da Lei n.º 2088, tendo sido ainda aditado o art. 5.º-A (art. 2.º).

A alteração da alínea b) – que passou a ser a c) – consistiu no aditamento da necessidade de o senhorio dispor "(...) *do respectivo projecto de arquitectura aprovado pela câmara municipal*"[43]. Segundo FIGUEIRA NEVES, "a intenção será a de prevenir a situação em que são denunciados contratos de arrendamento com o fundamento *sub judice*, mas em que nunca vêm a ser executadas as obras"[44]; já a alteração do art. 73.º prendeu-se com a inclusão neste preceito da matéria aditada na alínea d) do art. 69.º, n.º 2, ou seja, denúncia quando o prédio esteja degradado e não seja técnica ou economicamente aconselhável a respectiva beneficiação ou reparação.

No último caso referido – alterações à Lei n.º 2088 – a modificação teve, no essencial o propósito de alargar o âmbito de aplicação do seu regime, em consequência das modificações acima referidas no RAU à demolição quando se verificar degradação de prédio urbano, e cuja beneficiação ou reparação não seja económica ou tecnicamente aconselhável, desde que esteja em conformidade com o projecto aprovado pela câmara.

§ 3.º
Regime jurídico da lei n.º 2088

3. Âmbito de aplicação

I. Tendo presente que o regime da locação encontra guarida no Código Civil (arts. 1022.º e 1063.º) e que, por outro lado, o arrendamento urbano foi aprovado pelo Decreto-Lei n.º 321-B/90, de 15 de Outubro – ao qual se aditam as respectivas alterações – importa conhecer, ainda que em traços largos, "a porta de entrada" deste diploma, ou seja, o seu âmbito material de aplicação; e isto devido ao facto de a denúncia do contrato de arrendamento se encontrar naturalmente, sem prejuízo de termos de trazer à colação outros diplomas legislativos, plasmada no RAU.

---

[43] A redacção da 2.ª parte do preceito foi ligeiramente alterada, mas tal facto prende-se apenas com a fórmula utilizada.

[44] FIGUEIRA NEVES, "Pacote Legislativo sobre o Regime do Arrendamento Urbano", *Revista da Ordem dos Advogados*, ano 60, 2000, I, p. 396.

II. Consultando o art. 1.º do RAU, verdadeira norma delimitadora do âmbito de aplicação[45], extrai-se que o objecto que está em causa é um prédio urbano, i.e., o legislador considera que "*o arrendamento urbano é o contrato pelo qual uma das partes concede à outra o gozo temporário de um prédio urbano, no todo ou em parte, mediante retribuição*"[46].

No entanto, constata-se que, de acordo com o art. 110.º, o diploma também se aplica, quando o fim imediato – que pode ser para a habitação, actividade comercial ou industrial, exercício de profissão liberal ou outra, desde que lícita (art. 3.º, n.º 1) – for a actividade comercial ou industrial, relativamente a prédios ou partes de prédios urbanos ou rústicos.

Deve, então, ter-se presente que o âmbito de aplicação sofre, desde logo, uma extensão com base na norma referida[47-48].

III. Vimos que a denúncia de arrendamento, por parte do senhorio, está prevista no art. 68.º, n.º 2, remetendo o mesmo, de forma implícita, para o art. 69.º. Deste resulta que a denúncia produz efeitos no termo do prazo ou da sua renovação, podendo ter como causa:

---

[45] Neste sentido, CARNEIRO DA FRADA, "O Novo Regime do Arrendamento Urbano: Sistematização Geral e Âmbito Material de Aplicação", *Revista da Ordem dos Advogados*, ano 51, 1991, p. 163. Relativamente à delimitação negativa, *vd.* o art. 5.º, n.º 2 do RAU.

[46] Como sabemos, o regime do arrendamento assenta em três modalidades:

a) urbano – podendo distinguir-se dentro deste, o arrendamento para a habitação (art. 74.º e ss do RAU), para o comércio e a indústria (art. 110.º e ss do RAU), para o exercício das profissões liberais (art. 121.º e ss do RAU) e, finalmente, o que não se reconduza a nenhum dos referidos, desde que seja uma aplicação do prédio lícita (arts. 3.º, n.º 1 e 123.º do RAU).

b) rural – regulado pelo Decreto-Lei n.º 385/88, de 25 de Outubro – rectificado, Declaração de 30 de Novembro de 1988, *Diário da República*, de 30 de Novembro de 1988, 4.º suplemento – e modificado pelo Decreto-Lei n.º 524/99, de 10 de Dezembro, resultando do art. 1.º do diploma que se aplica à locação de prédios rústicos ou mistos que se destinem à exploração agrícola ou pecuária.

c) florestal – cujo regime está previsto no Decreto-Lei n.º 394/88, de 8 de Novembro – "*que corresponde à locação de prédios rústicos para fins de exploração silvícola*. Para mais desenvolvimentos e explicitações, *vd.* ROMANO MARTINEZ, *Direito das Obrigações – Contratos*, cit., pp. 183 e ss; e PEREIRA COELHO, *Arrendamento ...*", cit., pp. 40 e ss, onde o Autor se refere a 10 modalidades de arrendamento.

[47] Para mais desenvolvimentos, sobre a questão *vd.* CARNEIRO DA FRADA, "O Novo Regime do Arrendamento Urbano ...", cit., pp.163 e ss, 177 e ss.

[48] *Vd.* no sentido da não aplicação do RAU aos arrendamentos urbanos para outros fins, que não os habitacionais, comerciais, industriais ou para o exercício de profissões liberais, MENEZES CORDEIRO, "Contrato de Arrendamento ...", cit., pp. 847e ss. Em sentido oposto, *vd.* J. DA COSTA GOMES, *Arrendamentos para Habitação*, cit., p. 276.

a) a necessidade do prédio para sua habitação ou dos seus descendentes (alínea a));

b) a precisão do prédio para nele construir a sua residência ou dos seus descendentes (alínea b));

c) a ampliação do prédio ou a construção de novos edifícios por forma a aumentar o número de locais arrendáveis e possua o respectivo projecto de arquitectura, devidamente aprovado pela câmara municipal (alínea c));

d) a degradação do prédio e não seja aconselhável, segundo a apreciação técnica ou económica, a respectiva beneficiação ou reparação e tenha sido aprovado pela câmara municipal o inerente projecto de arquitectura (alínea d)).

IV. Analisando os artigos subsequentes consta-se que a denúncia para habitação do senhorio ou dos seus familiares encontra soluções imediatas no regime do RAU (arts. 70.° a 72.°), enquanto que o regime da denúncia para aumento da capacidade do prédio ou por degradação do mesmo é objecto de legislação especial (art. 73.°).

A legislação especial para a qual remete o art. 73.° é, como referimos, actualmente a Lei n.° 2088, de 3 de Julho de 1957, modificada, desde logo, e como dissemos, pela Lei n.° 46/85, de 20 de Setembro, e pelo Decreto-Lei n.° 329-B/2000, de 22 de Setembro.

V. Cabe, então, apurar se a lei especial aqui em causa respeita, ou não, o âmbito da remissão num duplo sentido:

a) em termos gerais, no que concerne ao RAU, ou seja, saber se a Lei n.° 2088 trata de outras matérias que não tenham a ver com o arrendamento urbano;

b) em termos especiais, se o diploma se circunscreve à denúncia, ou ao invés, aborda outras questões.

Tudo isto é relevante para que possamos perceber o verdadeiro «ambiente» em que se insere o regime material da Lei n.° 2088.

VI. Compulsando as alíneas do art. 1.° da Lei n.° 2088 facilmente se constata a coincidência de aplicação desta Lei com a do RAU, a que nem sequer falta a extensão acima referida a propósito do art. 110.° do RAU, pois esta também ocorre expressamente naquele diploma, de onde resulta uma harmonização dos dois regimes. Daqui – dos arts. 1.° e 2.°, 1.ª parte – se retira que a Lei n.° 2088 se aplica:

a) aos prédios urbanos[49], independentemente do fim em causa, ou seja, habitação, actividade comercial ou industrial, exercício de profissão liberal ou qualquer outra actividade lícita[50];

b) aos prédios rústicos[51] destinados a estabelecimento comercial ou industrial.

Excluídos ficam, por expressa determinação legal (arts. 69.º, n.º 2 e 2.º da Lei n.º 2088), as casas de saúde e os estabelecimentos de ensino oficial ou particular, o que bem se compreende face às nefastas consequências que o despejo teria nestas actividades de interesse público[52].

Deste modo, e em síntese, podemos afirmar que o círculo de aplicação do diploma é delimitado:

---

[49] Recorde-se que o legislador definiu, nos termos do art. 204.º, n.º 2 do Código Civil, como "(...) *prédio urbano qualquer edifício incorporado no solo, com os terrenos que lhe sirvam de logradouro*". Por sua vez, segundo ANTUNES VARELA e PIRES DE LIMA (com a colaboração de HENRIQUE MESQUITA), *Código Civil Anotado*, volume I (artigos 1.º a 761.º), 4.ª edição, Coimbra Editora, 1987, p. 195 (3), "edifício é uma construção que pode servir para fins diversos (habitação, actividades comerciais ou industriais, arrecadação de produtos, etc.), constituída necessariamente por paredes que delimitam o solo e o espaço por todos os lados, por uma cobertura superior (telhado ou terraço), normalmente por paredes divisórias interiores e podendo ter um ou vários pisos".

[50] Note-se, aliás, que o art. 5.º, §§ 1 e 2, na redacção originária, diferenciava o valor da indemnização pela suspensão e pela resolução, conforme existisse um arrendamento para a habitação ou para comércio, indústria e profissão liberal, sendo o valor maior nestes casos do que naqueles. No sentido do texto, embora em face do quadro normativo diverso, PEREIRA COELHO, *Arrendamento* ..., cit., p. 255.

[51] Segundo o art. 204.º, n.º 2 CC, "*entende-se por prédio rústico uma parte delimitada do solo e as construções nele existentes que não tenham autonomia económica (...)*". Refira-se ainda que, como ensina MENEZES CORDEIRO, "O Contrato Promessa nas Reformas de 1980 e 1986", *Estudos de Direito Civil*, volume I, Almedina, Coimbra, 1991, p. 15 (= ao texto com o mesmo título publicado no *Boletim do Ministério da Justiça*, n.º 306, 1981, pp. 27 e ss), por um lado, um prédio merece o qualificativo de rústico ou urbano conforme "(...) a sua qualificação social dependente, em primeira linha, da presença ou não de construção"; por outro lado, não existem prédios urbanos para construir ou em construção, o que há são prédios rústicos que podem passar a prédios urbanos.

[52] Igualmente excluídas ficam as normas da Lei n.º 2088, conforme prescreve o diploma, com base num critério temporal, segundo a qual "*as disposições inovadoras do presente diploma não são aplicáveis aos despejos fundados em projecto cuja aprovação tenha sido requerida à câmara municipal até 20 de Outubro de 1956, inclusive, desde que o despejo seja requerido no prazo de seis meses, a partir da entrada em vigor desta lei ou da aprovação do projecto, se esta for posterior, salvo, neste último caso, se a demora na referida aprovação for imputável ao senhorio*" (art. 19.º, § único).

a) pela necessidade de estarmos, logicamente, perante um contrato de arrendamento temporalmente limitado – "*o senhorio pode requerer o despejo para o fim do prazo do arrendamento*" (art. 1.º corpo comum) –, pois caso contrário torna-se incompreensível esta parte do preceito, tal como aliás o próprio art. 69.º do RAU[53];

b) pelo facto de os destinatários do despejo terem de ser arrendatários de prédios urbanos, qualquer que seja o fim em causa, ou rústicos desde que se destine a estabelecimento comercial ou industrial (art. 1.º, alíneas a), b) e c) da Lei n.º 2088)[54];

c) pelo motivo do despejo que é:

1. no caso do prédio urbano, a ampliação, a alteração ou a substituição. A destrinça entre os diferentes conceitos é relativa, uma vez que as obras num edifício podem merecer o qualificativo de ampliado em relação a determinados arrendatários e alterado no que concerne a outros; haverá alteração ou ampliação conforme se modifique, ou não, o local ocupado (1.º §)[55].

2. ou, quando a beneficiação ou reparação não for técnica ou economicamente viável[56], a demolição;

3. na situação do prédio rústico, a construção de um edifício;

---

[53] No mesmo sentido, J. G. DE SÁ CARNEIRO, "Sobre a Lei n.º 2:088, de 3-VI-957", *Revista dos Tribunais*, ano 75.º, n.º 1710, 1957, p. 164.

[54] Em relação à parte do preceito onde se lê "(...) *sito dentro de povoação ou na sua contiguidade* (...)", entende o CUNHA DE SÁ, *Revista da Ordem dos Advogados*, ano 30, 1970, I-IV, pp. 112, que foi revogada pela alínea b) do n.º 1 do art. 1096.º do CC.

[55] Cfr. Parecer da Câmara Corporativa, n.º 47/VI, de 22 de Fevereiro de 1957, cit., p. 346; e J. G. DE SÁ CARNEIRO, "Sobre a Lei n.º 2:088, de 3-VI-957", *Revista dos Tribunais*, ano 75.º, n.º 1710, cit., p. 164. Como se escreve no Parecer, *ibidem*, "suponha-se por exemplo que existe um edifício com quatro andares e águas-furtadas e que o senhorio pretende conservar intactos os quatro andares a acrescentar outros quatro, com supressão das águas furtadas. As obras a efectuar modificam este último local, mas não os demais. O inquilino das águas-furtadas ficará sujeito ao regime estabelecido para a *alteração* do edifício; os restantes inquilinos, ao regime estabelecido para a *ampliação* do mesmo", itálico no original.

[56] Segundo o § 2.º do art. 1.º, "(...) *presume-se a inviabilidade técnica ou económica, reconhecida pela respectiva câmara municipal, quando o prédio ameace ruína ou o valor das obras de recuperação ultrapasse 120% do preço de construção de habitação por metro quadrado, para efeitos de cálculo da renda condicionada*". A presunção que é ilidível (art. 350.º, n.º 2 do CC), deverá ser afastada pelo arrendatário. Este § não terá aplicação, por um lado, quando se tratar de prédios classificados, ou em vias de classificação, no âmbito da Lei do Património Cultural Português – Lei n.º 13/85, de 6 de Julho, alterada pela Lei n.º 19/2000, de 10 de Agosto – como monumento nacional, imóvel de interesse

Por outro lado, e tratando agora da remissão do RAU em termos especiais, cabe referir que a Lei n.º 2088 não se limita à denúncia. Trata, por exemplo, também da suspensão de arrendamento (art. 5.º, n.º 1.º)[57].

4. Requisitos

I. Para que o senhorio possa intentar uma acção de despejo, e esta ser procedente, é necessário que (no que respeita às alíneas a) e b) do art. 1.º, conforme o art. 3.º, corpo comum)[58]:

a) o número de locais arrendados ou arrendáveis aumente pelo menos metade, sendo certo que não pode ficar inferior a sete em Lisboa – concelho – e quatro nas outras terras do país, não se contando para o efeito os locais de tipo apartamento (art. 3.º, n.º 1.º)[59].

Fica claro que o legislador estabeleceu um número mínimo imperativo de aumento de locais arrendados ou com susceptibilidade de o serem, uma vez que só este mínimo é suficiente para legitimar o afastamento da estabilidade dos contratos de arrendamento existentes. Por outro lado, as duas ordens de grandeza indicadas – aumento do número de locais arren-

---

público, de valor concelhio ou ainda situado em zona especial de protecção (§ 3.º do art. 1.º); por outro, nas áreas declaradas críticas de recuperação e reconversão urbanística, nos termos previstos no art. 41.º do Decreto-Lei n.º 794/76, de 5 de Novembro – segundo o qual, *"poderão ser declaradas áreas críticas de recuperação e reconversão urbanística aquelas em que a falta ou insuficiência de infra-estruturas e espaços verdes, ou as deficiências dos edifícios existentes no que se refere a condições de solidez, segurança ou salubridade, atinjam uma gravidade tal que só a intervenção da Administração, através de providências expeditas, permita obviar, eficazmente, aos inconvenientes e perigos inerentes às mencionadas situações"* (n.º 1); *"a delimitação das áreas a que se refere o número anterior será feita por decreto"* (n.º 2) -, que possuam planos de urbanização, planos de pormenor ou plano urbanísticos aprovados, se a câmara municipal aprovar outros critérios de inviabilidade (§ 4.º do art. 1.º).

[57] A Lei n.º 2088, por exemplo, no art. 5.º-A, 1.º, *in fine*, refere-se impropriamente à resolução do arrendamento, cfr. PINTO FURTADO, *Manual do Arrendamento ...*, cit., p. 983.

[58] Poder-se-á questionar se não haverá um requisito negativo de não estar o arrendatário em qualquer das situações previstas nas alínea a) e b) do art. 107.º do CC. Pensamos que a situação está resolvida – se é que havia dúvidas –, pois o art. 7.º, § 3.º, introduzido pelo art. 2.º do Decreto-Lei n.º 329-B/2000, de 22 de Dezembro – estabelece um regime especial para as rendas, o que só faz sentido se o regime geral se lhe aplicar.

[59] Este requisito aplica-se, por expressa determinação legal (§ 1.º do art. 3.º), tanto aos prédios urbanos como rústicos.

dados ou arrendáveis em pelo menos metade e sete ou quatro, consoante a localização do espaço – são cumulativas, de onde resulta que nunca haverá aumento inferior a três unidades[60].

De acordo com o sumário do aresto da Relação, de 16 de Setembro de 1991, *"para efeitos da resolução do contrato, deve ser com referência ao prédio concreto arrendado aos réus que se deve ajuizar da verificação do requisito do aumento dos locais para um número de quatro, tal como exige o artigo 3.º, n.º 1, da Lei n.º 2088, de 3 de Junho de 1957. A simples construção geminada de dois prédios não os reduz* ipso facto *a um único prédio urbano para efeitos civis e jurídicos"*[61].

Por expressa exclusão legislativa, para o preenchimento deste requisito numérico não se pode contabilizar os locais de tipo de apartamento (art. 3.º, n.º 1, *in fine*)[62]. Segundo a concretização doutrinária, o apartamento "(...) consiste no conjunto formado por um quarto, em regra com banho, instalações sanitárias e alguma pequena dependência onde o ocupante do apartamento possa permanecer ou cozinhar"[63].

A questão que se pode colocar é a de saber se está também excluída pela norma a contagem de vários apartamentos, quando eles preencham, por exemplo, um piso, como uma só unidade?

A jurisprudência chamada a resolver a questão decidiu –, por exemplo, Acórdão da Relação de Lisboa, de 31 de Julho de 1974[64] – que *"o conjunto de apartamentos de um mesmo andar não pode considerar-se como uma unidade habitacional para os efeitos do mínimo exigido pelo art. 3.º da Lei n.º 2088, pois o que a lei quer evitar é a ampliação dos prédios com locais de tipo apartamento, e este objectivo só pode ser atingido desde que tais locais não sejam contados, quer individual quer globalmente"*. Não nos parece que assista razão à Relação, uma vez que se é certo que o legislador quis e excluiu para a contagem os locais de tipo apartamento como local tomado de per si, ou seja, independente, já não concordamos que o soma-

---

[60] Cfr. Parecer da Câmara Corporativa, n.º 47/VI, de 22 de Fevereiro de 1957, cit., p. 347(9).

[61] *Boletim do Ministério da Justiça*, n.º 409 (Outubro) 1991, p. 868, itálico no original.

[62] Esta posição não constava do texto sugerido pela Câmara Corporativa ao Governo, cfr. Parecer da Câmara Corporativa, n.º 47/VI, de 22 de Fevereiro de 1957, cit., p. 350 (20).

[63] J. G. DE SÁ CARNEIRO, "Sobre a Lei n.º 2:088, de 3-VI-957", *Revista dos Tribunais*, ano 75.º, n.º 1710, cit., p. 163.

[64] Cujo sumário se encontra no *Boletim do Ministério da Justiça* n.º 240 (Novembro), 1974, p. 263, itálico no original.

tório dos apartamentos que ocupam um piso não deva contar como uma unidade, pois o interesse público de aumento de locais disponíveis para satisfazer a procura de habitação está satisfeito com essa medida[65].

b) o novo ou alterado edifício contenha locais atribuídos aos anteriores arrendatários, devendo os locais corresponder aproximadamente aos que eram por eles ocupados; no entanto, se tal atribuição, devido à extensão ou importância destes locais, tornar a obra em projecto economicamente inviável, os arrendatários terão o direito de reocupar até dois locais no edifício ou, em alternativa, receber uma indemnização. Em qualquer caso, o projecto conterá os locais destinados aos arrendatários.

A expressão *"correspondendo aproximadamente aos que eles ocupavam"* é necessária e intencionalmente indeterminada. Se é indiscutível a justiça de os arrendatários despejados terem o direito de reocupar os locais que lhes correspondiam – situação que inexistia no regime da Lei n.º 2.030 –, ou, caso seja materialmente possível, o mesmo local, parece-nos que a existência de um conceito pré-definido e rígido obstacularizaria o objectivo do legislador de aumentar a capacidade habitacional do país, muitas das vezes sem fundamento. Por isso, caberá ao tribunal perante o caso concreto, na posse de todos os elementos que julga relevantes, e atendendo os bens jurídicos em causa, decidir qual destes deve prevalecer ou a medida da sua harmonização (§ 2.º do art. 3.º)[66-67].

Caso a aproximada correspondência cause inviabilidade económica à obra, o arrendatário tem o direito de reocupar até dois locais no edifício ou, em alternativa, receber a indemnização[68].

---

[65] Neste sentido, sem aduzir argumentação, J. G. DE SÁ CARNEIRO, "Sobre a Lei n.º 2:088, de 3-VI-957", *Revista dos Tribunais*, ano 75.º, n.º 1710, cit., p. 165. Também em sentido crítico, embora diferente, PINTO FURTADO, *Manual do Arrendamento ...*, cit., p. 976.

[66] Cfr. Parecer da Câmara Corporativa, n.º 47/VI, de 22 de Fevereiro de 1957, cit., p. 347(10), onde se defende a utilização de um critério com algum grau de abstracção, ao contrário do que consagrava o projecto governamental. Sobre o conceito e a concretização de conceitos indeterminados, *vd.*, por todos, MENEZES CORDEIRO, *Da Boa Fé no Direito Civil*, «colecção teses», Almedina, Coimbra, reimpressão, 1997, pp. 1176 e ss; MENEZES CORDEIRO, *Tratado ...*, cit., p. 116; KARL ENGISCH, *Introdução ao Pensamento Jurídico*, tradução de Baptista Machado, Fundação Calouste Gulbenkian, Lisboa, 7.ª edição, 1996, pp. 205 e ss.

[67] A mesma correspondência aproximada se aplica quando as obras puderem ser feitas sem despejo do inquilino, mas como alteração do local por ele ocupado (§ 3.º do art. 3.º).

[68] Chama-se a atenção que no caso de arrendatário de prédio rústico, este não tem o direito de reocupação (art. 6.º). *Vd. infra* texto.

Entendeu o Tribunal da Relação do Porto, como consta do seu sumário – Acórdão de 13 de Junho de 1994, – que "para efeitos de saber se o novo local, que no projecto é destinado ao inquilino, corresponde ou não aproximadamente ao local que anteriormente ele ocupava, interessa comparar apenas as respectivas zonas habitáveis, e não as áreas totais"[69].

Por sua vez, o Supremo Tribunal de Justiça acordou, como está sumariado – aresto de 11 de Maio de 1973 – que existe correspondência entre o novo local e o que o inquilino anteriormente ocupava, nos termos do n.º 2 e § 2.º do art. 3.º da Lei n.º 2088, se "(...) há agora uma diferença para mais de 32, 82 m2 determinada pela construção de um só piso e pela redução da área total anterior em consequência da observância dos regulamentos vigentes em matéria de construção urbana"[70]. Afirmou ainda o Supremo que "a parte final do n.º 2 do art. 3.º da Lei n.º 2088 que dá ao inquilino a faculdade de reocupar até dois locais no novo edifício quando a respectiva correspondência aproximada tomar a obra economicamente inviável, só funciona no caso de redução da área primitiva e não no caso de aumento da área"[71].

Parece-nos ser, no mínimo, duvidosa a recondução, em geral, da questão à medida da área ocupada, pois basta pensar que pode haver aumento global em metros quadrados, mas diminuição do número de divisões, o que pode, em concreto, impossibilitar a satisfação das necessidades dos arrendatários[72].

Há ainda a referir que, independentemente do arrendatário ocupar o local aproximado, o mesmo local, novos locais ou optar pela indemnização, o legislador prescreveu que deverão ser assinalados no projecto os locais destinados aos diversos arrendatários[73]. Esta norma é facilmente compreensível se tivermos presente que o arrendatário tem 8 dias após o trânsito em julgado da sentença de despejo para escolher a reocupação ou a efectivação da denúncia (art. 10.º).

---

[69] *Colectânea de Jurisprudência*, ano XIX, 1994, Tomo III, p. 230 e ss.
[70] *Boletim do Ministério da Justiça* n.º 227 (Junho), 1973, pp. 86 e ss.
[71] *Boletim do Ministério da Justiça* n.º 227 (Junho), 1973, pp. 86 e ss.
[72] Basta pensar numa família numerosa que vê agora a sua casa transformada num espaço aberto ("open space").
[73] Como afirma o Tribunal da Relação do Porto, em aresto de 11 de Junho de 1959, *Revista dos Tribunais*, ano 77.º, número 1738, 1959, pp. 313 e ss, *maxime*, pp. 314 e ss, com anotação concordante (p. 317), na vigência da Lei n.º 2:030 o inquilino não era titular do direito de ocupação, no prédio novo, de divisões idênticas às do prédio demolido; tal direito foi consagrado pelo n.º 2 do art. 3.º da Lei n.º 2088.

c) *no caso de estarmos perante uma situação de ampliação ou alteração do edifício, a câmara municipal certifique, após vistoria, a impossibilidade de o arrendatário ou arrendatários permanecerem no local durante a execução das obras* (art. 3.º, n.º 3 e § 2.º do art. 168.º do RGEU – Regime Geral de Edificação Urbana – aprovado pelo Decreto-Lei n.º 38 382, de 7 de Agosto de 1951[74]).

Como é lógico em caso de demolição – e consequente substituição – ou alteração referente à transformação de um prédio rústico em urbano, a vistoria não é exigível, pois neste caso existe uma impossibilidade material absoluta do arrendatário aí se manter. Por outro lado, com esta norma atesta-se que é real e efectiva a impossibilidade de o arrendatário aí estar, não resultando, deste modo, a desocupação de quaisquer pressões ilegítimas do senhorio, mas de um acto administrativo, além de que se evitam conflitos entre as partes, uma vez que a intervenção de uma entidade supra-partes e, consequentemente, independente, tem, em princípio, o efeito de prevenir litígios.

II. Na situação de estarmos perante a demolição de um prédio urbano degradado, desde que a beneficiação ou reparação não seja aconselhável técnica ou economicamente, a lei exclui a aplicação dos requisitos atrás

---

[74] Estabelece o art. 167.º, § 2.º do RGEU que *"nos casos de simples reparações ou de beneficiações, o despejo só poderá ser ordenado se no parecer dos peritos se revelar indispensável para a execução das respectivas obras e para a própria segurança e comodidade dos ocupantes"*. Posteriormente, a remissão passou a ser entendida, por força do art. 2.º do Decreto-Lei n.º 44 258, de 31 de Março de 1962, como feita para o art. 168.º, § 2.º do RGEU. Mais tarde, e depois de algumas alterações em vários preceitos do diploma, em 1999, mediante o Decreto-Lei n.º 555, de 16 de Dezembro, foram revogados, através do art. 129.º, alínea e), os arts. 165.º a 168.º do RGEU, pelo que se devia, naquele momento, entender a remissão como feita para o art. 92.º daquele diploma, segundo o qual *"a câmara municipal pode ordenar o despejo sumário dos prédios ou parte de prédios nos quais haja de realizar-se as obras referidas nos n.ºs 2 e 3 do art. 89.º,* [em virtude do dever de conservação], *sempre que tal se mostre necessário à execução das mesmas"*. A seguir, o art. 1.º, n.º 1 da Lei n.º 13/2000, de 20 de Julho, suspendeu, até 31 de Dezembro desse ano, a vigência do Decreto-Lei n.º 555/99 – tendo ressalvado alguns actos já praticados pelas câmaras municipais (art. 1.º, n.º 2) –, repristinando a legislação revogada pelo art. 129.º, pelo que se voltava a aplicar o art. 168.º, § 2 do RGEU. Em Dezembro de 2000, através da Lei n.º 30-A, a Assembleia da República autorizou o Governo a alterar o Decreto-Lei n.º 555/99 e, por outro lado, prorrogou a suspensão deste diploma até a entrada em vigor do decreto-lei a emitir ao abrigo da referida autorização; o Decreto-Lei autorizado foi o n.º 177/2001, de 4 de Junho, que entrou em vigor 120 dias após a data da publicação (art. 5.º) e não introduziu qualquer alteração no art. 92.º do Decreto-Lei n.º 555/99.

analisados (art. 3.º, corpo comum). Neste caso, embora o legislador não tenha imposto o aumento do número de locais arrendados, prescreveu (implicitamente) que o prédio urbano deve ser reconstruído, pois caso contrário não se entenderia, sem qualquer ressalva, o direito do arrendatário de reocupar o prédio (art. 5.º – A, n.º 1).

Por outro lado, é preciso destacar que a demolição e a consequente reconstrução só ocorrerá se houver uma inviabilidade técnica ou económica, além da necessidade de esta ser reconhecida pela câmara, sendo de salientar que a presunção legal estabelecida no art. 1.º § 2.º, somente respeita à verificação da inviabilidade técnica ou económica e não ao reconhecimento da câmara, pelo que sem este o despejo não pode avançar.

III. Verificados os requisitos acima expostos, o tribunal deverá deferir o pedido do senhorio. Cabe, agora, analisar os efeitos da verificação dos requisitos; é o que faremos de seguida.

5. Efeitos

I. O arrendatário que seja sujeito a despejo de prédio urbano tem o direito de o reocupar – no caso de ampliação – ou ocupar – na situação de edifício alterado, construído de novo ou demolido (art. 5.º-A, n.º 5.º) – e receber uma indemnização pela suspensão do arrendamento; caso não pretenda a manutenção do contrato de arrendamento, o arrendatário pode, na linguagem da lei, resolvê-lo, recebendo, por tal facto, uma indemnização (art. 5.º, n.ºs 1 e 2).

Resulta daqui que[75]:

a) se o arrendatário pretender reocupar ou ocupar o edifício, o vínculo contratual retoma a normalidade, contando para todos os efeitos, nomeadamente de antiguidade, o tempo em que o contrato esteve suspenso[76]; neste caso, o arrendatário tem direito a receber uma indemnização igual a duas vezes a renda anual, aferindo-se o valor desta pela data da sentença de despejo (art. 5.º, § 1.º);

---

[75] Note-se que o senhorio, independentemente do acordado com o arrendatário, tem o direito, legalmente conferido, de visitar o prédio com o objectivo de elaborar a planta; caso o arrendatário se oponha, o seu consentimento será suprido judicialmente (art. 4.º).

[76] Há, no entanto, excepções, uma vez que, por exemplo, o aumento de renda não se verifica mesmo que tenha decorrido o prazo para o efeito (art. 7.º, 1.ª parte).

b) se pretender denunciar o contrato[77], este cessa os seus efeitos, conferindo ao arrendatário o direito a uma indemnização igual a dez vezes o valor da renda anual, calculando-se esta pelo valor à data da sentença (art. 5.º, § 2.º);

c) a quaisquer destes montantes – os previstos nas alíneas anteriores – acresce sempre um vigésimo por cada ano completo de duração de arrendamento até à sentença de despejo, havendo como limite máximo a duração de 20 anos (art. 5.º, § 3.º).

II. Há ainda a salientar que se estivermos perante uma situação de ampliação do edifício (de prédio urbano)[78], o arrendatário que retome o local pagará o mesmo valor de renda que pagava ao tempo do despejo; se estiver em causa a alteração ou substituição do local, uma vez que só nesta é que o espaço ocupado sofre modificações, a renda será estabelecida, antecipadamente, pela Comissão Permanente de Avaliação, tendo presente a cópia do projecto aprovado (e seus anexos) e devidamente autenticada pela câmara (art. 7.º, corpo comum). Neste caso, o arrendatário não pode ser compelido a pagar inicialmente uma renda superior em 50% à da fixada na data do despejo; havendo diferença entre este valor e o fixado pela Comissão, este será pago em aumentos contínuos semestrais de 20% dessa diferença[79]. Em caso algum, tratando-se de arrendamento para habitação, os valores fixados pala Comissão Permanente de Avaliação, podem ultrapassar os montantes que resultariam do regime da renda condicionada destinados a antigos inquilinos (art. 43.º da Lei n.º 46/85, de 20 de Setembro)[80].

---

[77] Aqui estamos perante verdadeira denúncia, uma vez que não há oposição à prorrogação, mas sim o fim de contrato independentemente da duração em que este se encontra.

[78] Recorde-se que, no caso de prédio rústico, não há direito de reocupação (art 6.º) e, por outro lado, que no caso de despejo de prédio urbano para demolição não está em causa uma situação de ampliação, pelo que se aplica o art. 5.º-A.

[79] Note-se ainda que no caso de alteração – uma vez que a ampliação está expressamente prevista no art. 7.º, corpo comum, e na substituição é impossível o arrendatário se manter no local – se não houver despejo do inquilino, não haverá, por esse motivo, qualquer modificação da renda (art. 7.º, § 2.º). Parece-nos, contudo, desnecessário o preceito, pois não havendo despejo – ainda que temporário – a situação não se subsume no diploma.

[80] O art. 7.º do Decreto-Lei n.º 329-B/2000, de 22 de Dezembro, veio estabelecer que *"ao antigo inquilino que vier a ocupar o edifício alterado ou construído de novo e se encontre numa das situações previstas nas alíneas a) ou b) do art. 107.º do RAU, a renda fixada pela Comissão Permanente de Avaliação não pode exceder a que resultar da aplicação do regime da renda condicionada"* (art. 2.º que aditou o § 3.º ao art. 7.º da Lei n.º 2088).

Decidiu a Relação do Porto, em acórdão de 16 de Março de 1992, que a Comissão Permanente de Avaliação "(...) não é a prevista no art. 132.º do Cód. Cont. Predial ... mas no Decreto n.º 37.021, de 21/8/48, dado que a primeira só tem competência para avaliação de prédios, com fins fiscais, e à segunda é que cabe a função específica de fixação de rendas de prédios urbanos, através de processo próprio, no qual os arrendatários são chamados e podem defender o seu direito por diversos meios, incluindo o recurso para Tribunal Judicial (...)"[81].

III. No caso de estarmos perante um despejo de um arrendatário de prédio urbano degradado, cujo objectivo é a demolição (art. 1.º) e a consequente (re)construção, tem o inquilino não habitacional a faculdade de:

a) reocupar no novo edifício um local que satisfaça as suas necessidades, entre as quais se incluem naturalmente as dos seus familiares, tal como das pessoas que com ele habitem em economia comum ou mediante hospedagem, desde que com ele vivam há cinco anos (art. 5.º-A, n.º 1 e 76.º do RAU)[82]. Este direito de reocupação tem como limite a idêntica tipologia do prédio; por outro lado, a valor da nova renda é condicionada e será fixada antecipadamente pela Comissão Permanente de Avaliação, face à cópia do projecto aprovado e devidamente autenticado pela respectiva câmara municipal (art. 5.º-A, n.º 1);

b) neste caso, em que face à (futura) reocupação o contrato se encontra suspenso, pode ainda o inquilino durante esse tempo escolher entre uma indemnização – correspondente a duas vezes a renda anual à data do despejo acrescida de um vigésimo por cada ano completo da duração do arrendamento até à data da sentença do despejo, com o limite máximo de 20 anos – e o realojamento no município em que a casa está situada, devendo a fogo possuir as condições gerais de habitabilidade, além de ter de satisfazer as necessidades do arrendatário, bem como daqueles que com ele habitam; nesta situação a renda mantém o valor (art. 5.º-A, n.º 4.º);

---

[81] *Colectânea de Jurisprudência*, ano XVII, 1992, Tomo II, p. 211. Em igual sentido, PAIS DE SOUSA, *Extinção do Arrendamento Urbano – Fundamentos e Meios Processuais*, Almedina, Coimbra, 1985, pp. 199 e ss, com indicações jurisprudenciais. Diferentemente, defendendo que é a Comissão prevista no Código da Contribuição Predial (arts. 131.º e ss), ABÍLIO NETO, *Leis do Inquilinato – Notas e Comentários*, 6.ª edição, Livraria Petrony, Lisboa, 1988, p. 300.

[82] No caso de os hóspedes estarem no prédio em violação do contrato de arrendamento (art. 76.º, n.º 1, alínea b) do RAU, não será possível adstringir o senhorio a obrigações, e correlativamente conferir direitos, que têm subjacente a violação do acordo existente.

c) em alternativa, o arrendatário pode optar por receber uma indemnização, calculada nos termos previstos para a denúncia do arrendamento, ou seja, dez vezes a renda anual à data da sentença de despejo acrescida por um vigésimo por cada ano completo de duração de arrendamento até à sentença do despejo, com o limite máximo de 20 anos (art. 5.º, n.º 2.º, *in fine*, § 2.º e 3.º)[83];

d) caso o inquilino não escolha qualquer das faculdades acima referidas, a lei concede-lhe o direito de ser alojado num local sito no mesmo município que satisfaça as suas necessidades e das pessoas que com ele habitam e que possua as condições indispensáveis para ser habitado; este direito de ser alojado, ocorre independentemente de o senhorio ser ou não proprietário do local, sendo neste caso o alojamento realizado às suas expensas, uma vez que cabe apenas ao arrendatário o pagamento do valor da renda actual do fogo despejando (art. 5.º-A, n.º 2 e 6.º, *in fine*);

e) saliente-se ainda que a posição contratual do arrendatário face ao senhorio – nomeadamente a antiguidade e o valor da renda -, caso aquele decida ser realojado às suas expensas num fogo sito no mesmo município, é transmitida para o novo contraente do contrato de arrendamento, desde que este, naturalmente, dê o seu assentimento[84]; caso seja o mesmo senhorio, não obstante ser outro o local, a transmissão opera-se *ope legis*; em qualquer caso, a transmissão deve ser reduzida a escrito e assinada pelas partes (art. 5.º-A, n.º 6);

f) no entanto, se o inquilino se encontrar em alguma das situações consagradas no art. 107.º, n.º 1 do RAU – que são o arrendatário ter pelo menos 65 anos de idade ou, ainda que não tenha essa idade, se encontrar reformado por invalidez absoluta ou, caso não seja beneficiário de pensão por invalidez, ser afectado de uma incapacidade total para o trabalho ou possuidor de deficiência a que corresponda incapacidade superior a dois terços (alínea a); estar há pelo menos trinta anos na qualidade de inquilino no local arrendado ou há menos tempo desde que expressamente previsto

---

[83] Poder-se-ia levantar a dúvida de saber se a indemnização abrange o acréscimo previsto no § 3.º do art. 5.º, uma vez que o art. 5.º-A, n.º1, *in fine*, apenas se refere ao n.º 2. Pensamos que a questão não levanta especiais problemas, pois, por uma lado, o n.º 2 inclui os diferentes parágrafos e, por outro lado, caso assim não se quisesse entender, o valor calculado nos termos do n.º 2 só está completo depois de se lhe aplicar os preceitos que definem esse valor, ou seja, o § 3.º.

[84] De facto, como escreve PINTO FURTADO, *Manual do Arrendamento* ..., cit., p. 982, "(...) qual será o proprietário, no uso das suas faculdades mentais, que aceitará celebrar, para o seu prédio, um contrato *sem duração limitada* e, ainda por cima, com antiguidade de arrendatário própria de outro contrato a que é estranho, e com uma renda antiga?".

em diploma anterior e decorrido durante a sua vigência (alínea b) –, tem ainda direito a ser alojado, no caso de municípios urbanos, na mesma freguesia ou limítrofe ou, nos restantes casos, em fogo sito na mesma localidade; todavia, este direito do arrendatário está dependente do facto de o senhorio ser, nos locais referidos, titular de fogo devoluto, situação em que a renda a pagar é idêntica ao valor actual do fogo despejando (art. 5.º-A, n.º 3).

IV. Dos traços caracterizadores do regime gizado para os prédios urbanos degradados (alínea c) do art. 1.º) ficam-nos, no entanto, e desde logo, duas questões:

a) como distinguir as situações em que o despejo do prédio urbano visa a sua substituição (art. 1.º, alínea a), *in fine*), logo e precedentemente a demolição, daquela que existe despejo para a demolição (alínea c) do art. 1.º);

b) e neste caso último caso, está o senhorio vinculado a reconstruir o prédio após a demolição – e se sim, sujeito a algum número mínimo de novos locais – ou tal apenas ocorre se tiver em causa a substituição?

Em relação à primeira situação, pensamos que a resposta é (teoricamente) simples, uma vez que quando está em causa a substituição o fim é o despejo para reconstrução com a obrigatoriedade do aumento do número de locais; relativamente à segunda questão – despejo para demolição – o fim é a demolição, pois há inviabilidade técnica ou económica e, assim sendo, o legislador não obriga o proprietário a reconstruir com um aumento do número de locais (arts. 3.º e 5.º-A), mas somente a reconstruir (note-se que o arrendatário tem o direito de reocupar um novo local no edifício após a demolição (art. 5.º-A, n.º 1).

Noutros termos: no caso de substituição, o senhorio se pretender fazê-lo tem a possibilidade de despejar os arrendatários, sendo para isso necessário aumentar os locais, ficando assim assegurado o interesse público, valor que permite a derrogação da regra da estabilidade do contrato de arrendamento; em caso de demolição, a própria reconstrução alberga o interesse público, uma vez que a degradação é colmatada apenas às expensas do proprietário.

V. No que respeita ao arrendatário de prédio rústico, este, quando for sujeito a despejo, não goza do direito de reocupação, mas apenas o de ser indemnizado nos termos acima previstos para a denúncia (art. 6.º). Esta regra é necessariamente aplicada, sob pena de lhe coarctarmos qualquer conteúdo útil, à situação em que o prédio rústico não tinha qualquer construção e passa a ter um edifício, aliás como exige a alínea b) do art. 1.º. No entanto, cabe questionar:

    a) se os arrendatários, havendo alguma construção ou face à nova, têm o direito a reocupá-la ou esta regra também veda tal faculdade?;

    b) por outro lado, se o prédio rústico tiver sido transformado em urbano, deve ou não ser conferido o direito de reocupação?

Relativamente à primeira dúvida, temos de reconhecer que os trabalhos preparatórios apontam inequivocamente em sentido negativo, uma vez que nestes expressamente se referiu a situação como não tendo direito à reocupação[85]; por outro lado, devemos ter presente que o facto de § 1.º do art. 4.º expressamente referir que a exigência do aumento de locais arrendados tanto se aplica aos prédios urbanos como aos rústicos (n.º 1 do art. 4.º), parece querer salientar que o requisito de ter de haver correspondência aproximada entre os antigos e os novos locais (art. 3.º, n.º 2) apenas se destina aos prédios urbanos, o que nos leva a afirmar que o legislador expressamente afastou a situação; finalmente, a lei toma em conta a natureza do prédio rústico e não a natureza das partes que este eventualmente possa ter, não obstante serem, naturalmente, de menor valor, pois caso contrário não seria rústico mas urbano.

No que respeita à segunda interrogação – transformação do prédio rústico em urbano – pensamos igualmente que a resposta deve ser negativa, uma vez que os direitos do arrendatário são conferidos no momento em que se aferem os requisitos, pelo que se nesse momento o prédio não for urbano não poderá o inquilino usufruir do respectivo regime; por outro lado, não faria sentido atribuir ao arrendatário faculdades sobre um bem de natureza completamente diferente do que aquele que ele tinha; assim, se o inquilino estiver interessado na nova construção deverá apresentar-se perante o proprietário como qualquer outro interessado.

VII. Resulta do exposto que o arrendatário não tem (efectivamente) direito, nomeadamente durante o tempo de construção do edifício projectado, a uma habitação alternativa. Poderá tal situação violar a Lei funda-

---

    [85] *Apud*, J. G. DE SÁ CARNEIRO, "Sobre a Lei n.º 2:088, de 3-VI-957", *Revista dos Tribunais*, ano 75.º, n.º 1715, 1957, p. 326. Dos projectos do Governo e da Câmara Corporativa esta limitação não consta. Também em sentido negativo *ibidem*. Em sentido oposto pronuncia-se ALBERTO PIMENTA, *apud* J. G. DE SÁ CARNEIRO, *ibidem*, pois segundo aquele Autor o preceito apenas se refere aos terrenos onde não existe nenhuma construção.

mental? Esta questão foi objecto de análise pelo Tribunal Constitucional – aresto n.º 333/99, de 8 de Junho[86] – cuja apreciação incidiu sobre os arts. 69.º, n.º 1, alínea b) do RAU e 1.º, 3.º e 5.º da Lei n.º 2088, tendo este órgão decidido, com um voto de vencido, que este regime não colide com o art. 65.º da Constituição. Com efeito, pode ler-se nesse aresto, e em suma, que "o direito fundamental à habitação, considerando a sua natureza [direito social], não é susceptível de conferir por si mesmo ao arrendatário um direito, jurisdicionalmente exercitável, que permita impor ao senhorio, no caso de precisar de denunciar o contrato de arrendamento quando necessitar de realizar obras no prédio para aumento do número de locais arrendáveis, a obrigação de fornecer ao inquilino uma habitação alternativa enquanto durarem as obras, se o arrendatário optar por permanecer no edifício renovado ou reconstruído.

Daí que a lei, ao reconhecer o direito do senhorio de despejar o arrendatário com fundamento na execução de obras para aumento dos locais arrendáveis, tenha tutelado os direitos do arrendatário não só através do reconhecimento do direito a uma indemnização mas também do direito a (re)ocupar no edifício renovado ou reconstruído um espaço de habitação aproximadamente correspondente ao que antes ocupava".

Mais à frente, relacionando o despejo para habitação do senhorio com esta situação, defendeu: "compreende-se que neste caso o valor indemnizatório de base seja inferior ao previsto para o caso de despejo para habitação do senhorio: trata-se de uma indemnização que visa reparar a privação <u>temporária</u> de habitação do inquilino; no caso de despejo para habitação do senhorio a privação é permanente.

Sendo assim, justifica-se perfeitamente que a indemnização seja referida à renda paga no momento em que o despejo é decretado: com efeito, é a renda que representa, para ambas as partes do contrato, a contrapartida da concessão do direito de utilização do prédio, o valor económico e corrente do arrendado"[87].

VIII. Analisados os efeitos gerais, cabe agora localizar temporalmente esses mesmos efeitos.

Sendo procedente a acção de despejo, o arrendatário dispõe de 8 dias, a contar do trânsito em julgado da decisão (de despejo), para, mediante

---

[86] O Acórdão pode ser consultado em *www.tribunalconstitucional.pt/Acordaos 99/301-400/33399.htm*

[87] Sublinhado no original. Esta posição foi literalmente seguida, no aresto n.º 525/99, de 29 de Setembro, inédito, a propósito da apreciação das mesmas normas.

carta registada, comunicar ao senhorio se opta pela reocupação ou pela cessação do contrato (art 10.º, parte principal); caso nada diga, presume-se (inilidivelmente) que escolheu a cessação do contrato (art. 10.º, § único).

Por outro lado, o tribunal deverá reconhecer ao senhorio o direito de efectuar as obras e a obrigação dos arrendatários de despejarem o prédio ou, caso se trate de inquilinos que aqui vão permanecer, de não obstaculizarem as obras (arts. 9.º e 3.º § 3.º)[88]. A sentença deverá ainda condenar o senhorio nas prestações de coisa e/ou de facto, ou seja, ao pagamento das prestações e/ou à reocupação, conforme os casos (art. 9.º § 1.º). Aliás, nos 15 dias seguintes aos 8 que o arrendatário tem para escolher entre a reocupação e a cessação do contrato[89], o senhorio tem de lhe pagar metade do valor da indemnização que no caso for devida, o que se não se verificar faz com que ao valor daquela indemnização se acresccente os respectivos juros (art. 11.º parte principal e § 2.º)[90]. Em contrapartida, após o pagamento, o arrendatário tem três ou seis meses para desocupar o prédio – consoante estejamos perante um arrendamento para habitação ou um arrendamento para comércio, indústria ou profissão liberal – (art. 12.º, 1.ª parte)[91]; caso seja mais longo o tempo em falta para o fim da prazo do arrendamento, então, aplicar-se-á este (art. 12.º, 2.ª parte).

A segunda metade do valor da indemnização em falta deverá ser pago até ao momento da desocupação, pois se esse pagamento não for efectuado o arrendatário pode recusar-se a fazê-la (art. 12.º, § 2.º).

VIII. Igualmente condenado deverá ser o senhorio – caso se verifique o incumprimento da obrigatoriedade de iniciar as obras no prazo de 3 meses após o efectivo despejo de todos os arrendatários ou de 6 meses se não houver nenhuma situação de ocupação ou reocupação do edifício[92] –,

---

[88] O § 2.º do art. 9.º foi revogado pelo art. 8.º do Decreto-Lei n.º 47 344, de 25 de Novembro de 1966, diploma que aprovou o Código Civil.

[89] No caso de prédio rústico, o prazo de 15 dias conta-se a partir do trânsito em julgado da sentença (art. 11.º § 1.º), uma vez que neste caso o arrendatário não tem direito à reocupação (art. 6.º).

[90] Os *"juros nos termos gerais"*, como diz o artigo, são os legais que devem ser calculados nos termos art. 559.º do Código Civil, que remete para uma Portaria conjunta do Ministro da Justiça e das Finanças e do Plano, que no caso é a Portaria n.º 263/99, de 12 de Abril, segundo a qual a taxa de juro legal é de 7%.

[91] Se houver consignação em depósito, o prazo conta-se a partir daí (arts. 12.º, § 1.º e 841.º, n.º 1, alínea b, do CC).

[92] O preceito – 13.º, parte principal – excepciona se houver caso fortuito ou de força maior. Sobre estas noções, *vd.*, por todos, PESSOA JORGE, *Ensaio sobre os Pressupostos da Responsabilidade Civil*, Almedina, Coimbra, reimpressão, 1995, pp. 118 e ss.

na perda do direito à realização das obras, tal como conceder aos arrendatários o direito, independentemente da escolha feita, de reocupar imediatamente o prédio nas condições vigentes à data do despejo, fazendo seu o valor da indemnização auferida (arts. 9.º § 1.º e 14.º).

Acresce ainda o direito do arrendatário, que tenha escolhido a ocupação ou reocupação do edifício, a um complemento de indemnização[93], caso o senhorio não lhe entregue o local, de acordo com a respectiva licença camarária, no prazo de 12 meses após a desocupação do mesmo (art. 15.º, corpo inicial). Daqui resulta que as obras têm um limite temporal limitado, a partir do qual surgem novas obrigações para o senhorio.

Por sua vez, o arrendatário só passará a estar adstrito a todas as obrigações decorrentes do contrato, entre as quais se inclui naturalmente a de pagar a renda, após o momento em que o senhorio cumpra a obrigação de permitir a ocupação do local (art. 15.º, § 4.º). Noutros termos: a mora do senhorio e o risco da prestação têm como consequência a paralisação das obrigações do arrendatário.

---

[93] O complemento é determinado consoante esteja em causa um arrendamento para habitação ou para comércio, indústria ou profissão liberal. No primeiro caso – habitação –, será de uma vez e meia o valor da renda mensal à data do despejo; na situação de arrendamento para comércio, indústria ou profissão liberal, três vezes a renda mensal à data da sentença de despejo. Em qualquer dos casos, os meses seguintes serão remunerados pelo dobro destes valores (art. 15.º, § 1.º).

Se o atraso se dever a caso fortuito ou de força maior, e o senhorio o provar, o valor do complemento da indemnização será calculado na base de uma renda – para a habitação – ou de duas vezes – restantes casos – a renda acima referida. O cálculo retomará o modelo mais elevado – art. 15.º, § 1.º – após ter cessado o impedimento responsável pelo caso fortuito ou de força maior (art. 15.º, § 2.º).

A estes valores acresce sempre um vigésimo por cada ano completo de duração do arrendamento até à sentença de despejo, com o limite máximo de 20 anos (art. 15.º, § 3.º).

ARRENDAMENTO URBANO E ARBITRAGEM VOLUNTÁRIA

António Marques dos Santos[1]

INTRODUÇÃO

Agradeço ao Professor Doutor Manuel Januário da Costa Gomes o amável convite para participar neste curso sobre o arrendamento urbano com uma intervenção dedicada ao tema "Arrendamento urbano e arbitragem voluntária". Apesar de não ser propriamente o que se pode chamar um especialista em matéria de arrendamento urbano, tive, no entanto, o ensejo de escrever há já algum tempo sobre o tema da arbitragem voluntária e, mais concretamente, sobre a Lei Portuguesa da Arbitragem Voluntária (Lei n.º 31/86, de 29 de Agosto)[2].

A sugestão ulterior que me foi feita no sentido de publicar estas despretenciosas notas nos *Estudos em homenagem ao Professor Doutor Inocêncio Galvão Teles*, Mestre eminentíssimo da Faculdade de Direito da Universidade de Lisboa, permite-me que me associe, ainda que modestamente, à homenagem ao ilustre professor com um trabalho relativo a uma matéria que sempre lhe foi muito cara – o arrendamento urbano[3].

---

[1] Professor da Faculdade de Direito da Universidade de Lisboa.
Este trabalho foi elaborado com base na intervenção proferida em 16 de Março de 2001 no *Curso sobre arrendamento urbano – Análise e linhas de evolução uma década após o Regime do Arrendamento Urbano*, organizado pela Faculdade de Direito da Universidade de Lisboa, sob a coordenação do Professor Doutor Manuel Januário da Costa Gomes.

[2] Cf. A. Marques dos Santos, "Nota sobre a nova Lei Portuguesa relativa à arbitragem voluntária", *RCEA*, 1987, pp. 15-50; publicado igualmente em A. Marques dos Santos, *Estudos de Direito Internacional Privado e de Direito Processual Civil Internacional*, Coimbra, Almedina, 1998, pp. 255-306.

[3] Cf., v.g., I. Galvão Teles, *Arrendamento – Lições do Prof. Doutor Galvão Teles ao Curso do 5.º ano jurídico no ano lectivo de 1944-45*, Publicadas pelos alunos Bento Garcia Domingues e Manuel A. Ribeiro, Lisboa, Pro Domo, 1945/1946, 331 páginas.

Há vários tipos de arbitragem e designadamente a arbitragem de Direito Internacional Público – a que se dedica o Tribunal Permanente de Arbitragem da Haia, criado pela Convenção de Paz da Haia de 1899[4] – e a arbitragem de direito interno[5], a qual pode incidir tanto sobre matérias

---

[4] Cf., v.g., o caso da arbitragem do litígio entre os Países Baixos e Portugal acerca da delimitação da fronteira oriental de Oikussi-Ambeno, na ilha de Timor, que foi decidido, através deste tribunal, a favor dos Países Baixos em 25.6.1914: cf., a este propósito, A. CASTRO MENDES, "Arbitragem", in Enciclopédia Polis, vol. I, Lisboa, Verbo, 1983, p. 354; sobre este mesmo caso, cf. M. GALVÃO TELES, "Timor Leste", in Dicionário Jurídico da Administração Pública, 2.º Suplemento, Lisboa, 2001, p. 573. Sobre o recurso à arbitragem para dirimir litígios de Direito Internacional Público, cf. ainda, entre nós, já muito antes, F. CASTRO CALDAS, "Portugal e a arbitragem internacional – A pendência arbitral entre Portugal e a Inglaterra, relativa à Baía de Lourenço Marques", O Direito, 66.º Ano, 1934, pp. 66-71, 130-143.

[5] Cf., v.g., Raúl VENTURA, "Convenção de arbitragem e cláusulas contratuais gerais", ROA, 1986-I, pp. 5-48, e "Convenção de arbitragem", ibidem, 1986-II, pp. 289-413; A. FERRER CORREIA, "Da arbitragem comercial internacional", in Temas de Direito Comercial e Direito Internacional Privado, Coimbra, Almedina, 1989, pp. 173-229; "O problema da lei aplicável ao fundo ou mérito da causa na arbitragem comercial internacional", ibidem, pp. 231-252; I. MAGALHÃES COLLAÇO, "L'arbitrage international dans la récente loi portugaise sur l'arbitrage volontaire (Loi n.º 31/86, du 29 août 1986) – Quelques réflexions", in Droit international et droit communautaire – Actes du colloque – Paris, 5 et 6 avril 1990, Paris, Fondation Calouste Gulbenkian – Centre Culturel Portugais, 1991, pp. 55-66; J. CASTRO MENDES, Direito Processual Civil, vol. I, Lisboa, AAFDL, 1986, pp. 328-344; M. TEIXEIRA DE SOUSA, Introdução ao Processo Civil, Lisboa, LEX, 2000, p. 13; J. LEBRE DE FREITAS, Introdução ao Processo Civil – Conceito e princípios gerais à luz do Código revisto, Coimbra, Coimbra Editora, 1996, pp. 66-70; M.A. BENTO SOARES-R.M. MOURA RAMOS, "Arbitragem comercial internacional – Análise da Lei-Modelo da CNUDCI de 1985 e das disposições pertinentes do direito português", in Contratos internacionais – Compra e venda, cláusulas penais, arbitragem, reimpressão, Coimbra, Almedina, 1995, pp. 315-440; C. FERREIRA DE ALMEIDA, "Meios jurídicos de resolução de conflitos económicos", BFDB, n.º 2, Setembro de 1993, pp. 181-185; D. MOURA VICENTE, Da arbitragem comercial internacional – Direito aplicável ao mérito da causa, Coimbra, Coimbra Editora, 1990, e, do mesmo autor: "L'évolution récente du droit de l'arbitrage au Portugal", Rev. arb., 1991, n.º 3, pp. 419-445; "Applicable Law in Voluntary Arbitrations in Portugal", ICLQ, vol. 44, 1995, pp. 179-191; "A Convenção de Bruxelas de 27 de Setembro de 1968, Relativa à Competência Judiciária e à Execução de Decisões em Matéria Civil e Comercial e a arbitragem", ROA, 1996-II, pp. 595-618; "International Arbitration and the Recognition of Foreign Arbitral Awards in Portugal", ADRLJ, 2000, pp. 270-277; J. NUNES PEREIRA, "Direito aplicável ao fundo do litígio na arbitragem comercial internacional", RDE, Ano XII, 1986, pp. 241-272; P. COSTA E SILVA, "Anulação e recursos da decisão arbitral", ROA, 1992-III, pp. 893-1018; M.C. PIMENTA COELHO, "A Convenção de Nova Iorque de 10 de Junho de 1958 Relativa ao Reconhecimento e Execução de Sen-

de direito público[6] como sobre questões de direito privado[7] e ter quer o carácter de arbitragem necessária quer a natureza de arbitragem voluntária: a arbitragem necessária está expressamente regulada nos artigos 1525.º a 1528.º do Código de Processo Civil (doravante citado como CPC) e a arbitragem voluntária na Lei n.º 31/86, de 29 de Agosto (Lei da Arbitragem Voluntária, adiante referida abreviadamente como LAV)[8].

Este trabalho será elaborado do ponto de vista da LAV, que, nos termos do seu artigo 37.º, reclama a sua aplicação no que toca "às arbitragens que tenham lugar em território nacional", quer se trate de arbitragem internacional – que é aquela "que põe em jogo interesses de comércio internacional" (artigo 32.º da Lei) –, quer esteja em causa tão-só a arbitragem interna, isto é, a arbitragem não internacional, que é aquela que não põe em jogo tais interesses, muito embora possa porventura ter alguns elementos de internacionalidade[9].

Isto significa que não perfilho de modo algum o ponto de vista daqueles que entendem que pode perfeitamente existir uma arbitragem totalmente desvinculada da jurisdição dos Estados e do direito estadual, como é o caso, entre nós, do Dr. M. Botelho da Silva[10].

---

tenças Arbitrais Estrangeiras", *RJ*, n.º 20, Nova série, Abril de 1996, pp. 37-71; cf. ainda a colectânea de J.M. GALHARDO COELHO, *Arbitragem*, Coimbra, Almedina, 2000, bem como as demais referências aí citadas, pp. 293-295.

[6] Cf. J. M. SÉRVULO CORREIA, "A arbitragem voluntária no domínio dos contratos administrativos" in *Estudos em memória do Professor Doutor João de Castro Mendes*, Lisboa, Faculdade de Direito da Universidade de Lisboa, [1995], pp. 227-263; cf. ainda L. LIMA PINHEIRO, "O problema do direito aplicável aos contratos internacionais celebrados pela Administração Pública", *DJ – RFDUCP*, Vol. XIII, 1999, tomo 2, pp. 29-64, *maxime* pp. 42 ss.

[7] Cf., quanto ao nosso antigo direito, J. DUARTE NOGUEIRA, "A arbitragem na história do direito português (Subsídios)", *RJ*, n.º 20, Nova série, Abril de 1996, pp. 9-35; Francisco CORTEZ, "A arbitragem voluntária em Portugal – Dos 'ricos homens' aos tribunais privados", *O Direito*, Ano 124.º, 1992-III, pp. 365-404 e 1992-IV, pp. 541-587.

[8] Cf. A. MARQUES DOS SANTOS, "Nota ...", in *Estudos* ... (*op. cit. supra*, nota 2), p. 256 e nota 1.

[9] Cf., *mutatis mutandis*, o que H. BATIFFOL escreveu, a propósito da noção de *contrato internacional*: "... o italiano estabelecido em Marselha, onde explora uma loja de venda de fruta a retalho, encontra-se numa situação puramente interna, ainda que as laranjas que vende venham de Itália. A nacionalidade desse comerciante é um elemento de conexão de importância demasiado restrita nesta situação para exercer qualquer influência sobre a lei aplicável às suas operações ..." ("De l'usage des principes en droit international privé", in *Estudos em homenagem ao Prof. Doutor A. Ferrer-Correia*, I, Coimbra, Faculdade de Direito da Universidade de Coimbra, 1986, p. 110).

[10] Cf. a tese de mestrado deste autor defendida na Faculdade de Direito de Lisboa

No meu modo de ver, a arbitragem voluntária tem uma faceta contratual ou convencional, visto que os árbitros derivam o seu poder de julgar da designação – ou seja, da autonomia da vontade – das partes, e uma componente jurisdicional, já que os tribunais arbitrais são verdadeiros *tribunais*, como tais qualificados pela Constituição da República Portuguesa[11], com funções decisórias que têm carácter autenticamente jurisdicional[12].

Nos termos do artigo 1.º, n.º 1, da LAV, estão excluídos do âmbito de aplicação da Lei os casos litigiosos sujeitos à arbitragem necessária, bem como os que estejam exclusivamente afectos aos tribunais judiciais, que são, nomeadamente, aqueles que dizem respeito a direitos indisponíveis; quanto aos demais, as partes podem submetê-los à arbitragem voluntária, mediante uma convenção de arbitragem, a qual pode quer assumir a forma de cláusula compromissória, quer adoptar a modalidade de compromisso arbitral[13], consoante tenha por objecto "litígios eventualmente emergentes de uma determinada relação jurídica contratual ou extracontratual" ou respeite antes, tão-somente, a "um litígio actual, ainda que se encontre afecto a tribunal judicial" (artigo 1.º, n.º 2, da LAV).

---

em 5.1.2001 e ainda inédita: *Da relatividade da posição do árbitro perante o direito de conflitos de fonte estatal*, passim.

[11] O artigo 209.º, n.º 2, da CRP diz, com efeito, que "[p]odem existir tribunais marítimos, *tribunais arbitrais* e julgados de paz" (sublinhado meu); no entanto, a CRP não considera que os tribunais arbitrais sejam órgãos de soberania – cf. o artigo 202.º, n.º 1, da CRP, que só se refere aos tribunais judiciais, conforme o entendimento do Tribunal Constitucional (Acórdão n.º 230/86, *DR*, I Série, n.º 210, de 12.9.1986, p. 2542, n.º 6, 2.º e 3.º §§).

Segundo J.M. SÉRVULO CORREIA, "A arbitragem ...", *op. cit. supra*, nota 6, p. 231 e nota 2, no direito português os tribunais arbitrais têm apenas uma faceta jurisdicional, já que eles implicam o exercício de uma função estadual por particulares; em sentido completamente oposto, cf., em Itália, Andrea LUGO (com a colaboração de C. de Angelis), *Manuale di Diritto Processuale Civile*, 13.ª edição, Milão, Giuffrè, 1999, p. 481: "Os árbitros não têm competência jurisdicional, mas desempenham uma função substitutiva da dos juízes".

[12] Cf. A. MARQUES DOS SANTOS, "Nota ...", *in Estudos ...* (*op. cit. supra*, nota 2), p. 268 e nota 29.

[13] Sobre a diferença entre *cláusula compromissória* e *compromisso arbitral* no direito anterior, considerando aquela como um *contrato-promessa* ou como uma *convenção preliminar* e este como uma *convenção definitiva*, cf. I. GALVÃO TELES, "Cláusula compromissória (Oposição ao respectivo pedido de efectivação)", *O Direito*, 89.º Ano, 1957, pp. 213-221, *maxime*, p. 214; sobre esta questão, cf. A. MARQUES DOS SANTOS, *ibidem*, pp. 271-272, bem como os demais autores aí citados; actualmente já não é possível

No arrendamento urbano, *quid juris* quanto à autonomia da vontade, na medida em que o artigo 51.° do Regime do Arrendamento Urbano (RAU)[14] determina que "[o] disposto neste diploma [=no RAU] sobre a resolução, a caducidade e a denúncia do arrendamento tem natureza imperativa"? Tendo inquestionavelmente as normas em causa a natureza de normas de ordem pública interna[15] – ou seja, de ordem pública de protecção do contraente débil –, poder-se-á recorrer à arbitragem voluntária para dirimir os litígios resultantes de uma qualquer daquelas situações (resolução, caducidade e denúncia do arrendamento)? Ou estarão em causa direitos indisponíveis ou, sob outra perspectiva, tratar-se-á de litígios submetidos exclusivamente a tribunal judicial, o que impedirá portanto, em qualquer dos casos, o recurso à instância arbitral?

No plano comparatístico, pode salientar-se que, em Espanha, o artigo 39, n.° 5, da Lei n.° 29/1994, de 24 de Novembro (*Ley de Arrendamientos Urbanos*) admitia, até há pouco tempo, que as partes no contrato de arrendamento urbano pudessem submeter os seus litígios no que toca à desocupação do imóvel arrendado a tribunais arbitrais[16].

---

qualificar a cláusula compromissória como contrato-promessa, na medida em que se passa directamente da cláusula compromissória para a constituição do tribunal arbitral, sem necessidade de compromisso (*ibidem*, p. 272, nota 45).

[14] Aprovado pelo Decreto-Lei n.° 321-B/90, de 15 de Outubro, com as alterações que lhe foram introduzidas pelos Decretos-Leis n.ºs 278/93, de 10 de Agosto, 275/95 de 30 de Setembro, e 64-A/2000, de 22 de Abril.

[15] O que não quer dizer que se trate necessariamente de normas – ou de princípios – de ordem pública internacional: sobre a diferença entre *ordem pública interna* e *ordem pública internacional*, cf. J. BAPTISTA MACHADO, *Lições de Direito Internacional Privado*, 2.ª edição, Coimbra, Almedina, 1982, pp. 253 ss.; A. FERRER CORREIA, *Lições de Direito Internacional Privado*, I, Coimbra, Almedina, 2000, pp. 405-406; cf. ainda, para uma distinção nítida entre os dois conceitos, as numerosas indicações constantes de A. MARQUES DOS SANTOS, *As normas de aplicação imediata em Direito Internacional Privado – Esboço de uma teoria geral*, vol. I, Coimbra, Almedina, 1991, pp. 110 ss., nota 361, bem como os Acórdãos do Supremo Tribunal de Justiça de 27.6.1978 (*BMJ*, n.° 278, Julho de 1978, p. 234) e da Relação de Évora de 23.6.1988 (*CJ*, Ano XIII, t. III, 1988, pp. 304-305).

[16] Cf., neste sentido, J.H.C. PINTO FURTADO, *Manual do Arrendamento Urbano*, 3.ª edição, Coimbra, Almedina, 2001, p. 1047. O artigo 39, n.° 5, da Lei 29/1994, de 24 de Novembro, determinava, com efeito, o seguinte: "Art. 39 – Procedimento ... 5. Las partes podrán pactar el sometimiento de los litigios a los tribunales arbitrales, de conformidad con lo establecido en la Ley 36/1988, de 5 de diciembre", isto é, com a Lei Espanhola da Arbitragem. Deve-se notar, porém, que o artigo 39 da Lei 29/1994, de 24 de Novembro, foi revogado pela Lei 1/2000, de 7 de Janeiro (*Ley de Enjuiciamiento Civil*).

Na Suíça, o artigo 177, n.º 1, da Lei Federal sobre o Direito Internacional Privado (LDIP), de 18.12.1987, relativo à arbitrabilidade em sede de arbitragem internacional, admite que qualquer causa de natureza patrimonial pode ser objecto de uma arbitragem[17].

No Brasil, a Lei n.º 9.307, de 23.9.1996, que dispõe sobre a arbitragem, refere, no seu artigo 1.º, que "[a]s pessoas capazes de contratar poderão valer-se da arbitragem para dirimir litígios relativos a direitos patrimoniais disponíveis".

Em Macau, o Decreto-Lei n.º 29/96/M, de 11 de Junho (Lei da Arbitragem Voluntária do Território de Macau), determina, no seu artigo 2.º, n.º 1, que "[a] arbitragem pode ter por objecto qualquer litígio que não respeite a direitos indisponíveis, desde que não esteja submetido por lei especial a tribunal judicial ou a arbitragem necessária".

Em Moçambique, a Lei n.º 11/99, de 8 de Julho, que rege a arbitragem, a conciliação e a mediação como meios alternativos de resolução de conflitos, no seu artigo 5.º, n.º 2, considera que estão fora do âmbito do regime de arbitragem, designadamente, todos os litígios que, por lei especial, devam ser submetidos exclusivamente a tribunal judicial e os que respeitem a direitos indisponíveis ou não transaccionáveis.

Em França, resulta do primeiro parágrafo do artigo 2060 do *Code civil* – segundo a redacção que lhe foi dada pelo artigo 13 da Lei n.º 72--626, de 5.7.1972 – que as matérias respeitantes à ordem pública não são susceptíveis de ser arbitradas[18], o que tem repercussões no que toca ao arrendamento: assim, admite-se, em geral, que um litígio relativo à existência do direito de renovação de um arrendamento comercial não pode ser submetido à arbitragem, mas que, uma vez decidida essa questão pelo tri-

---

[17] Art. 177 (Arbitrabilité) "1. Toute cause de nature patrimoniale peut faire l'objet d'un arbitrage"; a *internacionalidade* da arbitragem infere-se do n.º 1 do artigo 176: "Les dispositions du présent chapitre [*Chapitre 12: Arbitrage international*] s'appliquent à tout arbitrage si le siège du tribunal arbitral se trouve en Suisse et si au moins l'une des parties n'avait, au moment de la conclusion de la convention d'arbitrage, ni son domicile, ni sa résidence habituelle en Suisse".

[18] "Art. 2060 – On ne peut compromettre sur les questions d'état et de capacité des personnes, sur celles relatives au divorce et à la séparation de corps ou sur les contestations intéressant les collectivités publiques et les établissements publics et plus généralement dans toutes les matières qui intéressent l'ordre public".

Entre as matérias que respeitam à ordem pública, conta-se o arrendamento urbano, nos termos do artigo 2 da Lei n.º 89-462, de 6.7.1989, actualmente em vigor (cf., neste sentido, J.H.C. PINTO FURTADO, *Manual ..., op. cit. supra*, nota 16, pp. 159 e 220).

bunal judicial, o recurso à arbitragem já é possível no que toca à fixação do montante da indemnização que seja eventualmente devida[19].

Desta breve resenha de alguns ordenamentos jurídicos estrangeiros que nos são próximos, em cotejo com o direito português, resulta que tudo está em saber se os direitos atinentes ao arrendamento urbano – que são inquestionavelmente direitos patrimoniais – são disponíveis ou indisponíveis ou se, no caso de serem disponíveis, os litígios que lhes digam respeito estão ou não exclusivamente submetidos aos tribunais judiciais.

Na exposição que se segue, tratar-se-á, em primeiro lugar (**I**), da arbitragem interna, que é aquela que tem lugar em território nacional (artigo 37.º da LAV), desde que não ponha em jogo interesses de comércio internacional (artigo 32.º da LAV, *a contrario*), e, em segundo lugar (**II**), da arbitragem internacional, que é aquela que tem lugar em território nacional (artigo 37.º da LAV), e que põe em jogo interesses de comércio internacional (artigo 32.º da LAV).

I. ARBITRAGEM INTERNA

Nesta primeira parte, distinguir-se-ão (**A**) os casos em que há susceptibilidade de recurso à arbitragem voluntária em matéria de arrendamento, (**B**) das hipóteses em que tal susceptibilidade não existe.

A. *Susceptibilidade de recurso à arbitragem*

Os litígios relativos aos arrendamentos referidos no artigo 5.º, n.º 2, alíneas b) a f), do RAU – que estão excluídos do âmbito deste[20] – podem ser dirimidos, em meu entender, por recurso à arbitragem voluntária (*v.g.*, os arrendamentos para habitação não permanente em praias, termas ou outros lugares de vilegiatura, ou para outros fins especiais transitórios, os arrendamentos de casa habitada pelo senhorio, por período correspondente à ausência temporária deste, ou os subarrendamentos totais feitos por período correspondente à ausência temporária do arrendatário, etc.).

No que toca aos casos que vêm referidos na alínea a) do mesmo preceito (os arrendamentos de prédios do Estado), tal também me parece ser

---

[19] Cf., neste sentido, Yves GUYON, *L'arbitrage*, Paris, ECONOMICA, 1995, pp. 19-20.

[20] Cf., neste sentido, M.A. CARNEIRO DA FRADA, "O novo regime do arrendamento urbano: sistematização geral e âmbito material de aplicação", *ROA*, 1991-I, pp. 164-165.

perfeitamente possível, já que o artigo 1.°, n.° 4, da LAV estabelece que "[o] Estado e outras pessoas colectivas de direito público podem celebrar convenções de arbitragem, se para tanto forem autorizados por lei especial ou se elas tiverem por objecto litígios respeitantes a relações de direito privado" e não se vê que uma convenção de arbitragem não pudesse versar sobre lides actuais ou eventuais respeitantes a tais arrendamentos[21].

Também penso que os litígios relativos a arrendamentos urbanos que caibam no âmbito de aplicação material do RAU (artigos 1.° e 5.°, n.° 1[22]) podem, em tese geral, ser submetidos à arbitragem voluntária em tudo o que se não refira à cessação do contrato, que está regulada na Secção IX do Capítulo I (artigo 50.° e seguintes). Será o caso, *v.g.*, dos litígios acerca das deteriorações que é lícito ao arrendatário realizar no prédio arrendado (artigo 4.°), quanto à determinação da finalidade do contrato (artigo 3.°), os que respeitam às obras de conservação ordinária, extraordinária ou de beneficiação (artigo 11.°)[23], relativamente às rendas (artigo 19.° ss.) ou ao subarrendamento (artigo 44.° ss.), isto, obviamente, se não houver qualquer interferência com os casos de resolução ou de denúncia do contrato pelo senhorio (artigos 64.° e 69.°).

---

[21] O que é certo e seguro se se tratar de relações de direito privado (cf., neste sentido, J.M. SÉRVULO CORREIA, "A arbitragem ...", *op. cit. supra*, nota 6, pp. 239, 254); se se tratar de contratos administrativos, o recurso à arbitragem também é possível, mas tratar-se-á então de arbitragem necessária, prevista em lei especial (artigo 1525.° do CPC): cf. *ibidem*, pp. 236-237, 239, *in fine*, e *passim*, e, do mesmo autor, *Legalidade e autonomia contratual nos contratos administrativos*, Coimbra, Almedina, 1987, pp. 425-426 e nota 162, onde se faz referência – dentro do elenco dos *contratos administrativos de atribuição sem fins de intervenção económica* – ao contrato de *arrendamento de bens imóveis do domínio privado do Estado*.

[22] Artigo 1.° – "Arrendamento urbano é o contrato pelo qual uma das partes concede à outra o gozo temporário de um prédio urbano, no todo ou em parte, mediante retribuição"; artigo 5.°, n.° 1 – "O arrendamento urbano rege-se pelo disposto no presente diploma e, no que não esteja em oposição com este, pelo regime geral da locação civil".

[23] Cf., para um exemplo em matéria de obras em que o direito do arrendatário pode ser assegurado sem necessidade de recurso judicial, de onde se pode inferir *a fortiori*, a meu ver, a possibilidade geral do recurso à arbitragem voluntária neste domínio, P. ROMANO MARTINEZ, *Direito das Obrigações (Parte Especial) – Contratos*, Coimbra, Almedina, 2001, p. 259; sobre as pequenas deteriorações, com o objectivo de assegurar o conforto e a comodidade do arrendatário, cf. J. OLIVEIRA ASCENSÃO, "Resolução do contrato de arrendamento – Acórdão do Tribunal da Relação de Lisboa de 18 de Março de 1993 – Anotação", Separata da Revista *O Direito*, Ano 125.°, 1993, III-IV, p. 330.

B. Insusceptibilidade de recurso à arbitragem

No que toca à cessação do contrato, há que distinguir [i)] a resolução, a caducidade e a denúncia que têm natureza imperativa (artigo 51.° do RAU) e [ii)] os outros modos de cessação, tais como o acordo das partes (revogação – artigos 50.° e 62.° do RAU) ou a caducidade do arrendamento (artigos 66.° e 67.° do RAU).

i) Resolução, caducidade e denúncia do arrendamento

O disposto no artigo 51.° do RAU não impede, só por si, em meu entender, o recurso à arbitragem voluntária, visto que a natureza imperativa aí referida não importa a indisponibilidade dos direitos em causa, já que, nesses casos, é sempre possível a *confissão* (artigo 293.°, n.° 1, 2.ª parte, CPC), a *desistência* (artigo 293.°, n.° 1, 1.ª parte, CPC), ou a *transacção*, em qualquer acção de despejo (artigos 293.°, n.° 2, CPC e 1248.°, n.° 1, CC), como se depreende, aliás, *a fortiori*, dos artigos 50.°, *in initio*, e 62.°, n.° 1, do RAU[24].

Já o que dispõem os artigos 63.°, n.° 2, do RAU[25], no tocante à *resolução* do contrato de arrendamento, e 70.° do RAU[26], no que respeita à respectiva *denúncia*, em conjugação com o teor do artigo 55.°, n.° 1, do RAU[27], impedem o recurso à arbitragem para operar a cessação do contrato, dado que as referências à *via judicial* (artigo 55.°, n.° 1), ao *tribunal* (artigo 63.°, n.° 2) ou à *acção judicial* (artigo 70.°) implicam, em tais casos (resolução e denúncia), que não é possível o recurso à arbitragem,

---

[24] Cf., neste sentido, M. TEIXEIRA DE SOUSA, *A acção de despejo*, 2.ª edição, Lisboa, LEX, 1995, pp. 17, *in fine*, e 49, acrescentando que a revelia do arrendatário numa acção de despejo fundada na resolução, caducidade ou denúncia do contrato de arrendamento implica a confissão dos factos articulados pelo autor, se o processo for ordinário (artigo 484.°, n.° 1, CPC) ou a condenação do réu no pedido, se se tratar de processo sumário (artigo 784.° CPC); cf. igualmente J.H.C. PINTO FURTADO, *Manual ..., op. cit supra*, nota 16, pp. 1048-1049.

[25] "A resolução do contrato fundada na falta de cumprimento por parte do arrendatário tem de ser decretada pelo *tribunal*" (sublinhado meu).

[26] "A denúncia do senhorio deve ser feita em *acção judicial*, com a antecedência mínima de seis meses relativamente ao fim do prazo do contrato, mas não obriga ao despejo enquanto não decorrerem três meses sobre a decisão definitiva" (sublinhado meu).

[27] "A acção de despejo destina-se a fazer cessar a situação jurídica do arrendamento, sempre que a lei imponha o recurso à *via judicial* para promover tal cessação' sublinhado meu).

visto que, em meu entender, em tais hipóteses, se trata, no dizer da lei, de litígios que estão "... por lei especial ... submetido[s] exclusivamente a tribunal judicial" (artigo 1.º, n.º 1, da LAV).

Vai neste sentido a opinião de M. Teixeira de Sousa[28], não me parecendo, salvo o devido respeito, que o modo de ver contrário do Conselheiro J.H.C. Pinto Furtado[29] – que entende que tais referências abrangem, sem qualquer sombra de dúvida, não só os tribunais judiciais, mas também os tribunais arbitrais – seja minimamente convincente, não por esse sentido carecer de um mínimo de correspondência verbal com o teor literal desses preceitos – como exige o artigo 9.º, n.º 2, do Código Civil –, mas sim porque tal douto entendimento não capta o "pensamento legislativo", nem tem em conta "a unidade do sistema jurídico, as circunstâncias em que a lei foi elaborada e as condições específicas do tempo em que é aplicada", como exige o n.º 1 do mesmo artigo.

Efectivamente, resulta insofismavelmente da jurisprudência em matéria de arbitragem compilada pelo Dr. J.M. Galhardo Coelho que a referência ao *tribunal* se entende feita, em princípio, ao *tribunal judicial*[30],

---

[28] Cf. M. TEIXEIRA DE SOUSA, *A acção ..., op. cit. supra*, nota 24, pp. 17, 29-30, 48--49; no mesmo sentido, implicitamente, cf. F.M. PEREIRA COELHO, *Arrendamento – Direito substantivo e processual*, Coimbra, dactilografado e impresso por João Abrantes, 1988, p. 369, bem como M. JANUÁRIO DA COSTA GOMES, *Arrendamentos para habitação*, 2.ª edição, Coimbra, Almedina, 1996, pp. 230 e 278, e, do mesmo autor, "Resolução do contrato de arrendamento em consequência da feitura de obras que alteram substancialmente a disposição interna das divisões do prédio", Separata da Revista *O Direito*, Ano 125.º, 1993, III-IV, pp. 446-447; quanto à denúncia, cf. igualmente A. SEQUEIRA RIBEIRO, *Sobre a denúncia no contrato de arrendamento urbano para habitação*, Lisboa, LEX, 1996, pp. 101-102.

[29] Cf. J.H.C. PINTO FURTADO, *Manual ..., op. cit. supra*, nota 16, pp. 1049-1052, que fala, a este propósito, da necessidade de "um percurso completo de *interpretação jurídica*", não sendo "suficiente o *elemento literal*" (p. 1050), com o que, aliás, concordo, embora extraia daí consequências diferentes das que tira o ilustre autor (sublinhados no original).

[30] Cf. J.M. GALHARDO COELHO, *Arbitragem, op. cit. supra*, nota 5, p. 265 ss.: *v.g.*, Acórdão da Relação de Lisboa de 20.2.1997 (*CJ*, 1997-I, p. 135), citado *ibidem*, p. 283: "Em matéria de competência para dirimir conflitos de interesses entre entidades privadas, o princípio geral é o de que ela pertence aos *tribunais*, só excepcionalmente atribuindo a lei a '*árbitros*' (constituídos que sejam em *tribunal arbitral* voluntário ou necessário) a competência para dirimir esses conflitos ..."; Acórdão da Relação de Lisboa de 30.9.1999 (*CJ*, 1999-IV, p. 113), citado *ibidem*, p. 285: "Não corre em *tribunal* [a arbitragem] e a decisão é tirada por *árbitros*"; Acórdão da Relação de Lisboa de 18.5.1977 (*CJ*, 1977-III, p. 619), citado *ibidem*, pp. 288 289: "I - Estipulando o pacto social que qualquer questão

enquanto a jurisdição dos árbitros é, em geral, referida como *tribunal arbitral*, excepto se do contexto se depreender, sem qualquer sombra de dúvida, que é de arbitragem que se trata, caso em que se pode fazer só referência a *tribunal* para designar a instância arbitral[31].

Por conseguinte, em tais casos, por um lado, a convenção de arbitragem que haja sido porventura celebrada é nula (artigo 3.º da LAV), mas o tribunal arbitral pode declarar-se incompetente *ex officio* (artigo 21.º, n.º 1, da LAV); por outro lado, não haverá, em tais circunstâncias, lugar à invocação da excepção dilatória de violação de convenção de arbitragem [artigo 494.º, alínea j), do CPC], se for intentada uma acção de despejo no tribunal judicial[32].

ii) *Os outros modos de cessação do arrendamento*

Em meu entender, já seria possível o recurso à arbitragem voluntária nos casos a que se refere o artigo 55.º, n.º 2, do RAU[33], ou seja, *v.g.*, a ces-

---

entre o sócio e a sociedade será resolvida por *tribunal arbitral*, cuja composição prevê, a sua preterição constitui excepção a ser declarada pelo *tribunal*. II – O pedido de tal inquérito nos termos do artigo 1479.º do Código de Processo Civil, traduz-se em litígio entre o sócio, requerente, e a sociedade, não podendo o *tribunal* dele conhecer com preterição do *tribunal arbitral*" (sublinhados meus).

[31] Cf. J.M. GALHARDO COELHO, *ibidem*, p. 291, onde vem citado o Acórdão do Supremo Tribunal de Justiça de 9.11.1995 (*CJ/Acórdãos do STJ*, 1995-III, p. 107): "... III – Não é ao *Tribunal Arbitral* que compete fixar o objecto do litígio. IV – Tal *Tribunal* não pode começar a funcionar sem que previamente tenha ocorrido tal fixação"; cf. igualmente o artigo 14.º, n.º 1, da LAV ("Sendo o *tribunal* constituído por mais de um árbitro ..."), bem como o artigo 15.º, n.º 1, da mesma Lei: "Na convenção de arbitragem ou em escrito posterior, até à aceitação do primeiro árbitro, podem as partes acordar sobre as regras de processo a observar na arbitragem, bem como sobre o lugar onde funcionará o *tribunal*" (sublinhados meus).

[32] Cf., neste sentido, *mutatis mutandis*, M. TEIXEIRA DE SOUSA, *A acção ..., op. cit. supra*, nota 24, p. 30.

A excepção dilatória de violação de convenção de arbitragem tem que ser invocada, pois não é de conhecimento oficioso pelo tribunal (artigo 495.º do CPC); é curioso salientar que este artigo continua a falar da "*preterição do tribunal arbitral voluntário*", tal como a anterior versão do artigo 494.º, n.º 1, alínea h), do CPC ("preterição do tribunal arbitral"), ao passo que o actual artigo 494.º, alínea j), menciona "[a] preterição do tribunal arbitral necessário ou a *violação de convenção de arbitragem*" (sublinhados meus).

[33] "A acção de despejo é, ainda, o meio processual idóneo para efectivar a cessação do arrendamento quando o arrendatário não aceite ou não execute o despedimento resul-

sação do arrendamento por acordo das partes (*revogação* – artigos 50.º e 62.º do RAU) ou a *caducidade* do arrendamento (artigo 66.º do RAU)[34], já que, nestes casos, "o pedido não é a cessação do contrato de arrendamento, mas a desocupação do imóvel, e a respectiva *causa petendi*... não exige a apreciação por um tribunal judicial" [35].

Nestes casos, se houver sido celebrada uma convenção de arbitragem, o recurso ao tribunal judicial para intentar uma acção de despejo importará a possibilidade de invocação pelo locatário da excepção dilatória de violação de convenção de arbitragem, nos termos dos sobreditos artigos 494.º, alínea j), e 495.º do CPC[36].

II. ARBITRAGEM INTERNACIONAL

Nesta segunda parte, tratar-se-á, sucessivamente, (**A**) da arbitragem internacional que tenha lugar em Portugal e (**B**) da hipótese do reconhecimento de uma sentença arbitral estrangeira em matéria de arrendamento urbano.

A. *Arbitragem internacional realizada em Portugal*

Já atrás se referiu que a arbitragem internacional é aquela "que põe em jogo interesses de comércio internacional" (artigo 32.º da LAV)[37]. De

---

tante de qualquer outra causa"; além dos casos a seguir indicados – revogação e caducidade do arrendamento -, pode ainda indicar-se o caso previsto no artigo 53.º, n.º 3, do RAU ("o reconhecimento, pelo arrendatário, do facto jurídico que conduz à cessação do arrendamento"): cf., neste sentido, M. TEIXEIRA DE SOUSA, *ibidem*, p. 17.

[34] Já no caso previsto no artigo 67.º do RAU, que corresponde à hipótese contempl da na alínea f) do artigo 1051.º do CC (*caducidade do contrato de arrendamento em consequê cia de expropriação por utilidade pública*), a haver arbitragem, será *arbitragem necessária* e não voluntária, nos termos dos artigos 38.º e 42.º ss. do Código das Expropriações (Decreto-Lei n.º 168/99, de 18 de Setembro) e 1525.º do CPC: cf., neste sentido, J. ASTRO MENDES, *op. cit. supra*, nota 5, pp. 340-341 (com referência ao Decreto-Lei n.º 845/76, de 11 de Dezembro); cf. ainda, a este respeito, M. JANUÁRIO DA COSTA GOMES, *A rendamentos ...*, *op. cit. supra*, nota 28, pp. 269-270, bem como o artigo 30.º, n.º 1, do actual Código das Expropriações.

[35] Cf. M. TEIXEIRA DE SOUSA, *A acção ...*, *ibidem*, p. 30; no mesmo sentido, implicitamente, cf. J.H.C. PINTO FURTADO, *Manual ...*, *op. cit. supra*, nota 16, p. 1051.

[36] Cf., *mutatis mutandis*, M. TEIXEIRA DE SOUSA, *ibidem*, p. 30.

[37] Cf., expressamente neste sentido, o Acórdão da Relação de Lisboa de 24.1.1995

acordo com a noção corrente de arbitragem internacional admitida pela jurisprudência – como se acaba de ver – e também pela doutrina portuguesa[38], suponhamos que uma sociedade com sede no estrangeiro – portanto não portuguesa[39] –, mas com uma sucursal em Portugal, faz investimentos no sector imobiliário no nosso país, importando fundos do estrangeiro para Portugal, e reexporta os respectivos lucros, provocando destarte um fluxo de capitais entre Portugal e o estrangeiro, havendo assim um "fluxo e refluxo de capitais de país para país, através das fronteiras", nos termos da jurisprudência Matter, que foi, *mutatis mutandis*, acolhida pela LAV[40].

Se essa sociedade celebrar contratos de arrendamento que incluam uma convenção de arbitragem, a qual contenha uma cláusula relativa à escolha do direito a aplicar pelos árbitros, tal como é admitido pelo artigo 33.º, n.º 1, da LAV, se se admitir que a lei (estrangeira) escolhida não tem as limitações que, em matéria de resolução e de denúncia do contrato de arrendamento urbano, constam dos artigos 63.º, n.º 2, e 70.º do RAU, *quid juris*? Será aplicável a lei estrangeira escolhida, que não impõe o recurso à acção de despejo intentada perante o tribunal judicial, ou prevalecerá o disposto nos artigos 63.º, n.º 2, e 70.º do RAU, apesar do – e mesmo contra o – que estabelece a lei escolhida pelas partes?

Em meu entender, o tribunal arbitral tem que aplicar o disposto nos artigos 63.º, n.º 2, e 70.º do RAU, que são *normas de aplicação imediata* e que, por conseguinte, são aplicáveis sempre que os prédios urbanos

---

(*CJ*, 1995-I, p. 98): "Arbitragem internacional é a que põe em jogo interesses de comércio internacional, segundo a definição do artigo 32.º da Lei n.º 31/86, de 29 de Agosto"; cf. ainda o Acórdão da Relação de Lisboa de 11.5.1995 (*CJ*, 1995-III, p. 104): "Para que possam ser postos em jogo interesses de comércio internacional é suficiente ... que a operação 'implique um movimento de bens, de serviços, ou um pagamento através das fronteiras'./ **Toda a operação económica que envolva uma circulação de bens, de serviços ou de capitais através das fronteiras** cairá, por conseguinte, no âmbito da expressão 'comércio internacional' ..." (p. 105, sublinhado no original).

[38] Cf. D. MOURA VICENTE, *Da arbitragem* ..., *op. cit. supra*, nota 5, p. 40, com referência, designadamente, à posição da Professora I. MAGALHÃES COLLAÇO (*Da compra e venda em Direito Internacional Privado*, Lisboa, 1954, p. 85); cf. também A. MARQUES DOS SANTOS, "Nota ...", in Estudos ... (*op. cit. supra*, nota 2), p. 301, e J.M. SÉRVULO CORREIA, "A arbitragem ...", *op. cit. supra*, nota 6, p. 257.

[39] Cf., neste sentido, A. MARQUES DOS SANTOS, "Algumas reflexões sobre a nacionalidade das sociedades em Direito Internacional Privado e em Direito Internacional Público", *in Estudos de Direito da Nacionalidade*, Coimbra, Almedina, 1998, pp. 195-196.

[40] Cf., sobre esta formulação, A. MARQUES DOS SANTOS, *As normas* ..., *op. cit. supra*, nota 5, pp. 621-622 e nota 2047, bem como pp. 626-627 e nota 2061.

arrendados se situem em Portugal, qualquer que seja a lei escolhida pelos interessados nos termos do artigo 33.°, n.° 1, da LAV[41], a menos que, porventura, a lei estrangeira designada como competente estabelecesse um regime mais favorável para o contraente débil, que é aqui obviamente o arrendatário[42], o que, de qualquer modo, está expressamente excluído nesta hipótese.

No caso, porém, de o tribunal arbitral se não conformar com o disposto nas referidas regras de protecção do locatário constantes dos artigos 63.°, n.° 2, e 70.° do RAU, como, em sede de arbitragem internacional, em princípio, a decisão arbitral não é recorrível, salvo se as partes tiverem acordado a possibilidade de recurso e regulado os seus termos (artigo 34.° da LAV), na prática, a decisão arbitral prevalecerá, já que, por um lado, dificilmente haverá, neste caso, qualquer fundamento de anulação (artigo 27.° da LAV)[43] e, por outro lado, tratando-se de uma arbitragem que teve lugar em Portugal (artigo 37.° da LAV), não há qualquer revisão, confir-

---

[41] Sobre a noção de normas de aplicação imediata, cf. A. MARQUES DOS SANTOS, *ibidem*, vol. II, em especial, pp. 815 ss., bem como, do mesmo autor, por último, *Direito Internacional Privado – Introdução* – I Volume, Lisboa, AAFDL, 2001, pp. 247 ss.

O Supremo Tribunal de Justiça, no seu Acórdão de 11.6.1996 (*CJ/Acórdãos do STJ*, 1996-II, p. 266), deu uma definição destas normas: "Na verdade, ... tem sido reconhecida a existência de normas jurídicas que, pela essencialidade dos seus comandos, como que transbordam a competência espacial do próprio sistema em que se integram, e se aplicam directamente a uma situação jurídica plurilocalizada, assimilando-a a uma situação interna – subtraindo assim ao direito conflitual próprio do D.I.P. qualquer influência na determinação da ordem jurídica competente para a solução do caso concreto, São as chamadas *normas de aplicação necessária e imediata*" (sublinhado meu); para uma apreciação crítica desta definição, que não põe, porém, em causa a sua grande importância para o nosso DIP, cf. A. MARQUES DOS SANTOS, última obra citada, pp. 31-32, p. 252 e nota 576, bem como pp. 277-278; a este propósito, cf. ainda o artigo 21.° do Código Civil de Macau: "(*Normas de aplicação imediata*) – As normas da lei de Macau que pelo seu objecto e fim específicos devam ser imperativamente aplicadas prevalecem sobre os preceitos da lei exterior designada nos termos da secção seguinte [=Secção II – Normas de conflitos]".

[42] Ainda em tais casos considero que se trata de *normas de aplicação imediata*, embora *atípicas*: cf. A. MARQUES DOS SANTOS, *As normas ..., op. cit. supra*, nota 15, vol. II, pp. 903-904, e *Direito ..., op. cit. supra*, nota 41, pp. 284-285, bem como alguns dos autores aí citados na nota 646; em sentido diferente, além dos demais autores citados na mesma nota 646, cf. A. PINTO MONTEIRO, *Contrato de Agência*, 4.ª edição actualizada, Coimbra, Almedina, 2000, pp. 124-126.

[43] A não ser o disposto no artigo 27.° n.° 1, alínea a), da LAV ["A sentença arbitral só pode ser anulada pelo tribunal judicial por algum dos seguintes fundamentos: a) *Não ser o litígio susceptível de resolução por via arbitral*"], conjugado com o que consta do artigo 1.°, n.° 1, da mesma Lei (sublinhado meu).

mação ou homologação do laudo arbitral[44], sendo certo que, em sede de execução da sentença arbitral (cf. o artigo 26.º, n.º 2, da LAV), também de nada valerá, neste caso, ao locatário o disposto nos artigos 813.º e 814.º do CPC.

Como quer que seja, por direitas contas, em tais casos, como já se viu[45], por um lado, a convenção de arbitragem que tenha sido celebrada é nula (artigo 3.º da LAV), mas o tribunal arbitral pode declarar-se incompetente oficiosamente (artigo 21.º, n.º 1, da LAV) e, por outro lado, não haverá, em tais circunstâncias, lugar à invocação da excepção dilatória de violação de convenção de arbitragem [artigo 494.º, alínea j), do CPC], se o senhorio intentar uma acção de despejo no tribunal judicial.

B. *Reconhecimento de uma sentença arbitral estrangeira*

Nesta rubrica, vai analisar-se a questão de saber se uma sentença arbitral proferida no estrangeiro, no âmbito de uma arbitragem que não teve lugar em Portugal, relativa ao arrendamento urbano de um imóvel situado em Portugal, pode ou não ser reconhecida na ordem jurídica portuguesa.

Quanto à aplicabilidade potencial da Convenção Relativa à Competência Judiciária e à Execução de Decisões em Matéria Civil e Comercial, assinada em Bruxelas em 27.9.1968, em vigor em Portugal desde 1.7.1992[46], parece que ela está fora de causa, em virtude de o artigo 1.º, 2.º §, n.º 4, excluir a arbitragem do âmbito de aplicação da Convenção[47]; o mesmo se diga, *mutatis mutandis*, e pelas mesmas razões, em relação à Convenção Relativa à Competência Judiciária e à Execução de Decisões em Matéria Civil e Comercial, celebrada em Lugano em 16.9.1988, em

---

[44] Cf., neste sentido, A. MARQUES DOS SANTOS, "Nota ...", *in Estudos* ... (*op. cit. supra*, nota 2), pp. 261 ss.; cf. também, do mesmo autor, no mesmo sentido, "Revisão e confirmação de sentenças estrangeiras no novo Código de Processo Civil de 1997 (Alterações ao regime anterior)", *in Estudos* ... (*op. cit. supra*, nota 2), p. 318, bem como os autores citados na nota 40, com excepção de M. Teixeira de Sousa.

[45] Cf. *supra*, nota 32 e texto correspondente.

[46] Cf. A. MARQUES DOS SANTOS, *Direito Internacional Privado – Colectânea de textos legislativos de fonte interna e internacional*, 2.ª edição, Coimbra, Almedina, 2002, pp. 1276-1279.

[47] Cf., a este respeito, M. TEIXEIRA DE SOUSA-D. MOURA VICENTE, *Comentário à Convenção de Bruxelas de 27 de Setembro de 1968 Relativa à Competência Judiciária e à Execução de Decisões em Matéria Civil e Comercial e textos complementares*, Lisboa, LEX, 1994, pp. 71-72, que não me parece irem contra esta solução, não obstante fazerem uma interpretação restritiva da referida disposição.

vigor em Portugal desde 1.7.1992[48], Convenção paralela à de Bruxelas, que contém uma disposição idêntica à que foi mencionada.

No que toca à aplicabilidade potencial, num caso deste tipo, da Convenção sobre o Reconhecimento e a Execução de Sentenças Arbitrais Estrangeiras, celebrada em Nova Iorque em 10.6.1958, em vigor em Portugal desde 16.1.1995[49], é mister referir o respectivo artigo III, que reza assim: "Cada um dos Estados Contratantes reconhecerá a autoridade de uma sentença arbitral e concederá a execução da mesma nos termos das regras de processo adoptadas no território em que a sentença for invocada, nas condições estabelecidas nos artigos seguintes. Para o reconhecimento ou execução das sentenças arbitrais às quais se aplica a presente Convenção, não serão aplicadas quaisquer condições sensivelmente mais rigorosas, nem custas sensivelmente mais elevadas, do que aquelas que são aplicadas para o reconhecimento ou a execução das sentenças arbitrais nacionais".

Como não existe qualquer processo de homologação das sentenças arbitrais proferidas no âmbito da LAV, poderia parecer que os laudos arbitrais abrangidos pela Convenção de Nova Iorque ficariam isentos de qualquer formalidade de reconhecimento para serem executados em Portugal, mas tal entendimento não parece compatível com a referência do artigo III da dita Convenção às "regras de processo adoptadas no território em que a sentença for invocada", ou seja, no presente caso, com as regras constantes dos artigos 1094.º e seguintes do CPC, relativas à revisão de sentenças estrangeiras, já que as decisões sobre direitos privados, proferidas por árbitros no estrangeiro, vêm expressamente mencionadas no artigo 1094.º, n.º 1, do CPC[50].

Assim sendo, uma decisão arbitral proferida no estrangeiro, no âmbito de uma arbitragem que não teve lugar em Portugal, relativa ao arrendamento urbano de um imóvel situado no nosso país, não pode ser reconhecida na ordem jurídica portuguesa, porque a isso obsta o disposto no artigo 1096.º, alínea c), do CPC ["Para que a sentença seja confirmada é necessário: ... c) Que ... não verse sobre matéria da exclusiva competência dos tribunais portugueses"], visto que a alínea a) do artigo 65.º-A do CPC

---

[48] Cf. A. MARQUES DOS SANTOS, *Direito Internacional Privado – Colectânea ...*, op. cit. supra, nota 46, pp. 1323-1324.

[49] Cf. A. MARQUES DOS SANTOS, *Direito Internacional Privado – Colectânea ...*, op. cit. supra, nota 46, pp. 1375-1376; para um exemplo de aplicação, entre nós, da Convenção de Nova Iorque em sede de revisão de uma sentença arbitral estrangeira, cf. o Acórdão da Relação de Lisboa de 17.12.1998 (*CJ*, 1998-V, pp. 125-127).

[50] Cf., neste sentido, M.C. PIMENTA COELHO, "A Convenção ...", op. cit. supra, nota 5, pp. 64-65.

determina que "[a] competência dos tribunais portugueses é exclusiva [no] caso de acções relativas a direitos reais ou pessoais de gozo sobre bens imóveis sitos em território português", o que é manifestamente o caso de um arrendamento urbano de um imóvel situado em Portugal[51]. Sendo os tribunais portugueses – judiciais ou arbitrais, nos termos já tratados na primeira parte deste trabalho – exclusivamente competentes, as sentenças arbitrais – ou judiciais – estrangeiras não podem ser confirmadas em Portugal, já que os requisitos do artigo 1096.º têm carácter cumulativo[52].

É claro que se for aplicável o direito comum português em matéria de reconhecimento de decisões arbitrais estrangeiras – por não ser aplicável *in casu* a Convenção de Nova Iorque de 10.6.1958 -, a solução é *a fortiori* a mesma, pois em tal hipótese não há qualquer dúvida de que a aplicação conjugada dos artigos 1096.º, alínea c), e 65.º-A, alínea a), do CPC obstam ao reconhecimento das sentenças arbitrais em causa.

CONCLUSÃO

No termo deste breve estudo, pode concluir-se que, no que toca às decisões arbitrais que caibam no âmbito de aplicação da LAV, há um certo espaço em aberto para o recurso à arbitragem voluntária para dirimir litígios relativos a contratos de arrendamento urbano de imóveis situados em Portugal – embora tal campo não seja tão amplo como alguns autores sustentam –, já se não podendo dizer o mesmo no que toca ao reconhecimento de decisões arbitrais estrangeiras, que não me parece ser possível em caso algum, dado o disposto nos artigos 1096.º, alínea c), e 65.º-A, alínea a), do CPC.

---

[51] Cf., neste sentido, D. MOURA VICENTE, "A competência internacional no Código de Processo Civil revisto: Aspectos gerais", *in* A. MARQUES DOS SANTOS *et alii*, *Aspectos do novo Processo Civil*, Lisboa, LEX, 1997, pp. 87-88.

[52] Cf., neste sentido, A. MARQUES DOS SANTOS, "Revisão ..." *op. cit. supra*, nota 44, *in Estudos* ... (*op. cit supra*, nota 2), p. 320.

SIGLAS

AAFDL	Associação Académica da Faculdade de Direito de Lisboa
ADRLJ	*The Arbitration and the Dispute Resolution Law Journal*
BFDB	*Boletim da Faculdade de Direito de Bissau*
BMJ	*Boletim do Ministério da Justiça*
CC	Código Civil
CJ	*Colectânea de Jurisprudência*
CJ/Acórdãos do STJ	*Colectânea de Jurisprudência/Acórdãos do Supremo Tribunal de Justiça*
CNUDCI	Comissão das Nações Unidas para o Direito do Comércio Internacional
CPC	Código de Processo Civil
CRP	Constituição da República Portuguesa
DIP, D.I.P.	Direito Internacional Privado
DJ – RFDUCP	*Direito e Justiça – Revista da Faculdade de Direito da Universidade Católica Portuguesa*
DR	*Diário da República*
ICLQ	*The International and Comparative Law Quarterly*
LAV	Lei da Arbitragem Voluntária (Lei n.º 31/86, de 29 de Agosto)
LDIP	Lei Federal [suíça] sobre o Direito Internacional Privado, de 18.12.1987
loc. cit.	lugar citado
op. cit.	obra citada
p., pp.	página, páginas
RAU	Regime do Arrendamento Urbano
RCEA	*Revista de la Corte Española de Arbitraje*
RDE	*Revista de Direito e Economia*
Rev. arb.	*Revue de l'arbitrage*
RJ	*Revista Jurídica*
ROA	*Revista da Ordem dos Advogados*
ss.	seguintes
t.	tomo
v.g.	*verbi gratia*, por exemplo.

BREVES APONTAMENTOS ACERCA DE ALGUNS ASPECTOS DA ACÇÃO DE DESPEJO URBANO

J. O. Cardona Ferreira*

I

Fui, amavelmente, convidado para escrever algo a inserir numa obra de homenagem ao Professor Doutor Inocêncio Galvão Telles. Tenho a maior honra e prazer em colaborar, tanto mais quanto é certo que guardo de tão ilustre Professor – de quem tive o gosto e benefício de ser aluno – a mais saudosa recordação. Da sua importante obra, admiro, entre outros livros, a verdadeira relíquia que são as "Lições de Arrendamento". Portanto, aos distintos Professores Doutores Juanário Gomes e Menezes Cordeiro, agradeço o convite para participar nesta justa homenagem.

O meu modesto contributo destina-se ao volume "Direito do Arrendamento". Mas é, assumidamente, um modesto contributo. Valerá, apenas, pela intenção e não pelo conteúdo. Nesta altura, não me seria possível algo mais significativo, se é que seria capaz de o fazer.

Devo frisar, designadamente, que estes apontamentos não são o resultado de investigação adrede realizada mas, *apenas, o reflexo de algumas preocupações que tenho acumulado e, portanto, reflectem não tanto análise do que a Doutrina ou a Jurisprudência têm dito mas, menos relevantemente, as minhas próprias dúvidas ou algumas opções* que vou defendendo, sei que, às vezes, contra orientações maioritárias que, obviamente, respeito mas nem sempre acompanho, ou acerca de certas questões que, porventura, não têm constituído, relevante objecto de atenção. Aliás, admito que a riqueza do Direito está na possibilidade de opções não necessariamente similares às mais habituais e, portanto, responsabilizantes.

Juiz Conselheiro Jubilado.

Gosto de pensar e de comunicar, mormente, *para aprender* quando encontro crítica construtiva convincente. Creio que o Direito nunca se pode dizer sabido com ponto final; muito menos num tempo em que tudo muda constantemente, inclusive as leis.

Nesta base e na impossibilidade de elaborar um estudo completo do plano processual da problemática do arrendamento urbano, optei por, sem esquecer o esquema geral, abordar *alguns* aspectos – mormente por alguma controvérsia que apresentam – e, por isso mesmo, me pareceu que poderia haver um mínimo de interesse em lançá-los à discussão, com todas as dúvidas que me provocam, mas com o hábito de muitos anos de Juiz, ou seja, de quem se destinou e se habituou a ter as suas próprias opções e a tomar as decisões que tinha por mais correctas, ainda que discutíveis e discutidas.

Por outro lado, natural é que não me afaste muito do que assumi, em certas questões, num livro a que os Autores (PAIS DE SOUSA, LEMOS JORGE e eu próprio) chamámos "Arrendamento Urbano Notas Práticas", publicado em 1996 – ainda que, em alguns aspectos, haja natural repensamento.

II

Como se sabe, a acção de despejo urbano está, basicamente, regulada num diploma próprio, o conhecido Regime do Arrendamento Urbano, aprovado pelo DL 321-B/90, de 15.10 que, entretanto, já teve várias alterações, como vem acontecendo com tantos diplomas legais.

A propósito, note-se que não sou dos que entendem que se deve parar a legiferação.

Com efeito, se a vida pessoal e societária evolui permanentemente, o Direito – que não é só regulador do relacionamento social, *mas, também, dele decorrente* – identicamente não pode deixar de mudar; mas tal deveria acontecer sempre para melhor, designadamente para maior clareza do ordenamento, e nem sempre assim é. Sempre haverá quem diga – eu também... – que "errare humanum est"...

Claro que os investigadores e os aplicadores do Direito não podem ser meros copistas. E, portanto, se a lei não é clara, compete-lhes encontrar os sentidos correctos, sejam genéricos, sejam concretos. Por isso, insisto em enfatizar que *ler* a lei é uma coisa (simples); *interpretá-la e aplicá-la* é outra (bem mais difícil).

O caso da acção de despejo é, particularmente, curioso.
Hoje, como disse, tem origem em diploma de 1990.
Por acaso, ou talvez não, 1990 foi o ano em que uma comissão de reforma do C.P.C. (da qual tive a honra de fazer parte) entregou, ao então Ministro da Justiça, um projecto completo de novo C.P.C. (que, reconheço, era susceptível de reponderação em vários sectores, mas que, *salvo* o devido respeito por outras opiniões, era uma coerente base de trabalho – que, todavia, creio que não foi suplantada pela orientação, na prática, regulamentarista que continuou a dominar o Direito Processual Civil, quando os ventos da História e as dificuldades da Justiça portuguesa exigiam e exigem modificações estruturais, mais possibilidades e menos rigorismos; porém, algumas ideias do projecto de 1990 vieram a reflectir-se em legislação avulsa, como o registo da prova em 1995, e, mesmo, em certos pontos da reforma parcelar de 1995/96, embora decorrentes, directamente, de outros trabalhos. Esse texto processual civil de 1990, só foi publicado, em 1993, sob o título "anteprojecto", apesar de ter havido, outro, esse, sim, anteprojecto, publicado em 1988. Ora, no texto de 1990, projectava-se a eliminação de uns tantos processos especiais (do que os Tribunais e o C.P.C. continuam tão carecidos!), entre eles o de despejo, dito "cessação de arrendamento" (eram os arts. 964.° e segs. do C.P.C.). Isso, acompanhado por escrito de ANTUNES VARELA, Presidente da comissão que elaborara o projecto de 1990 (RLJ 123, 97), e a revogação, que o DL 321-B/90 fez, dos arts. 964.° a 997.° do C.P.C., podem ter concorrido para a ideia de que o chamado processo de despejo urbano deixara de ser um dos muitos processos especiais.

A meu ver, assim não foi.

Com efeito, o projecto processual civil de 1990 não passou disso mesmo, e o DL 321-B/90 nada teve a ver com a comissão que fizera aquele projecto processual geral. Ou seja, em termos de "ratio" e historicamente, aquele DL e o projecto de C.P.C. de 1990 nada têm a ver um com o outro.

Com o DL 321-B/90 nasceram, entre outros, o art. 56.° do R.A.U. cuja interpretação tem motivado opiniões divergentes acerca da forma da chamada *acção de despejo: comum (ordinária ou sumária) ou especial?* São conhecidas as posições divergentes, por exemplo, de MENEZES CORDEIRO e CASTRO FRAGA ("Novo Regime do Arrendamento Urbano", 104), e de TEIXEIRA DE SOUSA ("A Acção de Despejo", 11) e PINTO FURTADO ("Manual do Arrendamento Urbano", 2ª edição, 965).

Por mim, continuo a pensar que o processo de despejo é, manifestamente, um processo *especial*, na medida em que tem aspectos que, *marcantemente, o afastam do processo cível comum.*

Claro que me reporto ao luxo processual civil actual, com os seus pluri-formalismos, quer declarativos quer, mais inaceitavelmente, executivos, sempre sem perder a esperança de que tudo venha a ser mais simples, mais linear e, até, executivamente, se caminhe para larga desjudicialização.

É certo que o *n.º 1 do art. 56.º do R.A.U.* diz que:

"A acção de despejo, na sua fase declarativa, segue a tramitação do processo comum com as alterações constantes do presente diploma"

Sob pena de uma simples norma poder ser único factor da sua própria interpretação, ao arrepio das regras básicas do art. 9.º do C.C., não podemos ficar por aí.

Aliás, nem seria uma norma mas, somente, uma parte dela. E, de todo o modo, relevaria o mero literalismo da remissão para o processo comum que é, apenas, um dos três segmentos do n.º 1 do referido art. 56:

1) Referência à "sua fase declarativa" – o que, desde logo, inculca a gritante especialidade de uma única acção, na qual uma fase, e apenas uma fase, é declarativa;

2) Referência à tramitação comum como simples base, o que nada tem a ver com decisivo significado e constitui, apenas, uma outra maneira de assunção de orientação semelhante, "mutatis mutandis", à que já resultaria do *n.º 1 do art. 463 do C.P.C.: "O processo sumário e os processos especiais regulam-se pelas disposições que lhes são próprias e pelas disposições gerais e comuns; em tudo o que não estiver prevenido numas e noutras observar-se-á o que se acha estabelecido para o processo ordinário";*

3) A explícita (redundante?) alusão à necessária observância das "alterações constantes do presente diploma", a saber, o R.A.U.

E, entre as regras próprias, não seria adequado deixar de enfatizar a já aludida tramitação do que concerne à execução. Em absoluta dessintonia com o que acontece na acção comum, hoje, por princípio, no processo de despejo, a execução não se processa através de acção executiva própria por apenso (art. 90.º n.º 3 do C.P.C.) mas, *sim*, através de simples *continuação do mesmo processo* que começa por ser declarativo e, após isso, passa a ser tramitado executivamente se o réu não cumprir o que, contra ele, tenha sido sentenciado (art. 59.º do R.A.U.). Este é o aspecto *típico da acção de despejo* como a lei, hoje, lhe chama explicitamente *Só* poderá pôr-se a questão de apenso de execução para o efeito de condenação em qualquer quantia, aliás de uma ou de outra parte (n.ºs 2, 3 e 4 do art. 56 do R.A.U.); mas este é mais um dos luxos processuais da nossa lei civilística executiva, enquanto não for desjudicializada a generalidade dos actos de mero cumprimento do que já esteja, jurisdicionalmente, decidido.

Resulta daqui que:

1) O R.A.U. não prescreveu que a acção de despejo urbano passasse a ser comum;

2) O R.A.U., interpretado em função dele próprio e tendo em conta o sentido global do sistema jurídico (art. 9 do Código Civil), tipifica essa acção como especial.

Mas, se assim é, tem sentido – como já vi acontecer – haver acções de despejo "ordinárias especiais" e "sumárias especiais"? Ou seja, "especiais sob forma ordinária" e "especiais sob forma sumária"?
Que "transacção processual" vem a ser esta?

Sei que – como tenho dito e redito – a lei não é preta, nem branca, é cinzenta. E isto significa que é, normalmente, passível de mais de uma opção.

E daí que a acção de despejo tanto seja dita especial, como comum. Mas especial sob forma ordinária e especial sob forma sumária?

Com efeito, segundo o sistema processual civil que nos rege e apesar de ser, excessivamente, regulamentarista, das duas, uma: *o processo ou é especial ou é comum*. E será comum, sempre que não for especial (art. 460 do C.P.C.).

Se é especial – como concluo que é o despejo – há que cumprir o ordenamento do *art. 463.º do C.P.C.*, desde logo do seu n.º 1 (aliás *em sintonia com a lógica do art. 56.º n.º 1 do R.A.U.)*, ou seja, *o processo regula-se*:

a) pelas disposições que lhe são próprias; em seguida,
b) pelas regras gerais e comuns; se necessário,
c) pelo que se acha estabelecido para o processo ordinário.

Para além dos n.ºs 2 e 4 sem relevância significativa para a questão em apreço, a sobredita "transacção processual" poderia encontrar algum apoio no n.º 3 do art. 463 do C.P.C., aliás apenas quanto ao âmbito recursório. Mas esta é das tais matérias que se encontra regida por disposições próprias do processo especial de despejo. Para além das disposições próprias do R.A.U., poderá ter de se observar o n.º 3 do art. 463.º do C.P.C., mas em qualquer acção de despejo, naturalmente conforme a situação concreta de cada processo.

III

A acção de despejo está balizada, juridicamente, pelas situações referentes à cessação ou não cessação, subsistência ou não subsistência, de uma relação locatícia urbana. Não cabe, na acção de despejo, pedido concernente à validade, nulidade ou anulação de um contrato deste tipo (v.g. TEIXEIRA DE SOUSA, " A Acção de Despejo", 13).

Completemos um pouco este apontamento, conjugando-o com os pedidos essenciais, aliás, *sem* entrar nas complementações pecuniárias dos n.ºs 2,3 e 4 do art. 56.º do R.A.U..

Fundamental, nesta problemática, é o *art. 55.º do R.A.U.:*

1. A acção de despejo destina-se a fazer cessar a situação jurídica do arrendamento, sempre que a lei imponha o recurso à via judicial para promover tal cessação.

2. A acção despejo é, ainda, o meio processual idóneo para efectivar a cessação do arrendamento quando o arrendatário não aceite ou não execute o despedimento resultante de qualquer outra causa".

Daqui resultam dois pontos fundamentais:

a) Quando o autor não aceite que um arrendamento válido está na origem de situação sob litígio mas, sim, designadamente, um seu direito real, não deve desencadear uma acção (especial) de despejo, optando por acção comum;

b) Em contraponto, a acção (especial) de despejo é (no momento em que estes apontamentos são escritos) a única adequada para a cessação de qualquer situação que tenha um contrato (válido) de arrendamento urbano na sua raiz.

A afirmação supra sob b) tem de entender-se sem prejuízo de situações excepcionais, mormente duas:

1) Estando em causa arrendamento de duração limitada, nos termos do art. 98.º do R.A.U., o caminho processual para se pôr termo ao contrato é o da notificação judicial avulsa (art. 100.º do R.A.U., arts. 928.º e segs. do C.P.C.);

2)Os casos excepcionais de arrendamento urbano a que se reportam as alíneas a) a e) do n.º 2 do art. 5.º do R.A.U. não estão sujeitos a acção de despejo mas, sim, a acção comum se outra não for imposta (art. 6.º do R.A.U., cfr. PAIS DE SOUSA, Anotado 6ª edição, 77; contra: PINTO FURTADO, Manual do Arrendamento Urbano, 2ª ed., 950 e segs.; por maioria de razão, os casos inseríveis na alínea f) do n.º 2 do art. 5.º do R.A.U. dependerão do que a respectiva legislação disser).

O que disse sobre acção de despejo, implica saber qual é a motivação jurídica concreta para a cessação ou insubsistência da relação locatícia porque, para bem agir, o autor deve pedir o reconhecimento dessa motivação e só *consequentemente* o despejo. Ou seja, este resulta e não existe sem a declaração ou constituição da causa jurídica da insubsistência da locação.

Claro que este é o rigor das coisas, a meu ver, feitas como deve ser.

Inúmeras vezes, vi acções de despejo em que o pedido era, simplesmente, que se despejasse. E, que me lembre, sempre fui admitindo que o pedido de reconhecimento estava implícito (?) no que se peticionava. Em verdade, entendo que os Juízes devem evitar "resolver" acções por razões simplesmente técnicas e, pelo contrário, é adequado procurar evitar o naufrágio das causas por essas razões, privilegiando a problemática de fundo. A técnica deve estar, tanto quanto possível, ao serviço dos direitos substantivos, naturalmente ressalvados limites essenciais. Ou seja: o Juiz deve ser intervencionista, embora sem se substituir às partes no que é fundamental, sob pena de pôr em crise a sua imagem de imparcialidade. Enfim, este breve parêntesis sobre intervencionismo e deontologia acaba por me atrair muito mais que o tecnicismo que a ordem jurídica implica.

Mas continuemos.

E, aqui, temos de, por razão de harmonização de sistemas, nos socorrermos do *art. 50 do R.A.U.:*

"O arrendamento urbano pode cessar por acordo entre as partes, por resolução, por caducidade, por denúncia ou por outras causas determinadas na lei".

Não cabe, nos limites destes apontamentos, análise de pormenor dessas causas de extinção da relação locatícia.

Por isso, farei a este respeito, apenas, ligeiras observações viradas para o interesse da prática judiciária (em termos doutrinários gerais pode ver-se, por exemplo, ANTUNES VARELA, "Das Obrigações em Geral", II – 2ª edição, 237 e segs. e, no concreto da relação locatícia urbana, JANUÁRIO GOMES, "Arrendamentos para Habitação", 2ª ed., "Arrendamentos Comerciais",

2ª edição. De todo o modo, em matéria locatícia urbana, gostaria de reflectir sobre algumas especialidades a atender.

O acordo das partes é a chamada revogação (art. 62.º do R.A.U.). Pode ocorrer especial situação dita revogação real e que acontece, inclusive, quando o arrendatário abandona, de facto, o local arrendado, entregando as chaves desse local e ultrapassando, assim, a norma redutora do n.º 3 do art. 53.º do R.A.U., que se reporta à aposição de escritos, que caiu em desuso (sobre tema, INOCÊNCIO GALVÃO TELLES, "Arrendamento", 239). A resolução pressupõe incumprimento por uma das partes (arts. 63.º a 65.º do R.A.U.). A caducidade do arrendamento urbano só ocorre perante o reconhecimento de factos tipificados na lei, operando "ipso facto" e "ope legis" (arts. 66/67 do R.A.U.). A denúncia vem prevista nos arts. 68.º a 73.º do R.A.U. Em toda esta problemática é evidente o regime proteccionista do locatário, considerado a parte mais fraca e assumindo, a ordem jurídica, razões humanistas e sociais na generalidade dos arrendamentos vinculísticos. Genericamente, pode dizer-se que a denúncia, pelo senhorio, tem grandes limitações para poder ocorrer (art. 68.º do R.A.U.).

O despejo "qua tale" é, sempre, objecto, quando é decretado, de sentença condenatória na base de uma das suas causas legais [art. 4.º n.º 2 b) do C.P.C.].

Tem surgido dúvida acerca do segmento do art. 50.º do R.A.U. sobre existência, ou não, de conteúdo do pressuposto de cessação de arrendamento urbano "outras causas determinadas na lei" (v.g. PAIS DE SOUSA, "Anotações ao R.A.U." 6ª edição, 158; TEIXEIRA DE SOUSA ("A Acção de Despejo", 14) aponta algumas hipóteses possíveis; e sempre se poderá dizer que, para além da chamada "jurisprudência das cautelas", também pode haver uma "legiferação das cautelas", admitindo situações futuras ou, mesmo, actuais não presentes, evitando assim entendimentos restritivos indesejados e inadequados. É preferível menos rigor tecnicista e mais preocupação de fundo, como parece ser o caso.

IV

Neste ligeiros apontamentos, gostaria de dizer, agora, algo mais acerca da *fase executiva* da acção de despejo, embora já me tenha referido, a propósito de certas questões, à execução de despejo.

Com efeito, e tal como aludido, a forma de execução do despejo é o factor mais especial, desta acção, em clara dessintonia com o que se passa no processado comum.

A execução depende, naturalmente, de procedência do pedido de condenação (exporei, adiante, um apontamento sobre recursos), e de requerimento, desencadeando uma segunda *fase da mesma acção* para que se realize o despejo, através de mandado emitido pelo Tribunal (art. 59.º n.º 1 do R.A.U.). E, embora a legitimidade passiva tenha ficado fixada na fase declarativa, conforme a titularidade " da relação controvertida, tal como é configurada pelo autor" (n.º 3 do art. 26.º do C.P.C.), a fase executiva da acção deve cumprir-se, por princípio, seja quem for que detenha o local despejando (n.º 1 do art. 60.º do R.A.U.).

Um dos problemas mais debatidos acerca da execução é o dos *meios de oposição*.

Há que distinguir.

Quanto às situações dos arrendamentos de duração limitada, a que se reportam os arts. 98/101.º do R.A.U., não se encontram limites às hipóteses comuns de embargos (art. 101 n.º 2 do R.A.U., art. 929.º do C.P.C. e arts. 351.º e segs. do C.P.C.). O mesmo se poderá dizer sempre que a acção não seja, tecnicamente, despejo.

Quanto às formas de execução para entrega de coisa certa, o n.º 2 do art. 101.º do RAU, mandando seguir a forma ordinária, tem sentido, embora talvez fosse desnecessário, posto que, neste caso, o título executivo não é decisão jurisdicional, e há duas formas de processo executivo para aquele fim (arts. 465.º e 928.º n.º 2 do CPC. Com este entendimento, não colide o art. 1 do DL 274/97, de 08.10, posto que não se trata de execução cuja finalidade específica seja o pagamento de quantia certa. Mas há, a este respeito, uma outra perspectiva que tem de ser encarada, procurando possível "pensamento legislativo", que não seja apenas "mens legis" ou "mens legislatoris". Com efeito, mesmo as dúvidas de ABÍLIO NETO (C.P.C. 16ª edição) acerca do art. 930-A do C.P.C. partem da ideia de que estaria em causa a execução de *sentença* de despejo. Ora, salvo o devido respeito, não é o caso. A execução de sentença de despejo *começa* por ter o regime próprio do R.A.U. Para além de qualquer outra situação específica, a execução para entrega de coisa certa do C.P.C., vem ao caso, em especial, pela via do art. 101.º do R.A.U., o que vale dizer, em situação em que o *título executivo* é composto pelo contrato e pela notificação e não por sentença. Portanto, pelo menos nestes casos, *não* creio que venham à colação os arts. 924 e segs. do C.P.C., "ex vi" do art. 928.º n.º 2 do C.P.C., donde a aplicabilidade de processo não sumário, o que vale dizer que, sendo comum, será comum ordinário.

O problema dos embargos ocorre, porém, nas acções normais de despejo, ou melhor, na sua fase executiva.

Será que a fase executiva só admite oposição nos termos e nos limites do n.º 2 do art. 60 do R.A.U. (naturalmente, sem prejuízo da hipótese de doença a que se reporta, em especial, o art. 61.º do R.A.U.)?

A tendência mais comum é restritiva (v.g. PINTO FURTADO, "Manual de Arrendamento Urbano", 2ª edição, 968 e segs.).

Salvo o devido respeito por entendimento divergente, creio que esta problemática, na base, concerteza dos princípios legais mas em termos não espartilhados por literalidade sectorial, implica uma maior possibilidade de abertura, ainda que o Tribunal deva obstar a protelamentos inadmissíveis.

No caso mais gritante que é o do cônjuge e da casa de morada de família (lei 35/81, de 27.08; em coerência, designadamente, com o art. 1682-B do C.C.), constata-se que o n.º 2 a) do art. 60 do R.A.U. pressupõe que:

– o detentor não tenha sido ouvido e convencido na acção (fase declarativa) e
– exiba título de arrendamento ou de outro gozo legítimo do local, *emanado do exequente*.

Como limitar o caso, em termos probatórios, a prova documental emanada do exequente, em especial, o casamento, e que se trata de casa de morada de família? Ou seja, como fazer essas provas a não ser através de embargos?

Aliás há, pelo menos, mais dois argumentos a favor da possibilidade de embargos na fase executiva da acção de despejo.

Em primeiro lugar, não me parece curial estar a discutir as possíveis causas *concretas* de embargos quando se fala de marcha processual *abstracta*. Se, no concreto de uma situação, cabe ou não uma determinada motivação de embargos, isso é para decidir no concreto desse caso. Num apontamento como este, só vêm à colação ideias de princípios, *de continente e não de conteúdo*, embora se possa ilustrar o entendimento com alguns exemplos. Já agora, suponhamos, mesmo, que o autor-exequente, depois de obter uma sentença de despejo transitada e mesmo depois de pedir e de obter mandado de despejo e sem, disso, dar conta ao Tribunal, faz um novo arrendamento, ao réu-executado, da mesma casa. Para além de quaisquer outras consequências, mormente no que concerne ao princípio da cooperação e ao regime da boa fé, teria algum sentido despejar o ex-inquilino para, logo a seguir, o novo inquilino (que é a mesma pessoa) reentrar? E qual a forma de oposição do ex (e novo) arrendatário? Embora, o tecnicismo, aqui, me pareça secundaríssimo, diria que essa forma seria a de embargos. Repare-se, mormente face a quem defenda o rigorismo formal aparente do n.º 2 do art. 60.º do R.A.U., que esta normatividade começa por exigir que "o detentor não tenha sido ouvido e convencido na acção" e, por hipótese, esse circunstancialismo negativo não teria acontecido. O que viria ao caso seria, sim, a meu ver, a "*ratio*" da 2ª parte da alínea a) e da alínea g) do art. 813.º do C.P.C.

Em segundo lugar, o processo executivo para entrega de coisa certa, remete remete, basicamente, para o regime geral de embargos (art. 929.º do C.P.C.) e é seguramente aplicável nos casos de execução abrangível pelo art. 101.º do R.A.U. (contratos de duração limitada). Bem se sabe que a acção de despejo já teve uma fase declarativa; mas, só isso, não impede idênticos princípios, embora reduza, significativamente, as hipóteses concretas de cabimento de embargos, mormente de executado.

Isto posto, creio que a aplicabilidade das regras gerais dos embargos, mormente de terceiro, ultrapassado o conceptualismo possessório (cfr. actual art. 351.º do C.P.C.), e ponderando o valor social do arrendamento urbano, devem ser admissíveis *relativamente ao que o embargante não discutiu e não pôde discutir ou não tinha ónus de discutir na fase declarativa*.

Com efeito, se o detentor soube da acção, na fase declarativa e, nela, podia ter, oportunamente, intervindo, mesmo "*sponte sua*", entendo que violaria as regras da boa fé – princípio geral no Direito português (art. 334.º do C.C.) – se guardasse para protelamento, em fase executiva – o que poderia ter trazido aos autos antes da sentença. Creio que, numa hipótese como esta, haveria abuso de exercício do direito de oposição.

Mas isto também, por maioria de razão, deve ser exacto relativamente ao próprio arrendatário-executado. Suponhamos o caso da alínea d) do art. 813.º do C.P.C., como exemplo, a meu ver, seguro: falta ou nulidade da citação na fase declarativa quando o réu-executado não tenha intervindo no processo; como flui do que disse, creio poder e dever introduzir, nesta problemática, a boa fé, a oportunidade possível, o uso ou abuso do direito de oposição – veja-se um afloramento desta ideia, v.g., no n.º 3 do art. 929.º do C.P.C.; e não podemos esquecer a unidade do sistema jurídico: art. 9.º n.º 1 do C. C. Ou seja, é mais uma evidência de possibilidade *abstracta* de embargos, mesmo de réu-executado e, simultaneamente, de possível não admissibilidade *concreta*.

Outra coisa é o efeito suspensivo imediato do despejo que, efectivamente, está limitado, "ex lege", aos casos do n.º 2 do art. 60.º e do art. 61.º do R.A.U. Estes casos não são, no âmbito do R.A.U., se bem vejo, situações, tecnicamente, de embargos. Nos casos a que se reporta o n.º 2 do art. 101.º do R.A.U. – o que nos dá ideia do espírito do sistema legal – o regime a aplicar é, simplesmente, o de embargos como em qualquer outra situação executiva comum (arts. 929.º n.º 1 e 815 n.º 1 do CPC, salvo o disposto no art. 930.º-A do mesmo código).

Penso que, em matéria de tanta relevância social, a exclusão radical de embargos pressuporia norma legal clara nesse sentido o que, em rigor, não encontro no n.º 2 do art. 60.º e no art. 61 do R.A.U. – *cuja tónica essencial é dever, ou não, o executor sobrestar de imediato o despejo; não é poder haver, ou não, embargos*: isto dependerá das regras gerais e do caso concreto.

Focarei agora, acerca da execução, mais um aspecto controverso, que talvez ainda não tenha suscitado grande atenção e que me parece preocupante e com evidente interesse prático; e que evidencia o cruzamento constante entre o R.A.U. e o C.P.C.

O art. 61.º do R.A.U. prevê a suspensão de despejo urbano, por força, de "doença aguda de pessoa que se encontre no local despejando" (não necessariamente ou não só o executado), "tratando-se de arrendamento para habitação". Mas, sendo certo que nada impede que um locatário o seja de mais de uma habitação, o art. 930-A do C.P.C. emergente da reforma de 1995/6 reduziu, expressamente, a aplicabilidade do art. 61.º do R.A.U. aos casos de entrega " de casa de habitação principal do executado". Assim, esta norma, quanto a arrendamento habitacional, desde que recusemos decoordenação legislativa (art. 9.º n.º 3 do C.P.C.), veio colocar problemas práticos no concreto das situações e, porventura, até à luz do constitucional direito à vida (art. 24.º n.º 1 do C.R.P.). Procurando dizer mais claramente:

Se o art. 61.º do R.A.U. previsse "risco de vida" só do locatário ainda se percebia, ainda que só formalmente, o n.º 1 do art. 930.º n.º 1-A do C.P.C. Mas, e muito bem, o "risco de vida" reporta-se a "pessoa que se encontre no local". Se assim é, que justificação para a redução à residência principal do executado? Suponhamos que o risco de vida é de um terceiro, um empregado ou um parente ou uma visita: que fazer? Diria que, neste caso, é de colocar uma questão de eventual inconstitucionalidade do n.º 1 do art. 930.º-A do C.P.C. quando interpretado literalmente.

Evidenciando, o legislador, que tinha presente o art. 61.º do R.A.U., quis derrogá-lo, reduzindo a sua aplicabilidade aos casos de residência principal do executado, isto é, aquela em que o executado reside habitualmente (TEIXEIRA DE SOUSA, "Acção Executiva Singular, 50)? Literalmente, pareceria que sim. Mas pensando e repensando, dir-se-ia um absurdo, uma confusão entre a benesse do diferimento de desocupação (isso é outra matéria) e o respeito pelo subjectivo direito fundamental à vida que é a causa-final do art. 61 do R.A.U..

Por isto e porque me parece que a norma redutora do art. 930.º-A n.º 1 do C.P.C. carece de justificação, há que trazer à colação, creio, os dois tipos de execução a que se reporta o R.A.U. Assim, revisitando o art. 101 do R.A.U., penso que o art. 930.º-A n.º 1 do C.P.C. pode ter aplicação no caso de execução nos termos daquele art. 101.º do R.A.U. (contratos de duração limitada), não se lhe reconhecendo qualquer alcance no que concerne, propriamente, à fase executiva da acção de despejo. Mas, neste entendimento, que me parece o mais adequado, perante causas idênticas, em contextos humanos e sociais semelhantes, a lei aponta para soluções diferentes, o que tenho, no mínimo, por muito discutível.

No fundo, também a raiz desta problemática está no luxo de formas e mais formas processuais; e, às vezes, os problemas extravasam dos tecnicismos para dramáticos problemas de fundo; até porque a vaga "compensação" legislativa de procura de realojamento (a que se reporta o n.º 2 do art. 930-A do C.P.C.) constitui um mecanismo de difícil observância – cfr. ABÍLIO NETO, "C.P.C. Anotado" (16ª edição), pág. 1296.

V

E, agora, um apontamento sobre recursos, aliás apenas acerca de uma ou outra questão mais específica e, espero, com algum interesse prático.
Segundo o *art. 57.º do RAU:*

"1. A acção de despejo admite sempre recurso para a Relação, independentemente do valor da causa.
2. A apelação interposta de sentença que decrete o despejo tem efeito suspensivo.

Em primeiro lugar e trazendo à colação o art. 678 do C.P.C., parece-me evidente que, *para efeito de recurso para a Relação sempre desinteressaria não só o valor da acção como, identicamente, o da sucumbência* (é a "ratio" do n.º 1 do art. 57.º do R.A.U. – desde que se questione, propriamente, o despejo e a sua causalidade imediata) – cfr., hoje, n.º 5 do art. 678.º do C.P.C.

Mas, se apenas forem questionados os pedidos indemnizatórios que podem acrescer ao de despejo (cfr. n.º 2, 3 e 4 do art. 56.º do R.A.U.)? Aqui, falecendo a razão do valor social do arrendamento, penso que se estará fora da abrangência lógica, e não só literal, do art. 57.º n.º 1 do R.A.U. e cair-se-á nas regras gerais do art. 678.º do C.P.C.

Em contraponto, estando em discussão o despejo, expressa ou implicitamente, quanto a qualquer decisão, em qualquer fase da acção (declarativa ou executiva), a situação é abrangida pela "ratio" liberalizadora do n.º 1 do art. 57.º do R.A.U. Só o n.º 2 desse inciso legal se reporta, exclusivamente, à sentença impositiva do despejo, aqui no que concerne ao efeito da apelação (art. 691.º do C.P.C.) e, aliás, impondo o efeito suspensivo ao recurso no caso da procedência do pedido de despejo; " a contrario sensu", tratando-se de sentença de improcedência, o efeito do recurso será meramente devolutivo (ainda que, relativamente a uma sentença de improcedência, o efeito seja, praticamente, despiciendo).

Eventual recurso para o S.T.J. será regido pelas regras gerais do C.P.C.

E recursos de outras decisões que não a decisória de despejo, também serão regidos pelas regras gerais do C.P.C. – sem prejuízo da já aludida recorribilidade, para a Relação, de qualquer decisão proferida ao longo da acção de despejo estando em discussão o despejo.

Isto é: suponhamos, por exemplo, que o Tribunal, pura e simplesmente, manda desentranhar a contestação em que, além do mais possível, o despejo é controvertido, ou se pretende discutir a base instrutória, ou se recusa que o despejo seja sobrestado perante invocação de risco de vida da pessoa que se encontra no local despejando, tudo isso é recorrível para a Relação (naturalmente sem prejuízo de outras regras que venham ao caso como, v.g., o art. 511.º n.º 3 do C.P.C. acerca da base instrutória, havendo-a).

Ainda sobre recursos, poder-se-á perguntar como se passam as coisas na execução a que se reporta o art. 101.º do R.A.U. (contratos de duração limitada).

Não se tratando, propriamente, de acção de despejo e sendo certo que o art. 57.º do R.A.U. reflecte uma norma excepcional, entendo que a execução a que se reporta o art. 101.º do R.A.U. segue os termos normais do C.P.C., em matéria de recursos.

Não quero deixar de abordar um assunto, a meu ver, muito controverso: o que resulta do actual n.º 5 do art. 678.º do C.P.C. (voltamos aos cruzamentos legislativos, por estas "estradas" quase tão perigosas quanto as do trânsito rodoviário!).

Na linha de uma tradição já longínqua (v.g. art. 5.º do DL 10.774, de 09.05.1925; art. 80.º da lei 2030, de 22.06.1948; art. 982.º do C.P.C. de 1939; art. 980.º do C.P.C. dito de 1961, que veio a ser alterado pelo DL 4690 de 11.05.1967), o art. 57 do R.A.U., conforme já se reflectiu, reafirmou que a acção de despejo (urbano) "admite sempre recurso para a Relação, independentemente do valor da causa" e que "a apelação interposta de sentença que decrete o despejo tem efeito suspensivo" (n.º 2).

Portanto, aqui cabiam todos os casos de arrendamento urbano e da sua extinção.

Mas, posterior alteração (reforma processual civil de 1995/6) do art. 678.º (n.º 5) do C.P.C. veio dizer:

"Independentemente do valor da causa e da sucumbência, é sempre admissível recurso para a Relação nas acções em que se aprecie a validade ou a subsistência de contratos de arrendamento para habitação".

E os arrendamentos comerciais ou equiparáveis, isto é, os urbanos não habitacionais?

Questão mais difícil do que parece.

PAIS DE SOUSA, na base de uma decisão do S.T.J., faz uma hábil interpretação na 6ª edição das suas Anotações ao R.A.U. (pág. 173).

Não obstante as observações de Autor cujo saber, designadamente em matéria de arrendamento urbano, é reconhecida, não posso deixar de pensar que essa interpretação é uma "bóia de salvação" para o regime tradicional alargado do art. 57.º n.º 1 do R.A.U., a meu ver, através de interpretação correctiva do actual n.º 5 do art. 678.º do C.P.C.

Se falo no assunto é, como disse, porque me parece que tem de ser pensado e repensado e deveria motivar clarificação legislativa.

Creio que o n.º 5 do art. 678.º do C.P.C. tem dois possíveis pressupostos e uma injunção:

Pressupostos:

a) nas acções em que se aprecie validade ou
b) subsistência de contratos de arrendamento para habitação;

Injunção
É sempre admissível recurso para a Relação.

E, daqui, penso, resultam duas consequências, uma ampliativa, outra restritiva:

1) Enquanto que acção de despejo, "qua tale", não abrange acções cujo "thema decidendum" seja a validade, nulidade ou anulação do contrato (cfr. TEIXEIRA DE SOUSA, obra citada, 13), o n.º 5 do art. 678.º do

C.P.C. alarga recorribilidade às acções em que esse seja o tema (portanto, não, tecnicamente, de despejo), independentemente dos valores pecuniários em causa.

2) Mas há sentido e alcance restritivos, quer nos casos de discussão de validade (acção comum), quer nos casos de subsistência (acção especial de despejo urbano), às causas em que se discuta arrendamento para habitação.

Com efeito, "subsistência" já era a expressão tradicionalmente usada na citada legislação, designadamente, de 1948, 1961, 1967. E, especialmente, a versão do art. 980.º de 1961, a propósito do efeito de recurso, era explícita acerca do que se sabe que está na origem de todo o regime proteccionista do "inquilino", isto é, arrendatário habitacional.

O arrendamento habitacional até é aquele que tem base constitucional (arts. 65.º da C.R.P.)

A acção de despejo é, efectivamente, aquela em que, por natureza, se discute a subsistência ou insubsistência de um arrendamento.

Portanto e salvo o devido respeito por opinião em contrário, a meu ver, o n.º 5 do art. 678.º do C.P.C. derrogou o n.º 1 do art. 57 do R.A.U., restringindo as situações de recurso com prejuízo do valor da causa e da sucumbência aos casos de arrendamento habitacional. Se assim não fosse, bastaria, ao n.º 5 do art. 678.º do C.P.C. falar em validade e não, também, em subsistência do contrato.

De todo o modo, e pensando nas situações comuns não habitacionais, mercê das normais rendas comerciais ou equiparadas e do art. 307.º n.º 1 do C.P.C., muitas vezes as acções de despejo referentes a esses arrendamentos acabam tendo possibilidade de recurso conforme as regras gerais.

E, com isto tudo, mais não se faz que diminuir as excepções ao regime geral, distinguir valores sociais que nada têm de semelhante e, até, distinguindo o que é diferente, equivaler o que é semelhante, trazendo a recorribilidade das acções referentes a arrendamentos urbanos comerciais ao regime das acções referentes a centros comerciais ou hipermercados, que continuo a entender que, juridicamente, se baseiam, normalmente, em contratos atípicos ("Arrendamento Urbano – Notas Práticas" – PAIS DE SOUSA; LEMOS JORGE e o signatário – pág. 187).

Por outro lado e complementarmente, o n.º 5 do art. 678.º do C.P.C. confirma o entendimento que já defendia, acerca das decisões recorríveis, reportadas ao tipo de acções (conforme os temas subjacentes) e não apenas no que concerne às decisões finais ou sentenças.

Outrossim, é de frisar que o n.º 5 do art. 678.º do C.P.C. insere-se em regras gerais e ampliou, como já se disse, a recorribilidade às causas sobre validade, em sintonia lógica com as que versam sobre subsistência de arrendamento, que são as de despejo (art. 55.º do R.A.U.).

VI
Os julgados de paz

Ao elaborar estes apontamentos no princípio de Junho de 2001, chegou ao meu conhecimento, o texto da lei sobre Julgados de Paz, aprovada pela Assembleia da República, embora, no momento em que isto é escrito, ainda não promulgada e, portanto, não publicada. Mas é previsível que tal já tenha acontecido quando estas notas forem publicadas.

Segundo o art. 9.º n.º 1 g) dessa lei, o Julgado de Paz será competente para "as acções que digam respeito ao arrendamento urbano, excepto as acções de despejo" (além de que o serviço de mediação terá competência "para mediar quaisquer litígios, ainda que excluídos da competência do Julgado de Paz, com excepção dos que tenham por objecto direitos indisponíveis", art. 16.º n.º 3).

Ao contrário do que vejo acontecer – de tudo se duvida, mesmo do que ainda não aconteceu! – baseado na experiência dos Juizados Especiais brasileiros, acredito nos Julgados de Paz se, como espero, vierem a ser desenvolvidos e bem servidos.

Quanto à acção executiva a que se reporta o art. 101.º do R.A.U., continuará a não caber na competência dos Julgados de Paz, porque estes não terão competência executiva (n.º 1 do art. 6.º).

Mas o citado art. 9.º n.º 1 g) dar-lhes-á muita possibilidade de intervenção – oxalá conciliatória! – em matéria de arrendamento urbano, na medida do limite do valor (art. 8.º) – alçada da 1ª instância.

Pensemos, por exemplo, em questões de obras.

E, no pressuposto da tese de PAIS DE SOUSA, "Anotações", 6ª edição, 77; (contra: PINTO FURTADO, "Manual", 2ª edição, 950 e segs.), todos os múltiplos arrendamentos a que se reportam as alíneas a) a e) do n.º 2 do art. 5.º do R.A.U., mesmo em termos decisórios da subsistência ou insubsistência do arrendamento, não lhes cabendo acção de despejo, conforme o valor, poderão ficar afectos a Julgados de Paz se, territorialmente, algum tiver competência (arts. 11.º e 64.º n.º 1).

VII
Nota final

Como procurei tornar claro, desde início, não pretendi fazer um estudo exaustivo da acção de despejo urbano.

Apenas procurei corresponder ao honroso convite que me foi feito, alinhavando alguns apontamentos, *vários assumidamente controversos*, acerca de uma matéria não só legal mas, abertamente, de significativo interesse humano e social.

Certamente no respeito pela lei constituída, sempre entendi que os Tribunais têm, essencialmente, de se preocupar com os casos concretos. As folhas de um processo, mais do que papel são espelhos de vidas de pessoas como qualquer um de nós. Sempre pensei – e esta é a mensagem que procuro deixar às novas gerações – que, sem prejuízo dos limites constitucionais a que está obrigado (art. 203.º da C.R.), o Tribunal, vale dizer o Juiz, tem de se preocupar não tanto com o rigor dos conceitos e, muito mais, com a relevância dos interesses em debate (veja-se, p.e., o art. 335.º do C.C., que deveria ser mais lembrado) e, principalmente, com os valores em equação. Obviamente, volto a dizê-lo, sem esquecer os limites legais sob pena de se transformar a Justiça em individualismo anárquico; e, ainda, na realidade das situações, muito na dependência dos factos que, efectivamente, são evidenciados em Tribunal.

De todo o modo e basicamente, o Direito nunca pode estar cristalizado. Mesmo quando a literalidade de uma norma não muda, *a leitura será a mesma mas a interpretação poderá ser outra*, conforme o factor actualista, tão claro no art. 9.º do C. C. e, também, nem sempre suficientemente relevado.

Ultrapassada que foi, como a minha jubilação, a vida activa jurisdicional a que me devotei, continuo interessado em estudar e trabalhar Direito. A jubilação, para mim, não é um fim mas, apenas, uma situação circunstancial.

É por isso que continuo a atrever-me a pensar e, embora sabendo que posso errar, assumo a controvérsia que é própria do Direito. Designadamente nestes simples apontamento sei, conforme referenciei, que deixo algumas observações discutíveis, mas pretendi suscitar essa mesma discutibilidade e, através da ponderação ou reponderação, podermos chegar a conclusões menos dubitativas que me permitam ir aprendendo algo todos os dias.

Em verdade, sou infinitamente mais pequeno que Sócrates, mas sempre o considerei uma excepcional referência de saber e de humildade ao

dizer que nada sabia. Este "nada" é tão intenso quanto o "tudo", que vale a pena, do grande Fernando Pessoa.
Que o Direito se insira nesse contexto!
Permita-se-me, ainda, um alerta. Estes apontamentos foram elaborados antes de serem conhecidas as alterações ao processo civil executivo, que se anunciam como estando em marcha. É óbvio que, face ao cruzamento entre o C.P.C. e o R.A.U., de que falei ao longo destes apontamentos, é possível que eventuais alterações do C.P.C., no processo executivo, venham a ter algum reflexo nas questões abordadas. Será, até, desejável, que se aproveite para algumas clarificações. De todo o modo, quanto ao futuro, no futuro se verá.

15.06.2001

BIBLIOGRAFIA

CORDEIRO e FRAGA – Menezes Cordeiro e Castro Fraga (Novo Regime do Arrendamento Urbano)
FURTADO – Pinto Furtado (Manual do Arrendamento Urbano – 2ª ed.)
GOMES – Januário Gomes (Arrendamentos para Habitação, 2ª ed. e Arrendamentos Comerciais, 2ª ed.)
NETO – Abílio Neto (C.P.C. Anotado, 16ª ed.)
SOUSA – Pais de Sousa (Anotações ao R.A.U., 6ª ed.)
SOUSA, FERREIRA e JORGE – Pais de Sousa, Cardona Ferreira, Lemos Jorge (Arrendamento Urbano Notas Práticas)
SOUSA – Teixeira de Sousa (A Acção de Despejo)
SOUSA – Teixeira de Sousa (A Acção Executiva Singular)
TELLES – Inocêncio Galvão Telles (Arrendamento)
VARELA – Antunes Varela (R.L.J. 123; Das Obrigações em Geral II – 2ª ed.)

O REGIME DO ARRENDAMENTO URBANO (R.A.U.) NO TRIBUNAL CONSTITUCIONAL

Armindo Ribeiro Mendes*

I. A FISCALIZAÇÃO DA CONSTITUCIONALIDADE NA CONSTITUIÇÃO DE 1976

1. A revolução de 25 de Abril de 1974 pôs termo a um regime autoritário que fora também instaurado por um golpe militar em 1926.

Como é do conhecimento geral, a Constituição do Estado Novo, plebiscitada em 1933, previa uma fiscalização política e uma fiscalização judicial da constitucionalidade das normas jurídicas (art. 123.º), mantendo nesta última modalidade o sistema difuso herdado da Constituição republicana de 1911. Todavia, a problemática da fiscalização da constitucionalidade das leis não teve durante esse regime político qualquer relevância prática, se se descontar um ou outro acto isolado, sobretudo no final do Estado Novo[1]. Bem podia dizer-se, pois, que a Constituição de 1933 era uma pura constituição semântica, caracterizada pela "falta de autenticidade" com que foi executada ao longo dos anos[2].

Não admira, por isso, que não se encontrem vestígios de decisões sobre a eventual inconstitucionalidade de normas jurídicas respeitantes ao arrendamento urbano.

---

* Antigo Juiz Conselheiro do Tribunal Constitucional. Advogado.

[1] Vejam-se, entre outros, Jorge Miranda, *Contributo para uma Teoria da Inconstitucionalidade*, Suplemento da RFDUL, VII, 1968, pág. 253 e segs.; do mesmo autor, *Inviolabilidade do Domicílio*, in *RDES*, ano XIX, 1974, n.ºs 1-2-3-4, págs. 397 e segs. (anotação à sentença do Juiz Ricardo da Velha).

[2] Expressão de Adriano Moreira, citada por Jorge Miranda, *Manual de Direito Constitucional*, I, *Preliminares, o Estado e os Sistemas Constitucionais*, Coimbra, Coimbra Editora, 6ª ed., 1997, pág. 322.

2. A Constituição de 1976 acolheu um complexo sistema de fiscalização de inconstitucionalidade das normas, prevendo uma fiscalização abstracta, preventiva e sucessiva, uma fiscalização concreta (sucessiva) e ainda uma fiscalização da inconstitucionalidade por omissão.

Na sua versão originária, a fiscalização abstracta da constitucionalidade das normas e a fiscalização por omissão eram confiadas ao Conselho da Revolução, órgão político-militar, sendo certo que a competência exercida por este órgão era precedida de um parecer não vinculativo da Comissão Constitucional, órgão de natureza técnica presidido por um membro do Conselho da Revolução.

A fiscalização concreta da constitucionalidade das normas jurídicas estava confiada à Comissão Constitucional, a qual agia como verdadeiro Supremo Tribunal de Constitucionalidade. Instituía-se, assim, um órgão concentrado de fiscalização da constitucionalidade, embora se mantivesse o tradicional sistema difuso, cabendo a cada tribunal o dever de não aplicar normas inconstitucionais, competindo-lhe, "para o efeito, e sem prejuízo do disposto no artigo 282.º, apreciar a existência da inconstitucionalidade" (art. 207.º).

A ressalva do art. 282.º prendia-se com a existência da própria Comissão Constitucional e com as suas competências no domínio da fiscalização concreta. De facto, sempre que os tribunais se recusassem a aplicar uma norma constante de lei, decreto-lei, decreto regulamentar, decreto regional ou diploma equiparável, com fundamento em inconstitucionalidade, depois de esgotados os recursos ordinários que coubessem, havia um "recurso gratuito, obrigatório quanto ao Ministério Público, e restrito à questão da inconstitucionalidade, para julgamento definitivo do caso concreto pela Comissão Constitucional" (n.º 1 daquela norma). Além disso, havia um segundo caso de recurso obrigatório quanto ao Ministério Público para a Comissão Constitucional, que seria interposto das decisões de aplicação de normas anteriormente julgadas inconstitucionais pela mesma Comissão (art. 282.º, n.º 2). Tratando-se de normas constantes de diplomas menos solenes, os diferentes tribunais julgavam definitivamente acerca da inconstitucionalidade[3].

---

[3] Sobre a fiscalização da inconstitucionalidade na versão originária da Constituição de 1976, remete-se para GOMES CANOTILHO e VITAL MOREIRA, *Constituição da República Portuguesa Anotada*, Coimbra, Coimbra Editora, 1978, págs. 504 e segs. e para JORGE MIRANDA, *Manual* cit., tomo II, *Constituição e Inconstitucionalidade*, 3ª ed., 1996, págs. 399 e segs.

Como bem se compreende, para que uma questão de inconstitucionalidade suscitada num processo chegasse à Comissão Constitucional, era necessário que o tribunal competente desaplicasse uma norma constante de um dos diplomas mais solenes, indicados no n.º 1 do art. 282.º, com fundamento em inconstitucionalidade, ou, então, aplicasse uma norma constante de tais diplomas que já tivesse sido julgada inconstitucional pela própria Comissão Constitucional. Como veremos à frente, este sistema explica a exiguidade de decisões da Comissão Constitucional em matéria de arrendamento urbano.

3. O fim da fase político-militar do novo Regime instaurado em 1974 decorreu da aprovação da primeira revisão constitucional em 1982.

No que toca à problemática da fiscalização da constitucionalidade das normas, as competências repartidas entre o Conselho da Revolução e a Comissão Constitucional vão ser transferidas para um novo órgão, o Tribunal Constitucional, o qual vê, de resto, ampliadas as anteriores competências no que toca à fiscalização concreta: por um lado, abre-se a via de recurso à parte que sustentou, sem êxito, perante qualquer tribunal uma questão de inconstitucionalidade de certa norma jurídica, contida em qualquer tipo de diploma normativo, desde que esgotados os recursos ordinários; por outro lado, confia-se ao Tribunal Constitucional também a fiscalização da ilegalidade reforçada de certas normas jurídicas, nos termos do novo n.º 2 do art. 280.º da Constituição[4].

4. A criação do Tribunal Constitucional aproximou o nosso sistema de fiscalização da inconstitucionalidade do modelo dito austríaco de fiscalização, vigente em diferentes Estados europeus, nomeadamente na Alemanha, na Itália e na Espanha, embora mantendo características próprias.

As sucessivas revisões constitucionais não alteraram a fisionomia do sistema gizado em 1982.

Veremos, à frente, que o Tribunal Constitucional veio a ocupar-se, nos domínios da fiscalização abstracta sucessiva e da concreta, com questões de inconstitucionalidade de normas jurídicas atinentes ao arrendamento urbano, sobretudos constantes do R.A.U.

---

[4] Por todos, GOMES CANOTILHO e VITAL MOREIRA, *Constituição* cit., 2ª ed., vol. II, Coimbra, 1985, págs. 466 e segs.

II. A CONSTITUIÇÃO DE 1976 E O DIREITO FUNDAMENTAL À HABITAÇÃO

5. A correlação das forças interpartidárias na Assembleia Constituinte, a evolução das lutas políticas e sociais, os acordos celebrados entre o Movimento das Forças Armadas e os partidos políticos com assento nessa Assembleia, explicam em larga medida o "carácter compromissório" que a Constituição de 1976 mostra[5].

Por reacção à prática do regime deposto em 1974, os constituintes pretenderam consagrar um amplo leque de direitos fundamentais, desde os clássicos direitos, liberdades e garantias, aos direitos e deveres económicos, sociais e culturais.

É precisamente no capítulo dedicado aos direitos e deveres sociais que se encontra o art. 65.º da Constituição, subordinado à epígrafe "Habitação".

O n.º 1 do art. 65.º, na versão originária, estatui que "todos têm direito, para si e para a sua família, a uma habitação de dimensão adequada, em condições de higiene e conforto e que preserve a intimidade pessoal e a privacidade familiar".

O n.º 2 do mesmo artigo prevê várias incumbências a cargo do Estado para assegurar o direito constitucional à habitação, nomeadamente a programação e execução de uma política de habitação inserida em planos de reordenamento geral do território e apoiada em planos de urbanização que garantam a existência de uma rede adequada de transportes e de equipamento social; a concessão de incentivos e apoios relativamente às iniciativas locais e das populações tendentes a resolver os respectivos problemas habitacionais e a fomentar a autoconstrução e a criação de cooperativas de habitação; e, por último, o dever de estimular a construção privada, com subordinação aos interesses gerais.

O n.º 3 desta disposição refere-se especificamente ao arrendamento urbano, contrato que dá origem a relações locatícias e que constitui um dos modos alternativos de resolução do problema habitacional, a par da aquisição de casa própria, seja no mercado imobiliário, seja através de soluções de natureza pública ou cooperativa. Aí se prevê que o Estado deverá adoptar "uma política tendente a estabelecer um sistema de renda compatível com o rendimento familiar e de acesso à habitação própria".

---

[5] Sobre este "carácter compromissório", vejam-se GOMES CANOTILHO e VITAL MOREIRA, *Constituição* cit., 1ª ed., págs. 8 e 9; JORGE MIRANDA, *A Constituição de 1976 – Formação, Estrutura, Princípios Fundamentais*, Lisboa, Livraria Petrony, 1978, págs. 259 e segs.

Por último, o n.º 4 desta disposição prevê que o Estado e as autarquias locais deverão exercer "efectivo controlo do parque imobiliário", procedendo à necessária nacionalização ou municipalização dos solos urbanos e definindo o respectivo direito de utilização.

Comentando este preceito, afirmam GOMES CANOTILHO e VITAL MOREIRA que o direito à habitação "é um direito social que implica, em contrapartida, obrigações positivas do Estado", ou seja, "um direito *positivo* que justifica e legitima a pretensão do cidadão à prestação do Estado", sendo ainda um direito instrumental da garantia institucional da família (art. 67.º) e do direito à intimidade pessoal e familiar (art. 33.º)[6]. Ainda segundo os mesmos comentadores, a par das incumbências públicas do Estado no domínio do ordenamento territorial, do apoio à aquisição de habitação e no desenvolvimento de uma iniciativa pública no mercado de habitação, competia-lhe ainda controlar a actividade das empresas privadas de construção e "estabelecer um regime de arrendamento que tenha em conta os rendimentos familiares (n.º 3), o que por si mesmo exige que a construção não esteja submetida a uma lógica de rentabilidade capitalista". Por isso, o direito fundamental à habitação incluiria, deste ponto de vista, "o direito à segurança na habitação, com salvaguarda das garantias legais adquiridas, sendo por exemplo inconstitucional a submissão do arrendamento, das rendas e dos despejos à liberdade contratual"[7]. Em situação de colisão ou de conflito entre o direito à habitação e o direito de uso e de disposição da propriedade privada, deveria prevalecer aquele sobre este.

Não pode dizer-se que este ponto de vista interpretativo fosse unânime. Fora dos pressupostos de uma leitura acentuadamente "socialista" ou "marxista-leninista" da Constituição, VIEIRA DE ANDRADE acentuava que os "chamados «direitos sociais»" tinham, "*enquanto posições subjectivas*, uma eficácia *autónoma* muito limitada" pois dependiam necessariamente de uma actuação legislativa, sendo a respectiva operatividade só pensável "em casos excepcionais de violação do seu conteúdo mínimo ou

---

[6] *Constituição* cit., 1ª ed., pág. 170. Na jurisprudência da Comissão Constitucional veja-se o Acórdão n.º 56, in *Apêndice ao Diário da República*, de 3 de Maio de 1978, págs. 2-4, aresto que distingue entre o direito à habitação como direito social e cuja efectivação, face ao Estado ou a outros poderes públicos, não depende da tutela dos tribunais e o direito concreto de habitação que depende dos tribunais e não de órgãos administrativos como o velho administrador de bairro (na decisão julgou-se inconstitucional a solução constante do n.º 4 do art. 109.º e § único do Código Administrativo, que previa despejo sumário de natureza administrativa).

[7] *Constituição* cit., 1ª ed., pág. 171. Cfr. L. P. MOITINHO DE ALMEIDA, *Inquilinato Urbano Post 25 de Abril*, Coimbra, Coimbra Editora, 1980, págs. 59 e segs.

das ordens concretas de legislar, só podendo gozar, aliás, mesmo então, de uma protecção de segundo grau por via de indemnização"[8]. Estes direitos sociais seriam direitos a prestações materiais do Estado, correspondendo a fins políticos de realização gradual, sendo direitos "sob reserva do possível"[9]. Mas mesmo este autor aceita que o grau de vinculação jurídico-constitucional do legislador não o obrigava a mais do que "a assegurar as condições que permitam, pelo menos, a realização mínima do direito social respectivo de cada cidadão", admitindo, por isso, que pudesse configurar um "direito à sobrevivência", análogo aos direitos, liberdades e garantias, que impusesse, por exemplo, ao legislador ordinário proibir a livre resolução do contrato de arrendamento pelo senhorio[10].

Importa neste momento acentuar a divergência entre uma leitura "maximalista" e uma leitura "minimalista" do n.º 3 do art. 65.º da Constituição.

6. As sucessivas revisões constitucionais não modificaram substancialmente até hoje o art. 65.º da Constituição.

A revisão de 1982 deixou mesmo a redacção do artigo intocada.

A segunda revisão constitucional, concluída em 1989, alterou as alíneas b) e c) do n.º 2 e o n.º 4 do artigo, mas sem que se tivesse procedido a mais do que uma "suavização" de certas expressões mais datadas do período revolucionário (por exemplo, substituição da expressão "subordinação aos interesses gerais" na alínea c) do n.º 2 por "com subordinação ao interesse geral", substituição no n.º 4 das expressões "nacionalização ou municipalização dos solos urbanos" por "expropriações dos solos urbanos").

Por último, a quarta revisão constitucional, concluída em 1997, além de modificar a epígrafe do preceito, aditando a referência ao "urbanismo", alterou a redacção de algumas normas, nomeadamente consagrando a formulação inovadora da nova alínea b) do n.º 2 do art. 65.º, passando a estatuir que incumbe ao Estado "promover, em colaboração com as autarquias locais, a construção de habitações económicas e sociais", ao passo que na alínea c) se continua a referir o estímulo à construção privada, "com subor-

---

[8] *Os Direitos Fundamentais na Constituição Portuguesa de 1976*, Coimbra, Almedina, 1983, pág. 170 (na 2.ª edição, de 2001, com mais desenvolvimento, págs. 139-141, págs. 173-191).

[9] *Ob cit.*, pág. 201 (na 2.ª ed., págs. 186-187).

[10] *Ob cit.*, pág. 250 (na 2.ª ed., págs. 386-388). Sobre o regime constitucional dos direitos económicos, sociais e culturais remete-se para J.J. GOMES CANOTILHO, *Direito Constitucional e Teoria da Constituição*, Coimbra, Almedina, 5.ª edição, 2002, págs. 469 e segs..

dinação ao interesse geral e o acesso à habitação própria e arrendada", mas manteve intocada a redacção do n.° 3. Foi reelaborada a redacção do n.° 4 e aditado um n.° 5 ao artigo, no qual se prevê a garantia da participação dos interessados na elaboração dos instrumentos de planeamento urbanístico e de quaisquer outros instrumentos de planeamento físico do território[11].

7. Ainda a propósito do direito fundamental à habitação, GOMES CANOTILHO e VITAL MOREIRA passaram, a partir da 2ª edição da sua *Constituição* anotada, a referir que tal direito, como outros direitos sociais, se revestia de um *dupla natureza*: numa das faces, tal direito configura-se como um *direito negativo*, a saber, "o direito de não ser arbitrariamente privado de habitação ou de não ser impedido de conseguir uma" (direito a uma abstenção do Estado ou de terceiros) e, por outro lado, encerra um *direito positivo* a obter uma habitação, "traduzindo-se na exigência das medidas e prestações estaduais adequadas a realizar tal objectivo"[12]. Só o primeiro direito seria um direito análogo aos "direitos, liberdades e garantias", para efeito de aplicação do art. 17.° da Lei Fundamental.

8. Ao nível da repartição orgânica de competências importa chamar a atenção para uma norma que se reveste de grande interesse prático e que, como vamos ver, tem sido frequentemente aplicada pelo Tribunal Constitucional.

A I Revisão Constitucional (1982) passou a incluir na reserva relativa de competência legislativa da Assembleia da República a legislação atinente ao "regime geral do arrendamento rural e urbano" (art. 168.°, n.° 1, alínea h); hoje, art. 165.°, n.° 1, alínea h)).

Tal significa que só a Assembleia da República, ou o Governo habilitado com a necessária autorização legislativa, pode editar normas respei-

---

[11] Sobre as alterações introduzidas pela IV Revisão Constitucional, remete-se para ALEXANDRE SOUSA PINHEIRO e MÁRIO J. BRITO FERNANDES, *Comentário à IV Revisão Constitucional*, Lisboa, AAFDL, 1999, págs. 194-195. Estes autores acolhem a opinião de MARQUES GUEDES de que a nova redacção da alínea c) do n.° 2 atribui credencial constitucional ao arrendamento no âmbito da política geral de habitação.

[12] Cfr. destes autores, por último, a 3ª ed., de 1993, da mesma obra, págs. 344-345. Esta tese teve acolhimento em algumas decisões do Tribunal Constitucional, nomeadamente no Acórdão n.° 101/92 citado à frente. Sobre os interesses presentes nas relações jurídicas que têm como base o contrato de arrendamento urbano veja-se PEREIRA COELHO, *Arrendamento – Lições ao Ciclo Complementar de Ciências Jurídicas em 1983-1984*, Coimbra, 1984, policopiado, págs. 52 e segs., *maxime*, 68-72.

tantes ao regime *normal* ou *comum* da matéria de arrendamento urbano e rural. A referência ao regime geral deve ser entendida como significando que só ficam de fora dessa competência reservada as matérias respeitantes a regimes especiais de arrendamento urbano[13].

III. JURISPRUDÊNCIA DA COMISSÃO CONSTITUCIONAL SOBRE NORMAS RESPEITANTES AO CONTRATO DE ARRENDAMENTO URBANO

9. Como decorre das considerações atrás feitas, não foram frequentes os recursos em matéria de constitucionalidade para a Comissão Constitucional, respeitantes a questões de inconstitucionalidade que afectassem normas jurídicas relativas ao contrato de arrendamento.

De facto, para se chegar à Comissão Constitucional em via de recurso era preciso que um tribunal judicial desaplicasse normas do regime do arrendamento urbano com fundamento em inconstitucionalidade e que essa decisão fosse confirmada pelas instâncias de recurso ou, mais correctamente, que se esgotassem todas as vias de recurso[14].

Ora, a verdade é que o direito ordinário anterior à Constituição de 1976 era claramente "vinculístico" em matéria de arrendamento urbano, estabelecendo o Código Civil de 1966 a renovação forçada do próprio contrato e mantendo, nas cidades de Lisboa e Porto, um bloqueio das rendas habitacionais que remontava aos anos quarenta[15].

Pode, por isso, dizer-se que era tradicional a solução de subordinar os interesses dos proprietários de casa para habitação aos dos respectivos inquilinos que nelas habitassem com permanência e que a legislação pos-

---

[13] Sobre esta matéria dos três níveis de diferenciação previstos no preceito constitucional sobre reserva relativa de competência parlamentar vejam-se GOMES CANOTILHO e VITAL MOREIRA, *Constituição* cit., 3ª ed., págs. 670-671; JORGE MIRANDA, *Manual* cit., tomo V, *Actividade Constitucional do Estado*, 1997, pág. 232 e, na jurisprudência, Acórdão do Tribunal Constitucional n.º 3/89, in *Acórdãos do Tribunal Constitucional*, 13.º vol., tomo II, págs. 619 e segs. e *BMJ*, 383, 580 (na linha do Acórdão n.º 77/88, citado à frente).

[14] Ou, claro, que aplicasse normas já julgadas inconstitucionais pela própria Comissão Constitucional (cfr. art. 282.º, n.º 2, da versão originária da Constituição).

[15] Remete-se, para JORGE H. C. PINTO FURTADO, *Manual do Arrendamento Urbano*, Coimbra, Almedina, 2ª ed. revista e actualizada, 1999, págs.185 e segs., onde se faz a análise detalhada da evolução da legislação vinculística portuguesa até ao Código Civil de 1966 e das inovações subsequentes. Ver ainda PIRES DE LIMA e ANTUNES VARELA, *Código Civil Anotado*, II, Coimbra, Coimbra Editora, 4ª ed., 1997, pág. 339 e segs.

terior a 1974 em matéria de bloqueio de rendas (Decreto-lei n.º 445/74, de 12 de Setembro) não suscitou reacções negativas por parte da jurisprudência dos tribunais judiciais.

Na legislação pós-revolucionária e durante a vigência da versão originária da Constituição de 1976 apenas um dos diplomas suscitou críticas e imputações de inconstitucionalidade. De facto, o Decreto-Lei n.º 188/76, de 12 de Março, veio – na esteira do Decreto-Lei n.º 67/75, de 19 de Fevereiro (aplicável aos arrendamentos para comércio, indústria ou profissão liberal) – estabelecer que o contrato de arrendamento para habitação tinha de ser sempre reduzido a escrito (art. 1.º, n.º 1), embora consagrasse a presunção de que a falta de contrato escrito era imputável ao locador, sendo a respectiva nulidade apenas invocável pelo locatário e podendo este provar a existência do contrato por qualquer meio de prova admitido em direito, desde que optasse por não invocar a nulidade (art. 2.º). Ora, a preocupação do legislador de editar "medidas de emergência destinadas a evitar factos consumados de execuções de despejo" (do preâmbulo deste Decreto-Lei) levou-o a estabelecer a seguinte regra de direito transitório no n.º 2 do seu artigo 4.º: "o réu condenado à entrega da casa por sentença, ainda que não transitada, poderá, por incidente a correr por apenso, provar a existência do contrato de arrendamento, desde que a sentença não tenha sido executada"[16].

O significado desta norma e da constante do art. 2.º, n.º 3, do diploma era claramente o de violação da *intangibilidade do caso julgado*.

Ora, num caso concreto, em que o Tribunal da Relação do Porto havia dado provimento a um recurso interposto em execução de sentença para entrega de coisa certa pelos exequentes, face à admissão do incidente previsto no art. 2.º do Decreto-Lei n.º 188/76, acabou o juiz de 1ª instância por absolver os requeridos exequentes do pedido de reconhecimento da existência de arrendamento, considerando inconstitucionais os arts. 2.º, n.º 3, e 4.º do mesmo diploma, por violação do disposto nos arts. 113.º, 114.º, n.º 1, 115.º, 206.º, 208.º, 209.º e 210.º da versão originária da Constituição.

Interposto recurso obrigatório pelo Ministério Público, veio a Comissão Constitucional a revogar a decisão impugnada, considerando que as normas em causa não estavam afectadas de inconstitucionalidade. Fê-lo através do Acórdão n.º 87, proferido em 16 de Fevereiro de 1978, tirado

---

[16] Veja-se também o n.º 3 do art. 2.º deste diploma, segundo o qual havendo execução pendente para despejo, será aquela suspensa até que se mostre reduzido a escrito o contrato de arrendamento ou transitada decisão reconhecendo a existência ou inexistência do arrendamento – cfr. L. P. MOITINHO DE ALMEIDA, *ob. cit.*, pág. 57.

com três votos de vencido[17]. Distinguindo entre duas situações respeitantes ao caso julgado – por um lado, a garantia do caso julgado relativamente a decisões subsequentes, também concretas e individuais, de quaisquer órgãos, incluindo órgãos legislativos; e, por outro, a garantia do caso julgado relativamente a leis gerais que, incidindo sobre as situações materiais do tipo das que tinham sido objecto de sentença, vão determinar a sua alterabilidade – e considerando que se verificava no caso *sub judice* a segunda delas – esta Comissão concluiu que, para além do disposto no art. 210.º da Constituição, não se encontrava princípio constitucional que, só por si, impedisse a lei geral – mas não uma lei individual – de se reflectir sobre quaisquer situações ou relações, mesmo que houvesse sentença com trânsito em julgado. Resumindo o caminho percorrido, a Comissão Constitucional alicerçou a sua decisão no sentido da não inconstitucionalidade em três proposições: em primeiro lugar, em caso algum poderia uma lei individual afectar o caso julgado; em segundo lugar, uma lei geral, em princípio, não deveria afectar o caso julgado, salvo vontade contrária do legislador, apreciada em termos de interesses substanciais mais relevantes; por último, a projecção da lei sobre a situação da vida teria de se tornar efectiva através de nova decisão judicial.

Face a este quadro conclusivo, a Comissão Constitucional entendeu, neste Acórdão n.º 87, que o Decreto-Lei n.º 188/76 era "uma típica lei de intenções sociais do nosso tempo, susceptível de prevalência sobre casos julgados", visto o escopo do diploma ser o de "contribuir para a atenuação do gravíssimo problema da habitação, reforçando a posição de locatário em detrimento da posição do senhorio"[18]. Este diploma vinha, no dizer da mesma decisão, "ao encontro de exigências da justiça social e de realização do direito dos cidadãos à habitação (artigo 65.º da Constituição)", como vinha "ao encontro de exigências de verdade material", pelo que não poderia considerar-se como violador dos princípios fundamentais ínsitos na Constituição"[(19)].

Na mesma linha deste Acórdão n.º 87, decidiu igualmente a Comissão no Acórdão n.º 103, de 15 de Junho de 1978[20], embora com fun-

---

[17] In *Apêndice ao Diário da República* de 3 de Maio de 1978 e também no *B.M.J.*, 274, págs. 103 e segs. (relator Jorge Miranda).

[18] No acórdão dá-se nota de soluções similares no direito francês.

[19] Votaram vencidos, quanto ao mérito, os vogais José António Fernandes, Fernando Amâncio Ferreira e Cabral de Andrade. Veja-se o voto de vencido mais desenvolvido de Amâncio Ferreira.

[20] Relator Costa Aroso, publicado no *Apêndice* cit. de 21 de Dezembro de 1978, e no *B.M.J.*, 292, págs. 220 e segs.

damentação não totalmente coincidente, bem como nos Acórdãos n.º 116 e 188[21].

10. No plano da fiscalização abstracta da constitucionalidade, a Comissão Constitucional veio a dar parecer sobre diplomas que versavam sobre matéria de arrendamento urbano, cuja análise não se reveste agora de especial interesse[22].

IV. A JURISPRUDÊNCIA DO TRIBUNAL CONSTITUCIONAL EM MATÉRIA DE ARRENDAMENTO URBANO RELATIVA A LEGISLAÇÃO ANTERIOR AO R.A.U.

11. Com a entrada em funcionamento do Tribunal Constitucional, vão aumentando necessariamente os recursos em matéria de constitucionalidade, nomeadamente pela circunstância de se ter aberto a via do recurso da alínea b) do n.º 1 do art. 280.º da Constituição (alínea b) do n.º 1 do art. 70.º da Lei do Tribunal Constitucional), ou seja, a possibilidade de a parte que suscitou sem êxito nos tribunais das diferentes ordens a questão de inconstitucionalidade de uma norma recorrer para o Tribunal Constitucional, uma vez esgotados os recursos ordinários.

---

[21] In *Apêndice* cit. de 31 de Dezembro de 1979 e de 16 de Abril de 1981, respectivamente. Deve notar-se que a decisão revogada pela Comissão Constitucional no último acórdão fora proferida pelo Supremo Tribunal de Justiça, o qual a reformou, depois, mantendo o sentido decisório, embora deixando cair a questão de inconstitucionalidade. Houve recurso do acórdão de reforma, que não foi admitido, sobre o qual incidiu reclamação que acabou por ser rejeitada pelo Acórdão n.º 447 (in *Apêndice* cit. de 18 de Janeiro de 1983, págs. 92-93). Sobre esta situação veja-se A. RIBEIRO Mendes, *A Jurisdição Constitucional, o Processo Constitucional e o Processo Civil em Portugal*, in *Estudos em Memória do Professor Doutor João de Castro Mendes*, Lisboa, Lex, sem data, págs. 91-92.

[22] Entre outros, vejam-se o Parecer n.º 5/77 (in *Pareceres da Comissão Constitucional*, 1.º vol., págs. 89 e segs.; relator Luís Nunes de Almeida) que se pronunciou sobre a constitucionalidade de um decreto regional aprovado pela Assembleia Regional dos Açores que versava contratos de arrendamento urbano referentes a prédios sitos naquela região autónoma e em que os arrendatários eram indivíduos ou entidades de nacionalidade não portuguesa; o Parecer n.º 13/82 (in *Pareceres*, 19.º vol., págs. 149 e seguintes; relator Cardoso da Costa) sobre uma lei concreta que decretava a caducidade de arrendamentos num prédio cedido a uma ordem religiosa. Por último, refira-se o Parecer n.º 4/80 (*Pareceres*, 11.º vol., págs. 107 e segs.), em que se abordou a questão de inconstitucionalidade de normas de um diploma que visava a expropriação por utilidade pública de prédios urbanos em zonas consideradas degradadas e onde se discutiram as tensões entre o direito de propriedade privada e o direito à habitação.

Compreende-se facilmente que, em acções de despejo, as partes procurem suscitar questões de constitucionalidade respeitantes a normas que possam prejudicar as respectivas pretensões, nomeadamente os inquilinos, buscando, assim, uma nova "instância", para além dos tribunais judiciais de primeira instância e de recurso, ao menos como forma da diferir a execução de uma decisão desfavorável.

Surgem-nos, assim, numerosas decisões através das quais se vai formar uma corrente jurisprudencial firme em matéria de arrendamento urbano.

12. No Acórdão n.º 425/87[23], o Tribunal Constitucional não julgou inconstitucional a norma constante da alínea b) do n.º 1 do art. 2.º da Lei n.º 55/79, de 15 de Setembro, que impedia o senhorio de denunciar o contrato de arrendamento urbano quando o inquilino habitasse a unidade predial há 20 anos ou mais. Depois de negar que ocorresse violação do princípio da igualdade, por haver razões de segurança jurídica, justiça social e solidariedade que legitimavam a solução adoptada pelo legislador, o Tribunal entendeu que o tratamento diferenciado que a lei civil concedia às posições contratuais do inquilino e do senhorio radicava "em razões de ordem eminentemente social", com larga tradição na legislação vinculística portuguesa, não havendo violação do direito de propriedade privada e admitindo-se que "a conflitualidade existente entre o senhorio e o inquilino radicava numa base obrigacional, derivando os direitos e deveres respectivos de um contrato entre ambos celebrado", sendo a solução legislativa "susceptível de enquadramento no plano dos limites imanentes" do direito de propriedade, por força da existência de um outro direito também constitucionalmente consagrado, o direito à habitação. A solução legislativa dependia de "um determinado fundamento material" que justificava essa solução "havida por mais justa e socialmente adequada".

13. A propósito de um diploma[24] que, em 1983, havia determinado a actualização das rendas nos arrendamentos urbanos não habitacionais (Decreto-Lei n.º 436/83, de 11 de Dezembro) o Tribunal Constitucional teve ocasião, no domínio da fiscalização abstracta, de interpretar a norma relativa à reserva relativa parlamentar sobre "o regime geral do arrenda-

---

[23] *AcTC*, 10.º vol., págs. 451 e segs. (relator-Cons. Monteiro Diniz); publicado também no *B.M.J.*, 371, 119 e segs.

[24] Em matéria de actualização de rendas e sobre a composição da comissão de avaliação, veja-se o Acórdão n.º 102/95, *AcTC*, 30.º vol., págs. 581 e segs., e *B.M.J.*, Sup. 446, págs. 463 e segs.

mento rural e urbano". Fê-lo no Acórdão n.º 77/88[25]. Aí se decidiu que a reserva à Assembleia da República da definição desse regime geral não respeitava apenas aos *princípios* ou *bases* desse regime, à definição de *directivas* ou *standards* fundamentais em matéria de arrendamento ("bases respectivas"), mas se estendia às próprias normas que o integravam, ao menos nos seus aspectos materiais ou substanciais (celebração dos contratos de arrendamento, condições de validade, condições e causas de extinção), embora não às regras puramente processuais e adjectivas, aplicáveis à generalidade dos contratos de arrendamento rural e urbano. Por isso, o legislador governamental, ao intervir de forma global no regime de actualização das rendas nos arrendamentos urbanos para fins não habitacionais, com um propósito que transcendia a mera sistematização e unificação legislativa, estava a violar as regras de repartição de competências traçadas pela Constituição, estando parte das normas desse diploma afectada por inconstitucionalidade orgânica. De facto, ao legislador parlamentar cabe reservadamente "definir os pressupostos, as condições e os limites do exercício da autonomia privada no âmbito contratual em causa".

14. As normas que admitiam actualizações de rendas, constantes de diplomas do Governo da Aliança Democrática que, antes da 1ª Revisão Constitucional, haviam previsto actualizações extraordinárias de rendas em arrendamentos não habitacionais, vieram a ser objecto de fiscalização de constitucionalidade, precisamente em virtude da repristinação desses diplomas, consequência da declaração de inconstitucionalidade das normas do Decreto-Lei n.º 436/83.

A questão de inconstitucionalidade posta no recurso onde foi proferido o Acórdão n.º 241/90[26] era de natureza meramente orgânica e foi

---

[25] In *AcTC*, 11.º vol., págs. 361 e segs. relator-Cons. Cardoso da Costa (publicado também no *B.M.J.*, 376, págs. 203 e segs.).

[26] *AcTC*, 16.º vol., págs. 703 e segs., relator-Cons. Bravo Serra (também publicado no *B.M.J.*, 399, págs. 53 e segs.). No mesmo sentido, vejam-se os Acórdãos n.ºs 330/90 (*AcTC*, 17.º vol., págs. 299 segs.) e 352/92 (*AcTC*, 23.º vol., págs. 475 e segs.). Note-se que, no mesmo sentido, da inexistência de inconstitucionalidade orgânica superveniente já se tinha pronunciado o Tribunal Constitucional, a propósito de uma norma do Estatuto das Instituições Privadas de Solidariedade Social sobre o regime dos arrendamentos celebrados por essas entidades (Acórdão n.º 50/88, in *AcTC*, 11.º vol., págs. 571 e segs.; note-se que este acórdão aborda questões de inconstitucionalidade material respeitante ao regime excepcional destes arrendamentos, sendo de realçar que a maioria dos Juízes considerou que não violava a Constituição a submissão de arrendamentos anteriores ao diploma de 1979, o qual mandava aplicar a esses arrendamentos não habitacionais as normas dos

resolvida de forma sumária pelo Tribunal Constitucional, o qual negou que a inclusão pela revisão constitucional de 1982 na reserva relativa do parlamento da matéria legislativa atinente ao "regime geral do arrendamento rural e urbano" pudesse ter eficácia retroactiva, isto é, acarretasse a inconstitucionalidade superveniente das normas dos Decretos-Leis n.ºs 330/81, de 4 de Dezembro, e 392/82, de 18 de Setembro.

15. A explicitação do entendimento do Tribunal Constitucional sobre o direito fundamental à habitação e a eventual colisão deste com o direito de propriedade privada vem a ser feita em diferentes decisões proferidas no ano de 1992, a propósito de normas sobre arrendamento constantes do Código Civil.

Assim, no Acórdão n.º 101/92[27], foi apreciada a questão de inconstitucionalidade suscitada a propósito da reintrodução da restrição do "primitivo" arrendatário na redacção do n.º 1 do art. 1111.º do Código Civil, alterada pelo Decreto-Lei n.º 328/81, de 20 de Julho. Confrontado com a invocação de que tal restrição violava o art. 65.º da Constituição, o Tribunal Constitucional acolheu a tese da dupla natureza deste direito social, na linha de GOMES CANOTILHO e VITAL MOREIRA, e considerou que não podia aceitar-se "como constitucionalmente exigível que a realização daquele direito [à habitação] [estivesse] dependente de limitações intoleráveis e desproporcionadas dos direitos de terceiros (que não o Estado), direitos esses, porventura, também constitucionalmente consagrados, como sucede, aliás, com o direito de propriedade privada, elencado no título constitucional correspondente aos direitos económicos, sociais e culturais". Não se encontrava, por isso, "qualquer exigência constitucional impondo

---

arrendamentos habitacionais, não vendo nessa retroactividade imprópria qualquer ofensa de princípios constitucionais. Veja-se o voto de vencido do Cons. Messias Bento, a que aderiu o Cons. Cardoso da Costa). Note-se que esta questão foi de novo proposta à consideração do Tribunal Constitucional pelo Provedor de Justiça, dando origem a uma nova decisão de não inconstitucionalidade, em fiscalização abstracta sucessiva – Acórdão n.º 309/2001, in DR, II Série, n.º 268, de 19-11-2001, relator Cons. Artur Maurício, com votos de vencido dos Cons. Paulo Mota Pinto, Vitor Nunes de Almeida, Tavares da Costa, Bravo Serra, Messias Bento e Maria Fernanda Palma.

[27] *AcTC*, 21.º vol., págs. 381 e segs., relator-Cons. Monteiro Diniz (também publicado no *B.M.J.*, 415, págs. 212 e segs.).Note-se que, neste acórdão, os Conselheiros Assunção Esteves e Cardoso da Costa não subscreveram a tese da "dupla natureza" do direito fundamental à habitação, considerando a primeira destes que o direito de não ser privado arbitrariamente de habitação ou de não ser impedido de conseguir uma radicava num princípio geral de inviolabilidade dos direitos e não num princípio de autonomia (veja-se a referência a esta controvérsia no Acórdão no 346/93 , *AcTC*, 25.º vol., págs. 469 e segs.).

à lei ordinária o dever de consagrar uma transmissão sucessiva e ilimitada da posição jurídica de arrendatário *mortis causa*, sendo manifesto que a norma do artigo 65.º da Constituição não obriga a semelhante entendimento, mesmo quando se entenda que o direito à habitação deve prevalecer sobre o direito de uso e disposição da propriedade privada". No mesmo acórdão negou-se ainda que houvesse violação do princípio da proibição do retrocesso pela reintrodução em 1981 de um requisito eliminado em 1977, porquanto a parte no recurso não veria afectado qualquer direito adquirido.

No mesmo ano e a propósito da questão da inconstitucionalidade da alínea c) do n.º 1 do art. 1093.º do Código Civil (aplicação reiterada e habitual do prédio a práticas ilícitas, imorais ou desonestas como fundamento de despejo), no *Acórdão n.º 128/92*[28], o Tribunal Constitucional considerou que a renovação automática e obrigatória dos arrendamentos no regime vinculístico consagrado no Código Civil não postergava a possibilidade de o legislador estabelecer justas causas de resolução do contrato de arrendamento, não havendo qualquer proibição constitucional que incidisse sobre a solução legislativa de «punir» "condutas imorais ou desonestas do próprio titular de direito (por exemplo, que sancione com o despejo a exploração da prostituição alheia no local arrendado), quando essas condutas constituam violação de deveres que o próprio assumiu ao celebrar o contrato".

Na linha do Acórdão n.º 101/92 citado há pouco, também o *Acórdão n.º 130/92*[29] não julgou inconstitucional a norma do art. 1051.º, n.º 1, alínea d), do Código Civil, respeitante à caducidade de contrato de locação por morte do locatário, considerando que o direito à habitação é um direito a prestações da responsabilidade de entes públicos, cujo conteúdo não pode ser determinado ao nível das opções constitucionais, pressupondo antes uma tarefa de concretização e de mediação do legislador ordinário e cuja efectivação está dependente da chamada "reserva do possível", na terminologia dos constitucionalistas alemães. Por isso, o direito fundamental à habitação, considerado na sua natureza, "não é susceptível de conferir *por si mesmo*, e para além do quadro de soluções legais, à pessoa residente no prédio um direito, judicialmente exercitável, de impedir a caducidade do contrato de arrendamento para habitação por morte do arrendatário",

---

[28] *AcTC*, 21.º vol., págs. 481 e segs., relator Cons. Messias Bento (também no *B.M.J.*, 415, págs. 145 e segs.).

[29] *AcTC*, 21.º vol., págs. 495 e segs., relator Cons. Alves Correia (também no *B.M.J.*, 416, págs. 158 e segs.).

devendo considerar-se que "as excepções ao princípio da não caducidade do arrendamento por morte do arrendatário encontram a sua credencial constitucional não só no próprio direito à habitação do artigo 65.º, mas também nos artigos 67.º e 69.º, que versam sobre o direito que a família e as crianças têm à protecção da sociedade e do Estado".

A propósito da faculdade de denúncia pelo senhorio do contrato de arrendamento para poder habitar no local, o *Acórdão n.º 131/92*[30] não julgou inconstitucionais as normas dos arts. 1096.º, n.º 1, alínea a), 1ª parte, 1097.º e 1098.º do Código Civil, visto estas normas visarem "resolver um conflito entre o *direito à habitação do senhorio* e o *direito à habitação do inquilino*", atribuindo neste caso preferência ao direito do senhorio proprietário.

Incidindo ainda sobre as mesmas normas, o *Acórdão n.º 151/92*[31] reconhecia o seguinte, em termos lapidares e que serão repetidos na subsequente jurisprudência:

"Mas, fundando-se o direito à habitação na dignidade da pessoa humana (ou seja, naquilo que a pessoa realmente *é* – um ser livre com direito a viver dignamente) existe, aí, um *mínimo* que o Estado *sempre* deve satisfazer. E para isso *pode*, até, se tal for necessário, *impor restrições* aos direitos do proprietário privado. Nessa medida, também o direito à habitação vincula os particulares, chamados a serem solidários com o seu semelhante (princípio da solidariedade social); vincula, designadamente, a *propriedade privada*, que tem uma *função social* a cumprir.

É a esta luz que hão-de ser avaliadas normas como aquelas que, como já atrás se referiu, subtraem o contrato de arrendamento para habitação à regra da *liberdade contratual* e o submetem à regra da *renovação automática e obrigatória*. Nelas, o legislador, conhecendo, como conhece, a falta de casas para habitação, sacrifica um direito do senhorio a favor do direito do locatário a dispor de uma casa para sua habitação. De facto, retira àquele o direito que, em princípio, lhe assistiria de denunciar livremente o contrato de arrendamento celebrado – direito este que está compreendido, seja no direito de iniciativa económica privada (artigo 61.º, n.º 1, da Constituição), seja no direito de propriedade privada (artigo 62.º, n.º 1, da Constituição).

---

[30] *AcTC*, 21.º vol., págs. 505 e segs., relator Cons. Alves Correia (também no *B.M.J.*, 416, págs. 166 e segs.). Sobre a problemática da denúncia, vejam-se PEREIRA COELHO, *ob. cit.*, págs. 222 e segs. e M. JANUÁRIO COSTA GOMES *Arrendamentos para Habitação*, Coimbra, Almedina, 2ª ed., 1996, págs. 271 e segs.

[31] *AcTC*, 21.º vol., págs. 647 e segs., relator Cons. Messias Bento (também no *B.M.J.*, 416, págs. 675 e segs.).

A *legislação* sobre *arrendamento para habitação* é fortemente *vinculística*, sendo um domínio onde a *hipoteca social* que recai sobre a propriedade é, talvez, mais forte."[32]

[32] *AcTC*, 21.º vol., págs. 657. Sobre esta jurisprudência, veja-se ANA PAULA UCHA, *Direitos Sociais* in *Estudos sobre a Jurisprudência do Tribunal Constitucional*, ob. colect., Lisboa, Aequitas Editorial Notícias, 1993, págs. 234 a 242. Vejam-se ainda os Acórdãos n.ºs 280/93 (*AcTC*, 24.º vol., págs. 741 e segs., relator Cons. Vítor Nunes de Almeida; versou sobre a não inconstitucionalidade do art. 1051.º, n.º 1, alínea c), e n.º 2 do Código Civil, este na redacção da Lei n.º 46/85, de 20 de Setembro, sobre a caducidade do contrato de locação por cessação do direito ou dos poderes de administração com base nos quais o contrato foi celebrado, e forma de o inquilino obstar a esse efeito através de notificação ao senhorio); 346/93 (*AcTC*, 25.º vol., págs. 469 e segs., relator Cons. Ribeiro Mendes; versou sobre a não inconstitucionalidade do art. 1102.º do Código Civil que determina a caducidade do subarrendamento com a extinção, por qualquer causa, do contrato de arrendamento, sem prejuízo da responsabilidade do sublocador para com o sublocatário, quando o motivo da extinção lhe seja imputável); Acórdão n.º 381/93 (*AcTC*, 25.º vol., págs. 547 e segs., relator Cons. Bravo Serra. Esta decisão não julgou inconstitucional o n.º 2 do art. 1051.º do Código Civil, na redacção da Lei n.º 46/85, de 20 de Setembro, num caso de não caducidade de arrendamento feito pela usufrutuária); Acórdão n.º 200/94 (*AcTC*, 27.º vol., págs. 461 e segs., relator Cons. Bravo Serra; a decisão versou sobre a não inconstitucionalidade do art. 1102.º do Código Civil, na interpretação de que a expressão «por qualquer causa» nele contida, não engloba apenas os casos em que existe causa legítima e em que sejam ressalvados os direitos do sublocador, na caducidade do arrendamento); 299/95 (*AcTC*, 31.º vol., págs. 417 e segs., relator Cons. Monteiro Diniz; o acórdão julgou inconstitucional a norma do Assento de 3 de Julho de 1984 referente ao art. 1094.º do Código Civil sobre caducidade do direito do locador à resolução do contrato de arrendamento por violação do art. 20.º, n.º 1, da Constituição). Sobre a não inconstitucionalidade da alínea f) do art. 1038.º do Código Civil (desnecessidade de prévia autorização do senhorio em caso de cessão de exploração do estabelecimento comercial instalado no arrendado), vejam-se os Acórdãos n.º 289/99 e 77/2001, arestos relatados pelo Cons. Bravo Serra, publicado o primeiro no *BMJ*, 487, págs. 94 e segs., e o segundo no *DR*, II S, n.º 72, de 26 de Março de 2001. Mais recentemente, veja-se ainda o Acórdão n.º 540/2001 (DR, II Série, n.º 26, de 31-01-2002, relator Cons. Luís Nunes de Almeida – o Tribunal, por razões processuais, não tomou conhecimento do recurso).
No plano da fiscalização abstracta, refira-se o importante Acórdão n.º 359/91, relator Cons. Monteiro Diniz, que declarou a inconstitucionalidade, com força obrigatória geral, do Assento do Supremo Tribunal de Justiça na parte em que considerou que não pode haver a transmissão do direito ao arrendamento na união de facto a favor do companheiro não arrendatário, quando haja filhos menores, por violação do n.º 4 do art. 36.º da Constituição (publicado no *DR*, I S-A, n.º 237, de 15 de Outubro de 1991, in *AcTC*, 19.º vol., págs. 189 e segs., *B.M.J.*, 409, págs. 170 e segs., in *RLJ*, ano 124, págs. 318 e segs., com anotação de GOMES CANOTILHO). Ver ainda CARLOS LOPES DO REGO, "A transmissão do arrendamento nos casos de ruptura da união de facto (Problemas suscitados pela aplicação prática do Acórdão n.º 359/91 do Tribunal Constitucional)", in *RMP*, ano 13, n.º

16. Pode, pois, concluir-se no sentido de que, em 1992, ficou firmado um entendimento favorável e unânime sobre a legitimidade constitucional de restrições legislativas ao direito de propriedade do senhorio para garantir o direito à habitação do inquilino e de eventuais sucessores, ainda que se manifestem divergências sobre se o direito fundamental à habitação tem uma dupla natureza, avultando igualmente uma faceta negativa que postula a abstenção não só do Estado como de terceiros no exercício desse direito.

V. O TRIBUNAL CONSTITUCIONAL E O R.A.U.

17. A partir de 1993, vai o Tribunal Constitucional ocupar-se da constitucionalidade das normas do R.A.U. ou do seu diploma preambular[33].

Este ciclo inicia-se, porém, por dois acórdãos tirados em processos de fiscalização abstracta e que incidem precisamente sobre a lei de auto-

---

49, págs. 105 e segs. Note-se que a Lei n.º 135/99, de 28 de Agosto, estabeleceu medidas de protecção dos membros de uma união de facto que termine por morte de um dos membros ou ruptura de vida em comum, mandando neste último caso aplicar o disposto no art. 1793.º do Código Civil e n.º 2 do art. 84.º do R.A.U. (art. 4.º, n.º 4).

Na linha do Acórdão n.º 359/91, veja-se, na fiscalização concreta, o Acórdão n.º 1221/96, relator Cons. Tavares da Costa, in *AcTC*, 35.º vol., págs. 557 e segs., e *BMJ*, 462, págs. 140 e segs.

[33] Note-se que há diversas decisões em que foram apreciadas questões de inconstitucionalidade de normas de outras fontes de direito, algumas de natureza regional (é o caso dos Acórdãos n.ºs 154/88, 257/88, 139/90 e 141/90, publicados no *AcTC*, 31.º vol., págs. 1043 e segs., 12.º vol., págs. 707 e segs. e 16.º vol., págs. 199 e segs. e 221 e segs., respectivamente, que versaram sobre o Decreto Legislativo Regional n.º 3/85/A, de 10 de Abril, dos Açores, sobre o arrendamento de garagens, tendo sido julgadas inconstitucionais várias normas do mesmo por violação dos arts. 115.º, n.º 3, e 229.º, alínea a), da Constituição, na versão resultante da 1ª revisão constitucional; ou ainda dos Acórdãos n.ºs 245/89, 253/89, 133/90 e 246/90, in *AcTC*, 13.º vol., tomo II, págs. 787 e segs., o segundo inédito, o terceiro e quarto publicados no mesmo *AcTC*, 15.º vol., págs. 447 e segs. e 16.º, págs. 709 e segs., respectivamente, que versaram sobre vários diplomas dos Açores que estatuíam actualizações de rendas diversas das previstas nas leis gerais da República) ou outras de natureza nacional (Acórdãos nos 267/95 e 466/95, in *AcTC*, 31.º vol., págs. 305 e segs. e *B.M.J.* Supl. n.º 451, págs. 738 e segs., respectivamente, que não julgaram inconstitucionais normas do Decreto-Lei n.º 507-A/79, de 24 de Dezembro, sobre denúncia de contratos de arrendamentos de prédios do Estado); ou até sobre normas do Código Civil (Acórdão n.º 229/99, inédito, sobre a não inconstitucionalidade da norma da 2ª parte da alínea i) do n.º 1 do art. 1093.º, interpretada no sentido de que a falta de residência permanente não tem que se verificar pelo menos durante 1 ano; Acórdão n.º 648/99, inédito, sobre a não inconstitucionalidade do art. 1045.º).

rização legislativa que habilitou o Governo a aprovar o R.A.U. e sobre uma norma fiscal que previa um abatimento em sede de IRS das importâncias pagas a título de rendas pelos locatários, quanto a arrendamentos a que fosse aplicável o R.A.U.

A) *As duas decisões tiradas em fiscalização abstracta*

18. Começaremos pelo primeiro dos referidos acórdãos.

Este aresto incidiu sobre a própria lei de autorização legislativa que permitiu que o Governo editasse o R.A.U., e a controvérsia constitucional incidiu sobre a observância pelo legislador parlamentar da norma constitucional que impõe, a partir da redacção da 2ª revisão constitucional, que, nas autorizações legislativas, sejam definidos o objecto, o sentido, a extensão e a duração da autorização (art. 168.º, n.º 2). O pedido fora formulado por Deputados do Grupo Parlamentar do P.C.P. e deu ocasião ao Tribunal Constitucional de apreciar essa lei já depois de publicado o próprio R.A.U.

No *Acórdão n.º 311/93*[34], o plenário do Tribunal Constitucional dividiu-se relativamente a algumas normas da Lei n.º 42/90, de 10 de Agosto, não tendo, porém, a maioria dos juízes considerado que ocorrera qualquer inconstitucionalidade.

A divergência verificou-se relativamente às alíneas c) e n) do art.2.º da Lei e que têm a seguinte redacção:

> "As alterações a introduzir-se ao abrigo da presente autorização legislativa devem obedecer às seguintes directrizes:
>
> ....
>
> c) Preservação das regras socialmente úteis que tutelam a posição do arrendatário;
>
> ....
>
> n) Modificação do regime de transmissão por morte da posição do arrendatário habitacional, sem prejuízo dos interesses considerados legítimos."

---

[34] *AcTC*, 24.º vol., págs. 207 e segs., relator Cons. Messias Bento (publicado também no *B.M.J.*, 426, págs. 93 e segs.). Sobre a legitimidade constitucional dos contratos de arrendamento para vilegiatura, veja-se o Acórdão n.º 712/96, relator Cons. Ribeiro Mendes, que considerou tal questão "simples", raciocinando por maioria de razão relativamente à denúncia dos contratos sem prazo para habitação ou aos contratos a termo. Estava em causa a questão da constitucionalidade do art. 5.º, n.º 2, al. b), do R.A.U. O Acórdão n.º 712/96 está publicado in *AcTC*, 34.º vol., págs. 211 e segs.

Enquanto a minoria dos juízes sustentava que ambas as normas, ou, pelo menos, a segunda concediam um verdadeiro cheque em branco ao legislador governamental, a maioria considerou que – como se demonstrava pelo próprio R.A.U. – o parlamento dera uma indicação mínima sobre o sentido da lei.

Importa acentuar, porém, que a decisão é importante porque revela uma unanimidade de pontos de vista quanto a alguns pontos-chave da regulamentação dos arrendamentos vinculísticos, nomeadamente a legitimidade constitucional da renovação obrigatória dos contratos de arrendamento para habitação ou para exercício do comércio ou das profissões liberais – ainda que crie "entre inquilino e senhorio uma relação duradoira, vocacionalmente perpétua" – a legitimidade constitucional de um sistema legal imperativo sobre actualização de rendas, sobre a tipicidade das causas de extinção do contrato e sobre os condicionamentos ou mesmo impedimentos à denúncia pelo senhorio do vínculo contratual.

Mas, por outro lado, os juízes aceitaram unanimemente a possibilidade de celebração no futuro de contratos de arrendamento, nomeadamente para habitação, sujeitos a prazo certo, isto é, em que está excluída a renovação obrigatória dos mesmos, e reafirmaram o entendimento da legitimidade constitucional das restrições ao direito de propriedade privada para permitir o exercício pelo inquilino do seu direito à habitação:

"Mas, fundando-se o direito à habitação na dignidade da pessoa humana (ou seja, naquilo que a *pessoa realmente é*: um ser livre com direito a viver dignamente) existe, aí, um *mínimo* que o Estado *sempre* deve satisfazer. E para isso *pode*, até, se tal for necessário, *impor restrições* aos direitos do proprietário privado. Nesta medida, também o direito à habitação vincula os particulares, chamados a serem solidários com o seu semelhante (princípio da solidariedade social); vincula, designadamente, a *propriedade privada*, que tem uma *função social* a cumprir."

Segundo este entendimento, caberá ao poder de conformação do legislador parlamentar democraticamente eleito agravar ou desagravar a "hipoteca social" que onera a propriedade privada do senhorio, pois não é constitucionalmente imposta a regra da renovação obrigatória automática do contrato de arrendamento para habitação.

19. O segundo acórdão a que atrás se aludiu versou sobre a questão da inconstitucionalidade de uma norma fiscal que consagrava a possibilidade de abatimento ao rendimento líquido total para efeitos de tributação em IRS das importâncias pagas a título de renda pelo inquilino, quando referentes a contratos de arrendamento celebrados a coberto do R.A.U.

No seu pedido de fiscalização abstracta, o Provedor de Justiça suscitava a questão de saber se essa medida fiscal, reconhecida apenas para os contratos celebrados ao abrigo do R.A.U., não violava o princípio da igualdade e o próprio direito à habitação. No *Acórdão n.° 806/93*[35], entendeu-se, por maioria, que não havia uma discriminação arbitrária entre inquilinos, antes e depois do R.A.U., porque se verificava uma estreita ligação entre as alterações decorrentes deste diploma e a inovação consistente no benefício fiscal em causa e, por outro lado, se reconhecia expressamente que a maior desprotecção, ou mais assinalável oneração, da posição do arrendatário, decorrente quer da generalização do regime de renda livre para os novos arrendamentos quer da consagração dos contratos de duração limitada, encontrava precisamente uma compensação no aludido benefício fiscal. Aí se afirmou que "a concepção constitucional quanto à efectivação do direito à habitação é, assim, uma concepção «plural» ou «aberta» quanto aos meios, que tanto pode ser canalizada na promoção e regulação da oferta habitacional, como da sua procura. Ora, os incentivos fiscais em causa são, sem dúvida, instrumentos de intervenção no plano da procura, tendo em vista reequilibrar esta, em termos de aumentar a procura do arrendamento em face de procura de habitação por via de aquisição de casa própria, a qual se afirmou largamente nos últimos anos, conforme refere o preâmbulo do Decreto-Lei que aprovou o R.A.U."[36].

B) *As decisões que não julgaram inconstitucionais certas normas do R.A.U.*

20. Importa agora analisar a jurisprudência constitucional sobre aspectos específicos do R.A.U. ou do diploma legal que o aprovou.

Começaremos por uma decisão respeitante ao art. 47.°, n.° 1, do R.A.U.

No *Acórdão n.° 225/2000*[37], não foi julgada inconstitucional a norma que atribui direito de preferência ao arrendatário de um andar relativa-

---

[35] *AcTC*, 26.° vol., págs. 95 e segs., relator Cons. A. Vitorino (sobre este Acórdão, veja-se J.C. VIEIRA DE ANDRADE, *Os Direitos Fundamentais* cit., 2.ª ed., pág. 387, nota 45).

[36] Vejam-se, porém, os votos de vencidos dos Cons. Monteiro Diniz, Guilherme da Fonseca e Luís Nunes de Almeida que consideram o benefício fiscal violador do princípio da igualdade, por não existir fundamento material bastante para distinguir os arrendamentos em alguns dos regimes contratuais novos e os arrendamentos cujos contratos foram celebrados no âmbito da legislação pretérita, questionando-se a lógica de atribuição de benefícios fiscais do lado da procura e não da oferta de casas para arrendar.

[37] Publicado no *DR*, II S, n.° 252, de 31-10-2000, relator Cons. SOUSA E BRITO.

mente à alienação onerosa da totalidade do prédio urbano não constituído no regime de propriedade horizontal onde se acha esse andar. Recusando-se a entrar na controvérsia existente na doutrina portuguesa sobre a correcta interpretação da norma do n.º 1 do art. 47.º do R.A.U., o Tribunal Constitucional considerou que a norma, na interpretação acolhida no S.T.J., não violava qualquer norma ou princípio constitucional, nomeadamente a garantia do direito de propriedade privada. De facto, ao exercer a preferência, o arrendatário não põe em causa o poder de transmitir o bem, exercido pelo proprietário, mas apenas pode, dando um preço idêntico, substituir-se à pessoa do comprador. Assim, a "limitação à liberdade de escolha da outra parte do negócio, traduzida na consagração do direito de preferência, não constitui uma limitação arbitrária ou materialmente infundada".

21. A propósito do art. 64.º R.A.U. – que regula os casos de resolução pelo senhorio – o Tribunal Constitucional foi chamado a reafirmar a doutrina já acolhida em jurisprudência tirada sobre o art. 1093.º do Código Civil.

No *Acórdão n.º 575/95*[38], considerou-se que a solução de fazer cessar a protecção vinculística do arrendamento quando não estivesse em causa a residência permanente do inquilino era materialmente fundada, não tendo o senhorio que ficar onerado pela necessidade de provar que o inquilino tinha outra casa, sob pena de se entender que uma tal exigência seria desproporcionada, arbitrária e excessiva. A alínea i) do n.º 1 do art. 64.º – com a delimitação negativa do âmbito de aplicação constante do n.º 2 do mesmo preceito – não sofreria de inconstitucionalidade, por conter solução justificada por "um critério de justiça material e de equilíbrio entre as posições do locatário e do senhorio, tanto mais que o legislador, no n.º 2 da disposição, introduz importantes elementos de segurança e garantia do arrendatário"[39].

---

[38] In *AcTC*, 32.º vol., págs. 395 e segs., relator Cons. Sousa e Brito.
[39] Ver ainda os Acórdãos n.º 32/97 (*AcTC*, 36.º vol., págs. 203 e segs., relator Cons. Alves Correia), 24/2000 (*DR*, II S, n.º 71, de 24-3-2000, relator Cons. Tavares da Costa) e 322/2000 (*DR*, II S, n.º 258, de 8-11-2000, relator Cons. Messias Bento). Nos dois últimos analisou-se a legitimidade constitucional da al. c) do n.º 2 do art. 64.º RAU, tendo-se sempre concluído no sentido da não inconstitucionalidade da norma. Mais recentemente o Acórdão n.º 570/2001 (DR, II Série, n.º 29, de 4-2-2002, relator Cons. Paulo Mota Pinto) reafirmou a doutrina do Acórdão n.º 24/2000, considerando poder dizer-se "que, se, no quadro da cessação do contrato de arrendamento por falta de residência permanente, a situação dos deficientes ou dos idosos tivesse sido considerada relevante pelo legislador, este tê-la-ia salvaguardado legalmente, como o fez, designadamente, nos artigos 87.º, 103.º, n.º 2, e 107.º, n.º 1, alínea a)" do R.A.U. (estava em causa a ausência da inquilina, afectada de doença de Parkinson, tendo ficado no locado o filho maior e divorciado).

Num caso em que o inquilino tinha deixado de morar no locado, aí tendo passado a residir os pais dele, apesar de não viverem com este em economia comum, uma outra decisão do Tribunal Constitucional afirmou que, "se a circunstância de lá continuarem a viver os pais do arrendatário, tendo este deixado a casa definitivamente, fosse impeditiva do despejo, então a lei estava a sacrificar os direitos do senhorio nas aras do direito à habitação, não já do *inquilino*, mas de alguém que só lá podia viver enquanto este lá residisse". A não se decretar o despejo, estar-se-ia a considerar que integrava o núcleo de protecção constitucional do direito à habitação o direito de o arrendatário não habitar na casa arrendada (*Acórdão n.° 322/2000*, in *DR*, II S, n.° 258, de 8-11-2000).

No *Acórdão n.° 86/99*[40], o Tribunal Constitucional voltou a repetir o entendimento de que não sofria de inconstitucionalidade a alínea i) do n.° 1 do art. 64.° do R.A.U., conjugada com a alínea b) do n.° 2 do mesmo preceito. Estava em causa a situação de um diplomata de carreira ausente do país em comissão de serviço por período indeterminado. Aí se considerou que não havia violação do princípio de igualdade pela solução, sendo diversas as situações de comissão de serviço por tempo determinado e por tempo indeterminado; se, neste último caso, fosse atribuída protecção ao inquilino ausente, "estaria o legislador, no fundo, a permitir o desvirtuamento do fim social do arrendamento e a conferir protecção ao «direito de não habitar», o que não é de todo compaginável com os fundamentos e os fins que nortearam a consagração do «regime vinculístico do arrendamento»".

22. No que respeita à norma sobre a caducidade da acção de despejo constante do n.° 2 do art. 65.° do R.A.U., o *Acórdão n.° 486/97*[41] considerou que esta norma não violava qualquer princípio de confiança do inquilino, o qual não teria um direito adquirido a não ser accionado com fundamento na falta de residência permanente por força do Assento do

---

[40] *D.R.*, II S, n.° 151, de 1-7-1999, relator Cons. Artur Maurício (também publicado no *B.M.J.*, 484, págs. 82 e segs.); sobre a alínea c) do n.° 2 do art. 64.° do R.A.U., veja-se ainda o Acórdão n.° 952/96, inédito.

[41] *AcTC*, 37.° vol., págs. 447 e segs. (relator Cons. Messias Bento, com 2 declarações de voto). Neste Acórdão alude-se à circunstância de o Assento de 3 de Maio de 1984 (publicado no *DR*, I s, de 3-7-1984) ter sido julgado inconstitucional pelo Acórdão n.° 299/95, já atrás citado. No mesmo Acórdão considera-se que as normas da Lei n.° 24/89 comportam uma retroactividade inautêntica ou retrospectividade, não sofrendo de inconstitucionalidade. Criticando a solução legislativa de revogar esse assento com argumentos respeitantes à pretensa inconstitucionalidade da Lei n.° 24/89, de 1 de Agosto, mas sem referir o Acórdão n.° 299/95, veja-se PINTO FURTADO, *Ob. cit.*, págs. 847-848.

Supremo de 3 de Maio de 1984, quando a falta de residência remontasse a período anterior à Lei n.º 24/89, de 1 de Agosto, que revogou a doutrina desse assento. Aí se reafirmou o entendimento de que o legislador pode, de harmonia com a Constituição, impor restrições ao direito de propriedade do senhorio em nome da função social da propriedade, as quais "arrancam da necessidade que o Estado tem de garantir aos cidadãos um grau *mínimo* de realização do direito *a uma habitação condigna*, e, bem assim, do facto de ele, sozinho, sem essa colaboração dos particulares – a colaboração em que as restrições se traduzem – ser incapaz de garantir esse direito, mesmo num *grau mínimo* de realização".

23. Relativamente à norma do art. 71.º, n.º 2, do R.A.U. – a qual prevê que o senhorio que tiver diversos prédios arrendados só pode denunciar o contrato em relação àquele que, satisfazendo as necessidades de habitação própria e da família, esteja arrendado há menos tempo – o *Acórdão n.º 4/96*[42] considerou que não era constitucionalmente aceitável que o senhorio tivesse um direito de denúncia *ad nutum* e em todos os casos de arrendamento vinculístico por ele celebrado, sendo constitucionalmente legítima a solução legal que utiliza um critério objectivo e não arbitrário para determinar qual o arrendamento que deve ser denunciado.

24. O *Acórdão n.º 130/99*[43] julgou não inconstitucional o n.º 2 do art. 84.º do R.A.U. que prevê a decisão do tribunal, na falta de acordo dos cônjuges que obtiveram o divórcio ou a separação judicial de pessoas e bens, para destino de casa de morada de família objecto de arrendamento, considerando que é conforme à Constituição a consideração de vários factores, nomeadamente a culpa imputada ao arrendatário na separação ou divórcio. Foi considerado não haver aí violação dos princípios constitucionais da igualdade, proporcionalidade e informação (o réu optara por não contestar a acção de divórcio).

25. O *Acórdão n.º 327/97*[44] analisou a questão da alegada inconstitucionalidade do n.º 1 do art. 92.º do R.A.U., o qual manda aplicar aos contratos celebrados por força do exercício do direito a novo arrenda-

---

[42] *AcTC*, 33.º vol., págs. 109 e segs., relator Cons. Ribeiro Mendes (publicado também no *B.M.J.*, 413, págs. 67 e segs.).

[43] In *DR*, II S, n.º 155, de 6-7-1999, relator Cons. Sousa Brito

[44] *AcTC*, 36.º vol., págs. 845 e segs., relator Cons. Vítor Nunes de Almeida. Veja-se o voto de vencida da Consª. Assunção Esteves e a declaração de voto da Consª Fernanda Palma.

mento o regime de contratos de duração limitada, sendo o primeiro arrendamento sujeito ao regime de renda condicionada. A decisão não foi unânime, tendo-se apenas discutido a questão da eventual inconstitucionalidade orgânica de solução, por falta de credencial parlamentar. A maioria do Tribunal considerou que a alínea h) do art. 2.º da Lei n.º 42/90 havia autorizado o Governo a prever a liberdade de as partes estipularem, nos novos contratos, limites certos à duração efectiva dos mesmos, sendo constitucionalmente irrelevante a distinção feita pelo legislador governamental entre "contratos celebrados por força do exercício do direito a um novo arrendamento" (arts. 90.º e segs. do R.A.U.) e contratos de arrendamento "de duração limitada" (arts. 98.º e segs. do mesmo diploma).

26. No *Acórdão n.º 420/2000*[45], o Tribunal Constitucional considerou que a norma do n.º 1 do art. 107.º do R.A.U. não estava afectada de inconstitucionalidade. No caso concreto, uma pessoa residente no estrangeiro pretendeu denunciar o contrato de arrendamento de uma habitação, por ter necessidade dela, ao regressar a Portugal. Todavia, a acção foi julgada improcedente por o arrendatário ter mais de 65 anos de idade. Os senhorios interpuseram o recurso de constitucionalidade, sustentando que havia uma discriminação inconstitucional favorável ao inquilino, uma vez que o senhorio também já tinha mais de 65 anos de idade e invocando a seu favor a posição do Conselheiro PINTO FURTADO que via em tal situação uma violação do princípio da igualdade[46]. Esta argumentação não colheu eco, considerando-se que a circunstância de ser mais penosa a mudança de vida de quem já está instalado no arrendado justificava "que o legislador – colocado perante um conflito de direitos: de um lado, o direito à habitação do senhorio, e do outro, o direito à habitação do inquilino, pretendendo ambos concretizar-se sobre o mesmo imóvel – resolva esse conflito a favor do inquilino, pois que ele se apresenta em situação mais carecida do amparo da lei".

---

[45] *DR*, II S, n.º 270, de 22-11-2000, relator Cons. Messias Bento, com voto de vencida da Cons.ª Maria dos Prazeres Beleza. No *Acórdão n.º 543/2001* (*DR*, II Série, n.º 26, de 31-01-2002, relator Cons. Artur Maurício), considerou-se que não violava a Constituição a norma do n.º 1 do art. 107.º do R.A.U interpretada no sentido de que a idade limite se devia verificar, quanto ao inquilino, no momento do termo do contrato e não no momento aleatório do despejo. Também o *Acórdão* n.º 202/2002 (*DR*, II Série, n.º 131, de 7-06-2002, relator Cons.º Paulo Mota Pinto) não julgou inconstitucional a alínea a) do n.º 1 deste art. 107.º "no segmento em que apenas prevê como limite ao direito de denúncia para habitação própria a situação de reforma do arrendatário por invalidez absoluta, e não por invalidez relativa". Ver a declaração de voto da Cons.ª Maria Fernanda Palma.

[46] Cfr. deste autor *Manual do Arrendamento Urbano*, Coimbra, Almedina, 2ª ed., revista e actualizada, 1999, pág. 911.

Neste aresto, invoca-se a opinião no mesmo sentido do Cons. ARAGÃO SEIA. O *Acórdão n.º 402/201*, inédito, julgou no sentido da não inconstitucionalidade da excepção constante do art. 108.º do RAU, sustentando que a mesma não viola o princípio da igualdade e o direito constitucional à habitação.

27. No *Acórdão n.º 421/99*[47], não foi julgado inconstitucional o art. 117.º do R.A.U. (hoje art. 121.º do mesmo diploma), interpretado no sentido de, por remissão para o art. 116.º do *Regime*, consagrar nos arrendamentos para o exercício de profissões liberais um direito de preferência do senhorio apenas em caso de trespasse do estabelecimento, mas não já de cessão da totalidade ou de parte do direito ao arrendamento. O Tribunal negou que houvesse inconstitucionalidade orgânica, por entender que a ampliação do instituto do trespasse relativamente à transmissão de instalações ou estabelecimento para o exercício de profissão liberal tinha cobertura na alínea h) do art. 2.º da lei de autorização legislativa do R.A.U. E, no domínio da alegada violação material da Constituição, sustentou que não havia violação do direito fundamental de propriedade privada ou do princípio da igualdade[48].

28. Não já em relação ao R.A.U., mas quanto ao Decreto-Lei n.º 321-B/90, de 15 de Outubro, que aprovou aquele Regime, o Tribunal Constitucional pronunciou-se no sentido da não inconstitucionalidade da norma do n.º 2 do art. 5.º desse decreto-lei que revogou o n.º 2 do art. 1051.º do Código Civil. Assim, no *Acórdão n.º 658/98*[49], considerou-se que a revogação da norma que determinava a não caducidade do contrato de arren-

---

[47] *DR*, II S, n.º 284, de 7-12-1999, relator Cons. Paulo Mota Pinto.

[48] Sobre a não inconstitucionalidade da solução legal de susceptibilidade de livre denúncia dos arrendamentos para vilegiatura (art. 1083.º, n.º 2, b), do Código Civil e 5.º, n.º 2, alínea b), do RAU), veja-se o Acórdão n.º 712/96 (*AcTC*, 34.º vol., págs. 211 e segs., relator Cons. Ribeiro Mendes).

[49] *AcTC*, 41.º vol., págs. 439 e segs., com voto conjunto de vencidas das Conselheiras Helena de Brito e Maria Fernanda Palma. No mesmo sentido, Acórdão n.º 60/99 (*DR, II série, n.º 75, 30-3-1999, relator Cons. Sousa e Brito, com voto de vencido do Cons. Luís Nunes de Almeida*). Sobre a não inconstitucionalidade do preceito da lei preambular do R.A.U. que revogou o Decreto-Lei n.º 293/77, de 20 de Julho (art. 3.º, n.º 1, alínea c) do Decreto-Lei n.º 321-B/90, de 15 de Outubro), mantendo o regime de diferimento da desocupação apenas para as acções de despejo e não, por exemplo, para a restituição da posse do prédio habitado, veja-se o Acórdão n.º 465/2001 (*DR*, II Série, n.º 297, de 26-12-2001, relator Cons. Paulo Mota Pinto, com declaração de voto do Cons. Guilherme da Fonseca). Ver ainda o Acórdão n.º 304/2001 (*DR*, II Série, n.º 260, de 9-11-2001, relator Cons. Vítor Nunes de Almeida) sobre a não inconstitucionalidade do art. 5.º, n.º 2, alínea *e*), do R.A.U. (aplicação imediata da lei nova a contratos de arrendamento de espaços não habitáveis para parqueamento de veículos).

damento urbano quando findassem os poderes de administração com base nos quais fora celebrado o contrato, desde que o inquilino notificasse em certo prazo o senhorio de que pretendia manter a posição contratual, não violava a Constituição, tanto mais que o inquilino continuava a ser tutelado pela norma do art. 66.°, n.° 2, do R.A.U., o qual lhe confere direito a um novo arrendamento, nos termos dos arts. 90.° e seguintes do diploma. Não haveria inconstitucionalidade orgânica na inovação, na linha do decidido pelo já citado Acórdão n.° 311/93. Tão-pouco se verificava inconstitucionalidade material, tendo-se mesmo atenuado a anterior contrariedade ao princípio basilar de que ninguém pode onerar o que não é seu ou transmitir mais direitos do que aqueles de que é titular.

C) *As decisões que julgaram organicamente inconstitucionais certas normas respeitantes ao Arrendamento Urbano*

29. Começaremos pelo art. 1.° do Decreto-Lei n.° 278/93, de 10 de Agosto, na parte em que revogou o n.° 3 do art. 89.° do R.A.U. Na redacção primitiva, esse n.° 3 estabelecia que, em caso de transmissão por morte do direito ao arrendamento, a omissão da comunicação pelo transmissário ao senhorio do óbito e dos documentos comprovativos dos direitos do transmissário não prejudicava a própria transmissão, embora obrigasse o transmissário faltoso a indemnizar o senhorio por todos os danos derivados da omissão. Na primeira alteração ao R.A.U. introduzida pelo Decreto-Lei n.° 278/93, este n.° 3 foi revogado. O *Acórdão n.° 1019/96*[50] julgou inconstitucional a norma revogatória por não ter credencial parlamentar, sendo certo que desde o Acórdão n.° 77/78 se sustentava que a reserva da alínea h) do n.° 1 do art. 168.° da Constituição (versão de 1982) não se limitava "à definição dos «princípios», «directivas» ou *standards* fundamentais em matéria de arrendamento, mas devia descer ao nível das próprias normas integradoras do regime deste contrato e modeladoras do seu perfil". Esta decisão foi tomada por unanimidade e veio a ser seguida por ambas as secções do Tribunal[51]. Através do *Acórdão n.° 410/97*[52], o plenário do Tri-

---

[50] *AcTC*, 35.° vol., págs. 215 e segs., relator Cons. Sousa e Brito. Critica a jurisprudência do Tribunal Constitucional PINTO FURTADO, *ob. cit.*, págs. 685-686. Em sentido oposto, M. JANUÁRIO COSTA GOMES, *ob. cit.*, págs. 185 e segs.

[51] Vejam-se ainda os Acórdãos n.°s 1080/96 (*AcTC*, 35.° vol., págs. 265 e segs., relator Cons. Monteiro Diniz), 11/97, 54/97, 112/97 e 124797, estes últimos inéditos.

[52] *DR*, I S-A, n.° 155, de 8-7-1997, e *AcTC*, 37.° vol., págs. 47 e segs., relator Cons. Tavares da Costa.

bunal Constitucional "generalizou" esses julgamentos, declarando a inconstitucionalidade, com força obrigatória geral, da norma revogatória, o que implicou a repristinação do n.º 3 do art. 89.º, e a ineficácia parcial do art. 89.º-D[53].

30. Já sem unanimidade, o Tribunal Constitucional veio declarar a inconstitucionalidade, com força obrigatória geral, da parte final da alínea a) do n.º 1 do art. 69.º do R.A.U., precisamente por violação da alínea h) do n.º 1 do art. 168.º da Constituição, versão anterior à quarta revisão constitucional. Essa declaração da inconstitucionalidade generalizou vários julgamentos no sentido da inconstitucionalidade proferidos pelas secções. A primeira decisão nesse sentido foi a do *Acórdão n.º 127/98*[54]. Com efeito, considerou-se, por maioria, que a previsão da faculdade de denúncia do contrato de arrendamento para um seu descendente em primeiro grau ocupar o arrendado tinha carácter inovatório, sem cobertura nas directrizes demasiado genéricas da Lei n.º 42/90 e sem que existissem contradições ou lacunas que pudessem ser integradas pelo legislador governamental. A declaração de inconstitucionalidade consta do *Acórdão n.º 55/99*[55].

O Decreto-Lei n.º 329-B/2000, de 22 de Dezembro, veio repor a redacção da norma tal como constava da primitiva redacção do R.A.U., depois de haver autorização legislativa do Parlamento para o efeito (cfr. art. 2.º, alínea m), da Lei n.º 16/2000, de 8 de Agosto).

---

[53] Cfr., JORGE ARAGÃO SEIA, *Arrendamento Urbano*, Coimbra, Almedina, 6ª ed., revista e actualizada, 2002, págs. 572 e segs., *maxime* 573.

[54] *AcTC*, 39.º vol., págs. 183 e segs., relator Cons. Ribeiro Mendes, com votos de vencido dos Conselheiros Vítor Nunes de Almeida e Cardoso da Costa (também publicado no *B.M.J.*, 475, págs. 119 e segs.). A este acórdão seguiram-se os n.ºs. 436/98 (*AcTC*, 40.º vol., págs. 431 e segs., relatora Consª Helena de Brito) e 427/98. Vejam-se as críticas a esta decisão formuladas por PINTO FURTADO, *Manual cit.*, págs. 868-870, autor que sustenta que o Tribunal teria exagerado ao "chamar *inovação* a esta *mera ampliação de uma faculdade anterior* do *senhorio*", tecendo considerações sobre a falta de sensibilidade do Tribunal Constitucional face ao "nosso vinculismo serôdio, tosco e clamorosamente atentatório do direito de propriedade", as quais partem de algum desconhecimento da jurisprudência do mesmo Tribunal. Igualmente crítico, ARAGÃO SEIA, *ob cit.*, págs. 437 e segs. Em sentido oposto, cfr. M. JANUÁRIO COSTA GOMES, *ob. cit.*, pág. 306, e A. SEQUEIRA RIBEIRO, *Sobre a Denúncia no Contrato de Arrendamento Urbano para Habitação*, Lisboa, Lex, 1996, págs. 82-84.

[55] *DR*, I S-A, n.º 42, de 19-2-1999, relator Cons. Guilherme da Fonseca, com votos de vencido de V. Nunes de Almeida, P. Mota Pinto, Bravo Serra, Messias Bento e Cardoso da Costa.

31. Situação semelhante à agora descrita ocorreu quanto à alínea b) do n.º 2 do art. 107.º do R.A.U. Enquanto que, no domínio da Lei n.º 55/99, impedia a denúncia pelo senhorio a circunstância de o arrendatário se manter no local arrendado há 20 ou mais anos, o R.A.U. ampliou esse prazo para 30 anos. Suscitou-se, assim, a dúvida sobre se o legislador governamental podia ampliar esse prazo sem ter norma claramente habilitante na Lei n.º 42/90. Através do *Acórdão n.º 259/98*[56], a 1ª Secção julgou materialmente inconstitucional essa norma, na parte em que ampliava o dito prazo, considerando que a norma em causa, no caso concreto, não podia ser "redimensionada" com uma interpretação que lhe imprimisse um sentido de abrangência dos casos em que o arrendatário já preenchera, no domínio da lei antiga, todos os pressupostos que conduziam à eliminação da competência de denúncia do senhorio. Todavia, no *Acórdão n.º 97/2000*[57] veio a ser declarada a inconstitucionalidade, com força obrigatória geral, da referida norma, exclusivamente com fundamento na violação da norma de repartição de competências, na sequência de três acórdãos nesse sentido[58-59]. O Decreto-Lei n.º 329-B/2000 atrás citado veio dar nova redacção à alínea b), na linha de jurisprudência constitucional: "Manter-se o arrendatário no local arrendado há 30 ou mais anos, nessa qualidade, ou por um período de tempo mais curto previsto em lei anterior e decorrido na vigência desta" (cfr. art. 2.º, alínea o), da citada Lei n.º 16/2000).

32. Também o *Acórdão n.º 391/99*[60] julgou organicamente inconsti-

---

[56] *AcTC*, 39.º vol., págs. 511 e segs., relator Cons.ª Assunção Esteves, com voto de vencido do Cons. Cardoso da Costa (também publicado no *B.M.J.*, 475, págs. 119 e seguintes). Vejam-se as críticas de PINTO FURTADO a esta decisão, *ob. cit.*, págs. 922-924.

[57] *DR*, I S-A, n.º 65, de 17 de Março de 2000, relator Guilherme da Fonseca, com votos de vencido dos Conselheiros Vítor Nunes de Almeida, Paulo Mota Pinto, Bravo Serra, Messias Bento e Cardoso da Costa.

[58] Acórdãos n.ºs 70/99, relatora Cons.ª Maria Fernanda Palma, publicado no *B.M.J.*, 484, págs. 61 e segs., 266/99, publicado in *DR*, II S, n.º 182, de 6-8-1999, relator Cons.ª Maria Fernanda Palma, e 273/99, *DR*, II S, n.º 246, de 21-10-1999, relator Cons.ª Maria dos Prazeres Beleza (neste último foi também julgado organicamente inconstitucional o art. 3.º, n.º 1, alínea e), do Decreto-Lei n.º 321-B/90, na parte em que revogou a alínea b) do n.º 1 do art. 2.º da Lei n.º 55/79)..

[59] Chama-se a atenção para o Acórdão n.º 405/2000 (*DR*, I S-A, n.º 280, de 5-12-2000, relator Cons. Vítor Nunes de Almeida), que não julgou inconstitucional o requisito da *necessidade* de habitação por parte do senhorio para a denúncia nos termos do art. 69.º, n.º 1, al. a) do R.A.U.

[60] Publicado no *DR*, II Série, n.º 260, de 8-11-1999, relatora Cons.ª Maria dos Prazeres Beleza, com votos de vencido dos Cons. Messias Bento e Bravo Serra.

tucional a norma constante da alínea e) do n.º 1 do art. 3.º do Dec-Lei n.º 321-B/90, de 15 de Outubro, na parte em que revogou o art. 1.º da Lei n.º 55/79, de 15 de Setembro, mais precisamente na parte em que estabelecia que o senhorio não podia denunciar, para sua habitação, o arrendamento da fracção autónoma, quando o regime de propriedade horizontal tivesse sido constituído após a data do arrendamento, salvo tendo adquirido o andar por sucessão. Esse julgamento de inconstitucionalidade baseou-se na violação do disposto na alínea h) do art. 168.º, n.º 1, da Constituição (versão de 1989), tendo a maioria do Tribunal considerado a jurisprudência firmada a propósito dos arts. 69.º, n.º 1, alínea a), 2ª parte, e 107.º, n.º 1, alínea b), ambos do R.A.U.[61].

VI. CONCLUSÃO

33. A análise a que se procedeu anteriormente mostra que o Tribunal Constitucional se tem mantido firme no seu entendimento de que o grau de "vinculismo" em matéria de arrendamento depende, no essencial, de um juízo de conformação política do legislador parlamentar democraticamente eleito, uma vez que a Constituição – em especial o art. 65.º, n.º 3, e o art. 67.º – autorizam a consagração de soluções que excluem o princípio da autonomia da vontade em matéria de arrendamento urbano, pois se trata *"de um domínio onde a hipoteca social que recai sobre a propriedade é, talvez, mais forte"* (*Acórdão n.º 151/92*).

De facto, por se fundar o direito à habitação "na dignidade da pessoa humana", há-de entender-se que, nessa matéria, "existe, aí, um mínimo que o Estado sempre deve satisfazer" (*Acórdão n.º 311/93*). As restrições legislativas ao direito de propriedade privada vinculam por inteiro todos os particulares que dêem as casas em arrendamento, sendo os respectivos proprietários "chamados a serem solidários com o seu semelhante" (princípio da solidariedade social) (*Acórdão n.º 311/93*).

---

[61] O art. 36.º, n.º 1, do R.A.U. veio também a ser declarado inconstitucional, com força obrigatória geral, pelo Acórdão n.º 114/98, relator Cons. Ribeiro Mendes, in *AcTC*, 39.º vol., págs. 71 e segs. (também publicado no *BMJ*, 474, págs. 24 e segs). Trata-se de norma sobre uma comissão arbitral para actualização de rendas, considerando-se que não havia autorização legislativa para o efeito. Esta declaração de inconstitucionalidade foi precedido de outros acórdãos como os n.ºs 33/96 (relator Cons. Vitor Nunes de Almeida, *AcTC*, 33.º vol., págs. 147 e segs.) e 363/97 (relator Consª. Maria Fernanda Palma, inédito).

Mas se é lícito ao legislador democrático impor tais restrições aos proprietários privados, não é – no entendimento do Tribunal – obrigatório para ele que o faça. Como se disse no *Acórdão n.° 806/93*, "a concepção constitucional quanto à efectivação do direito à habitação é, assim, uma concepção «plural» ou «aberta» quanto aos meios, que tanto pode ser canalizada na promoção e regulação da oferta habitacional, como da sua procura".

Deve notar-se, por isso, que, por unanimidade, o colectivo dos Juízes do Palácio Ratton aceitou a solução do R.A.U. de prever a possibilidade de celebração de contratos de arrendamento urbano sujeitos a termo, a par da manutenção do modelo de renovação obrigatória (vinculística), tradicional em Portugal desde os anos vinte do passado século.

Não tem colhido, por isso, aceitação a tese propugnada pelo Conselheiro PINTO FURTADO de que a jurisdição constitucional portuguesa deveria dar passos decididos no sentido da "desfeudalização"[62] do instituto do arrendamento, à semelhança do que aconteceu com o Tribunal Constitucional italiano. Simplesmente, a Constituição italiana não prevê o direito à habitação com o desenho que resulta do art. 65.° da Constituição portuguesa (cfr. art. 47.°), nem tão-pouco contém qualquer norma sobre o estabelecimento de um "sistema de renda compatível com o rendimento familiar" (n.° 3 do mesmo artigo) e, mesmo assim, a recente jurisprudência constitucional fala de um direito fundamental à habitação. Não se vê, pois, em que se baseia o mesmo jurista português quando afirma que, na ordem jurídica portuguesa, "parece forçoso entender-se que o vínculo assim institucionalizado e eternizado será claramente *inconstitucional*"[63], sendo certo que o mesmo não cita a indicada jurisprudência portuguesa com o entendimento referido.

Nem mesmo a desigualdade da repartição de "encargos" entre os senhorios de pretérito e os senhorios que, a partir do R.A.U., celebrem contratos de arrendamento a termo certo, parece levar a uma solução de inconstitucionalidade, atendendo a que o princípio da igualdade só funciona em termos sincrónicos e não diacrónicos, sendo certo que os senhorios, no domínio do R.A.U., podem igualmente celebrar contratos de arrendamento com renovação obrigatória, nos termos do art. 68.°, n.° 2 desse diploma[64].

---

[62] *Ob. cit.*, pág. 199.

[63] *Ob. cit.*, pág. 199.

[64] Deve notar-se que, no que toca aos arrendamentos para o exercício de comércio ou de profissão liberal, é menos nítido o fundamento constitucional para uma prorrogação forçada e indefinida dos contratos (cfr. PINTO FURTADO, *ob. cit*, pág. 200; PEREIRA COELHO, *ob. cit.*, págs. 70 e segs.).

Parece claro que os sucessivos legisladores têm tido manifesta dificuldade em cortar com uma tradição arreigada de vinculismo que remonta à 1ª Guerra Mundial e que foi consolidada pelo Estado Novo. Compreende-se, por isso, o gradualismo no acolhimento das soluções de actualização das rendas antigas manifestado pela Lei n.º 46/85 e o prudente acolhimento dos contratos a prazo para o futuro, admitidos mais timidamente nesta lei e com maior amplitude no R.A.U. A recente alteração do R.A.U. em Dezembro de 2000 visou, em grande medida, ultrapassar decisões de inconstitucionalidade orgânica respeitante a soluções deste diploma mais gravosas para os inquilinos[65].

Em conclusão, a pretendida "desfeudalização" do regime do arrendamento urbano só se fará por opções claras do legislador parlamentar, o qual terá de agir sem a "muleta" da jurisdição constitucional. Neste contexto, não pode deixar de pôr-se em relevo a manifesta tibieza do legislador ordinário relativamente à persistência do vinculismo no domínio do arrendamento para comércio e para profissões liberais. É que, neste domínio, dificilmente se pode encontrar no art. 65.º da Constituição qualquer credencial constitucional para restringir o direito de propriedade privada[66].

---

[65] Recorda-se que apenas a declaração de inconstitucionalidade da norma que, em 1993, suprimiu o n.º 3 do art. 89.º do R.A.U. por violação do art. 168.º, n.º 1, al. h) da Constituição (versão de 1989) – inconstitucionalidade orgânica – não foi afastada para o futuro pelo Decreto-Lei n.º 329-B/2000, de 22 de Dezembro. Tão-pouco se superou a questão que esteve na origem do Acórdão n.º 321/99 citado.

[66] Remete-se para o já citado Acórdão n.º 50/88 (cfr. supra nota n.º 26), onde se debateu a problemática dos arrendamentos para fins não habitacionais, embora para instituições privadas de solidariedade social. Ver também sobre a mesma norma o recente Acórdão n.º 309/2001, atrás citado (nota n.º 60).

EVOLUÇÃO E ESTADO DO VINCULISMO NO ARRENDAMENTO URBANO*

J. Pinto Furtado**

1. O tema que devo versar, neste momento, da *evolução e estado do vinculismo no arrendamento urbano*, leva-me a esboçar – só a esboçar, atenta a vastidão potencial do tema e as limitações de tempo que me constrangem – um panorama do vinculismo arrendatício, em traços necessariamente muito largos, e compreendendo apenas o direito comparado estritamente mais próximo de nós pela cultura e pela influência na produção legislativa.

Numa primeira impressão, supor-se-á que semelhante análise não terá mais do que um mero interesse descritivo, periférico e simplesmente académico.

Na verdade, ocorre muito mais do que isso, e é imperioso que este estudo se faça, e que ele se generalize à nossa doutrina, jurisprudência e legislação, porque, no campo do *direito de arrendamento urbano*, o nosso atraso, ainda que custe e pareça insolente dizê-lo, é realmente muito grande, e enorme e extremamente condenável é ainda o alheamento que a seu respeito a cada passo revelamos em relação àquilo que se pratica no espaço que nos circunda, enquanto em outros domínios, em contrapartida, saibamos copiar e adaptar com êxito e assinalável elevação.

Pede-se-me que dê uma breve e sintomática ilustração preliminar desse atraso?

Pois bem. Atente-se, entre tantíssimos outros aspectos, nestas duas fundamentais *rationes decidendum* frequentemente aplicadas pela nossa jurisprudência constitucional, ante uma indiferença quase geral:

---

* Estudo fundado no guião da Conferência proferida na Faculdade de Direito de Lisboa, em 28 de Março de 2001, no âmbito do *Curso de Arrendamento Urbano*.
** Professor Catedrático Convidado da Universidade Lusíada de Lisboa.

- a regra do não retorno da legislação vinculística;
- a hipoteca social da propriedade[1].

Detenhamo-nos por um momento na sua reflexão. Não será imediatamente apreensível a inanidade destes princípios, nos termos em que são invocados e levados à prática arrendatícia?

Pela nossa parte, permita-se-nos que afirmemos de imediato e sem ambages que a *regra do não retorno* representa, por um lado, uma revivescência do *constitucionalismo revolucionário* – hoje superado – que proclamava serem as nacionalizações realizadas depois de 25 de Abril de 1974 "conquistas irreversíveis das classes trabalhadoras".

Fundar uma decisão judicial ou um entendimento doutrinal na afirmação de que, *em matéria de arrendamento para habitação, não se pode voltar atrás em relação àqueles que já foram contemplados pelo regime de tutela do sistema anterior*, é construir a solução sobre um *apriorismo*; é abraçar um *autoritarismo injusto*; revela, em suma, um *isolacionismo* lamentável.

É um *apriorismo* porque não assenta em nenhum princípio universalmente reconhecido, nem se documenta com um eventual entendimento doutrinal da literatura jurídica estrangeira. Pior do que isso, é um apriorismo *falso* – pois a própria evolução do direito positivo nacional, apesar das suas notórias limitações, ao pôr termo ao *bloqueio absoluto* e ao *afrouxar vários vínculos* que perduravam há longos anos, constitui o seu mais categórico desmentido.

É ainda um princípio *autoritário* e *injusto*, porque impõe uma regra que, sem atender à justiça do concreto e com base em meras *categorias abstractas* (*senhorio*, dum lado, que, em pura ficção, considera *rico*, e *arrendatário*, por outro lado, que, por homóloga ficção, tem como *pobre e carecido*), sacrifica cegamente o interesse duma das partes em detrimento da outra.

---

[1] Já o Ac. do Tribunal Constitucional n.º 311/93, de 28 de Abril de 1993, apelava à *função social da propriedade* para justificar as "restrições à propriedade privada" do vinculismo – decisão que JANUÁRIO GOMES considerou *importante* (*Arrendamento para habitação*, Almedina, 1996, 2ª ed., p. 14). Na nossa perspectiva, há realmente aspectos positivos no aresto – mas a *função social da propriedade* não pode, evidentemente, ser o mero *chavão* a que, sem mais, recorreram os julgadores, como se os *senhorios* fossem os únicos proprietários do País, nem justificar, só por si, o *vinculismo*, sem que simultaneamente se equacionem e se apurem os efectivos valores e referências que com ele se pretenda onerar a propriedade arrendatícia.

Revela, por último, condenável alheamento dos dados comparatistas porque, como logo se vê, não se faz acompanhar duma citação adequada, nem se escuda nos ensinamentos que a legislação, doutrina e jurisprudência doutros Estados mais evoluídos constituem.

O apelo à ideia de *hipoteca social da propriedade*[2], por seu turno, como adiante o ilustraremos, é – quem há aí que tenha a coragem de admitir o contrário? – uma falácia que (com base numa *categoria abstracta*, como só ocorre na nossa legislação), transfere para os mais modestos proprietários de imóveis o fardo da protecção social que incumbe exclusivamente ao Estado Providência.

Para cúmulo, tão descabido apelo é logo desprezado por aquelas doutrina e jurisprudência nacionais, que – uma vez mais ao arrepio da sensibilidade estrangeira mais evoluída – fazem tábua rasa da *hipoteca social da propriedade* quando está em causa um *arrendamento das grandes superfícies comerciais*, em que surgem como *senhorios* os *grupos económicos* e as *multinacionais*.

Cremos que é quanto basta referir, para se ter ideia do relevante interesse prático que terá o nosso tema.

2. Em tempos menos recentes, o *arrendamento* constituía-se normalmente por um contrato, que tradicionalmente beneficiava, com a maior amplitude, como outros contratos em geral, do *princípio da autonomia da vontade*.

Com base neste princípio, as partes eram livres de o celebrarem ou não celebrarem; de estabelecerem o seu programa, preenchendo-lhe o con-

---

[2] É um apelo demagógico, mas recorrente, do Tribunal Constitucional, em matéria de *arrendamento urbano*. Mais recentemente, surgiu ele no Ac. n.º 420/2000, de 11 de Outubro de 2000, que, entre outros aspectos extremamente infelizes, acabou por violar clamorosamente o *princípio da igualdade*, ao pretender, em aberta contradição com as soluções do direito comparado, ser *inconstitucional* que a senhoria, de 71 anos de idade, denuncie o contrato de *arrendamento habitacional*, por *necessidade de habitação própria*, perante um inquilino com apenas 65 anos, porque, com isso – imagine-se – iria forçar o arrendatário "a mudar os hábitos de rotina de vida, que foi criando pelo facto de viver muitos anos no mesmo sítio, e, bem assim, a afastar-se dos amigos que aí fez".

Analisei circunstanciadamente esta decisão, no âmbito da Conferência de 28 de Março de 2001, que referi no rodapé introdutório do presente estudo, mas publiquei depois essa análise no *Manual do Arrendamento Urbano*, 2001, 3ª ed., pp. 948-956.

Pela sua extensão, prescindo de a reproduzir aqui, remetendo o interessado no aprofundamento do tema para o citado passo do meu *Manual*.

teúdo como bem lhes parecesse; de o combinarem com outros tipos ou variantes negociais, compondo modelos próprios, e, em suma, de escolherem a pessoa com quem quisessem contratar.

Sendo *temporário* por natureza, cessava findo o prazo estabelecido, só podendo renovar-se quando ambas as partes nisso concordassem. Não havia, por conseguinte, *bloqueio* da renda primitiva – que, por outro lado, era contratada livremente e sem subordinação a qualquer *tabelamento* legal.

No Código Civil de SEABRA, estes princípios encontravam ainda plena consagração (Arts. 1614, 1616, 1618, 1624).

Com o desenrolar da I Grande Guerra, porém, nos países envolvidos no conflito ou por ele afectados, estabeleceram-se circunstâncias que os vieram pôr em crise.

De começo, foi imperioso assegurar aos mobilizados e suas famílias a conservação da casa de habitação e a estabilidade da renda respectiva. Depois, as devastações da guerra reduziram os parques habitacionais, e a inflação veio afectar a estabilidade das rendas, atingindo a vida das pessoas em domínio reputado essencial.

Providências protectoras dos *arrendatários*, restringindo severamente a *liberdade contratual* tiveram, assim, de generalizar-se a todos os arrendamentos de *prédios urbanos* – não apenas aos destinados à *habitação* – e não só nos Estados beligerantes mas também em outros países influenciados pelo mesmo condicionalismo.

A primeira e mais importante das restrições foi a imposição de automática *prorrogação legal* dos contratos de arrendamento, findo o prazo que tinha sido convencionado pelas partes.

Com ela, estabeleceu-se no entanto, complementarmente, o *bloqueio* da renda primitivamente fixada, que assim deixou de acompanhar a desvalorização da moeda, sem prejuízo de eventuais ajustamentos, sempre controlados pelo Estado – e cercou-se, por fim, o conteúdo dos contratos de uma teia de *normas injuntivas* protectoras do *locatário*.

Como estas providências legislativas foram essencialmente limitativas da *liberdade contratual*, substituindo-a em boa parte por *ius cogens* e impondo restrições, ou *vínculos,* à *autonomia da vontade privada*, vieram os arrendamentos afectados por semelhante legislação a receber modernamente, na doutrina, a designação de *arrendamentos vinculísticos*[3].

---

[3] Sobre o tema: TABET, *Locazioni vincolistiche (Novis. Dig. Italiano,* 1963, IX, pp. 1045 ss.); F. LAZZARO–R. PRENDEN–M. VARRONE, *Le locazioni in regime vincolistico,* 1978, 2ª edição.

Marcados pelas apontadas circunstâncias, os *vínculos* foram decretados como puras *exigências da conjuntura*, e expressamente taxados de *transitórios*, inserindo-se numa legislação que, pelo seu caracter excepcional, um autor italiano veio a qualificar de *assintáctica*[4], e de que podemos assinalar, como pontos de referência principais, as matrizes seguintes:

a) prorrogação legal, automática, do contrato, sempre que pelo arrendatário não seja afastada;
b) bloqueio da renda e controlo do seu aumento dentro de condicionantes definidas pelo Estado;
c) carácter de interesse público do regime jurídico do contrato;
d) afirmação da sua natureza excepcional e transitória.

3. Apesar de *transitória*, a legislação *vinculística* foi perdurando na Europa, até que eclodiu a II Guerra Mundial – e assim se formou, de novo, o circunstancialismo que é o seu *caldo de cultura*: população mobilizada para as frentes de batalha, devastação do parque imobiliário, inflação.

Logrou, deste modo, novo alento – mas, depois, a situação foi voltando lentamente à normalidade e, com isso, está ultimamente a assistir-se não só à colocação em causa do seu fundamento actual e eficácia, pela doutrina mais recente e pelos próprios tribunais constitucionais, como ainda à promulgação de novas leis, de nítido pendor para o afrouxamento dos *vínculos* e ensaiando um retorno progressivo e cauteloso a certo liberalismo arrendatício.

4. Traçadas as grandes linhas do vinculismo, passemos a uma breve nota da evolução que se tem experimentado nos Estados mais evoluídos.

Por limitações do nosso tempo, circunscrevê-la-emos aos três Países que, pela semelhança do quadro social e pelas opções adoptadas, mais interesse poderão ter para nós: a Espanha, que até ao nosso Código Civil de 1966, inclusive, influenciou fortemente o nosso direito positivo; a França, e a Itália.

4.1. Comecemos então pela Espanha.

É em 1920 que se inicia aí, com normas dimanadas do Poder Executivo, a protecção dos *inquilinos*, através de limitação das rendas e de suspensão dos *despejos*, sacrificando muitas vezes os direitos dos *proprietários*[5].

---

[4] A expressão é de GUARINO, *Locazione*, 1965, p. 21.
[5] COSSIO Y RUBIO, *Tratado de arrendamientos urbanos*, 1949, p. 128.

Estas normas surgem com *carácter excepcional* e uma vigência limitada no tempo, mas vão-se protelando em sucessivas prorrogações, que as consolidam como um *direito especial*.

Ao diploma de 1920, seguem-se os Decretos de 1925, de 1931 e de 1936. Em 1946, com a mesma natureza protectora, aprova-se o primeiro texto da *Ley de arrendamientos urbanos*, cujo texto é refundido em 1956 e, por fim, em 1964.

Foi o último de tais diplomas, autorizado pela Lei de 11 de Junho de 1964 e aprovado pelo Decreto 4104/1964, de 24 de Dezembro de 1964, que passou a constituir o assento fundamental da disciplina dos arrendamentos de *viviendas* e *locales de negocio*.

Segundo um autor, de 1964 em diante, pode dizer-se que prevaleceram duas tendências: "a que considera ainda necessário proteger os contratos anteriormente existentes e a que abre caminho à liberalização"[6].

Ao *arrendatário*, foram concedidos dois benefícios fundamentais: a *prorrogação forçada* do arrendamento, sempre que ele a não dispense, e uma "renda legal" compatível com a primitivamente pactuada, dentro de actualizações que foram sendo permitidas por lei, com base nos índices de custo de vida e de salários (*sueldos y jornales*).

Estes dois benefícios são, em princípio, *irrenunciáveis* pelo *arrendatário*. É a tendência tradicional e protectora do diploma, aplicável plenamente aos arrendamentos existentes à data da sua publicação.

Para os contratos que viessem a estabelecer-se posteriormente admitiu, porém, que as partes estipulassem livremente as suas rendas, mesmo que se tratasse de casas que anteriormente já tivessem sido ocupadas (Art. 97), podendo tais rendas ser ainda objecto de aumento ou redução por acordo das partes (Art. 98). É a sua tendência liberalizante.

Por outro lado e quanto aos arrendamentos anteriores, admitiu a categoria das *viviendas suntuarias*, assim qualificadas em função dos montantes das rendas, nas datas em que foram convencionadas, para as sujeitar a actualizações substanciais, comparativamente com as mais modestas[7].

---

[6] JOSE BONET CORREA, *Arrendamientos urbanos con renta actualizada*, 1982, 4ª ed., p. 42.

[7] O critério teve uma aplicação prática muito distorcida, relativamente às casas que a ele tinham sido submetidas (cfr. FERNANDO RODRÍGUEZ Y R. DE ACUÑA, *Los arrendamientos urbanos-Crítica y reforma*, 1982, pp. 49-50). Exemplo: uma casa sumptuária, arrendada em 30 de Dezembro de 1942, viu a sua renda aumentada em 485%, enquanto outra, arrendada em 2 de Janeiro seguinte, só comportou um aumento de 120% (p. 32). Para uma informação mais actual, v. JOSÉ LEÓN-CASTRO–MANUEL DE COSSIO, *Arrendamientos urbanos*, 1995, p. 274.

O grande salto em frente veio depois.

O *Real Decreto-Ley* 15/1980, de 12 de Dezembro de 1980, permitiu, para as *viviendas*, a percentagem de variação experimentada pelo índice dos preços no consumo entre 80% e 90%, no ano de 1981 e, para os *locales de negocio*, pura e simplesmente *liberalizou a elevação das suas rendas*, desde 1 de Janeiro de 1981.

Na mesma linha, o *Real Decreto-Ley* 2/1985, de 30 de Abril, suprimiu o vínculo de *prorrogação forçada* para todos os contratos de arrendamento de *viviendas* ou de *locales de negocio*, que se celebrassem depois da sua entrada em vigor, e admitiu ainda que as partes neles estipulassem livremente a sua duração e, bem assim, em certas condições, a transformação de *viviendas* em *locales de negocio*.

Nove anos volvidos sobre esta experiência, foi publicado um importante diploma, estabelecendo a nova *Ley de arrendamientos urbanos* – a Lei 29/1994, de 24 de Novembro, que entrou em vigor no dia 1 de Janeiro de 1995.

Com uma perspectiva de quase de dez anos sobre os efeitos decorrentes da publicação da lei liberalizadora de 1985, parece muito interessante apreciar este novo diploma, que substituiu a legislação anterior e passou a constituir o assento fundamental de disciplina de todo o sistema do *arrendamento de prédios urbanos* em Espanha.

Nos seus traços fundamentais, abandonou a tradicional distinção entre *arrendamentos para habitação* e *arrendamentos para comércio* ou a ele equiparados, e substituiu-a pela classificação em *arrendamentos para habitação* e *arrendamentos para outros usos*.

A nova destrinça funda-se no propósito legislativo de atribuir algum proteccionismo vinculístico unicamente ao arrendatário que tenha em vista satisfazer uma *necessidade de habitação* própria ou de sua família – excluindo, pois, de tais providências protectoras todos os outros arrendamentos, isto é, os que se destinem a satisfazer necessidades *económicas*, *recreativas* ou *administrativas*.

Nesta ordem de ideias, verificando que, na vigência da Lei de 1985, os novos contratos passaram, na prática, a ter a duração geral de apenas um ano, e pretendendo imprimir maior estabilidade ao *arrendamento para habitação*, passou a estabelecer-se que este, quando celebrado por período inferior a 5 anos, se prorrogue obrigatoriamente, por prazos anuais, *até àquele limite*, salvo no caso de denúncia do arrendatário.

Durante os primeiros cinco anos de vigência do contrato, a *renda* só poderá ser actualizada pelo *senhorio*, aplicando a variação percentual do índice geral nacional do sistema de índices de preços de consumo.

Relativamente aos arrendamentos anteriores, a lei de 1994 distinguiu os celebrados sob o domínio da lei de 1985 – que continuarão a reger-se por esse diploma até ao termo da respectiva duração, passando a constituição, que porventura queira estabelecer-se depois disso, a ser regulada pela lei actual – e os anteriores àquele período.

Quanto a estes, conserva-se a anterior distinção entre *arrendamentos para habitação* e *arrendamentos comerciais* (*de locales de negocio*), com vista a fixar, para os primeiros, condições mais suaves de modificação do contrato, de acordo com o objectivo final de extinção da *prorrogação forçada*.

O critério encontrado encostou-se, em ambas as categorias de arrendamento, à inexorável lei da morte, fazendo coincidir o termo da *prorrogação forçada* com o *falecimento* do *primitivo arrendatário* ou daquele em favor de quem se transmitiu o contrato (*sub-rogado*), *reduzindo, além disso, os casos de transmissão*.

São curiosos os dados estatísticos registados no preâmbulo da própria lei de 1994. Eles referem que 20% dos contratos actuais foram já celebrados no domínio da lei de 1985, mas dizem ainda que, no tocante aos arrendamentos anteriores à lei de 1964, 50% deles têm rendas "que se pueden calificar como ineconómicas".

A *suavidade* do sistema de erradicação da *prorrogação forçada*, perante um quadro destes, parece pois, de algum modo, compensada com o novo e mais acelerado sistema de actualizações de rendas antigas, que a Lei de 1994 estabelece[8].

4.2. Passemos à França.

O caso francês pode ser apontado como o perfeito modelo de legislação de balanços e contrabalanços, ao sabor da alternância do Poder.

Após a II Guerra Mundial, o vinculismo arrendatício começou por ser objecto de numerosos decretos, até se consubstanciar num diploma fundamental, a Lei de 1 de Setembro de 1948 (Lei 48-1360).

Esta lei dirigia-se unicamente aos centros populacionais mais importantes e aplicava-se tão-somente aos prédios construídos anteriormente à data da sua publicação, ficando os arrendamentos dos construídos posteriormente sob o domínio fundamental da autonomia privada.

---

[8] Para uma análise aprofundada do novo sistema espanhol, pode ver-se JOSÉ LEÓN--CASTRO-MANUEL DE COSSIO, *Arrendamientos urbanos*, Editorial COMARES, Granada, 1995.

Para centros urbanos mais populosos e para os fogos de construção anterior a 1 de Setembro de 1948, estabeleceu porém, em favor do arrendatário, um *droit au mantien*, que nascia na própria data em que expirava o contrato, permitindo-lhe conservar-se no alojamento, desde que o senhorio lhe não pudesse opor o seu *droit de reprise* e recuperar, assim, a disponibilidade do imóvel – o que, aliás só podia fundar-se em *justa causa*, *má fé do arrendatário* ou desnecessidade da casa por parte deste.

Apesar do seu âmbito limitado, deve salientar-se que este diploma abarcou, na verdade, a massa fundamental dos casos, pretendendo substituir "os bloqueios das rendas de antes da guerra por uma elaboração dita 'científica' de critérios de fixação do preço das rendas, instituir por outro lado, um dispositivo que permitisse regressar progressivamente à liberdade de mercado, logo que uma concorrência normal na oferta de alojamentos se pudesse restabelecer", e constituir, por fim, um incentivo à construção de novos imóveis[9].

Visava a estabelecer um *regime transitório*, mas acabou por constituir uma providência legal duradoura, que, mesmo restringindo-se aos prédios construídos anteriormente a 1 de Setembro de 1948, ainda hoje governa uma parte importante dos alojamentos franceses: em 1982, cerca de 900 mil fogos[10]; segundo dados de 1989, à roda de 700 mil, num total de 4 milhões[11].

O seu objectivo de retorno à *autonomia privada* que, inclusivamente, alguns diplomas complementares ensaiaram, abrindo ao senhorio as chamadas *passerelles de sortie*, a conceder-lhe um direito de *reprise* dos próprios alojamentos abrangidos pela lei de 1948, desde que correspondessem a certas condições de conforto e fosse então ainda celebrado um contrato intercalar de 6 anos, veio entretanto a ser frontalmente substituído com a subida ao Poder, em 1981, da coligação socialista-comunista, que prontamente fez aprovar a Lei n.º 82-526, de 22 de Junho de 1982, conhecida como *Lei Quilliot*, do nome do ministro do urbanismo e alojamento que a levou à Assembleia Nacional, de propósitos completamente opostos.

Este diploma generalizou as suas disposições a todo o país, compreendendo os *arrendamentos destinados a habitação* ou *mistos de habitação e uso profissional* e, bem assim, de "*garagens, parques de estacionamento, jardins* e outros locais arrendados acessoriamente ao local principal pelo mesmo senhorio".

---

[9] ALAIN BOITUZAT, *La loi "Quilliot" du 22 juin 1982*, 1982, p. 6.
[10] ALAIN BOITUZAT, *La loi "Quilliot" du 22 juin 1982*, 1982, p. 6.
[11] JEAN-LUC AUBERT-PHILIPPE BIHR, *La location d' habitation*, 1990, p. 1, nota 4.

Nesta base, reconheceu ao arrendatário um *droit à l'habitat*, com o carácter de um *direito fundamental* de que gozava no quadro das leis que o disciplinavam.

O prazo de duração mínima do contrato era de 6 anos, podendo reduzir-se a 3 anos, se o proprietário fosse *pessoa física* (Art. 6.°).

Expirado o prazo de duração, o contrato renovava-se por período não inferior a 3 anos, em proveito do *locatário pessoa física* que ocupasse pessoalmente o local arrendado (Art. 7.°).

Mesmo então, o *locador pessoa física*, findo o prazo de duração inicial ou da respectiva prorrogação, e para o efeito de *vender a casa arrendada*, podia denunciar o contrato (Art. 10), assim como, nos contratos com uma duração igual ou superior a 6 anos, o poderia fazer, no início de cada período de 3 anos, no caso de circunstâncias económicas ou familiares graves que justificassem a venda (2ª parte do Art. 10).

Os contratos inicialmente celebrados por período não inferior a 6 anos, poderiam ainda pelo mesmo locador, no termo de cada ano, ser denunciados, *sem indemnização*, para sua habitação, do seu cônjuge, ascendentes ou descendentes de um ou de outro, desde que uma cláusula com este sentido constasse do contrato.

Semelhantes denúncias não poderiam, todavia, ser opostas ao *locatário* com mais de 70 anos de idade, à data da respectiva notificação, cujos rendimentos fossem inferiores a uma vez e meia o salário mínimo (SMIC), sem que lhe fosse oferecido dentro de determinados limites geográficos legalmente definidos um alojamento correspondente às suas necessidades e possibilidades – excepto se o *locador*, pela sua parte, tivesse 60 ou mais anos de idade (Art. 14).

Este diploma teve, no entanto, vida efémera.

Com a vitória eleitoral da Direita, o Governo CHIRAC conseguiu fazer aprovar, na Assembleia Nacional, a Lei n.° 86-1920, de 23 de Dezembro de 1986, "tendente a favorecer o investimento locatício, o acesso à propriedade de habitações sociais e o desenvolvimento da oferta imobiliária", conhecida pela designação de *Lei Méhaignerie*, que revogou a Lei de 1982.

Este diploma era naturalmente de feição *liberal*, embora conservasse ainda certos laivos *dirigistas*.

Sob o seu domínio, as traves mestras do *arrendamento para habitação* podiam sintetizar-se deste modo:

a) o contrato tinha uma duração mínima de 3 anos, renováveis por iguais períodos, se ambas as partes nisso conviessem, correspondendo a falta de acordo de qualquer delas a denúncia (*congé*);

b) o encargo com a remuneração das pessoas que trabalhavam para o prédio era suportado por senhorio e locatário em partes iguais.

Como no fim do período de duração do contrato, a renda poderia ser livremente ajustável pelas partes (art. 15.º), o sistema conduziria, assim, ao ajustamento trienal das rendas segundo as leis de mercado.

Este diploma teve, porém, vida ainda mais curta do que a *Lei Quilliot*, tendo sido substituído pela Lei n.º 89-462, de 6 de Julho de 1989, "tendente a melhorar as relações locatícias e modificando a Lei n.º 86-1920, de 23 de Dezembro de 1986".

A Lei n.º 89-462, embora tenha transigido com importantes disposições da *Lei Méhaignerie*, repôs uma parte substancial do *dirigismo* que informava a *Lei Quilliot*.

Assim:

a) ao *droit à l'habitat* desta, contrapõe uma modalidade sua, mais branda – o *droit au logement* (Art. 1.º);

b) nessa conformidade, a duração mínima do contrato volta aos prazos de 6 e de 3 anos da mesma lei;

c) a denúncia do contrato, sem o acordo do arrendatário, "deve ser justificada quer pela sua decisão de vender o alojamento quer por um motivo legítimo e sério, designadamente a inexecução pelo locatário de uma das obrigações que lhe incumbem" (Art. 15-1).

Para os contratos em curso, à data da sua entrada em vigor, declarou que eles continuariam a reger-se até ao termo das respectivas durações pelas normas anteriormente aplicáveis – mas, como referem dois qualificados autores da nacionalidade, esta declaração "est un trompe-l'oeil", porque logo se lhe introduzem excepções tais que a esvaziam da sua substância[12].

A doutrina francesa critica asperamente, com razão, semelhante "intemperança legislativa", que conduz à *instabilidade do direito* e à *incerteza jurídica*, a qual, segundo chega a escrever-se, poderá até parecer "tanto menos oportuna quanto é certo que o sector do alojamento locatício se caracteriza por uma larga ineficácia das leis, pois a ignorância e a má vontade concorrem nele muito frequentemente para a celebração de contratos que permanecem à margem das exigências legais"[13].

---

[12] JEAN-LUC AUBERT-PHILIPPE BIHR, *La location d'habitation*, 1990, p. 27.
[13] JEAN-LUC AUBERT-PHILIPPE BIHR, *La location d'habitation*, 1990, p. 1. Os mesmos autores referem que um relatório oficial dá conta, em 1989, de que cerca de 50% dos

Talvez por isso – e também decerto porque os balanços e contrabalanços contiveram concessões importantes duma parte e doutra à filosofia contrária, geradoras de uma larga entropia – com o ulterior e efémero regresso da Direita ao Poder, há já alguns anos, não se assistiu à revogação da Lei de 6 de Julho de 1989, que continuou em vigor, tendo-se limitado o Governo BALADUR a instituir benefícios fiscais em favor dos proprietários onerados pelo vinculismo. De referir serão ainda as providências atinentes à ponderação de aspectos humanitários a considerar pelo juiz, na *execução dos despejos*, de que se ocupam as leis 90-449 e como o decreto 92-755[14].

O mais recente balanço doutrinário da lei de 1989, que conhecemos, com o peso da experiência de alguns anos, continua a ser bastante severo.

"Os números são preocupantes: desde 1984, 100 000 alojamentos desaparecem em cada ano. Já não se constrói, e muitos dos alojamentos existentes permanecem vagos. Numerosos médicos comprimem-se à cabeceira do doente, preconizando terapêuticas diferentes.

O remédio fiscal, depois de ter sido sugerido, foi finalmente adoptado pela lei de finanças para 1993 – mas será suficiente?

Os inconvenientes da lei subsistem e não podem ser atenuados senão por uma reforma que, preservando plenamente os interesses não menos legítimos do locatário, tenha em conta os interesses não menos legítimos dos proprietários, flexibilizando a regulamentação das rendas e as regras da denúncia (*congédiement*)"[15].

Entretanto, e como é conhecido, a Esquerda voltou ao Poder, em 1996, não tendo ocorrido de então para cá, em matéria de *arrendamento urbano*, factos dignos de nota, que tenham chegado ao nosso conhecimento.

4.3. Chegou a vez de nos interessarmos pelo caso da Itália.

A Itália, com o segundo pós-guerra, desenvolve uma legislação vinculística que, logo em 1947, estabelece uma grande divisão.

Os arrendamentos anteriores a 1 de Março de 1947 mantêm a *prorogação forçada* e o *bloqueio de rendas*, ao passo que os contratos celebrados depois daquela data ficam em regime livre.

---

contratos de arrendamento, em França, não apresentam grande obediência às leis em vigor. Cerca de 30%, inclusivamente, são meramente verbais.

[14] Sobre este ponto, v. FRANÇOIS COLLART DUTILLEUL, *Les baux d'habitation*, Dalloz, 1994, p. 41.

[15] J. LAFOND–F. LAFOND, *Les baux d'habitation à jour du décret du 28 août 1996*, 1997, 3ª ed., pp. 38-39.

Com a Lei n.º 1521, de 21 de Dezembro de 1960, dá-se um passo mais na liberalização, ao excluir-se, desde 30 de Setembro de 1961, da área vinculística em que pela data do contrato se tinham situado, os imóveis urbanos considerados de *luxo*[16].

A mesma Lei permitiu ainda que se estipulassem, sucessivamente à sua entrada em vigor, pactos derrogatórios das regras vinculísticas[17].

Na mesma linha liberalizante, a Lei n.º 628, de 28 de Julho de 1967, admitiu ainda, para os arrendamentos sujeitos a *prorrogação legal*, que esta cessasse, desde 31 de Dezembro de 1967, em relação às habitações com 3 ou mais casas assoalhadas e índice de ocupação inferior a 1, ou cujo rendimento familiar fosse superior a 2 500 000 liras.

Em 1969, porém, a tendência legislativa inverteu-se e prorrogaram--se por mais 1 ano, os contratos cujas *prorrogações legais* deviam cessar em 31 de Dezembro de 1969, excepto quando se verificasse alguma das condições seguintes:

a) ter o alojamento mais de 5 assoalhadas;
b) ter índice de ocupação (*affollamento*) inferior a 1;
c) ser ocupado por núcleo familiar de rendimento passível de imposto complementar, para esse ano, superior a 2 500 000 liras.

Os próprios arrendamentos posteriores à *fatídica data* de 1 de Março de 1947, foram igualmente prorrogados, desde que não ocorresse uma das duas primeiras condições ou desde que o arrendatário provasse não ser o rendimento da família superior a 1 500 liras mensais.

Entretanto, num importante simpósio realizado à luz dos princípios gerais da *análise económica do direito* no campo específico do *arrendamento para habitação*, o balanço de mais de duas dezenas de anos de vinculismo não é favorável à solução *normativa-dirigista* apurou-se que o vinculismo altera efectiva e profundamente as leis de mercado, criando *custos sociais*[18].

---

[16] Foram consideradas de *luxo* as habitações com área coberta de, pelo menos, 200 metros quadrados, ou que dispusessem de quatro das características enumeradas no n.º 4 do Decreto Ministerial de 7 de Janeiro de 1950 (campo de ténis, piscina, escada da serviço, monta-cargas, paredes com lavrados ou tectos de valor artístico).

[17] Segundo um autor, esta disposição consagrava a jurisprudência que vinha afirmando a validade de aumentos de rendas em dimensão superior à legal, sempre que houvesse novos encargos que rompessem o equilíbrio económico do contrato: GIULIO CATELANI, *Manuale della locazione*, 1990, pp. 381-382.

[18] GIULIO CATELANI, *Manuale della locazione*, 1990, p. 8.

Em síntese, firmaram-se as seguintes conclusões mais salientes:

- "quando, num país, o bloqueio de rendas perdura por decénios, com a técnica das renovações periódicas, desejavelmente acompanhadas de flexibilizações progressivas, praticamente é como se o bloqueio fosse também alargado às novas construções ou, ao menos, é assim na perspectiva das expectativas gerais"[19];
- "o controlo das rendas, baixando a taxa de rendimento do imóvel, qualquer que seja a sua destinação... reduz o estímulo a investir e, mais do que isso, tem efeitos redistributivos muito incertos";
- "pelo contrário, uma facilitação do crédito à habitação [*edilizia*] sem restrições de rendimento, incentivaria a construção de novas casas, aumentando assim a possibilidade efectiva de consumo do bem 'casa'"[20].

De qualquer modo, a verdade é que a prática legislativa dos sucessivos e frágeis governos italianos continuou a reeditar, todos os anos, prorrogações legais dos contratos antigos, levando a *Corte Costituzionale*, desde 1976, a emitir importantes sentenças de inconstitucionalidade, coagindo os Governos a arrepiar caminho.

Na sua sentença n.º 3, de 15 de Janeiro de 1976 e na n.º 223, de 18 de Novembro do mesmo ano, reconhece que as restrições vinculísticas *extraordinárias*, com o sentido de combater a inflação e garantir o bem primário da *habitação* às camadas economicamente menos favorecidas seriam legítimas, no plano constitucional – mas não poderia deixar de considerar-se *inconstitucional* a conversão desta providência *conjuntural* e *transitória* em *definitiva* e de carácter *ordinário*, através da sua repetição indefinida, porque, nesse caso, não se estaria em presença de uma simples *limitação*, mas da própria *anulação* do *direito de propriedade*[21].

---

[19] FRANCESCO PULITINI, *Il controllo dei canoni nei contratti di locazione* (*Interpretazione giuridica e analisi economica*, a cura di GUIDO ALPA, FRANCESCO PULITINI, STEFANO RODOTÀ e FRANCO ROMANO, 1982, p. 269).

[20] FRANCESCO PULITINI, *Il controllo dei canoni nei contratti di locazione* (*Interpretazione giuridica e analisi economica*, a cura di GUIDO ALPA, FRANCESCO PULITINI, STEFANO RODOTÀ e FRANCO ROMANO, 1982, p. 270).

[21] Estas decisões tinham o alcance claro de constituírem um aviso ao Legislativo, no sentido de pôr termo às sucessivas prorrogações, sob pena de vir a ser decretada a inconstitucionalidade delas. Neste sentido: LAZZARO-PREDEN-VARRONE, *Le locazioni in regime vincolistico*, 1978, 2ª ed., p. 155.

Em face da advertência judicial, o governo ensaiou prontamente nova legislação, com o Decreto n.º 77, de 30 de Março de 1978, entretanto substituído pela Lei n.º 392, de 27 de Julho de 1978, hoje em vigor.

Segundo esta lei, dita do *equo canone* [renda justa], os arrendamentos *para habitação* não podem ter uma duração inferior a 4 anos, findos os quais se renovará se nenhuma das partes comunicar à outra por carta registada com 6 meses de antecedência que não quer renová-lo.

Os arrendamentos para *uso diverso de habitação* têm uma duração de 6 anos; de 9, se se destinarem a *hospedaria*.

As *rendas para habitação* não podem superar 3,85% do valor locativo da fracção arrendada (Art. 12) e são actualizáveis anualmente segundo preços no consumo por família, publicados pelo ISTAT (Art. 24).

Nos arrendamentos para outros fins, as actualizações das rendas só são admissíveis desde o quarto ano de contrato.

Para os contratos antigos, que vinham sendo submetidos a prorrogações sucessivas, estabeleceram-se três últimas datas para a sua caducidade: 1 de Janeiro de 1979; 1 de Julho de 1979 e 1 de Janeiro de 1980.

Esta lei foi encarada, durante os trabalhos preparatórios, como uma providência *experimental* e preparatória do retorno à *liberdade contratual*[22].

O articulado respectivo não está, em alguns pontos, ainda assim, isento de dúvidas acerca da sua legitimidade constitucional. Os Arts. 58, 59-1 e 65, que impediam a *denúncia* para uso próprio nos contratos em curso à data da entrada da lei em vigor, foram, com efeito, declarados *inconstitucionais* pela sentença n.º 22, de 1980.

A insistência do Parlamento em voltar a prorrogar os contratos antigos a que tinham sido dados prazos últimos de prorrogação foi também declarada ferida de inconstitucionalidade pela *Corte Costituzionale*[23].

---

[22] Como proclamou o ministro proponente, perante o Senado, "a lei sobre a justa renda (*equo canone*) não pretendia estabelecer uma disciplina permanente, que resolvesse, por esta forma, o problema da casa como bem primário a que todos os cidadãos têm, indistintamente, direito, mas tendia unicamente a introduzir uma gestão controlada, pelo tempo necessário para se esbaterem as distorções e as injustiças actuais e, assim, para se alcançar um equilíbrio entre a procura e a oferta que consinta o progressivo retorno à liberdade de contratação" (*Atti Senato della Repubblica*, 6-12-1977, p. 9181, apud CATELANI, *Manuale della locazione*, 1990, p. 17).

[23] CATELANI, *Manuale della locazione*, 1990, pp. 36 e 37. Sobre todo o escorço histórico relativo à Itália, podem ver-se: ANDREA TABET, *La locazione-conduzione* (Tratado CICU-MESSINEO), 1972, pp. 795 ss; LAZZARO-PREDEN-VARRONE, *Le locazioni in regime vincolistico*, 1978, 2ª ed., pp. 21 ss; GIULIO CATELANI, *Manuale della locazione*, 1990, pp. 10 ss.

Salientarei, das diferentes decisões adoptadas sobre o tema, a sentença de 22 de Abril de 1986, a proclamar a seguinte conclusão, muito digna de ser meditada entre nós, onde ela é sistematicamente ignorada:

– A prorrogação generalizada dos contratos de arrendamento contraria o Art. 3.º da Constituição, porque *não é subordinada a uma valoração comparativa das condições económicas do arrendatário e do senhorio* – valoração que seria necessária, para *evitar que categorias de arrendatários economicamente mais fortes se enriqueçam em prejuízo de locadores mais débeis*[24].

Pressionado, porém, pela jurisprudência constitucional[25], ensaiou o legislador novos passos numa direcção ainda mais liberal. Se a lei do *equo canone* estabelecia, com *normas imperativas*, a renda a praticar, a legislação de 1992 (o Decreto-Lei n.º 333, de 11 de Julho e a Lei n.º 359, de 8 de Agosto), relativamente aos arrendamentos *para habitação primária*, de imóveis que, à data da entrada em vigor do decreto-lei, não tivessem ainda ultimado a sua construção, veio permitir que passem a convencionar-se, com a assistência das organizações de proprietários e de inquilinos mais representativas em nível nacional, *pactos de derrogação* das limitações de renda impostas por aquela lei, *desde que o senhorio renuncie a denunciar o contrato no primeiro termo da sua duração*.

Garante-se deste modo que, salvo *justa causa*, invocável pelo senhorio, ou o seu intento de aplicar o prédio a outro uso, os *pactos de derrogação* tenham a contrapartida para o arrendatário de uma duração do contrato que some aos quatro anos mínimos iniciais os quatro anos doutra renovação. É o chamado sistema 4+4.

Esta legislação ficou conhecida, na doutrina, pela *lei dos pactos de derrogação*[26].

---

[24] *Il foro italiano*, 1986, I, p. 1145.

[25] A própria doutrina salienta dever insistir-se, na Itália, em que o problema-casa, embora relevante, "é porventura menos dramático do que se pensa, uma vez que respeita a uma faixa cada vez mais restrita de cidadãos", cerca de uns 7 a 10% da população. "O problema de maior relevo parece ser, pois, o de oferecer adequada tutela a esta faixa de pessoas com rendimentos médio-baixos com interesse em diuspor de um imóvel para habitar" – MARIO TRIMARCHI, *La locazione abitativa nell sistema e nella teoria generale del contratto*, Giuffrè Editore, 1988, p. 64, nota 140.

[26] Sobre os problemas interpretativos mais importantes da L. 359, de 1992, v. LADISLAO KOWALSKI, *La locazione con i patti in deroga*, Cosa & Come, 1993, *passim*; e IZZO, Nunzio–SPAGNUOLO, Giuseppe-TERZAGO, Gino, *Canone libero. Patti in deroga. Proga legale*, Giuffrè Editore, 1993.

5. Os traços fundamentais que acabámos de esboçar, e que sairiam decerto reforçados se o nosso exame, com mais disponibilidade temporal, tivesse sido aprofundado e alargado a outras ordens jurídicas, também importantes para nós, levam a concluir que, sem dúvida, o vinculismo arrendatício gerado com a Primeira Grande Guerra e repescado com o advento, em breve trecho, da segunda Grande Guerra, está hoje, por toda a parte, em franco recuo.

Duas razões fundamentais justificam tal facto.

5.1. A primeira é a de que constitui, decerto, uma flagrante *violação do direito de propriedade* que, mesmo quando restrita ao *arrendamento habitacional*, pratica uma escandalosa sub-rogação do sujeito sobre quem deverá incidir o dever de realização do direito fundamental a uma habitação condigna: o Estado.

5.2. A segunda é a verificação de que a aplicação prolongada do vinculismo, muito para lá das circunstâncias temporárias e excepcionais que deram ensejo à sua aplicação, provoca distorções graves sobre as leis do mercado, gerando perversos efeitos contraproducentes.

Por um lado, desincentivando o investimento imobiliário, contribui para a raridade do *bem casa*.

Por outro, *privilegia* os que já estão servidos, em detrimento dos que ainda não dispõem de habitação.

5.3. Na prática, a desmontagem do vinculismo tem por vezes sido retardada, umas vezes pela vulnerabilidade e instabilidade governativa, como parece ter sido o caso da Itália, e outras vezes pelos balanços e contrabalanços do Poder, como se verificou em França.

5.4. É, todavia, uma constante a distinção entre os *arrendamentos para habitação primária* e os *para outros fins*, em que avulta o *arrendamento comercial*, liberalizando-se estes mais prontamente.

5.5. Relativamente aos *arrendamentos antigos para habitação primária*, vale a pena salientar os pontos que se seguem.

A. Nos diversos Estados, foram abolidos os vínculos da *prorrogação forçada* e de qualquer *bloqueio de renda* das consideradas como "habitações sumptuárias", por critérios objectivos que deram nota de "sumptuário" simplesmente àquelas cujas rendas poderiam ser pagas, no seu início, pela classe média ou média-alta, ou de uma área e acabamentos ao alcance desses extractos económicos.

B. Aproximaram-se gradualmente as rendas antigas de valores próximos do mercado, chegando, por vezes, a permitir-se ao *senhorio* a iniciativa de uma actualização à luz do rendimento económico manifestado ao Fisco pelo *arrendatário*.

C. A cessação dos contratos antigos, quando não é atirada para um termo determinado (caso dos *pactos de derrogação* 4+4, da Itália), é geralmente determinada pela morte do arrendatário, salvo em casos muito limitados e ponderáveis (caso da Espanha).

5.6. Quanto aos novos arrendamentos *para habitação primária* ou *para outros fins* não se pode dizer, todavia, que o vinculismo é pura e simplesmente substituído pela completa liberalização da autonomia privada.

Estabelecem-se sempre, na verdade, *prazos mínimos* de duração dos novos contratos de *arrendamento urbano*, dando-se à relação arrendatícia uma estabilidade saudável num mínimo de normas protectoras do arrendatário e de constrangimento do senhorio.

Em vez do antigo vinculismo primário, conjuntural e só com olhos para um *arrendatário abstracto*, tende a implantar-se agora uma estabilidade institucional, mais humanizada e racional.

Este é, na minha perspectiva, o estado e a tendência actual da situação nos Países mais evoluídos.

6. Chegou a altura de perguntar: e nós? Como tem Portugal acompanhado e vivido o movimento vinculístico?

Começando por uma objectiva síntese conclusiva, terá de referir-se que leva a palma de precursor; caiu por vezes em excessos bem superiores aos das outras ordens jurídicas, tardou em actualizar-se, pecou e peca ainda por alguns primarismos óbvios, continuando a revelar certa dificuldade em adaptar-se aos novos tempos, com culpas repartidas para o legislador, para grande parte da jurisprudência e, salvo melhor opinião, também para uma parte relevante da própria doutrina.

Um conhecido político da actualidade tem repetidamente proclamado ser o nosso vinculismo uma criação de SALAZAR.

Certamente, já muitos terão dado por esta afirmação – a qual, perdoe-se-nos que a contrarie, não é verdadeira. Qualquer jurista minimamente informado tem a obrigação elementar de saber que a origem histórica do vinculismo arrendatício português remonta incontestavelmente ao Decreto de 12 de Novembro de 1910, publicado cinco escassas semanas após a proclamação da República, e que BARBOSA DE MAGALHÃES saudou entusiasticamente, chamando-lhe uma "lei socialista".

Decorreu daí até aos nossos dias, através de vários diplomas vinculísticos, os mais importantes dos quais são:

a) o Decreto n.º 1097, de 23 de Novembro de 1914;
b) a Lei n.º 828, de 28 de Setembro de 1917;
c) o importantíssimo Decreto n.º 5 411, de 17 de Abril de 1919, que vigorou por largos anos;
d) a Lei n.º 1 662, de 4 de Setembro de 1924, outro importante diploma cuja vigência se prolongou por muito tempo;
e) a Lei n.º 2 030, de 22 de Junho de 1948;
f) o Código Civil de 1966, que coordenou e compilou a legislação entretanto já bastante dispersa, em matéria de arrendamento urbano, sem relevante sentido de inovação.

Chegou-se deste modo ao período conturbado que se seguiu à Revolução de 1974 e, com ele, sucederam-se vários diplomas, hoje sem importância assinalável, primeiro de tendência fortemente intervencionista e vinculística – e, depois, com claro alcance moderador, que veio a culminar na Lei n.º 46/85, de 20 de Setembro, aprovada quando o Governo estava já demissionário (antes não tivera coragem para o impulsionar, sem embargo de ter constituído uma promessa eleitoral do Partido maioritário e de dispor na Assembleia da República da maior maioria de sempre – era o Governo do Bloco Central) e atirando a sua execução para a governação que saísse das eleições.

Nesta linha evolutiva, depois de vários diplomas executivos foi, finalmente, publicado, em 15 de Outubro de 1990, o Decreto-Lei n.º 321-B/90, a aprovar o novo *Regime do Arrendamento Urbano*[27], que hoje nos governa, com os diplomas complementares que têm vindo a ser publicados: primeiro, os importantes Decretos-Leis n.ºs 278/93, de 10 de Agosto e 257/95, 30 de Setembro, de feição moderna e liberalizante – e, por último, os Decretos-Leis n.ºs 329-A/2000, 329-B/2000 e 329-C/2000, todos de 22 de Dezembro, estes de índole marcadamente estatizante e retrógrada.

---

[27] Sobre a inovação do Regime do Arrendamento Urbano, v., principalmente: MENEZES CORDEIRO-CASTRO FRAGA, *Novo Regime do Arrendamento Urbano*, 1990 e MANUEL A. CARNEIRO DA FRADA, *O novo regime do arrendamento urbano: sistematização geral e âmbito material de aplicação* (Separata da *ROA*, 51.º-1, 1991).

Por último e de novo com características inegavelmente *vinculísticas*, surgiram as Leis n.ºs 6/2001 e 7/2001, ambas de 11 de Maio, a primeira de *protecção das pessoas que vivam em economia comum*, e a segunda de protecção, das *uniões de facto*, de duração superior a dois anos e de base sexual "independentemente do sexo".

7. A síntese histórica dos seus regimes jurídicos está feita[28].

Não irei reproduzi-la aqui, para não correr o risco de vos mostrar a floresta esquecendo as árvores.

São as árvores que importa. São as características mais salientes, específicas e anómalas do nosso vinculismo que devem preocupar-nos – porque são essas que afectam o sistema, carecem de correcção e devem portanto ser vivamente denunciadas pelo cultor do Direito.

Temos, na verdade, de ganhar consciência de que, apesar do inegável e relevantíssimo progresso que lhe trouxe o *Regime do Arrendamento Urbano*, em 1990, e, depois, em 1993 e em 1995, remanescem, especialmente em relação aos contratos antigos, afloramentos de *violência* e de *iniquidade* impróprios de um Estado de direito democrático.

Vou apenas referir os mais dissonantes com o teor geral do direito comparado, e limitando-me geralmente a enunciá-los sem me alongar em desenvolvimentos especiais.

A. Assim, em 1966, com o Art. 1095 CC, impôs-se a *prorrogação forçada* dos *arrendamentos para habitação*, para *comércio ou indústria*, e para *exercício de profissão liberal*, com carácter *ordinário* e *permanente*.

Debalde buscaremos nos trabalhos preparatórios do Código Civil uma nota justificativa de tão estranha inovação. Dir-se-ia que ao legislador de 66 pareceu a coisa mais natural deste mundo impor a *definitiva* transformação de contratos estipulados por tempo limitado em *arrendamentos ultravitalícios*, pois os fez perdurar, *contra o convencionado pelas partes*, para além da própria vida do arrendatário, em favor de pessoas indicadas na lei, desenhando uma figura *sui generis* de *arrendamentos fideicomissários*.

Sendo embora um princípio *inconstitucional* (não há que negá-lo) e sem paralelo no direito comparado, foi repristinado pelo Art. 68-2 RAU, como "um dos pilares do arrendamento urbano". Combato ardorosamente esta disposição legal sem paralelo.

B. Com a última actualização pontual admitida em 1948 (através do rendimento matricial de 1938), enquanto para o resto do País se permitiam

---

[28] Cfr. o nosso *Manual do Arrendamento Urbano*, Almedina, 2001, 3ª ed., pp. 183 ss.

actualizações quinquenais em todas as espécies vinculísticas, as *habitações* de Lisboa e Porto, pelo contrário, suportaram *o mais longo e brutal bloqueio absoluto de rendas de que há memória em todo o mundo* – pois *perdurou, sem qualquer actualização*, por *perto de quarenta anos*, até 1986, data em que começaram as ser praticadas *actualizações anuais* segundo os coeficientes fixados pelo Governo (*bloqueio mitigado*), agora remetidos para os avisos a publicar todos os anos até 30 de Outubro, pelo Instituto Nacional de Estatística.

Mitigado embora o *bloqueio*, os coeficientes de *actualização das rendas* que passaram a ser admitidos, apesar de contarem, para os arrendamentos mais antigos, com um *factor extraordinário* de actualização, destinado a recuperar paulatinamente o jejum de quarenta anos, nem mesmo assim conseguiram, de 86 para cá, igualar as taxas de inflação que têm vindo a verificar-se – e pelo contrário, *sem paralelo actual no direito comparado*, continuaram e continuam as *rendas antigas* a degradar-se, situando-se ainda agora geralmente a par, quando não abaixo, da *despesa em cigarros do fumador de um maço por dia*.

C. Nos *arrendamentos para habitação*, em todo o País, jamais foi estabelecida uma elementar distinção, adoptada há muito pelas legislações mais perfeitas, entre casas para arrendamento a famílias de *elevados recursos económicos* e as para arrendamento a inquilinos de *rendimento mais modesto*, liberalizando-se as primeiras e restringindo-se o vinculismo às segundas.

Tem de se reconhecer que o nosso direito positivo vem, grosseiramente e sem sobressaltos de consciência, arvorando a *habitação de qualidade da classe média alta* numa *exigência de justiça social* – a... cargo do senhorio!

D – Outra censurável disposição da nossa lei, sem paralelo no direito comparado, é a *facti species* de *resolução* de contrato de *arrendamento vinculístico*, que o Código Civil descrevia como consistindo em o *arrendatário* "deixar de prestar ao proprietário ou ao senhorio os serviços pessoais que determinaram a ocupação do prédio" (Art. 1093-1, al. *j*)).

Esta hipótese legal deu origem à "famigerada acção", tristemente célebre, de uma *porteira* que tinha sido despedida *com justa causa*, como foi prontamente julgado, mas, ainda assim, conseguiu retardar em tribunal o seu *despejo*, por *onze longos anos*[29].

---

[29] Referimos o caso com mais pormenor no nosso *Manual do Arrendamento Urbano*, Almedina, 2001, 3ª ed., pp. 867-868.

Para cúmulo, o "famigerado" episódio judiciário nem pode dizer-se um caso isolado, pois tem-se repetido frequentemente, com mais ou menos delongas mas sempre acompanhado duma tremenda carga de descrédito para o funcionamento da nossa justiça, como frutos podres duma norma que insidiosamente escapou à revisão operada pelo *Regime do Arrendamento Urbano* (cfr. al. *j)* do Art. 64-1 RAU).

Entre tantos destes casos já ocorridos, ainda agora voltei a ter conhecimento directo doutro, que se arrasta há largos meses.

Trata-se duma *porteira* que, após um escasso mês de ter sido admitida, se considerou, ela própria, apesar das cartas de recomendação apresentadas para a sua admissão, como inadaptável às funções contratuais a que se tinha vinculado, muito menos rendíveis e bem mais monótonas do que a prostituição a que se dedica, *em tempo parcial*.

Recusa-se terminantemente, porém, a largar de mão as instalações destinadas à sua habitação, instalações essas que passou assim a ocupar *sem título*, e sabe-se lá por quanto tempo mais, impedindo a nova *porteira*, admitida para fazer o serviço que aquela, pura e simplesmente não quer fazer, de se instalar no prédio[30].

Para casos destes, não se encontra facilmente em toda a parafernália do nosso direito positivo uma solução consensual e eficaz. Denunciar com veemência semelhante falha legislativa constitui portanto, em meu parecer, um imperativo cívico de qualquer jurista minimamente empenhado.

Seguramente, a hipótese legal hoje constante da al. j) do Art. 64-1 RAU, para onde foi transposta do Art. 1093-1 CC, resulta de um equívoco que se enquistou, diluída que foi, no tempo, a memória da sua origem[31].

Moldada cingidamente à sua fonte histórica imediata, constante do Art. 67 da Lei n.º 2 030, de 22-6-1948, disposição segundo a qual "se o arrendatário prestar quaisquer serviços pessoais no prédio, por incumbên-

---

[30] E doutro ainda, duma *porteira* contratada por uma seguradora, senhoria de vários arrendamentos habitacionais, porteira que foi despedida por se ter revelado narcodependente incapaz para o exercício das suas funções, e quanto à qual o Sindicato – diz ela – a teria aconselhado (pelos vistos, sem grandes preocupações deontológicas), a ir-se mantendo no prédio, até que se forme uma decisão judicial que, segundo a mesma informação, ainda a aguentaria no espaço habitacional por mais uns dois a três anos.

[31] Como se salienta em anotação ao *Regime do Arrendamento Urbano*, o legislador limitou-se a reproduzir, no Art. 64 RAU, o Art. 1093 CC, "com modificações de linguagem e com três alterações substanciais, nas alíneas h) e i) do n.º 1 e na alínea c) do n.º 2" – MENEZES CORDEIRO-CASTRO FRAGA, *Novo Regime do Arrendamento Urbano*, 1990, p. 111. A al. j) não terá, portanto, sido repensada.

cia do senhorio ou em empresa agrícola, comercial ou industrial que tenha instalações para residência de empregados ou assalariados, quando deixe de prestar esses serviços" (segunda parte) podia o senhorio *requerer o despejo imediato* – mas encostou-se a uma formulação genérica e enquadrou--a, surpreendentemente, entre os *casos de resolução* do *arrendamento vinculístico*.

A referência do Art. 67 aos *empregados* ou *assalariados* de *empresa agrícola*, *comercial* ou *industrial* remonta-nos às raízes da sua disciplina legal.

Realmente, na nossa ordem positiva, tinha-se começado por estabelecer, no Decreto n.º 13 980, de 25 de Julho de 1927, o seguinte: "Não se consideram abrangidas pelas disposições de qualquer diploma que regulam o contrato de arrendamento de prédios urbanos as concessões de habitação feitas pelas empresas agrícolas ou industriais, individuais ou colectivas" (Art. 1.º) – e, poucos anos depois, na mesma linha, o § 4.º do Art. 3.º do Decreto n.º 20 018 1, de 24 de Julho de 1931, mandou aplicar esta regra aos *professores primários* com direito de morada nos *edifícios escolares*, quando eles passassem à situação de inactividade, excepto se fossem proprietários do edifício onde a escola funcionasse.

Nessa altura, para não haver dúvidas, declarava-se portanto, em relação às *empresas agrícolas ou industriais* e às *escolas*, que semelhantes "concessões de habitação" não podiam ser assimiladas a qualquer contrato de *arrendamento de prédio urbano*.

Ora, pegando nestes casos pontuais onde implicitamente se abandonava à *solução policial* o prolongamento da *ocupação habitacional* para além do título que a legitimava, a Lei n.º 2 030, de 22 de Junho de 1948, pretendendo generalizar a casos análogos estas ressalvas legais, veio operar, no entanto e certamente sem dar por isso, um subtil mas significativo *desvio de rota*, ao fazer-lhes corresponder um direito do senhorio a *requerer o despejo imediato*.

Atente-se bem. Até aí, tal *ocupação* era legalmente qualificada como "concessão de habitação"; com a Lei n.º 2 030, remetendo para o *despejo imediato*, veio sugerir ter o legislador passado a assimilá-la a um *arrendamento*.

Como explicar tão brusca reviravolta?

Nos trabalhos preparatórios, a única fundamentação que foi dada para este passo do Art. 67 da Lei é a seguinte: "Não se trata de matéria nova... Trata-se... de generalizar este preceito [o do art. 2.º do Decreto n.º 13 980] a concessões de casas para outros fins, que não sejam agrícolas ou industriais. Em Lisboa e Porto o problema põe-se sobretudo em relação àqueles indivíduos a quem são fornecidos *aposentos para o exercício das funções de porteiros*" [*grifado, meu*][32].

O legislador de 1948 nem terá dado, portanto, por que não se limitou a generalizar a norma especial do Decreto n.º 13 980: remeteu, além disso, para um regime jurídico diverso, ao impor o recurso ao *despejo imediato*, específico de um *arrendamento*, quando a legislação anterior se limitava a referir uma simples *concessão de habitação*.

Em minha opinião, é assim incontestável que não se teve nessa altura consciência do salto operado com a remissão para o *despejo imediato* – nem isso veio a ser corrigido no Código Civil, ao transpor-se para a al. j) do Art. 1093-1, aliás, em termos ainda mais surpreendentes, a norma ensaiada no Art. 67 da Lei.

À luz do *Projecto de Código Civil*, em cujo Art. 1093-1, al. j), figurava já a exacta versão que veio a inserir-se em idêntica alínea e artigo da formulação definitiva do Código, em anotação ao Ac. STJ, de 2-11-1965, PIRES DE LIMA, que teve um papel relevante, não só na elaboração técnica da Lei como na parte do Código Civil relativa ao *arrendamento*, justificava a alínea deste modo: "A ideia mestra que domina todos estes preceitos... é a de que o arrendamento só deve estar sujeito ao regime especial e proteccionista da lei do inquilinato quando a cedência da casa se apresente como o *efeito principal do contrato*, isto é, quando se tenha em vista especialmente *arrendar*, e não apenas ceder a casa para o inquilino dar cumprimento a obrigações emergentes doutro contrato ou doutra situação jurídica, ou para facilitar o exercício de certa actividade pessoal"[33].

Para o âmbito de vigência do Código Civil, admitiu, portanto, que nem sempre a *concessão de habitação* pela entidade patronal, relacionada com a *prestação de trabalho*, preencheria a *facti species* de um *arrendamento*, que só poderia então ser *não vinculístico*.

Supôs, efectivamente, a sua existência, *em princípio* (ao invés da generalidade da doutrina italiana[34]) e mesmo que sejam omissas "cláusu-

---

[32] Parecer da Câmara Corporativa que fundamentou o *Projecto* de que resultou a Lei n.º 2 030, relatado por PIRES DE LIMA (n.º 35).

[33] *RLJ*, 99.º, p. 93. Sobre este ponto, v. ainda, com muito interesse, PIRES DE LIMA--ANTUNES VARELA, *Código Civil Anotado*, Coimbra Editora, 1997, 4ª ed., II, pp. 610-611.

[34] Na Itália, p. ex., o tema tem sido frequentemente aprofundado, concluindo-se geralmente que, apesar de, na prática, poder validamente querer estabelecer-se um contrato de locação retribuído por uma prestação de serviço, sempre que o intérprete não encontre um proeminente propósito nesse sentido, deverá excluir a configuração do arrendamento " e isto não somente quando o gozo seja atribuído em função da realização da prestação de trabalho, mas ainda quando constitua um elemento da retribuição desta. Deve,

las relativas ao pagamento de uma renda pela cessão do prédio" – mas, ainda assim, fazia depender a integração da figura de *arrendamento* da existência do propósito contratual de atribuição ao *trabalhador* de um "efeito principal" de *arrendamento*.

Se, em vez disso, se lhe impusesse tão-somente a *obrigação* de *habitar no local de trabalho*, por causa da especial natureza das suas funções, considerava haver apenas uma *cessão de habitação*; "nem há arrendamento – sustentou ainda o Ilustre Professor – nem pode haver despejo judicial. Será necessário o recurso aos tribunais do trabalho, ou a outros meios, que podem ser de natureza policial, para reaver o prédio"[35].

Saber quando se estaria perante um *benefício de arrendatário* (e, portanto, em face de um *arrendamento não vinculístico*) ou, pelo contrário, em presença de uma *obrigação de trabalhador* (e, deste modo, em presença de uma simples *concessão de habitação*) constituía uma *questão de facto*, a resolver caso por caso.

Em definitivo, no pensamento de PIRES DE LIMA, o recurso ao dispositivo da al. j) do Art. 1093-1 CC (actual *al. j)* do Art. 64-1 RAU) só seria, pois, admissível quando se apurasse ter havido o propósito concreto de atribuir um *benefício de arrendatário* concedendo-lhe um *arrendamento* como "efeito principal" do contrato de *prestação de serviço* ou de *trabalho*.

Quanto a mim, parece evidente que semelhante construção era *demasiadamente abstracta*, e não seria nada fácil realizar a sua aplicação prática, porque, *benefício* e *obrigação*, sempre se cumulam e jamais deixarão de se perfilar lado a lado, tornando extremamente subjectivo e incerto determinar qual dos dois propósitos contratuais teria sido dominante ou "efeito principal" em cada caso.

Por outro lado, há-de convir-se em que a conversão da "concessão de habitação", dos antigos diplomas, no *arrendamento não vinculístico* da Lei n.º 2030 não seria nem a melhor qualificação a dar à hipótese, no plano dogmático, nem, seguramente, seria a opção legislativa preferível.

---

pois, concluir-se que se está fora do esquema da locação quando o gozo do bem seja dado em contrapartida de uma prestação de trabalho subordinado, já que da inerência da prestação à organização empresarial se deve deduzir a proeminência da função de trabalho sobre qualquer outra" – MIRABELLI, *La locazione* (Tratado dirigido por FILLIPO VASSALLI) UTET, 1972, pp. 496-497. No mesmo sentido: GIANNATTASIO, *Della locazione* (Comentário ao Código Civil, dirigido por D'AMELIO e FINZI), Firenze, 1947, p. 225; LAZZARA, *Il contratto di locazione*, Milano, 1961, p. 237; ANDREA TABET, *La locazione-conduzione* (Tratado fundado por CICU e MESSINEO), Giuffrè, 1972, pp. 298-299.

[35] *RLJ*, 99.º, p. 95.

Quando, com efeito, quisesse ver-se nas primitivas hipóteses legais uma concessão do gozo temporário do prédio mediante *remuneração constituída pela prestação de serviço de porteiro*, esbarrar-se-ia, como hoje parece transparente, na falta de *determinação* ou de *certeza* da *retribuição*, essencial ao conceito de *locação* já desde o Código de SEABRA (Art. 1595)[36].

Seria bem mais rigoroso, no plano dogmático, e naturalmente muito mais adequado em termos de política legislativa, configurar as primitivas "concessões de habitação" dos nossos velhos diplomas avulsos, à falta de uma estipulação de sentido manifestamente oposto, como simples *comodatos modais,* quando não como puros *precários onerosos*[37].

Além disso, não havia, nem há, no *contencioso laboral*, nenhum meio processual conducente ao *despejo* do espaço habitacional que continue a ser ocupado, sem título, pelo ex-trabalhador, tornando assim o aludido recurso aos *tribunais do trabalho* numa enganadora miragem – e outra natureza, obviamente, também não tinha nem terá, hoje em dia, a falada utilização dos *meios policiais*.

Por último, a construção gizada por PIRES DE LIMA continuava a não dar por que, estabelecendo-se uma dicotomia entre *concessão de habitação* e *arrendamento* não submetido ao "regime especial e proteccionista da

---

[36] PEREIRA COELHO desvaloriza esta objecção, sustentando que "a circunstância de não ser estipulada nestes casos retribuição determinada não exclui que o contrato se qualifique como de arrendamento"; mas certo é que também já tinha ponderado – e muito bem – que, "não tendo de estar determinada no contrato a retribuição tem de ser todavia determinável, de acordo com as regras gerais (Art. 280, n.º 1, CC)" – *Arrendamento* (ed. pol.), Coimbra, 1988, p. 288, nota 1, e p. 14.

Ora, como poderia *determinar-se* uma renda de um *porteiro*, anteriormente a 1975, que *não pagava qualquer renda pelo gozo habitacional ocupado, nem recebia remuneração pelo trabalho prestado*? Não o diz o Ilustre Professor.

PIRES DE LIMA esboçou a tal respeito uma explicação, no mesmo sentido igualmente insatisfatório, afirmando: "quer haja estipulação duma renda, quer sendo aparentemente gratuita a cessão da residência, é sempre considerado o valor da casa na fixação da retribuição pela prestação de serviço" (*RLJ*, 99.º, p. 95).

Também esta afirmação deixou por demonstrar como poderia *determinar-se* um montante para a *renda*, faltando qualquer cláusula nesse sentido, e quer houvesse quer não houvesse, sequer, remuneração monetária da *prestação de trabalho*. Em semelhante construção, é incontestável que ficavam sem resposta perguntas tão essenciais e tão elementares como estas: que fracção da *remuneração* atribuída à *prestação de trabalho* deveria imputar-se à renda? Se ao trabalho de *porteiro* não correspondia a prestação de qualquer soma pecuniária, qual seria o montante, *em escudos*, imputável à renda?

[37] Sobre o ponto, cfr. o nosso *Manual do Arrendamento Urbano*, Almedina, 2001, 3ª ed., pp. 77-79.

lei do inquilinato", não fazia o mínimo sentido incluir a hipótese desta categoria de arrendamentos (*não vinculísticos*) entre os *casos de resolução* dos *arrendamentos vinculísticos*. Não passava dum autêntico paradoxo[38] – mas o equívoco que manifestamente tinha inquinado a Lei n.° 2 030 veio a repetir-se, e até a agravar-se, com a edição da al. j) do Art. 1093.°-1 CC, depois simplesmente reproduzida no Art. 64-1 RAU.

É por conseguinte de bem compreender que continue a doutrina a não esconder alguma perplexidade sobre o tema, embora geralmente se incline para a ideia do *contrato misto* (de *trabalho*, neste caso, embora em outros possa ser simplesmente de *prestação de serviços*, e de *arrendamento*) ou para a *união* destes dois contratos, preconizando em semelhante perspectiva a *resolução* do *arrendamento*, pelo facto do *despedimento*, *com justa causa*, através da *acção de despejo*[39] – e que, por seu turno, a jurisprudência se disperse e flutue[40].

A verdade é que aquela tendência contraria frontalmente o propósito legislativo que, como os trabalhos preparatórios revelam e como um dos

---

[38] Como agudamente refere MÁRIO FROTA: "Nada faz sentido neste *sistema sem sistema*" Arrendamento Urbano Anotado e Comentado (com a colaboração de PAULO FERREIRA DA CUNHA), Coimbra Editora, 1988, p. 297.

[39] Podem ver-se neste sentido, principalmente: INOCÊNCIO GALVÃO TELLES, *Manual dos Contratos em Geral*, Lex, 1965, 3ª ed., *reprint*, p. 388; PEREIRA COELHO, *Arrendamento* (ed. pol.), Coimbra, 1988, p. 288; MONTEIRO FERNANDES, *Direito do Trabalho*, Almedina, 1994, pp. 128 ss; NUNO DE SALTER CID, *A Protecção da Casa de Morada da Família no Direito Português*, Almedina, 1994, pp. 189-190, n. 58; PIRES DE LIMA–ANTUNES VARELA, *Código Civil Anotado*, Coimbra Editora, 1997, II, pp. 610-611; ARAGÃO SEIA, *Arrendamento Urbano*, Almedina, 2000, p. 402; MARGARIDA GRAVE, *Regime do Arrendamento Urbano*, Edição da Autora, 2001, 2ª ed., p. 149; PINTO FURTADO, *Manual do Arrendamento Urbano*, Almedina, 2001, 3ª ed., pp. 367-368 e 865.

MÁRIO FROTA, na sua obra *Arrendamento Urbano Anotado e Comentado* (com a colaboração de PAULO FERREIRA DA CUNHA), Coimbra Editora, 1988, p. 296, sustenta que a ocupação é realizada nestes casos "mas não a titulo, ao menos principal, de arrendamento".

Abertamente contra a configuração de um *arrendamento* se manifesta ANTÓNIO PAIS DE SOUSA, alinhando com aquela jurisprudência que tem exigido, para a integração deste, que dos termos do contrato resulte ou a determinação do quantitativo da retribuição ou um critério objectivo que permita operar tal determinação ulteriormente (*Anotações ao Regime do Arrendamento Urbano*, Editora Rei dos Livros, 2001, p. 223).

Como parece bem de ver, este fundamento só foi válido, porém, até às PMT de 1975.

[40] Com efeito, por um lado, o Ac. do Supremo, de 8-2-1979 (*BMJ* n.° 284, p. 170) decidiu – e bem – que não pode haver arrendamento quando não esteja preenchida a tipologia legal deste contrato.

Por outro lado, o mesmo Supremo, no seu Ac. de 18-12-90 (*BMJ* n.° 402, p. 589), considerou configurarem *distintos contratos*: o de *arrendamento* e o de *trabalho*.

mais importantes responsáveis técnicos pela solução legislativa cristalinamente explicou, reservava a *acção de despejo* à hipótese de, a par do *contrato de prestação de serviço* ou *de trabalho*, ter ocorrido o intento negocial de se convencionar como "efeito principal" um *arrendamento* – arrendamento esse que não ficaria, sequer, submetido ao "regime especial e proteccionista da lei do inquilinato".

Esquecê-lo e não contar com isso, é com certeza fazer tábua rasa de um elemento incontornável da interpretação jurídica.

Se, pois, à luz do Código Civil, a questão não poderia equacionar-se doutro modo, importará então apurar se a evolução legislativa ulterior, com os novos dados de direito positivo que trouxe, não terá aberto caminho a outras construções

Realmente, em 2 de Maio de 1975, com uma Portaria do Ministério do Trabalho, logo retocada pela Portaria do Ministério do Trabalho, de 20-6-1975[41], classificou-se obrigatoriamente a profissão de *porteiro* dentro das tarefas que então foram designadas (Base II) – e estabeleceu-se deste modo, para a nova classe profissional, uma *remuneração*, a satisfazer "uma parte em dinheiro e outra em prestações não pecuniárias", sendo estas "constituídas pelo alojamento" (Base XI, n.os 1 e 2).

Em caso de *despedimento* com *justa causa*, a entidade patronal passou, com estas Portarias, a estar obrigada a dar um *aviso prévio* [de desocupação do espaço habitacional] nunca inferior a *noventa dias*, "salvo quando a justa causa se referir a ofensas morais ou corporais, devidamente testemunhadas, na pessoa do proprietário (administrador ou procurador), ou inquilinos e seus familiares" (Base XII-3).

À primeira vista, ser-se-ia, pois, tentado a supor que, para os *porteiros* a quem é reservado, no prédio, um *espaço habitacional*, se terá passado, assim, a configurar uma *união de contratos*, ou seja, um *contrato de trabalho* unido a um *arrendamento habitacional*.

Semelhante conclusão poderia até parecer reforçada com a circunstância de, posteriormente, o Decreto-Lei n.º 69-A/87, de 9 de Fevereiro, ter vindo a estabelecer uma remuneração do alojamento na base de 2 000$ por divisão assoalhada, actualizável "sempre que se verifique a revisão do salário mínimo nacional, por aplicação do coeficiente de actualização das rendas para habitação" (Art. 1.º-5).

Chegaria inclusivamente a sugerir-se, em contradição com tudo o que vinha de trás, que a componente arrendatícia, pois que ficou sujeita a

---

[41] A primeira foi publicada no *BMT* n.º 18, de 15 de Maio, e a segunda no *BMT* n.º 24, de 29 de Junho – e rectificadas no *BMT* n.º 14, de 30-7-1976.

um *bloqueio mitigado de rendas*, teria passado, enfim, a constituir um *arrendamento vinculístico*. O direito positivo, no termo da sua evolução histórica, teria de tal modo acabado por enquadrar a relação porteiro-titular do prédio numa *união do contrato de trabalho com o de arrendamento habitacional vinculístico*.

É, no entanto, uma construção que me parece, hoje em dia, completamente errónea.

A verdade, a elementaríssima verdade é que tais Portarias se limitaram a criar uma nova *categoria profissional*, e a disciplinar a sua *remuneração*. Não é minimamente aceitável pretender que tenham estabelecido um *regime jurídico de arrendamento urbano* para a *habitação do trabalhador* – até porque nem o poderiam fazer sem usurpação da competência reservada da Assembleia da República (al. *h*) do Art. 165-1 CRP).

Outro tanto há-de dizer-se relativamente ao Decreto-Lei n.º 69-A/87, que regulou estritamente o novo *salário mínimo nacional* e, nessa base e na pura perspectiva do trabalhador em geral, fixou os valores imputáveis às prestações remuneratórias a receber *em espécie* (alimentação, ou alojamento). A *habitação* do trabalhador e do seu agregado familiar é, assim, encarada neste diploma unicamente na perspectiva salarial, não na do *regime de arrendamento*, sobre o qual, de resto, também não podia legislar, por não ser matéria da competência do Governo, e não ter havido *autorização legislativa* para o efeito.

Deste modo, tudo voltou ao princípio e a previsão da al. j) do Art. 1093-1 CC (e, hoje, do Art. 64-1 RAU), como soberanamente o demonstra o elemento histórico da interpretação jurídica, não se insere no quadro de um *contrato misto* ou de uma *união de contratos*; limita-se a prevenir a hipótese de se demonstrar que, nalgum caso particular, se tenha celebrado, de facto, um *contrato de arrendamento* – nesse caso, necessariamente *não vinculístico*.

Não sendo assim, sobra para o *alojamento habitacional dos porteiros*, em vista do *despedimento* operado no âmbito do *contrato de trabalho*, o direito de beneficiar de um *aviso prévio* de *noventa dias* para *a desocupação* (Base XII-3 das PMT de 1975) – aliás, de duvidosa legitimidade constitucional.

Ora bem. Da análise da evolução histórica do nosso direito positivo, importará retirar as seguintes conclusões, que não me perdoo a mim próprio não ter formulado há mais tempo.

1ª – A legislação portuguesa não converteu os antigos contratos de prestação de *serviço de porteiro com mera contraprestação de alojamento* em *contratos de arrendamento* mistos ou unidos a *contratos de trabalho*:

determinou unicamente, como ressalta claramente do disposto nas PMT de 1975 e no Decreto-Lei n.º 69-A/87, que o *contrato de trabalho* de *porteiro*, com *alojamento no local*, passou a ter uma *remuneração mista* (em *dinheiro* e em *espécie*), sendo esta preenchida pelo valor pecuniário do *alojamento*, resultante de um critério legal injuntivamente estabelecido.

Nesta conformidade, os *contratos de trabalho* relativos a *porteiros com alojamento*, que se celebram correntemente, são *contratos simples* ou *unitários*, não originando *contratos mistos* ou *uniões de contratos* e, por isso, quanto a eles, cessará *ipso facto* a *ocupação habitacional*, como *remuneração*, que é, com o *despedimento do porteiro* – imediatamente, nos casos de *ofensas corporais ou morais* devidamente testemunhadas, ou mediante um *aviso prévio de noventa dias*, nos outros casos.

Se o *porteiro* não larga de mão o espaço habitacional, incorrerá necessariamente em *ocupação sem título*, e portanto *ilícita*, de prédio alheio. Embora as PMT se refiram expressamente a despedimento *com justa causa*, a eventual ausência desta não legitima a *ocupação habitacional*, servindo apenas para se aferir a indemnização a que ficará obrigada a entidade patronal – pois, como se tem entendido, esta nunca poderá ser obrigada a reintegrar o trabalhador na relação de emprego[42].

Extinta a relação de trabalho, a entidade patronal não terá, evidentemente, de continuar a remunerar o seu ex-trabalhador nem, portanto, de lhe prestar alojamento, afigurando-se-me que disporá do elementar direito de passar a interditar o acesso ao espaço habitacional que proporcionava no âmbito do *contrato de trabalho*.

Independentemente disso, disporá decerto, em vista da urgência em alojar o novo *porteiro* entretanto contratado, do meio judicial adequado à *restituição provisória da posse* – o *procedimento cautelar comum* (Arts. 395 e 381-391 CPC) – da *acção de restituição de posse* (que segue hoje em dia o *processo comum*, como se sabe) e da *acção de reivindicação*[43].

---

[42] Neste sentido: ANTÓNIO MENEZES CORDEIRO, *Manual de Direito de Trabalho*, Almedina, 1994 (reimpressão), pp. 844-845 e jurisprudência que cita – não parecendo aceitáveis as soluções dilatórias que suspendam a execução da *desocupação habitacional* até à decisão laboral sobre a existência de *justa causa*, como bem se julgou no paradigmático Ac. STJ, de 21-3-1995 (*CSTJ*, III-1, p. 127).

[43] Penitencio-me de ter dissentido da jurisprudência que se tem orientado nesta linha. Revendo o tema, tenho hoje de prestar justiça às seguintes decisões que, tendo julgado neste sentido, seguiram no rumo certo: Relação de Lisboa, de 12-4-1983 (*CJ*, VIII-2, p. 131); Relação de Lisboa 26-5-1983 (*CJ*, VIII-3, p. 124); Relação de Évora, 11-1-1990 (CJ, XV-1, p. 281) e Relação de Lisboa, 8-6-1995 (*BMJ*, 448, p. 422).

São, todavia, meios demorados e envoltos em alguma hesitação e controvérsia, fruto do equívoco legislativo que denunciei. Falta, manifestamente, na nossa lei, uma regulamentação específica deste caso, clara e expedita – e é urgente publicá-la.

2ª – Em teoria, poderá ainda conceber-se a susceptibilidade de, na prática e no exercício da autonomia privada, estabelecerem as partes, para além do *contrato de trabalho* de *porteiro* com mera remuneração *em numerário* e, relacionado com ele, um "benefício de arrendatário", de "efeito principal" relativamente àquele contrato.

Seria inclusivamente esta, segunda parece, a hipótese para que se teria promulgado a disposição da al. j) do Art. 1093-1 CC, depois transposta para o actual Art. 64-1 RAU – mas, a tal respeito, importará logo advertir que, sem pensar já no insólito de um *arrendamento* em que fossem omissas "cláusulas relativas ao pagamento de uma renda pela cessão do prédio", terá decerto de reputar-se inadmissível qualificar semelhante *ocupação habitacional*, que constitui uma *habitação permanente*, que *não tem carácter transitório*, como um *arrendamento não vinculístico*. Para ver que assim é, bastará ter presente a lei em vigor: n.º 1, conjugado com a al. b) do n.º 2, ambos do Art. 5.º RAU.

Um *arrendamento vinculístico* poderá, como se sabe, ser convencionado *sem duração efectiva* – portanto, submetido ao vínculo da *prorrogação forçada* – ou *com duração efectiva* – e então acessível à *denúncia ad nutum* do *senhorio*, nos termos legais.

No segundo caso, há prazos legais mínimos de duração contratual. No primeiro, dentro do máximo de trinta anos (Art. 1025 CC), podem estabelecer-se os prazos de duração que os contraentes bem entenderem, prorrogando-se forçosamente o respectivo contrato nos termos de duração respectivos, se o *arrendatário* não usar do seu direito de *denúncia*.

Como poderá, então, em ambos os casos, surgir um fundamento de *resolução pelo senhorio*, em vista da extinção do *contrato de trabalho*? Se a *locação* é o "efeito principal" – como revelam os trabalhos preparatórios – fazê-la caducar com a cessação do *contrato de trabalho* constituirá uma inversão do velho prolóquio latino *accessorium sequitur principale*; a lei consagraria, assim, o absurdo traduzido num *principalis sequitur accessori*.

Se o *arrendamento* é estabelecido como "efeito principal", será então inadmissível que a *cessação do contrato de trabalho* determine a sua *caducidade*: por definição, o *principal* não pode subordinar-se ao *secundário*.

Uma vez, porém, que se encontra contemplado expressamente na lei, tem de se admitir que disporá sempre o senhorio, não obstante a falta de fundamento doutrinal do preceito, de um *caso de resolução* do arrendamento concretamente estipulado como um *benefício de arrendatário*, não como uma *obrigação de porteiro*.

Só nesse caso, pois, continuando o *porteiro* a ocupar o espaço habitacional, após a "cessação dos serviços pessoais que determinaram a ocupação do prédio" terá de se lançar mão da *acção de despejo* – assim como, esta poderia igualmente ser usada, já que nos encontraremos então em presença de um *arrendamento*, não de um *contrato de trabalho com remuneração mista*, ocorridos que fossem os outros *casos de resolução* legalmente enumerados.

3ª – Não vale a pena prosseguir no aprofundamento. O que se deixa dito a este propósito é mais do que suficiente para se ter a exacta ideia de como o tratamento legislativo do tema dos *porteiros* alojados no prédio em que realizam a sua profissão pedece em geral, desde o início da nossa legislação vinculística, duma evidente falta de sensibilidade das exigências práticas da vida, a demandar instante reforma legislativa

E. Atardei-me na análise do momentoso problema das ocupações habitacionais, sem título e de má fé, de *porteiros* (ou outros empregados) cujos contratos de trabalho se extinguiram – mas muitos outros pontos do nosso direito positivo arrendatício se perfilam no nosso horizonte, a merecerem um severo juízo crítico ou, quando mais não seja, que pelo menos se lhes dedique uma palavra de denúncia.

Um deles – já decerto o vinham pressentindo – é o caso dos *lojistas* de *centros comerciais*. Com uma jurisprudência maioritariamente enleada no canto de sereia do *contrato atípico*, e sem legislação específica e adequada, os pequenos *lojistas* de *centros comerciais* vêem-se constantemente confrontados com práticas de *capitalismo selvagem* a que me parece urgente pôr termo[44].

Outro, que está à vista de quem tenha olhos para ver, enchendo o quotidiano das nossas queixas contra a disfunção judicial que nos ensombra é o processo de *desocupação coactiva*.

A velha *acção de despejo* não pode remeter-se a uma simples *acção de processo comum*, para que tem sido empurrada por sucessivas reformas processuais, essencialmente cosméticas: tem de constituir o meio expedito de desocupação coactiva que é da sua natureza e função – embora, claro está, sem afectar temerariamente as razoáveis garantias de defesa do ocu-

---

[44] Para desenvolvimento do tema, pode ver-se o nosso opúsculo *Os Centros Comerciais e o seu Regime Jurídico*, Almedina, 1998, 2ª ed. rev. e actualizada – e AA que cito.

pante. O que não poderá, na minha perspectiva indeclinável, é oferecer-lhe numa bandeja de ouro maciço, como ocorre hoje em dia, todos os matadouros para procrastinar impunemente a execução do *despejo*, e roubar efectividade ao direito do senhorio.

Não me cansarei nunca de relembrar e recomendar, com todo o peso que meio século de judicatura e de aturada investigação e ensino privado destas matérias me possam conferir, a estrita observância da velha máxima chiovendiana segundo a qual *a parte a quem foi reconhecida razão não pode ser prejudicada pela demora da demanda*. Se o *despejo* é decretado, o despejado deverá, no mesmo acto, indemnizar o senhorio da diferença para os preços de mercado sobre as rendas que se venceram durante a pendência do litígio. O *recurso* contra a *sentença de despejo* poderá continuar a subir à Relação independentemente do valor da *alçada*, mas só deverá ter efeito suspensivo se o recorrente tiver pago a diferença, e garantir aquela que possa sobrevir da demora acrescida.

8. Quando tanto teria ainda para ponderar, com interesse assinalável, eis chegado o momento inexorável de concluir.

Creio que, para rematar, o melhor será reverter à objecção que me foi suscitada, aqui, defendendo a perduração do arcaico vinculismo arrendatício.

Disseram-me. É certo que não estará o vinculismo português isento de duras culpas – mas persiste por tão longo tempo entre nós que a sociedade civil acabou por se habituar a ele. Não sente como injustiças as suas injustiças. Tal como ele é, considera-o *normal* – e, considerando-o assim, legitimou-o, e até o institucionalizou, desde o Código Civil.

Nestas condições, a sua reforma, alterando o *statu quo*, é que poderá suscitar atritos sociais e fomentar convulsões indesejáveis.

Perdoar-se-me-á, mas, na minha perspectiva, semelhante ideia não passa duma formulação particularizada da regra de ouro do imobilismo. É a filosofia do *statu quo*. Os seus prosélitos são os velhos do Restelo; seguindo o seu conselho, nenhuma caravela chegará à Índia.

A perduração duma iniquidade só agrava a sua iniquidade; não a converte em equidade. MARCELLO CAETANO sustentava, é certo, a legitimação do Poder político, entre outras coisas, por ter perdurado[45] – mas, com todo o respeito que tributo à sua memória de sábio e grande Mestre de Direito,

---

[45] *Manual de Ciência Política e Direito Constitucional*, Coimbra Editora, 1972, tomo I (6ª ed., revista e ampliada por MIGUEL GALVÃO TELES), p. 279.

e que é imenso, há-de reconhecer-se que nenhuma ditadura se converterá em Estado de Direito, por se ter "aguentado" no Poder.

De resto, a tese da perduração do vinculismo de outrora nem é sequer verdadeira. A análise comparatista que aqui deixei e as reformas introduzidas com o *Regime do Arrendamento Urbano* e diplomas da complementares da década de 90 ilustram precisamente o contrário.

O que pretendi demonstrar com estas despretensiosas reflexões é que, se foram importantíssimos os passos então encetados, há ainda muito, mesmo muito, caminho a percorrer – e é instante percorrê-lo.

BIBLIOGRAFIA

ACUÑA, Fernando Rodríguez y R. de – *Los arrendamientos urbanos–Crítica y reforma*, 1982.

AUBERT, Jean-Luc-BIHR, Philippe – *La location d'habitation*, Sirey, 1990.

BOITUZAT, Alain – *La loi "Quilliot" du 22 juin 1982*, Librairie du Journal des Notaires et des Avocats, 1982.

CAETANO, Marcello – *Manual de Ciência Política e Direito Constitucional*, Coimbra Editora, 1972, tomo I (6ª ed., revista e ampliada por MIGUEL GALVÃO TELES).

CATELANI, Giulio – *Manuale della locazione*, Giuffrè Editore, 1997, 2ª ed. rev. e corrig.

CID, Nuno de Salter – *A Protecção da Casa de Morada da Família no Direito Português*, Almedina, 1994.

COELHO, Francisco Manuel Pereira – *Arrendamento* (ed. pol.), Coimbra, 1988.

CORDEIRO, ANTÓNIO MENEZES – *Manual de Direito de Trabalho*, Almedina, 1994 (reimpressão).

– CORDEIRO, António Menezes–FRAGA, Francisco Castro, *Novo Regime do Arrendamento Urbano*, 1990.

CORREA, Jose Bonet – *Arrendamientos urbanos con renta actualizada*, Editorial Aranzadi--Pamplona, 1982, 4ª edição.

COSSIO Y RUBIO, *Tratado de arrendamientos urbanos*, 1949.

DOGLIOTTI, Massimo–FIGONE, Alberto – *La locazione*, Giuffrè Editore, 1993.

DUTILLEUL, François Collart – *Les baux d'habitation*, Dalloz, 1994.

FERNANDES, Monteiro – Direito do Trabalho, Almedina, 1994.

FROTA, Mário – *Arrendamento Urbano Anotado e Comentado* (com a colaboração de PAULO FERREIRA DA CUNHA), Coimbra Editora, 1988.

FRADA, Manuel A. Carneiro da – *O novo regime do arrendamento urbano: sistematização geral e âmbito material de aplicação* (Separata da *ROA*, 51.°-1, 1991).

FURTADO, Jorge Pinto – *Manual do Arrendamento Urbano*, Almedina, 2001, 3ª edição.

– *Sobre o arrendamento deprédios urbanos nos direitos comparado e português*, Associação Lisbonense de Proprietários, 1992.

– *Valor e eficiência do direito à habitação à luz da análise económica do direito* (*O Direito*, 124.°-IV, pp. 525-540).

– *Os centros Comerciais e o seu Regime Jurídico*, Almedina, 1998, 2ª ed., rev. e actualizada.

GIANNATTASIO, *Della locazione* (Comentário ao Código Civil, dirigido por D'AMELIO e FINZI), Firenze, 1947.

GOMES, M. Januário C. – *Arrendamentos para habitação*, Almedina, 1996, 2ª edição.

– (em colaboração com Inocêncio Galvão Telles) – *Utilização de espaços nos "shopping centers"* (*CJ*, X ^{V} -II, pp. 23-34).

GRAVE, Margarida – *Regime do Arrendamento Urbano*, Edição da Autora, 2001, 2ª edição.
GUARINO, Antonio – *Locazione,* Casa Editrice Dr. Francesco Vallardi, 1965.
IZZO, Nunzio-SPAGNUOLO, Giuseppe-TERZAGO, Gino, *Canone libero. Patti in deroga. Proga legale*, Giuffrè Editore, 1993.
KOWALSKI, Ladislao, *La locazione con i patti in deroga*, Cosa & Come, 1993.
LAFOND, J.– LAFOND, F. – *Les baux d'habitation à jour du décret du 28 août 1996*, 1997.
LAZZARO, Fortunato – *Le locazionii per uso abitativo*, Giuffrè Editore, 1992.
LAZZARO–PREDEN–VARRONE, *Le locazioni in regime vincolistico*, 1978, 2ª edição.
LEÓN-CASTRO–COSSIO, José – *Manual de Arrendamientos urbanos*, 1995.
MIRABELLI, – *La locazione* (Tratado dirigido por FILLIPO VASSALLI), UTET, 1972.
PIRES DE LIMA–ANTUNES VARELA, *Código Civil Anotado*, Coimbra Editora, 1997, II vol., 4ª edição.
PULITINI, Francesco – *Il controllo dei canoni nei contratti di locazione* (*Interpretazione giuridica e analisi economica*, a cura di GUIDO ALPA, FRANCESCO PULITINI, STEFANO RODOTÀ E FRANCO ROMANO, Zanichelli, 1982).
SEIA, Jorge Alberto Aragão – *Arrendamento Urbano*, Almedina, 2000, 5ª edição.
SOUSA, António Pais de – *Anotações ao Regime do Arrendamento Urbano* (RAU), Rei dos Livros, 2001, 6ª edição.
TABET, Andrea – *La locazione-conduzione* (Tratado fundado por CICU e MESSINEO) Giuffrè, 1972.
TELLES, Inocêncio Galvão – *Manual dos Contratos em Geral*, Lex, 1965, 3ª ed., *reprint*.
– com a colaboração de JANUÁRIO GOMES – *Utilização de espaços nos "shopping centers"* (*CJ*, XV-II, pp. 23-34).
TRIMARCHI, Mario *La locazione abitativa nell sistema e nella teoria generale del contratto*, Giuffrè Editore, 1988.

ÍNDICE GERAL

REGIME DA LOCAÇÃO CIVIL E CONTRATO DE ARRENDAMENTO URBANO
Pedro Romano Martinez 7

I. INTRODUÇÃO; MODALIDADES DE LOCAÇÃO 7
   1. Arrendamento e aluguer 8
   2. Tipos de arrendamento 9
   3. Arrendamento urbano 12
II. O ARRENDAMENTO URBANO NO ENQUADRAMENTO DAS REGRAS GERAIS 12
   1. Regras gerais dos negócios jurídicos 12
   2. Regras gerais dos contratos 13
   3. Regras gerais da locação 14
      a) *Noção* 14
      b) *Obrigações das partes* 14
      c) *Vicissitudes* 18
      d) *Cessação do contrato* 24
III. EXCEPÇÃO: REGRAS GERAIS DA LOCAÇÃO NÃO APLICÁVEIS AO ARRENDAMENTO URBANO 31

O ÂMBITO DO REGIME DO ARRENDAMENTO URBANO – UMA CURTA REVISITA E UMA SUGESTÃO
Manuel A. Carneiro da Frada 33

FORMAÇÃO DO CONTRATO DE ARRENDAMENTO URBANO
Carlos Lacerda Barata 49

I. INTRODUÇÃO. MODOS DE CONSTITUIÇÃO DA RELAÇÃO DE ARRENDAMENTO. DELIMITAÇÃO 50
   1. Temática em análise 50
   2. Fontes da relação de arrendamento 50
      a) *Contrato* 50
      b) *Sentença* 51
   3. Delimitação do objecto 52
II. FORMAÇÃO DO CONTRATO: PLURALIDADE DE REGIMES COMPLEMENTARES .. 52
   4. Regime geral de formação do contrato, regras sobre contratos em especial e RAU 52

III. FORMAÇÃO DO CONTRATO DE ARRENDAMENTO URBANO À LUZ DO RAU ... 54
   5. Sede legal da matéria 54
   6. Âmbito temporal de aplicação 55
   7. Forma 55
      7.1. *Generalidades* 55
      7.2. *O artigo 7.º RAU e a regra do formalismo* 56
      7.3. *As alterações introduzidas pelo DL n.º 64-A/2000, de 22de Abril* 61
      7.4. *Preterição da forma legal* 62
          7.4.1. *Regime geral* 62
          7.4.2. *Regime do RAU* 62
   8. Formação do contrato e registo 67
   9. Conteúdo 69
      9.1. *Apreciação geral* 69
      9.2. *Elementos principais gerais* 70
      9.3. *Elementos secundários necessários e eventuais* 72
      9.4. *Preterição de regras de conteúdo* 76

RENDA E ENCARGOS NO CONTRATO DE ARRENDAMENTO URBANO
ANTÓNIO SEQUEIRA RIBEIRO 87

   1. Considerações introdutórias: o contrato de locação 87
      1.2. *O Regime do Arrendamento Urbano (RAU)* 89
   2. Filosofia do sistema 91
   3. Arrendamentos vinculísticos 96
   4. A prorrogação automática do contrato de arrendamento urbano para habitação ... 102
   5. Renda 106
   6. Fixação da renda 109
   7. Vencimento e antecipação das rendas 112
   8. O regime de rendas 116
   9. Fixação da renda 121
   10. Actualização das rendas 127
   11. Correcção extraordinária das rendas 130
   12. As cláusulas de renda variável 131
   13. Actualização das rendas no RAU 134
   14. Actualização anual em função dos coeficientes legais 136
   15. Actualizações anuais por convenção das partes 141
   16. A actualização das rendas com base no art. 81.º-A 142
   17. Actualização por obras 146
   18. O art. 9.º do diploma preambular do RAU 147
   19. Encargos a cargo do arrendatário 148
   20. Subarrendamento 155

OBRAS NO LOCADO E SUA REPERCUSSÃO NAS RENDAS
António Pais de Sousa 159

1. Factores políticos e sócio-económicos que, no âmbito do arrendamento urbano, determinaram a actual falta de prédios no parque habitacional português ... 159
2. Notícia de medidas legislativas publicadas para debelar a carência de casas para habitação 162
3. Persistência da falta de habitações. Breve análise das medidas legislativas tomadas no presente 164
   A. *Tipo de obras, responsabilidade pela sua execução e sua repercussão nas rendas* 165
   B. *Intervenção da autoridade administrativa* 166
   C. *Intervenção do arrendatário* 170
   D. *Apoio financeiro da administração pública nas obras de recuperação e reparação dos prédios urbanos degradados (RECRIA e REHABITA)* 171
   E. *Actualização das rendas por motivo de obras* 172
   F. *Demolição* 174
   Subsídio de renda 175

O PROBLEMA ECONÓMICO DO CONTROLO DAS RENDAS NO ARRENDAMENTO PARA HABITAÇÃO
Fernando Araújo 177

I. UM BREVE CONSPECTO HISTÓRICO 178
   1. A migração campo-cidade e a pressão especulativa nas cidades 178
   2. A lógica anti-especulativa das economias de guerra e o concluio dos *«rent seekers»* 181
   3. A pressão inflacionista sobre as rendas nominais congeladas 182
   4. O advento de soluções flexíveis «de segunda geração» 182
II. ARGUMENTOS ECONÓMICOS FAVORÁVEIS AO CONTROLO DAS RENDAS . 185
III. ARGUMENTOS ECONÓMICOS DESFAVORÁVEIS AO CONTROLO DAS RENDAS 187
   A) *A análise clássica e radical* 187
      i) *As proposições básicas* 187
      ii) *Análise das proposições básicas* 190
   B. *A perspectiva contemporânea e os controlos «de segunda geração»* 212
      i) *As proposições básicas* 212
      ii) *Análise das proposições básicas* 214
      iii) *Crítica da perspectiva contemporânea. O agravamento das perdas de bem-estar* 223
IV. OS EFEITOS DA DESREGULAMENTAÇÃO 230

SUBARRENDAMENTO
Pedro Romano Martinez 237

1. O subarrendamento como modalidade de sublocação 237

2. Conceito de subarrendamento 238
3. Subarrendamento total e parcial 239
4. Subarrendamento e transmissão da posição contratual 239
5. Subarrendamento e hospedagem 240
6. Proibição de subarrendar; autorização 241
7. Regime 242
8. Vicissitudes 242
9. Extinção do vínculo 243
10. Desfavor da lei em relação ao subarrendamento 244
    a) *Limite da sub-renda* 244
    b) *Substituição do arrendatário* 245
11. Protecção do subarrendatário 245
    a) *Renascimento do contrato* 245
    b) *Direito a novo arrendamento* 246
12. Acção directa 246
13. Outras relações entre o senhorio e o subarrendatário 247
14. Natureza jurídica 247

DIREITO DE PREFERÊNCIA DO ARRENDATÁRIO
J. OLIVEIRA ASCENÇÃO 249

1. Âmbito 249
2. Regime básico e actos objecto de preferência 251
3. O requisito da antiguidade do arrendamento por mais de um ano 253
4. Objecto: o local arrendado 254
5. A comunicação do projecto de venda 256
6. O conhecimento da pessoa do comprador 258
7. A desnecessidade de apresentação de um histórico contrato com terceiro 259
8. A situação jurídica do participante do projecto de venda 260
9. A situação jurídica do preferente após a comunicação 262
10. O conhecimento do preferente vale como sub-rogado da comunicação ... 263
11. A simulação do preço 265
12. Direito de se substituir ao adquirente? 268
13. As ultradisposições pelo terceiro adquirente 270
14. Natureza jurídica 271

MORTE DO ARRENDATÁRIO HABITACIONAL E SORTE DO CONTRATO
JOÃO SÉRGIO TELES DE MENEZES CORREIA LEITÃO 275

I. CONSIDERAÇÕES PRÉVIAS. AS FONTES RELEVANTES 275
II. REFERÊNCIA À HISTÓRIA LEGAL DA SOLUÇÃO 288
III. DO PRINCÍPIO GERAL DA CADUCIDADE DO ARRENDAMENTO HABITACIONAL POR MORTE DO ARRENDATÁRIO AOS CASOS DE TRANSMISSIBILIDADE 296

IV. OS BENEFICIÁRIOS DA TRANSMISSÃO POR MORTE DA POSIÇÃO DO ARRENDATÁRIO HABITACIONAL	314
V. AS CONDIÇÕES MATERIAIS DA TRANSMISSIBILIDADE POR MORTE DA POSIÇÃO DE ARRENDATÁRIO	321
VI. A TRANSMISSÃO EM SEGUNDO GRAU DA POSIÇÃO DE ARRENDATÁRIO	336
VII. A EXCEPÇÃO À TRANSMISSÃO POR MORTE DA POSIÇÃO DE ARRENDATÁRIO	340
VIII. DEVERES DO TRANSMISSÁRIO E RENÚNCIA	343
IX. A MODIFICAÇÃO DO CONTRATO DETERMINADA PELA MORTE DO ARRENDATÁRIO. A ALTERNATIVA DA "DENÚNCIA" PELO LOCADOR	346
X. A TRANSMISSÃO POR MORTE NOS ARRENDAMENTOS DE "DURAÇÃO LIMITADA"	349
XI. A NATUREZA JURÍDICA DA TRANSMISSÃO POR MORTE DA POSIÇÃO DO ARRENDATÁRIO HABITACIONAL	354
BIBLIOGRAFIA	367
JURISPRUDÊNCIA	371

DIREITO A NOVO ARRENDAMENTO
Luís Manuel Teles de Menezes Leitão 373

INTRODUÇÃO	373
1. Evolução histórica do direito a novo arrendamento	374
2. O actual regime do direito a novo arrendamento	378
2.1. *Pressupostos de atribuição do direito a novo arrendamento*	378
A) *A caducidade do contrato de arrendamento para habitação por morte do arrendatário ou por extinção do direito ou dos poderes de administração com base nos quais o contrato foi celebrado*	378
B) *A inexistência de residência nas comarcas de Lisboa e Porto e suas limítrofes ou na respectiva localidade, quanto ao resto do país*	379
2.2. *Beneficiários do direito a novo arrendamento*	380
2.3. *Causas legítimas de recusa do direito a novo arrendamento*	383
2.4. *Exercício do direito a novo arrendamento*	384
2.5. *Regime do contrato celebrado com base no direito a novo arrendamento*	387
3. Natureza do direito a novo arrendamento	388
4. Conclusão	389

ARRENDAMENTOS DE DURAÇÃO LIMITADA
Luís de Lima Pinheiro 391

I. INTRODUÇÃO	391
1. Sistemática legal	391
2. Crítica da terminologia legal	392
II. CONSTITUIÇÃO DOS ARRENDAMENTOS DE DURAÇÃO LIMITADA PARA HABITAÇÃO	393

3. Arrendamento de duração limitada por convenção das partes	393
4. Arrendamento de duração limitada por força da lei	394
III. PRAZO DE DURAÇÃO EFECTIVA DOS ARRENDAMENTOS DE DURAÇÃO LIMITADA PARA HABITAÇÃO	394
5. Prazos legais	394
6. Irrelevância da transmissão de posições contratuais	395
IV. REGIME APLICÁVEL AOS ARRENDAMENTOS DE DURAÇÃO LIMITADA PARA HABITAÇÃO – EM GERAL	395
7. Princípio geral	395
8. Especialidades dos arrendamentos de duração limitada	396
V. REGIME APLICÁVEL AOS ARRENDAMENTOS DE DURAÇÃO LIMITADA PARA HABITAÇÃO – CESSAÇÃO DO CONTRATO	397
9. Aspectos gerais	397
10. Renovação do contrato	397
11. Denúncia e revogação do contrato	398
12. Execução forçada	400
VI. REGIME APLICÁVEL AOS ARRENDAMENTOS DE DURAÇÃO LIMITADA PARA COMÉRCIO OU INDÚSTRIA E PARA EXERCÍCIO DE PROFISSÃO LIBERAL	401
13. Arrendamentos para comércio ou indústria	401
14. Arrendamentos para exercício de profissões liberais	402
VII. REGIME APLICÁVEL AOS ARRENDAMENTOS DE DURAÇÃO LIMITADA PARA OUTRO FIM NÃO HABITACIONAL	402
15. Arrendamentos para outro fim não habitacional	402
VIII. APLICAÇÃO NO TEMPO DAS NORMAS SOBRE ARRENDAMENTOS DE DURAÇÃO LIMITADA PARA COMÉRCIO OU INDÚSTRIA, EXERCÍCIO DE PROFISSÃO LIBERAL E OUTRO FIM NÃO HABITACIONAL	403
16. Aplicação no tempo	403
BIBLIOGRAFIA	405

ESTABELECIMENTO COMERCIAL E ARRENDAMENTO
ANTÓNIO MENEZES CORDEIRO 407

I. NOÇÃO E ELEMENTOS	407
1. Origem dogmática	407
2. Acepções	409
3. Elementos do estabelecimento	410
4. O critério da inclusão	412
5. Nota comparatística	414
II. O REGIME E A NATUREZA	416
6. A negociação unitária; o trespasse	418
7. A cessão de exploração	420
8. O usufruto do estabelecimento	423
9. O estabelecimento como objecto de garantia	424

10. A reivindicação e as defesas possessórias	425
III. A NATUREZA	425
11. Natureza do estabelecimento	425

ESPECIFICIDADES DOS ARRENDAMENTOS PARA COMÉRCIO OU INDÚSTRIA
João Espírito Santo 429

1. Delimitação do tema	429
2. Arrendamentos para comércio ou indústria: modalidades legalmente tipificadas; regime e especificidades (especialidades e excepcionalidades) de regime	440
3. O *regime específico* dos arrendamentos para comércio ou indústria: apreciação conclusiva	471
BIBLIOGRAFIA	473

A PENHORA DO DIREITO AO ARRENDAMENTO E TRESPASSE
José Lebre de Freitas 477

1. A penhora do estabelecimento tomado de arrendamento	477
2. A penhora de bem arrendado a terceiro	479
3. O regime excepcional do trespasse	480
4. Penhora e resolução do arrendamento	483
5. Penhora, denúncia do inquilino e revogação do arrendamento	486
6. A omissão de declarar do senhorio	488

CESSÃO DA POSIÇÃO DO ARRENDATÁRIO E DIREITO DE PREFERÊNCIA DO SENHORIO
Manuel Januário da Costa Gomes 493

1. Introdução	493
2. O regime do art. 122/1 RAU	496
3. O direito do senhorio consagrado no art. 116 RAU	502
4. O âmbito da remissão do art. 121 RAU	513
5. Sobre o direito de preferência do senhorio no caso de cessão onerosa da posição do arrendatário	520
6. Em jeito de síntese e conclusão	533

CESSAÇÃO DO CONTRATO DE ARRENDAMENTO PARA AUMENTO DA CAPACIDADE DO PRÉDIO
Luís Gonçalves da Silva 537

§ 1.º Introdução	537
1. Generalidades	537
2. Delimitação do objecto	546

§ 2.º Breve enquadramento histórico 546
§ 3.º Regime jurídico da lei n.º 2088 553
3. Âmbito de aplicação 553
4. Requisitos 558
5. Efeitos 563

ARRENDAMENTO URBANO E ARBITRAGEM VOLUNTÁRIA
António Marques dos Santos 573

INTRODUÇÃO 573
I. ARBITRAGEM INTERNA 579
   A. *Susceptibilidade de recurso à arbitragem* 579
   B. *Insusceptibilidade de recurso à arbitragem* 581
      i) *Resolução, caducidade e denúncia do arrendamento* 581
      ii) *Os outros modos de cessação do arrendamento* 583
II. ARBITRAGEM INTERNACIONAL 584
   A. *Arbitragem internacional realizada em Portugal* 584
   B. *Reconhecimento de uma sentença arbitral estrangeira* 587
CONCLUSÃO 589
SIGLAS 591

BREVES APONTAMENTOS ACERCA DE ALGUNS ASPECTOS DA ACÇÃO DE DESPEJO URBANO
J. O. Cardona Ferreira 593

I. 593
II. 594
III. 598
IV. 600
V. 605
VI. OS JULGADOS DE PAZ 609
VII. NOTA FINAL 610
BIBLIOGRAFIA 613

O REGIME DO ARRENDAMENTO URBANO (R.A.U.) NO TRIBUNAL CONSTITUCIONAL
Armindo Ribeiro Mendes 615

I. A FISCALIZAÇÃO DA CONSTITUCIONALIDADE NA CONSTITUIÇÃO DE 1976   615
II. A CONSTITUIÇÃO DE 1976 E O DIREITO FUNDAMENTAL À HABITAÇÃO ..   618
III. JURISPRUDÊNCIA DA COMISSÃO CONSTITUCIONAL SOBRE NORMAS RESPEITANTES AO CONTRATO DE ARRENDAMENTO URBANO 622
IV. A JURISPRUDÊNCIA DO TRIBUNAL CONSTITUCIONAL EM MATÉRIA DE ARRENDAMENTO URBANO RELATIVA A LEGISLAÇÃO ANTERIOR AO R.A.U. . 625

V. O TRIBUNAL CONSTITUCIONAL E O R.A.U. 632
   A) *As duas decisões tiradas em fiscalização abstracta* 633
   B) *As decisões que não julgaram inconstitucionais certas normas do R.A.U.*   635
   C) *As decisões que julgaram organicamente inconstitucionais certas normas respeitantes ao Arrendamento Urbano* 641
VI. CONCLUSÃO 644

EVOLUÇÃO E ESTADO DO VINCULISMO NO ARRENDAMENTO URBANO
   J. Pinto Furtado 647